世界传世藏书

【图文珍藏版】

世界通史

刘宇庚⊙主编

线装书局

俄国颁布《城市赐与状》

18世纪后半期,俄国农奴制达到盛极而衰的时代。在这一时期,沙皇叶卡特琳娜不断与土耳其等国发生战争,使广大农民的生活水平不断下降,人民反对农奴制的斗争不断发展,1773~1775年,发生了俄国历史上最大的一次普加乔夫起义。起义被镇压后,俄国出现了贵族残酷迫害农民的反动局面。沙皇叶卡特琳娜二世为巩固贵族地位,1785年颁布《俄国贵族特权赐与状》。同年,她又颁布了《城市赐与状》。这一法令把市民分成6类:第一类是"真正的市民",包括所有在城市拥有不动产的人,连贵族,官僚和僧侣也必须在城内有不动产才能列入;第二类市民是行会商人;第三类是行会手工业者;第四类是外埠和外国人;第五类是有名望的市民,即拥有5万卢布以上资本的大商人,学者、艺术家和作曲家;第六类是靠"渔猎、矿业、手工活和劳动"糊口的市民群众。上列市民没有包括全部城市居民,因为有农民却不属于城市社会。但是,这一法令毕竟扩大了市民范围,反映了部分贵族资产阶级化、地主参加工商业活动的过程。《城市赐与状》还规定了复杂的城市自治机关制度:市议会、全市杜马和6人杜马,全市杜马由市议会选出的代表组成,6人杜马为它的执行机关。《城市赐与状》反映了俄国市民的要求,提高了商人的地位。

美国谢斯起义

1775~1781年,美国人民经过艰苦斗争,取得了独立战争的胜利,但独立后政权却控制在资产阶级和种植园主手中,广大劳动人民仍处于受压迫、受剥削的地位。特别是广大农民迫切要求土地的愿望由于联邦政府的土地法令而落空。于是,各地人民掀起了要求土地、薪金和减轻赋税的斗争。丹尼尔·谢斯在北美独立战争初期是大陆军中的士兵,后晋升为陆军上尉,并得到在美国参战的法国著名政治家和军人拉法耶特奖送的一把宝剑。独立战争胜利后,谢斯与其他退伍军人一样回到家乡,但生活十分贫困,他不得不卖掉了拉法耶特赠给的宝剑。现实使他认识到,新的统治者已经夺取了胜利果实,而这果实本应该属于人民。于是他提出"重新分配土地和取消债务"的口号,得到许多人的支持。1786年9月,他与战友鲁克·德率领马萨诸塞的600多农民、手工业者和退伍军人举行了武装起义。在城市平民的支持下,起义军从康科德出发向波士顿进军。9月5日包围了正在审判农民债务案件的波士顿法院,使审判不得不停下来。当局急忙派兵前去镇压,谢斯起义军经过激烈战斗后失败,退出马萨诸塞,开始了游击战争。1786年11月,谢斯又率部进军任斯特,包围那里的法院,禁止法官进入法院判案,并打开监狱,释放被监禁的无辜劳动者。同年12月,起义军队伍发展到1.5万人,占领了马萨诸塞许多小镇,建立了政权,并准备进攻波士顿。1787年1月,谢斯率主力部队进攻斯普林菲尔德军火库,政府派林肯率兵前来援助政府守军,林肯诱骗起义军首领与之谈判,争取时间以待援军;而起义军却放松警惕,许多人离队回家。2月的一个寒冷夜晚,政府军突然发起进攻。起义军措手不及,急忙撤退,遭到重大伤亡。这支队伍又坚持数月,最后战败于马萨诸塞西部的荒野之中,起义失败。150名战士被俘,谢斯和他的13名战友被判死刑。由于各地人民纷纷抗议,统治者不得不把死刑改为监禁,不久即将其释放。谢斯起义是美国独立后最大规模的一次人民起义,它写下了美国人民争取民主权利的光辉一页。

卡特赖特发明织布机

18世纪英国纺纱机的不断发展使40年代的纱荒变成了80年代的棉纱过剩。棉纺织业中这种严重的比例失调,又迫使人们改变手工织布业。1785年英国牧师爱德芒德卡特赖特(1743~1823)在木匠、铁匠及钟表匠的帮助下,经过反复试验,终于研制成一种用水力推动的织布机。经过不断地完善,这种织布机的生产效率达到手工劳动的40倍。

谢斯领导农民与政府支持者做斗争

除此而外,这台织布机在工作过程中如果有一根线折断,那么它就会自动停止工作。卡特赖特织布机的发明,改善了纺织业与织布业之间的不平衡。1791年,英国建立了第一个使用卡特赖特织布机的工厂。1804年,卡特赖特又和其他人一起用钢铁做原料,进一步改良了他的织布机,并在兰开夏进行了普遍推广。至此,英国的纺织业终于从以家庭为单位的手工业劳动过渡到机器生产的集体劳动。纺织工业的技术革命全部完成。

库仑定律发现

库仑定律是1785年法国物理学家查里斯·奥古斯泰国·库仑(1736~1806)发现的。为探索英国人约瑟夫·普里斯特利(1733~1804)描述的电相斥现象,库仑利用测力扭称测量两个带电小球之间的相互作用,他分别让两个带电小球相距36个刻度、18个刻度及8.5个刻度,结果发现扭称相应旋转了36度、144度及575.5度,即当两带电小球之间的距离之比为4∶2∶1时,扭称施转角之比为1∶4∶16(其中的误差是由漏电所致)。库仑继续做了很多类比实验,最后确定:点电荷之间的相互作用力与其电荷之间的距离的平方成反比,与它们所带电量的乘积成正比,同性相斥,异性相吸。这就是著名的库仑定律。库仑定律的发现使电学从单纯的定性研究走上了定量测量的科学轨道。值得提出的是,在库仑利用扭称直接测量了点电荷之间的相互作用力的前8年,即1777年,英国科学家卡文迪什从数学上推导了电荷之间相互作用力的平方反比关系。他也曾设计过许多实验测定带电体之间的相互作用力,他在使空心球壳带电过程中,发现电荷只分布在外表面上,内表面没有电荷存在,根据这个现象,利用严格的数学手段,卡文迪什证明,带电体之间的相互作用力与它们之间距离的 n 次方成反比,n = 2±0.02(异号对应吸引力,同号对应排斥力)。这实质上就是平方反比定律,但卡文迪什没有将他的发现公开发表,直到19世纪中叶,才在他的遗物中发现。

美国制订联邦宪法

1776年7月美国宣布独立后,各州纷纷颁布了自己的宪法。为了解决中央政权的组成等问题,大陆会议也开始着手制定宪法。但这一工作争论很大,一直拖到1777年11月15日才通过了《邦联条例》,又经过3年多时间才得到各州的批准,1781年3月1日开始生效。但是,这一条例所确定的美国仅为一个松散的联盟。独立后社会矛盾的转化带来国内阶级矛盾不断尖锐,统治者感到邦联制度不适于加强自己的统治。为了加强中央集权,1787年5月25日,在费城召开了制宪会议,参加会议的代表55名,都是有产者的代表,一个革命民主主义者都没有。华盛顿当选为会议主席。制宪会议是在秘密的情况下进行的,没有留下记录。后人只是通过汉密尔顿、约翰·杰伊和麦迪逊三人写的"联邦党人"文集以及麦迪逊的日记才对会议内幕有所了解。同年 9 月 17 日,制宪会议通过了联邦宪法,史称《1787 年宪法》。1788 年 6 月 21 日经法定的 2/3 州,即 9 个州的议会批准生效。该宪法规定:美国为立法、行政、司法"三权分立"的联邦国家。宪法共 7 条。第 1 条规定,立法权属于众议院和参议院组成的国会,众议员按各州人口比例选举产生,任期 2 年,每 2 年全部改选;每州州议会选出 2 名参议员(1913 年起改由各州居民选举产生)任期 6 年,每 2 年改选其中的 1/3。第 2 条规定,联邦行政权属于总统,总统由间接选举产生,任期 4 年,可以连任(1951 年规定,总统连任不得超过两届),他既是行政最高首脑,又是陆海军总司令,总统不对国会负责,可以否决国会的法案;被否决的法案只有经过参众两院复议并得到 2/3 以上议员的同意后才能成为法律。这就是总统制。第 3 条规定,联邦的司法权属于最高法院,法官由总统任命,为终身职。第 4 条规定了各州相互关系和义务;第 5 条规定了修改宪法的程序;第 6 条确立了联邦权利和义务优先于各州权利与义务的制度;第 7 条是关于宪法的批准手续。这一宪法加强了中央集权,对《邦联条例》是一个进步,对维护美国资本主义发展,巩固资产阶级统治有重要作用。但该宪法对人身自由平等等基本人权只字未提,引起许多人的反对。

法国国王召开名人会议

名人会议的召开是法国封建专制制度危机的一个表现。法国封建专制制度在路易十五时代已经出现危机,到了路易十六时代已危机四伏了,其中财政危机尤为严重。到了 18 世纪晚期,法国政府债台高筑,国家入不敷出,路易十六任用杜尔果、芮克等人实行改革,但由于贵族和宫廷的反对而失败。此时社会矛盾激化,城乡人民暴动不断发生。为了解救财政危机、缓和阶级矛盾,路易十六接受财政总监卡隆的建议,召开名人会议(或称显贵会议),试图说服特权等级接受纳税、建立统一的土地税、减轻贫民税收,允许粮食自由买卖政策。1787 年 2 月 22 日,名人会议在巴黎近郊的凡尔赛宫开幕,出席的代表共有 144 名,其中有亲王、主教、高级僧侣、各法院院长和各大城市的市长。第三等级出身的代表仅有 5、6 名。在会议上,卡隆做了关于国家状况的报告并提出了改革计划。最后他要求特权等级同意纳税。但是,特权等级不但拒绝纳税,反而提出要国王罢免卡隆的财政总监职务,后来又以名人会议无权解决国家财政问题为借口,建议国王召开三级会议。名人会议的代表们之所以提出召开三级会议,完全是出于自身的利益:保守派希望特权等级利用三级会议的表决方法(按等级表决,即每一等级投一票)来否决国王的方案;自由派贵族则试图趁机实行资产阶级性质的改革,达到限制王权,实行君主立宪制的目的。路易十六害怕召开三级会议,于是把名人会议解散了。

俄土战争烽烟又起

通过 1768~1774 年的俄土战争,俄国攫取了大片领土和通往黑海的出口,并实质上取得了对多瑙河两公国的保护权。为了进一步向巴尔干扩张,沙皇叶卡特琳娜二世又在 1782 年抛出《希腊计划》,试图与奥地利分享巴尔干,由于欧洲各国的强烈反对和俄奥矛盾而未能实现。但沙俄向巴尔干扩张的野心不死。1783 年,俄国吞并克里木汗国,又向土耳其提出将摩尔多瓦和瓦拉几亚两公国的统治权让给俄国,并要求将摩尔多瓦的比萨拉比亚割给俄国。土耳其拒绝了这些要求,并于 1787 年 8 月再次向俄国宣战,俄土战争又起。1788 年 2 月,奥地利加入俄方对土耳其作战。战争开始后,俄军在苏沃·洛夫指挥下很快打败了土军,次年占领重镇奥察科夫要塞。俄国黑海舰队司令乌沙科夫在刻赤海峡和腾得拉岛海域进攻土耳其舰队。1790 年 10 月,俄军围攻伊兹密尔,在伊兹密尔战役中,土军伤亡 2.6 万人,被俘 9000 人,俄军也伤亡了 1 万余人,但结果是俄军获胜。1791 年 7 月,俄土开始谈判议和。这一年,欧洲封建君主正酝酿扑灭法国资产阶级革命,奥地利在 1791 年 8 月退出俄土战争。在这种情况下,1792 年 1 月 9 日,俄土双方代表在雅西(摩尔多瓦首府)签订和约,俄土战争结束。通过雅西和约,土耳其承认俄国对克里木的吞并,把南布格河和德涅斯特河之间的黑海北岸地区及奥察科夫割给俄国;俄土边界沿德涅斯特河划定;土耳其放弃对格鲁吉亚的要求并保证俄国在北非的商业利益不受侵犯。

江户大阪市民暴动

自 17 世纪中叶以后,由于商品经济的发展,幕府和诸藩的财政拮据,社会矛盾日益尖锐,城乡人民起义不断发生。天明年间(1781~1788),由于连年天灾,农业歉收,米价暴涨,政情不稳,形成了全国性的严重饥馑。1787 年 5 月,江户大阪发生了大规模的市民捣毁运动,连续 6 天,捣毁米店 980 家。此外,还捣毁了油店、酒店和当铺等。捣毁运动共波及全国 35 个城市,成为全国规模的大暴动,沉重地打击了幕府的统治秩序。面对这种严重危机,首席老中松平定信开始实行幕政改革,史称"宽政改革"。

华盛顿就任美国第一任总统

乔治·华盛顿(1732~1799)是美国的开国元勋。1775 年 6 月,种植园主家庭出身的华盛顿在第二届大陆会议上当选为大陆军总司令,从此开始了他的政治生涯。经过 6 年

乔治·华盛顿

半的艰苦斗争,1781年10月19日,英将康华利在弗吉尼亚的约克镇向华盛顿投降,美国独立战争以美国人民的胜利结束。此后华盛顿辞去大陆军总司令职务回到家乡,重新开始了为期3年的田园生活。1787年,为了巩固资产阶级和种植园主的统治,美国联邦政府决定在费城召开制宪会议,为美国制定一部宪法。制宪会议推举华盛顿为大会主席。当时,会议上有1/3的代表主张建立君主制,并把王冠送给华盛顿,但他力排谬议,维护共和制。1789年3月4日,美国第一届国会在纽约开幕,根据新宪法,总统选举人一致选举华盛顿为美利坚合众国总统。4月16日,华盛顿从秀丽的家乡维尔农山庄出发,一路受到极热烈的欢迎。4月23日,当他到达纽约时,13门礼炮齐鸣,向当选总统致敬。1789年4月30日,一个阳光绚丽的上午,华尔街联邦会议堂的阳台上,在纽约市民的欢呼声中,由首席法官罗伯特·李文斯特监督,乔治·华盛顿宣誓就任美国第一任总统。他受到了所有美国人民的爱戴。

法国革命政府通过《人权宣言》

在法国资产阶级革命爆发之前,1789年7月9日,第三等级的代表把国民议会改为制宪议会,发誓要为法国制定一部宪法。在那次会议上,杜木里埃以制宪委员会的名义说明了新宪法应该遵循的原则,并声明有必要在新宪法前面加上一项权利宣言。7月14日,巴黎人民攻占巴士底狱,揭开了资产阶级革命的序幕。整个7月中、下旬,法国处于革命的暴风雨之中,城市贫民起义和农民暴动如火如荼。从8月初开始,制宪议会把制定新宪法的任务纳上议事日程:8月1日,制宪议会重新讨论加在宪法前面的权利宣言的问题,对它的必要性代表们发生意见分歧,有人怀疑搞这样一个宣言是否合适;有人认为那个东西毫无用处,甚至是危险的;还有人主张在权利宣言之外再加一个补充的义务宣言。8月4日早上,制宪议会做出决议,将在宪法前面加一个权利宣言。但是,宣言的讨论进展缓慢,直到8月26日制宪议会才通过了题为《人权和公民权利的宣言》,后来被简称为《人权宣言》。《人权宣言》共有17条,开头宣称:"人在权利上是生来并永远平等的"。《宣言》宣布了法律必须是人民的共同意志的表现,确定了人民主权的原则,宣布取消等级差别与封建特权,确认公民平等,言论、信仰和出版自由。《宣言》最后一条规定:"私有财产是神圣不可侵犯的权利"。《人权宣言》是在法国启蒙思想、美国《独立宣言》指导和影响之下产生的,它提出的"自由、平等、博爱"的口号成为法国资产阶级推翻封建统治的革命口号。法国《人权宣言》在当时鼓舞了人民的革命情绪,成为法国革命的纲领性文件,也推动了欧洲人民的反封建斗争。

巴西独立运动发端

1500年4月22日,葡萄牙航海家卡布拉尔无意中发现了巴西,从此巴西沦为葡萄牙的殖民地。几百年的殖民统治使巴西人民受尽了苦难,土著印第安人、黑人奴隶和土生白人都对殖民统治不满。18世纪末,在欧美资产阶级革命的影响下,巴西人民也掀起了独立运动。1789年,半纳斯吉拉斯省的一个曾做过牙科医生的下级军官希尔瓦·沙维尔(绰号"拔牙者")组织了一个秘密革命组织,有30多人参加,多半是青年知识分子。他们密谋推翻葡萄牙的殖民统治,建立共和国,废除工商业的垄断和消灭奴隶制度。他们选定了内地的圣若昂·德雷伊为首都,设计了新生共和国的国旗。密谋者曾派人去里约热内卢、圣保罗等地开展革命活动。他们决定在殖民当局正式追收旧税的当天发难,计划首先击溃总督卫队,活捉总督巴巴塞纳。但是,由于参与密谋的白人军官雷伊斯告密,秘密组织遭到破坏,"拔牙者"希尔瓦·沙维尔于1789年4月被捕,1792年4月21日在里约热内卢就义。他在法庭和刑场上大义凛然,表现了巴西人民英勇不屈的斗争精神。这次密谋虽然失败了,但它标志着巴西独立运动的开端。

法国国民议会改为制宪议会

1789年5月,法国国王路易十六被迫召开中断了175年的三级会议以寻求摆脱日益严重的统治危机。但是,三级会议的第三等级代表强烈要求改革,并在6月17日将三级会议变为国民议会,宣布自己是代表全体国民的。但国王路易十六并不打算向第三等级让步,有人怂恿国王解散国民议会,甚至有人主张把第三等级代表中的激进分子逮捕法办。国民议会为了防止被国王解散并巩固自己的力量,决定6月20日重新开会。国王得到这一消息后立即派兵封闭了会场,不让第三等级代表进去开会。第三等级代表们并没有退却,他们在附近找到一个网球场,冒着大雨在那里集会,并宣誓:"不制定和通过宪法决不解散",史称"网球场宣誓"。6月22日,路易十六召开御前会议,目的是威胁和劝告第三等级代表屈服。他宣布国民议会的一切决议均为非法,他最后说:"诸位,我命令你们立即解散,明天早晨,各个等级分别在指定的会议厅集会,以便继续开会"。但是,第三等级的代表并没有屈服,当大司仪官布累最后要求第三等级代表遵守国王命令时,巴伊回答说:"我们是代表国民的,国民是不能命令的。"接着,米拉波起而高喊:"你去告诉你的主人,我们在此是出于国民的意志,除了用刺刀,我们决不退出"。路易十六派近卫军来驱散代表,但近卫军在门口被一些贵族和军官阻止了。路易十六解散国民议会的企图失败了。此期间,许多特权等级的代表转到第三等级方面来,路易十六被迫同意三个等级共同开会,并决定认可国民议会的存在。6月27日,国王写信给那些没有转到第三等级方面的僧侣和贵族代表,要求他们也加入国民议会。6月23日这一天,即国王强令国民议会解散而没有得逞的那天,标志着一个重要阶段的开始。从那以后,三级会议不复存在,国王的权威被置于国民代表的控制之下。7月7日,国民议会创立了一个制宪委员会。7月9日,国民议会又改为制宪议会,准备着手制定宪法,改革国家体制。国民议会改为制宪议会表明,革命又向前推进了一步。

君主立宪派登上统治舞台

1789年7月14日以后,制宪议会实际上成为全国最高的行政和立法机关;左右大局,操纵议会的是第三等级的代表。在第三等级的代表中,起主导作用的是代表大资产阶级和自由派贵族利益的君主立宪派。其中最重要的人物有米拉波、拉法耶特、巴纳夫、拉默等人。他们希望通过议会,迫使国王改变专制制度,取消封建特权,制定宪法和改革税制。这同人民的部分愿望是相符的。

这一年的夏天,农民起义浪潮高涨,迫使制宪议会首先注意农民问题。8月4日,议会彻夜开会,讨论关于废除封建义务的问题。许多教士和贵族慑于形势,纷纷表示,为了"祖国"和"正义",愿意"牺牲"自己的权利。8月4日至11日,议会陆续通过决议,宣布取消农奴制度、教会什一税、特权阶级免税权,以及领主法庭、行猎、鸽舍、兔圈等封建特权。"八月法令"打击了封建制度,是革命初期的重大成果,但是没有废除封建地租、没有解决农民最关心的土地问题。这反映了君主立宪派的保守性,他们并不愿意彻底消灭封建制度。

8月26日,制宪议会通过了著名的《人权宣言》。这个资产阶级反封建的纲领性文件宣称:"在权利方面,人们生来是而且始终是自由平等的";"自由、财产、安全和反抗压迫"是"人的自然的和不可动摇的权利";"每个公民都有言论、著述和出版自由";"法律是公共意志的表现";"在法律面前,所有的公民都是平等的"。宣言提倡人权和法治,从根本上否定了"王权神授"和封建特权;宣布了资产阶级自由、平等,以及"主权在民"和"三权分立"的民主原则,第一次用法律的形式把法国启蒙运动思想家的思想确定下来。

宣言在打击封建制度，限制王权，进一步启发人民革命意识等方面都起了重大的作用，在封建制度尚占统治地位的欧洲大陆产生了广泛和深远的影响。

《人权宣言》规定私有财产"是神圣不可侵犯的"，"任何人的财产不得受到剥夺"，确认了财产的不平等，不仅首先维护了资产阶级的经济利益，而且维护了第一、第二等级的财产。这说明了资产阶级革命不过是以新的剥削制度代替旧的剥削制度，将以财产的不平等代替从前基于出身不同的不平等。宣言所强调和保护的"一切人"的"权利""自由""平等"，在资本主义的历史条件下，只能是虚伪的。

随着革命的发展，以国王为首的封建统治者惊恐万状，加紧反革命阴谋活动。路易十六为了分化瓦解革命队伍和拉拢君主立宪派的实力人物拉法耶特等，8月4日任命拉法耶特的三个亲信为内阁大臣，还在致议会的信中说什么："我之所以把他们从议会中选拔出来，为的是向你们表明我要同议会保持一种最可信、最亲近的协调关系。"可是，在议会通过"八月法令"和《人权宣言》之后，他又拒绝批准。不仅如此，这个善于玩弄两面手法的国王又于9月14日秘密调集军队，准备发动新的反革命政变——武力解散议会。10月1日，国王和王后在凡尔赛举行盛大宴会，欢迎反动军官。在宴会上，军官们把三色帽徽掷在地上践踏，佩戴起白黑徽章声称要置革命人民于死地。

这时，巴黎继续出现粮荒，物价不断上涨，家庭主妇买面包每天都要排队几小时，人心浮动。当国王阴谋武装镇压革命的消息传出之后，又一次被激怒的巴黎人民立刻行动起来。10月5日，缺乏面包的妇女成群结队，高呼"面包！面包！"冒雨奔向凡尔赛。她们说："我们去找面包房老板、老板娘和小老板。"沿途，又有成千上万的妇女和男人加入队伍，形成一支浩浩荡荡的革命大军。他们到达凡尔赛，冲进了制宪议会会场，包围了王宫。当时，国王在外行猎未归，群众同王宫卫队发生了冲突。消息传出后，巴黎国民自卫军纷纷赶来支援妇女的斗争；君主立宪派控制的制宪议会竟命拉法耶特随同前去，以防止群众和国民自卫军的"过激"行动。在革命人民的压力下，行猎归来的国王立即召集议会。晚11时，神志颓丧的路易十六批准了"八月法令"。此时，局势似已平静下来。但次日清晨，王宫卫队竟开枪打死一名国民自卫军。群众大为愤怒，奋起攻入王宫，搜寻、处死罪犯。国王被迫并在拉法耶特的护卫之下面见人民群众，答应批准《人权宣言》。群众高呼"国王到巴黎去！国王到巴黎去！"路易十六不敢抗拒，只好携带家小，在群众的包围、押解之下到了巴黎。两天之后，制宪议会也迁到巴黎。经过这一事件，巴黎人民不仅又一次粉碎了国王的反革命阴谋，而且使国王和议会处于自己直接监督和控制之下，巴黎作为革命中心的地位大大加强。

革命向前发展了，反革命势力并没有因此而停止活动。7月14日革命和10月5～6日事件之后，都有大批王党分子和贵族逃出巴黎和法国，许多人麇集在德法边境，科布伦次成了反革命巢穴。他们在普鲁士、奥地利等封建王朝的支持下，积极组织力量，企图卷土重来。10月5～6日事件后，路易十六立刻派出密使到马德里，要求从弟西班牙国王查理六世对法国革命进行干预。他在信中宣称：凡是他在革命人民压力下所干的一切事情和签署的一切文件均属无效。与封建统治阶级有着千丝万缕联系的君主立宪派也被10

月5~6日事件吓得丧魂失魄，认为人民的革命行动对自己的统治是一个严重威胁。他们明显地朝右转了。米拉波被国王收买，拉法耶特也在暗中讨好王室，讷于言辞的西哀耶斯在议会里更加默不作声了。

但是，迅速发展的形势使人民的革命情绪越来越高涨，许多革命团体越来越活跃。在革命团体中影响最大的是雅各宾俱乐部。1789年冬初，制宪议会的部分代表经常在巴黎雅各宾修道院聚会。他们组织的政治团体叫"宪法之友社"，通称为"雅各宾俱乐部"。1790年，它的成员超过千人，在主要城市和许多市镇都有地方组织。雅各宾俱乐部的成员异常复杂，既有拉法耶特、米拉波等为代表的君主立宪分子，也有布里索、佩迪昂等为代表的工商业资产阶级分子，更有罗伯斯比尔、马拉等为代表的资产阶级革命民主派分子。随着革命的深入，雅各宾俱乐部的内部斗争也愈演愈烈，经过两次分裂，最终成为革命民主派的组织。

另一个重要革命团体是"人权与公民权之友社"，因其成员常在哥德利埃修道院集会，又被称作哥德利埃俱乐部。它的成员多半是小资产阶级，比雅各宾俱乐部更接近人民群众，在镇压反革命的运动中起过很大的作用。哥德利埃俱乐部的主要活动家有埃贝尔、德穆兰等。马拉和丹东也是它的领导人。

还有一个最激进的革命团体叫作社会俱乐部，是巴黎平民的组织。它在自己的机关报《铁嘴报》上提出，人人应有土地，但谁也不准有多余的东西，反映了小资产阶级的平均主义思想。

在10月5~6日事件和革命团体的推动下，制宪会议加紧了宪法的制定工作。1789年底宪法的基本条文已经拟定，虽然还未经国王批准，但议会却根据它的精神于1790~1791年间，先后通过法令，进行一些有利于资产阶级统治和扫除资本主义发展道路上的障碍的改革：确定新的行政区域，把全国分为83个省，建立四万四千个公社；取消了内地关卡和地方苛捐杂税；规定地方政权由选举产生；废除世袭贵族制和爵位；没收教会和逃亡贵族的土地；取消行会和它的法规；免去教会管理登记出生、死亡和结婚的职权，主教牧师由选举产生，并要宣誓效忠于宪法。

然而，制宪议会也做出决定，重申八月法令所规定的没有赎买的份地，贡赋必须照常缴纳；规定按大面积出售没收来的土地，地价要在4年内付清，这使绝大部分土地落入资产阶级手中。它通过议员勒·夏珀利埃提出的所谓《勒·夏珀利埃法》，宣布一切工人罢工、集会或结社均属非法，违者要受严厉的惩罚。特别是由君主立宪派极力主张并强制通过的"1791年宪法"竟规定：法国是君主立宪制国家，国王是国家最高行政和军事长官，有权任命大臣、军官，对议会决议有暂时否决的权利。它还依据财产的多少，把全国居民划分为"积极公民"和"消极公民"，剥夺了占人口85%的受封建主义压迫最深的贫苦人民，即所谓"消极公民"的选举权和被选举权。这部宪法是《人权宣言》的倒退，充分反映了君主立宪派的妥协性和动摇性。

1791年9月30日，制宪议会因宪法的制定、颁布而宣告结束。新的立法议会于10月1日诞生。在两年多的急风暴雨般的斗争中，封建制度和特权受到了严重的打击，资产阶级的统治和秩序逐渐确立起来。但是,由于掌握革命领导权的君主立宪派并不希望彻底消灭封建主义。他们在迅猛向前发展的革命形势面前惊慌失措,千方百计地采取种种措施,抑制广大人民的革命行动。君主立宪派的倒行逆施势必遭受劳动人民及资产阶级革命民主派的严厉批判和激烈反对。新的更为深刻、彻底的反封建斗争的来临是不可避免的。

革命战争的爆发

　　1792 年 9 月,法兰西共和国的诞生和吉伦特派统治的建立,是十八世纪法国资产阶级革命中的重大事件和重要阶段,是 1789 年 7 月 14 日攻克巴士底狱而开始的革命的深入和发展的必然产物,标志着法国几百年封建君主制和三年君主立宪制的倾覆。

　　1789 年 7 月 14 日革命后的两年中,制宪议会所进行的一些社会政治改革,特别是"1791 年宪法"(草案),虽然向封建统治阶级作了巨大的妥协和让步,但是并不能缓和这个阶级及其总代表路易十六国王对革命的极端仇恨,他们企图勾结外国封建统治者镇压法国革命的卖国行径从未中断。1791 年 6 月 20 日夜,经过周密策划,路易十六全家化装溜出王宫,乘坐轿式马车,逃出巴黎,向东北边境急进,打算逃往比利时,率领流窜的保皇军和外国干涉军一同打回法国。车到瓦伦,路易十六被当地驿站站长认出。于是,警钟敲响了,人民群众拿起武器,从四面八方蜂拥赶来,国王一家被扣留和押回巴黎。

　　国王逃跑是一个严重的反革命事件,激发起法国全国,特别是巴黎人民的极大愤怒。在巴黎,国王逃跑的消息一传出,群众即行动起来,攻入王宫。他们捣毁了市内几乎全部的国王塑像,涂去了街道、建筑物和招牌上的"王家"字样,一致要求废除和审判国王。哥德利埃俱乐部 21 日就通过宣言,指出王权是同自由不相容的,要求立即成立共和国。社会俱乐部的《铁嘴报》载文大声疾呼,即使保留国王的影子,也会使革命的成果化为泡影。工商业资产阶级的重要代言人布里索宣称,路易十六自己破坏王权,国王同宪法已是不相容的了。要求废除君主制建立共和国的民主运动迅速席卷全国。

　　制宪议会中资产阶级革命民主派代表罗伯斯比尔等人支持革命群众的要求,但是控制议会的君主立宪派害怕审判国王和废除君主制,将进一步促进人民革命的发展,否定自己保持君主制的政治纲领,从而危及自己的统治,便竭力为国王辩护。他们编造谎言,并强制议会通过声明,说什么国王是被"拐带"走的,而非叛逃,决定不予追究。由于在处理国王逃跑事件上的分歧,雅各宾俱乐部发生了第一次分裂。君主立宪派退出,另外组成了斐扬俱乐部,其代表人物是拉法耶特、巴纳夫、拉默等人。

　　制宪议会关于国王逃跑事件的处理,对愤怒的巴黎人民来说,无疑是火上浇油。7 月 17 日,近万名群众和革命俱乐部的成员在马尔斯广场集会,坚持要求审判国王,实行共和制度。制宪议会竟然派拉法耶特率军队前往镇压,向手无寸铁的人民群众开枪,当场打死 50 余人,打伤数百人。

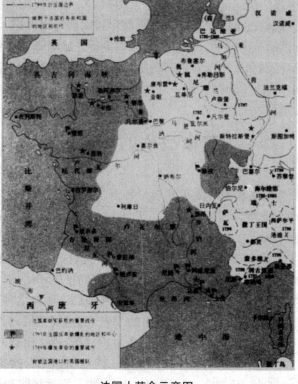

法国大革命示意图

9月,制宪议会在君主立宪派的操纵下通过,并呈请叛逃未遂的国王路易十六签署了"1791年宪法"。这个宪法宣布法国为君主立宪制国家,国王掌握国家行政和军事大权,有权暂时否决议会决议和对外宣战等。马尔斯广场事件和"1791年宪法"的颁布,证明代表大资产阶级利益的君主立宪派已公开同封建势力妥协,叛卖革命。

按照宪法的规定,制宪议会于1791年9月30日解散。新选出的立法议会于10月1日开会。

立法议会有745名议员。其中,代表大资产阶级利益的斐扬派264人。他们控制着议会的领导权,满足于君主立宪政体,力图把革命限制在1791年宪法的范围内,是立法议会中的右派。雅各宾派136人,是议会中的左派,但内部并不统一。其中,以布里索、佩迪昂为首的吉伦特派是温和派,代表工商业资产阶级的利益。以库东、卡尔诺等人为首的山岳派,是激进的民主派,他们接近罗伯斯比尔,人数虽少,但能代表人民群众的利益和要求,在议会外有广大群众的支持。议会里中间派最多,有345人。他们变化无常,总是跟随着最有势力的党派行动。在立法议会初期,他们站在右派一边。

立法议会一开始就面临着非常严重和复杂的政治局面。既要对付流亡的王党分子和贵族,又要处理国内的叛乱和骚动。战争危机更成为议会讨论的中心问题。

法国1789年7月14日革命的胜利以及《人权宣言》的发表,使欧洲各国封建统治者胆战心惊。他们害怕本国人民以法国为榜样,起来推翻自己的封建统治。随着法国革命的深入发展和影响的不断扩大，他们的仇恨也越来越加深，一直在积蓄力量，伺机出兵，镇压法国革命。路易十六逃跑事件发生以及因此而引起的群众运动高涨之后，8月，奥地利皇帝和普鲁士国王联合发表宣言，公开号召欧洲各国反动派干涉法国革命，"挽救"法国国王并恢复其在法国的绝对统治。

面对外国干涉者的战争威胁，法国人民情绪激昂，纷纷要求武装起来同敌人决一死战。在立法议会中，代表大资产阶级和自由派贵族利益的以拉默兄弟为首的斐扬派反对对外战争。他们执掌政权，是既得利益者，害怕战争失利而危及自己的统治地位。代表工商业资产阶级利益的吉伦特派主张战争，他们希望利用战争扩大国内外市场，更希望通过战争把爱国的人民争取到自己一边，进而夺取政权。山岳派也反对战争，主张首先镇压和肃清国内的敌人，因为只有巩固了后方，才有力量反抗外来的干涉者和侵略者。

吉伦特派的对外战争的主张，正同王室的阴谋相吻合。法国革命发生后，路易十六一直秘密勾结欧洲各国封建势力，妄图借刀杀人，利用外国反动势力扑灭革命。立法议会开幕的前夕，即1791年9月18日，王后玛丽·安托瓦内特在给其兄奥国皇帝约瑟夫二世的信中说："被武力摧毁的一切，现在只有用武力才能恢复。"当立法议会对战争问题展开辩论的时候，路易十六一面公开支持吉伦特派的主张，竭力煽动战争，说什么外国干涉的威胁使得他这个"代表国民的"国王"受到了侮辱"；一面暗地加紧同各国封建统治者勾结。12月3日，他给普鲁士国王威廉写信，说："我刚刚致函皇帝（指奥地利皇帝约瑟夫二世）、俄国女皇、西班牙和瑞典国王，向他们说明，以武力为后盾的全欧列强会议，是阻止法国乱党的最好方法。这样才可以恢复我们所希望的秩序，以免使祸害法国的罪恶殃及欧洲其他各国。"同月14日，他又给各国君主写信，迫不及待地要求他们出兵进攻法国。资产阶级民主派识破了主战派的阴谋。罗伯斯比尔1792年1月2日在雅各宾俱乐部演说时就曾一针见血地揭露：只有亡命之徒和宫廷的阴谋家希望战争，他们妄图借战争和外国武装干涉压服人民。

为了尽快地挑起战争，1792年3月，路易十六免去了斐扬派内阁，任命主战的吉伦特派组成新内阁。4月20日，法国立法议会正式对奥地利宣战。不久，普鲁士加入奥地利一边对法作战。从这时起，战争断断续续地进行了20余年，震撼了整个欧洲。

战争虽然是由法国首先宣布的，但是对法国人民，它是一场保卫革命、保卫祖国的正义战争。列宁曾指出，当时法国的"全体人民，特别是群众即各被压迫阶级，都充满着无限的革命热情。大家都认为当时的战争是正义的自卫战争，而且事实上也是这样。革命的法国抵御了反动君主制欧洲的侵犯"。

三色旗与《人权宣言》

朋友！你知道法国国旗是什么样子吗？

你如果有时间翻开1958年9月28日通过的《法兰西共和国宪法》，就可以看到，这部宪法第二条第二款,对法国国旗作了专条规定,它规定法国"国旗为蓝、白、红三色旗。"它所以由这三条醒目的色彩组成,主要是用来象征自由、平等和博爱。

"自由、平等、博爱",是三位一体的资产阶级口号,这个口号是在什么时候提出来的?它形成的历史怎样?还得从法国资产阶级革命初期的《人权宣言》说起。

1789 年 7 月 9 日,法国第三等级的代表,在广大群众的支持下,在部分教士和贵族的参加下,决意把"国民会议"改名为"制宪议会",企图通过制定宪法,来限制王权;用和平斗争的方式,来实现自己的要求。

当"制宪议会"着手起草宪法的时候,他们仿照美国《独立宣言》的故事,也事先拟定了一个纲领,作为制定宪法的基础原则。而这,就是我们所熟知的法国《人权宣言》。

《人权宣言》,全称叫《人权与公民权宣言》。它的起草人是拉法耶特。

拉法耶特是法国的政治活动家,在法国资产阶级革命中曾经起到过重要作用。他出生在奥弗涅省的一个古老而富有的名门望族。他的青年时代,正是处在法国革命的前夜,所以,深受启蒙思想的哺育;美国独立的最强音,打动了他的心灵,使他更加向往自由主义。1777 年,他不顾各方亲属的阻拦和反对,竟然自己出钱购买船只,并进行装备,而后率领一些志愿人员,从波尔多出发,抵达北美,直接参加了美国的独立战争。7 月,大陆会议授予他少将军衔,任命他为大陆军司令乔治·华盛顿的副官。独立战争给拉法耶特带来了极大荣誉。在柏林,他曾经受到皇家的热情接待,俄国沙皇更邀请他到克里亚会见;在法国国内,从凡尔赛到歌剧院,从巴黎到外省,到处都是一片颂扬声。这时候,拉法耶特简直是忘乎所以,他不仅把自己吹嘘成为"新旧世界的英雄",而且更认为自己应当是法国的华盛顿。当时尽管他红中发紫,但他毕竟是贵族的后裔,在他的内心深处,仍然是一颗忠君者的心,认为路易十六是个好君主,完全可以成为"法兰西合众国"的总统。

1789 年 5 月,拉法耶特作为贵族代表出席了三级会议,是同第三等级最早协同行动的贵族代表之一。他主张在法国应当实行君主立宪制,但要建立在美国式的成文宪法的基础上。7 月 11 日,他在制宪议会上,宣读了他从费拉菲尔德亚带回的、并珍藏长达十年的文件《欧洲人权和公民权宣言》,即《人权宣言》草稿。从而,使拉法耶特的名誉,迅速飞黄腾达,上升到光荣的顶点。

拉法耶特这个自由派贵族的代表,所以能够喊出如此激进的口号,而在制宪议会上又能通过这些激进原则,这不能不说是当时历史条件的反映。1789 年 7 月的法国,人民群众的革命热情,有如万马奔腾,势不可挡。在这样的形势下,资产阶级有两个想法:一个是想利用人民力量、利用已经掀起的人民运动,为自己谋取好处;另一个则是想把自己打扮成"全民代表",力图控制群众运动,让群众运动循着自己的轨迹旋转。他们在革命人民面前,不能不乔装打扮,极力把自己装饰成"激进派",以骗取人民的信任。拉法耶特也是这样,他是贵族,但又不同于宫廷贵族和乡居贵族,而具有自由派色彩,所以,他接受启蒙思想,追求自由、平等;但他毕竟是贵族,所以在革命激流的冲刷中,终于背叛了革命,露出了原形。历史经验告诉我们,这些人总是这样,在革命之前,他们呼唤革命,革命高潮一旦到来了,他们却又害怕革命、害怕人民,竭力反对人民把革命推向深入。拉法耶特就曾这样不安地说："这些如醉如狂的人民，将不会永远听我的话的。"他希望自己变成国王、议会、人民三者之间的调停人，君主立宪政体下的"宫相"。拉法耶特草拟的《人权宣言》，正是他的自由主义思想及其内中矛盾的反映。

1789年7月26日，《人权宣言》最后在制宪议会上得到通过。《宣言》包括十七条。它在开宗明义的第一条写道："在权利方面，人们生来而且始终是自由平等的。"在这里，它首先否定和反对封建特权和封建等级制，肯定了人们之间具有平等权利，自由和平等，构成了《人权宣言》的总基调。

《宣言》第三条和第六条，宣扬了"主权在民"的思想，提出了"法律面前人人平等"的口号。它指出："整个主权的本原主要是寄托于国民"；它还宣称"全国公民都有权亲身或经由其代表去参与法律的制定"，"在法律面前，所有公民都是平等的"。这里所说的"主权在民"和"法律面前人人平等"，实际上是为了维护资产阶级利益，确保资产阶级的政权与安全。它以法律形式，体现了资产阶级的意愿和要求，否定了君权至上主义。

《宣言》在第二条、第十条、第十一条里，更进一步明确了资产阶级应该享有的、不可侵犯的权利。它指出："任何政治结合的目的都在于保护人的自然的和不可动摇的权利。"这些权利就是自由、财产、安全和反抗压迫；"意见的发表只要不扰乱法律所规定的公共秩序，任何人都不得因其意见、甚至信教的意见而遭受干涉"；"各个公民都有言论、著述和出版的自由"。这三条内容，从实际上肯定了资产阶级的自由权利<用法不当>人身不可侵犯的权利、以及反抗压迫的权利。其中包括言论、出版自由，集会、信教自由，人身自由和反抗压迫的自由。然而，享有这些自由的人，却只限于资产阶级。

《宣言》在第十七条，即最后一条里宣布："财产是神圣不可侵犯的权利。"由此可见，不管它宣布了多少条原则，其实归根结底，只有这一条，才揭示出整个《人权宣言》的实质性内容。什么平等、自由、权利等等，一言以蔽之，都是建立在确保私有财产的基础上的。这一条，给《宣言》中的每一个原则，乃至整个社会生活，都打上了资产阶级的烙印。

总之，《人权宣言》以法律的形式，宣布了自由、财产和安全是天赋人权，是人的神圣不可侵犯的权利；它也宣布了"主权在民"的原则和资产阶级的民主权利等一系列资产阶级原则。

由此我们可以看出，"自由、平等、博爱"这个口号，有它自己形成的历史。如果说启蒙思想家们把它作为一种政治学说提出来的话。那么到18世纪末，法国资产阶级革命初期，拉法耶特就已经用法律形式，把它写进了《人权宣言》；而且在此之前，他还以国民自卫军司令的身份，决定采用三色帽徽，作为这支部队的徽章。看来从这个时候起，除了"自由""平等"之外，"博爱"也已成为人们的一种观念。大约到1793年，"自由、平等、博爱"这三者终于被联结到一起，形成了三位一体的资产阶级的口号，最后被体现在法国的三色旗上。

《人权宣言》集中地表达了启蒙思想家的政治主张，成为资产阶级的纲领性文件。那么，这个《宣言》在历史上的地位怎样呢？我们应当如何评价它呢？

首先，我们可以看到，《人权宣言》在当时具有很大的进步作用。18世纪末，正是欧洲一些主要国家从封建社会向资本主义社会的转变时期；《人权宣言》把它的矛头，直接指向封建制度，指向封建主阶级；它否定了封建等级制，揭露了"君权神授"论的谎言；这就从思想意识形态领域中，武装了革命人民。它还宣扬了资产阶级的民主，使人们从中世纪的黑暗、愚昧中惊醒过来，察觉到封建制度的不合理性。其次，《人权宣言》在团结和动员法国人民，向封建制度进行不断冲击、鼓舞欧洲各国进步人士和劳动人民的反封建斗争，都起到了积极作用。德国诗人克洛卜斯托克曾经这样说过："我应该长出一百张嘴去歌颂法国的自由"；当时，俄国、瑞士、意大利、普鲁士、奥地利诸国，都因为受到《人权宣言》的鼓舞，而宣传革命，甚至在 1790 年，比利时还爆发了革命。

然而，《人权宣言》毕竟是十八世纪末叶的产物，所以，它不能不带有一定的局限性。首先，它自己本身就自相矛盾，它大喊大叫自由和平等，但它却又宣布财产是神圣不可侵犯的权利。由此可见，《人权宣言》所宣布的平等和自由，是建立在贫富悬殊的基础上的。它说的自由，只是改变了封建的从属关系，否定了农民从属于封建主，但代之而来的，却是新的从属关系，即工人从属于资本家。对劳动人民来说，"自由"不过是一句空话！它所宣扬的平等呢，充其量也只是消除了基于门第出身的不平等，但建立起来的却是一种新的、基于财产多少的不平等。

其次，至于它所宣扬的"主权在民"学说，就更具有一定的阶级局限性了。它所说的民，并不是今天意义上的"人民"，而是那个王权至上时代的"民"，实质上是资产阶级的代名词。"主权在民"的真实含义，说穿了，不过是资产阶级要求控制政权罢了。我们从1791 年法国宪法中就可以看出这种情况。这部宪法把法国公民区分为"积极公民"和"消极公民"两个部分，划分的标准是依财产多寡而定，只有"积极公民"才享有选举权。按照这部宪法的规定，当时法国的 2600 万人口中，享有选举权的"积极公民"只有 425 万人，仅占全国人口的百分之十六强；剩下的将近百分之八十四的人口，一律被打进"消极公民"的圈子，而被剥夺了选举权。这能说是"主权在民"吗？资产阶级就是这样盗用"平等""自由"这些口号，来掩盖自己的资产阶级专政，维护自己的阶级利益。

《马赛曲》的创作

法国资产阶级革命，冲破了欧洲大陆的封建黑暗统治，迎来了资本主义的曙光。它的影响在欧洲日益扩大，搞得以沙皇为首的欧洲封建君主坐立不安，他们把法国革命诬蔑成是"法兰西瘟疫"，"革命的多头蛇"，他们处心积虑要发动武装干涉，企图把法国革命"扼杀"。

1791 年 8 月，在沙皇叶卡特林娜的怂恿和支助下，奥皇和普王在萨克森的波尔尼茨城发表联合声明，公开支持法国国王路易十六，扬言要派军队惩罚"罪犯"——法国革命者，主持"公理"——恢复封建王权。英国也积极参与这场反革命的"十字军"征讨。普奥封建干涉军陈兵德法边境，蠢蠢欲动。革命法国的立法议会决定先发制人，于 1792 年

4月20日对奥宣战。虽然是法国首先宣战,但法国方面所进行的是正义的、防御性的卫国战争。从这时起,法国同封建欧洲之间的战争一直延续了20多年。

法国人民和爱国者期待着战争取得迅速的胜利,但是事情并非如此。在前线,法国一开始就遭到失败。贵族军官时常有意怠战或叛变,国王通敌,王后玛丽·安托瓦内特把法国的作战计划暗中献给奥军。军队司令拉法耶特抛下军队,只身跑回巴黎,在立法议会上要求解散各种革命俱乐部。法国军队从比利时败退,普奥联军很快就出现在法国领土上。法国内部的反革命帮助了外来的反革命。法国的军事形势非常险恶。

法国人民奋起抗战。山岳派也积极投入保卫革命的战斗。罗伯斯比尔、马拉、丹敦等人的保卫祖国的呼声在全法国得到响应。罗伯斯比尔号召人民进行自我牺牲的残酷的革命战争,"战争一旦开始,就必须是胜利的"。丹敦稍后在立法议会中做了简短然而是激昂的演说:"就要响起的警钟并不是警报,而是袭击国家敌人的号令。要战胜他们,诸位,我们必须勇敢,勇敢,再勇敢,法国就能得救!"这几句话获得两次热烈的掌声,并成为使其声名流传的名言。在法国人民的压力下和山岳派的建议下,立法议会在1792年7月11日通过了"祖国在危急中"的决议,开始征集各省义勇军。路易十六不批准这个决议。这就更加激起全国的愤怒。法国人民的爱国热情像火山似的迸发出来,他们不顾国王的禁令,短期内组成大量义勇队,高唱充满激情的歌曲开赴东部边界,有的开到巴黎汇合。

从马赛开来的一支义勇队516人(其中16人来自土伦),步行27天,于1792年7月30日到达巴黎。在这27天的行军中,他们一路高唱《莱茵军歌》挺进。这首歌据说是法国东部边境的斯特拉斯堡驻军军官卢日·得·利勒(1760~1836年)于1792年所作。利勒这首歌是在人民的激愤和勇敢的献身精神感染下写出来的,曾在斯特拉斯堡市市长的客厅中演唱过。这首歌传入马赛后,广为流传。马赛义勇军把这首曲调铿锵有力、歌词激动人心的爱国歌曲从南方一直唱到巴黎,此后,这首歌就以《马赛曲》为名,成为奋起保卫祖国的全体革命人民的战歌。

这首歌的歌词第一段是这样的:

"前进!前进!

祖国的孩子们,

那光荣的时刻

已经来临。

专制的暴君,

压迫着我们。

我们的祖国,鲜血遍地,

我们的祖国,鲜血遍地。

那些凶残的士兵,

到处在屠杀人民,

从你的怀抱里,

夺去你妻子儿女的生命。

公民们，拿起武器！

公民们，投入战斗！

前进！前进！

万众一心，

把敌人消灭干净！"

法国革命军——饥饿、服装很差、没有鞋子、武器简陋、然而充满着革命热情的军队——击退了训练有素的封建联军，使整个欧洲大吃一惊。1792 年 9 月 20 日，在瓦尔米发生的具有决定意义的战役中，普鲁士军队经不住法国革命军的猛烈炮火和奋不顾身的冲击，逃之夭夭了，巴黎得救了，革命得救了。拿破仑在谈到《马赛曲》在法国革命战争中所起的作用时指出："《马赛曲》是共和国最伟大的统帅，它所实现的奇迹是不可思议的。"法国革命后，《马赛曲》稍加修改，成为法国国歌。

吉伦特派执掌政权

各地义勇军汇集到巴黎后，立刻同巴黎人民一起掀起了一个新的民主共和运动的高潮。群众要求废除国王、惩办拉斐德、取消"积极公民"和"消极公民"的划分、实行普选制度、建立共和国。

在这个运动中，山岳派发挥了很大作用。7 月 17 日它在立法议会上宣读了一份由罗伯斯比尔起草的请愿书，上面有 590 多名义勇军签名。请愿书要求废除王权，审讯拉斐德，撤换并惩办忠于宫廷和忠于拉斐德的各郡政府。巴黎各区的群众也在积极活动。法兰西剧院区在山岳派活动家丹东、肖美特等人领导下，宣布废除"积极公民"和"消极公民"的区别。别的许多区也效法这样做了。圣安东郊区的肯兹-文教区出版了《七月十四日人和圣安东人报》，提出："我们需要一个至今还未有过的政府，……在这个政府里，一切都是由人民自己来做或是为了人民而做的。"

就在这时，奥地利、普鲁士联军统帅不伦瑞克发表了一个宣言，用威吓的口气说什么对侵犯国王的人要进行"永世难忘"的惩罚，要"彻底毁灭"巴黎。这激起了人民更大的愤怒。人民准备公开起义。格拉维利尔区向立法议会发出警告："立法者们，我们本来把拯救祖国的荣誉给了你们；如果你们拒绝这样做，那么，为了祖国的安全，我们就要自己动手。"肯兹-文教区于 8 月 4 日宣布：到 9 日晚 11 点，如果立法议会还不肯废除国王，就要"吹起集合号，立即起义。"但是到期议会没有任何反应，肯兹-文教区就正式发出起义的号召。半夜 12 点钟，法兰西剧院区首先敲起了警钟，武装起义开始了。

8 月 10 日早晨 6 点多钟，巴黎 28 个区的代表在起义的枪声中来到了市政厅，宣布旧市政府被推翻了，正式成立了巴黎公社，马上投入了指挥起义的斗争。任命山岳派的桑戴尔为新的国民自卫军司令，他立即率领自卫军加入起义队伍，很快攻下了王宫。

这时，路易十六已跑到立法议会去请求保护。他说："我一向认为，在国民的代表中间，我和我的家属是安全的。"当时担任议会主席的吉伦特派分子微尼奥竟然表示：议会将保卫"既定的政权"。就在这时，巴黎公社的代表也来到立法议会，要求立即废除国王，解散议会，召开普选产生的新议会。在武装群众的压力下，立法议会只好宣布国王暂时停职，召开普选产生的国民公会。8月10日起义胜利了！

这次起义的胜利，是法国革命进程中的一个重大转折点。它推翻了几百年来的封建君主制和三年来的立宪君主制；斐扬派的统治连同它的那部1791年宪法，随着王政的倒台也就变成了一束废纸。革命进入了一个新的阶段，吉伦特派得到了政权。

在国王停职后，立法议会选举了一个由6人组成的行政委员会作为临时政府。委员会中有5人属吉伦特派。吉伦特派认为王政已推翻，政权已到手，应该停止革命，巩固自己的独占统治了。布里索发表文章说："为了拯救法国，三次革命是必要的：第一次，推翻了专制制度；第二次，废除了国王权力；第三次，应该是消灭无政府状态。"吉伦特派作为工商业资产阶级的代表，他们害怕革命再向前推进，会"消灭私有财产"。他们企图在"消灭无政府状态"的借口下，极力压制山岳派和革命群众。而山岳派领导的巴黎公社，在广大群众的支持下，担起了继续推进革命的重任。

8月10日起义胜利后，公社总委员会由89人扩大到280人。罗伯斯比尔、肖美特、帕什等山岳派活动家都参加了。公社逮捕了8月10日前当政的斐扬派部长，封闭了王党的报纸，征用了教堂的铁栅栏、大钟和其他铜器，熔铸大炮等武器，用来打击敌人。8月17日，公社迫使立法议会成立特别法庭，审判反革命分子。公社还下令，拆除一切带有国王象征的建筑物和纪念碑等等。

巴黎公社在同外来敌人的斗争中，起了重大的作用。奥普联军统帅不伦瑞克发表宣言后，就开始向法国大举进犯，通往巴黎的军事要塞凡尔登于9月2日失陷了。当时欧洲各国反动派兴高采烈，预言10天之后就要攻陷巴黎。巴黎公社在这紧急关头发出了战斗号召："公民们，武装起来！敌人已经到了我们的门口。马上在各自的旗帜下前进，到马斯校场集合。我们要立即组织起6万大军！"丹东在立法议会上发表了重要演说，他说：一切人"都在愤怒地要去厮杀"，"要征服敌人，我们必须勇敢、勇敢、再勇敢，法国才能得救。"巴黎人民立即热烈响应公社的号召，义勇军整装待发，准备开赴前线。巴黎的普瓦松尼区向其他47个区发出呼吁："立即裁决在押的为非作歹和阴谋叛乱的人。"于是，义勇军在出发前，首先惩办了那些在押犯人。9月2日到5日，群众自动起来，处死了大批反革命。

一面义勇军开赴前线，一面全国各地按普选方式进行了国民公会代表的选举。王党和斐扬派分子都没有当选。吉伦特派得到了很多选票，布里索、微尼奥、孔多塞等都当选了。他们在各地进行宣传，自称是"爱国者"，极力诬蔑山岳派是"疯狂的匪帮"。但是各大城市的人民也有很多拥护山岳派的，他们选举了罗伯斯比尔、马拉、丹东、圣茹斯特、古东、勒巴等人。

选举刚完毕，前线就传来了好消息。9月20日，革命军队在瓦尔密（凡尔登西南部）

击溃了进犯的普鲁士军队。这是反对外国武装干涉取得的第一次大胜利,极大地鼓舞了人民的勇气和信心。

在9月20日击溃普军的捷报声中,新选出的国民公会于21日在巴黎开幕了。吉伦特派占160个席位,组成右派势力;山岳派占80个席位,是左派力量。其余中间派占500个席位左右。中间派被称为平原派或沼泽派,代表中等资产阶级的利益。由于平原派起初支持吉伦特派,所以吉伦特派的佩迪昂当选为会议主席,把持了国民公会的领导权。

国民公会一开幕,吉伦特派却把建立共和国这样的大事撂在一边。他们首先提出来的问题是针对山岳派的。其一是所谓追究9月2日到5日"屠杀"事件的责任问题。他们诬蔑巴黎人民处死在押反革命分子是残酷的"大屠杀",硬说这是山岳派煽动的,要追究责任。其二是提出要建立"郡卫军",说国民公会代表当选的郡里,应该给自己选出的代表派卫兵以保障其安全。其用意是拼凑一支武装力量,用来对付山岳派影响下的巴黎人民和国民自卫军。其三是提出要调查巴黎人心的动向,这是在寻找口实,反对山岳派领导的巴黎公社。如此等等。山岳派在人民群众的支持下,坚持斗争,使吉伦特派这些企图没有得逞。

9月21日,当国民公会开幕时,一队马赛义勇军从会场经过,听到里面有人讲到"共和国"的声音,就误以为宣布共和了。这个消息一传开,当天晚上巴黎人民就张灯结彩,举行集会,"共和国万岁!"的呼声响彻上空。吉伦特派在群众的压力下,不敢再回避这个首要问题,只好开始讨论。9月25日,国民公会正式宣布:法国是统一的不可分割的共和国。这就是法国历史上的法兰西第一共和国。

国民公会虽然一致通过了建立共和国的决议,但是要什么样的共和国,吉伦特派和山岳派的斗争还是很激烈的。10月间,布里索和罗伯斯比尔都发表了文章,他们的主张是完全对立的。

布里索的《告全体法国共和党人》一文中,指名攻击罗伯斯比尔、马拉等山岳派活动家是"破坏者",他认为社会的物质财富和精神财富只能由吉伦特派及其所代表的富有阶级独占,不能讲平等。吉伦特派是主张建立一个富有者独占统治的共和国。

罗伯斯比尔发表的《致选举人信》一文,针锋相对地指出吉伦特派是"伪爱国者",他们建立共和国,"只是为了富人的和官僚们的利益而统治"。真正的爱国者要求"在平等和大众利益的原则上建立共和国"。山岳派反对吉伦特派的独占统治,主张扩大共和国的基础,把革命推向前进。

这样,吉伦特派同山岳派进行了长时间的斗争。吉伦特派企图把公社控制在自己手中,无中生有地硬说巴黎公社成员盗窃公款,提出要改选公社总委员会。但是改选的结果,山岳派活动家仍然当选为公社的领导,肖美特和埃贝尔担任了正副检察长,挫败了吉伦特派的阴谋。

吉伦特派为反对巴黎公社,还极力贬低巴黎作为革命中心的地位。吉伦特派的拉索斯在9月25日国民公会会议上叫嚷,反对"这个受阴谋家指挥的巴黎","巴黎的权力必须和其他各郡一样,缩小到八十三分之一。"他们甚至不惜分裂国家,鼓动各郡脱离巴黎,建立个别的小邦，再自愿组成联邦国家。所以吉伦特派也被称为联邦主义者。山岳派坚决批驳了这种反动的主张。丹东严厉地指出："据说有人主张把国家割裂。我们必须用死刑对付这种人，……法兰西必须是一个不可分割的整体。"

雅各宾俱乐部就在这种激烈的斗争中，发生了第二次分裂。10月10日，布里索被开除出俱乐部，其他吉伦特派分子也纷纷退出。从此，雅各宾派就成了以罗伯斯比尔为主要领袖的真正的资产阶级革命民主派。

这时，雅各宾派同吉伦特派又在怎样处置前国王路易十六的问题上展开了斗争。为了打倒这个封建反动势力的总代表，反革命罪魁，10月1日，巴黎公社就派代表团到国民公会，提出大量证据，证明路易十六同逃亡国外的反革命贵族相勾结，同时还揭发了他的一系列反革命罪行，要求审判路易十六。吉伦特派却出来保护，他们一再拖延时间，不肯审判路易十六，甚至搬出已被废除了的1791年宪法，说是宪法规定国王有不可侵犯的权利。这就极大地激怒了雅各宾派和人民群众。

12月2日，巴黎公社代表团来到国民公会，向代表们大声疾呼："企图消灭自由和平等的恶魔现在被锁住了。人民把惩罚的宝剑交给了国民公会。请想一想我们浸满血泊的大地吧，看一看躺倒在大地上的那些面容苦楚的冻僵了的尸体吧，他们就像在谴责你们的迟缓，他们要求处死那个戴王冠的人。"第二天，罗伯斯比尔在国民公会也发表重要演说，痛斥吉伦特派的保王谬论。他说："从前路易是国王，而现在成立了共和国。……胜利了的人民认定，叛徒就是路易本人。因此，路易不能不受审判，因为他已被定罪了。不然共和国就没有存在的理由。"最后他以断然的口气提出："路易应该死，因为祖国需要生！"12月28日，罗伯斯比尔再次就处死路易十六的问题发表了演说。在人民群众和雅各宾派的坚持斗争下，国民公会只得决定审判路易十六。

在审判过程中，路易十六十分顽固，极不老实。对他的质问，他总是用这样一些话回答："那是通过宪法以前的事"，"我有这种权力"，"这涉及大臣们，与我无关"，"关于这一点我不了解"，等等来搪塞，尽管有大量的证据表明他是一个十恶不赦的反革命分子，但他根本不肯认罪。后来，根据马拉的提议，对怎样处置路易十六的问题，国民公会的代表采取单独表态的办法。进行表决时，巴黎群众挤满了国民公会大厅。在众目睽睽之下，许多吉伦特派分子也不得不表示赞成处死路易十六。1793年1月21日这一天，路易十六终于被送上断头台。

路易十六的处死进一步坚定了人们的革命决心。就像雅各宾派的重要成员勒巴所说："我们后退的路已经破坏，……我们只有前进。尤其在目前，只能说，或者生而自由，或者死！"

当国民公会辩论如何处置路易十六的时候，法国正发生一场粮食不足的危机。由于战争，大批壮劳力上前线，军费开支浩大，资本家利用国家的困难，大肆投机倒把，富农囤积粮食，这就造成市场上粮食奇缺，物价飞涨。工人每天劳动所得，只够买两磅多面包，根本无法养家糊口。群众愤怒地把投机商和富农称为"饥饿的罪魁"，要求物价回复到1790年时的水平。

　　在要求降低物价的运动中，涌现出一批平民的革命家，这就是忿激派。他们主张限定生活必需品的价格，严厉制裁投机商，用革命的手段打击反革命分子。忿激派的主要领导人有雅克·卢、勒克雷尔克、瓦尔勒等。雅克·卢出身于低级军官家庭，当过教员和乡村牧师。他于1791年来到巴黎，住在工人聚居的格拉维利尔区。他代表人民的利益，深受群众的拥戴。

　　吉伦特派拒绝忿激派的限价要求，极力强调"贸易自由"。这实际上包庇了投机商，助长了投机活动，引起了群众的更大不满。1793年2月12日，巴黎四十八个区的代表团到国民公会宣读了由雅克·卢起草的请愿书。请愿书说："光宣布法兰西为共和国是不够的，还必须给人民幸福，必须让人民有面包吃。……你们宣布无限制的贸易自由，等于对穷人抬高面包价格，等于让贪婪的投机商发财致富。你们当中有人说，颁布一项完美无缺的粮食法令，是根本不可能的。这就使人不能不怀疑，你们是否有能力管理一个已经推翻了君主制的国家。"这些话表明巴黎人民已经对吉伦特派的掌权失去了信心，开始考虑它是不是应该继续存在下去。

　　就在同一天，巴黎的洗衣女工们在塞纳河上截留了一条运输肥皂的商船，并强迫货主按她们规定的价格出卖肥皂。她们还到国民公会去请愿，严厉地指出：如果今后还想从群众中征募军队，那就要满足人民的要求。国民公会推脱说，两天之后再研究这个问题。妇女们立刻争辩说："当孩子向我们要奶吃时，我们可不能说让他们等几天。"

　　随着斗争的深入，有些人开始意识到，吉伦特派的统治实际上是危害革命有利王党的。1793年3月4日雅各宾俱乐部里宣读了一封署名"共和国保卫者协会"的来信，信中写道："对于叛徒代表，不仅必须撤职，而且要在法律宝剑的打击下，使他们人头落地。……财富贵族——大商人和大金融家，一般都是在贵族的废墟上生长和聚集起来的吸血鬼。任何一个戴王冠强盗，如果他们没有把握得到国民公会里某一整个党派的支持，就不敢侵犯我们。"这里说的"叛徒代表"和"某一整个党派"，就是指的吉伦特派。还在1792年9月，巴黎流传的一份宣传品上就把吉伦特派形容为代表"财富贵族"的"投机商和包买商的党"。吉伦特派已丧尽民心，群众把它看成是包庇王党的革命障碍物。

　　就在国家经济困难而吉伦特派又倒行逆施的情况下，1793年3月在西部的万第郡发生了反革命武装叛乱。这次叛乱是王党分子、反动僧侣煽动起来的。据调查叛乱的费里奥说："那些神甫们，尤其是那些主教们，都在用各种狂热信仰的手段煽动城乡人民。"叛乱者攻城夺地，杀害了大批革命者。

　　外国干涉者乘机卷土重来。英国纠合了普鲁士、奥地利、荷兰、西班牙、意大利半岛上的那不勒斯和撒丁王国等国家，组成反法联盟，侵入了法国领土。在这严重的时刻，吉伦特派所信赖的将领杜木里埃竟然公开叛变，投到奥地利人方面去了。

　　总之，到1793年春天，法国内忧外患十分严重。吉伦特派上台时，形势本来很好，建立了共和国，打败了外国干涉军，群众革命热情很高。可是只有几个月的时间，情况就迅速地恶化起来。就像国民公会派往外地去的一名特派员在报告中说的："公共事业已处在灭亡的边缘。只有最迅速、最坚决的措施才能拯救它。到处都可以看出，革命疲惫了。

富人们仇视它，而贫民缺乏面包。他们都认定我们是有罪的。"这一切，都是吉伦特派统治所造成的恶果。

在这危急关头，只有依靠群众才能挽救革命。大敌当前，迫使雅各宾派同忿激派结成了暂时的联盟。5 月 4 日，经罗伯斯比尔提议，国民公会通过了"粮食最高限价法案"，实现了忿激派的一个重要的要求，加强了雅各宾派同人民的联系，从而奠定了推翻吉伦特派的社会基础。

还在 5 月 1 日，圣安东郊区的工人举行示威时，就发出了要举行武装起义的呼声。他们在递交国民公会的请愿书中说："请问，你们做了些什么呢？你们答应得很多，做得很少。……这就使人们再也不能信任你们了。"请愿书提出必须强迫"富人和利己主义者"出力为共和国服务，"这就是我们拯救共同事业的办法，……如果你们不接受，……我们就准备起义"。

吉伦特派不考虑群众的要求，不顾国家的安危，仍然一意孤行。他们在国民公会里组织了一个 12 人委员会，专门迫害革命民主派，分裂革命力量。从 5 月 24 日起，他们相继逮捕了雅各宾派的左翼代表，巴黎公社副检察长埃贝尔，公社的工作人员马里诺，忿激派领袖瓦尔勒等一批革命者。这就激起了雅各宾派、巴黎公社和人民群众的极大愤怒。25 日，公社代表前去抗议，坚决要求释放被捕者。当时任国民公会主席的是吉伦特派分子伊斯纳尔，他竟蛮横地威胁说，如果巴黎人民暴动，就要受到镇压，巴黎就要被毁灭。巴黎人民已经忍无可忍，他们清楚地看到只有推翻吉伦特派的统治，才能拯救革命，拯救共和国。

热月政变的经过

1794 年 7 月中旬，圣茹斯特正在北路军中视察。罗伯斯比尔看到形势急迫，遂将他调回巴黎。圣茹斯特返回后，主张立即行动，他说："敢干，就是革命的全部秘密"，应该猛打，快打。罗伯斯比尔期望争取国民公会中的动摇分子，以打击最主要的敌人，所以决定首先在国民公会中发动进攻。

7 月 26 日，即热月 8 日，罗伯斯比尔在国民公会发表了一篇精心准备的演说。这篇演说的主要内容有两点：第一是回击政敌的责难，为自己辩护。罗伯斯比尔说："埃贝尔和丹东的同党害怕我们的原则，责备我们不公平和暴虐……可是祖国却责备我们过于宽大。""难道说是我们把爱国人士投入牢狱，是我们到处造成恐怖？这是那些控诉我们的恶徒们干的勾当。"罗伯斯比尔斥责那些诬蔑他为暴君的人说："你们这些诽谤真理威力的人们，你们自己就是最可鄙视的暴君。"第二点是谴责政敌在从事阴谋活动。罗伯斯比尔声色俱厉地说道："我声明，我现在仍然相信有阴谋存在。"他认为从前大声疾呼反对埃贝尔的人们，现在却维护埃贝尔的同谋者，自称是丹东敌人的人又在步丹东的后尘，从前公开指责过国民公会某些议员的人，现在又和这些议员结成联盟来反对爱国人士。罗伯斯比尔在演说中,把反对他个人和反对国民公会联系起来,等同起来。"他们为什么要迫害我呢？如果这种迫害不是他们反对国民公会的阴谋的一部分的话。"罗伯斯比尔接着指出,阴谋分子的目的是要制造混乱,以陷害爱国人士和恢复暴政,因此,"革命政府拯救了祖国,现在需要排除一切暗礁来拯救它自己"。罗伯斯比尔这一席话旨在动员国民公会揭露阴谋分子,击败他们。

但是罗伯斯比尔的演说不够策略,未能收到预期效果。他没有把犯错误和具有不正当行为的人同进行阴谋活动的人区别开来,他未具体点明阴谋分子的姓名。国民公会中犯有错误或有不正当行为者,以及同这些人有瓜葛、牵连者甚众,因而与会者个个觉得自己是被谴责的对象,人人自危,其结果是促使中间派倒向反罗伯斯比尔派一边。

罗伯斯比尔演说完毕后,会场上一片寂静,好久没有丝毫反应。是赞成,还是反对,人们似乎一时难以决定。凡尔赛的代表勒库安特尔建议印发这篇讲词,库东提议把它印发全国,代表们接受了这些提议。然而,那些自觉受到责难和威胁的人很快清醒过来,倾向埃贝派的瓦埃首先向罗伯斯比尔本人和演讲词提出责难。随后,先是丹东派为埃贝尔派的俾约—瓦伦严厉抨击罗伯斯比尔,说:"不管是谁脸上的假面具,都应该扯下来；我宁愿听任一个野心家踏着我的尸体走上宝座,也不能因为我不发言而助长野心家的严重罪行。"原丹东派的康邦指责罗伯斯比尔使国民公会的意志瘫痪。俾约—瓦伦和科洛—德布瓦要求在把罗伯斯比尔的演讲词分发到各地之前,先经救国委员会和治安委员会审查。紧接着,丹东派的帕尼斯、倾向埃贝尔派的阿马尔等先后发言,攻击罗伯斯比尔,反对把演讲词印发各地。于是,国民公会立即撤销了原决定,同意把演讲词交给两委员会审查。罗伯斯比尔激烈反对,他说:"怎么？我有勇气在大会上揭发我认为有关祖国存亡的事实,现在反而把这篇讲词转给我所控告的那些人去审查。"说罢,他愤然退出会场。形势的发展显然对罗伯斯比尔十分不利。他在国民公会中也失去了多数人的支持。

当晚,罗伯斯比尔来到雅各宾俱乐部。在这里,他拥有广泛坚定的支持者,受到热烈欢迎。他把白天在国民公会所作的演讲重复一遍,与会群众为之喝彩。他的敌手俾约—瓦伦和科洛—德布瓦想要发言,却遭到群众喝阻。罗伯斯比尔过于乐观地看待他在俱乐部的胜利,以为自己仍然能争取大多数人的支持,决心第二天再回国民公会与反对派较量。

救国委员会和治安委员会当晚通宵达旦开会,力图协调各派意见,以求一致反对罗伯斯比尔派。在国民公会中丹东派争得右派和沼泽派同意,共同对付罗伯斯比尔。至此,各个反对派决定一致行动。

翌日(热月9日),国民公会会议完全被反罗伯斯比尔分子所操纵。先是塔利安粗暴地阻挠圣茹斯特发言。拉着,俾约—瓦伦起来指控罗伯斯比尔曾经保护贵族、骗子和其他反对革命的人,迫害革命者,实行独裁暴政,称他为"暴君"。塔利安大声叫喊,要求把黑幕彻底揭开。罗伯斯比尔多次想上台申辩,都遭到阻拦。会场上响起一片片"打倒暴君！"的喊声。塔利安高兴地说:黑幕完全揭开了,阴谋家的假面具被戳穿了。他提议逮捕罗伯斯比尔的拥护者国民自卫军司令昂里奥,大会采纳了这个建议。随后,大会又通过逮捕罗伯斯比尔、库东、圣茹斯特的决定。与会各派一致鼓掌赞同。奥古斯丁·罗伯斯比尔要求分担其兄的命运，自愿受捕。罗伯斯比尔兄弟的忠实朋友勒巴也一起自动受捕。下午5时半，在与会者的欢呼声中，被捕者们被带出会场。罗伯斯比尔愤怒地高喊："共和国完了，强盗们胜利了！"此后，罗伯斯比尔被送往卢森堡监狱，其弟被送到圣拉扎尔监狱，库东被押往布尔勃监狱，勒巴被关押在巴黎裁判所附属监狱。

消息很快传遍巴黎。拥护罗伯斯比尔的巴黎公社立即召开紧急会议，敲响警钟，自行在各区分部发动起义，企图用武力解散国民公会。

起义者从狱中营救出罗伯斯比尔等被捕者。但是罗伯斯比尔等对领导起义犹豫不决，行动迟缓。昂里奥不敢组织力量袭击国民公会。总之这次起义缺乏准备，力量分散，配合不当。由于埃贝尔派的被镇压以及部分工人区对罗伯斯比尔的政策怨恨甚深，在事变的紧要关头，他们也转向国民公会，削弱了巴黎公社的力量。

国民公会方面毫不迟疑地发起反攻。巴黎使国民公会通过了一个法令，宣布罗伯斯比尔等被营救出的人以及巴黎公社、雅各宾俱乐部和革命法庭的许多领导人不受法律保护，对他们可不经审判，立即处决。国民公会又委派巴拉斯去召集武装力量，另派6名议员辅佐他去发动各资产阶级区，向市政厅进发。这时，支持公社的军队和群众因无人领导，已经渐渐散去。巴拉斯所率军队从叛徒口中得到昂里奥发布的口令，于半夜时分出其不意攻入市政厅内。罗伯斯比尔见反抗已毫无用处，自杀未遂，身受重伤；小罗伯斯比尔跳窗折断一腿；勒巴自杀身亡；圣茹斯特虽镇静自若，但并未采取什么有效措施，只是束手就擒。次日（热月10日）下午6时左右，以罗伯斯比尔为首的22名被捕者，不经审判，在游街示众之后被押往刑场，送上断头台。7月29日，即热月11日，巴黎公社的72名成员也遭到同样的命运。

热月9日政变结束了雅各宾派专政。代表中小资产阶级的革命民主派失败了，新兴大资产阶级夺取了政权，开始了热月党人的统治。

拿破仑吞并葡西两国

拿破仑对葡萄牙和西班牙的侵占，是采取军事突袭与政治欺诈双管齐下的手段实现的。1807年秋，他命令朱诺将军在巴荣纳练兵备战，编组一支2.5万人的部队，准备随时出动。9月8日，写信给葡萄牙摄政王，强烈要求葡萄牙禁止英国货物进入葡国一切港口，并没收英国商人在葡境内的一切货物和财产，警告摄政王考虑同英国结盟的严重后果。在拿破仑的高压淫威下，葡摄政王不能不俯首听命，着手采取拿破仑提出的各项措施。但是，恫吓只是一个幌子。拿破仑进军葡萄牙的决心已经不可改变，而此时正运用一石二鸟的手段，假惺惺地同西班牙秘密商讨有关瓜分葡萄牙的协定。10月12日，拿破仑写信给西班牙国王，说："我预计朱诺将军的部队最晚11月1日将抵达布尔戈斯，与陛下的军队会合。然后，我们就能够用武力占领里斯本和整个葡萄牙。届时我当与陛下会商对该国的处置,但无论如何,宗主权是属于你的。"他所以采取这种外交手段,包含着麻痹敌人和分步克敌的阴谋,是要首先假道西班牙进攻葡国,同时获得进军西班牙的允诺,以便顺利地完成吞并半岛的第1步任务。

1807年10月22日,法国正式向葡萄牙宣战。27日,拿破仑签署了由他本人和西班牙国王商订的不可告人的《枫丹白露密约》。根据这一条约,葡萄牙及其殖民地将按拿破仑的意志瓜分,西班牙只享有名义上的宗主权。10月31日,拿破仑给朱诺下达了关于攻占葡萄牙的详细命令。朱诺随即出兵,横越西班牙领土,于11月30日进抵葡都里斯本。葡萄牙摄政王自知力不能敌,率领着王室成员和王国小朝廷,在英国海军的帮助下,于首都陷落前3天泛海出逃,后来将流亡政府迁到了巴西。葡萄牙落入法军手中,它作为一个独立国家在欧洲的地图上暂时地消失了。

葡萄牙既已到手,拿破仑紧接着便以武力进占西班牙。法西两国瓜分葡萄牙的秘密协定,从签署开始就成了废纸。拿破仑早在朱诺于11月初出兵之时,即在巴荣纳继续组编新的军队。由杜邦将军指挥的1个军约3万人,便是后来所谓"西班牙军团"的前锋部队,以支援朱诺的"葡萄牙军团"为名,很快进入西班牙境内。随后,由蒙赛元帅指挥的1个军约2.4万人,继杜邦军开入西境。12月,葡萄牙方面的战事已经暂时结束,而法国的两个军却不停地开进,到1808年1月底,分别抵达瓦里阿多里德和布尔戈斯。2月,由迪埃斯梅将军指挥的另1个军约3万人,竟从比利牛斯山靠地中海的一端进入西班牙,占领了加泰罗尼亚地区。贝西埃元帅指挥的近卫军3万余人,作为后援部队进至布尔戈斯。法军这种明目张胆深入践踏西班牙国土的行径,自然要引起西班牙政府和人民的警觉和反感。

到得此时,拿破仑武装进占西班牙的部署基本完成。他随之也把假面具揭下来了。2月20日,他任命其妹夫缪拉元帅以皇帝副帅的身份统一指挥西班牙境内的全部法军(此时约为11万余人),在维多利亚开设司令部,率军进入马德里。3月9日,法外交大臣奉命向西班牙政府解释,说什么法军5万人将取道马德里去围攻直布罗陀。这样,拿破仑派兵进占西班牙的阴谋便完全暴露无遗。腐朽昏庸的西班牙王室,在强大的法军面前完全无能为力。他们没有组织对法军的抵抗,在民众开始暴动的情况下,国王查理四世被推翻,由他的长子阿斯图里亚斯亲王继位,称为费迪南七世。3月24日,费迪南七世登位刚刚几天,缪拉便率领着蒙赛和杜邦两个军进入了马德里城,同时在各处抢占军事要地和交通干线。

法军进占马德里后,西班牙政府实际上就不存在了。拿破仑并不准备承认刚即王位的费迪南七世。他以调解纠纷为名,把全体王室成员都召集到法国,先是强迫费迪南把王位还给他的父亲,进而威胁查理四世再次退位,并把他们分别软禁起来,而宣布自己的哥哥约瑟夫继任西班牙国王。这是一个骇人听闻的政治诈骗,它是在法军对马德里实行军事占领之后发生的。7月21日,约瑟夫到达马德里,开始法国波拿巴家族对西班牙的一段统治。西班牙国家和人民,由此陷入水深火热的武装斗争之中,被迫作出了巨大牺牲。进攻西班牙的大量法军,则长期跋涉于异国他乡,许多官兵为拿破仑的侵略战争献出了宝贵生命。

扑不灭的游击战烈火

　　法军赤裸裸的侵略行径,强盗式的军事占领,激起了西班牙人民的极大愤慨。他们不能接受法国佬的奴役和压迫,纷纷起来反抗。1808 年 5 月 2 日;马德里的爱国者首先举起义旗,成千上万的群众拿起武器走上街头,同侵略者展开了英勇的搏斗。这次起义,尽管因为组织涣散和装备太缺而很快被镇压下去,但 2000 多平民的惨死却起到了唤醒人们觉悟的巨大作用。拿破仑废黜西班牙国王的消息传来,新任国王的随后到达,使得西班牙人民更加义愤填膺。各地人民纷纷拿起武器,到处掀起了反对法军占领的游击斗争。在人民英勇抗敌的感召下,忠于前国王的一些军队,以及各省的政务会(西班牙语称"洪达"),也大多参与了反法斗争的阵营,有的甚至起着组织抵抗的核心作用。随着事态的发展,各地的爱国者开始采取联合行动,相互配合打击敌人,从而不断发展着如火如荼的游击战争,使整个国家完全处于反抗法国侵略者的战争状态。

　　对于西班牙人民的愤怒和反抗,拿破仑是始料不及的。他原以为,属于波旁王朝世系的西班牙王官,早就腐朽不堪了。它的宫廷不睦,父子争权,宠臣弄术,已经把一个国家弄得混乱不堪。在这种情况下,他这个威震全欧洲的法国皇帝,只要略施小计,并派去十几万大军,一定可以轻而易举地把西班牙慑服。可是,他的算盘打错了,侵略政策和高压手段带来了严重的后果,在人民游击战争面前,向来号称不可战胜的法军,开始节节败退了。其中最突出的事例,是 7 月 19 日法军在拜兰地区的惨败。当时,杜邦率军南下,目标是想抢占西班牙南部地区,得手后再去攻取直布罗陀。西班牙的爱国将领卡斯特罗将军,率领 25000 万余人,事先于安达卢西亚省占据希拉莫雷纳山隘等有利地形,在拜兰地区发动了对杜邦军的围歼战。由于交通线已被切断,在弹尽粮绝、饥渴难耐的情况下,杜邦走投无路,率领 1.9 万人投降。这个深被拿破仑器重的将军缴械投降,轰动了整个欧洲。它第 1 次打破了法军不可战胜的神话,显示了民族解放战争的巨大威力。尽管法军在其他地区也取得不少胜利,但拜兰之战激发了西班牙人民的斗志。此后,西班牙爱国者在各地纷纷出击,迫使法军各路分兵,疲于奔波,时有挫折,穷于应付。在游击队力量的打击下,约瑟夫忧心忡忡,被迫于 8 月 2 日撤出马德里。西班牙战场的情况顿时变得非常严峻和复杂了。

　　面对这一形势,拿破仑不得不亲自出马。他为此做了详细筹划:首先,指示西班牙境内的法军采取缓兵之计,牢牢固守战略要地以待援军到达,并做好再战准备;其次,抓紧时间安排好欧洲中部事务,并邀请沙皇亚历山大到埃尔富特来会谈签约,决定共同对付奥地利的政策,以解后顾之忧;接着,重新部署兵力,除留下 7.5 万余人驻守莱茵地区之外,命令第 1、第 5、第 6 军和 3 个骑兵师从德意志地区撤出,以最快速度进军比利牛斯半岛,并在巴荣纳新编 1 个攻城纵队,尽快做好战斗准备。这样,到 11 月 5 日,拿破仑便率领一大批随从，浩浩荡荡地奔赴西班牙前线。此时，他仍然是志得意满的，手中握有19万余人的大军（包括原先进入西班牙的3个军在内），认为很快就能收复马德里，而后挥军出击，歼灭所有的反抗者，一劳永逸地收拾好西班牙战场的残局。

由于拿破仑的到来，也由于法军的强大实力，分散作战的西班牙部队，特别是零星的游击队伍，当然无力阻止敌人的开进。12月4日，法军再次攻占了马德里。西班牙军民的抵抗力量在许多地方受挫和败逃。可是，挫折与失败并没有使西班牙人民气馁，广大民众仍然不屈不挠，团结奋战，坚持用游击战到处袭扰敌人，给法军以出其不意的打击。正如马克思所指出的那样，在西班牙土地上，"每一部分都洋溢着反抗力量。"

游击队的四处活动，使得法军不能派出信使，相互之间无法进行联络。拿破仑曾为此而发过哀叹，说"敌人游击队的活动实在难以捉摸"，说他们"突袭我的军事岗哨、辎重和信使的事件日益频繁"。正是西班牙人民这种灵活机动的游击战，把入侵的法军打得坐卧不宁。据说，当时在西班牙境内广泛地流传着一种《特殊问答》："你是谁？上帝恩赐的西班牙人。谁是你的敌人？拿破仑。他从哪里来？他从罪孽中来。法国人怎么样了？原来是基督教徒，现在成了异教徒。西班牙人为他们服务将会怎么样？那就是叛徒，应该一律处死。杀死法国人有罪吗？不，按上帝旨意，罪有应得。"这种公开的宣传攻势，震撼人心的喊话问答，曾使法军官兵闻之丧胆，大挫士气。法军兵力上的优势，在敌人游击战的海洋中，终于失去了以往同正规军作战所显示的作用。

西班牙人民的游击战火越烧越旺。拿破仑对于这一难题也已束手无策。然而，正当他苦心谋划下一阶段的进剿行动时，欧洲腹地传来了新的消息，奥地利开始集结军队，准备对法国进行报复。拿破仑有些困惑，又面临新的难题：可能要进行两线作战，而主要战场自然是在欧洲腹地。于是，他顾不得眼前战场的残局，在西班牙停留不到3个月，于1809年1月匆匆离开瓦利阿多里德，把作战指挥权交给贝尔蒂埃，自己快速度赶回巴黎。

没有拿破仑坐镇的西班牙战场，随之又失去了有权威的统一指挥，从此更加陷入无法摆脱的困境。西班牙人民愈战愈勇，作战规模和成果都不断发展着。游击队和原政府军日益强大，在英国远征军的援助和配合下，经过延续6年的艰苦搏斗，拖住了拿破仑的几十万精锐部队（最多时达到30万人），连续挫败了法国著名元帅马塞纳、内伊和苏尔特等人的威风，最后收复了首都马德里。1813年末，所有侵西的法军，终于被全部赶出了国境。西班牙人民恢复了战前的王国，并把王位奉还给了费迪南七世。从1807年法军入侵开始的半岛战争，真正成了敌人以任何烧杀手段都不能摧毁人民抵抗精神的战争，是西葡两国人民运用游击战手段赢得最后胜利的民族解放战争。

英国获得进攻法国的基地

拿破仑对伊比利亚半岛发动进攻，还有一个重要目的是阻碍英国势力向半岛的扩张发展。然而事与愿违。法军进占葡萄牙和西班牙后，英国政府有了借口，因而于1808年

6月做出决定,派遣一支远征军进入伊比利亚半岛。其任务最初不过是阻止法军占领大西洋沿岸的重要港口,后来随着形势的发展,远征军深入到半岛内地,支援和配合葡西两国的武装力量,共同开展反对拿破仑的战争。8月,英军中将阿瑟·韦尔斯利爵士受领远征军指挥职务,率军1.7万人,在葡萄牙的蒙德戈河口登陆,随后向里斯本进军。8月17日和21日,韦尔斯利两次大败法国朱诺统率的葡萄牙军团,进入里斯本,签署协定,迫使朱诺率全部军队由海路撤回法国。远征军的初战胜利,鼓励了英国人对于支援半岛战争的信心和欲望。由于掌握着制海权,英国海军能够自由地向比斯开湾和大西洋各港口运送兵员和武器弹药等物资,用以维持英国远征军和葡西两国开展抵抗运动。于是,英国与葡西两国在半岛的军事合作得以不断发展。

英国远征军在半岛参与抗法作战的历程也是随着战事的发展而几经变迁的。进退攻守,胜败得失,在斗争中有过不少波折。1808年秋,韦尔斯利获胜以后,英军迅速增加到了3.5万人。但是,他的指挥官职务被皇家近卫军老将约翰·摩尔爵士所取代。韦尔斯利返回本国继续担任他原先的行政职务。摩尔奉命进军西班牙,与前王国的政府军协同作战,抵抗法军的大举进剿。当年12月,英军3万余人顺利东进,在中旬连续占领萨拉曼卡、萨莫拉等地区,并在萨阿贡大败苏尔特军的骑兵部队。但由于拿破仑亲自率军支援,并切断其通往葡萄牙的退路,摩尔率军后撤,在拉科鲁尼境内作战时,不幸身负致命重伤。因此,英军对西班牙法军的第1次进击,最后遭到了失败。

1809年4月,韦尔斯利重新来到里斯本,接替亡故的摩尔担任英军指挥官。由于葡萄牙军很快与英军合编成旅,韦尔斯利实际上也成了葡军的司令。在以后的5年中,他多次领军出击西班牙,又多次退还葡萄牙休整,配合西班牙军队和人民进行了反抗法国侵略者的游击战争。1809年5~6月,韦尔斯利率领英葡军队出击,把苏尔特元帅率领的全部法军赶出了葡萄牙境内。7月,他同西班牙老将军库斯塔采取联合行动,取得了塔拉韦腊作战的巨大胜利。1810年,他挫败了马塞纳和内伊再次进攻里斯本的计划,使进攻的法军连遭失败而退。1811年,在弗温特斯德奥尼奥罗的战斗中,又一次打败马塞纳指挥法军的进犯。同时有一部分联军在巴达霍斯地区挫败了苏尔特部队的进攻。1812年,由于法国侵俄战争爆发,西班牙境内的部分法军相继调走,韦尔斯利率军向西班牙境内出击,在萨拉曼卡附近大败马尔蒙,使这位接替马塞纳担任前线统帅的著名元帅身负重伤而逃。他乘胜追击,进占马德里,但考虑到当时的战场形势复杂,认为还不到同法军进行决战的时候,便又主动撤回葡萄牙。

1813年,随着欧洲战局的发展,拿破仑对西班牙的战事根本无力顾及,韦尔斯利制定了进攻西班牙法军的周密计划。他率领英葡军队出击,配合西班牙的政府军和游击队实行反攻。首先在维多利亚大败齐巴部队,迫使他们退向法国边境;而后在西法边境的比利牛斯山边区,连续重挫苏尔特部队,迫使法军全部退入法国本土。在此同时,他还协助前国王费迪南七世进行复辟,恢复了战前的西班牙王国。这样,由韦尔斯利率领的英国远征军,以同盟者的身份在西班牙王国境内同法军作战,同时也就获得了下一阶段直接进攻法国的可靠基地。1813年10月,威灵顿(韦尔斯利此时因功晋升为威灵顿侯爵,不久又封为公爵,升为陆军元帅)从西班牙出发,率军北上,越过比利牛斯山,在法国境内作战,配合了第6次反法联盟对法国本土的进攻。

西班牙人民的游击战争,使法军遭受了重大的损失。当时流行着一种说法,法军在西班牙战场的不断损失,是长在法兰西帝国身上的一个"脓疮",并终于化成一块"溃疡"。这块"溃疡",不断地腐烂着,扩大着。它侵蚀了帝国的机体,消耗了大量的人力和物力,使得拿破仑的大量军队长期被困在伊比利亚半岛,使得拿破仑在尔后的年月里一直面临着两线作战的困境。法军所以失败,原因是多方面的,从总体上说,大体有以下几点。

一是侵略战争扑灭不了任何民族反抗压迫的革命怒火。拿破仑入侵葡西之战,采取了明火执仗的军事进攻和欺骗恫吓的政治讹诈手段,是一种赤裸裸的强盗行径。它公开违犯了国际公法和人类道义准则,从表面上看,似乎只是为了夺取王位和控制领地,为了某些经济利益,而实际上,却是对别国民族的生存权和自尊心的践踏,其最后结果,则是对别国广大人民群众的压迫和奴役。因此,它不能不引起被压迫民族和被掠夺人民的强烈反抗。半岛战争的事例表明,过去何等强大的法国军队,一旦师出无名,完全为了掠夺和压迫别的民族和人民去作战,结果也就丧失了以前那种无与伦比的作战能力。在这场侵略战争中,法军对于奋不顾身以求生存的反抗者,终究是砍杀不完,歼灭不了。他们面对四处蜂起、八方出击的游击队

威灵顿公爵

和游击斗争,最后也不免陷入困境,以致落得引火焚身。誓死反抗侵略和压迫的民族是永远不能用武力征服的,这是历史发展的逻辑。

二是英军的介入起了坚持抵抗的重大作用。在葡西人民反抗拿破仑入侵的战争中,英国远征军是一支重要的骨干力量。威灵顿率军进入半岛以后,对赶走葡萄牙境内的法国部队,加强和巩固葡萄牙的反侵略力量,曾起了决定性的作用。此后,他率军东进西班牙,对协助西班牙政府军和人民游击部队抗击法军的进剿,以及主动打击法国的驻防部队,也有不可磨灭的历史功绩。可以说,如果没有英军的介入,半岛战争的发展可能困难更大,战争胜利的到来也许要拖长一定的时间。事实表明,从1809年到1813年,在葡西境内打败法军进攻的大多数战斗中,差不多都有英军配合作战,有时还是他们起着主导作用。

三是法军缺乏坚强统一的领导,元帅们互不团结,不能协调一致地配合作战。半岛战争爆发以后,由于逐次增减兵力和调整部署,几经挫败和重新策划进攻,使得法军的领导体系和作战指挥屡经变易。开始时,以新任国王约瑟夫为名义上的总司令,茹尔当元帅当他的参谋长,两人都属平庸之辈,在法军中根本没有威信。独立指挥各军单独作战

的元帅们,压根儿瞧不起他们。对于来自马德里的命令和指挥,元帅们往往置之不理而各行其是。后来,马塞纳,内伊,马尔蒙和苏尔特等元帅,相继担任过指挥前线作战的统帅。他们各有特长,但历来不相统属,只是对拿破仑个人负责,而且彼此之间有不少私人恩怨,互争短长,各不服气。这种关系妨碍了他们在作战中的合作与支援。另外,伊比利亚半岛的地理环境也对作战指挥带来了不利影响。那里的山脉与河流使作战地区分成多块,相互隔绝,不利于军队的协调行动,但却便于各战区指挥官进行单独决策,各自为政。他们多从自己的方便出发采取作战行动,对于战场全局,以至整个战争的形势和利益,往往有所忽略。这样就造成了各区独立作战而缺少整体配合的局面。其所以如此,当然还是整个法军没有坚强统一的领导,是拿破仑军事领导体系中没有建立有效的机制,换句话说,只要拿破仑本人不在,他的军事机器就会发生故障。

第五次反法联盟与第四次法奥战争

1809 年 4 月,奥地利为报三次失败之仇,主动向法国发起进攻。已把大部分军队投入西班牙战场的拿破仑,被迫进行两线作战。法军匆匆集结和走上前线,在 4 月中下旬连续实行五次进攻战,又一次迫使奥军放弃进攻而转入退却。法军乘胜追击,于 5 月 13 日再占维也纳。5 月 21~22 日,双方争夺阿斯佩恩和艾斯林,法军首次败绩。拿破仑退守洛鲍岛,经过积极准备,复于 7 月 4 日夜巧渡多瑙河,随后赢得了 7 月 5、6 两日进行的瓦格拉姆会战。奥地利又一次战败投降。奥英两国结成的第五次反法联盟也随之破灭。拿破仑在这次战争中的战略部署和指挥艺术,特别是对主动进攻之敌抢先攻击和败而不乱的再战决策,仍然在战争发展史上留下了有益的经验。

1809 年初的欧洲形势

1809 年初,欧洲大陆又出现了变幻莫测的政治局势,战争风云重新翻滚起来了。人们翘首望着法国和西班牙,半岛战争拖困着大量的法军。尽管拿破仑亲自在前线督战,而法军仍然不断遭受挫折。看来,那里的战事是一下子结束不了的。葡萄牙和西班牙军民英勇抗法斗争的榜样,激励着一切渴望制服拿破仑的旧日王公,特别是那些被拿破仑用苛刻条约所束缚的战败者。欧洲列强之中,俄国暂时维持着与拿破仑结盟的关系,普鲁士还被压迫得喘不过气来,因而带头活跃起来的,是资产阶级掌权的大不列颠王国和志在复仇的奥地利帝国。

当时,掌握着制海权的英国,已经基本上克服了拿破仑实行"大陆封锁"给它造成的困难,并在经济上又有新的发展,因而现在反了过来,可以重新同法国争夺大陆的控制权。英国政府早在 1808 年秋即做出决定,派出远征军同葡萄牙军民并肩作战。在援葡抗法的名义下,韦尔斯利中将率领远征军在葡萄牙登陆,打败法国入侵部队,收复了里斯本。到 1809 年初,英国远征军已增加到 4 万人左右,不仅协助葡萄牙的游击部队积极防卫着本土,而且奉命进军西班牙,协助西班牙军民开展抗法斗争。英国人参与半岛战争的决心和行动,特别是远征军打败朱诺部队的重大胜利,对欧洲大陆的封建王侯,以及不满于法国革命和拿破仑统治的人们,产生了巨大的鼓舞作用。

经过3年休养生息的奥地利人,完成了重新整训军队的工作,正在扩军备战,决心要报3次大败特别是奥斯特利茨惨败的深仇。他们眼看拿破仑的一只手已经在西班牙战场被绊住,认为良机已到,决心尽快发动进攻,要同拿破仑进行又一次重大较量。因此,革命后的法国同奥地利之间的第四次战争,也就随着奥地利军队作战计划的执行而提上了日程。

共同的敌人与相互借重才能得到的利益,又一次把英国和奥地利联合起来了。它们为了打败法国,制服拿破仑,于1809年1月正式结成第五次反法联盟。英国提供若干财政援助,奥地利出兵打仗,以期重新改变欧洲的政治地图。

与此同时,法国内部的情况也在发生变化。本来,对于入侵葡西两国的战争,政府大臣中多有怀着不安情绪的。立法院主席戈塔内曾公开向拿破仑表示忧虑,说大家心里都"惶恐不安"。海军大臣德克雷在私下议论中,指说"皇帝疯了","他将自取灭亡,而我们所有的人都将跟他一起灭亡。"法军在伊比利亚半岛的失败,打击了拿破仑帝国的威望,加深了法国人对国家前途的担心。根据确切情报,整个一生"都在出卖那些收买了他的人"的前外交大臣塔列朗,和警务大臣富歇正在联合起来,策划着如何出卖拿破仑。法国政局的发展,似乎很难预料。

对于欧洲政局的动荡,战争风云的涌现,拿破仑当然是有觉察的,并开始筹划对策。他在到西班牙去之前,专门约请沙皇亚历山大来埃尔富特举行会谈,希望俄国保证,在法奥之间再次发生战争时亚历山大站到拿破仑方面。然而,这位盟友并未明确表示态度。作为回答,拿破仑也在普鲁士问题上没有对沙皇做出保证。沙皇的冷漠说明了法俄联盟的脆弱性。俄国同奥地利、普鲁士之间的秘密勾结,拿破仑是非常清楚的。他急于亲赴前线,就是要尽快收拾西班牙战争的残局,以便回头处理对付奥普俄的问题。

可是,到1809年初,欧洲形势的发展对拿破仑却更加不利了:半岛上的战争根本无法很快结束;英国远征军已由葡萄牙向西班牙境内开进;重新武装起来的奥地利正加快准备复仇;德意志境内开始发生反法骚乱;他的统治集团中也出现了惶恐情绪和叛离活动。总之,在整个大陆和法国内部,不安的因素在增长。拿破仑权衡利弊,下决心丢下半岛战争这个烂摊子,把作战指挥权交给西班牙国王约瑟夫,自己于1809年1月24日匆匆赶回巴黎,以便安抚和整顿内部,并准备对付奥地利的战争。

奥法双方走上战场

拿破仑返回巴黎,通过情报获悉奥军动态的最新消息,确信又一场战争已经不可避免。于是,他立即颁发征兵令,提前征召1810年度的新兵10万人入伍。同时下令各附庸国为他提供10万人的部队,预计在3个月内集结兵力约30万人,用于对奥作战。为了这一目的,法军在2~3月间紧张地进行了新兵入伍、接收补充和连队培训等大量工作。到

3月末，原来只剩7.5万人的"莱茵军团"，便基本上完成了扩充和改编任务。诚然，由于补充的新兵太多而久经战阵的老兵大减，同时还新增了来自附庸国家约7万人的外籍士兵，法军的战斗力如何，能不能承担未来的作战任务，人们是有过担心的。

根据拿破仑的指示，扩充了的莱茵军团首先编成了5个军：第2军，下辖3个步兵师、1个骑兵师，共4.6万人，由拉纳指挥；第3军，下辖4个步兵师、2个骑兵师，共5.1万人，由达乌指挥；第4军，下辖4个步兵师、1个骑兵师，共3.5万人，由马塞纳指挥；第7军（巴伐利亚军），下辖3个步兵师、1个骑兵师，共3.4万人，由勒费弗尔指挥；骑兵军，下辖4个骑兵师，共6000人，由贝西埃指挥。此外，皇帝已于3月24日下令，将近卫军（步兵1.8万人，骑兵4000人）从西班牙前线调回。为了保护后方交通线和翼侧的安全，巩固占领地区，牵制奥军的行动，还决定组建第8、第9和第10军，分别由奥热罗、贝尔纳多特和路易·波拿巴指挥。

这样，拿破仑预计，到4月中旬，可以用来对奥作战的兵力将有约20万人。据他判断，奥军发动进攻的日期，可能要在4月15日以后，因此决定将法军集结地区选在累赫河西岸与多瑙河北岸沿线，以斯特拉斯堡为主要补给基地，奥格斯堡和英戈尔施塔特为前进补给基地，利用多瑙河进行补给运输。当然，要完成新军的组建、调集和全部兵力的部署，任务非常艰巨，时间极为紧迫，还有敌情的变化未可预料。

事实上，局势的发展也确实出乎意料。法军还没有来得及按拿破仑的决心集中起来，奥地利军队就在卡尔大公的指挥下行动起来了。1809年4月9日，奥军不宣而战，首先发起进攻，走上了战场。

奥地利这次发动的对法战争，要比以往3次都得人心。这是因为，拿破仑的大陆封锁法令颁行以来，奥地利在商业和税收上遭到了巨大损失，商业资产阶级和全体消费者都产生了对拿破仑的不满情绪，因而一致拥护对法作战。同时，为了洗雪奥斯特利茨的耻辱，奥军在卡尔大公领导下进行了部分的军事改革。比如：军队设置了总司令部，把部队编成为军，建立了预备兵役制度，每个团的征兵区每年有接受3个星期义务训练的2个营，正式建立后备军，把分散的骑兵编成独立的师或团，把分散在步兵中的炮兵编成联队，组建了工兵团，改善了后方勤务，等等。经过改革的奥军，战斗力有很大提高。因此，它这次对法作战的准备是相当充分的，而且先于法军集中了兵力。

奥地利宣布对法战争时，全国共有兵力约50万人，除去预备队和各地守卫部队外，直接用于对法作战的兵力可达26万人，有火炮790门，编为9个军，由卡尔大公担任统帅。另有两个军约10万人作为预备队，分别驻守加利西亚和保卫维也纳。但后来真正参与对法作战的兵力则为19.5万人。当时，卡尔大公鉴于自己处于有利态势，决定采取先发制人的作战方针。他预计拿破仑不可能很快向多瑙河上游增加大量兵力，因而急速发兵，朝累赫河与多瑙河挺进，目的是把驻地分散的法军割裂开来，予以各个击破，争取在拿破仑赶到之前把法军打垮。为此，分兵两路：卡尔亲率主力约14万余人为左路，在帕骚与布劳瑙之间渡过因河，尔后向伊扎尔河开进，并分出一部开向慕尼黑；柯罗华特伯爵率5万余人为右路，沿多瑙河北岸向累根斯堡开进。

面对这种形势,法军的境况非常不利。拿破仑还在巴黎,军团的代理指挥官贝尔蒂埃也远在斯特拉斯堡。达乌的第3军正从纽伦堡向累根斯堡开进;拉纳的第2军在累赫河上的奥格斯堡;至于近卫军,则在从西班牙开来的途中。其他各军相距更远,有的连拿破仑关于迅速集中的命令都还没有收到。就这样,在4月9日奥军出击时,法军分散在约150公里的平面上,可用来作临战准备的时间非常有限,但是值得庆幸,志在先发制人的卡尔大公,却仍然没有改变过去那种彷徨犹豫、进军迟缓的老习惯。他的挥军挺进,只不过是缓缓地向西开拔而已。行军中不断地左顾右盼,既害怕法军很快集中,又担心防守维也纳的兵力薄弱。这样一来,他自己为拿破仑加速调动法军提供了宝贵的时间,同时又把自己的部队搞得非常疲惫。

法军初战获胜

奥军于4月9日而不是4月15日以后发动战争,对拿破仑来说是一次谋略上的失算,自然要给法军的作战部署带来颇大影响。但他作为战略家,仍然不失统帅风范,没有因为事出意外而惊慌失措,却又一次成功地利用了敌军指挥上的错误。尽管并未掌握敌军详情,拿破仑还是果断地下了决心,改变了原先在累赫河与多瑙河沿线组织防御的计划。他要变被动为主动,转守势为攻势,于是决定:以第3军与敌保持接触,缓缓地由累根斯堡撤退,沿多瑙河北岸退到诺伊施塔特,引诱敌人继续深入,在诺伊施塔特与第7军会合,尔后协同该军在正面抗击奥军的进攻;与此同时,以第2军和第4军分别从奥格斯堡出发,不顾连续行军的疲劳,迅速前出到伊扎尔河上的弗莱辛与兰夏特之间,攻击奥军的侧后,切断其后方交通线,造成有利态势,力求在多瑙河与伊扎尔河之间与奥军主力进行决战。

拿破仑于4月13日离开巴黎,17日凌晨4时抵达多瑙沃尔特,上午10时,给各军分别发出了改变原来决心的命令。当天夜里,奥军的4个军在兰夏特与弗莱辛之间渡过了伊扎尔河。与此同时,法军马塞纳指挥的第4军和拉纳指挥的第2军,开始从奥格斯堡开出。随着第4、第2军开出后,拿破仑将大本营前移到英戈尔施塔特。由于双方相向开进,而且彼此交错,法奥两军的战斗,紧接着便全面展开了。4月19日~23日,双方在阿本斯贝格、泰根、兰次胡特、埃克缪尔和累根斯堡,连续进行了5次血战,结果都以法军的胜利而告终。奥军总计损失约5万人,被迫从进攻转入退却,而法军虽然也有颇大伤亡,但却扭转了被动局面,转入了全面进攻。

初战的胜利,有效地检验了法军的战斗力。他们虽然新兵成分较多,而顽强勇敢的战斗作风却仍由老兵保持并传给了年轻的士兵们。拿破仑及时改变决心,采用正面牵制与侧后迂回攻击相结合的战术,对争夺胜利起了重大作用。这次被称之为"兰夏特行动"的大规模行动,同样是以部队不顾疲劳的急速行军和断敌退路为特点,是法军总体素质颇高的体现。还值得一提的是,在强攻累根斯堡时,拿破仑脚部负伤,但他深知统帅在关键时刻的作用,因而只作简单包扎,仍然继续指挥战斗,并严禁侍从人员向外泄露此消息,以免扰乱军心。而在进入累根斯堡接受部下的欢呼时,他忍着伤口的剧痛,微笑着频频还礼。当然，这只不过是一件小事，但却反映了法国皇帝身居一线并以身作则的指挥作风。

法军初胜以后，立即乘胜追击。他们沿多瑙河而下，在艾别尔斯堡赶上了奥军的后卫部队，又取得一次胜利。但是，从奥军的作战行动可以看出，卡尔大公并不打算进行决战，因为他把维也纳城也主动放弃了。5月13日，法军没有经过激烈战斗便轻而易举地占领了奥地利首都。弗兰茨皇帝又像1805年那样，带领王室成员和政府，随着军队的撤退而逃跑了。

争夺阿斯佩恩和艾斯林

但是事实表明，撤退的奥军并没有遭到致命的打击。在连续几次血战中，他们打得相当顽强和英勇，与马伦戈和奥斯特利茨作战的情况相比，应该说是大有进步。在卡尔大公的统率下，几次败退都是有秩序地撤走的。这一次，卡尔大公把部队从维也纳撤出，退到多瑙河左岸，其意图非常明显，那就是不愿意在首都附近决战，而有着新的预谋。卡尔深知，旷日持久对拿破仑不利，因而在撤退时毁掉了多瑙河上的所有桥梁，准备作持久的周旋。而拿破仑呢，他想再打一次奥斯特利茨式的会战，于是决心尽快渡河，寻求与奥军决战的机会。

在维也纳附近和下方，多瑙河被一些小岛分割了，形成几条支流。河中的岛子很多，其中最大的一个叫洛鲍岛。该岛与多瑙河左岸之间的河流比较狭窄。河的右岸这边是一层浅滩，河床平缓，并有两个小岛把大河分成为3条流速比较缓慢的支流。河对面，也即左岸大约3公里的地方，一东一西地并列着两个小小的村庄，分别叫作阿斯佩恩和艾斯林。撤过多瑙河的奥军，就在这两个小村庄后方的高地上组织防御，其阵地正好俯瞰着附近一线的多瑙河沿岸。

拿破仑决心渡河，并选择了经由洛鲍岛过河的路线。这是因为，要想渡过河去，在维也纳大桥被炸毁以后，通过洛鲍岛南侧的3条支流，尔后再由洛鲍岛渡过另一条支流，是现地最可行的路线。为此，拿破仑动用了68条大船和9个大木筏，在洛鲍岛南面的3条支流上架设起浮桥。5月17日，法军安全地渡到了洛鲍岛，仅用四天时间就完成了渡河的第1步任务。随后，拿破仑命令在洛鲍岛北侧的多瑙河主流上架设轻便舟桥。由于缺乏制式材料，舟桥只能架成一座。21日清晨，法军开始从洛鲍岛渡河。拉纳的第2军奉命先行，其后是马塞纳的第4军。第2军渡过河后，即刻抢占阿斯佩恩和艾斯林，以掩护后续部队继续渡河。

法军第二阶段的架桥和渡河行动，完全是在对岸奥军的监视之下进行的。卡尔大公看到，法军在洛鲍岛与左岸之间这个水流湍急的多瑙河主流上，只架设了一座轻便浮桥，步兵渡过该桥尚且小心翼翼，骑兵和炮兵要通过它，其困难就不必多言了。据此，卡尔决定，先不忙于发起攻击，待到法军渡过一半兵力之后，再迅速毁掉桥梁，力求全歼已经渡过河来的大约一半法军。他随即下令，在河的上游准备好装上重物和纵火物的船只，以便在适当的时候由上游放下这些船只，一举冲毁法军的舟桥。为了不致暴露意图，他还命令主力注意隐蔽,暂时躲在阵地内,只以部分骑兵佯作抵抗,并逐次后退以引诱法军慢慢深入。

5月21日,中午12时左右,拉纳军的两个骑兵师和马塞纳的4个步兵师,共约3万多人,已经渡到了河的左岸。拿破仑本人就在第1批过来的部队当中。对于奥军的沉寂,他开始感到有些疑惑,但并不了解奥军主力是否就在附近,于是命令法军抢占阿斯佩恩和艾斯林,加紧构筑工事。直到下午2时左右,奥军才突然地采取行动。卡尔亲率奥军8万余人,对3万余名法军陡然发动进攻,其主要攻击方向,正是指向阿斯佩恩和艾斯林两个村庄,借着骑兵的掩护,奥军的火炮在阿斯佩恩和艾斯林之间占领了有利的阵地。这些阵地多是石质建筑物和有围墙的花园,便于以火力威胁正在坚守阿斯佩恩和艾斯林的法军,支援步兵和骑兵的冲击。这样,双方便围绕这两个居民地展开了激烈的争夺战,其攻击的猛烈程度和防御的顽强程度,在战史上几乎都是没有前例的。

在争夺过程中,两个居民地曾经几次易手。当时,奥军展开在居民地之间的火炮,给法军造成了很大伤亡。为此,拿破仑集中了已经过河的所有骑兵,决心搬掉这些火炮。经过几场拼搏,法军骑兵受挫,而奥军则进一步向河边压挤过来了。恰在这个时候,卡尔大公按其预定计划,利用阿尔卑斯山雪水融化而不断上涨的河水,从上游放下装有纵火物的船只,毁掉了法军与洛鲍岛之间唯一的一座舟桥,完全切断了法军后援、补给和撤退的道路。对于两个居民点的争夺,一直持续到夜幕降临。法军在左翼和中央的部队,都被奥军逼到了河边,只有右翼顶住了进攻,艾斯林仍然掌握在拉纳手中。待到天黑,双方只好暂停战斗。

拿破仑抓紧夜间时光,迅速组织力量修复舟桥,并把滞留在洛鲍岛上的法军调过河去,增强了北岸的部队。到天亮时,北岸的法军增到近7万人。5月22日,双方继续争夺阿斯佩恩和艾斯林。战斗一开始,奥军攻克了法军控制的艾斯林,而法军则重新夺回了被奥军占去的阿斯佩恩。真是巧妙的调换。尔后就展开了争夺这两个居民点的拉锯战,拼搏愈演愈烈,双方都用刺刀冲杀。最后,两个村庄都落到了奥军手中,奥军占领两个居民点后,立即将火炮机动上来,凭借有利地形,从左右两翼对法军进行交叉射击,迫使法军开始后撤。

可是,拿破仑并不甘心失败。他曾试图从中央突破,以求扭转被动局面,于是,集中了大约两万名步兵、200门火炮和几乎全部骑兵,形成1个大纵队,命令拉纳率领,从战线中央部位实行孤注一掷的进攻。攻击开始时,眼见发展顺利,曾经在战线的中央打开一个缺口,并已推进到奥军纵深中的预备队阵地。法军似乎又有了转败为胜的希望。然而,卡尔大公这一次却表现得异常的冷静和沉着。他迅速地把预备队的掷弹兵和骑兵统统调了上来,很快就制止了法军向纵深和两翼的扩张。法军遭到了敌军预备队的反击,密集的纵队不得不停止前进。这时,奥军迅速而又充分地利用了对它有利的时机,集中炮火对法军的密集纵队进行集中射击,以骑兵实施猛冲猛杀,终于迫使法军仓皇后退。奥军得势,乘胜追赶,并从法军右翼对整个战线进行迂回,用炮火集中轰击法军通向洛鲍岛的舟桥,使得成群成群的法军士兵倒毙于桥头。

当奥军步步逼近、法军逐渐后撤的时候，又一个灾难性的消息冲击了法军。架设于洛鲍岛与多瑙河右岸 3 条支流上的浮桥，又被奥军乘洪水放下来的树木和装载重物的船只冲毁了。这样一来，法军由洛鲍岛到多瑙河南岸的道路，由维也纳提供补给物资的交通线，一下子被破坏了。看到部队惨重的伤亡和奥军愈来愈猛烈的攻势，听到浮桥被冲毁的消息，连久经战阵的将军们，也都感到不寒而栗。可是，如同在艾劳作战时一样，拿破仑却丝毫不以为意。他毫不气馁，沉着地指挥着战斗，又一次用自己钢铁般的意志稳定了部队。

退守洛鲍岛后的应变措施

然而，战局的发展毕竟对法军极为不利。眼见两天的作战已经付出重大代价，而且一时很难有取胜的把握，士兵们实在是疲劳不堪，加之有可能长时间失去与右岸的联系，拿破仑终于做出了艰难的抉择：后撤。5 月 22 日下午 2 时左右，他命令马塞纳率部担任后卫，全军退往洛鲍岛。马塞纳指挥的后卫战是打得非常顽强的，战斗一直延续到深夜，掩护最后一批法军撤下了洛鲍岛。

著名的阿斯佩恩艾斯林争夺战就此告一段落。在这次作战中，法军损失了大约 3 万人（一说 4.4 万人），奥军损失两万人左右（一说是 3.5 万人）。奥军这次在首都城下，而且几乎就在首都的视界以内所取得的胜利，是一次真正的胜利；敌人惨遭挫败，士气沮丧，被围在洛鲍岛那一小块地方。拿破仑自从统兵作战以来，这是第一次遭到真正的失败。

法军失败的消息立即在欧洲引起了强烈的反响。有人欣喜，有人担心，更多的人都在拭目以待，观察着事态的进一步发展。除了奥地利之外，普鲁士、意大利和德意志其他地区的一些农民，也都自发地组织起来了。他们分散地，但又是坚定地进行着反抗法国占领军的起义。霎时间，欧洲的政治局势泛起了波澜。拿破仑静观着事态的发展，并采取了谨慎对待、果断处理的政策。他深知，只有经过一次胜利的会战，彻底征服奥地利，才能挽回阿斯佩恩失败的影响，稳住整个欧洲大陆的政局。

为了应付当前形势，拿破仑采取了各种紧急措施。首先，巩固和稳定欧洲大陆的秩序。他下令各地的法国占领军大力镇压农民起义。同时，颁布了所谓的"维也纳法令"，废黜并逮捕了罗马教皇，因为教皇庇护七世和他的红衣主教们借阿斯佩恩战斗大肆宣传，说什么上帝对拿破仑进行惩罚，说凌辱教会的暴君快要完蛋。拿破仑对他来了一个针锋相对，宣布把罗马城和教皇的一切领地完全并入法兰西帝国的版图，剥夺了教皇的一切特权。

其次，大力整顿战败的军队。为了鼓舞士气，提高官兵争取胜利的信心，拿破仑频繁地到各军去巡视，对士兵发表演说，使他们不仅从消沉的情绪中解脱出来，而且还焕发出积极求战的激情。他每到一处，都要特别询问部队的生活，力求使部队得到充分的休息和给养。当然，在那时的现实条件下，他最为操心，而且最为紧迫的任务，还是军队人员与装备的补充问题。于是，一个个的命令和指示从大本营中发出，不断地传送到欧洲的各个角落。随后，一批批的兵员、装备和给养物资，也源源不断地从各个附庸国和法国本土运上了前线。这样,在6月份,大约有2万名步兵、1万名骑兵、6000名近卫军和大量的火炮、弹药等,陆续补充到了部队。待到6月底,各军的损失已经全部得到了补充。

第三,调整指挥体系。法军得到补充以后,拿破仑对其编成和指挥官进行了适当调整。由于拉纳在阿斯佩恩战斗中阵亡,他任命乌迪诺接管第2军,而达乌和马塞纳仍然指挥第3军和第4军。新成立了骑兵军和第9军,分别任命贝西埃和贝尔纳多特担任指挥官。除了留下两个军驻防维也纳,以负责掩护主力、保障侧后的安全和后方交通线外,把欧仁·博阿尔内指挥的1个军、马尔蒙指挥的1个军以及巴伐利亚军等,统统调上前线。这样,法军将可用于直接进攻的总兵力,又达到18.7万人,火炮接近550门。有了这些兵力,拿破仑又可以寻求决战了。

双方重新选择战场

正当法军在洛鲍岛和多瑙河南岸积极备战的时候,卡尔大公也在重新筹划下一步的军事行动。由于阿斯佩恩和艾斯林地区离多瑙河岸太近,而且也太暴露,卡尔决定将奥军主力稍向后撤,选择一个有利阵地,以待法军再次来攻。这个阵地很快就被他找到了。原来,阿斯佩恩和艾斯林的东北部,就是一个叫作马尔赫法尔的平原。这个平原东西宽达60多公里,南北长约40公里,北端由一块自西向东而且成弧形的高地所环抱,其西端延伸到了多瑙河北岸。有一条叫作鲁斯巴赫的小河由北向南流来,从高地的中间穿过,又沿高地南缘流去,差不多是与多瑙河平行而转向东南方。在鲁斯巴赫河向东南转弯的地方,几乎是在弧形高地的顶点位置上,有一个居民点叫瓦格拉姆。

奥军主力从阿斯佩恩和艾斯林撤出后,来到了瓦格拉姆。卡尔大公看中了这块地方,立即命令部队停驻下来,就地组织防御。当时,卡尔选择这个防御阵地,也是费尽心机的。其左翼从瓦格拉姆伸展,向东南沿鲁斯巴赫河北岸部署,在大约7公里的地段上,配置了3个军和奥军的大部分骑兵。右翼也以瓦格拉姆作起点,沿高地向西南延伸,一直伸到多瑙河岸边,其正面约13公里;卡尔计划用4个军在这个地段组织防御,同时派出部分兵力前出到阿斯佩恩地区,占领前哨阵地。这样一来,瓦格拉姆便成了奥军左右两翼的结合部,实际上是整个部署的要害所在。

卡尔大公做这样的部署,是有其明确目的的。他确实选择了有利地形,企图依托河流和高地,构成一个形同聚能罩式的弧形防线,等待法军主动来攻。他设想,待法军落入陷阱,并受到一定的消耗之后,即可挥动大军,从两翼向法军的侧后出击,将敌军全部歼灭。可是,这样的部署却产生了一个致命的弱点,那就是把手中所有大约13.6万人的兵力作了平均分配,因而留不出可供急用的预备队。卡尔是发现了这一缺点的,因而曾发出急令,向各处调兵,并限令他的弟弟约翰大公尽快赶到战场参加战斗。约翰大公率领着1.5万人,当时驻守在维也纳以东的布拉迪斯拉发,从那里开上战场约有3天行程。这一情况表明,奥军的部署一开始就隐藏着祸根。

卡尔大公的上述企图和部署还潜伏着另一种危险性,那就是以假设作为根据。据他设想,法军如果发起进攻,还像阿斯佩恩作战那样,从洛鲍岛上北渡多瑙河。因此卡尔确定的主要防御方向,仍然是阿斯佩恩这个方向。这个判断似乎颇有道理,因为上次的战斗就是在这里展开的,而法军也对这里的地形与河床情况比较熟悉,并在这里架有浮桥。总之,卡尔对于法军的渡河地点和可能的进攻路线,单凭眼前的一点经验就做出了主观判断。

拿破仑会不会按卡尔大公的设想采取行动呢? 这位杰出的统帅,久经战阵的老狐狸,在作战中早已形成了一条坚定不移的原则,那就是决不做敌人可能料到的事情。是的,法军要发起进攻,首先要克服多瑙河。障碍是要克服的,但不一定重蹈上次的老路,不必重复以前的做法。如何才能使十多万大军隐秘而迅速渡过河去,并在敌人预料不到的地点打击敌人,确实是使拿破仑费尽心机的问题。为了选定出敌不意的渡河地点,拿破仑和马塞纳元帅换上士官的服装,沿着洛鲍岛进行了仔细的勘察。他们亲自查看了多瑙河的河床、流速、沿岸地形,以及敌方部署等情况。根据现地勘察的资料,拿破仑决定:将渡河地点选在下游,即离上次渡河点约 4 公里的地方。具体地说,上一次的渡河点是在洛鲍岛的北端,这一次则移到了岛的南端。

根据这一决心,拿破仑制定了新的计划:以一部兵力在阿斯佩恩和艾斯林正面进行佯动,把奥军主力吸引到这个地段,而使主力在新选的渡场渡河。渡河利用夜色掩护,分三个波次进行。主力渡河以后,分出部分兵力实施正面攻击,其余兵力迂回奥军防御阵地的左翼,争取在那里首先达成突破,而后进行横扫敌阵的卷击。为此,拿破仑在随后发布的命令中,将渡河序列做了如下安排:第一波为达乌、乌迪诺和马塞纳的 3 个军;第二波为欧仁·博阿尔内、贝尔纳多特和马尔蒙的 3 个军,以及近卫军和巴伐利亚军;第三波为贝西埃指挥的骑兵部队。同时,拿破仑决定:以 1 个步兵师和大约 100 门火炮留守洛鲍岛,充作预备队,一旦作战失利,则充当掩护部队。

法军渡河与奥军反击

1809 年 6 月 30 日黄昏,根据拿破仑的命令,马塞纳派出 1 个师在阿斯佩恩当面的浮桥旧址开始渡河,进行佯攻。佯攻行动进展顺利,法军没有遇到抵抗就轻松地渡过了多瑙河,随后在那里大张声势地架设浮桥,开辟渡场。驻守阿斯佩恩前哨阵地的奥军,没有进行骚扰,只是加固工事。这是因为,根据卡尔大公的计划,要把法军诱到高地面前,进到鲁斯巴赫河一线,使他们自行落入陷阱。奥军统帅的这一谋划,实际上对法军渡河起了间接的保护作用。卡尔万万没有想到,他判断上的失误竟促成了敌军佯动阴谋的实现,并使十几万法军随后在一夜之间便顺利地渡过了面前这条欧洲大河,而其渡河地点不在旧址,却对准着他的暴露翼侧,立即对他的左翼构成了严重威胁。

法军准备就绪,只是等待时机。有利的时刻终于来到。7 月 4 日夜晚,电闪雷鸣,风雨交加。法军利用事先备好的渡河器材,在预定地点迅速架好了 6 座浮桥。按照拿破仑的命令,部队分成 3 波,向多瑙河北岸开进。与此同时,佯动部队在旧浮桥处架起火炮,对准阿斯佩恩附近的奥军阵地连续进行轰击,造成了法军将从旧址渡河的假象。7 月 5 日拂晓,法军第一波的第 3、第 2 和第 4 军全部到达多瑙河北岸,随即按照预定计划,逐次展开成扇形的战斗队形,缓缓地向奥军阵地推进。下午 3 时左右,法军作战部队全部完成了渡河任务。

就在 7 月 5 日,在曙光升起的时候,奥军已发现了法军的大批渡河,情况与卡尔的预计已有明显的不同。这时,卡尔大公如能抓住战机立即发起反击,那么对立足未稳的法军来说,肯定会面临极严重的困难,甚至要遭受最重大的杀伤。可是,卡尔大公这一次显得异常的稳重,没有像阿斯佩恩作战那样积极进行反击,其原因是想诱使法军继续深入,以便将他们投进陷阱。但战斗的发展并不是按卡尔的设想进行的。激烈的战斗首先发生在法军的左翼,即在阿斯佩恩地区。法军的左翼主要是马塞纳第 4 军的 1 个师。该师从旧浮桥处渡过河后,进到阿斯佩恩附近,在那里同奥军前哨部队发生了激战。几经争夺,奥军被迫放弃阵地,撤回到了瓦格拉姆以西的右翼防线。

下午 3 时过后,法军开始全线推进。在右翼,按照渡河的三个波次,分成前后 3 线。当第 1 线部队逐渐展开,拉大间隔时,第 2 线部队随即进入第 1 线部队的展开位置。直到傍晚 6 时左右,右翼部队终于推进到了奥军防御阵地的前沿。有人向拿破仑建议,由于天色快黑,似应等待第二天再发起攻击。拿破仑考虑,约翰大公的 1.5 万名奥军,就在东面不远的布拉迪斯拉发地区,随时都可前来增援,因而应该不失时机地马上发起攻击。这样,尽管时间很晚,而且缺少详细的侦察和炮火支援,法军仍然于晚 7 时以密集队形对奥军长期准备的阵地发起了攻击。

按照预定计划,法军应集中兵力攻击瓦格拉姆以东的奥军左翼。可是,在作战过程中,法军的行动却没有按计划发展,进攻的部队未能有效地对奥军左翼进行迂回,基本上形成了正面攻击。达乌军、乌迪诺军和贝尔纳多特军反复实施攻击,都没有任何进展,3 个军遭到了很大的损失。最后,贝尔纳多特军中的萨克森师在损失面前坚持不住,开始向后溃退。由于该军位于 3 个军的中央,他们一撤退,达乌军和乌迪诺军的翼侧也就立即暴露了。此时,天色已经完全昏黑。拿破仑不得已下了停止攻击的命令。在第 1 天几个小时的战斗中,奥军顽强地坚守着阵地,而法军却受到了很大的损失。看来,拿破仑有可能重蹈阿斯佩恩作战的覆辙。卡尔大公心中窃喜,认为自己可以按预定计划打败法军。

法军把主要兵力都集中到了奥军的左翼方面,这就使得自己的左翼非常空虚。在阿斯佩恩附近,只有马塞纳军的 1 个师,其后面是多瑙河,纵深有限,回旋余地非常狭小。卡尔大公看到了这一弱点,决心加以利用。他以左翼继续抗击法军的进攻,而将 4 个军的兵力投向右翼,对法军空虚薄弱的左翼实施反击。反击的主要目标是阿斯佩恩,首先歼灭进到那里的法军,尔后由此向左卷击,即转过身来沿多瑙河河岸而下,切断南面法军主力与其后续部队的联系,从而包围在左翼当面实施进攻的法军主力部队,最后,只等约翰大公的援军从东面开到,即可共同歼灭被围的法军。

瓦格拉姆之战

1809 年 7 月 6 日拂晓,卡尔大公下达了发起反攻的命令。奥军很快击退了阿斯佩恩以北及其以东的马塞纳军,将该军的4个师全部压退到了阿斯佩恩和艾斯林两个居民的地区。法军的左翼和侧后完全暴露在奥军面前了,马塞纳军处于极端危险的境地。

奥军突然发起反攻,使拿破仑大吃一惊。当时,进攻奥军左翼阵地的部队又一次败退下来了。形势变得非常严重。事情已很明显,摆在拿破仑面前的只有两条路:一是抽调预备队和右翼部分兵力去增援马塞纳军,抗住奥军优势兵力的突击;一是利用奥军集中兵力于右翼实施反击而左翼防线暴露,中央瓦格拉姆地段兵力薄弱之机,采取敌进我进的办法,大胆地向敌中央瓦格拉姆阵地进行攻击,进而席卷敌军整个防线。走第1条路,需要临时调动预备队,必须经过一段时间的机动和准备,待到军队进入战斗,不仅费时费力,而且成功的把握不大,或许可能暂时阻止敌人的进攻,但难以达成彻底击败敌人的目的。选择第2条路,当然要冒一定的风险,左翼1个军处在奥军优势兵力的进攻下,有可能被击溃,果然如此,则整个部队的后路也有可能被切断,但是,这个选择是积极的,一旦得手,就可能彻底改变战场的形势,动摇奥军的基础,从而有助于达到会战的目的。这是因为,瓦格拉姆是联结奥军左右两翼的枢纽部位,如果攻克这个中央阵地,不仅可以直捣奥军右翼反击部队的侧后,起到解救法军左翼的作用,而且可以向奥军的左翼实施卷击,并乘势向纵深发展进攻。

经过冷静思考,反复权衡,拿破仑终于果断地改变了原定决心,放弃以主力攻击奥军左翼的计划,立即把原定进攻左翼的全部兵力调向敌中央部位的瓦格拉姆。同时,命令马塞纳军不惜一切代价扼守阿斯佩恩和艾斯林地区,务必保持法军左翼的稳定,使主力可以放手发起进攻。为了保证法军右翼的安全,并使进攻瓦格拉姆的部队没有后顾之忧,拿破仑又命令原来负责监视约翰大公部队的达乌军,继续攻击奥军的左翼防线,首先担负牵制任务,如果有所进展,则从右侧向瓦格拉姆发展进攻,配合主力行动,对敌形成钳形攻击态势。

7月6日上午,法军进攻瓦格拉姆的号角吹响了。在长时间的炮火准备之后,贝西埃率领骑兵首先发起冲击。随后,其他各军相继展开进攻。与此同时,达乌军也在右翼渡过了鲁斯巴赫河,突入敌人的阵地,并开始向瓦格拉姆方向突进。奥军打得相当顽强,表现出了在以前还从来没有过的战斗力。不过,法军的正面攻击非常猛烈,加上侧面的夹击来得突然,奥军开始支持不住,队伍中出现了混乱现象。当时,奥军在右翼进行反击的部队也面临了困难。他们的正面摆得过宽,以致兵力分散,攻击不能集中,而且缺少预备队,无法保持连续进攻的能力。与此相反,法军的马塞纳军则进行了顽强的阻击,他们退到阿斯佩恩和艾斯林地区以后,终于站住了脚跟,使得进攻的奥军最后停留在居民地前,再也无力前进。

经过多次的搏斗和反复的争夺,战场形势开始发生变化。法军逐步发展攻势;奥军被迫全线后退。到下午4时,卡尔大公得知,他所望眼欲穿的援军,即他弟弟约翰大公的那1.5万部队,还远在10多公里以外,根本不可能靠它来挽回危局。同时他也看到,法军的攻击异常猛烈,原定把法军包围歼灭的计划已无法实现。是的,他使法军钻进了鱼网,但却拉不起网来,反而被敌军冲破了网底。这样,继续战斗下去不仅毫无意义,而且可能招致全军惨败。基于这个判断,他命令全军撤退。

7月6日傍晚,奥军开始撤出战场,除了有些小部队溃逃之外,大部分军队都保持着原来的队形。它留给法军的战利品,只不过是火炮9门和军旗1面,仅有部分伤员被俘,没有负伤而当俘虏的人寥寥无几。在这场大搏斗中,法军胜利了,但付出的代价却是高昂的。拿破仑已经把所有的预备队都投入战斗,再也没有能力实施追击了。这一仗,奥军损失约2.6万人,法军损失在3万人以上。由于双方参战的火炮都在400门以上,死伤多半都是炮火造成的。

对奥和约的签订与联盟的瓦解

瓦格拉姆一战,完全打掉了卡尔大公战胜拿破仑的信心。他对战争的前途感到绝望。7月11日,奥皇弗兰茨二世派出使者,向拿破仑请求休战。拿破仑欣然表示同意,但提出了极为苛刻的条件。按照拿破仑的要求,凡是法军在休战时刻已经到达的地方,哪怕只有几名士兵到达,奥军都要撤走,但在最后签订和约之前,奥军却要留在那里作为人质。对此,奥皇不得不表示同意。

随后,双方在维也纳的申布伦宫开始订约谈判。拿破仑开出的条件是:奥地利必须割让一部分土地给法兰西帝国;割出另一部分土地分给巴伐利亚王国、华沙大公国和俄罗斯帝国;同时付出1.34亿金法郎作为战争赔款;将军队的人数限制在15万人以内;继续执行大陆封锁政策,同英国断绝一切关系;保证不干涉西班牙、葡萄牙和意大利各国的事务。尽管奥地利并没有完全战败,但拿破仑作为胜利者却毫不让步。经过多次协商,奥地利讨价还价,恳求放宽一点条件。拿破仑直到拖了3个月之后才故作姿态地表示一点宽容,同意将战争赔款减为8500万金法郎,而对于土地的割让只作一点象征性的让步。

1815年3月1日,从流放地回来的拿破仑受到他的追随者的欢迎。

1809年10月14日,法奥两国签订了《申布伦和约》,正式结束了第4次法奥战争。随着奥地利的失败与和约的签订,奥英两国的第五次反法联盟也就彻底瓦解了。奥地利想要摆脱拿破仑控制的战争尝试,又一次遭到了失败。

滑铁卢战役

拿破仑是历史上最负盛名的资产阶级军事家，一位身经百战的军事统帅。虽然他后来在圣赫勒拿岛流放时回忆说："我真正的光荣并非打了40次胜仗，滑铁卢之战抹去了关于这一胜利的回忆"。但是事实上，他的胜利记录和军事成就，盖过了以往历史上所有著名的军事统帅，并给以后的军事统帅们以深刻的影响。

滑铁卢战役是拿破仑一世同英、俄、普、奥等组成的第七次反法联盟之间的一次大规模会战，战争发生于1815年，战场在今天比利时境内的布鲁塞尔南边小村滑铁卢。这是拿破仑指挥的最后一次大会战，这一战，法军失败，终结了拿破仑的政治生命。

这次战争是这样打起来的：1815年初，被放逐于厄尔巴岛的拿破仑，得悉在维也纳开会的反法联盟各国之间由于分赃不均而闹得剑拔弩张，几乎决裂，而法国国内人民对波旁王朝的封建复辟和反攻倒算十分不满，便决定乘机再起。2月26日，拿破仑率旧部1050名官兵，分乘6艘小船，逃离厄尔巴岛，顺风飘然北去。3月1日抵达法国南岸，在儒昂湾登陆，开始向巴黎进军。沿途所到，守军和派来阻击的军队，大多是拿破仑的旧部，他们不是倒戈相向，就是欢呼归附。从枫丹白露到巴黎的大路上，成群结队的农民夹道欢迎，都想看一看这个穿灰大衣的人。3月20日，拿破仑未放一枪，进入巴黎。路易十八及其朝廷仓皇离京，向比利时方向遁逃。

拿破仑东山再起的消息使维也纳宫中的与会者惊得目瞪口呆，争吵停止下来。反法联盟各国的全权代表拟订了共同宣言，把拿破仑称为世界和平的扰乱者和敌人，"不受法律保护"。他们千方百计要在拿破仑集中全部力量之前就把他打倒。3月25日，英、俄、普、奥、荷、比等国结成第七次反法联盟，拒绝拿破仑和谈的要求，开始用兵。

反法联盟迅速集结70万重兵，准备分头进攻巴黎。集结在莱茵河方面的17万俄军和25万奥军，在巴克雷指挥下，向洛林和亚尔萨斯推进；在意大利方面，奥一撒丁联军6万，由弗里蒙特指挥，在法意边境集结；普鲁士布吕歇尔元帅率12万普军、大炮300门集结于沙勒罗瓦与列日之间；英国的威灵顿将军统率一支由英、德、荷、比人组成的混合部队约10万人，炮200余门，驻扎在布鲁塞尔与蒙斯之间。此外，联盟军还有预备队30万人。英军和普军在6月中旬集结完毕。联盟军约定在6月20日左右开始共同行动。拿破仑方面，军队以惊人的速度进行集结，到6月上旬末，约有18万训练有素的军队集结在皇帝的鹰旗之下。拿破仑希望6月底能有50万战士可以上阵。

这次战争，从联盟国方面来说，是不义的、侵略性的战争，但是反法联盟继续打着欧洲各民族反拿破仑压迫的旗号煽动这种民族情绪；从法国方面看，是防御性的卫国战争，但是拿破仑却背着欧洲各民族的压迫者这个历史包袱，无法摔脱。拿破仑想唤起法国人民在大革命初期的爱国热情，但又不敢放手让民众起来。拿破仑只能用不到20万的兵力去对付百万联盟军，军事上处于不利地位。在这种情况下，拿破仑决定采取以攻为守的战法,争取主动。拿破仑认为当时威胁最大的是比利时方面的英、普军队,因此,在莱茵河、意大利方面,部署一部分兵力取守势,实行牵制;在西班牙方面,派少量兵力扼守要塞;主要兵力集中于比利时方面。拿破仑计划在联盟军尚未会齐的时机,先击溃英普军。

6月12日,12.5万法军(包括近卫军2.08万人),炮300余门,向比利时方向进发。拿破仑先用5万兵力牵制英军,主力7万余人于6月16日在林尼附近同普军主力8万人接战,拿破仑力图把英普联盟军切开,然后各个击破。这一仗从下午2时起,一直处在激战状态,当时乌云密布,暴雨倾盆,只有闪闪电光才照亮硝烟弥漫的战场。当雷雨过后,在落日的余晖下布吕歇尔才发现了普军防线已被突破,普军被切成两段,要想集结已经来不及了。普军全线崩溃,布吕歇尔也被摔伤。拿破仑以为普军已被击溃,命令法军休息一日,才令格鲁希元帅率3万余军尾追普军,自率主力转攻英军。正因如此,普军得以收拾溃散之众,向瓦弗方面重新集结。

威灵顿率兵6万余人,大炮156门,布阵于滑铁卢村南。这个阵地后方有圣让山作依托,阵地前地势低洼,右侧有坚固的乌古蒙堡垒,中央有圣拉埃村。左侧有莫斯安、拉埃、帕佩罗特等小村及沼地和灌木林。山冈背后有一条低陷的横路,预备队和骑兵隐蔽在这里。号称"铁公爵"的威灵顿,长于防守而短于进击,特别是他同拿破仑这样的对手交锋,加倍谨慎,着重防守。他正确估计到,只有挫败拿破仑的进攻,就能争取到胜利。因为拿破仑不再可能有后援。

6月18日,拿破仑率军7万,炮246门,追击英军,在滑铁卢附近扎营。拿破仑将总预备队位于中央后方。司令部设在李格芬村。对于英方阵地,拿破仑侦察得不够清楚,但他正确判断,英军阵地的弱点在中段。他决定佯攻英军右翼,重点攻中段。上午11时,法军开始攻击英军右翼乌古蒙,形成对峙。午后1时,拿破仑正想主力猛攻中段,但飞马来报,布吕歇尔集结的普军一部来援,这位具有"屡败屡战"顽强精神的布吕歇尔,迫使拿破仑从总预备队中抽出两骑兵师迎击这部普军,阻滞其行动。拿破仑火速传令,让追击过普军的格鲁希元帅立即率部来滑铁卢增援,然后法军以密集队形猛攻英军中部阵地。英军顽强抵抗,双方反复争夺,伤亡都很大。到下午6时许,在拿破仑的不惜一切代价的命令下,终于突破英军中部防线,占领了圣拉埃,但是由于法军突击队经过长时间冲锋,伤亡很大,无力扩张战果。

英军开始难以支持,而法军也难以扩展战果,双方对于援军的盼望达到了顶点。英军认为普军必将赶到,法军认为格鲁希部一定会来,这种焦急地盼望,使滑铁卢战役在战争史上独具特色。然而,最终盼来的军队还是普军,格鲁希部音讯杳然。格鲁希为什么不来?据说是拿破仑给他的指令不明确,格鲁希误以为拿破仑要他前往另一个目标瓦弗,而不是向拿破仑靠拢。尽管西边炮声隆隆,格鲁希还是坚持向瓦弗进攻,实在奇怪。格鲁希究竟是存心背弃拿破仑,还是真的误解了命令,也就成为历史上的一个"谜"。布吕歇尔把普军合在一起,共3万余人,投入战斗,狂攻法军右翼。拿破仑不得不孤注一掷,命令近卫军投入战斗,对英军做最后攻击,但也未能奏效。英军在普军的支援下,发起反攻,拿破仑腹背受敌,战局急转直下,最后大败。19日,普军骑兵袭击李格芬村法军司令部,拿破仑乘马逃出战场,法军全线崩溃。1815年6月21日,拿破仑败归巴黎,百万反法联军也源源进入法境。7月7日,联军进入巴黎,拿破仑宣布退位,结束了"百日执政"。拿破仑被放逐到大西洋中的圣赫勒拿岛,直至去世。

恩格斯认为,拿破仑指挥的滑铁卢战役是"要完全防御性的战局中进行进攻战和不断攻击的最出色的例子","这位完全为了保卫遭到敌人侵犯的国家而战的统帅,在一切地点有机会就向敌人进行攻击。虽然整个说来兵力始终比入侵的敌人少得多,但是他每次在攻击的地点都能够造成优势,而且通常都获得胜利"。滑铁卢战役之所以失败,并不是计划本身或计划执行上的原因,而是政治方面和战略方面的,"其中主要的原因就是同盟国方面在兵力上占有巨大优势,一个在四分之一的世纪内连年战争因而力量消耗殆尽的国家,已不可能单独抵抗整个武装起来的世界对它的进攻。"

波旁王朝复辟

在拿破仑"百日政变"失败后,路易十八于1815年7月8日,在反法联军的护送下重返巴黎。波旁王朝第二次复辟。

复辟王朝的经济政策表明它是旧贵族与大资产阶级妥协的产物。

复辟王朝时期,资本主义在法国农业中有了进一步发展。农村阶级分化加剧,土地越来越集中在大地主贵族手里。使用机器的大农场有所发展。农村的雇佣劳动比以前更加普遍。但分散的小农生产在农业中仍占优势,小农经营采用落后的生产技术。

以路易十八为首的王党代表大土地贵族的利益,这个集团鉴于法国大革命后出现的不可逆转的客观现实,在维护旧贵族利益的同时,对革命后出现的一些有利于金融资产阶级和大工商业资产阶级的变化予以容忍。还在第一次复辟时(1814年3月至6月),路易十八就在颁布的宪章中被迫宣布法国实行君主立宪制,保留了大革命时期国民公会所建立的,以后又经拿破仑加以完善和强化的政权体系,确认拿破仑法典继续有效,确认大革命中财产关系的变化,以此来满足大资产阶级的要求,以获取他们的支持。

以最反动的大贵族和高级僧侣为社会基础的极端派王党,属于王党的右翼。他们力图把法国社会拖回到大革命前的状况,恢复封建制度和贵族的无上特权,恢复与教会勾结和依靠教会的封建贵族统治。

代表比较温和的贵族以及与复辟王朝合作的那部分大资产阶级利益的君主立宪派,主张实行1814年第一次复辟时宪章规定的原则,实行以立宪为幌子的君主制,反对恐怖政策。

在以工商业资产阶级和知识分子为主体的自由党中,既有君主立宪制的拥护者,又有共和制的倡导者。前者主张建立代议制政府,实现资产阶级人身、言论、出版、选举自由,在此前提下拥护波旁王朝。后者多由中、小资产阶级分子、知识分子、大学生组成,主张推翻波旁王朝,建立资产阶级共和制。一部分自由党人在1821年建立了秘密组织烧炭党人协会。他们企图以密谋方式推翻波旁王朝统治。

复辟时期的法国面临着错综复杂的社会矛盾,各派政治力量进行着激烈的斗争。这一斗争由于波旁王朝的反动政策而日趋激化。波旁王朝第二次复辟后,最反动的大贵族和高级僧侣怀着对革命的仇恨情绪,迫不及待地要求恢复革命前的旧制度。1815 年 8 月进行众议院选举,被选出的议员差不多都是大地主贵族和高级僧侣,402 个议席中,极端派王党分子获得了 350 席。这个议会在历史被称为"无双议会"。根据议会决议成立的特别法庭,在极短的时间内对参加过法国大革命的"造反者"和拿破仑军队的将士做出了近万件的有罪判决,其中不少人被判处死刑。约近 10 万人被认为有政治危险,革除了国家职务。亡命归国的贵族担任了行政和军事职务。白色恐怖遍布全国。许多地方采用私刑,迫害革命人民。议会还颁布了《煽动造反者惩治法》,对人民的反抗加以残酷镇压。军队受到清洗。刊物遭检查,出版自由被扼杀。这种猖獗的反动政策使法国社会各阶层人心惶惶,人民的不满和反抗情绪急剧高涨。

路易十八担心无双议会所施行的残酷恐怖引起革命,不得不在 1816 年 9 月解散了它。无双议会解散后所建立的新议会中,君主立宪派分子占优势,也有一部分自由党人。这个议会撤销了特别法庭,实行比较温和的政策。它存在到 1820 年。

1820 年 2 月,马鞍匠鲁维尔在歌剧院里用匕首将极端派王党首领人物、王位继承者阿尔图瓦伯爵的次子贝里公爵刺死。旧贵族又发动了新进攻。同年,极端派王党分子黎塞留组织新内阁,重新采用无双议会的反动政策,规定可以不经审判随意拘留当局认为的"阴谋者"达 3 个月之久。并建立书报检查制度,取缔了一些资产阶级自由派的报纸。6 月,议会通过了新选举法。按照这个选举法,3000 万法国人口中只有 1.2 万人有选举权。经过选举,极端派王党分子重新在议会中占了优势,在 220 个议席中获得了 198 席。1821 年组织了以维莱尔为首的极端派王党内阁,它力图消灭资产阶级革命的全部成果,使法国返回到革命前的时代去。

1824 年 9 月,路易十八逝世。其弟阿尔图瓦伯爵继位,称查理十世。他是一个坚持君主专制统治的顽固分子,曾自诩从 1789 年以来只有他一个人丝毫没有改变。他在位期间,进一步实行反动措施。为了恢复天主教的统治地位,他加强了天主教在国家事务中的作用,让教会管理学校。他颁布了《盗窃圣物治罪法》,根据这个法令,凡被认为污辱圣物、圣像、教会祭器,窃取或毁坏教会财产者,均处以死刑,行刑前先砍去右手。1825 年 4 月 27 日,他又颁布"赔偿亡命者 10 亿法郎的法令"。根据这个法令,在革命年代财产受到损失的贵族获得了金钱赔偿,其数目比 1790 年没收他们的土地的收益大 19 倍。为搜刮这笔巨款,复辟王朝把 5% 的公债利息降为 3%,因而使公债的主要持有人大资产阶级蒙受损失,严重地侵害了资产阶级的利益。

在复辟王朝统治时期,劳动人民的生活日益恶化。农民因受到苛重的地租和各种捐税的剥削纷纷趋向破产。工人的生活每况愈下。随着机器的使用,失业工人不断增加,在业工人的工作日延长,实际工资下降。同时,物价迅速上涨。1829 年比 1826 年小麦价格上涨 50%,法国经济史学家认为,4 法斤重的面包,价格达到 13 苏,就是一个社会危机的信号,因为它相当于工人平均日工资的一半。然而,4法斤重的面包,在1829年时价格竟高达21苏。

波旁王朝的反动政策激化了社会矛盾,人民多次起来反抗政府。1821和1822年,烧炭党人两次组织武装起义。这些起义虽然遭到镇压,没有成功,却唤起了民众,为更大规模的反抗斗争创造了条件。工人的罢工相当频繁。1819年,巴黎塞文织布厂采用梳棉机引起了罢工,1821、1825、1827和1828年,法国的钢铁业、丝织业、烟草业和印刷业先后发生了工人罢工。这个时期还发生过粮荒暴动,饥饿的人群抢劫了运输的粮食,捣毁面包店。

查理十世的反动统治终于引发了一次新的人民革命。

法国七月革命

1829年9月,查理十世任命忠于波旁复辟王朝的波黎尼雅克亲王组阁。波黎尼雅克是旧逃亡贵族,其父母与波旁王朝有着密切的关系,其他内阁大臣也都是极端派王党分子。内政大臣拉布尔包耐伯爵在法国大革命中参加过旺代的王党叛乱。军事大臣布尔蒙是在滑铁卢战役前夕背叛拿破仑的将军。资产阶级和人民群众仇恨这些封建专制制度的余孽。1830年3月,众议院拒绝与内阁合作。查理十世虽宣布解散众议院,企图消灭资产阶级的政治势力,但是,同年夏天举行的议会选举,资产阶级自由派和君主立宪派反而击败了王党分子,在议会中占了上风。同时,资产阶级自由派的报纸也加剧了对政府的抨击。

1830年7月,波黎尼雅克内阁向查理十世提交一份报告,认为报刊是对政府的一种威胁,是所有弊端之渊薮,制造丑闻的基地,败坏民风、改变民族性质的力量。报告认为必须取缔新闻自由。

7月25日,查理十世根据这个报告,签署了四项敕命,翌日,四项敕命在《总汇通报》上公布。敕命规定,取缔报纸、期刊等出版自由。凡在20个印张以上的印刷品,都须得到国王或各省省长颁发的许可证方能发行,印刷设备要受到监督保管。敕令宣布刚举行的议会选举无效,解散新选出的众议院,重新选举。新选举法规定,根据地产主和土地占用者的身份来确定其选举权,再根据其纳税额来确定其被选举权。

敕命中关于取缔定期报刊自由发行,实行严格的审查制度的规定,扼住了资产阶级自由派的舆论喉舌,危害了报刊、发行等行业的厂主和工人的利益。根据新选举制度,选举权由土地资格决定,选举权只给予大土地所有者,全部工商业资产阶级都丧失了选举权。这样,选民减少75%,众议员人数从430人减少到258人。众议院失去立法权,只剩下提供咨询的职能了。

查理十世的四项敕命立即引起了资产阶级、学生、工人群众的强烈不满,成了七月革命的导火线。

7月26日,工人、小手工业者、学生在巴黎的许多地方举行集会,与军警发生了小规模的冲突。

与此同时,资产阶级很快形成了两个政治集会的中心。一个在大银行家拉菲特和卡兹米尔·贝里叶家中,一个在《国民报》编辑部。在拉菲特和卡兹米尔·贝里叶家中集会的众议员一致认为查理十世的敕令是一次反宪章的政变。但只有少数人态度比较坚决,主张示威抗议。资产阶级自由派、巴黎选区议员亚历山大·德·拉波尔主张立即行动,由巴黎的议会代表及地方新当选的代表率先组织群众示威,反抗国王敕令。他即刻与《国民报》的集会者取得了联系。

《国民报》编辑部聚集了巴黎40多家报刊的编辑及撰稿人。他们愤怒地议论着国王违反宪法的行动,一致推选《国民报》主编梯也尔起草针对波黎尼雅克内阁的抗议书。抗议书中写道:"政府现在丧失了合法性质,人们无须再服从它了。我们反对它。"

为了与复辟王朝进行斗争,从7月26日开始,老烧炭党人与《国民报》的记者及撰稿人聚会讨论了如何对抗国王敕令的问题。老烧炭党人绍楠提出,对抗不应停留在文字上,应当付诸行动。他的发言得到了与会者的拥护。会议决定在巴黎12个区建立委员会,领导抵抗国王敕令的运动。会议还决定收集枪支、弹药,在事态发展严重时,公开发动起义。12个区的委员会大部分是老烧炭党人。会后,他们马上奔赴各区组织行动。然而,12个区委员会的作用主要在宣传方面,因为在他们准备组织和发动起义之前,人民群众已经自发地投入战斗。

7月27日上午,王家军队司令马尔蒙元帅遵照查理十世的意旨,命令军警封闭了《国民报》《时代报》。一些以印刷、装订、出售印刷品等工作为业的工厂、店铺被迫关闭。许多被解雇的工人首先走上街头示威抗议,学生也加入了他们的行列。他们高呼口号:"打倒敕令!""宪章万岁!""打倒大臣!"下午,军警前去驱散在巴黎歌剧院附近的黎西路集会的人群。人民群众则以石头相迎。军警开枪打死一人,伤三人。顷刻间,四面响起了"复仇!""拿起武器!"的口号,人民群众从集会示威逐渐转变为武装起义。

黎西路枪响以后,守卫旺多姆广场东部纳夫大街外务部、司法部等政府机构的军警及巡逻骑兵队马上冲向旺多姆广场,向集会在广场的人群冲锋,挥舞警棍,追捕集会的群众。叱喝声与厮打声混成一片。群众愤怒之余也打死了一名军警。

此时,在黎士留大街用三辆马车运来石头,群众用马车和石块,筑起了第一座街垒,在埃舍尔大街,人们夺取了一辆马车,一辆火车,又筑起一座街垒,以阻挡前来镇压的军警。但街垒很快就被军警攻占并拆除了。

负责指挥镇压群众的马尔蒙元帅企图以主动进攻的办法制止住人民群众的起义。他于下午5时发出命令,调动大批军队进入卡皮森大街、路易十五广场、外务部所在地、跑马场、罗亚尔宫、旺多姆广场、普瓦松尼埃林荫道、圣丹尼林荫道、巴士底广场、塞纳河上的新桥等地,镇压这些地方的示威群众。国民自卫军在行进中打死群众数人,包括一名英国学生,一位老人。人民群众怒不可遏,巴黎陷于更严重的混乱。

7月28日清晨5时,巴黎人民开始毁街道,筑街垒。他们手持猎枪、宝剑、手枪、军刀、铁棍、矛等各色武器,抛弃一切代表波旁复辟王朝的标记,插上激奋人心的法国大革命三色旗,准备战斗。军火商人慷慨提供武器,退役军人也出现在街头,参加人民群众的革命行动。当国民自卫军去市政厅执行守卫任务时,人民投掷的石头密如弹雨,士兵多有死伤。国民自卫军的一营前卫部队不敢救护伤员,还险些被解除了武装。人民到处在主动向军队进攻。

面对这种形势,马尔蒙元帅在 28 时 9 时写给国王的急信中说:"这不再是骚乱了,这是革命!"他请求国王采取和平措施,否则"王上的荣誉今天尚能挽救,明天就将错过时机"。同时,他调来增援部队,在巴黎主要建筑物采取防御措施,等待国王命令。

然而,11 时,查理十世在波黎尼雅克内阁的怂恿下发布了《巴黎处于戒严状态》的命令,并让马尔蒙全权负责镇压人民起义。马尔蒙接到查理十世命令以后,决定分兵四路进攻起义群众,企图以军事上的胜利保证国王和内阁在政治上的胜利。然而,在巴黎人民群众的英勇抵抗下,军队在进军中受到阻击,伤亡惨重。甘索纳率领的联队有 500 人,当他们到达预定地点时,子弹已用尽,死伤 97 名官兵。圣·沙芒率领的联队也损失了 1/10 的兵力。人民起义者有力地阻止了军队的行进。

中午,武装起义者占领市政厅。不久,兵力占优势的国民自卫军把它夺回。工人发起冲锋,重新将市政厅占领。激战两个半小时以后,国民自卫军弹药几乎用尽。起义者将其分割包围。马尔蒙再次向查理十世发出急信,他写道:虽然军队已取得一些进展,但通讯的途径已被隔断,他本人与联队长官的联络只有通过化装的军官来维持。"枪弹从所有房屋的窗口发射出来","局势越来越严重了"。

7 月 28 日夜间,人民继续构筑和加固街垒。在发生战斗的地区,街垒几乎布满各个街道。这时,全市街垒有几千个,起义人数达 8 万之多。

29 日早晨,起义者向国民自卫军发动了全面进攻。马尔蒙十分惊慌,他召集巴黎各区区长到司令部开会,促使国王停火;同时,在未得到国王及内阁许可的情况下向巴黎市民发布公报,答应起义者及众议院代表的和平要求。但公报无法张贴,起义者仍在不断进攻。

巴黎市中心的卢浮宫和杜伊勒里宫是国民自卫军顽抗的两个据点。守在卢浮宫的部队是两营瑞士兵,他们在卢浮宫靠炮队扼守塞纳河弧形桥,居高临下,向勇敢冲锋的和企图接近该建筑物的起义者疯狂射击。起义者中的一些老烧炭党人,凭着以往武装起义的经验,决定第一步先占领路易十五广场制高点,夺取众议院大厦,然后延伸射击,封锁路易十五广场,从塞纳河以南威胁卢浮宫及杜伊勒里宫。

此时,旺多姆广场上驻守的国民自卫军第 5 连和第 53 连官兵,由于对人民持同情态度,接受起义者的劝降条件,停止射击,撤出广场。杜伊勒里宫北面空虚,国民自卫军的右翼被撕开了一个大裂口,在卢浮宫、杜伊勒里宫的南面,老烧炭党人按计划占据了路易十五广场制高点,突破塞纳河上的封锁,猛攻国民自卫军的这两个巢穴。

在人民起义者的猛烈攻势下,马尔蒙传令守在卢浮宫的沙里将军集中兵力顽抗。而沙里将军此时已失去镇静和理智,误认为是让他把士兵撤到院中集合。于是,国民自卫军如大堤崩溃，起义者顷刻间涌进卢浮宫，士兵们逃往临近的杜伊勒里宫。在跑马场指挥的马尔蒙慌忙召集残部，还想发炮抵抗，已无济于事。他被迫发出全线撤退令，向西逃往查理十世此时的居住地圣·克鲁宫。杜伊勒里宫也为起义者占领，国民自卫军遭到了彻底的失败。

29 日下午，在人民起义胜利的形势下，资产阶级众议员们采取了篡夺革命果实的行动。30 个众议员在拉菲特家中开会，决定成立由众议员拉菲特、卡兹米尔·贝里叶、劳勃、绍楠和奥迪·德比拉渥组成的市政委员会作为临时政府，行使政权。会议决定让拉法耶特将军任国民自卫军总指挥，并宣布改组国民自卫军。

7 月 26 日，起义开始时，查理十世非常傲慢，这天，他很早出去打猎，很晚才回宫。马尔蒙两次向国王递送战报，警告王位已受到威胁，人民勇不可当，请求议和。而查理十世的回答却是宣布巴黎戒严，斥责马尔蒙失职。当资产阶级派拉菲特为首的自由派众议员代表团前来议和时，国王认为众议院代表是来乞求和平，继续以武力相要挟。他冷冷地回答说，发布戒严令是宪章赋予他的职责。波黎尼雅克也持死硬态度。当得知一部分国民自卫军由于同情人民与人民联欢时，他叫嚷，如果这样，"就向军队开枪"。

7 月 29 日，国民自卫军溃败、倒戈的消息传来，查理十世和波黎尼雅克呆若木鸡。查理十世不停地重复念着在法国大革命中被人民推上断头台的路易十六的名字。稍稍镇定后，他召集内阁开会商量对策，以图顽抗。他决定解除马尔蒙国民自卫军指挥官之职，让王子掌握军队。然后，又解散波黎尼雅克内阁，代之以士兵出身、曾任法国驻俄国大使的摩尔特马尔为首的新内阁；并派遣维陶尔、西蒙维尔、阿尔固三人向市政委员会宣布解散内阁，收回敕令的消息，以图缓和人民的愤怒情绪，保住王位。这时，查理十世的阴谋已不可能实现了。

当国王的三个代表宣布国王决定时，市政委员会的委员们和自由派众议员的回答是，"革命已经开始，必须使它完成，必须以一个更为自由的王朝取代一个过时的、不可救药的王朝。查理十世不能再回到巴黎人民血染的巴黎。"

7 月 30 日，梯也尔、米涅及一些报刊撰稿人起草声明，拥护奥尔良公爵执政。7 月 31 日，众议院开会欢迎奥尔良公爵。8 月 1 日，查理十世迫不得已任命奥尔良公爵为摄政王。8 月 2 日查理十世退位，以后逃往英国。8 月 9 日，奥尔良公爵路易·菲力浦正式登上王位，从此开始了七月王朝统治时期。

1831 年里昂工人起义

"不能劳动而生，勿宁战斗而死！"是 1831 年法国里昂织工起义时的豪言壮语，写在起义旗帜上的战斗口号。法国里昂的织工们为什么起义、其情节怎样？现在让我们先从法国 30 年代的社会状况谈起。

我们知道，拿破仑帝国垮台以后，法国经历了一个波旁王朝的复辟时期。1830 年七月革命,把奥尔良公爵路易·菲利浦推上了王位,史称"七月王朝"。"七月王朝"是法国大资产阶级的银行家、大矿主、大地产主和铁路大王们的金融贵族的专政。路易·菲利浦作为这个集团的总头目,人送外号"钱袋子"。

"七月王朝"代表了法国金融贵族利益,一切听命于银行老板和交易所大王。它颁布的1830年宪法,不仅剥夺了广大工农群众的选举权,就连中小资产阶级,也被排斥在选民之外;它保留了旧的国家机器,继续镇压工人运动;对外侵略阿尔及利亚,并在它的统治期间,完成了对这个非洲国家的全面征服。实质上,"七月王朝"不过是一个剥削法国国民财富的股份公司。

但是,"七月王朝"时期,却也是法国工业革命向前迈进、资本主义生产迅速发展的历史时代。统计资料告诉我们,当时法国工商业的总投资,急速猛增,从1830年的300亿法郎,增加到1848年的450亿法郎。工业生产中使用的蒸汽机,也在急剧增加,1830年是625台,到1847年,已经上升到4853台。随着工业生产的发展,原料消耗量也在大幅度增加,如:棉花需要量1831年为2800万公斤,1845年则增加到6400万公斤;工业用煤从1830年的170万吨,猛增到1847年的555万多吨。这时候,铁路运输业也跟着发展起来,1831年,法国共有铁路38公里,到1847年初,已经通车的铁路,就达1535公里,短短十几年,铁路长度增加近40倍!

法国资本主义生产的急剧增长,给人们的社会生活带来了巨大变化。首先,它空前加强了新兴工业资产阶级的实力,使这些人日益不满足自己在政治上的无权地位,要求扩大民主,以便在政治舞台上同金融贵族分庭抗礼,平分秋色。同时,也加深了工人、农民和小资产阶级的贫困化,其中工人尤其严重。资本家大量雇佣童工和女工,甚至强迫8岁的童工上夜班,而且极力压低工资,对工人进行残酷剥削。加以大批人员失业,工人生活更加困苦不堪。1831年,一位富有洞察力的工人奥居斯特·柯伦,在报纸上曾经大声疾呼:"我们摆脱了世袭贵族的束缚,却沦于金融贵族的压迫之下;我们赶走了有称号的暴君,却遭受着百万之富的暴君的统治。"这表明,工人们已经产生了阶级意识,哪怕是初步的阶级意识、处于萌芽状态的东西。工人们忍无可忍,1831年和1834年,一场反对压迫和剥削的斗争风浪,先后在里昂、巴黎等地翻滚起来。

工人起义的风暴为什么首先在里昂掀起呢?这绝不是偶然的。说起里昂,人们自然会联想到它的古老和在生产上的地位。里昂是法国中南部的重要工业城市,丝织业中心,著名的丝绸之城。早在十六世纪,这里出产的丝织品,已经畅销欧洲,深受各国封建王公和贵族的喜爱和欢迎。到十九世纪,这里简直是两个世界,两重天地。市中心,大街整洁,店铺林立,行人络绎不绝,穿戴十分考究。工业区却完全相反,街道狭窄,遍地垃圾,房屋低矮破旧,工人面色苍白。在这里挣扎着的3万织工,每天劳动15到18小时,而工资所得却只能买到一磅面包,下班后还得走到郊区住处,生活穷苦,简直无以复加。

1831年,里昂的织工们,为了反对资本家任意压低工资,派出代表,向资本家提出订立标准工资的要求。在6000名织工罢工和示威游行的压力下,资本家实行了缓兵之计,当夜同工人代表达成了标准工资协议。消息传出以后,整个工人区沉浸在一片欢乐

图为奥尔良派的路易·菲力普和他的 5 个儿子在阅兵结束后离开凡尔赛的情景。
作者是法国画家奥拉斯·韦尔内(1789~1863 年)。

之中。

资本家的退兵阴谋得逞之后,凶相毕露。他们首先哭哭啼啼地向内阁总理告状,请求政府给他们撑腰。于是,法国政府根据制造商们的要求,一面否决标准工资协议,一面准备动用武力,进行镇压。罗盖将军更口出狂言,公开叫嚷:"如果工人敢于起来,那就叫他们的肚皮开花。"制造商们有了罗盖这把匕首之后,态度立即蛮横起来,马上撕毁协议,背弃诺言。三个星期过去以后,工人们的工资依然照旧!工人们愤怒到极点,他们立即行动起来了。

1831 年 11 月 21 日晨,里昂的织工们离开作坊,开始罢工,一支约有两千人的游行队伍,四人一排,手挽着手,踏着坚定的步伐,高唱着"前进,前进,冲向敌人的枪口,冲过枪林弹雨,奔赴胜利"的歌声行进。他们发表《里昂工人宣言书》,提出"里昂应当有我们自己选出的政权代表"。并号召政府军队站到工人一边,参加这场英雄的战斗。他们高举"不能劳动而生,吾宁战斗而死"的旗帜,手持长矛、腰刀、棍棒和步枪,从工人区出发,直奔市中心。这时候,里昂的每一个城门,都设有重兵把守。军队荷枪实弹,杀气腾腾。

当起义者来到城门口,突然遭到枪口的阻拦。一个军官粗声粗气地命令说:"回去!你们都给我回到工人区去!"气氛顿时紧张起来。突然,一位年轻人从起义队伍中跑出来,冲向城门,举着拳头高喊:"弟兄们!冲啊!跟我一起冲过去!"

守卫的士兵立即开枪射击,他倒在血泊中……工人们愤怒已极,他们毫不迟疑,筑起街垒,同政府军展开拼杀。当枪声传到工人区以后,这里的人们行动起来了,他们闯进军械铺,抢夺枪支弹药和刀剑,一齐赶到城门口,加强了起义者的力量。起义的人群立即向政府军发动猛攻,突破城门防线,像潮水一样地涌向市中心,一场残酷的巷战在里昂街头展开了。起义者们掀起铺路石,刨倒街灯杆,推翻运货车辆,搬来木板,家具,筑成一座座街垒;拆下机器上的铅质零件,熔铸成小铅块,用来顶替子弹,打击敌人。他们就这样同政府军进行着艰苦、激烈的战斗!在巷战中,儿童和妇女表现得相当出色。孩子们运送弹药、送水送饭、侦察敌情,有的甚至直接拿起武器。妇女们烧水做饭,护理伤员,为革命贡献了力量。起义者们在广大群众的支持下,团结战斗,越战越勇,攻占了一条条街道,夺取了一处处街区,从四面八方,向市政厅推进。入夜以后,起义队伍不断扩大,政府军再也招架不住,纷纷向市政厅撤退、龟缩。

第二天,罗盖准备反扑,但他手下可以上阵的兵士已经不多,失败的报告,却一个接一个地向他传来。这天深夜,"牛皮将军"罗盖实在招架不住了,便带领一批残兵败将,溜出里昂,逃之夭夭。11月23日,起义军逮捕省长,完全占领了里昂城,工人们成了里昂的新主人。

巷战结束以后,武装起义司令部,立即派出哨兵和巡逻队,组织恢复社会秩序。他们建立了工人委员会,宣布废除苛捐杂税,实行标准工资;发布告市民书,宣布自己的政治主张;要求实行民主选举,把自己的代表选进政府机构。

起义者们尽管做了前人没有做过的事情,但可悲的是,他们还没有彻底摧毁资产阶级政权,他们没能把里昂的抗击力量进一步组织起来,建立自己的统治。那些旧官吏还在发号施令,管理市政,甚至起义者还邀请警察局长参加他们的辩论,对敌人如此丧失警惕,这就不能不给起义的悲剧埋下祸根。

到12月初,资产阶级经过一段喘息之后,利用起义者的麻痹大意和过分疏忽,开始组织反攻了。他们从巴黎调来6万大军和50门大炮,包围里昂城。12月3日,完全处于被动的起义军,遭到残暴的镇压和屠杀,起义失败了。

1831年的里昂织工起义,没能改变工人们的处境。他们的生活条件毫无改善。但可喜的是,经过这次战斗洗礼,工人们的阶级意识有了进一步提高,他们开始认识到:"劳动者只有组织起来,兄弟般地团结在一起,才能改善他们的命运。"

1834年4月,里昂工人再次揭竿而起,发动第二次起义。起义者们不仅要求提高工资,而且号召推翻富人统治,建立民主共和国。这就使起义带有了明显的政治性质。起义者们修筑街垒,高举红旗,同敌人进行了6天激战,最后失败。

里昂织工起义的战斗号角,唤醒了苦难的法国工人。从巴黎到马赛,许多城市都纷纷起来响应,罢工和起义,像一团烈火烧遍法国大地。里昂起义,已经不再是旧式的手工业者的斗争,而是在同一社会里有产阶级与无产阶级之间的一场冲突,是近代工人的武装起义。

里昂织工起义向我们表明,在法国,无产阶级已经成为一支独立的政治力量开始登上历史舞台,从这个时候起,无产阶级同资产阶级的斗争,在比较发达的欧洲国家,已经被推到社会斗争的前列。总之,"不能劳动而生,吾宁战斗而死"这个口号,将作为里昂织工的光荣而载人法国史册!

1834年里昂工人起义

1831年11月的起义失败了。里昂工人热切盼望的最低工资标准成为泡影,生活丝毫没有改善。但是,工人的血没有白流,战斗锻炼和教育了他们。他们提高了觉悟,增强了团结。自1832年起,互助社组织逐步扩大,吸引了更多的工人,领导体系也较过去完善。每小组(20人以下)选出两名代表,若干组的代表组成中心组,各中心组的组长联席会议是全社的最高领导机关。1834年初,中心组长联席会议改称执行委员会。在互助社的领导下,为保障就业,提高工资,经常向包买商进行多种形式的斗争。

在此期间,资产阶级和小资产阶级的共和派的活动也日趋活跃。各种团体日益增多,如"人权社""进步社""独立者社""自由人社"等等。其中影响最大的是"人权社","互助社"的许多成员同时也是"人权社"的成员。"进步社"的领导人拉格朗热十分同情工人,在工人中享有一定的威望。

七月王朝对工人和共和派的结社活动十分恼火,于1834年2月向议会提出新的法案,在刑法禁止20人以上结社的基础上进一步规定,20人以下的结社活动也在被禁之列。这项法案虽然尚未通过,但各地均已获悉,人民普遍表示愤慨。里昂的互助社本来是以经济斗争为主要目标的工人团体,而共和派的各个团体则致力于政治斗争,所以往常彼此虽有影响,却并无紧密的联系。现在,反对禁止结社法的斗争把它们团结起来了。

1834年初,里昂的包买商将每一欧那长毛绒的工价降低了25生丁。这个数字并不大,受到直接影响的工人也只有1200余人。但工人的觉悟已经提高,他们开始认识到工人的命运是彼此相连的,对包买商的斗争是全体工人的事。在互助社的号召下,里昂的全体丝织工人从2月12日起实行罢工。17日,数百名工人在泰罗广场集合,准备向市政厅进发。当局派军队鸣枪示警,集会被冲散。包买商在当局支持下拒不让步,部分工人因罢工期间生活来源断绝而十分困难。互助社的执行委员会遂下令于2月22日复工,结束了这次为期10天的罢工。这次罢工虽未取得积极成果,但对包买商和当局无疑是一次严重的警告。

狡黠的反动当局在罢工高潮中借口不插手劳资纠纷,表面上袖手旁观,实际上支持包买商的强硬态度。罢工结束后,反动当局凶相毕露,悍然逮捕了6名工人。工人们被当局的卑劣行径所激怒,一场新的斗争已在酝酿之中。正在此时,3月25日传来消息,扩大禁止结社范围的新法案已在议会通过。根据这项法案,工人不仅不能组织新的团体,原有的团体也将被迫解散。导火线就这样被点燃了。互助社与人权社等共和派团体共同组成一个总委员会,具体领导工人的斗争。当局定于4月5日开始审讯6名被捕工人,总委员会决定在那一天举行大规模的示威。不难看出,1831年,起义工人争取的主要是经济目标,而1834年,工人争取的不再只是经济目标,主要的已是政治目标。这说明,工人运动在向前发展。

4月5日,工人在法庭所在地圣约翰广场示威时,一名工人被枪杀。次日,8千余名工人举行抬尸游行,在全市引起巨大反响。法庭不得不宣布将审讯推迟到4月9日。4月8日夜间,总委员会举行会议,对情况做了分析,估计反动当局次日可能使用武力,遂决定以"结社、抵抗和勇敢"为口号,坚决给反动当局的暴力镇压以反击,但不主动挑起武装冲突。会议任命拉格朗热等人为总指挥。

形势日趋紧张,一场恶斗即将爆发。法院院长担心酿成流血事件,向当局提议移地审讯,以免触发冲突。当局未予采纳。1831年11月的工人起义把政府打了个措手不及,当局事后在里昂全力加强戒备,修筑了许多碉堡和据点,配置了许多火炮,警卫部队的数量也大大增加。当局凭借这些镇压手段,企图伺机进行暴力镇压,扑灭里昂的工人运动。所以,4月8日夜间当局在部署兵力时,并未采取任何避免发生冲突的预防性措施。恰恰相反,包括步兵、骑兵、炮兵和工兵在内的1万余人控制了全市所有战略要点。当局还派便衣警察混在工人当中进行煽动。很显然,反动当局蓄意要血洗里昂。

4月9日,大批工人拥向法庭,有的进入院内,有的留在广场上。审讯正在进行时,军队突然向工人开枪。工人立即奔向工人居住点和市中心,修筑街垒,进行抵抗。大多数工人没有武器,而且事先虽预计到发生冲突,却缺乏周详的准备,所以不能组织有效的反击。最初的混乱过去后,全市形成了6个起义中心,其中最重要的是市中心的哥德利埃教堂。拉格朗热在这里指挥,他冒着炮火,往返于各个街垒之间,赢得了工人们的信任和赞赏。各行各业的工人纷纷前来支援,有的在街垒中与反动军队作战,有的赶制弹药,用织机上的零件熔制子弹,有的抢救照看伤员。工人们举起写着"不共和毋宁死"的红旗,把斗争的矛头直指反动的七月王朝政府。当局命令军队"街上见人格杀勿论"。军队以火炮轰击起义工人的街垒,放火焚烧工人的住房,并闯入民宅虐杀无辜平民,连病人和妇孺老弱也不放过。战斗是在双方力量对比悬殊条件下进行的,到10日夜间,当局已明显占了上风,但起义工人们仍顽强抵抗。据路易·勃朗后来分析,这时如要结束战斗,对当局来说并不困难,但当局蓄意拖延,为的是在战火中杀害更多的起义工人。4月13日,最后一批街垒被军队攻陷,最后一批起义工人在哥德利埃教堂前英勇献身,为工人的事业流尽最后一滴鲜血。1834年里昂工人起义在火海血泊中失败了。

美国国会通过《宪法修正案》

1777年11月,美国大陆会议通过了《邦联条例》,1781年开始生效,这是美国的第一部宪法。但独立战争后,随着社会主要矛盾的转移,国内阶级矛盾不断激化,资产阶级和种植园主在 1787 年又制定了《1787 年宪法》,取代了《邦联条例》,加强了中央集权,使资产阶级法律制度更趋完善。但这一宪法在保障民主权利方面只字未提,引起各界群众的不满。当时,许多州在批准这个宪法时都附有一个条件,即必须补上保障人民享有民主自由权利的"人权法案"。1789 年,美国国会通过了由麦迪逊起草的宪法 10 条"补充条款",又称《人权法案》,这就是《宪法修正案》。其中规定,保障个人言论、出版、宗教信仰自由和集会、请愿等权利;私人住宅不可侵犯,军队不得驻扎民房;未经法律手续不得剥夺任何人的生命、自由和财产权等等。这就明确了资产阶级法定的民主权利。

海地黑人起义

海地是美洲加勒比海圣多明各岛上的一个国家,1492 年哥伦布抵达这里后,海地改为西班牙的殖民地,17 世纪末期法国殖民者又夺取了海地。几百年的殖民统治使海地的土著印第安人几乎被残杀殆尽,为了解决劳动力的不足,殖民者从非洲贩运大批黑人奴隶到海地,因此黑人奴隶成为海地被剥削奴役的主要对象。法国殖民统治者握有海地的一切大权,过着花天酒地的生活,而广大黑人奴隶却在种植园中受尽了煎熬,这就激起广大黑人奴隶的无比愤怒和反抗。1789 年,法国爆发了资产阶级革命,这使海地人民深受鼓舞。根据法国国民议会宣布的原则,海地混血种人和自由黑人向法国要求完全的公民权。为了实现这一目的,1790 年 10 月,混血种人领袖文森特·奥赫领导 250 名混血种人和"自由"黑人举行武装起义。起义军打击法国殖民者,烧毁种植园,打败了法国海军上校马杜特率领的 600 名殖民军。此后,法国殖民当局增派 1500 名殖民军前去镇压,起义军终于失败了,奥赫及其余部逃往西属圣多明各。1791 年初,西班牙殖民当局将他逮捕并引渡到海地角,奥赫最后被车裂而死。这次起义虽然失败了,但它标志着海地革命的开始。

第三次迈索尔战争

18 世纪后半期,英国侵占印度的孟加拉以后,又把矛头指向印度南部的迈索尔,与迈索尔进行了多次战争。1767~1769 年第一次迈索尔战争和 1780~1784 年第二次迈索尔战争的结果是双方的目的都没有达到,主要是英国侵占迈索尔的野心没有实现,因此和平是暂时的。1785 年以后,印度南部的马拉塔和海得拉巴两个国家联合向迈索尔国进攻。1787 年,迈索尔的铁普苏丹打败了马拉塔和海得拉巴的进攻。1790 年,英国人与马拉塔的派施华和海得拉巴的尼赞缔结了反对迈索尔的军事条约,三方互相配合,共同进攻迈索尔,第三次迈索尔战争就此开始。在英国殖民侵略军和马拉塔、海得拉巴军队的多边进攻下,迈索尔受到很大损失。1792 年 2 月 5 日,英军开始围攻迈索尔的首府锡伦加帕塔姆。在首都摇摇欲坠的情况下，铁普苏丹3月初被迫求和，签订屈辱性条约。根据和约，迈索尔把自己的一半领土割给胜利者，并支付3300万卢比的战争赔款。此外，在赔款全部付清之前，要将铁普苏丹的两个儿子送去作为人质。马拉塔人收回被迈索尔占领的全部土地，海得拉巴收回大片领土，英国人得到的更多。第三次迈索尔战争之后，铁普苏丹着手巩固自己的国家，实行一系列改革措施，力图尽快医治战争创伤，准备再决一死战。

当量定律建立

1766年，卡文提什在中和给定重量的某种酸的过程中发现，对于不同的碱所需酸的重量不同，他把这样的量称之为当量。当量定律正是在研究酸和碱的化合比例过程中推导出来的。它的建立意味着人们开始在化学中使用数学这个有力工具了。1780~1790年期间，化学工作者已经积累了大量实验资料，为化学与数学的结合打下了基础。德国化学家杰瑞美·本杰明·李希特尔（1762~1807）首先做出了成绩。1791年，李希特尔在将醋酸钙溶液与酒石酸钾溶液混合的过程中发现，沉淀出来的酒石酸钙下醋酸钾的混合液仍保持中性。以后他又分别测定了中和1000份各种酸所需要的碱、碱土的数量，并将结果列成表格，发表在《化学计量学初步》一书中。在这本书中，他阐述了当量定律：各种物质相互化合进彼此之间存在着固定质量比。1802年，法国化学家恩斯特·哥特弗里特·费歇尔（1754~1831）在《亲和力规律的研究》一书中，重新修订了李希特尔的当量表，他以重量为1000份的硫酸作为统一的比较基础，给出了酸和碱的当量表。弗歇尔的当量表后来曾被道尔顿用来作为依据，论证原子学说。

法军瓦尔密大捷

1792年，奥地利和普鲁士干涉法国资产阶级革命的战争开始。由于路易十六及王后企图利用战争恢复王权，他们里通外国，致使法国军队节节败退。法国人民为了挽救革命，1792年8月10日在巴黎举行了第二次起义，推翻了君主制。8月10日以后，法国实际上出现了两个政权并存的局面，一个是大资产阶级控制的立法议会，它在千方百计地阻止革命；另一个是革命的巴黎公社，它是资产阶级民主派领导的群众革命机构，正在为实现共和而斗争。在公社的压力下，立法议会被迫逮捕了8月10日以前的斐扬派部；为了挡住普奥的侵略，公社组织了3万多人的志愿军。但直到1792年9月初，法军仍在败退。9月2日普奥联军攻占隆威和凡尔登，9月8日抵达阿尔戈纳，9月12日夺取通往拉克鲁凡奥布瓦的隘道，9月19日法军与普军在瓦尔密高地一带摆开阵势。由于从巴黎新近开来不少志愿军，法军在数量上占有优势。9月20日，著名的瓦尔密战役开始了。与其说这是一场战役，不如说这是一场单纯的炮战，双方在一阵猛烈的炮击后，到中午时分，普军象演习一样摆开阵式发起了进攻。亲临指挥的普鲁士国王满以为法军会吓得仓皇溃逃，然而，巴黎无套裤汉与拉法耶特的军队大不相同，他们不但岿然不动，反而加强了火力，人们高呼"民族万岁"的口号顽强抵抗着当时欧洲最著名的正规军。没有一个人退缩。普军被迫停止了进攻，双方又开始了炮击。到傍晚6时，下起了倾盆大雨，双方只好在各自的阵地上过夜。当然，普鲁士的军队的进攻被阻止了，尽管普军并没有被打垮，但这一战役对法军来说无疑是一次精神上的胜利。双方经过谈判，普军开始狼狈不堪地撤退。由于连日大雨，道路泥泞，普军中又染上流行性痢疾，大批士兵死亡。法军的胜利已确定无疑了。瓦尔密战役的当时，德国著名诗人歌德在场，人们根据厄凯曼的转述，在瓦尔密大捷纪念碑上刻下了歌德的名言："此时此地，开始了世界历史的新纪元。"瓦尔密大捷之后，法军开始转入反攻。

苏里曼三世改革

18世纪中叶，奥斯曼土耳其帝国日益衰落，欧洲列强为争夺"奥斯曼遗产"而展开了尖锐的斗争。当时，俄国、普鲁士、奥地利以及英国、法国都力图向巴尔干扩张，奥斯曼帝国已无力抵抗这些外来压力。在奥斯曼帝国内部，各种矛盾也在不断激化，各族人民争取民族独立的斗争不断发生，国中之国也不乏其例，土耳其苏丹实质上只能控制首都及其周围地区。在这种风雨飘摇的形势下，土耳其统治集团中的一些人试图以改革挽救帝国的危机。他们认为，只要在军事上实行改革，就可以增加国力，重振国威，因此，这个时期的改革多在军事方面进行。第一个实行改革的就是苏丹苏里曼三世。1792年~1796年间，他颁布了一系列法令，没收那些拒为苏丹提供兵力的封建主采邑，建立按欧洲方式训练的陆军，改组海军，开办军事学校。苏里曼三世还设立了以亲信组成的"十二人委员会"，以监督宰相；在国外派驻常设使节，加强外交活动，史称这些改革措施为"新制"。苏里曼三世的"新制"没有改善广大劳动人民的处境，没有触动封建统治的基础，实际效果也微不足道，因而没有达到挽救奥斯曼帝国危机的目的。

法国派军镇压海地革命

1790年，文森特·奥赫率领的起义揭开了海地革命的序幕。1791年夏，海地爆发了大规模的黑人奴隶，混血种人和自由黑人参加的武装起义，并很快波及全国。消息传来，法国立法议会在1792年决定派6000远征军前去镇压。1792年9月，法国远征军在海地被起义者打败。1802年，在法国执政的拿破仑派其妹夫黎克勒率3万大军去海地镇压革命，被起义者打得狼狈不堪，最后施展和谈阴谋而逮捕了起义领袖杜桑·卢维杜尔。但海地革命并没有被镇压下去,海地人民在 1804 年宣布国家独立。

俄普第二次瓜分波兰

　　1792 年 5 月 18 日,沙皇派 10 万大军侵入波兰,这是第二次瓜分波兰的前奏。波兰爱国武装力量组织了 6 万人迎击敌人。不久,普鲁士出兵配合俄军,突破波兰的布拉防线。1792 年 7 月,俄军攻占华沙。波兰大贵族的塔尔戈维查同盟发动反革命政变,爱国主义党首领被迫逃亡国外,塔尔戈维查分子掌握了政权。在沙俄刺刀的保护下,他们解散了“四年会议”,废除了《五·三宪法》。1793 年 1 月 23 日,俄国和普鲁士在彼得堡签署第二次瓜分波兰的协定。根据这项协定,俄国割占包括明斯克在内的白俄罗斯的一部分,立陶宛的一部分以及第聂伯河以西的大部分乌克兰地区,面积达 25 万平方公里。普鲁士占有波兹南、卡里什、陈斯比霍夫、托伦、革但斯克等地,面积为 5.8 万平方公里。波兰其余部分领土的实权也已在俄国驻波兰大使的掌握之中。第二次瓜分后,波兰丧失了 2/3 以上的领土,政府军队不得超过 1.5 万人,未经沙皇允许,波兰国王不得对他国宣战或媾和。因此,波兰已经不是一个独立的主权国家。

马拉遇刺

　　马拉是法国资产阶级革命时期雅各宾派的主要领袖之一。大革命前,马拉已经是一位革命民主主义思想家,大革命爆发后他积极投入战斗,曾因出版《人民之友》报而赢得人民的信任。后来他曾多次遭到通缉或审讯,但他始终坚持资产阶级革命立场,1792 年当选为国民公会的议员,在审判路易十六时曾起过重要作用。5 月 31 日~6 月 2 日,巴黎人民第三次武装起义推翻了吉伦特派,雅各宾派开始执政。在这一过程中马拉一马当先,他在教堂敲响了进攻的警钟。由于马拉在革命中的作用,引起了王党分子和吉伦特派的仇视。1793 年 7 月 13 日,马拉在家中被来自诺曼底的 25 岁女王党分子夏洛特·科黛

马拉

刺死。由于马拉在人民群众心中有很高威望,7 月 15 日,巴黎人民为马拉举行了有全体国民公会议员参加的隆重葬礼,他的心脏被悬挂在科尔得利俱乐部大厅的穹顶上,马拉成为革命先贤祠中的神明。

法国王后玛丽·安东尼被处死

　　玛丽·安东尼是法国国王路易十六的王后。1789 年法国资产阶级革命爆发后,她伙同国王路易十六与人民为敌,千方百计破坏革命。本来,路易十六一家住在凡尔赛宫,1789 年 10 月 5 日被迫迁到巴黎,从此他们便处在人民群众的众目睽睽之下了。但他们仍在暗地与国外反动势力相勾结以求反扑。1791 年 6 月,由王后精心安排了国王全家逃跑事件,但没有得逞。1792 年 4 月,法国与普奥同盟的战争爆发后,王后把作战计划密报给敌国,国王及王后与国外敌对势力的书信往来也很频繁,妄图置革命于死地。王后还写信给奥地利皇帝,让他发布了一篇具有威胁性的宣言来恫吓法国革命者。1792 年 8 月 10 日起之后,国王及王后被监禁于腾普尔监狱。1793 年 1 月 21 日,国王路易十六被处死。同年 6 月 2 日雅各宾派开始执政,根据当时法国的内外形势,为了镇压反革命,1793 年 9 月 17 日,国民公会颁布了"惩治嫌疑犯法令",其中规定:"凡行为、交往、言论和著述表示同情暴君和自由的敌人者,凡与以前贵族有夫妻、父母、子女、兄弟、姐妹等关系,或属亡命贵族的代理人等,而没有拥护革命的表现者,即属嫌疑犯。"一切嫌疑犯都加以逮捕,重者处死。同年 10 月,革命法庭开始审理一些重大政治案件。根据比约·瓦雷恩的报告,王后玛丽·安东尼被送交革命法庭,审判从 10 月 14 日开始,王后的态度颇为镇静。第二天,孚基尔提出她的罪状,艾贝尔作证,由法庭判处王后死刑。被称为奥地利女人的王后在 1793 年 10 月 16 日被处死。

法国颁布革命历法

　　封建时代的法国是一个天主教国家,僧侣等级曾作为第一等级长期压在人民的头上。1789 年法国资产阶级革命爆发后,第三等级的崛起和人民群众革命运动对法国教会和僧侣阶级进行了严厉打击,因而,除了那些拥护人民运动的神甫之外,绝大多数基督教僧侣站到了反革命一面。大革命中不但没收了教会的财产,1792 年 11 月开始还停发了教士的薪水。雅各宾派执政之后,无神论者、百科全书派信徒艾贝尔等人更是积极的反宗教者。在反宗教运动中,废除旧的基督教历法,颁布新的革命历法是最富于反基督教色彩的措施。当然,其中也蕴涵着反君主政治的色彩。1793 年 10 月 5 日,国民公会通过了罗姆关于从共和国的第一天,即推翻君主政治的 1792 年 9 月 22 日为共和纪元开始的报告,因为这一天恰逢秋分,所以从这一天起,共和历把每年分为 4 季,共 12 个月,每月 30 天,每 10 天为一句,每旬第 10 天为休息日,废止了星期制度,年终多余的 5 天称为"无套裤汉日",一律作为节日。逢闰年则多一个节日。1793 年 10 月 24 日,法布尔·代格朗蒂纳又做了一个关于历法的报告,为每个月都起了一个富有诗意的名称,以 9 月起各月的顺序为葡月、雾月、霜月(秋季)、雪月、雨月、风月(冬季)、芽月、花月、牧月(春季)、获月、热月、果月(夏季)。

莱茵德意志共和国成立

18世纪的德意志仍处于四分五裂的封建割据状态之中,其中普鲁士和奥地利两个大邦都试图取得对德意志的控制权。政治上的分裂严重阻碍了经济的发展,那时德意志人民生活十分贫困。1789年法国资产阶级革命发生后,对德意志产生重大影响,农民暴动、手工业帮工的示威罢工到处可见,城市资产阶级也起来要求废除贵族教会的封建特权,并要求参加政权。在这些运动中,最重要的革命运动发生在美茵兹。1792年,美茵兹革命作家和学者乔治·福斯特按照雅各宾俱乐部的榜样组织了一个秘密的民主政党,名为"人民之友社",开始领导那里的人民为争取民主共和而斗争。法国军队占领了美茵兹城之后,福斯特在1792年10月召开了一个"莱茵德意志国民大会",1793年3月宣布莱茵河和莫塞尔河之间的地区为共和国,这就是德意志土地上出现的第一个民主共和国——莱茵德意志共和国。在这个共和国中,所有的大地主、所有的世俗诸侯和教士诸侯都被赶跑,整个政治经济和文化生活都在共和国宪法基础上进行了资产阶级改造。但莱茵德意志共和国没有群众基础,1793年7月被封建势力绞杀。

波兰领土被瓜分完毕

1793年,俄国与普鲁士在彼得堡签署了第二次瓜分波兰的协定。这一协定使波兰丧失了2/3的领土,失去了民族尊严和独立,引起波兰人民的强烈反抗。1794年3月,爆发了科西秋什科领导的波兰人民反对外来侵略的民族起义。起义者占领了首都华沙,成立了革命临时政府,宣布解放农奴,大败外国侵略军。但是,1794年11月,这次起义被俄、普、奥联合绞杀了。从1794年7月起,俄、普、奥就开始商谈再次瓜分波兰的问题。经过三国的明争暗斗,最后在1795年1月3日俄国与奥地利首先签订了协定,10月24日普鲁士也被迫同意。至此,第三次瓜分波兰的协定正式签署。根据这个协定,俄国攫取了立陶宛、库尔兰、西白俄罗斯和沃伦西部,国界向西推进到涅曼河——布格河一线,共获领土面积达12万平方公里。奥地利获得包括克拉科夫、卢布林在内的小波兰和玛佐夫舍地区的一部分,面积达4.7万平方公里。普鲁士获得了包括华沙在内的波兰西北部,面积为4.8万平方公里。这样,波兰领土被瓜分完毕,波兰灭亡了。经过三次瓜分,俄国共获得波兰领土的62%,计463200平方公里,普鲁士获20%,计141400平方公里,奥地利获18%,计128900平方公里。

英国占领南非

18 世纪末期,法国资产阶级革命对欧洲各国产生巨大影响,欧洲各国封建君主都力图干涉法国革命。当时已经走上资本主义道路的荷兰对法国革命的看法不一,其中荷兰爱国党同情法国革命,而以奥伦治亲王为首的王党则持敌对态度。1795 年 1 月,拿破仑大军开进荷兰,建立巴达维亚共和国,奥伦治亲王逃往英国。当时,荷属南非正发生农民起义,荷兰东印度公司在南非的官员已被赶走,南非处于无政府状态。于是,英国政府要挟奥伦治,以保护侨民为借口,在 1795 年派兵进入南非并占领好望角,这是英国人在南非立足的开始。《亚眠条约》签订后,虽然规定将南非退还给荷兰,但 1814 年,英国再次进入南非并占为己有。

英国水兵骚动

1789 年法国资产阶级革命爆发后,对欧洲各国都产生重大影响,英国在 90 年代掀起了规模宏大的民主运动,以各地通讯委员会为主体的民主派宣传运动蓬勃发展,引起各界人民的支持和响应。1793 年英国组织反法联盟,参加对法战争之后,需要的海军人数不断增加,志愿从军者不够,政府就强制征召,有些水兵本身就与民主运动有联系。于是,在 1797 年英国海军中出现了多次骚动。1797 年 4 月中旬,守卫英吉利海峡的舰队发生水兵骚动,水兵们选出的委员会同海军部进行谈判。他们要求增加饷项,并要求国王保证他们不受迫害。政府被迫答应了他们的要求。5 月底,在北海和泰晤士河口的另一支舰队的水兵也成立了水兵委员会,水兵们在军舰上用缆索结成绞索套恐吓军官,并在舰上升起红旗。这场斗争持续了 3 个多月,起义者因得不到淡水和食物供应而被迫投降,领导者派克等 23 名起义者被处以绞刑,水兵起义被镇压下去了。英国水兵骚动说明英国民主运动的不断深入发展。

莫兹利发明精密机床

18 世纪末,为适应各地兴建起来的工厂对瓦特机、纺织机的大量需要,必须有相应的母机来生产这些机器,这样既可以增加机器的数量,又可以提高机器的精度。1775 年约翰·威尔金森(1728~1808)发明的内圆钻机解决了瓦特的烦恼,为蒸汽机的制造立下了不可磨灭的功绩。那么作为工作母机的机床又是怎样问世的呢? 功绩应归于英国工匠亨利·莫兹利(1771~1831)。莫兹利年轻时曾是英国发明家约瑟夫·布喇马(1748~

1814)的助手,布喇马为了提高他所发明的倒转锁的生产数量,不得不雇用了许多工人来从事手工操作。为了改变这种局面,布喇马与莫兹利引进了机械工具,提高了生产效率。受此启发,莫兹利想改造一下当时的车床,旧车床大部分部件都是木制的,其动力来自脚踏板,车刀是用手拿着的,操作起来难以控制。1795年,莫兹利改造了这种旧车床。首先他用铸铁代替了车床上的木头,以保证床身稳定,以及待加工的工作易于固定。其次他用一个轮子代替了脚踏板,并以蒸汽机驱动。1797年,他又在车床上安装了导轨和带有丝杆的溜板刀架,把刀具从工人手中解放出来,固定到刀架上,随刀架一起移动,工人只需通过手柄控制刀架就行了。这种车床与今天的车床在结构上非常接近。莫兹利发明的车床可以将车刀在0.25毫米的范围内移动,提高了加工的精度和速度,使已有的机器更加完善,同时又促进了新机器的产生。

英国挑起第四次迈索尔战争

第三次迈索尔战争后,迈索尔的铁普苏丹励精图治,实行一系列改革,准备再同英国人决一雌雄。他首先改编了军队,制造军械,提高田赋,监督商业。尽管这些措施成效不大,但在几年之内确使国库充实,恢复了军力。1797年,铁普又与法国人取得联系。由于法国当时执政的督政府内外交困,仅有99名法国人志愿前去帮助迈索尔打击英国人。1798年,英国人以此借口再次向迈索尔进攻,第四次迈索尔战争从此开始。1799年,印度南部的另一个国家海得拉巴也开始进攻迈索尔。1799年4月28日,敌人开始围攻迈索尔首都,有叛徒向敌人发送信号,城池危机,铁普苏丹亲自跃马挥刀同敌人决战,最后被杀死在军中。5月4日首都沦陷,英军把首都洗劫一空。第四次迈索尔战争结束。此后,迈索尔沦为英国的藩属,南部印度唯一能够抵抗英国殖民侵略的力量失败了。

苏沃洛夫率俄军远征意大利

亚历山大·瓦西里耶维奇·苏沃洛夫(1730~1800)是俄国著名军事家,曾率领俄国军队打过许多胜仗。1789年法国资产阶级革命爆发后,沙皇叶卡特琳娜二世曾准备派苏沃洛夫率6万俄军前去镇压。1796年11月6日,叶卡特琳娜二世死去,这一计划未能实现。1797年保罗一世免去苏沃洛夫的大元帅职务。1798年底,俄国参加了英国组织的第二次反法联盟。由于英奥等国的坚持,1799年2月,沙皇保罗一世把流放中的苏沃洛夫召回,当时他已69岁,任命他为俄奥联军总司令,指挥在意大利的联盟军队与法军作战。同年4月,苏沃洛夫率2万俄军侵入意大利,4月29日攻入米兰,5月26日攻入都灵,8月15日在诺维战役中击败法军,大军逼近法国边界。俄军把法军赶出意大利之后,伦巴底归还给了奥地利,撒丁王国国王重登王位,教皇庇护七世在罗马恢复了自己的政权。到 1800 年初,意大利的封建势力完全恢复了。

法兰西银行成立

1799 年 11 月 9 日"雾月政变"后,督政府被推翻,成立了以拿破仑为第一执政的执政府。但是,执政府与督政府一样,从一开始就为财政拮据所困扰。国库几乎空空如洗,政府不得不每天软硬兼施地向银行借款。为了解决财政困难,执政府采取了一系列改革措施。第一个行动是把每年税额分配权和部分地方直接税权由地方改为中央征收,跟着又建立了年度期票证券制度,由于期票要拖欠 20 个月以上才能付清,为了给期票提供信用支持,对财政部长戈丹设立了抵押银行,目的是使国库的地位保持稳定。这样一来,期票的贴现权就操在银行家手里。当时法国主要有"往来存款银行"和"商业贴现银行",其中往来存款银行拥有大量资金并准备援助国库。此时,国家财政急需资金,往来存款银行的股东们又极想得到国家银行的特权以便扩大业务,于是与政府达成协议。1800 年 2月 13 日,往来存款银行改组为"法兰西银行",它拥有 3000 万法郎的基金,每股为一千法郎,200 名主要股东选出了 15 名董事和 3 名监事。法兰西银行承担收购 300 万法郎的期票,得到的报酬是"还债金库"的一半保证金划为该银行的股金,另一半银行用作现金支付。法兰西银行还经办政府公债利息和各种津贴,但没有获得发行钞票的垄断权。

美国迁都华盛顿

1775 年,美国独立战争爆发后,1776 年 7 月 4 日在大陆会议所在地费城宣布了《独立宣言》。此后,大陆会议所在地一直是费城,这里成为美国最初的形式上的首都。1783年美英签订《巴黎和约》,英国正式承认美国独立。但由于独立战争结束不久,国库空虚,形势不稳,对此未及详议。1789 年,美国联邦政府成立,4 月 30 日,华盛顿在纽约就任美国第一任总统。当国会在纽约召开第一次会议时,人们再次提出建都问题,并发生激烈的争论。南北双方利益分歧,目的不一,都想把首都设在自己境内。经过一场激烈的辩论,双方终于达成协议,决定把首都建立在南北方的天然分界线——波托马克河畔,并委托华盛顿总统在波托马克河畔选择一块约 26 平方公里的土地作为建设首都的永久性用地。总统选中了波托马克河与阿那考斯蒂河的汇合处,国会批准了他的选择。1799 年,华盛顿总统逝世,国会决定以他的名字为首都命名。华盛顿选中的这个地方正是马里兰州与弗吉尼亚州的交界处。国都定址后,一位名叫皮埃尔·朗方的,曾参加过美国独立战争的法国工程师自告奋勇为这座新城市进行规划设计。1800 年,美国首都从费城迁到华盛顿。

沙皇保罗一世被暗杀

1796 年上台执政的俄国沙皇保罗一世继承了叶卡特林娜二世的对外政策,参加了第二次反法联盟并派苏沃洛夫率俄军进入意大利与法军对抗。但是,由于奥地利首先与法国媾和,使在意大利的俄军处境艰难,于是,沙皇保罗一世下令召回了俄国军队。1800年,俄国与英国绝交,与瑞典、丹麦、普鲁士等国签订了旨在反对英国、恢复武装中立的条约,同时又开始与法国媾和、结成反英同盟和共同远征印度的谈判。保罗的这种反英政策遭到俄国贵族集团的反对,因为英国是俄国地主输出商品的主要市场。保罗一世的亲法政策遭到抨击。这样,在俄国上层贵族中间就出现了策划宫廷阴谋的动向,得力的大臣和首都的军官几乎都参加了这次阴谋,连皇位继承人亚历山大·巴夫洛维奇都知道此事,只有沙皇一个人蒙在鼓里。被保罗一世驱逐出俄国的英国驻彼得堡大使查理·惠特华斯也与阴谋分子有所联系。1801 年 3 月 11 日晚,沙皇保罗一世在米海伊洛夫宫被刺,亚历山大一世继位。

罗马教皇与拿破仑签订《教务专约》

1799 年 11 月,拿破仑发动"雾月政变"夺取法国政权,从此开始了拿破仑时代。拿破仑上台之后,为了借助天主教会巩固资产阶级的统治,废除了革命时期关于宗教的立法。从 1800 年 11 月起,拿破仑开始派代表与教皇庇护七世进行谈判。1801 年 7 月 16 日早两点,罗马教皇的国务卿红衣主教孔萨尔维与拿破仑的代表卡考尔在巴黎圣母院大教堂签订了《教务专约》。《教务专约》规定,在法国恢复天主教的活动,承认罗马天主教为法国绝大多数公民的宗教;同时规定,恢复天主教活动之后,不归还革命时期没收的教会土地和财产,不恢复什一税。大主教和主教由第一执政直接提名,而由教皇授予圣职,主教委任的神父由政府批准。大主教、主教和神父的薪水由政府发放。《教务专约》签署后不久,罗马教皇就批准了,并派卡普拉红衣主教作为他的使节到巴黎去监督专约细节的实施。但是,法国议会各院对这一专约的看法却大相径庭,参政院公开表示反对。塔列朗建议对反对派做一些让步,办法是在实施教务专约时制定一些补充规章。结果政府又陆续公布了"天主教组织条款","新教组织条款"等,使新教教徒们确信天主教并没有又变成国教,法国还有信教自由。这样,以《教务专约》为主体的一部自成体系的完整的教务法规形成了。但拿破仑要实施这一法规只能在成为终身执政之后。

杜桑统一海地

1791 年,海地爆发了反对法国殖民统治的独立革命,著名领导人是黑人奴隶出身的杜桑·卢维杜尔(1746~1803)。杜桑原是一个种植园主的奴隶和马车夫,但他求知欲强,读过法国启蒙主义者的著作,在起义中作战勇敢,成为深受爱戴的领袖。海地革命发生后,法国立法会议在 1792 年派 6000 远征军去海地镇压革命,在圣多明各岛东部的西班牙殖民者也派兵以帮助杜桑打击法国人为名侵入海地,英国也派兵来到海地。海地人民在杜桑·卢维杜尔领导下同敌人展开了殊死搏斗。1794 年 5 月,法国大革命进入高潮阶段,执政的雅各宾派通过了废除殖民地奴隶制度的法令,使海地人民为之奋斗的目标之一得以实现。但海地人民并不以此为满足,他们要取得民族与国家的独立。1798 年 10 月,侵入海地的英国人被赶走。此后,杜桑又平定了当地混血种人的叛乱,消除了内患。1801 年初,杜桑率队伍越过边境进入西班牙统治下的圣多明各,1 月 21 日进入圣多明各城,这样,杜桑就统一了全岛。接着,他领导建立人民政权,7 月 7 日召开议会,制定宪法,宣布解放全部黑人奴隶,杜桑被选为终身执政。尽管杜桑后来受法国侵略军欺骗被捕并在法国监狱中去世,但他领导的海地革命终于在 1804 年正式宣告海地独立。

19 世纪上半叶的英国工厂法

工业革命前一阶段,英国资本家采取延长工人劳动时间、降低工人工资、雇用廉价的女工和童工,残酷剥削工人阶级,赚取巨大利润。工人劳动时间少则每日 12 小时,多则达 16~18 小时。棉纺工厂雇用大批女工和童工,劳动条件极其恶劣,工人的身心健康受到极大损伤,生活极端贫困。劳资矛盾尖锐化。在工人运动的推动下,英国议会通过一系列工厂法。1802 年第一个工厂法,只是防止雇用童工的一些明显弊端,没有接触到实质性问题。1819 年议会通过了棉纺工厂管理法,禁止棉纺工厂雇用 9 岁以下的童工,限制 9~16 岁的童工劳动日为 13 个半小时。由于没有监督机构,法律成为一纸空文。1833 年通过的工厂法规定,禁止雇用 9 岁以下童工,13~18 岁的童工劳动日限定为 12 小时。同时设置工厂视察员,监督执行法令。但它只限于棉纺业,其他如矿业则不受其限。此后矿井的女童工急剧增加。1842 颁布"煤矿条例",规定矿主不得雇用未满 18 岁的女工和 10 岁以下的男童工。1844 年又通过工厂法,规定把未满 13 岁童工的劳动日缩短 6 个半小时,以便让他们有学习时间。1847 年议会通过工厂法规定,妇女和未成年男工劳动日为 10 小时。

俄国颁布解放农奴法令

19 世纪初期,俄国农奴制度面临全面危机,广大人民群众对腐朽的农奴制度忍无可忍,农奴暴动和群众起义不断发生。随着农民运动的发展,解放农奴、反对专制的思想运动也蓬勃举起。与此同时,在农奴主中也有人主张革新,提出了种种关于改革农奴制的方案。1801 年 3 月,沙皇亚历山大一世即位,他在继续维持农奴制度的同时着手研究农奴的解放问题。1803 年 2 月 20 日,亚历山大一世颁布关于自由农民的法令,允许地主根据自愿原则一个一个整村地解放农奴。依据赎买所有权的权利,必须把土地分给农民。地主与农民应订立协议,由内务部审查后交沙皇审阅。这一改革最后仅订立 161 个合同,解放了 47153 个男性农奴,尚不到全国农奴的 0.5%。

原子学说创立

原子学说的建立经历了一个漫长的历史过程。公元前 5 世纪希腊哲学家留基伯和德谟克利特提出古代原子论,认为一切物质都是由结实、微小、不可分割、大小各异但却属于同样的基本物质微粒(称为原子)的多种多样的结合来加以描述的。公元前 1 世纪罗马哲学家兼诗人卢克莱修在他的长诗《物性论》中再述原子说。17 世纪法国哲学家伽桑狄(1592~1655)重提原子说,促进了这个学说的复兴。除此而外,在原子说形成过程中,有过重要影响的还有美国邮政事业迅速发展。笛卡儿、博斯科维奇、塞诺特、玻义耳等科学家。然而,最终将原子说引入科学轨道的是英国化学家约翰・道尔顿(1766~1844)。受牛顿关于物质的最小单位是原子,且气体原子间的相互排斥力与距离成反比的假设的影响,道尔顿解释了许多实验现象。1803 年 10 月,道尔顿在曼彻斯特的文学哲学会上宣读了论文《论水对气体的吸收》,第一次发表了他的有关原子论及相对原子量计算等方面的工作。1808 年道尔顿的著作《化学哲学新体系》出生。在该书中阐述的近代原子论包括:化学元素由非常微小的、不可再分的物质粒子—原子组成,原子在所有化学变化中均保持自己的独特性质。原子既不能创造,也不能消灭,同一元素的所有原子,各种性质,尤其是重量完全相同。不同元素的原子重量不同。原子的重量是元素的基本特征,对于不同元素的原子按照简单的数值比相结合,形成化合物。

英俄缔结《彼得堡协定》

1802 年,拿破仑打败了第二次反法联盟之后,沙皇俄国勾结丹麦、普鲁士、奥地利、瑞典等国签订了保卫北德意志方面采取共同行动的公约,从而奠定了第三次反法联盟的基础。面对拿破仑力图称霸并征服整个欧洲的野心,现实存在严重分歧的英国和俄国走到一起,双方政府都认为必须结成联盟以对付拿破仑。为此,1804 年 9 月,沙皇亚历山大的私人代表诺沃西里采夫奉命出使伦敦,他与英国首相庇特在 1804 年 12 月至 1805 年 1 月举行的谈判中就一些基本问题达成了协议,并拟定了一份联盟条约草案。后来,这一草案又由英国政府交给俄国驻伦敦大使和英国驻彼得堡大使作为进一步谈判的基础。1805 年 4 月 11 日,英俄在彼得堡签署了这一条约,是为《彼得堡协定》。该协定宣布了英俄结盟,共同采取措施以制止法国政府侵略活动。协定宣布,英俄结盟的目的是为彻底将法国军队驱逐出意大利、汉诺威、北德意志、荷兰和瑞士,要法国回到莱茵河、阿尔卑斯山和比利牛斯山划定的疆界之内,在法国恢复君主制度,并"在欧洲建立能真正保证各国安全和独立、成为反对篡夺政权的坚强支柱的秩序"。

特拉法加海战法国海军受重创

1805 年 4 月开始,英、俄、奥、瑞典、那不勒斯等国逐渐形成了第三次反法联盟,欧洲战火再度燃起。拿破仑为了实现自己首先打败奥地利的战略计划,9 月 14 日命令法、西联合舰队驶入地中海进攻那不勒斯,以图牵制反法联盟在意大利的军队。当时,这支舰队有法国战舰 18 艘,西班牙战舰 15 艘,由法国海军上将维尔纳夫指挥。尽管拿破仑在陆上战争中出尽了风头,但他并不晓得他的舰队已经在英国舰队的封锁之中。英国著名海军将领纳尔逊负责指挥海军作战,如果法、西联合舰队不出海,则英国海军毫无办法,但法西联合舰队攻击那不勒斯,则正中纳尔逊下怀。1805 年 10 月 19 日,当法军将领维尔纳夫得知有 6 艘英舰为补充给养而前往得士安时,便率领 33 艘战舰启航。10 月 21 日,双方在特拉法加角附近发生激战。纳尔逊指挥的英舰把舰队排成两列,从中间切断法西联合舰队,一列舰队吃掉其首部,另一列歼其尾部。尽管英舰并没有保持预想的队形,但英国人还是取得了成功。当天夜晚,一场暴风雨来临,海战结束了。结果法西联合舰队损失惨重,仅有 9 艘战舰回港,法军有 4398 人阵亡,维尔纳夫被俘。英国方面未失一舰,仅 449 人阵亡,但主帅纳尔逊受重伤不治而死。特拉法加海战使法国海军一蹶不振,拿破仑用武力征服英国的计划破产,英国的海上霸权更加巩固。

俄、奥、法"三皇之战"

1805 年 4 月,英、俄、奥、瑞士、那不勒斯等国组成第三次反法联盟,欧洲战火再度燃起。出于战略考虑,拿破仑首先对奥地利发动进攻。为了实现这一计划,1805 年 9 月,他命令法西联合舰队驶往地中海去进攻那不勒斯,但在 10 月的特拉法加海战中几乎全军覆灭。在陆地上，拿破仑却取得很大胜利。法军在 11 月攻下维也纳；12 月 2 日，法国皇帝拿破仑、俄国沙皇亚历山大一世、奥地利皇帝弗朗茨二世亲自指挥各自的军队在奥斯特里茨平原（今捷克斯洛伐克境内）集结兵力，准备一决雌雄。当时俄奥联军约 9 万人，法军仅 7 万人，如果普鲁士的 10 万大军再赶到，法军将腹背受敌，形势极为不利。但拿破仑采取速决战，要在普军到来之前结束战斗。他在奥斯特里茨以西戈尔德巴赫河西岸集结兵力，命法军右翼后撤，以引诱敌军主力，拉长敌军战线，再将敌军拦腰切断，予以歼灭。沙皇亚历山大拒绝采绝库图佐夫不同敌军决战的建议，结果遭到重大损失。法军把敌军切为两段后，从普拉岑高地顺势横扫而下，俄奥联军左翼溃不成军却又无路可退，被法军逼到特尔尼茨湖上，法军用强大炮火猛轰湖面，冰层破裂，落入湖底者无数。战斗打响后，沙皇和奥皇都逃出了战场。当下午战斗结束时，拿破仑大获全胜。俄奥联军损失 3 万多人，法军损失 8 千多人，此后，俄军从奥地利撤退，奥皇向拿破仑求和。这次战役因有三国皇帝参加，故也称"三皇之战"。奥斯特里茨战役使第三次反法联盟迅速瓦解。

歌德诗剧《浮士德》完成

约翰·乌尔甫根·冯·歌德是 18 世纪晚期到 19 世纪初叶启蒙文学的重要代表。《浮士德》是歌德的创作顶峰之作。他从狂飙突进的 1773 年起到 1831 年用了将及 60 年之久的时间完成了这部巨著。全书分为两部，用 12110 行诗句写成。《浮士德》取材于 16 世纪关于把灵魂卖给恶魔的老博士浮士德的民间传说。描述了浮士德一生发展的过程，他如何摆脱中古时期的蒙昧状况，探寻新的道路，跟一切困难和障碍搏斗，克服了内在的和外在的矛盾，最后得到了"智慧的最后的断案"。诗剧的第一部发表在 1806 年，故事发生在宗法式的德国这个小天地里；发表于 1831 年的第二部，主要写浮士德走入大世界，走入广阔的历史大路，恶魔靡非斯特匪勒司和浮士德所侍奉的皇帝宫廷显示出君主专制制度瓦解的景象。浮士德尽管醉心于古希腊的崇高理想，但深信要重振古典时代的希腊精神已经不可能了。悲剧最后一段描写了浮士德填海洋为平地，建造堤坝，在这种创造性的劳动和有进步意义的实践活动中，浮士德找到了他所追求的充满生活和幸福的"最高的一刹那"。

普鲁士施太因改革

这是发生在德意志普鲁士的一次重要改革。19 世纪初期的德意志的政治局势仍然扑朔迷离。1805 年 12 月，拿破仑击败第三次反法联盟之后，在德意志建立了莱茵同盟，推行法国政治制度。同时，普鲁士被迫与法国签约结盟，表示屈服，但它的武装力量完整无损。1806 年 9 月，英、普、瑞典组成第四次反法联盟，10 月底，法军攻占柏林，根据 1807

年7月俄、普《提尔西特和约》，普鲁士丧失1/2的国土，还要赔款、裁军。所有这些唤起了普鲁士人民的民族意识，统治阶级中的有识之士也看到了失败来自落后，因而积极主张改革。拿破仑统治下的莱茵同盟中的几个小邦曾实行一些进步改革，这对普鲁士也产生很大影响。1807年，施太因成为普鲁士首相，他实行了一系列改革措施。1807年10月9日，施太因颁布《关于放宽土地占有的条件限制和自由使用地产以及农村居民的人身关系》的敕令，史称《十月敕令》，给农民以人身自由和居住自由的权力，解除了农奴的人身依附关系。1808年11月19日，又颁布了《普鲁士王国各城市规程》，规定各城市的自治权和市民的选举权。同年又实施《改善国家最高行政管理机构法则》，规定了枢密院的最高行政领导权和监督权，并设立各专管部门，处理国家事务。以后又设立了军事改组委员会，重新组织普鲁士的军队。这些改革措施在一定程度上限制了普鲁士官僚制度和容克贵族的特权，对资本主义发展有一定进一步作用。1809年，在拿破仑的干涉下，普鲁士国王将施太因免职并驱逐出境，施太因改革就此中断。

俄国入侵库页岛

沙皇俄国早就对北太平洋地区怀有野心。白令海峡发现后，俄国看到这一地区的重要性，为了对西伯利亚、中国和日本海地区的不断扩张，1799年7月8日，沙皇正式批准成立俄美公司，并授权该公司许多专营权和特权，从此俄美公司成为沙俄在东北亚扩张的工具。1805年4月，俄国首次环球航行的"希望"号船长克鲁逊什特恩和列扎诺夫到日本活动，返回勘察加途中，到达了库页岛南端的阿尼瓦湾和拉彼鲁兹海峡。6月，克鲁逊什特恩潜入黑龙江口，他认为库页岛是个半岛，黑龙江也不能出入大型船只，列扎诺夫向政府报告了情况并建议迅速占领库页岛，认为这"对深入黑龙江和占有黑龙江是极重要的步骤。"列扎诺夫还派出赫沃斯托夫和达维多夫乘"约诺"号和"阿沃西"号前去占领库页岛。1806年10月，赫沃斯托夫在阿尼瓦湾登陆，留下5名水手，宣布俄国人已占领了该岛。不久，俄美公司便派出波什金中尉乘"涅瓦"号去库页岛，建立了公司的居民点。此后，沙俄开始大肆对我国黑龙江流域的勘查和侵略。1853年，沙皇决定由俄美公司占领库页岛，并授予全权管理这一地区。1806年11月，沙俄强迫清政府签订了中俄《北京条约》，将乌苏里江以东包括库页岛在内的约40万平方公里的中国领土割走。

法国与西班牙签订《枫丹白露条约》

1807年，《提尔西特条约》签订后，拿破仑凯旋回国，试图以大陆封锁政策置英国于死地。然而，与英国商业关系极为密切的葡萄牙因受英国的制约而拒不接受大陆封锁令。于是，拿破仑决定征服葡萄牙。由于法军进攻葡萄牙必须先穿过西班牙，因此有关葡萄牙的政策不得不与西班牙的政策交织在一起。西班牙早就想从葡萄牙割去一个公国,西班牙大臣戈多伊几次向法国提出这一要求,但由于战争一直在进行,这一要求始终未能达到,西班牙也因此对法国感到厌烦。1806 年,西班牙开始向英国献媚,而英国则要求西班牙参加反法联盟,西班牙人没有答应。大陆封锁政策开始后,1807 年 2 月 19 日,西班牙接受大陆封锁令。8 月,派 8000 人组成的军队加入法国军队作战。拿破仑决定征服葡萄牙后,作为大陆体系的成员,西班牙当然首当其冲。但为了安抚西班牙人,拿破仑耍了一个阴谋。他在 1807 年 10 月 27 日与西班牙在法国的枫丹白露签订了一个秘密条约,表示将与西班牙瓜分葡萄牙,史称《枫丹白露条约》。条约规定,葡萄牙北部数省赠给西班牙卡洛斯四世的孙子伊特鲁里亚国王,并封他为北卢西塔尼亚国国王;将葡萄牙南部赠给西班牙国王的宠臣戈多伊,并封他为阿尔加维国王;葡萄牙中部的归属问题留待最后签订和约时解决。

普鲁士军事改革

19 世纪初期,普鲁士的军队已经极为落后,封建贵族们统治了军队。部队实行雇佣兵制,贵族的农奴被征入军队,构成军队的一半多,但他们却听命于其领地贵族子弟的指挥。部队的纪律是靠野蛮的体罚来维持的。随着经济的日益萧条,士兵开小差,部队内部贪污之风屡见不鲜。这样,一批进步的军官意欲改革现存的军事制度。随着政治改革的促进,1807 年 7 月 25 日,组织了以沙恩霍斯特为首的军事改革委员会,施太因和哈登堡支持他们进行军事改革。首先,他们对征兵制度进行了改革,实行普遍征兵。所有公民都有责任在军队中服役。1808 年 8 月 3 日发布了《军事惩罚条例》和《军官惩罚条例》,废除了对犯错误士兵的残酷体罚。他们改革的关键是对军官制度的改革。1806 年 8 月的条例中规定不能以任何个人出身制造差别。所有的人都必须经过考试才能提升为军官。为提升军官他们增设柏林、布累斯特、柯尼斯堡三处军事学校,对现役军官进行 9 个月的训练。训练场上的操练改为真枪实弹,并且进行各兵种的综合训练。提尔西特和约把普鲁士军队限制为 42000 人,为了增加军队的数量,以满足解放战争的需要,沙恩霍斯特创立了士兵的休假制度。1807 年 7 月 31 日,他又提出建设民兵(国民预备军)的思想,并指出所有以前免服兵役的人都要参加这个组织。1813 年 3 月 17 日,普王正式发布了建立民兵的命令。民兵分为第一预备军,第二预备军,地方民兵。后来历史证明,这支军队在把普鲁士及德意志从法国侵略者的桎梏中解放出来,做出了决定性的贡献。

西班牙马德里反法起义

1807 年提尔西特和约签订后,拿破仑凯旋回国,继续他对英国的大陆封锁政策。但是,伊利比亚半岛上的葡萄牙却不很听话。由于英国控制了葡萄牙的工商业,葡萄牙的贸易几乎全都是与英国人进行的,这就使大陆封锁出现一个裂口。这样,拿破仑决心征服葡萄牙。1807 年 10 月 27 日,法国与西班牙签订瓜分葡萄牙的秘密条约——《枫丹白露条约》。1807 年 11 月,法、西军队,侵入葡萄牙并占领大片领土,葡萄牙摄政王阿尔加尔弗被迫逃往巴西。11 月 30 日,法军占领葡萄牙首都里斯本。但这并不是拿破仑半岛战争的最后目标,他还要进一步侵占西班牙。拿破仑认为西班牙政府腐败无能,同时又没有得到西班牙应提供给他的一切。因而,长期以来拿破仑一直想"革新"西班牙,但西班牙接受了大陆封锁,拿破仑也就不好下手。拿破仑征服葡萄牙之后,欲望驱使他又对西班牙用兵。1808 年 3 月,拿破仑以在葡萄牙的法军没有得到西班牙的应有援助为借口,占领西班牙的沿海地区许多军事要塞,并开始向马德里推进。1808 年 4 月,西班牙发生政变,国王查理四世被推翻,其子斐迪南七世上台。拿破仑乘机进占马德里,把西班牙王位送给了自己的哥哥约瑟夫·波拿巴,西班牙国王父子都被投入禁锢,西班牙自此开始在拿破仑的控制之下。拿破仑占领伊比利亚半岛引起葡萄牙和西班牙人民的反抗,各地反侵略游击战争很快掀起。1808 年 5 月 2 日,拿破仑下令将西班牙国王父子送到法国,激起西班牙首都马德里人民的反法起义,法军总司令缪拉特派 25000 法军进行镇压,马德里人民奋战一天后失败,上千人阵亡,数百人被法庭判处死刑。尽管马德里人民起义失败了,但它掀起了西班牙人民全国性的反法游击战争。西班牙人民的反抗拖住了法国 30 万精兵,这对于各国人民最后打败拿破仑是极为重要的。

拿破仑与俄沙皇会晤

1808 年法俄联盟的初期,拿破仑在不付出任何代价的情况下占领了西里西亚,并得到普鲁士的巨额赔款,而沙皇亚历山大一世却一无所获,并且怀疑其盟友想抛弃他。早在当年 5 月 31 日,拿破仑就向沙皇建议举行会晤。7 月 22 日,拿破仑在拜兰对西战争的失败使他需要亚历山大的帮助,以便用其兵力来约制德意志各国。他向沙皇宣告他要撤离普鲁士,并决意把多瑙河两公国交给亚历山大。这样,亚历山大同意于 9 月 27 日在爱尔福特举行一次会晤。这一天,拿破仑首先到达爱尔福特。他带来了宫廷的全部随从人员,召集他的附庸各邦君侯,对亚历山大的接待场面十分豪华,并令演员塔尔马在"满座帝王"之前进行演出。但是,他的客人对如此光彩夺目的场面嫉妒甚于愉快,亚历山大并没有为之倾倒。由于拿破仑部下塔列朗的背叛使得沙俄对于拿破仑的态度发生了极大的变化。拿破仑不仅准备让亚历山大合并多瑙河两公国,而且还愿意在撤离华沙大公国问题上让步。他是想让亚历山大反对奥地利。但即使做了上述让步,沙皇仍然拒绝反对奥地利。事实上俄国不可能再被轻易拉来反对奥地利了。爱尔福特会晤是拿破仑的权宜之计,他只是为了争取足够的时间以便战胜西班牙人。

间宫林藏库页岛探险

间宫林藏（1775～1844）日本江户末期探险家。18世纪末和19世纪初沙皇俄国以堪察加半岛为基地，不断向南扩张，开始觊觎我国的库页岛。同一时期，日本也向库页岛伸张势力。18世纪末，日本北方的松前藩派人侵入库页岛南部，建立交易所和渔场。19世纪初，俄国也派人到库页岛南方抓走日本守吏，接着又侵入当时日本占据的择捉岛。日本松前藩感到情况紧急，立即向日本执政者德川幕府报告。为此，1808年春，日本幕府派松田传十朗和间宫林藏到库页岛进行侦察，了解俄国的边界和扩张情况。7月，又派间宫林藏再次到库页岛一带探察。7月13日，他由宗谷出发当日到达白主，由此经真冈、千绪，到达托资修古。因天气日趋寒冷，加之粮尽而返回真冈，并于此地过年。1809年1月29日，由真冈出发，经由鹈城、诺垤道、伊克达麻，于5月12日到达那尼欧。诺垤道是现在的道伊库岬，那尼欧在北纬53°余。7月2日渡过海峡，当日到达东鞑的茂道麻尔。从此沿海岸南下，经喀姆喀岬等地，到达牡西保。东鞑即现今的俄领旧沿海州。从茂道麻尔往下，7月11日到达黑龙江，溯黑龙江而上到达德楞。在德楞停留7天，7月17日踏上归途，下行至黑龙江口沿海岸南下。于8月8日在哈喀尔哈哈渡过海峡，当日到达库页岛的瓦给，即到达比出发地稍微偏北的地方。9月15日到达白主，同月28日平安无恙地回到宗谷。间宫林藏库页岛探险具体地记录了库页岛和黑龙江下游一带的地理、民族、风俗和沿途见闻，并以大量的事实明确地反映出我国清政府对这一地区的管辖情况。

埃及阿里改革

穆罕默德·阿里（1769～1849）是阿尔巴尼亚人，早年曾在阿尔巴尼亚从事烟草买卖。后来参加了土耳其军队，驻扎在埃及。1798年，拿破仑远征埃及，他参加了抗法斗争并升为军官。1803年，法国与英国相继撤离埃及，埃及出现了土耳其、埃及封建主马木路克与阿尔巴尼亚军争雄的混乱局面。1805年，阿里率军参加反土起义，夺取政权并被推为总督（即帕夏），从此，埃及开始了穆罕默德·阿里的统治时期（1805～1849）。1811年，阿里消灭了马木路克首领，结束了长期封建分裂局面。为了把埃及建成一个强大的集权制国家，阿里从1808年开始实行一系列改革措施，主要内容如下：第一、没收一部分封建地主的土地收归"国有"，将租税承包人的原代缴地租变为年金的方式，把地租承包人的土地收归"国有"，又将某些寺院土地收归"国有"。为了发展农业，他兴修水利，奖励种植新作物，扩大种植面积，提高了农作物的产量。第二、兴建"国营工厂"和私营手工工场，发展工业企业和商业贸易，先后兴建了纺织、染料、呢绒、制糖、榨油、造纸等工厂；在商业上实行国家垄断制度，大力发展对外贸易。第三、废除雇佣军制度，实行征兵制；改组陆军,建立海军,建立新军并请法国人帮助训练;开办军校,购置新式武器和装备,发展军工企业,增强国防力量。第四、效仿欧洲国家的政府机构,设立由中央管辖的各个部。第五、鼓励学习西方先进文化和科学技术,派留学生到欧洲学习,在国内兴办外语、医科、农科学校。阿里的改革意在加强中央集权,富国强兵,代表了新兴地主和商人集团的利益,有利于埃及资本主义的发展。

俄国吞并芬兰

1809 年,芬兰从瑞典王国分离出来,成为俄国的附属国。这个结局是当时法、俄、英等大国互相对抗所造成的。那时,拿破仑窃取了法国资产阶级革命的成果,建立起法兰西帝国,并连续对外发动战争。英、俄等国不愿看到法国的势力迅速扩大,于 1806 年联合奥地利、普鲁士、瑞典组成了第四次反法同盟。1807 年,拿破仑打败俄国。这年 7 月,拿破仑与沙皇亚历山大一世签订了《提尔西特条约》,在和约的秘密条款上,俄国答应与法国一起对英国实行大陆封锁,并帮助法国压迫瑞典等北欧国家,改变其亲英立场,而法国则默许俄国吞并芬兰。于是,俄国于 1808 年 2 月 21 日出动 2.4 万的兵力入侵瑞典统治下的芬兰。几个月后,俄国军队控制了芬兰东部和北部的广大地区。1808 年初冬,瑞典的军队全部被逐出了芬兰,整个芬兰落入了俄国人的手中。1809 年 3 月沙皇亚历山大一世在芬兰南部城市波尔浮召见芬兰的社会上层人士,确定芬兰以大公国的身份加入俄国,亚历山大一世任芬兰大公。芬兰原有的政治体制和宗教体制维持不变。接着,芬兰迅速组成了等级会议,等级会议和大公共同行使立法权、征税权,并建立中央一级的行政机关——政务院。政务院的成员由芬兰人充任,但任免权操在沙皇手中。俄国的首都彼得堡设一个芬兰事务委员会。沙皇派一名俄国籍的总督常住芬兰首都土尔库,总督有监督芬兰政府工作和主持政务院会议的权力。俄国还派出一支几万人的军队驻在芬兰,总督兼任驻军统帅。在外交和国际事务上,芬兰从属于俄国。9 月 17 日,俄国与瑞典签订腓特烈斯汉姆条约,瑞典被迫承认上述既成事实,正式将芬兰割让给俄国。

俄美建交

19 世纪初期,杰弗逊担任总统,美国从法国手里购买了路易斯安娜州,从西班牙手中强夺西佛罗里达,还想攫取克萨斯,但未获成功。美国领土扩充得这样迅速,招致了英国很大的不满。在另一方面,欧洲方面的战事直接损及美国的航运,后者当时处于受到两面夹攻的地位。1803~1812 年,英国人截获了 917 艘美国船舶,而法国人则截获了 858 艘美国船舶,美国船主所受的损失总额达 6000 万美元之多。英国人的行动在美国激起愤慨。他们的军舰常常在海上,有时甚至在美国沿海一带截留商船,把美国船上的水手带走以补充自己的人员。1807 年 6 月，英国军舰在美国港口诺福克附近炮轰美国海军的巡航舰"切萨皮克号"并迫令它降下国旗。1807 年 12 月，杰弗逊下令禁运作为报复，规定任何商品不论经海路或经陆上边界，均禁止从美国运输。美国政府推断，这一措施将置英法两国于无可奈何的境地，从而迫使他们撤销对美国贸易的限制并尊重中立国的航运。对于这一原则，俄国早从宣布"武装中立"之日起便予以支持。因此，美国政府的视线自然投到彼得堡方面来。杰弗逊于 1807 年写道："俄国是我们在地球上所有国家中最知心的朋友，而在支持我们方面也做得最多。"1808~1809 年间，俄国与美国建立了外交关系。1809 年秋，美国公使约翰·昆西·阿丹姆斯抵达圣彼得堡。

19 世纪初美国前总统杰弗逊

委内瑞拉第一共和国的成立

15 世纪开始，委内瑞拉就在西班牙殖民者统治之下。美国独立战争结束之际，米兰达将军着手进行解放委内瑞拉的计划，但始终未获成功。1808 年法军占领马德里的消息传到委内瑞拉以后，加拉加斯的土生白人爱国者，写了一封请愿书给督军，要求把市政厅改为洪他，吸收当地的居民代表参加。这种请愿遭到拒绝。1810 年春，法国军队占领了整个西班牙。加拉加斯的爱国者认为西班牙已没有政府，再次决定发动起义。4 月 18 日，爱国者涌到市政厅要求立即召开会议。19 日，会议召开了，在群众的压力下，正式成立了洪他，这意味着政权已从西班牙殖民当局转到土生白人，即当地的商人、地主和知识分子手中。洪他成立以后，立即行动起来。它驱逐了西班牙的督军和其他为人民所憎恨的官吏，改组了司法机关。它宣布：禁止向印第安人征收贡物，停止对各种日用必需品和出口货物征税，实行对外贸易自由、废除贩卖奴隶。它又派代表分赴全国各地，号召人民"为建立西班牙美洲联盟做出自己的贡献"。1810 年 12 月，玻利瓦尔与米兰达一道回到了委内瑞拉。加拉加斯的洪他选举米兰达为革命军的统帅，并授予中将军衔。1811 年 3 月 2 日，加拉加斯召开了第一次国会，7 月 5 日，国会在爱国派的敦促下，通过了独立宣言，这是西属拉丁美洲第一个独立宣言。7 月 7 日，正式成立了委内瑞拉共和国。同年 12

月 21 日,国会又通过了宪法,宪法规定把这个新国家称之为哥伦比亚,以纪念新大陆的发现者哥伦布。但革命政权并没有得到巩固。由于形势严峻,作为最高统帅的米兰达也失掉了信心,西班牙海军上尉蒙特维尔德率领约 500 名武装士兵开进加拉加斯城,米兰达也被西班牙统治者关进监狱,后于 1816 年 7 月 14 日死于西班牙加的斯的狱中,委内瑞拉第一共和国夭折了。

朝鲜平安道农民起义

朝鲜李朝后期在安东金氏的统治下,封建政府三政制度混乱,剥削奇重。金氏一族和官僚、地主搜刮民财,残酷剥削,高利贷者横加盘剥,使农民无法继续生活下去,人民起义此起彼伏。1811 年 12 月 18 日,平安道农民大起义爆发。领导者是洪景来,自称平西大元帅。参加者是各地的游民和对封建政府不满的人民。起义以嘉山多福洞为策源地,12 月 18 日起义农民首先占领郭山、嘉山。翌日,定州也举行起义,驱逐牧使,占据该城。数日间,起义农民占领宣川、泰川、龙川、铁山等地,声势浩大。李朝封建统治者立即任命郑晚锡为关西慰抚使兼监赈使,前去镇压。第二年的 1~4 月,双方在定州展开攻防战。起义军人数虽少,但坚守城池,几度打退敌人的进攻。最后终因众寡悬殊,官军从地道通城下,炸毁城墙,涌入城内。起义军领袖洪景来战死,起义军遭到镇压。这次起义由于未能提出符合农民群众切身利益的口号,后期又坐守孤城,脱离群众,终于失败。但它是朝鲜近代最大的一次农民起义,沉重地打击了封建统治阶级的残酷统治,动摇了李朝封建统治的基础,具有重要的历史意义。

墨西哥莫雷洛斯起义

莫雷洛斯是墨西哥独立战争领袖。1810 年与伊达尔戈一同起义反对西班牙殖民统治。1811 年,伊达尔戈死后,莫雷洛斯在格雷罗州建立了一支 9000 人队伍,同西班牙殖民者进行了艰苦的战斗。1812 年 2 月,墨西哥总督把莫雷洛斯队伍包围在库奥脱拉 3 个多月。莫雷洛斯队伍吃虫豸、肥皂和树皮,斗争非常艰苦,但拒不投降。5 月 2 日,莫雷洛斯率众突围,西班牙驻墨西哥总督卡雷哈只夺得一座空城,历史上传为笑柄。莫雷洛斯突围后展开进攻,不断取得胜利,占领了除墨西哥城、柏布拉和韦腊克鲁斯以外的全部墨西哥南部领土。他在奇尔潘兴召开代表会议,宣布墨西哥为一个独立共和国——安纳呼阿克共和国,并宣布种族平等,废除教士和军官的特权,把大农庄土地分给农民。同时主张废除什一税,征收教会土地,还制定了宪法,由国会委任三人担任行政首脑,设立了最高法院和检察院。随着波旁王朝在西班牙的复辟,殖民主义者加紧反扑,墨西哥总督卡雷哈向南方进攻,莫雷洛斯的队伍遭到一个土生白人地主伊图维尔德率领的骑兵队的突然袭击,部队被打散,莫雷洛斯遭到叛徒袭击而被擒。他被解往墨西哥城,1815年12月22日英勇就义。革命力量遭到严重的摧残,到1817年12月只有少数游击队伍还坚持战斗。

哈登堡继续推行普鲁士改革

1809年普鲁士国王威廉三世把首相施太因免职,1810年任命哈登堡为首相。哈登堡任首相后继续推行普鲁士改革。1811年9月11日他颁布《关于调整地主和农民之间关系的敕令》,准许农民赎免封建义务,赎金为年地租额的25倍,或把占有土地的1/3至1/2割给地主。哈登堡的改革遭到普鲁士容克地主的疯狂反对,他们拒不执行《敕令》,哈登堡以公告1811年《调整法》为名,颁布了121条,对农民赎免封建义务进行了许多限制,只有少数有牛马供徭役的农民才可以赎免一部分土地。哈登堡继续推行国家机关的改革,1811年9月7日他颁布法令。1815年又增颁法令,在各省成立人民代表制,在各省领地委员会的基础上选出国家代表会议。

巴拉圭独立

1525年,欧洲人首次进入巴拉圭境内,接着是西班牙殖民时期。1537年建立亚松森城。17~18世纪,耶稣会传教士又在巴拉圭境内建立信奉天主教的印第安人归化区。在西班牙殖民统治时期,巴拉圭人民一直未放弃斗争,起义连绵不断。19世纪初,当整个拉丁美洲革命运动蓬勃发展的时候,巴拉圭人民也与其他邻近地区一样,酝酿着反西班牙殖民统治的独立运动。1810年5月,布宜诺斯艾利斯的白人宣布独立以后,要求原属拉巴拉他总督区各省加入,但被巴拉圭人民拒绝。为了强使巴拉圭人民接受这一要求,布宜诺斯艾利斯政府便派遣贝尔格兰诺率领军队进驻巴拉圭,但这支军队于1811年1月被巴拉圭人民击败。1811年5月,巴拉圭人民发觉省长贝拉斯科与王党有联系,于是决定发动起义,5月14日,亚松森的起义者把省长贝拉斯科驱逐出境。6月,议会正式宣布脱离西班牙统治,成立独立的巴拉圭共和国。1813年10月通过宪法。1814年5月,弗朗西亚成为巴拉圭的独裁统治者。

阿伏伽德罗提出分子假说

19世纪初,盖·吕萨克在提出气体定律后,又根据道尔顿在原子学说中阐述的化学反应中各原子都以简单整数比相结合的思想,提出一个新的假说,即在同温同压下,相同体积的不同气体中含有相同数目的原子。盖·吕萨克认为新的假说支持了道尔顿的原子学说。出乎意料的是第一个站出来反对这一假说的就是道尔顿本人。道尔顿认为,由于不同元素的原子大小不同,因此,相同体积的不同物质中不可能具有相同的原子数目。他还以一个体积的氧气与一个体积的氮气化合生成两个体积的氧化氮为例,来驳斥盖·吕萨克,若他的假设成立,那每个氧化氮复合原子岂不就是由半个氧原子和半个氮原子组成的吗? 也就是说这与原子学说中简单原子不可再分发生了矛盾。1811 年,意大利一位默默无闻的物理学家阿米德·阿伏伽德罗(1776～1856)在法国《物理杂志》上发表一篇题为《原子相对质量的测定方法及原子进入化合物时数目比例的确定》的论文,提出了后来以他的名字命名的分子假说,从而结束了化学界的这场争论。阿伏伽德罗首先引入了分子概念,指出原子是参加化学反应的最小粒子,而分子则是游离状态下单质或化合物能独立存在的最小粒子,分子由原子组成,化合物分子由不同元素的原子组成,单质的分子由相同元素的原子组成。同时他又指出,在同温同压下,同体积的气体,无论是单质还是化合物,都含有同样数目的分子。阿伏伽德罗的分子假说将盖·吕萨克的气体定律与道尔顿的原子学说很好地统一起来的,构成了研究物质结构的最基本理论。但是,由于当时缺少实验数据的支持,又有一些有权威的学者的反对,这个假说经历了半个世纪才得到承认。

黑格尔《逻辑学》问世

格奥尔格·威廉·弗里德里希·黑格尔是在逻辑史上与亚里士多德齐名的杰出人物。黑格尔在纽伦堡期间,撰写完了《逻辑学》(即"大逻辑"1812～1816)。这本书的问世,标志着黑格尔辩证法思想已经完全成熟。他在这本书里,系统地论述了唯心主义辩证法。他的客观唯心主义体系是庞大的抽象的。在他的唯心主义体系中,却包含着合理内核;即他第一次把整个自然的、历史的、精神的世界描写为一个过程,处在不断的运动、变化、转化和发展中,并企图揭示这种运动和发展的内在联系。在《逻辑学》中,黑格尔把逻辑学分为知性的形式逻辑,理性的辩证逻辑。同时黑格尔对亚里士多德以来的传统逻辑乃至康德的先验逻辑进行了历史的批判,并试图加以改造。《逻辑学》一书提出概念范畴有 100 多个,遵循着正、反、合的认识原则组成了特有的逻辑范畴系统。全书包括三个部分:"存在论""本质论""概念论",这三个部分就是"绝对精神"在逻辑阶段自我发展过程所经历的三个阶段。黑格尔特别集中地发挥了他的唯心主义辩证法思想,对辩证法的基本内容作了严密详尽的论述。黑格尔逻辑学的总结和概要,最高成就和实质,就是辩证的方法。在黑格尔这部最唯心的著作中,唯心主义最少,唯物主义最多。

第二次美英战争

　　1812 年，第二次美英战争爆发，这次战争的最主要原因是英国实行的不承认美国国家主权的政策和路易斯安娜并入美国。6 月 18 日，美国国会两院投票赞成对英宣战。战争初期，美国在海上取胜，使英国舰队遭受了重大损失，并俘获了英国船只 1,300 多艘。英军却在陆上占了优势，加拿大是英国在北美殖民势力的堡垒，美军在那里遭到了失败。英军虽然在海战中受到一些挫折，并在 1813 年曾一度失利，但在整个战争进程中一直处于优势地位。1814 年 8 月，英军攻陷美国首都华盛顿，焚毁了华盛顿的国会大厦、白宫等优美建筑物。英军大肆破坏，并洗劫了和平居民，然后向巴尔的摩和纽约推进。由于英国力量比美国强大好几倍，美国东岸直到和约将签订的时候，完全被英国封锁着。这样，纽约市、费城、查尔斯顿的工人首先报名参加。尽管英国力图诱骗黑人，答应给所有参加英军的"黑奴"以自由，但参加英军的"黑奴"寥寥无几。在伊利湖畔的战斗中，美国海军的 1/10 是黑人，并参加保卫纽约市的战斗。在海战和陆战中，拯救了这个新获独立的国家，阻止了英军夺取巴尔的摩和纽约的企图。12 月，双方在佛尔德的根特签订和约，同意恢复战前原有状态，保持 1783 年凡尔赛和约所规定的美国国界。1815 年 1 月，杰弗逊在新奥尔良大败英军，粉碎"联邦党人"分裂联邦政府阴谋。此后，战争才告结束。这样，英国才完全放弃侵略美国的野心，集中力量同拿破仑法国进行斗争。美国也得以摆脱了英国政治上的控制，经济上的渗透，促进了美国东北部地区工业的发展，为美国由半殖民地经济向独立自由的资本主义经济发展创造条件。

法俄波罗金诺之战

　　1812 年 6 月，拿破仑军队侵入俄国。9 月 4 日，拿破仑的 13.5 万大军接近了波罗金诺阵地。俄库图佐夫把左翼交给巴格拉吉昂防守，并且在左翼秘密布置图奇科夫率领的第三军和民兵。右翼交给巴克莱——德·托利防守，配给强大骑兵队以给敌人有力的打击。拿破仑看出左翼的破绽，决定从这里进攻俄军阵地。9 月 7 日，拿破仑从大本营瓦卢耶沃村发出向波罗金诺发动总攻的命令。天刚拂晓，俄法两军就处于作战状态。拿破仑为夺取谢苗诺夫钝角堡，集中了 4.5 万兵力和 400 门大炮，首先用炮火轰击俄军阵地。双方军队进退反复，展开残酷的肉搏战。即使是一个较小的棱堡也经过多次争夺，几易其手、伤亡惨重。快到中午时，当法军发起第八次冲锋，才占领钝角堡。巴格拉吉昂受伤，俄军只撤退半公里。由多赫图罗夫将军接替，他立即在谢苗诺夫凹地组织防卫，挡住敌人前进。午后，法军进攻的重心移到俄军阵地中央——丘陵炮台。俄军炮兵展开猛烈反击，当俄军炮弹快完时，法军投入了 3 个师，占据炮垒。俄军进行反击，重新夺回高地。

这是拿破仑把自己近卫军调去参加作战。库图佐夫命俄骑兵迂回攻击拿破仑左翼,拿破仑闻讯,立即停止近卫军在中央进攻,把军队调到自己的左翼。库图佐夫利用法军在调动需要4个小时的时机,调整了自己的队伍。直到下午4时,法军才占领丘陵炮台。俄军力图挽救战局,终因力量悬殊未能成功。激战一天,俄军炮台的守兵几乎全部牺牲。法军占领了波罗金诺村。在这次战役中法军损失2.8万人,有49名将军死于这次战斗,俄军也损失4万人。结果,拿破仑未能全歼俄军。库图佐夫也不能给法军以致命的打击。

西班牙通过第一部宪法

1808年11月,拿破仑亲率大军侵入西班牙,激起西班牙人民反对法国侵略者的战争。这场战争同争取改造西班牙的社会制度和国家制度结合在一起。在这种情况下,1810年制宪会议在收复区开幕,在当选议员中,多半是资产阶级自由派和自由派贵族代表人物。1812年3月19日议会通过了西班牙历史上第一部宪法。宪法虽然没有废除君主政体,但是宣布了主权属于人民,它所根据的原则是:"就实质来说国民是至高无上权力的体现者,因此,国民才有制定法律的权利。"宪法规定三权分立:立法权属于议会和国王,行政权属于国王,司法权仅仅属于审判机关。议会由一院组成。选举采用普选制,每7万选民选出议员1人。根据宪法,所有西班牙男子,除仆人外,均享选举权;议员选举不受财产资格的限制;但选举用间接方式进行,分三级:教区级、州级和省级。议会严格地限制了国王的权力。议会除临时召集外,须于每年3月1日开始集会一次。国王无权解散议会和推迟议会的召集日期。国王有权使议会通过法律延期生效,但只限于在两次会议之间的时期内。国王须在议会开会时宣誓忠于宪法。议会负责每年确定税额。所有西班牙人均须按照财产多寡纳税,以供国家开支。国内关卡一律撤销。还废除了中世纪的封建残余,如宗教裁判所、内地关税、教会什一税和贵族某些特权。但是,地主和教会的土地所有制依然保存下来。

俄军统帅库图佐夫病故

1813年,库图佐夫命令在各个方向上行动的俄军和普军联合起来,向德累斯顿集中。他随部队一起行动,并把自己的司令部移到了本茨城。年老的库图佐夫因在路上着了凉,健康状况越来越坏,病情不断恶化,但他没有屈服。4月8日,他批准了下一步的作战计划,高瞻远瞩地预见到形势必将进一步恶化。他建议沙皇必须尽快向易北河以西集结军队,同时着手解决将丹麦和挪威从拿破仑铁蹄下解放出来。4月28日晨9时35分,米哈伊尔·伊拉里奥诺维奇·库图佐夫在本茨城广场上一座两层楼房的一间小屋里与世长辞了。总司令的死讯被封锁了几天,没让俄国军队知道,俄军按照以他的名义下达的命令,继续向西进攻。库图佐夫的遗体做防腐处理后,被送回俄国。沿途的人民以沉痛的心情迎送这位伟大统帅的灵柩。人们跪在灵车前致哀。从一个村庄到另一个村庄,从一个城市到另一个城市,成千上万的男女老少出来为库图佐夫送殡。行至距彼得堡5俄里时,人们停下马车,卸下马套,用手将俄国统帅的遗体传送到喀山大教堂,放入墓穴。

维也纳会议召开

　　粉碎拿破仑帝国后由联盟国召开的会议,从1814年10月持续到1815年6月。参加会议的代表,以战胜拿破仑的国家——俄国、英国、普鲁士和奥地利为首的欧洲所有国家(土耳其除外)共216名。会议的主要目的是恢复被拿破仑征服的各国的封建秩序和旧王朝;巩固胜利和建立可靠的保证,以防止法国恢复拿破仑式的政治制度和征服欧洲的企图;满足它们自己的领土欲望和重新分割欧洲。会上围绕着波兰、萨克森问题发生激烈争论。法国利用这一点也参加了进来。谈判是在接连不断的庆祝会、舞会、隆重的招待会和各种娱乐集会的场合进行的。俄皇亚历山大一世知道,他合并波兰的方案会遭到英、奥和法国的反对。至于对普鲁士丧失波兰土地,沙皇打算以萨克森作为补偿,并褫夺萨克森国王的王位。英国卡斯尔里认为主要任务是在法国边界周围建立一些屏障国家,加强奥地利和普鲁士以对抗法俄两国。会上,他在有关莱茵河沿岸各省的一切问题上都大力支持普鲁士,并企图阻挠亚历山大一世的波兰计划。梅特涅力图保障奥地利在德意志的领导权,并修改亚历山大一世要把波兰并入俄国的方案。他特别关心恢复奥地利对伦巴第、威尼斯和意大利一些小公国的统治,竭力压制一切自由主义的、革命的和民族解放的运动。普鲁士的哈登堡首相,力图通过讨价还价获得萨克森,并在莱茵河西岸得到新的富庶的战略要地。法国塔列朗认为普鲁士是主要的敌人,最怕它强盛起来,因此他坚决反对褫夺萨克森国王的王位和领地。1815年1月3日,英、法、奥缔结反对俄国、普鲁士的《维也纳秘密条约》,条约加强了反对俄国的波兰计划和普鲁士的萨克森计划,迫使俄放弃了吞并全部华沙大公国和支持普鲁士对萨克森领土的要求。会议将近结束时,传来了拿破仑离开厄尔巴岛、在法国登陆,并向巴黎推进的消息。各国闻讯,便扔下未解决的争端,组成第七次反法联盟。6月9日,签署了维也纳会议最后的总决议。

委内瑞拉第二共和国的成立

　　1811年委内瑞拉第一共和国夭折后,在委内瑞拉境内又恢复了蒙特维尔德的殖民统治。委内瑞拉爱国派领导人玻利瓦尔从失败中总结经验教训,继续领导委内瑞拉人民进行争取民族独立的斗争。1812年12月15日,玻利瓦尔发表了著名的《卡塔黑纳宣言》,

号召人民支持他去进行解放委内瑞拉的斗争,号召人民团结起来,巩固自己的力量。他设想未来的委内瑞拉应该坚持团结,实行中央集权制。玻利瓦尔在委内瑞拉西部,领导新格拉纳达人在 8 月 7 日占领了加拉加斯。在委内瑞拉东部,圣蒂亚哥·马里诺领导的军队打败了蒙特维尔德军队,解放了大部分国土。到 1813 年年中,委内瑞拉大部分国土已掌握在爱国者手中。西班牙总督蒙特维尔德力图卷土重来,但都相继被玻利瓦尔军队打败。1814 年玻利瓦尔成立委内瑞拉第二共和国。玻利瓦尔被授予"解放者"的称号,成为共和国的首脑。西班牙殖民者不甘心失败,他们利用当地良诺人对玻利瓦尔政策的不满,组织了一支良诺人骑兵,在拉波塔战役打败玻利瓦尔的爱国军。同时蒙特维尔德 7 月又占领加拉加斯。玻利瓦尔逃往国外。委内瑞拉第二共和国被扼杀。

维也纳会议总决议签署

维也纳会议在滑铁卢战役前几天签署了最后的总决议书。签署决议书的国家有俄国、法国、普鲁士、奥地利、英国、西班牙、瑞典和葡萄牙。最后决议书规定在法国边界周围建立牢固的屏障国家。比利时和荷兰合并成为尼德兰王国,它应当成为对抗法国的力量,消除法国人统治比利时的可能性,加强瑞士和撒丁王国的势力。俄国得到了波兰王国,而把塔尔诺波尔省让给了奥地利。英国保持它的贸易优势和海上优势,并把它从荷兰和法国抢到的一部分殖民地牢牢地据为己有,其中最重要的是地中海上的马耳他岛、非洲南部的开普殖民地和亚洲的锡兰岛。普鲁士占领萨克森北部和波兹南,并通过大规模扩张它在莱茵河的属地而补偿了被迫放弃的萨克森南部。普鲁士还得到了丹麦根据1841 年的基尔和约从瑞典获得的吕根岛和瑞典的波美拉尼亚。奥地利则在意大利的东北部巩固了自己的统治。由 34 个封建君主国和 4 个自由市组成的德意志联邦,使德意志继续保持分裂状态。

第一个原子量表确定

原子具有一定的重量这一思想是道尔顿的原子学说中首先阐述的。第一个测定原子相对重量的也是道尔顿本人。他在 1803 年 9 月 6 日的工作日记上记载了这项工作。道尔顿完全凭借主观意志推断化合物的组成原则。他认为不同元素的原子生成化合物时应遵循最简单的数目比,例如水是氢和氧的化合物,他就断定水是由 1 个氢原子与 1个氧原子构成,然后把氢原子的相对重量规定为 1,来计算其他原子的相对重量。当然,这种没有科学根据的推断给原子量的测量带来了错误,但是道尔顿的思想却启发了人们。最早能够用科学方法确定原子量的是瑞典化学家琼斯·雅科比·贝采利乌斯(1779~1848)。1814 年他发表了第一个原子量表。贝采利乌斯承认盖·吕萨克气体定律,正确地确定出水中氢原子与氧原子的个数比是 2∶1，并测出水中氢与氧的重量比是 11.1∶88.89，若取氢的原子量是为 1，那么，氧的原子量应为 16。在进一步的工作中，贝采利乌斯将氧的原子量定为 100，并以此为标准，重新给出了其他元素的相对原子量。在贝采利乌斯的第一个原子量表中，共给出了 41 种元素的原子量。

德意志联邦建立

拿破仑帝国垮台后，欧洲各国在维也纳会议上，就德国问题也展开了激烈的争论。欧洲列强要恢复欧洲均势，不希望在中欧出现一个强大的统一德国。德意志中的两个大邦——奥地利、普鲁士却没有能力称霸德意志。德意志境内的小邦国、小王朝则表现为极端的利己主义，不愿为建立一个统一的德意志国家而牺牲自己的权力。同时，奥地利也深感到重建神圣罗马帝国已无意义，于是提出了一个避免出现超越各国之上的权力和实现平衡的原则。据此，聚集在维也纳的政治家们便决定建立德意志联邦，并于 1815 年 6 月 8 日通过了德意志联邦法案。联邦由普鲁士、奥地利在内的 34 个主权国和法兰克福、不来梅、汉堡、吕贝克 4 个自由市组成，其目的是维护德意志的内外安全，以及德意志各邦的独立和神圣不可侵犯。为处理联邦内部事务，设立了德意志议会，即联邦议会，会址在法兰克福市。联邦议会由各国代表参加，奥地利担任联邦议会主席。由于每一项决议需要联盟内各君主国同意方能生效，因而联邦议会软弱无力。显然，德意志联邦是一个既没有统一，又没有武装力量的中央政府，它只是由内政外交各自为政，币制、度量衡各不相同的主权国结成的松散联盟。

葡萄牙若奥亲王成立联合王国

在近代殖民者的殖民活动中，巴西成了葡萄牙的殖民地。随着拿破仑帝国的兴起并四处侵略，使得葡萄牙王室惊慌失措。1807 年 11 月 29 日，葡萄牙摄政王若奥亲王带领皇族、大贵族、官僚千余人，连同国库里的全部财产，离开葡萄牙，逃往南美洲，于 1808 年 1 月 22 日来到了巴西，3 月 7 日到达里约热内卢。至此，巴西则成了葡萄牙帝国的实际中心。然而，由于葡萄牙王室、贵族、官僚的迁入，加重了巴西人民的负担。他们不仅要占用里约热内卢全部最好的住宅，而且还垄断着政府的高级职位，致使巴西人民与葡萄牙的矛盾不断激化，一些反葡团体在各城市相继出现，农村还有起义发生。在此形势下，若奥亲王为稳定局势，于 1815 年底，宣布成立葡萄牙、巴西和阿尔加尔弗联合王国。从而在名义上把巴西提到了与葡萄牙平等的地位，并颁布了一些自由主义的经济政策。1816 年，因玛丽亚女王逝世，而由若奥亲王继任联合王国的国王，称若奥六世。1820 年，葡萄牙本国资产阶级革命爆发，并组成了新的议会，这个议会为加强葡萄牙本国地位和加强对殖民地的统治,要求若奥六世返回葡萄牙,为此,若奥六世于 1821 年 4 月 26 日离开了巴西,联合王国也随之灭亡。

阿根廷宣布独立

自五月革命以来,拉普拉塔地区的局势一直是动荡不定的。各个利益集团就建立一个什么样的政体长期争执不下。尤其是布宜诺斯艾利斯的中央集权派和联邦派之间,布宜诺斯艾利斯首府同内地各省之间更是矛盾重重。而且各种建议也纷至沓来,有人甚至主张建立君主制。由于这些纷争,使得拉普拉塔地区长期得不到稳定和统一。1816 年春,葡萄牙入侵乌拉圭,威胁着阿根廷的利益。这一事件加速了布宜诺斯艾利斯中央集权派成立政府的决心,为此,他们对联邦制度做了让步,各省也因此而同意召开议会。1816 年 3 月 25 日,拉普拉塔省代表大会正式在图库曼召开,出席大会的代表共 32 名,有些省份如乌拉圭、巴拉圭没派代表参加,玻利维亚只派少数代表参加。同年 7 月 9 日,代表大会正式宣布拉普拉塔联合省(或称南美联合省)独立。其范围名义上仍包括前拉普拉塔总督区的所有地区,但实际上已不包括乌拉圭、巴拉圭、玻利维亚。代表大会推选胡安·马丁·德普埃雷东为最高执政官。1819 年,德普埃雷东颁布宪法,因这部宪法不许各省自治而引起各省不满,结果德普埃雷东被迫辞职。1824 年,又召集了一次议会,制订了另一部宪法,选举了贝纳迪诺·里瓦达维亚为总统。此时,鉴于乌拉圭、巴拉圭分别建国,1825 年玻利维亚退出了联邦,联邦范围仅限于阿根廷。

智利共和国成立

在拉美革命风暴的推动下,1810 年 5 月,智利首府圣地亚哥人民举行了规模浩大的起义。同年 9 月 18 日,智利第一届国民政府成立,迫使西班牙统治者交出政权。1811 年 7 月 4 日智利人民召开了第一次国民大会,通过了宪法,并宣布废除了奴隶制。但这些革命成果没得到巩固,不久又被西班牙人夺走。1817 年 2 月 12 日,在南美解放者之一的圣马丁将军和智利革命领袖奥希金斯率领下的安弟斯军,克服重重困难,越过了安第斯山,在智利的查卡布科镇大败西班牙军,俘虏智利督军庞特。2 月 14 日军队进入圣地亚哥。智利人民要求圣马丁为智利领袖,但他谢绝了,于是就由曾在欧洲留学,智利的革命领袖、安第斯军的重要将领之一的奥希金斯为智利最高长官。1818 年 2 月 12 日,奥希金斯宣布智利正式脱离西班牙而独立,并成立共和国。同年 4 月 5 日,圣马丁的军队在孟普彻底击溃了西班牙在智利的军队,从此西班牙在智利的殖民统治宣告结束。

黑格尔出版《哲学全书》

黑格尔在海德堡时期,于1817年夏季出版了他的主要著作《哲学全书》。这部巨著包括他的整个哲学体系的三大部分:第一部分是"逻辑学"(即《小逻辑》);第二部分是"自然哲学";第三部分是"精神哲学"。在这部书里全面系统地论述了黑格尔哲学思想、自然哲学以及社会政治伦理观点,标志着黑格尔绝对唯心主义体系的最后完成。黑格尔从他的客观唯心主义主要原则出发,认为宇宙精神、绝对观念是自然界和社会中一切现象的基础。在《哲学全书》中"逻辑学"制定了他的形而上学体系第一部分和他的方法——概念辩证法。黑格尔的"自然哲学"是唯心主义地考察自然现象的思辨自然哲学。但是,与此相矛盾的是在黑格尔自然哲学中包含着自然界发展的一系列宝贵的辩证思想。在"精神哲学"中,黑格尔主要是考察社会生活的问题。他的哲学这一部分分为以下各篇:心理学、现象学、人类学、法与国家哲学、美学、宗教哲学等。在哲学这一部分中,方法与体系之间的矛盾达到了最尖锐的程度。《哲学全书》的研究对象、构成体系是唯心主义的,视自己为认识的终点和绝对真理,也是形而上学的,但其中也包含着辩证法思想。《哲学全书》可以说是代表德国古典唯心主义哲学——黑格尔成熟的哲学体系著作。

戴维发明矿工安全灯

19世纪初,英国工业的迅速发展,使得煤产量不断增长。然而,因时常发生煤矿爆炸事故,使得矿工们的生命时时受到威胁。这成为当时一个亟待解决的社会问题。英国著名科学家亨弗利·戴维(1778~1829)受英国慈善机构组织的防止煤矿事故协会的委托,亲临矿井,在坑道中进行了深入的调查研究,发现矿井爆炸是由瓦斯遇到火焰后引起的。戴维意识到发明一种适于矿井使用的安全灯是很重要的。经历了无数次失败,戴维发现非常细的管子可以阻止火焰通过,而戴维的伟大在于他马上想到很密的铁丝网就是这种细管子的集合。他将这种铁丝网安装在灯上,使得煤气、空气和光通过铁丝网后降温,导致了火焰不能越出铁网。为防止风力过大,戴维还在灯上装了一层防风筛。1817年,戴维发明的这种金属丝网安全灯在煤矿试用了。3个月后,这种灯因使用效果良好而被迅速普及。戴维对此感到快慰。曾有人给戴维建议,申请这种安全灯的发明专利,从而得到一笔可观的收入。但是戴维认为,发明的目的是为人类谋福利,他把能够为人类做点有益的事看成是自己得到了唯一报酬。为表彰矿工安全灯的发明,英国皇家学会授予戴维伦福德奖章。

英国圣彼得广场大屠杀

1819 年 8 月 16 日,英国曼彻斯特市圣彼得广场,6 万多人从不同方向聚集到这里,举行声势浩大的集会,向政府请愿,要求改革选举制度、取消谷物法和禁止工人结社的法令。这是经过认真准备的集会,对这次行动,激进派领袖亨特等人规定了严格的纪律,要求参加者必须保持"清洁、严肃、秩序与和平",严禁携带伤人或自卫武器,并在事先进行了多次操练。队伍中很多人携妻带子,人们随着音乐载歌载舞。当亨特跨上讲坛准备讲话时,乐声才中止。然而就在这时人们忽然听到从教堂那面传来一阵阵奇怪的声音,随后人们就看到一队身着蓝制服的骑兵手持利剑,绕过一个花园的墙角,在一排新房子前集合。当他们排队时人们发出阵阵欢呼,并未意识到已大祸临头。然而就在这欢呼的同时,士兵们已剑出鞘,催马挥舞起来,开始冲散人群。广场上的人实在太多,即使有大队人马也无法硬插入其中。不久士兵们用刀剑在赤手空拳的人堆中杀开了一条血路。断肢残臂落地之声、呻吟声、喊叫声夹杂在一起,广场上一片混乱。当人们四散逃命的时候,骑兵们还在来回冲杀,很多妇女儿童也不能幸免。仅仅 10 多分钟,广场变得空旷了,几乎成了荒凉的地方。讲坛还在那里,横七竖八的被扯得稀烂的锦旗到处可见,便帽、女帽、披肩、鞋子、衣物遍地开花,血迹斑斑,整个广场笼罩在阴森森的恐怖之中。当广场还在进行屠杀时,远远地第 15 骠骑兵队和捷郡骑兵队也在向这里开来,第 88 步兵大队也赶来凑热闹,几乎和骠骑兵队同时出现的还有 4 尊大炮和 200 多警察。他们真的就像参加当年的"滑铁卢"战役一样如临大敌地开来"彼得卢",然而前者对付的是强大的拿破仑军队,而在后者他们所面对的则是手无寸铁的同胞。在这 10 多分钟的屠杀中,11 人当即被砍死,600 多人受重伤,轻伤无数。不久,臭名昭著的"六项法令"颁布,严格限制言论集会和出版自由。

德意志各邦通过《卡尔斯巴德决议》

1815 年以后的欧洲,反动势力猖獗,稍具进步性的行动立即会招自反动势力的仇视与迫害。1819 年 3 月 23 日,大学生协会成员桑德刺杀了定期向沙皇汇报德意志各邦情况的反动记者柯泽布。这一事件使神圣同盟各国感到不安。1819 年 9 月,德意志各主要邦大臣在波希尼亚的卡尔斯巴德矿泉集会。出席的人员有:奥地利、巴伐利亚、萨克森、梅克伦堡、汉诺威、符腾堡、拿骚、巴登、萨克森—魏玛—爱森那赫及黑森选侯国等。保守的奥地利外交大臣梅特涅要求会议对革命者(尤其是对桑德)采取行动。经过梅特涅等人的策划,会议同意由梅特涅提出的紧急决议,规定:第一、要求德意志联邦议会对所有定期出版物进行统一的审查;第二、解散新成立的青年协会,各级学校教师必须接受由政府指派的全权代表的监督;第三、在美茵河畔的法兰克福建立中央调查委员会,负责搜查革命阴谋,决议自 10 月 1 日起正式执行。在以后的数十年中,虽然德意志各邦对此执行的标准不一,但以长远角度看,它遏制了德国民族主义及自由主义思想的发展。

大哥伦比亚共和国成立

1814 年,委内瑞拉第二共和国为反动势力颠覆。在以后的几年里,逃亡在外的玻利瓦尔多方面总结了经验教训,认为西班牙殖民地的各个地区是密切相连的,解放自己的祖国和解放整个大陆是分不开的,他把美洲人看作一个整体,一个受奴役的民族,明确提出"消灭西班牙人,保卫美洲人"的口号。他对战士们说,"对我们来说,美洲是我们的祖国,西班牙是我们的敌人,我们的旗帜是独立和自由"。由此他的思想发展为一种联合美洲的思想。1815 年他在《牙买加的来信》中指出,应该使美洲人都成为自由人,美洲所有爱国者都应联合起来,相互支援,共同战胜殖民者并在美洲建立拉美人民自由联合的联邦国家。1818 年他在领导委内瑞拉建立第三共和国后,便着手编练远征军以摧毁敌人的心脏——哥伦比亚,然后再回师委内瑞拉。1819 年 5 月,玻利瓦尔率军长途跋涉,穿过原始森林,飞越安第斯山脉,出其不意地直指波哥大,经过艰苦的战斗,击溃西班牙殖民军,攻克了波哥大,解放了哥伦比亚。1819 年 8 月 10 日,成立了哥伦比亚共和国。三个月后颁布了包括委内瑞拉在内的哥伦比亚合众国宪法,玻利瓦尔被选为总统。此后玻利瓦尔致力于从西班牙统治下解放南美大陆剩余部分。到 1821 年已消灭委内瑞拉的保皇军队,与此同时他的战友苏克雷已开始解放厄瓜多尔并于 1822 年赢得胜利,厄瓜多尔独立。不久玻利瓦尔成功地说服了厄瓜多尔的革命者,同哥伦比亚、委内瑞拉一起组成了大哥伦比亚共和国。

英议会通过六项法令

19 世纪初期,英国要求议会改革和取消谷物法的呼声日渐高涨。英国统治阶级在镇压了 1819 年 8 月 16 日在曼彻斯特的圣彼得广场举行的群众集会后,采取了高压政策。这一年的 11 月议会草草地通过了"六项法令"。规定不准拖延犯罪审判;禁止教人使用武器和操练;禁止及处罚渎神文和诽谤文;授权治安法官有权搜查他们怀疑藏有武器的人及住宅;发行报纸须付印花税;对出版咒骂上帝和煽动性的诽谤文字者处以徒刑或流刑。人们称之为"禁口律"。该法令的颁布,激起了广大人民的强烈反抗,伦敦和其他城市的群众举行了一系列抗议集会。由于这一法令的限制,使得要求改革的合法运动更加难以进行,一部分人又开始采取了秘密斗争的方式。

英国人巴利赴北极探险

达·伽马和麦哲伦开辟的航路,虽然打通了西欧和东方的联系,给东西方之间的贸易,尤其是西欧一些国家的殖民活动带来很大方便,但是,这两条航路,或绕过好望角或绕过麦哲伦海峡,航路太长。既然地球已被证实是圆的,那么穿过北极海区,一定是连接大西洋和太平洋的最短航路了。于是,一代代的极地探险家前去探险,寻找航路,都没有成功,不是为冰山所阻,被迫返航,就是被围困在冰海之中,无法脱身,长眠在荒漠的冰岛上。到19世纪,北极探险大有进展。英国探险家巴利受政府的保护,寻找大西洋通往太平洋的西北通路。1819年,巴利率领探险队出发前往北极。巴利所率的探险队通过蓝开斯德梭达海峡,进入拔罗海峡,最后到达墨尔微克岛及班克岛,因结冰之故,进路被阻,不能达到目的。英国政府因巴利为越过西经110度的第一人,给予奖赏以资鼓励。之后不久,巴利又有一次探险。巴利的北极探险,于地理上多有发现,对地理科学的发展产生很大影响,是19世纪初年的北极探险史上不可忘记的一人。

考古学产生

考古学是根据实物史料研究人类历史的科学,是历史科学的重要组成部分。它主要是经过科学的调查发掘,系统地收集人类的各种活动遗迹和遗物,以研究人类古代社会的历史。中国汉文中的"考古学"一词,是从欧洲文字翻译过来的,而欧洲各种文字中的这一名词又都来自希腊语 archaia(古物)和 lgs(理论或科学),意为研究人类实物遗存的一门科学。考古学是随着近代科学技术的产生而产生的。在欧洲文艺复兴的推动下,人们对研究古典时代的语文和美术史产生浓厚的兴趣,于是开始搜集古代希腊、罗马的雕刻和铭刻,接着又对巴勒斯坦、埃及和巴比伦等地的更为古老的遗迹、遗物进行寻访、搜集。考古学产生的又一动因是当时西欧和北欧相继成立的许多资本主义民族国家,没有像希腊、罗马古老的历史文献,企图凭借祖先的遗物、遗迹,弘扬历史。18世纪末,法国的资产阶级革命对考古学的形成起到了促进作用。在拿破仑远征埃及时,研究埃及的学者也前去寻访古迹、古物,在法国建立博物馆。大规模地发掘公元79年火山爆发埋没的庞贝城址。尤其是达尔文(1809~1882)的《物种起源》、赫胥黎的《人类在自然界中的地位》等著作发表以后,人类是从某种古猿转化而来的理论逐渐被人们所接受,于是开始考究人类漫长的没有文字记载的历史,产生了史前考古学。1819年,丹麦皇家博物馆馆长汤姆森,将丹麦的史前史分为石器时代、铜器时代和铁器时代。不久,沃尔索又进行野外发掘,以所见的地层关系证明汤姆森的时代划分,并在1843年出版了《丹麦原始时代古物》一书,使石器、铜器和铁器的时代分期成为史前考古学的研究基础,考古学也成为一门严谨的科学。北宋以来的金石学是中国考古学的前身,但直到 20 世纪 20 年代,以田野调查发掘工作为基础的近代考古学才在中国出现。

英国伽图街炸弹案

拿破仑战争以后至 1820 年左右,英国政局转趋紧张,激进派重又活跃起来,争取议会改革。托利党政府对此进行残酷的镇压,继 1819 年 8 月 16 日"彼得卢大屠杀"后,颁布"六项法令",几乎等于停止了宪法的执行,结果招致更大的反对。1820 年初,愤怒的工人激进分子锡尔渥德、铁德、殷斯、戴维德逊、勃伦特等人密谋暗杀内阁成员,为彼得卢的死难者报仇。在密谋过程中,一个神秘的人物,爱德华兹表现得颇为积极,他为行动制定每一个细节。锡尔渥德等人的目的只是惩罚大屠杀的祸首,而爱德华兹则献策炸毁下议院,在遭到否定后又建议在西班牙大使宴请内阁大臣时狙击他们,又未被采纳,因为那样会殃及无辜,最后他建议 2 月 23 日乘内阁大臣在伽图街举行晚宴时将其全部炸死。当这一建议通过后不久,尚未采取行动即为当局破获。审判的方式令人震惊,根本不按法律程序行事,拒绝听取当事人的证人的陈述,也不考虑当事人本人的证据就草草判处他们绞刑。在整个事件之中,爱德华兹的举动令人十分不解,"他身边连买一品脱啤酒的钱都没有,却总有办法买到武器和弹药",在所有的预谋中,"他永远最活跃",而他却没有受到丝毫的处罚,逍遥法外。后来人们才知道,爱德华兹是政府当局派到工人当中的密探,伽图街事件仅仅是政府特务设计诱骗鼓动暴力行动的一例而已。

秘鲁宣告独立

1813 年底,圣马丁指挥的阿根廷爱国军队在同西班牙殖民军队的战斗中受挫,损失严重。这使他认识到,若巩固阿根廷的独立,必须在拉美彻底击败西班牙殖民势力,特别是彻底摧毁它在秘鲁的军事堡垒,为此,1814~1817 年间圣马丁组织编练了一支骁勇善战的"安第斯军",并指挥它飞越安第斯天险,于 1818 年解放了智利。智利的解放,进一步巩固了阿根廷的独立,为进军秘鲁扫清了最后的障碍。1820 年,圣马丁在经过两年精心准备后,建立了拉美独立国家第一支舰队。1820 年 8 月 20 日上午,圣马丁率军从智利出发,9 月 8 日在利马南部的斯科特登陆。一上岸圣马丁就宣布解放奴隶,广泛地进行宣传和鼓动工作,号召人民武装起来,同时加紧对敌人边远薄弱地区进行讨伐,孤立利马。这些政策策略非常成功,各地人民纷纷响应,支持爱国军队。经过艰苦卓绝的斗争,圣马丁终于打败了占绝对优势的西班牙殖民军队,其残余势力被赶到山区,后来被南美另一杰出将领,"解放者"玻利瓦尔的军队消灭。1821 年 7 月 9 日,圣马丁率部进入秘鲁首都利马,7 月 28 日秘鲁宣告独立,圣马丁被选为总统。在接受"护国公"称号后不久,圣马丁

西蒙·玻利瓦尔

将军将指挥权交给玻利瓦尔,于 1822 年携爱女悄然隐退,在欧洲度过余生。

安培定律发现

　　1820 年 9 月 11 日法国物理学家弗伦库依斯·阿拉果(1786～1853)在法国科学院向他的同事们详细报告了奥斯特关于电可以转换为磁的重大发现,引起了强烈反响,仅仅 7 天,9 月 18 日法国物理学家安德里·马利·安培(1775～1863)就发表论文阐述对这一新现象的理论解释,提出环形电流可以产生磁场,同时给出了安培右手定则,用以说明电流方向与磁针旋转方向之间的关系。9 月 25 日安培发表第二篇论文,提出电流相互作用可以引起磁现象。发现了电流对电流的作用。10 月 9 日安培向法国科学院提交了第三篇论文。在完成大量实验的基础上,他对电流与磁场之间的关系作了数学描述,得出安培定律:绕行任一闭合曲线的磁场矢量的环流,正比于穿过该闭合回线的电流强度。安培定律后来被 J·C·麦克斯韦扩充,成为电磁学理论中最基本定律之一。

西属佛罗里达地区并入美国

　　为适应资本主义与种植园经济发展的需要,19 世纪初,美国建国后不久即走上了大规模领土扩张的道路。1803 年杰弗逊政府利用拿破仑侵略海地遭到惨败的困境,以 1500 万美元从法国手中"购买"路易斯安娜地区,之后,又把目标转到了西班牙殖民地东、西佛罗里达。佛罗里达位于北美大陆东南海岸突出的半岛上,东濒大西洋、西临墨西哥湾,物产丰富,战略位置十分重要。"佛罗里达"意为鲜花盛开的地方。最初,美国国会企图借口所购路易斯安娜的边界不清,迫使西班牙承认佛罗里达为路易斯安娜的一个部分,而加以合法的并入,未果。之后美国乘拿破仑入侵西班牙,西属拉丁美洲爆发广泛民族独立运动之机,于 1808~1812 年间对佛罗里达进行武装移民。1812 年 4 月 14 日美国将珀尔河以西的西佛罗里达合并于路易斯安娜州,1812 年 5 月 14 日又把东边的一半合并于密西西比州,于是西佛罗里达成为美国领土。在英美战争爆发后一个星期,美国众议院通过一个秘密法案,授权总统占领"在密西西比地区及佐治亚州以南的"东佛罗里达地区,并为此进行了一系列外交活动。西班牙请求英国帮助未能如愿,而拿破仑战争以后欧洲又需要"休养生息",更不愿自找麻烦,东佛罗里达属于西班牙已不会维持很久了。1818 年安德烈·杰克逊将军借口消灭侵入美国边界掠夺的敌对的印第安人的一个部落,进入了东佛罗里达,并迅速占领该地区。1820 年 10 月 24 日美西达成最后协议,西班牙以 649 万美元将佛罗里达出售给美国,它为此得到的回报是:美国不支持拉美正在兴起的民族独立运动。1845 年,佛罗里达成为美国第 27 个州。

奥斯特发现电流对磁场的作用

汉斯·奇里思坦·奥斯特(1777~1851)是丹麦物理学家。信奉德国哲学家伊曼努尔·康德(1724~1804)有关自然科学的哲学思想,认为各种力(包括光、电、磁等)具有统一性。为了寻找到电转磁的办法,他钻研了 13 年之久。1820 年初,奥斯特开始设计寻找电流对磁体作用的实验。1820 年 4 月的一个晚上,奥斯特给他的学生讲演电学演示实验,讲桌上放置了许多电学仪器。就在课程快要结束时,他突然来了"灵感"迅速地将小磁针平行地放置在一根通电导线下面,一个足以称得上划时代的现象出现了,小磁针在电流作用下偏转了 90 度后停下来了,奥斯特马上改变了一个电流方向,小磁针又向相反方向旋转了 90 度。奥斯特苦苦地寻找了 13 年,而成功竟是这样来的,他愣住了。讲台下很安静,没有欢呼声,因为他的学生并不知道此时此刻他们的老师正在做什么。1820 年 7 月 21 日,奥斯特以拉丁文发表了仅仅 4 页的论文《关于磁针上电流的碰撞的实验》,轰动了整个欧洲,迅速传遍了全世界。奥斯特冲破了牛顿理论体系的束缚,证实了电是可以转换为磁的,并且第一次向人类展示了电流所产生的磁力作用具有横向性,这是牛顿理论所无法解释的。

拿破仑在圣赫勒拿岛去世

圣赫勒拿岛,这是南大西洋的一个十分荒凉的小岛,位于南纬 15°30′远离欧洲大陆。1815 年滑铁卢战败后,拿破仑就被囚禁在这个小岛上了此残生。虽然这里的气候宜人,饮食也不错,且有自由行动的权利,可对曾叱咤风云的天之骄子,这里无异于坟墓。在6年的岁月中,拿破仑所能从事的只是口述回忆录。他从来到这里就产生了忧郁怅惘的心情,而随他同来的"大臣"们逐个弃他而去,更加重了他的惆怅,他的身体每况愈下。他把自己的情绪隐藏起来,竭力与周围的人谈话,人们都很敬佩他,甚至守卫该岛的士兵都变得同情他了。然而他终于支持不住,病倒了。从1819年起,他的病越来越多。1820年病情加剧,而1821年初,被拿破仑允许来为他治病的英国医生阿诺特则发现病情相当严重。起初他还能在卧病之后有相当长一段间隔期,这时他就去散步。1820年倦怠的现象已越来越明显,他往往只说半句话就不再开口而陷入沉思之中,他开始沉默不语了。从1820年底开始,他很少驾车出游,他早已不骑马了。1821年3月可怕的内部疼痛复发,且日益加剧,他已意识到得了癌症,他对身边的人说:"癌是从内部来的滑铁卢"。4月13日他口述遗嘱,并在上面签字。"我希望能够把我葬在塞纳河畔,安葬在我如此热爱的法国人民中间"。5月2日痛苦大大加剧,5月5日在一阵剧痛之后他失去了知觉,接连几个小时躺着不动,睁着双目,没有呻吟(他以前也从不呻吟,只是辗转反复),最后在离床很近的人听到他最后的说语是"法兰西……军队……先锋……"1821年5月5日下午6时,黄昏前,拿破仑与世长辞。直到这时,该岛的总督及列强的代表们才被允许进来,他们是岛上后几年来第一次走进拿破仑的房间,因为拿破仑不接见他们。

葡萄牙革命宪法颁布

1820年8月驻扎在波尔图的葡萄牙军中部分军官举起义旗,反对专制统治,全国各地纷纷响应,从而演变成全国性革命。不久革命洪他成员。1821年1月革命洪他召开制宪会议。开始起草宪法;同年宪法得以通过并于次年9月开始实施。该宪法宣布主权属于人民;规定由男子普选组成一院制议会,行使立法权,行政机构独立于国王,反对议会负责;取消宗教裁判所;废除封建特权;改革行政体制;出售教会地产。革命宪法的颁布标志革命取得的巨大成就,并促进了革命形势的发展。1823年革命被反动势力镇压,专制势力再度猖獗,革命宪法遂被废止。

希腊独立运动胜利

19世纪初期,希腊境内出现了反土耳其统治的斗争,但这些斗争一直处在自发分散的状态下,既不能动摇土耳其的统治基础,也经受不住反动势力的联合进攻,因而均遭到失败。1814年希腊侨民尼·斯库发斯等人在敖德萨创建了革命组织友谊社。成立友谊社是为了团结爱国同胞,"以便依靠先他们自己的努力,实现长期寄希望于基督教国君主发慈悲而不曾得到的一切"。自此希腊人民有了新的觉悟,民族解放运动进入一个新阶段。友谊社肩负起发动和组织群众的任务,但在 1814~1818 年间,它的活动仅限于希腊侨民之中,组织发展缓慢,影响不大。1818 年它开始在国内进行革命活动,二三年内发展了数万成员,并在保加利亚、罗马尼亚、塞尔维亚等地建立了支部,与这些国家的革命者建立了广泛联系。1821 年 3 月 6 日,依普希兰狄斯率领友谊社部分成员从俄国进入罗马尼亚,宣布希腊总起义开始。一周之内,2000 多希腊人、保加利亚人、塞尔维亚人等参加了起义,在依普希兰狄斯宣布起义的同时,伯罗奔尼撒等地正在进行起义最后准备,并于 1821 年 3 月 28 日举行起义,革命力量迅速壮大并解放了大片领土。希腊其他地区人民纷纷响应,短短几个月内,起义的烽火就燃遍爱琴海诸岛及中希腊地区。1822 年 1 月初,希腊起义者召开了第一届国民议会,正式宣布希腊独立,并通过了宪法。不久起义者内部发生纷争,并在 1824 年 4 月召开的第二届国民议会上发生分裂,出现两个政府并存的局面,造成了内部武装冲突,一直持续到 1825 年初才结束。这使革命力量遭到严重损失,独立运动出现较大曲折。1827 年 4 月,第三届国民议会召开,卡波狄斯特里亚当选总统。同年英法俄等列强出于自身利益的需要,开始支持希腊独立并进行对土耳其的武装干涉,1827 年 10 月 20 日三国舰队在那瓦里诺消灭了土埃联合舰队。1828~1829 年,俄土战争爆发,土耳其被迫于 1829 年签订《亚得里亚保和约》,希腊人民终于赢得了解放。

俄国北方协会成立

北方协会是俄国十二月党人在彼得堡成立的一个秘密组织,与南方协会同时存在,成立于 1822 年秋天。1821 年幸福协会莫斯科代表大会后,尼基塔·穆拉维约夫和尼·伊·屠格涅夫已经在彼得堡重新组织秘密协会。但是,由于这年近卫军调出彼得堡,留在立陶宛过冬,所以十二月党人北方秘密组织没有多大的进展。近卫军返回彼得堡后,便成立了秘密组织的发起小组。1822 年秋天,十二月党人北方协会在彼得堡成立。尼基塔·穆拉维约夫是协会的领导人。他拟定了一个纲领性文件,被称为《尼基塔·穆拉维约夫宪法》。这部宪法与《俄罗斯真理》相比较显得温和保守些,但也不失为进步文献。他主张实现君主立宪制,废除农奴制,但地主仍保有他的土地,农民能得到一幢小草房及其附近的一小块耕地。这部宪法没有作为正式的文件被北方协会通过。北方协会内部的政治观点很不一致,主张共和制的雷列耶夫后来成为北方协会的领导人。1825 年 12 月党人在彼得堡发动起义,遭到残酷镇压,协会的领导人被处死,许多人被流放。

美国会通过《密苏里妥协案》

1817 年密苏里准州向国会申请州的地位,1819 年初,国会考虑通过立法授权密苏里准州制订州宪法。但纽约州众议员詹姆斯·塔尔梅奇试图提出一项反奴隶制的修正案,于是就奴隶制和政府对奴隶制的权限问题爆发了一场激烈的敌对的论战。修正案禁止再将奴隶运入密苏里,并规定当地奴隶年满 25 岁后即予解放。此案在由北方控制的众议院通过,但在自由州和蓄奴州势力均敌的参议院受阻。国会未解决密苏里问题即行休会。1819 年 12 月,国会复会后,缅因准州申请州的地位。参议院通过法案批准其作为自由州加入联邦,并同意密苏里不对奴隶制加以限制即可加入联邦。伊利诺伊州参议员杰西·托马斯提出修正案,允许密苏里州成为蓄奴州,但在纬度 30°30′ 以北的路易斯安娜州购地的其他地区禁止蓄奴。于是亨利·克莱巧妙地谋求妥协。1820 年 3 月 3 日,众议院投票表决,同意接纳缅因为自由州,密苏里南部以北的所有西部准州为自由地区。但密苏里制宪议会授权州立法机关排斥自由黑人和混血人种时又出现了危机。国会中占多数的北方议员反对这一种族主义规定,指使亨利·克莱提出第二个密苏里妥协案。1821 年 3 月 2 日国会规定,除非密苏里同意不将种族排斥各款解释为有权剥夺美国公民特权和豁免权,否则它就不能加入联邦。密苏里表示同意后,于 1821 年 8 月 10 日成为美国第 24 州。缅因则于 1820 年 3 月 15 日先于密苏里加入联邦。密苏里妥协案在美国国会中通过的历程,充分表现出为延长奴隶制问题上地区间的长期冲突,它最终导致内战的爆发。

俄国战舰南极探险

1819~1821 年间,俄国波罗的海舰队 M·P·拉扎列夫海军上尉指挥"和平"号战舰与 F·V·别林斯豪海军上校指挥的"东方"号战舰一起,进行了一次比前库克船长更引人注目的南极探险活动。他们这次勘探的目的是沿库克船长的航线,绕着南极航行。他们从波罗的海出发,在伦敦停泊了一下,以获得海图和航海精密时钟,并访问了曾与库克船长一同航行的著名英国探险家约瑟夫·班克斯爵士。然后他们取道特内里费岛驶抵里约热内卢,短暂休停后继续向南行驶。虽然两船配合得不很好,东方号速度快,而和平号只是一艘旧货船改制的,速度慢而笨重,但在大部分时间内他们设法保持一致。1819 年 12 月他们到达乔治亚岛,从那儿继续东进,航行在库克曾到达的纬度以南很远的地方。虽然多次为大片冰块所阻,他们还是在南纬 60°~70° 之间作了巡航。1821 年 1 月 22 日他们在南极圈内发现了第一块陆地,便把它命名为彼得一世岛。在他们继续航行的过程中,只是为了获得补给才去了澳大利亚一次。在这期间,他们在南极区发现了许多岛屿,在返回俄国前他们还曾到过南设得兰群岛。这次航行,不仅为航海提供了宝贵的经验,而且获得了很多重要的科学发现,并为俄国人自称发现南极洲提供了根据。拉扎列夫因之获得了很高声誉,他的名字也因此载入南极史册。

伊图维尔德在墨西哥称帝

1820 年西班牙国内爆发了自由派所领导的起义,恢复了 1812 年宪法,并实行了许多反封建反教会的措施。墨西哥富有的土生白人和教会职司,面临着对他们古老特权的威胁惊慌失措,他们便力求脱离西班牙,争取独立。伊图维尔德被推举为这个运动的领导。1821 年 2 月 24 日,他与游击队领导人格雷罗达成协议,发表"伊瓜拉计划",提出以"宗教、统一和独立"三项原则为基础的纲领。这一计划宣布墨西哥已经独立,并拟定建立以斐迪南七世或波旁王朝其他代表的君主立宪政体。1821 年 9 月 27 日,伊图维尔德率领军队进驻墨西哥城,次日由伊图维尔德挑选的人物组成政府委员会,该委员会发表了墨西哥脱离西班牙独立的宣言,接着推出从伊图维尔德为首的 5 人摄政会议。此时伊图维尔德实际上建立了独裁,但不敢宣布自己为国王。根据伊瓜拉计划,召开了国会,而这个国会与伊图维尔德的拥护者之间矛盾重重,阻碍了他的登基。伊图维尔德便诉诸政变。于 1822 年 5 月 18 日到 19 日的夜里,首都驻防军发动了伊图维尔德集团所策划的叛乱。5 月 19 日晨,组成国会中少数派的那些议员在伊图维尔德及其拥护者直接压力下,以国会的名义通过了宣布伊图维尔德为阿吉斯丁一世皇帝的决定。7 月 21 日举行加冕典礼,伊图维尔德效仿拿破仑,选用了简单的骑兵军官制服,没有佩戴任何饰带和勋章。仪式进行了 5 个小时。伊图维尔德就这样登上了帝位,然而他仅做了 10 个月的皇帝便倒台了。

浪漫主义文学在欧洲兴起

18 世纪末 19 世纪初期,法国大革命后的欧洲社会现实使各阶层对启蒙运动号召建立的"理性王国"感到失望,各种哲学和政治思想纷纷出现,相应地文学领域出现了浪漫主义的繁荣。适应被打倒的贵族地主阶级复辟的愿望,反动消极的浪漫文学曾在一个时期内充斥文坛,宣扬神秘主义,鼓吹逃避现实,美化中世纪封建宗法生活,而夏多里昂(1786~1848)则成为其代表人物。19 世纪二三十年代革命浪漫主义文学逐渐发展并成为浪漫主义文学的主流。这一文学,其哲学基础是主观唯心主义,片面强调主观感情,与民主主义及空想社会主义思想有着密切联系。在创作中它宣扬个人与社会对立,个人思想与社会现实对立,借以表达没有掌权的资产阶级的政治要求。法国作家和诗人维克多·雨果(1802~1885)代表了这一文学的主流。浪漫主义文学在这一时期的欧洲,具有如下特点:富于幻想性,以幻想中的世界来对现实进行批判;具有鲜明的个人色彩,肯定个人对社会的反抗,追求个性的绝对自由,抒情意味强烈。

维罗纳会议召开

　　1820 年西班牙爆发资产阶级革命,南美洲反抗西班牙的革命也同时爆发。这场风暴使欧洲封建君主惶恐不安,于是策划反革命武装干涉的会议于 1822 年 10 月 20 日在意大利的维罗纳召开了。这是神圣同盟成立后的第四次会议,也是最后一次会议。参加会议的有俄、普、奥、英、法和意大利的各君主国。会议的主要目的是讨论如何对待西班牙革命。当时英国由于坎宁继任外交大臣,对外政策发生了急剧的转变。坎宁认为再实行反对欧洲和南美民族解放运动的政策已不符合英国资产阶级利益,相反,正在兴起的民族解放运动一旦取得胜利之后,这些国家就会迫切需要英国的技术和经济上的支援,支持这些国家的解放运动将会给英国带来好处和巨大的经济繁荣。英国代表惠灵顿就是带着这个精神出席维罗纳会议的。法国则要同盟国同意他武装干涉西班牙,并声称这样不仅可以镇静西班牙,并且可以威吓反叛西班牙的殖民地。俄、普、奥、赞成法国的提议,只有英国坚持不干涉。1822 年 4 月 19 日维罗纳会议通过议定书,决定由法国国王派兵支持他的波旁亲戚,并送了一个哀敦的敦书与西班牙国会。1823 年法国以神圣同盟的名义镇压了西班牙革命。

埃及学产生

　　18 世纪末,法军侵入埃及,在罗塞达要塞偶然掘得一雪花岩石碑,碑上刻有 3 种文字:埃及象形文字、世俗文字和希腊文字。欧洲学者用他们所熟知的希腊文读出了碑上的铭文内容,并且准确推测出碑上的埃及象形文也是记述同一内容的。1808 年,18 岁的法国学者商博良开始释读罗塞达石碑的铭文工作。他精通希腊文、拉丁文、熟谙埃及文。他凭借深邃的科学素质、丰富的语言知识、研究"罗塞达石碑",并与菲累斯岛上发现的万尖碑上铭文相参照,终于读通了埃及象形文字。1822 年 9 月 27 日,他在巴黎科学院的会议上做了报告,出席会议的学者承认了他所取得的成就,于是一门新的学科——埃及学产生了。埃及学是研究古代埃及及其附近地区各族的语言、文字、历史、文化艺术的学科,属东方学的一种。年代包括从人类出现在尼罗河畔起到阿拉伯的入侵即公元 640 年为止,但一般以前王朝时代起到亚历山大大帝征服埃及(公元前 332)为止的王朝时代为研究对象。

巴西宣布独立

　　1821 年葡萄牙国王若奥六世因国内爆发资产阶级革命,在新议会要求下返回葡萄牙。他任命其子佩德罗为巴西的摄政者。此时,巴西人民独立情绪正值高涨,若奥六世已预感到某种危险,在其回国时对佩德罗面授机宜,一旦形势恶化就争先宣布独立,自立为帝。佩德罗身边聚集了一批主张独立的大臣。为了接收殖民地政府,葡萄牙议会要求佩德罗回国,佩德罗拒绝了这一要求,宣布"我将留在这儿。"这以后他自称"巴西的永久守卫者和保护者"。1822 年 7 月,起草独立宪法。9 月 7 日,他又接到葡萄牙议会再度要求他回国的消息,此时他同一群军官在旅途中的圣保罗附近一条小溪伊皮兰加河畔。他抽出宝剑,从制服上摘下葡萄牙的徽章,正式宣布"葡萄牙议会想把巴西置于被奴役的地位,我们必须立即宣告独立,不独立,死! 我们现在跟葡萄牙分离了。"这便是巴西获得独立的正式日期。1822 年 12 月 1 日,佩德罗在里约热内卢举行加冕典礼,称为巴西皇帝佩德罗一世,升起了由绿、金黄、蓝三色的新国旗。巴西摆脱了葡萄牙的殖民统治,成立独立国家。佩德罗一世在位 9 年(1822~1831)便退位给他的儿子。

计算机早期发展

早在五千多年以前,算盘就成为最早的计算器具。1617 年苏格兰数学家 J.纳皮尔发明了计算尺。1642 年法国科学家布莱斯·帕斯卡(1623~1662)发明了第一台机械式数字计算机,计算结果可在读数窗口显示出来。1671 年德国数学家 G.W.莱布尼茨设计了可以进行四则运算和开平方的加法机。1725 年法国人贝塞尔·鲍钦发明了穿孔纸带。在前人努力的基础上,对早期计算机发展做出突出成绩的是英国数学家查尔斯·巴贝奇(1792~1871)。1822 年为减轻计算人员的工作量,巴贝奇首先设计出了运算精度达到六位小数的用于数表运算的差分机。这台差分机可以完成简单多项式的计算。1835 年,巴贝奇提出制造分析机的设想,他设计的分析机集运算器、存贮器、控制器、输入输出器于一体,巴贝奇构造了大约 30 种不同方案,画出几万张机械设计图。为了完成他自己的设想,1839 年,他辞去剑桥大学数学讲座教授的职务,在以后近 40 年的时间里,耗费了大部分财产和精力。由于当时机械水平的限制,也由于 1842 年以后英国政府终止了对他的经济支持,这台机器最终也没制造出来。经历了近一个世纪,当后来者重新设计这种计算机时,方显示出巴贝奇设计思想的伟大。

查理十世继位

1824 年 9 月 16 日法王路易十八死去,新国王查理十世继位。查理十世(1824~1830)即位前是阿图瓦伯爵,路易十六和十八的弟弟。大革命爆发后他逃亡国外,为极端保王分子的首领,曾前往旺代领导叛乱。1814 年回国,路易十八执政时被指定为王位继承人,那时他成了极端派政党或尖端分子的首领。他居住的玛尔桑楼成了死硬的保王党人出入频繁的宫廷。为了威慑群众,并引人注目地表示旧制度已经恢复,他继位时坚决要在兰斯教堂举行十分隆重的加冕典礼。举行仪式时,他身穿紫红袍。消息传开,早已忘记这种礼仪的巴黎人以为国王在加冕时"穿着主教服"。贝朗热立即创作了一首歌谣《天真的查理的加冕典礼》,以示讥讽。查理十世是个极端反动的人物,在位期间曾颁布了一系列反动法令,《赔偿亡命者十亿法郎法令》《出版物法令》和《十月敕令》,引起人民不满,终于在 1830 年七月革命推翻波旁王朝最后统治时,逃亡英国。

美国发表《门罗宣言》

拉丁美洲独立是门罗宣言发表的基本原因。1823 年欧洲神圣同盟提议支援西班牙重新征服拉丁美洲,这一提议遭到英国的坚决反对,因为英国希望同拉丁美洲贸易,如果西班牙重新使之沦为殖民地,势将影响英国贸易。于是英国外交大臣坎宁提出建议,要同美国发表联合声明,以禁止再把拉丁美洲殖民化。这一点同美国有共同的利益,但是美国国务卿亚当斯反对接受建议,他感到英国在拉丁美洲是美国的劲敌,因而美国不应与之合作,他主张单独发表宣言,于是美国总统门罗在 1823 年 12 月 2 日的国情咨文中正式提出了亚当斯所主张的政策,即门罗宣言。宣言提出两个原则:不再殖民和不干涉。宣言有四大要点:第一,美洲大陆今后不应被看作是任何欧洲强国未来的殖民对象;第二,美洲的制度与欧洲的制度有本质的区别;第三,美国反对将欧洲制度扩大到西半球任何部分的任何企图;第四,美国将不干涉现有的殖民地或附属国,并将不干涉欧洲国家的内政。门罗宣言在客观上起到了阻止神圣同盟干涉拉丁美洲革命的作用,同时也是美国打着"美洲是美洲人的美洲"的幌子妄图把拉丁美洲变成自己的势力范围。

新加坡沦为英国殖民地

新加坡,在马来半岛东南端,风景优美,气候宜人。北有长堤与马来西亚西部柔佛州相连;南隔新加坡海峡与印度尼西亚的廖内群岛相望;西南临马六甲海峡,扼东西水道要冲,战略位置十分重要。公元 4 世纪以后,由于东西海上交通的逐步发展,古新加坡逐渐成为"香料之路"上一个重要停歇站。16 世纪初,西方殖民者开始了向东南亚地区的扩张。1641 年荷兰击败葡萄牙,占领马六甲并把势力伸展到附近地区,18 世纪下半叶,英国殖民者为保障其东印度公司对东方贸易扩张的需要,迫切地要控制马六甲海峡及其附近地区。同荷兰殖民者进行了多次争夺。1794 年英殖民者乘荷法战争荷兰 1795 年失利之机占领马六甲;1815 年在维也纳会议上英国又被迫让出马六甲把它归还荷兰。于是英殖民当局只好另辟他途。1818 年它派出莱佛士在马六甲东南进行殖民探索,次年 1 月 28 日,莱佛士率军舰和商船沿马六甲海峡自西向东航行,途中发现了新加坡岛,29 日强行登陆,与镇守该岛的廖内柔佛王国的天猛公谈判,30日双方达成协议:英国以3000西班牙银元换取在新加坡岛建立商馆的权利。1819年2月6日,莱佛士又强迫柔佛苏丹及天猛公签订正式条约,主要内容包括:英国有权在新加坡设立商馆,苏丹保证不同其他欧美国家订立条约,不得让他国建立居留地,而为此英国所付代价是,英印公司每年付出西班牙银元5000元,3000元分别给苏丹和天猛公。1823年6月7日,莱佛士又迫使苏丹及天猛公订约,使其放弃征收关税权,除保持他们自己的房地产外,新加坡全境交由英国人管理,英国则付给苏丹终身月俸1500西班牙银元,天猛公800西班牙银元。1824年8月2日,苏丹、天猛公又与英印公司签约,将新加坡割让英国,英国则给苏丹及天猛公西班牙银元各33300元和26800元作为酬报,月俸各1300元和700元。如果没有东印度公司的同意,他们不得同任何外国结盟,苏丹、天猛公放弃对新加坡的统治权并离开新加坡,如何留居只能作为平民看待。至此,新加坡完全沦为英国殖民地。在吞并新加坡的过程中,英荷两国进行了激烈的斗争,1824年3月17日两国签订重新划分势力范围的条约,荷兰承认印度、锡兰、马来半岛、新加坡等地为英国势力范围,英则承认荷兰对马鲁古群岛的权利,又以在苏门答腊等地控制的港口与荷兰交换马六甲海峡。至此,荷兰势力全部退出了马来半岛,东西航线的咽喉马六甲海峡完全为英国控制。1826年英国把马六甲、槟榔屿、新加坡三地合并为海峡殖民地。

史蒂芬逊设计制造蒸汽机车

蒸汽机车总是与英国发明家乔治·史蒂芬逊(1781~1848)的名字联系在一起的。史蒂芬逊生长在英国资本主义向上时期,本人因家境贫寒,没有机会在学校接受正规教育,14岁时他来到父亲工作的煤矿,与瓦特的蒸汽机结下了下解之缘。史蒂芬逊很快就迷恋上了这种蒸汽机,并意识到这种机器将有助于解决陆路交通运输问题。他以自己坚强的毅力自学了有关知识,并探讨了当时人们对铁路及火车的研究状况。经过不懈的努力,1814年在助手特里维基的帮助下,设计制造了第一台蒸汽机车——布柳赫尔号。这台机车虽然样子很丑,但它毕竟能牵引着30多吨重物艰难地前进了。因车体没有安装弹簧,启动后车身激烈震动,结果轨道都震坏了。史蒂芬逊并没有被失败和随之而来的讥讽所吓倒。1815年他改进了第一台机车的缺点,制造出牵引力与车速都有很大提高的第二台蒸汽机车。在矿山试运行后效果良好。成功的喜悦给史蒂芬逊带来了更高的热情。1823年史蒂芬逊作为英格兰北部的斯托克顿和达林敦之间的铁路总工程师,对轨道宽度、轨道材料、路基构造提出了总体设想,并在纽卡斯尔市郊建起世界上第一座蒸汽机车制造厂。1825年铁路竣工。9月27日史蒂芬逊亲自驾驶着新设计完成的近代蒸汽机车首次行驶在这条全长近50公里的铁路上,乘坐这趟列车的旅客尽情地领略着沿途飞逝的原野,列车最高时速为24公里,托着12节货车和20节客车,牵引力为90吨。在世界上第一条公用铁路上行驶的第一台蒸汽机车营运成功了。一时间赞美声、谩骂声交织在一起,喧闹异常。史蒂芬逊成功地摆脱了这一切。1826 年又开始筹建利物浦—曼彻斯特铁路。1830 年 9 月 15 日这条铁路通车时,行驶的是在多种机车的评选中获得优胜的史蒂芬逊设计制造的火箭号蒸汽机车。史蒂芬逊揭开了人类陆路交通运输史上新的一页。

拜伦参加希腊起义

19 世纪 20 年代希腊爆发了反对土耳其统治,争取民族独立的运动。这场运动获得了欧洲各国进步人士的同情和支持,英国著名浪漫主义诗人拜伦(1788～1824)从长期的写作中解放出来,积极地投身于希腊的独立委员会,并决定献出自己的财产去援独立军。1824 年 1 月,拜伦来到希腊本土迈索隆吉翁岛。当时希腊独立政府只是一个空名,革命军分散在各个地方,并没有什么受过训练的队伍。拜伦决心建立一支真正的革命军,为此,他个人不惜倾家荡产,解囊捐助 4000 磅,当地的革命军几乎全靠他个人的财力来支持。为使士兵能够掌握武器,他聘请德国和瑞典的军官进行军事训练,拜伦以身作则,亲自参加训练,与士兵吃同样的伙食,深得信赖,被推举为迈索隆吉翁的全军总司令。由于希腊革命军在其他地方的指挥官们的妒忌。暗中唆使拜伦部下苏里兵出难题,拜伦断然发下解雇的命令,但是他一直准备夺取勒庞托炮台的计划也因此未能实现。拜伦病倒,4 月 19 日与世长辞。拜伦为希腊人民的独立斗争献出了宝贵的生命。他成为无私的爱国主义象征和希腊民族英雄。

欧文在美建立"新和谐社区"失败

1824 年英国空想社会主义者罗伯特·欧文(1771～1858)去美国,一同去的有他的四个儿子和一些门徒。次年,他在美国印第安纳州向一个教会购买了哈蒙尼地区的 12150 顷土地以及土地上的建筑物。欧文在这里建立了一个示范性的公社,名叫"纽哈蒙尼",即共产主义新村。建立共产主义新村是欧文公社方案的试验。1800 年欧文开始宣传社会主义,并在他管理的纺织企业里进行改革试验,大约在 1820 年欧文的社会主义思想开始形成。他从自己的经历中体会到资本主义的弊病和工人阶级的苦难,开始探索改造社会的方法。他认为资本主义弊病就是私有制度、宗教制度和婚姻制度。劳动人民的贫困是资本主义社会的必然产物,他认为未来的"合理"社会是一种社会主义自治公社的自由联盟。在这个工农结合的集体里,共同占有、共同劳动,工作按能力分工,产品按需分配。他坚信自己设计的公社制度一定会在全世界取得胜利。他不惜抛弃自己在上层社会中的名望和声誉,满腔热忱地宣传自己的理论,坚持从事一系列实践活动,直到 1824 年共产主义新村的建立。这个新村开始时曾经引起美国和西欧的广泛注意,约有 1000 人参加过欧文的试验活动,其中包括美国的一些著名人士。但共产主义新村充满了矛盾,在资本主义制度下,共产主义新村是无法存在下去的,欧文苦心经营共产主义新村的实践达 4 年之久,最后以失败而告终,1828 年瓦解,欧文为此损失了 4 万英镑。

贝多芬完成第九交响乐

贝多芬(1770~1827)是德国著名作曲家,在他的一生中创作了许多动人的乐曲,其中《第九交响乐》(合唱交响曲)是一部不朽之作,对后代的影响极为深远。这部作品的创作是极其艰辛的,在交响乐内引进合唱有极大的技术上困难,声乐和器乐结合的困难是可以克服的,可生活的不幸为其创作增加了更大的难度。贝多芬在 1820 年后双耳失聪,对于一个音乐家来说无异于生命的丧失。贝多芬几乎被这巨大的厄运击垮,因此他写下著名的《海利根遗嘱》准备自杀,然而,他竟醒悟过来,扼住了命运的咽喉,凭着铁石般的意志,在悲苦的深渊里把大部分精力投入作曲,终于使这部以欢乐颂的合唱为结局的交响曲问世,创造了音乐史上的奇观。第九交响乐是他艺术生活的最后旅程,其思想深度超过以前任何一部。1824 年 5 月 7 日,在维也纳举行《庄严弥撒曲》和《第九交响乐》首次演奏后,获得了空前的成功。雷鸣般的掌声经久不息,然而贝多芬却全然不知,他指挥着演奏,背朝着听众,直至翁格女士将他转身,他才看到听众的表情。此时,全场起立鼓掌欢呼,鼓掌礼前所未有,对皇族也不过三次,而观众献给作曲家的鼓掌礼竟达五次,因此警察不得不出面干涉。交响曲引起狂热的骚动,许多人感动得哭了起来,贝多芬自己也兴奋得晕了过去。交向曲的演奏成功了,然而贝多芬的生活依然困窘。

1825 年经济危机

1825 年的经济危机发生在英国,这次经济危机是资本主义国家最早的一次周期性普遍生产过剩的危机。在这次危机之前,英国就曾爆发过多次经济危机(1788 年、1793 年、1797 年、1803 年及 1819 年等),但这些危机的更替还没有明显的规律,危机的爆发时间和演变形式往往取决于非经济因素,而且危机带有明显的地方性和局部性,它们只震撼最大的工商业中心,只袭击个别的、为数极少的生产部门。而到了 1825 年经济危机前,随着大机器工业的出现和发展,包含在资本主义生产关系各种矛盾中的生产过剩危机已成为可能,周期性普遍生产过剩危机的前提条件已具备,这次经济危机的爆发比以前历次危机都来得猛烈。生产过剩、企业破产、工厂倒闭、物价暴跌,危机波及了英国的所有部门。受到危机打击最沉重的是纺织工业,机器制造业也在英国工业史上第一次受到了危机的影响。同时危机沉重地打击了英国的对外贸易。自 1825 年 10 月 1 日至 1826 年 10 月 1 日,总共发生了 3549 起破产事件。危机大大加深了工人阶级的贫困,失业人数比过去任何时候都多。1825 年的经济危机结束了工业生产过剩危机史的第一阶段,完成了从那些只殃及某些生产部门和工业中心的局部危机向普遍生产过剩危机的逐步过渡,揭开了周期生产过剩危机正史的序幕。

秘鲁爱国军攻克卡亚俄港

卡亚俄港是秘鲁沿海重镇,南太平洋沿岸少数天然良港之一,有圣洛伦索岛、长岫和防堤作为屏障。1537 年由西班牙人所建,成为其在南美洲掠夺黄金和白银的主要外运地。在拉丁美洲独立战争中,是西班牙殖民者最顽固的堡垒。1821 年,圣马丁将军带领的革命军队解放了利马,并宣布秘鲁独立。圣马丁将军引退后,玻利瓦尔将军的军队继续与西班牙军队作战,西班牙军队节节败退。1826 年 1 月 23 日,秘鲁爱国军终于攻克了西班牙殖民势力盘踞的最后据点——卡亚俄港,守军全部投降。从此,南美洲殖民地全部获得解放,西班牙在南美大陆的 300 年殖民统治宣告寿终正寝。

法国七月革命推翻复辟王朝

维也纳会议后,法国波旁王朝复辟。1824 年查理十世即位后,更加变本加厉地恢复大革命前的封建专制统治,贵族特权,以及天主教会的统治,这不仅损害了大资产阶级的利益,也大大引起了人民的不满。1830 年 7 月 26 日,查理十世以国王名义颁布了六条非常法令,其主要内容是:取消出版自由;修改选举法,甚至剥夺了资产阶级的投票权。这意味着公然破坏"宪章"的原则。法国人民终于忍无可忍,巴黎的工人、小手工业者、青年学生等当天就走上街头举行示威,抗议国王的倒行逆施。资产阶级中自由派报纸《国民报》的请愿书写道:"政府违反了法制,我们可以不服从",这就宣告了起义。7 月 27 日,运动发展为起义,群众纷纷拿起武器向国王军队冲击。28 日,整个巴黎的东部参加了革命。巴黎圣母院的塔上升起了三色旗。29 日革命者占优势,占领了卢浮宫和杜伊勒里宫。查理十世闻讯后仓皇逃往英国。革命胜利了,但由于工人阶级缺乏坚强的组织,共和派又软弱无能,因而革命果实为大资产阶级所篡夺,大金融家们组成临时政府,拥戴奥尔良公爵路易·菲力浦为国王,建立了"七月王朝"。七月革命粉碎了旧贵族、僧侣在法国重建封建专制制度的企图,推动了欧洲各国革命运动和改革,沉重打击了"神圣同盟"的反动体系,因而在当时的历史下具有很大的进步意义。

伦敦大学创建

1825 年,诗人托马斯·坎贝尔呼吁,开设一所为技工和富翁之间的阶级提供教育的大学。于是,在 1827 年一些自由主义者和不信奉英国国教会的人创建伦敦大学(现为大学学院)。由于学校招收天主教徒、犹太人和其他不信奉英国国教的人士,因而申请颁发皇家办学特许状遭拒绝。1831 年,在国教赞助下成立的国王学院,由于不信奉同教者的反对亦未获办学特许状。1836 年,创办了伦敦大学,但不招学生,它对另外两所学院的学生举行考试,并颁发学位证书。根据 1849 年办学证书的补充规定,学生可在英帝国范围内任何一所大学就读,由伦敦大学举行考试并颁发学位证书。到 19 世纪末,其他许多高等学校都成为伦敦大学的附属院校。1900 年,经准许,伦敦大学开始开设课程并招生。这样就出现了在该校及其所属院校就读的"校内生",以及不在该校就读,而参加考试并取得学位的"校外生"。

英法俄伦敦协定签订

希腊独立战争期间,俄国政府认为必须支援希腊人以巩固俄国在巴尔干的势力,英国担心俄国单独干涉希腊事务,因而英俄两国于 1826 年签订了关于必须使希腊人争得自治权的议定书,规定由双方共同调停,借此来约束自己的竞争者。1827 年初,法国加入了这个议定书。1827 年 7 月,三国代表在伦敦举行新的谈判,讨论一旦土耳其拒绝履行指定它同希腊和解的条件时,对它采取强制措施的问题。1827 年 7 月 6 日签订了三国伦敦协定。三国建议土耳其停止军事行动,从希腊召回埃及—土耳其海军和陆军;在希腊每年向土耳其纳贡的条件下,给予希腊人自治权;三国还保证在保护希腊革命的行动上进行合作,向希腊派遣外交代表,建立正式接触。协定所附秘密条款规定,三国派出军舰阻止由海路增援的土埃军队,在苏丹不予合作的情况下,缔约国应采用武力迫使双方停火。英法俄三国联合干涉土耳其及希腊的独立,无异于推翻了神圣同盟和四国同盟。由于土耳其拒绝这项建议,并入侵留在希腊人手中的墨塞尼亚海岛,导致了英法俄三国联合舰队在 1827 年 10 月 20 日的那瓦里诺海战中全歼土耳其舰队。

那瓦里诺海战

那瓦里诺又称皮洛斯,在今希腊伯罗奔尼撒半岛西南,滨伊奥尼亚海。1827 年 4 月,前俄国外交大臣约翰·卡波狄斯特里亚当选为希腊总统。英法都认为这是俄国在希腊势力增强的明证,因而加速了欧洲列强对希腊战争的直接干涉。1827 年 7 月 6 日,英法俄三国在伦敦签订关于希腊问题的伦敦协定,建议土耳其停止军事行动,从希腊撤军,在保留苏丹名义统治的条件下,给希腊以自治。协定的秘密条款规定三国派出军舰阻止由海路增援的埃及军队。但是,土耳其拒绝了这项建议。1827 年 10 月 20 日,俄英法联合舰队便开赴希腊海岸,驶入埃及—土耳其舰队停泊处,那瓦里诺湾,在土耳其舰队对面抛锚。埃及—土耳其舰队占有数量上的优势(埃土联合舰队有兵舰 47 艘,俄英法联合舰队只有兵舰 27 艘),先行开火。但在继之而来的近战中,欧洲水手优越的军事素质起了决定性的作用,甚至土耳其的纵火船也失掉了目标,误伤了自己的舰。1 小时后,土耳其舰队被彻底击毁,联盟国的许多船只也受了重伤。那瓦里诺海战以埃土联合舰队的完全覆灭而告终,这是帆船时代最大的一次海战,因为随着 19 世纪技术的飞速发展,"木制堡垒"的时代一去不复返了。这次出其不意的海战,改变了近东危机的整个进程,不久,俄土战争爆发了。

美国民主党成立

美国民主党渊于建国初期的民主共和党,成立于 1828 年。在 1824 年总统选举中,代表工商业资产阶级利益的约翰·昆西·亚当斯、亨利·克莱以及其他派别的威廉·H·克劳福德及安德鲁·杰克逊四个候选人均没得到过半数票。根据宪法第 12 条修正案,由众议院在得票最多的前三名中选择,亚当斯与众议院议长达成妥协,克莱把他控制的三个州的选票让与亚当斯,而亚当斯在当选后即任命克莱为国务卿。杰克逊大为恼火,称之为"肮脏的交易"。这次竞选亚当斯当选为总统,引起了民主共和党的严重分裂。亚当斯——克莱一派从民主共和党中分裂出来,称为国民共和党(30 年代后改称为辉格党)。该派以克莱提出的"美国体系"的国家主义为纲领,倡导发展制造业,实现保护关税,改善交通运输,设立国家银行,扩大国内市场。与此同时,南方种植园主借助棉花在国际市场上举足轻重的地位,实力也不断增强。面临国民共和党的挑战,以西部和南部棉花种植园主为核心,联合东北部的小农场主、中西部的个体小农以及一部分产业资产阶级,于 1828 年组成民主党,推其首领杰克逊竞选总统成功。该党不赞成建立国家银行,反对国家主义和政府对奴隶制的干预,袒护南部的奴隶制度向西扩张。杰克逊上台后把任命行政职位变成对本党人员酬劳的一种制度,开创了美国历史上"一朝天子一朝臣"的先例。从 1828~1860 年的 32 年中,民主党连续控制白宫长达 24 年之久,参众两院也长期为民主党所操纵。

印度"梵社"创立

"梵社"是 19 世纪初期印度社会和宗教改革的产物,由拉姆莫汉·罗易于 1828 年创立的。拉姆莫汉·罗易是印度近代思想的先觉者,杰出的哲学家和社会活动家。他吸取西方自由主义的精神,进行宗教与社会改革。罗易的改革活动始于宣传一神观念,反对印度教徒中流行的多神信仰和以繁缛的仪式崇拜他们的偶像。他努力论证他的主张与印度古老而真正的经典相一致,而近代的偏离经典是由于后代的迷信,缺乏任何道德和宗教的根据。罗易的主张在印度教社会中激起了轩然大波,随后产生了激烈的论战。罗易的影响逐渐扩大,支援者也越来越多。为了弘扬他的宗教主张,罗易于 1828 年在加尔各答创立了一个一神论的组织,人们称它为"梵天斋会"(即"梵社"),意指所有信仰唯一天神、摒弃各种偶像崇拜的人的集会。参加者多为孟加拉的知识分子和青年学生。尽管它还带有宗教会社的性质,"梵社"仍是印度第一个现代类型的社会组织。梵社主张崇拜唯一的真神,反对多种信仰,反对封建的清规戒律,如严酷的种姓制度,妇女地位的极其低下等,主张寡妇在某种特定的情况下可以再嫁,倡导在印度普及欧洲式教育,发展科学,推动了 19 世纪印度的社会和宗教改革。1833 年罗易死后,这个组织衰微下去,直到德文德拉纳特·泰戈尔成为"梵社"领袖,才给这个组织注入新的活力,于 1839 年重新将这个松散的组织变为神圣的宗教团体,传播新教义。

布朗运动发现

罗伯特·布朗(1773~1858)是英国著名植物学家。1827 年为探讨花粉在植物受精过程中的功能,布朗利用 300 倍的显微镜观察浸泡在水中的花粉粒,他惊奇地观察到,由花粉分裂出来的圆筒形微粒全都在做定向、无规则的振动。经过一段时间后,微粒在水中趋于均匀分布。那么,这种运动是由微粒自身的原因还是由水的流动引起的呢?为此,布朗做了进一步的实验,从已经完全成熟的花粉裹中取出花粉粒,浸泡在水中,在显微镜下他看到,除了少数以前看见过的圆筒形微粒外,还有大量更小的球形微粒,且后者的运动比前者的运动更为剧烈。布朗被这一发现鼓舞,他取来各种植物花粉,尽管它们的微粒的大小和形状有所不同,但是在显微镜下,均能观察到它们的运动。显然,这是一种普遍性。除此之外,布朗还观察了苔类的叶子中的微粒,许多有机物的微粒、玻璃的微粒,毫无例外地均观察到了这种运动。1828 年,布朗在《植物花粉的显微观察》一书中记述了他的发现。布朗运动,即液体和气体中悬浮微粒的无规则运动的发现,为分子的存在提供了强有力的佐证。1877 年,人们认为布朗运动是由分子热运动所致。1905 年,爱因斯坦对这种运动做了定量研究,指出布朗动动是由于微粒分子之间的碰撞引起的分子相对两面的压力差所致。

美国纽约劳工党成立

1819 年到 1822 年的经济恐慌,造成了工人的普遍失业,这是工会运动在 20 年代与 30 年代期间再次兴起的原因。更多的美国工人开始懂得:如果不团结起来,他们的工资只能永远被压得很低,工作时间永远是从日出到日落,而生活的艰难只能永远下去。如果团结起来,工人们就可以获得比较合理的工资、较短的工作时间和较好的工作条件。

美国的工人阶级已经觉醒了,1828 年美国第一个工人政党在费城成立,随后许多城市纷纷建立代表工人利益和要求的政党。纽约劳工党是从防止延长工作日的运动中产生的。1829 年,纽约市是 10 小时工作制得到社会认可的唯一城市,但是雇主们却正在企图恢复 11 小时工作制。因此,工会领导人便组织工人起来反击雇主们的进攻。1829 年 4 月底组成一个 50 人委员会领导这次运动。工人的警觉性和坚固的团结很快使雇主们放弃了他们想延长工作时间的计谋。工人胜利以后,50 人委员会并没解散,仍定期举行会议。当 1829 年秋季选举即将来临之际,召开了一次工人群众大会,讨论工人在这次选举中可能起的作用。50 人委员会向大会提出一个报告,建议提出工人自己的候选人名单,以保证工人们最迫切的苦难能够解救。大会通过了这个报告,第二个美国工人政党——纽约劳工党诞生了。主要领导人为汤姆斯·斯基德默、法朗士·赖特和罗伯特·第尔·欧文等人。纽约劳工党提出"平等教育、平等权利"的口号,同资产阶级进行斗争,工人阶级终于取得一次永铭人心的胜利,在自己提出的州众议院议员候选人中,木工工会主席福特当选州议会众议院议员。1829 年 12 月 29 日,50 人委员会召开群众大会,通过了分区进行组织的计划,纽约劳工党照此计划建立了自己的组织,并选出了一个 70 人的总执行委员会。纽约劳工党领导工人阶级为争得自身的利益和权利做出很大贡献。后来,纽约劳工党分裂,到 1832 年彻底消失了。

傅立叶的空想社会主义实践

　　傅立叶(1772~1837)是 19 世纪初期法国伟大的空想社会主义者,法朗吉是傅立叶虚构的理想社会(即和谐制度)的基层组织。傅立叶出生于法国东部一个富商家庭,当过店员、推销员和交易所经纪人,对资本主义制度进行观察和研究,写下许多论文,建立起空想社会主义思想体系。1808 年写下了他的第一部重要著作《四种运动和人的命运》。他宣称与牛顿的物质世界的规律相对应的,有客观存在的社会规律,认为资本主义制度必然为更高级的"和谐制度"所代替,他认为用法朗吉划分社会就可以达到这个理想社会。在他后来的主要著作《论家务农业协作》(1882 年)、《新的工业世界和社会世界》(1829 年)中,对此都做了精心设计。每个法朗吉有 1620 人,组成为股份公司,它是一种生产——消费协作组织,主要经营农业,同时也经营拥有各种不同部门的工业。在法朗吉中,人人参加劳动。为人从事各种不同的劳动,法朗吉设立许多"专业联组",而联组之下再划分若干小组,法朗吉的成员不是被迫从事令人愚蠢的单调劳动,他可以到各种不同联组中工作,这样,自由的劳动就会成为人们的享乐;法朗吉共同生产所得的全部收入,分给它的成员,其中 5/12 按劳动分配,3/12 按才能分配,4/12 按资本分配(即作为股息付给股东)等。他为建立第一个示范法朗吉,毕生不断地向权贵和富豪呼吁,要他们提供必要的资金,并作多次实验,均告失败。傅立叶臆想的法朗吉,受 18 世纪后期法国的各种协作方案影响,是在 19 世纪初期不成熟的资本主义状况、不成熟的阶级状况下产生的。他又幻想通过和平宣传和示范把它强加给社会。但其中的合理因素，是马克思恩格斯创立科学社会主义的理论来源之一。

英国斯温暴动

1830年英国爆发的大规模农村政治暴动，与城市的卢德运动相呼应。以捣毁农业机器为主要内容。它的导火线是由于农场主采用了打谷机。打谷是当时保留着的农村工作，农民们靠打谷可以赚得一笔生活费，补充他们平时进款的不足。但打谷和手用的谷棒自然不能和机器竞争，打谷机用费低廉，速度快、效率高，引起农民的不满。恰在1830年发生经济危机，又遇到农业歉收，羊瘟流行，农场主采用打谷机就更加严重地威胁了以打谷为生的农民，所以阶级斗争就特别尖锐起来。1830年8月，暴动最先发生在肯特郡，400余人捣毁了打谷机，焚烧了农场主的谷垛。这次运动不仅仅是一个破坏运动，它有一个完整的社会性纲领，这纲领暗含在署名为"斯温上尉"的一封到处传播的匿名信件里，故名为"斯温运动"。信上宣称："今年我们要毁坏谷堆和打谷机，明年我们将转向教区长进攻，后来我们将向政治家作战。这次运动在10~11月间向西、向北蔓延，迅速地席卷了16个郡。斗争一般是从破坏农业机器开始，表现了农民的反抗精神。在运动中，农业工人也纷起响应，提出增加工资、减低什一税和地税等要求。尽管这次运动发展很快，声势浩大，但是由于缺乏严密的组织和领导，运动被统治阶级残酷地镇压了。斯温运动是英国工业革命时期农村中最后一次巨大的政治运动。

普希金创作《叶普盖尼·奥涅金》

亚·谢·普希金(1799~1837)是俄国伟大作家、诗人。《叶普盖尼·奥涅金》是普希金优秀代表作，1823年动笔，1830年完成。它是俄国现实主义文学的奠基作品。《叶普盖尼·奥涅金》全书分为8章。成功地塑造了开始觉醒又找不到出路的贵族知识分子的典型。作品是以双线索展开的，一条线索是达吉亚娜爱上奥涅金，女方热烈，男方冷淡；一条线索是连斯基爱上奥尔加，男方真诚，女方轻浮。两条线索互相并列，且形成鲜明对比。作品围绕以上基本线索，广泛地反映了19世纪俄国知识分子的状况，提出了知识分子的出路的问题。在男女主人公人物性格形成鲜明对照，奥涅金是一个"多余人"形象，达吉亚娜则是典型的俄罗斯妇女形象。其特色是强烈的抒情因素，给人以亲切雅致的艺术情趣。

比利时独立

早在 18 世纪末比利时人民就摆脱了哈布斯堡王朝的专制统治,胜利地捍卫了自己的民族生存。但根据维也纳会议的决定,比利时被并入统一的尼德兰王国版图,成为荷兰王国的领地。荷兰的统治阻碍了比利时经济的发展,同时,荷兰占统治地位的新教教会也引起了信奉天主教的比利时人的抗议;再加上荷兰当局的税收政策使消费品价格猛涨,广大人民群众因而日益不满。法国七月革命加快了比利时解放斗争的爆发。1830 年 8 月 25 日在布鲁塞尔爆发了反荷起义。起义的主力是工人和手工业者。到 9 月末,革命席卷了整个比利时,各个城市都成立了资产阶级掌握的公安委员会,领导革命斗争。荷兰军队在战争中连连败北,被迫放弃布鲁塞尔。11 月 10 日,国民议会在布鲁塞尔集会,接着,11 月 18 日,宣布比利时独立,成为君主立宪制国家。在这种情况下,荷兰政府呼吁列强援助它镇压比利时人,这成为列强干涉的借口。当时,对比利时事件最为关心的是英国和法国。法国的目的是想分裂统一的尼德兰王国,英国则千方百计不让法国插足比利时。1830 年 12 月根据英国的倡议,五强(英、法、俄、奥地利、普鲁士)以特别议定书承认比利时的独立。英国还让同它有联系的萨克森—科堡王朝的亲王成为比利时国王。1831 年,在英国的倡议下,列强宣布比利时为中立国。1838 年荷兰国王只好同意比利时独立,并承认它的疆界。

有机分析方法建立

18 世纪下半叶,新的有机化合物不断被发现,促使人们去探讨有机物的组成。1781 年,拉瓦锡以燃烧理论为指导,从有机物完全燃烧后产生了二氧化碳和水推断出有机物中含有碳和氢,并对碳和氢的含量做了粗略的定量分析。1810 年,盖—吕萨克和法国化学家路易斯·伽克奎·泰纳(1777~1857)以氯酸钾做氧化剂,填补了拉瓦锡的燃烧反应不完全的缺欠,分析结果与理论值很接近。但是,因有机化合物与氯酸钾反应剧烈,易发生爆炸,很不安全,1814 年贝采利乌斯在氯酸钾中加进了食盐,排除了不安全因素,并用氢氧化钾吸收反应产物二氧化碳,用氧化钙吸收水。贝采利乌斯的有机分析方法还存在一个重要的缺欠,就是分析样品所用时间很长。1830 年德国化学家李比希把有机物与氧化铜一起燃烧,创造了快速、精确的有机分析方法,奠定了有机分析的基础。

波兰"钢琴诗人"肖邦

在 19 世纪的编年史上,肖邦(1810~1849)被称为"钢琴诗人"。他是浪漫主义时代最有独创性的艺术家之一。肖邦英年早逝，然一生创作颇丰，他的许多作品至今仍是钢琴家演奏的曲目。肖邦主要作品包括：4 首叙事曲、4 首谐谑曲、27 首练习曲、19 首波罗夺兹舞曲、58 首奏玛祖卡舞曲、17 首圆舞曲、4 首即兴典等。《玛祖卡》是肖邦创作中最富民族性格的作品。展现了丰富的内心世界，充满浓厚的波兰乡土气息，异常迅速的情态变化丰富多样。《玛祖卡》这气息，异常迅速的情态变化丰富多样。《玛祖卡》这种体裁来自民间舞曲。肖邦的《玛祖卡》基本上分为两种类型，一种是具有比较浓厚民间风格的；另一种是属于市民阶层的。肖邦一生从未停止过《玛祖卡》创作，早期《玛祖卡》较成熟的作品是第 6 号、第 7 号。在作品 17 号 4 首玛祖卡中，肖邦的和声语言有了相当大的改变，在舞曲中出现了大胆的转调和半音和声。作品 30 号 4 首玛祖卡具有舞曲性质。肖邦的创作对欧洲浪漫派音乐和 19 世纪后半叶各民族乐派发展都有较大影响。

华沙人民反俄起义

维尔纳会议后，沙俄在它占领的波兰领土上建立了波兰王国，沙皇兼任波兰国王，在波兰实行野蛮的专制统治。19 世纪 20 年代初，波兰相继出现了"自由波兰人联盟""国民爱国协会""军事同盟"等秘密革命团体，进行反对俄国统治、争取民族独立的斗争。1830 年 7 月巴黎发生革命后，沙皇尼古拉一世拟派波兰军队前去镇压，在这危急关头，"军事同盟"领导华沙工人、手工业者和小商人起义了。11 月 29 日，起义军冲入总督府伯尔维得尔宫，康士坦丁大公仓皇逃命，接着起义军又夺取了华沙军火库。1831 年 1 月 13 日，起义者迫使国会废黜沙皇尼古拉一世的波兰王位，取消军事专制，成立国民政府，宣布波兰独立。同年 2 月，尼古拉一世派 11.5 万人的大军镇压波兰民族起义。波兰起义军与俄军展开浴血奋战，多次打败侵略者。9 月 6 日，俄军以重兵攻打华沙，华沙陷落。历时 11 个月的波兰民族大起义失败了。1830～1831 年起义对于波兰人民革命解放运动的发展起了巨大的作用。这次起义也沉重打击了欧洲的反动势力——沙皇政府及其同盟者普鲁士和奥地利，并且牵制住沙皇的兵力，从而摧毁了以沙皇为首的国际反动派准备武装干涉法国和比利时的计划。正如恩格斯所说："这个起义把俄国整整牵制了一年；波兰就这样再次以自我牺牲拯救了欧洲的革命。"

布朗发现细胞核

19 世纪随着显微镜制造技术的发展，许多医学家和生物学家又开始了对细胞的研究。1831 年英国植物学家罗伯特·布朗（1773～1858）在观察肥料对植物的作用过程中，发现在兰花的表皮上有许多细胞具有不透明点，布朗将这些不透明点称为细胞核。1883 年，布朗在题为《兰花和马利筋（Asclepiabeae）的受精器官和类型》的论文中描述了他所发现的细胞核:"对于兰花,我主要是观察细胞组织的普遍构造,给所观察的结果作一结论。看到兰科大部分表皮细胞,特别是膜状叶的表皮细胞中,有一个不像细胞膜那么透明的圆环,这个环近似粒状,呈微凸形。看起来似乎是在表面上,实际是被细胞外侧的薄膜覆盖着。核在细胞内的位置并无规律,往往在中央或其附近。"

西班牙卡洛斯战争爆发

1833 年,西班牙国王斐迪南七世立其三岁女儿伊萨伯拉为王位继承人,即后来的伊萨伯拉二世(1843～1868 年在位)。是年 9 月斐迪南死后,皇后玛丽亚·克里斯蒂娜摄政。10 月,国王斐迪南的弟弟唐·卡洛斯不承认女王,自称查理五世,于是双方为争夺王位爆发战争。卡洛斯一派主张在西班牙恢复宗教裁判所,实行地方自治,代表了经济落后地区封建贵族、教会的利益,并得到宗法观念极强的农民的支持。克里斯蒂娜一派为了战胜卡洛斯,依靠资产阶级和自由派贵族,利用国民军最后在 1839 年打败了查理五世的军队。战争主要是在卡塔洛尼亚和巴斯科尼亚进行。因为这里的地形和地理位置非常适合卡洛斯派进行游击战,另外这里又接近法国边境,能得到法国极端保皇分

西班牙女王伊萨伯拉

子在金钱和武器上的支持,还可作为退却之处。这场争夺王位的战争,实质上是封建天主教分子和自由资产阶级分子之间斗争的继续,也就是以卡洛斯为代表的封建反动派和以克里斯蒂娜为代表的自由资产阶级之间的斗争。这场战争持续了近 7 年之久,国家经济受到严重破坏,尤其是北部地区几百个乡村和几十个城市都遭到了毁坏,这场战争给西班牙人民带来了深重的灾难。

牛津运动兴起

19 世纪初,西欧新教思想对英国国教产生影响,英国通过新法律取消了限制天主教徒的法律,各级政府官员不必再参加圣礼,圣公会的国家教会地位从而被动摇。1833 年,

牛津大学的凯布勒发表演讲《论民族的叛教》,纽曼、皮由兹等人相继支持他的观点,陆续出版了《第四世纪的阿里乌》《从圣经看圣休圣事》等 90 部书册,阐明他们的主要思想,从而在圣公会中兴起了宗教复兴运动,被称为牛津运动,又称书册派运动。运动的主要思想是提倡复兴早期基督教会的传统,抵制圣公会内的新教倾向,恢复严谨的教会纪律,持守正统教义,强调公教教义权威的绝对性,肯定圣公会主教圣职的使徒统治,它从不属于国家,其权威来自它所宣传的基督教教义。这一运动很快蔓延至神学、传教工作及虔修生活各领域,修道院重又恢复,各种礼仪又趋于繁复。牛津运动遭到政界和圣公会的抵制,受到大学领导人和各地主教的谴责,指责他们是罗马主义派。1841 年,纽曼在第 90 号小册中竭力为《39 条信纲》辩护,引起牛津运动内部分化。1845 年,纽曼改信天主教,在圣公会中引起极大反响。此后,牛津运动在皮由兹的领导下改变方式,逐渐衰落。牛津运动历时 12 年,圣公会称之为"教皇的袭击"。

明享格里茨会议召开

19 世纪 30 年代,欧洲革命运动又重新高涨,德国、意大利、匈牙利等一些地区的群众反抗斗争日趋激烈。奥地利的梅特涅对此感到非常不安,为此他建议应召开俄、普、奥三君主会议,加强神圣同盟,扼制革命运动的进一步发展。沙皇俄国在镇压波兰起义和"霍乱暴动"后,特别是在俄土温加尔——斯克里斯条约签订后也想试探奥地利在土耳其问题上的态度,并想得到奥支持他在君士坦丁堡的势力,以缓和俄英间日益加深的矛盾。就是在这种各怀心事的情况下,三君主会议于 1833 年 9 月在明享格里茨召开。在这次会议上,奥地利对沙俄在近东势力的大大加强表示出极大不满,但又不能失去沙俄在镇压革命问题上的支持,因此不能和沙俄公开决裂。于是,俄奥双方签订了明享格里茨协定。关于土耳其问题,规定两国应采取共同行动来维护土耳其帝国的现状;关于波兰问题,规定两国应相互保障各自新占领的波兰领土,并共同镇压波兰起义。该协议的签订,使土耳其问题暂时得以缓解,俄国在东方的优势地位又进一步得到加强。它标志着神圣同盟政策的正式复活。

法兰克福起义

1833 年 4 月 3 日,法兰克福大学生协会成员和几个市民一起攻占了法兰克福警备总署,并敲响警钟。这一"冲击法兰克福警备队"事件,使联邦政府极为恼火,为了确保各君主国的安全,采取相应的措施,各德意志邦议员的权利受到限制,言论和集会自由被取消,书报检查更加严格。中央调查委员会又恢复了活动,该会对煽动自由化运动和民族运动的人们发动了更残酷的迫害。数百名成员遭到长期监禁,自由化运动和民族运动暂时偃旗息鼓，受迫害的知识分子、大学生、激进的手工业者和帮工源源涌到邻国和美利坚合众国。起义虽被镇压，但它在历史上却有巨大的意义。

德意志关税同盟形成

1817 年 4 月 24 日，"德意志商人和工厂主协会"成立，它倡导建立全德关税区，主张振兴民族工业。由于奥地利的反对，资产阶级所希望的由联邦议会促进全德统一化为泡影，然而普鲁士的经济扩张却为此创造了条件。1818 年 5 月 26 日，普鲁士实行关税改革，废除了境内所有关卡及关税，建立统一关税线、确定进口税率等，到 1821 年，普鲁士王国了完成了内部的关税统一，普鲁士王国第一次成为经济统一体。自此，普鲁士开始利用它优越的地理位置向外进行经济扩张。1819 年 10 月 25 日，施瓦尔茨堡—桑德豪森小公国迫于经济上的压力，加入普鲁士关税区；在以后 10 年中，普鲁士境内的其他小公国陆续加入普鲁士关税体系，从而普鲁士巩固了关税区的统一。1828 年 2 月 14 日，达姆施塔特公国因财政窘困与普鲁士订约，实际普鲁士关税法。在以后的岁月里，普鲁士的经济政策迫使其他德意志邦国谋求经济联系。1828 年 1 月，巴伐利亚和符腾堡这两个工业发达邦结成"南德关税联盟"，以高额关税对付普鲁士等国的竞争；12 月 8 日，汉诺威、萨克森、黑森——卡塞尔、拿骚、不伦瑞克、奥尔登堡、莱茵河畔法兰克福、不来梅等邦成立"中德商业联盟"。奥地利则利用南德、中德的关税联盟与普鲁士对抗以阻止其称霸。然而不久，1829 年 5 月，普鲁士关税同盟与南德关税同盟签订交通与贸易协定，据此，要在两同盟间修建公路，本地产品的税率降低 25%。为此，必须打通中德同盟在中间的阻碍。在得到普鲁士的财政援助后，萨克森—麦宁根、科堡这两个中德同盟达成协议，双方共同修建南北德之间的公路，并将在 1835 年 1 月中德商业同盟条约期满时加入普鲁士同盟关税区。1830 年法国七月革命给中德同盟各邦以很大冲击，普鲁士乘机出击，1831 年 1 月，萨克森—魏玛公国与普订约，决定 1835 年加入普鲁士的同盟；1831 年 8 月 29 日卡塞尔也迫于财政困难加入普鲁士关税区，中德同盟瓦解了。1833 年 3 月 24 日萨克森也加入普鲁士同盟。1832 年 12 月，普鲁士同盟开始了与南德同盟关税联合的谈判，次年 3 月 22 日两同盟达成统一协定，规定按普鲁士 1818 年新税法的条款建立统一的关税区；条约于 1834 年生效。5 月 11 日，图林根地区也加入了这个协定。到 1834 年元旦，在德意志 2/3 的土地上，共计 40 万平方公里，包括 18 个邦、2300 万人口的"德意志关税同盟"形成了。

1836 年经济危机爆发

由于美国经济在以英国为主的国外资本扶植下，大机器工业发展到相当程度，这使得英国对美国的出口大幅度减少,美国市场商品饱和。1836年,英国又因农业歉收粮价上涨,终于爆发了经济危机。这次危机同1825年一样,几乎影响到英国所有部门。其中,纺织业受害严重,棉布出口下降37%,呢绒下降46%。据报道,当时曼彻斯特有5万失业者,光是冶金业中的炼铁工会,失业人数就从5%猛增到12%。多数大企业只开工半天,造船业严重萎缩,船只下水吨位减少26%。这次经济危机除英国、美国受到严重破坏外,欧洲大陆的法国、德国、俄国等也不同程度地受到危机的波及。

凯里发表《政治经济学原理》

亨利·查尔斯·凯里是19世纪中叶美国经济学家。凯里生活的时代,是美国取得独立,资本主义开始迅速发展的时期。当时,美国国内经济矛盾和阶级矛盾还不很明显,只有南部种植园主和北部工商业资本家之间的矛盾比较突出。但英法等国的阶级矛盾已经相当尖锐,而欧洲的空想社会主义也开始在美国传播,引起美国资产阶级的恐慌,他们非常需要有自己的理论代言人来代表他们的利益。凯里在这种情况下于1835年发表了他的主要著作《政治经济学原理》。凯里认为,商品的价值是由再生产费用决定的,随着社会总产品的增加,工人的工资随之增加,资本家的利润随之下降,这样人们就处于"平等的境地"。因此,他认为工人和资本家利益是一致的,资本主义社会的发展是趋向阶级调和的。

得克萨斯共和国建立

得克萨斯原是墨西哥的一部分。1821年,墨西哥独立后,美国的大量移民迁入得克萨斯,并将奴隶制度在此"推广"。1835年,墨西哥宣布在本国境内废除奴隶制,实行统一的宪法,并完全取消了州权,得克萨斯境内的美国移民就把墨西哥的驻防军赶跑。1836年初,宣布成立独立的得克萨斯共和国,采用仅有一颗星的国旗,所以,得克萨斯共和国亦叫"孤星共和国"。1836年,墨西哥总统圣安纳率领军队在哈辛托河渡口同得克萨斯军队展开战斗,结果惨遭失败。此后,该共和国通过了新宪法,使黑人奴隶制合法化,并选举田纳西籍的萨姆·豪斯顿将军为首任总统,还派出使节去华盛顿要求并入合众国,或者承认它为一个独立的共和国。1837年3月3日,杰克逊总统以美国政府的名义承认了该共和国的独立。此后美国蓄奴各州为自己的利益,提出了一项合并得克萨斯的决议案。1844年,民主党候选人波尔克提出"合并得克萨斯"而当选总统,1845年12月,正式宣布得克萨斯为美国第28州。

葡萄牙九月革命

1834年葡萄牙内战结束后,仍然实施1828年宪章,但实行立宪政治的葡萄牙政局并不稳定,女王四次更迭政府,并最终解散议会。因此全国要求恢复1822年民主宪法的呼声日渐高涨,终于在1836年9月,里斯本爆发了一场革命运动并建立了9月革命派政府。在9月革命中,工人阶级和小资产阶级发挥了积极作用,挫败了女王企图恢复"宪章"的政变。1837年7月,许多城市的兵营发生"骚乱",反对新政府。9月革命派镇压了这起骚乱。当9月革命的工人阶级准备把这次革命继续下去时,遭到了资产阶级的血腥镇压。9月革命派起草了一部新宪法即1838年宪法,规定重新实行三权分立,取消了国王的仲裁权,但国王仍然拥有否决权并加强了执行机构的领导权,议会由两院组成,但上院是由选举产生的参议员和临时参议员组成;在文化领域立法规定创办中学,建立里斯本和波尔图美术学院、外科医学院及里斯本工学院;继续执行既定的海外政策,在安哥拉高原开拓新的殖民地,禁止向赤道以南输出奴隶,在非洲建立第二个巴西等等。1842年,科斯塔·卡布拉尔在波尔图发动政变后,女王下令废除1838年宪法,重新恢复实施1828年宪章,9月革命彻底失败。

布尔人向内地迁徙

1652年荷兰在南非建立了开普殖民地。布尔人主要是荷兰人后裔,原来的土著居民逐渐被消灭或被赶出家园。1795年,英国人占领了开普殖民地,宣布英语为官方语言,通行于学校、政府机关,开普敦的布尔人公民会议被取消。英国殖民者还向布尔人征求高额捐税。1825年,英殖民者废除荷兰货币改用英镑,价值5先令的荷兰币只给1.5先令的英镑,这使布尔人蒙受了巨大经济损失。1833年英国国会通过法案,宣布解放奴隶,使得布尔人的经济基础被毁坏。英国政府付的赔偿经费又很少,使得布尔人决心离开开普殖民地,向内地迁徙。1836年,布尔人带着他们能够带走的一切东西,开始向北部和东北部大迁徙。老人,妇女和孩子坐在牛车上,少年男子背着火枪骑马在两旁护卫。1837年底,第一批大迁徙者在彼特·雷提夫的率领下来到了纳塔尔。1838年12月16日,布尔人和当地的祖鲁人在因科马河进行了决战,最后打败了祖鲁人的抵抗。布尔人在祖鲁人的土地上宣告成立了纳塔尔共和国。1843年,英国兼并纳塔尔,第二年把它并入了开普殖民地。于是大部分迁徙者离开此地,向奥兰治河与瓦尔河流域进发,在这里布尔人没有遭到像祖鲁人那样的顽强抵抗。1852年,英国承认了布尔人建立的"德兰士瓦"共和国。1854年,布尔人在奥兰治河和瓦尔河的河间地区宣告成立"奥兰治河自由邦",这两个布尔人国家都一直存在到英布战争时。

美国权利平等党成立

19世纪30年代,在美国总统杰克逊反银行斗争的过程中,民主党内部发生了分裂。在纽约,州银行派的民主党人与反银行、反垄断企业的工人之间也发生了分歧。于是在1835年夏,工人秘密成立了"权利平等民主派",以期恢复民主党原有的"纯洁性"。1835年10月,在纽约市坦慕尼厅举行的一次初选会议上,银行派民主党人不顾"权利平等民主派"的抗议,宣布他们的候选人名单已经通过,并企图以关掉煤气灯的办法来阻止会议的进行,但工人们却拿出自制的火柴点亮蜡烛,继续开会,并提出了一批反对垄断资本的候选人。由于大会采用了这种照明办法,自由党和坦慕尼派的报纸给这里所产生的候选人名单以火柴民主党候选人的称号。1836年9月15日,由纽约总工会和火柴民主党领袖筹建的工人、农民代表大会在犹提喀开幕,这个有93人出席的代表大会发表了"独立宣言",宣告工人与农民完全脱离一切旧的政党,自行成立单独的政党,并决定以"权利平等党"作为该党的名称,提名布法罗的伊萨克·史密斯和摩西·杰克斯分别为州长和副州长候选人,在同年举行的国会与州会议的选举中,该党掌握了自由党人与民主党人之间的胜败决定权。该党新支持的4名国会议员候选人中有3名当选。权利平等党运动在纽约、费城、宾夕法尼亚等地产生了积极影响,1837年,随着经济恐慌的来临,权利平等党运动迅速发展起来,并在一切工商领域中发生了巨大影响,工人政治运动在这一时期发展到了顶峰。40年代以后,该党便销声匿迹了。

狄更斯名作《匹克威克外传》

狄更斯(1812~1870)是英国小说家。由于家境所迫,11岁的狄更斯就承担了繁重的家务。12岁时,他曾到一家皮鞋油作坊做工,饱尝艰辛,这使他从小就对生活在社会底层的普通百姓产生了同情心。15岁在一家律师事务所当缮写员,后任报社采访记者,使他有机会了解社会并开始了文学创作。他的作品反映了宪章运动时劳动人民的生活,抨击了资本主义制度的丑恶。但他希望教育剥削者,以其善心和施舍来改变这个社会。他一生共写了14部长篇小说(其中一部未完),及一些短篇小说、杂文、游记等等。他死后葬于伦敦威斯敏斯特教堂。《匹克威克外传》是他的第一部长篇小说,1836年在杂志上连载,该书使他成为最受欢迎的作家之一,奠定了他在文坛上的地位。作者通过匹克威克的亲身经历,描绘出他心目中的美好社会,抨击了当时英国社会的黑暗。反映出作者对现实社会的憎恶和对没有剥削、没有压迫的美好社会的向往。作者还批判了当时英国的议会制度、法律等等。以轻松的笔调描述了当时社会各阶层,尤其是下层劳动人民的生活,宣传了他的道德教育、劝良药苦口剥削者改恶从善实现其大同社会的美好理想。小说第一次把平民作为主人公来描写,这在当时的文学作品中是很少见的。这部小说语言幽默,细节描写生动、具有强烈的感染力。

果戈里《钦差大臣》公演

果戈里(1809~1852)是俄国作家,出生于乌克兰波尔塔瓦省一个地主的家庭。在中学时期就受十二月党诗人和普希金的影响,1829 年开始发表作品,曾在政府供职,还曾在美术学院学习绘画。1835 年开始专职创作。1836 年 4 月,果戈里的讽刺喜剧《钦差大臣》首次在彼得堡亚历山德拉剧院公演,并获得了极大成功。作者是以普希金提供的一个趣闻为基础,把整个官僚社会的种种丑态表现得淋漓尽致,对官僚专制的不公正进行了辛辣的嘲讽。故事发生在俄国一个偏僻的小城,当以市长为首的官僚集团听到钦差大臣要前来此地视察时,便感到惊慌失措,错把一个过路的彼得堡小官员赫列斯达科夫当成了钦差大臣,对这个假大臣拼命巴结,阿谀奉承。甚至市长想把自己的女儿也嫁给钦差大臣以掩盖自己的丑恶行径。正当市长做着升官发财的美梦时,真的钦差大臣来了,喜剧以哑剧告终。果戈里以超现实主义手法,刻画了贪污成性的市长、以权谋私的法官、害人的慈善医院院长、偷拆别人信件的邮政局长,真实地反映了官僚阶层的腐败。而赫列斯达科夫的虚荣、浅薄、厚颜无耻,在当时俄国社会具有典型意义。

格林卡创作歌剧《伊凡·苏萨宁》

《伊凡·苏萨宁》又名《献给沙皇的生命》,是俄国民族音乐奠基人格林卡的代表作。《伊尔·苏萨宁》写于 1834 年底至 1836 年春。格林卡从小对民族音乐有强烈的爱好,决心为祖国创作,写一部题材和音乐都是俄罗斯民族的歌剧,并为此作了种种准备。1834年,他从西欧学习音乐归来,投入到了五幕歌剧的创作之中。《伊凡·苏萨宁》取材于真实的爱国者的故事,以史实为根据。17 世纪初,波兰封建主侵入俄国,人民奋起反抗,包围了侵入莫斯科城内的波军。增援的波军闯入农民苏萨宁的家,威逼他带路去莫斯科。苏萨宁一面派养子给俄国民军送信,一面佯装领路,告别了女儿,将敌人引进冰雪覆盖的森林,苏萨宁为了祖国而献身。歌剧序幕是表现人民群众形象的合唱场面,格林卡独具匠心之处在于,他表现了俄罗斯人民的力量和奋不顾身的大无畏精神,表达了炽烈的爱国情感。这部歌剧同时也贯穿着忠君勤王的思想,这是俄国贵族知识分子的阶级局限性所在。歌剧《伊凡·苏萨宁》的诞生,打破了当时德奥音乐和意大利音乐统治俄国舞台的局面,是俄国第一部具有世界水平的资产阶级革新意义的民族歌剧。后人称之为"俄罗斯歌剧的曙光"。

普希金离开人世

普希金是现实主义新俄罗斯文学奠基人,俄罗斯民族伟大诗人。长篇诗体小说《叶夫尼根·奥涅金》、历史小说《上尉的女儿》、历史戏剧《波立斯·戈都诺夫》是他的不朽代表作;他的爱国诗篇鼓舞着俄罗斯人民反对农奴制并进行斗争。沙皇政府对他非常仇恨,多年对他进行流放和监视,最后谋杀了他。早在 1817 年在外交部任职时,诗人就同十二月党人联系密切,赞同他们的政治纲领。在《自由颂》一诗中他说沙皇是"世界暴君",亚历山大一世把他流放到克里木半岛。他在流放期间继续抨击沙皇专制并宣传无神论,沙皇又把他流放到米哈伊罗夫斯基村,在那里普希金创作了许多诗歌和戏剧,标志着诗人的创作已经成熟。十二月党人起义失败后,诗人写诗揭露沙皇政府镇压十二月党人的罪行。1834 年,沙皇尼古拉一世以"赐封"他一个宫廷侍从官职办法把诗人禁锢在彼得堡,以便监视他的"不轨"。普希金经常借故拒绝参加宫廷的各种礼仪活动,以蔑视沙皇的"恩典",引起沙皇极端不满。1836 年末,彼得堡贵族策划了谋杀诗人的阴谋,寄给他一封污蔑诗人是"王八团团长兼团史编纂人"的匿名信,迫使他进行决斗。普希金气得发狂,把决斗书下给追求他妻子的丹特士。1837 年 1 月 27 日晨,彼得堡军官别墅附近,普希金刚刚脱下大衣准备停当后,丹特士就先开了枪,击中诗人的腹部。当他苏醒过来,微微抬起身躯,射出他有权射出的一颗子弹,丹特士身受轻伤。诗人的伤势较重,1837 年 1 月 29 日离开人间。普希金之死震惊了整个俄罗斯,有 5 万人参加了遗体告别仪式。吓得沙皇政府偷偷在夜间把诗人的灵柩运走,取消了原定的隆重葬礼。莱蒙托夫持笔写诗一首——《诗人之死》,揭露沙皇宫廷豢养谋杀诗人的凶手,是沙皇专制制度的新暴行。

法国四季社建立

法国两次里昂起义被镇压后,金融贵族加强了反动统治,颁布镇压共和派和工人的法律。资产阶级共和派瓦解了,少数革命的共和主义者和工人阶级坚持斗争,组织秘密革命团体。1835 年,布朗基建立了家族社,宗旨是反对王权、大地主和大资本家,用武力推翻七月王朝。1836 年,在准备武装起义时被当局破获,布朗基被捕。1837 年政府颁布大赦令,布朗基获释。1837 年,布朗基和巴尔贝斯建立了新的秘密组织——四季社。其成员是按周、月、季组织起来的,四季为一年故称四季社。布朗基是四季社最有威望的领导者,一生忠于劳苦群众的解放事业,大半生(37 年)是在监狱中度过的,马克思、恩格斯称他为"无产阶级的革命家"。但他不懂得革命理论的重大作用,不了解组织革命政党和依靠广大群众的重要性,认为通过少数革命家的密谋起义和专政就可以推翻旧制度、建立新社会。1839 年 5 月 12 日，布朗基、巴尔贝斯领导 500 多武装革命者举行了起义，攻占了巴黎市政厅，并试图占领首都。但在当天就被镇下去了，布朗基、巴尔贝斯被捕。失败的主要原因是，起义采取密谋方式，没有依靠广大群众，群众既同四季社没有组织联系，也不了解起义的目的，因而没有支持起义。直到 1848 年二月革命，布朗基才获得自由，立即投身于火热的革命斗争中去。

日本西南诸藩藩政改革

　　自 17 世纪中叶以来，由于商品经济的发展，日本社会矛盾日益尖锐，各藩的财政面临严重危机，武士破产，农民分化，城乡人民起义不断发生。为了维护各级武士的特权，解决财政危机，平抚农民起义，各藩，主要是长州、萨摩、土佐、肥前等西南各强藩先后进行了藩政改革。通过改革，这些藩在政治、经济、军事等各方面都有了比较显著的发展。1838 年，长州藩主毛利敬亲起用下级武士出身的村田清风着手藩政改革。他压缩藩厅的财政开支，并制定《1837 年清偿债务法》，强迫豪农，豪商做出重大牺牲，以解放债务缠身的下级武士。改革使一些中下级武士得以参与藩政。改革的重点是发展本藩生产，推行重商主义政策，改革颇有成效，到 1850 年，财政危机基本解除。1830 年开始的萨摩藩改革是以加强专卖制为主要特点，改革由下级武士出身的调所广乡主持。由于萨摩是日本砂糖的重要产地，所以他严格实施砂糖专卖制。藩厅派官吏监督从种植到榨糖的全过程，全部产品上交藩库，不许私留，严禁黑市买卖，违者处以重刑。同时提高大阪市场的糖价，获利成倍增长。进而扩大对米、蜡、染料、硫磺等的专卖。另外，藩厅强行规定所欠债务不计利息，每年还债千分之四，250 年内偿清，实为恃权赖债。此外，还进行了军事改革，如设立炮术馆，充实海军力量等。肥前藩的改革从 1835 年开始。重点是采取防止中、下层农民没落，以求振兴农村经济措施。1842 年，颁布了《佃租缓延令》，意在减轻佃租保护贫民，抑制兼并土地。1861 年，又将大部分佃耕地收公后分给佃农，使之成为自耕农。禁止农村地主经商，全部没收城市商人地主的佃耕地。另外，藩府于 1845 年设置专门机构保护藩内特产，对有田窑陶瓷实行专卖，以此推动经济发展。同时，引进西方技术，加强军事实力。土佐、越前等藩也进行了类似的改革。改革巩固了藩政，挽救了财政危机，加强了藩的军事实力，使中下级武士及部分豪农出身的知识分子掌握了藩政。由于西南诸藩政治、经济、军事实力的增强，他们要求在国家的政治生活中有更大的权益，因此对幕府构成了新的威胁，为西南各藩在未来的倒幕斗争中发挥重要作用奠定了基础。

英国宪章运动第一次高潮

　　19 世纪 30~40 年代，随着英国工业革命的完成和资本主义迅速发展，不断出现周期性的经济危机,工人状况日益恶化。工人阶级从经济斗争开始走向独立的政治斗争。1836 年英国爆发经济危机,工人运动重新高涨,工人纷纷建立政治组织。6 月 9 日,以木匠威廉·洛维特为首的工人和手工业者在伦敦建立了"伦敦工人协会"。1838 年初,协会围绕普选权制定了议会改革方案—"人民宪章",提出争取普选权的 6 点要求:凡年满 21 岁以上的成年男子都有选举权;议会每年改选一次;实行秘密投票制;发给议员薪金;取消议员候选人财产资格限制;合理划分选区,保障平等代表权。1838 年 5 月,人民宪章以议会提案形式公布,得到全国工人群众的支持。1839 年 2 月 4 日,宪章派第一次代表大会在伦敦召开,通过包括人民宪章在内的请愿书,交由全国人民讨论并征得签名支持。5 月,签名支持者达 125 万人。宪章派对宪章的内容并无原则分歧,但在斗争策略上却意见不同。以洛维特为首的代表主张用合法的、和平的"道义力量"发动社会舆论的支持,实现人民宪章,因而被称为"道义派",他们是运动的右翼。以奥康瑙尔和哈尼(1846 年后还有琼斯)为首的左翼主张采取群众性政治斗争迫使议会接受宪章,如被议会拒绝,则举行总罢工甚至武装起义来达到目的,因而称为"暴力派"。6 月 14 日,请愿书提交给英国议会,随后各地召开群众大会表示支持。政府以武力镇压,驱散参加集会的工人群众,同群众发生冲突,并逮捕了洛维特、哈尼等许多宪章派领袖。7 月 12 日,下院以 235 票对 46 票否决了请愿书。争取人民宪章的议会斗争失败了。武力镇压否决请愿书激怒了广大群众。7 月 13 日,纽卡斯尔 2.5 万多名矿工举行罢工。7 月 15 日,在警察的挑衅下伯明翰发生了群众暴动。各地群众都在准备战斗,要求用总罢工和革命手段实现宪章。7 月 22 日,宪章派大会由于右翼的控制把号召总罢工改成"示威罢工",因而响应者甚少。9 月 14 日大会宣布解散。11 月 3~4 日,纽波特的矿工发动了起义,但失败了。弗罗斯特、威廉斯等起义领袖被判死刑,后改终身流放。1840 年春,被捕的宪章派约 500 人。奥康瑙尔被判 18 个月监禁,洛维特被判了 12 个月监禁。1839 年宪章运动第一次高潮失败了。

瑞士约米尼发表《战争艺术》

约米尼是著名的资产阶级军事家,生于瑞士。1798 年,在法军参谋部服役。1854 年在克里木战争中任尼古拉一世军事顾问。1859 年,任拿破仑三世的意大利军事顾问。约米尼在长期军旅生涯中对军事理论有较透彻的研究。1838 年,他发表了《战争艺术》一书,在军事理论上第一次明确区分战略、战术、后勤保障以及机动速度在军事上的作用的意义。对战略战术,在认识上区分很明确,提出战略是研究整个战争的问题。而战术是研究个别的、具体的战争问题,具体地说,战略是根据地图指导战争的艺术,是驾驭整个战场的艺术,在战略和战术上,主要集中优势兵力,及时地投入交战战场。除此之外还论述了积极防御、战略主动性、机动性、分割包围、各个击破等具体战术问题。对于战争的指挥,约米尼也做了论述。他认为统帅艺术方法的优势是取得胜利的可靠保证之一,统帅最基本素质是精神以及生理上的勇气。对精神因素在战斗胜利中的作用是这样论述的，即政治信仰、宗教信仰以及对祖国的爱，都可以引起精神上的振奋，战争的精神要建立在高度的纪律性和对敌人的优越感之上，同时也指出轻敌思想对士气有瓦解作用。约米尼的《战争艺术》对后来的战争具有重大影响。

第二次埃土战争

埃及在 1833 年第一次埃土战争中获得胜利，占领了叙利亚和阿达纳，但还没有脱离奥斯曼帝国而独立。土耳其不甘心丧失这么多领地，总想伺机报复；埃及则以消除沙俄对土耳其的影响为理由要求独立。1839 年 5 月，土军越过幼发拉底河进入埃及控制地区。6 月 24 日，尼齐普战役 4 万土军全线崩溃，死伤 4000 人，约 1.5 万人被俘。一个星期后，苏丹马赫穆德二世病逝。7 月 14 日，土耳其舰队在亚历山大港向埃及投降。埃及大军压境，土耳其危在旦夕。新任苏丹阿卜杜·马吉德向埃及求和，答应穆罕默德·阿里在埃及、其子易卜拉欣在叙利亚的世袭权。但是英国坚决反对，它伙同俄、奥、普、法于 7 月 27 日向土耳其发出照会，不经列强同意，不得对埃及问题做出最后决定。实际上列强意见并不一致。英国支持土耳其，主张埃及军队撤出叙利亚，给予阿里埃及世袭权和阿克省的终身管辖权。法国支持埃及，坚持把埃及和整个叙利亚作为阿里家族的世袭领地。1840 年春，在伦敦召开的大使级会议毫无结果。于是英、俄、普、奥抛开法国，于 7 月 15 日签订了《伦敦协定》，并以最后通牒形式迫令埃军撤出叙利亚，遭到埃及的拒绝。9 月 10 日，英国舰队炮轰贝鲁特，英土联军很快登陆占领贝鲁特和沿海城市。10 月 20 日，基佐任索尔邦元帅内阁的外交大臣，他力求缓和矛盾，背弃了支持埃及的诺言。11 月初，英军占领了阿克要塞，驻叙 7 万埃军面临全歼的厄运。阿里陷于绝境，被迫接受《伦敦协定》的条件，从叙利亚撤出全部军队，1841 年 2 月和 6 月，土耳其苏丹秉承列强的旨意，颁布特别敕令，对伦敦协定做了具体说明。第二次埃土战争的失败对埃及是一次沉重打击。

路易·波拿巴称帝

路易·波拿巴是拿破仑一世的侄儿。拿破仑帝国败亡时，年仅 6 岁的路易和他的母亲被波旁复辟王朝流放国外，后曾几次回到法国。侨居意大利期间，他曾参加烧炭党的密谋活动。1832 年，幼时被封为罗马王的拿破仑一世的儿子夭折，路易·波拿巴便自命为拿破仑皇统继承人，1836 年，他利用德国政局动荡时机发动政变，号召士兵们起来推翻奥尔良王朝的路易·菲力浦，拥戴他做法国国王，事后被路易·菲力浦将其驱逐出境。路易·波拿巴到了伦敦，在那里寄居多年并当了英国特别警官。他虽居异国，却梦想回国当皇帝,1839 年他写成《拿破仑的理想》一书,吹捧拿破仑,企图借助伯父的亡灵和声誉为自己登上法国皇位招幡开路。1840 年 8 月 6 日,路易·波拿巴率领几个党羽在布伦港上岸,并随身携带一只驯鹰,作为成功后建立帝国的国徽。结果这次行动又失败了,他被捕后关在哈姆要塞里。1844 年,路易·波拿巴在监狱写了《论消灭贫困》,把自己打扮成劳动人民的代表。1846 年 5 月 25 日,他逃往伦敦,等待时机东山再起。1848 年革命期间,他终于当上共和国总统。1851 年他发动政变,1852 年恢复帝制,当上了法兰西第二帝国的皇帝,号称拿破仑三世。

古德伊尔发明硫化橡胶

人类早期利用天然橡胶制得的橡胶制品具有遇热变软,遇冷变硬及发粘、易老化等缺点。美国发明家杰里·古德伊尔(1800~1860)在克服天然橡胶的缺点及有效利用方面做出了努力。古德伊尔是在 1830 年以后开始从事橡胶处理工艺研究的。受焦炭炼钢技术的启发,他想到了在生橡胶中掺入少量某种物质也许能改善其性能。1837 年,他曾利用硝酸处理过美国政府的邮袋,但这种经过处理后的邮袋在高温下仍无法使用。后来与他一道工作的美国人海沃德(1808~1865)发现,生橡胶经过硫处理后不发粘。1839年,古德伊尔在一次煮生胶的过程中,在坩埚内掺入了硫碘和松节油,从坩埚里意外地放出大量臭气,他被迫停止试验。然而,令人惊奇的是掉在灼热炉子上的橡胶块不发粘,且在高温下仍具有良好的弹性。他马上找回已经抛进垃圾箱的橡胶块,对橡胶在这一过程中与硫磺化合的各种比例、加热温度以及所需时间进行了试验,从中寻找最佳方案。最终,古德伊尔发现将橡胶、铅、硫磺混合后加热处理,就可以得到经久耐用的橡胶制品。这种橡胶就被称为硫化橡胶。1844 年,古德伊尔获得了这项发明的专利权。这项发明对橡胶工业的发展起了重大促进作用。然而发明者本人却因专利屡遭侵犯,最后负债而死。留给人类的是他的著作《弹性树胶及其品种》。

日本幕府迫害"蛮社"成员

江户中期以后,由荷兰传入日本的西洋学术称为兰学。1832~1833 年间,兰学家高野长英、渡边华山以及翻译《泰西内科集成》的兰医小关三英、幕臣江川英龙、川路圣漠、二本松藩和儒家安积良斋等组成了一个以研究新知识为目的的"尚齿会",又称"蛮社"("蛮学社"之简称)。该会会员常谈论时事,评论政治,研究外国情况和防止饥饿等问题。1837 年,摩里逊号事件后,该会的兰学者指责驱逐摩理逊号的鲁莽,批评幕政。特别是渡边华山著了《慎机论》一书,谈到欧洲力量很强大,批评幕府下令击退英国船之不当。高野长英著了《梦物语》一书,主张撤销《异国船驱逐令》,提出应救济海外漂流民,不应实行锁国政策,他们的这些主张得到了开国派的积极响应,但却激起了幕府的愤怒。1839年,幕府以计划偷渡小笠原岛与大盐平八郎通谋等为借口,全部逮捕了"尚齿会"的成员。(小关三英当时自杀)。但在审问过程中,充分暴露了幕府纯属捏造罪名,故把他们定成了批判政治罪。渡边华山蛰居原籍,1841年自杀,高野长英被判成监禁终身。1844年,高野长英纵火焚烧了监狱,乘机逃出,潜往各地。1850年,幕府的捕手围住了他的住宅,他无路可走,也自杀身死。另外有3人在审问中病死。史称"蛮社之狱"。"蛮社之狱"使兰学传播受到沉重打击。从此以后,具有清新自由气息的兰学由于幕府的压制而日趋衰萎。1853年开国以后,日本吸收欧洲近代文化主要通过以英、法为媒介的洋学。

黑斯发表总热量守恒定律

总热量守恒定律也叫黑斯定律。有关化学反应中热效应的研究可以追溯到1780年拉瓦锡与法国科学家皮勒——西蒙·拉普拉斯(1769~1827年)对水和碳的燃烧热的讨论。然而受热质说的束缚,热化学的研究经历了半个世纪的徘徊。1830年,出生在瑞士的化学家杰尔曼·亨利·黑斯(1802~1850)利用自行设计的量热计测定了大量的化学反应过程中的反应热,其目的是要从元素化合时产生的热量来阐明化学亲和力。黑斯发现,在一个化学过程中,无论反应是一步完成的还是多步完成的,其热效应总是相等的。1836年,黑斯将他的发现发表,并称为总热量守恒定律,即分步反应的反应热总是与一步反应的反应热相同。这实质上表述的是能量守恒与转化定律的内容,是热化学发展的基础。

英国吞并新西兰

公元1350年,属波利尼亚语系的毛利人定居在新西兰。1642年,荷兰航海家塔斯曼一度到过新西兰。1769~1777年间,英国航海家科克先后五次到过那里,从此英国把新西兰作为殖民区向那里移民。1840年,英国全权代表霍布森同毛利人酋长签订了威坦哲条约,强迫新西兰承认英国为它的宗主国,英国正式吞并了新西兰。从1843年开始,毛利人对英国殖民者进行了前赴后继的英勇斗争,直到1870年才被镇压下去。1907年,新西兰宣布独立,成为英国的自治领地。

马克思取得哲学博士学位

1836年10月,马克思考入波恩大学法律系攻读法学,1836年,转入柏林大学继续攻读法学,同时研究哲学和历史,特别钻研了黑格尔哲学,并结识了青年黑格尔派分子鲍威尔。不久,马克思参加了青年黑格尔派的一个组织"博士俱乐部"。1839 年初,马克思开始着重研究古希腊哲学,并撰写博士论文——"德谟克利特的自然哲学和伊壁鸠鲁的自然哲学的区别"。马克思在论文中特别强调德谟克利特和伊壁鸠鲁的哲学观点对人类精神发展所起的重大作用。认为二者自然哲学观点的差别是:德谟克利特注重原子的物质存在,伊壁鸠鲁进一步说明了原子概念和本质。前者从原子的垂直降落得出一切存在物都是必然的结论,后者认为原子降落可能偏离直线而作斜线运动。马克思倾向后者的观点,认为伊壁鸠鲁的原子自发偏斜学说实质上是提出自我运动的辩证原则。同时马克思也批评了伊壁鸠鲁的"只有感性知觉才是真理的准绳"的错误观点。博士论文是马克思思想发展的一个重要阶段,马克思公开表明自己是一个无神论者。1841 年 3 月,马克思完成了博士论文,当时普鲁士政治形势发生变化,柏林的青年黑格尔派遭到政府的排挤和迫害。马克思不愿让那些唯命是从的人捉弄自己,决定不在柏林大学申请学位,而向政治空气较好的耶拿大学申请。1841 年 4 月 6 日,马克思把申请书、学业证书、自传和博士论文寄给耶拿大学哲学系主任卡尔·弗里德里希·巴赫曼。4 月 13 日,巴赫曼写了推荐书,认为论文作者"才智高超,见解透彻,学识渊博,应该授予学位"。七位教授在推荐书上签名,同意巴赫曼的意见。由于论文十分出色,耶拿大学决定于 1841 年 4 月 15 日直接授予马克思哲学博士学位证书。

美国废奴主义自由党成立

19 世纪 30 年代末期,美国全国性组织美国废奴社内部发生分歧,在有关政治行动、宗教、女权等问题上,几方派别争执不下,领导反对派的大般兄弟、道格拉斯、贝尔尼等。他们在 1840 年 4 月 1 日阿尔巴尼开会,推举贝尔尼为主席,建立了废奴主义者政党——自由党,并在 1840 年 5 月 17 日的美国废奴社纽约代表大会上分离出来,他们主张进行合法斗争,提倡团结一切力量,以便促进废奴运动的发展。他们从美国废奴社那种纯粹的宣传工作转到有组织的政治行动上来,使废奴运动真正向前迈进了一步,达到了新的行之有效的水平,并和其他反奴隶制群众力量结成有力的联盟。这一政党组织规模小,实力亦较弱,没有发展到美国废奴社那样的规模和影响。自由党领导人认为美国宪法基本上是禁止奴隶制的,因为宪法规定不经过正当的法律程序,不得剥夺任何人的自由,不能侵犯人民的生命安全,所以他们认为,只要采取合法的政治行动是可以废除奴隶制的。1840 年,自由党推举詹姆斯·贝尔尼为总统候选人,以期待取得总统权力后一举废除奴隶制。1844 年,再度推举贝尔尼为候选人,以在首都废除奴隶制、在新州禁止推行奴隶制为竞选纲领。

英国割占香港

　　香港岛位于珠江口之东，九龙半岛尖沙咀之南，面积约80平方公里。香港地处海运要冲，气候温和、交通便利，是建立商港和军港理想之岛。英国殖民者想侵占香港蓄谋已久。早在1792年和1816年英国政府两次派遣使团来华，要求建立关系和割让海岛给英商居住，均遭清政府拒绝。其中第二次使团在返国途中路经香港，就对它进行一番"仔细调查"，认为"无论从出口入口，香港水陆环绕的地形，是世界上无与伦比的良港。"随着英国工业资本主义的迅速发展和对华鸦片走私规模的扩大，英国资产阶级夺取中国沿海岛屿的呼声越来越嚣张。1830年，147名英国商人和船长联名上书英国议会，竟然要求英政府"采取与国家相称之决定，占领中国沿海岛屿一处，以保护英国对华贸易"。1834年8月，英驻华商务监督威廉·约翰·内皮尔（律劳卑）正式提出侵占香港主张，随后以武力威胁清政府，但未能得逞。1840年，英国以林则徐虎门销烟为借口悍然发动了第一次鸦片战争。英军在进攻广州失败后，北犯大沽，威逼天津。清政府惊慌失措，撤林则徐派琦善去广州办理交涉。谈判期间，1841年1月6日，英军突然攻占大角、沙角炮台，同时提出割让尖沙咀和香港岛两处。1月15日，琦善在武力威胁下向义律发出照会，擅自允诺英国于尖沙咀或香港"选择一处地方寄寓泊船"。第二天，义律复照提出割让香港，并将"香港一处"改为"香港一岛"。21日提出包括割让香港岛的"穿鼻草约"。1月25日，在未得到琦善答复下，"琉璜号"船长就率队登陆。1月26日，英海军陆战队在香港登陆占领全岛。1842年，中英"南京条约"割让香港条款，实际上只是承认英国占领香港的既成事实而已。

英国第一次侵阿战争失败

　　阿富汗是18世纪中叶形成的多民族封建专制伊斯兰国家。它地处沙俄同英属印度之间。沙俄把阿富汗看作它南下印度洋的跳板，英国则视其为维护英属印度统治的北方屏障，因此成为英俄必争的战略要地。英国首先发动了侵阿战争。1838年秋，英国纠集包括印度士兵在内的2200人侵略军，从博兰山口侵入阿富汗的西南部。1839年4~8月，相继占领了坎大哈、加兹尼和首都喀布尔，国王多斯特·穆罕默德北逃，傀儡沙·舒加被扶上王位。阿富汗人民展开广泛的游击战。1841年11月2日，喀布尔人民举行起义，杀死傀儡沙·舒加和一批英国军官，收复喀布尔，多斯特·穆罕默德复位。1842年2月英军撤出阿富汗。同年，秋英军卷土重来，占领喀布尔并进行了大屠杀。阿富汗人民掀起更大规模的抗英斗争，到处打击侵略者。1842年底，英国侵略军被迫撤出阿富汗。1838~1842年，英国第一次侵阿战争以彻底失败告终。

日本"天保改革"

17世纪中叶,由于商品经济的发展,日本社会矛盾日益尖锐。幕府和诸藩财政拮据。为了维持封建统治,德川幕府曾进行过享保和宽政改革,但终未抑止商品经济的发展,幕藩体制日趋瓦解。1841年,首席老中水野忠邦为了维护幕府的封建统治开始实行改革,史称"天保改革"。改革的主要内容为:第一、限制消费,提倡节约。第二、限制农村家庭手工业,保护农业。第三、限制物价和垄断,增加财政收入。第四、巩固海防,加强幕府实力。但这些改革措施遭到了来自各方面的反对,大多没有获得贯彻。

伦敦《海峡公约》签订

虽然为解决第二次土埃战争的《伦敦协定》排斥了法国,加强了英国在埃及的势力,但在解决黑海海峡问题上,英国又联合法国来反对沙俄。1841年7月13日,英、法、俄、普、奥同土耳其在伦敦签署了《海峡公约》,规定平时土耳其禁止一切外国军舰通过达达尼尔海峡和博斯普鲁斯海峡。从而使俄土《安吉阿尔·斯凯莱西条约》失效,俄国军舰丧失进入地中海的权利。这是由列强共同监督海峡的第一个多边公约。公约暂时缓和了东方危机,但它加深了英俄矛盾,为日后爆发新的战争埋下祸根。

费尔巴哈对宗教神学的批判

费尔巴哈1836年开始批判神学,是他转向唯物主义的开始。1839年,出版《黑格尔哲学批判》是他同唯心主义最后决裂变成唯物主义者的标志。1841年,出版《基督教的本质》,1846年发表《宗教的本质》,对宗教进行了无情的揭露和批判。他认为上帝、宗教的产生有着人们心理根源,即人对自然的无知和恐惧,幻想出一种超自然神秘的巨大力量主宰着自然,这就是无所不知、无所不能的上帝。进而他得出一个大胆的、尖锐的唯物主义结论,不是上帝创造人,而是人按照自己的特性创造了上帝。基督神学不仅同工业、科学和艺术发展相矛盾,同人们的日常生活相矛盾,而且"开始成为政治自由这种现代人的迫切需要的障碍",成为废除政治上等级制度、实现资产阶级共和国的障碍。费尔巴哈对宗教批判的唯物主义的结论,对解放当时人们的思想起了很大作用;同时存在着缺陷,他把宗教产生的"世俗基础"理解为抽象的人的心理特点,把宗教意识看成人的自然属性的产物,不了解人的认识过程的辩证关系,没有进一步揭示产生宗教的社会根源和阶级根源。

美国"全国改革协会"成立

1841 年,以乔治·伊文思为代表的土地改革派为核心的"全国改革协会"成立,标志着美国土地改革运动进入有组织有纲领的新阶段。伊文思早年投身于工人运动,19 世纪 30 年代开始注意土地问题并逐步系统了他的改革计划。他从理论上论述了土地垄断是一切灾难之源和农民要求获得土地的合理性。他说:"如果一个人有权利生存在这个世界上,他就应该有权利获得足够的土地,以便在上面建造自己的住房"和"生产维持生命的粮食。"全国改革协会成立后,通过出版《青年美国》宣传农民不可转让的土地所有权原则:从国有土地中免费分给每个耕种土地的移民以定量土地,对小农已经耕种的土地不得以任何借口转让他人。实行免费"宅地法"不仅对农民有利,而且可以解决工人贫困和失业问题。如果大部分失业工人到西部获得免费宅地,工人失业就会消失,工人工资就会提高。为此提出"为你的宅地而投票吧!"的口号吸引广大工农群众。"宅地法"是解决西部土地问题的最民主的方式,它不仅得到广大农民和工人的支持,也得到迫切希望扩大西部商品市场的工业资产阶级的欢迎。历史上的学者们肯定了它的历史进步意义,"完全承认美国民族改良派运动的历史合理性",它必然促进美国资本主义工业的发展;同时明确指出它不是走向共产主义捷径的局限性。

"青年爱尔兰党"成立

1801 年,英国议会通过爱尔兰合并条例之后,又颁布一系列强制条例,剥夺爱尔兰人民一切政治权利,建立警察制度并派军驻防,以加强对爱尔兰的殖民统治。19 世纪上半叶,爱尔兰民族运动从未停止过。爱尔兰民族在争取英国自愿放弃吞并和使用武力争取独立之间徘徊。1842 年《民族报》诞生,为民族报撰稿和拥护民族报纲领的青年人被称为"青年爱尔兰党"。托马斯·戴维斯(1845 年逝世)、约翰·米契尔、斯密斯·奥勃莱恩等人是这个党的领袖。他们的最低纲领和最高纲领都是"民族独立"。拥护 18 世纪末沃尔夫·唐恩爱尔兰统一党以起义推翻英国殖民统治的原则,崇拜加里波的和科希秋什科的自由民族主义精神。青年爱尔兰党通过《民族报》宣传他们的基本主张。1848 年欧洲革命给他们很大鼓舞,青年爱尔兰党准备领导武装起义。1848 年 8 月 5 日,奥勃莱恩领导提伯雷里郡的巴林加里农民举行起义,并同警察展开搏斗。起义被镇压,奥勃莱恩、米契尔等起义领袖被判死刑,后改判流放澳大利亚。米契尔早已根据叛国法案被逐出境。19 世纪 50 年代末,芬尼亚党人高举民族大旗,继续为争取爱尔兰民族独立进行斗争。

英国宪章运动再次掀起高潮

总结宪章运动第一次高潮失败的教训,1840年7月20日,宪章派在曼彻斯特成立了全国性组织——"全国宪章派协会"。它有中央和地方两级委员会,组织机构比较严密。中央执行委员兼特派员,同地方组织保持联系。协会发展较快,1842年4月有地方组织400个,会员达5万人。协会的建立与发展标志着英国工人阶级的阶级意识的增长。1841~1842年,英国又爆发了经济危机,工厂倒闭,工人失业,工资降低,生活更加恶化,社会更加动荡。宪章运动再次掀起高潮。1842年春,工人纷纷走上街头举行示威,要求工作和面包,许多城市出现饥民骚动。协会地方组织建议召开群众大会,讨论第二次请愿书。4月2日,在伦敦召开了宪章派第二次代表大会,通过了第二次请愿书,比较第一次请愿书,增加了具有鲜明无产阶级性质的经济和政治要求,提出实行减税和政教分离,废除新济贫法和什一税,取消资产阶级对机器和土地的垄断权等。人民群众热烈支援请愿书,签名者达330多万,超过当时英国成年男子人口的半数。5月2日,这个由30人抬着的有9公里长的签名请愿书,在5公里的游行队伍护送下送到英国议会。结果议会以287票对49票否决了第二次请愿书。愤怒的各地工人召开群众大会,要求举行总罢工。宪章派领袖没有提出任何战斗口号,代表大会没有通过任何决议就解散了。但以曼彻斯特为中心的北部工业区各城市的工人群众自发地举行了八月大罢工。在大罢工的推动下,全国宪章派协会在8月13日召开的曼彻斯特的会议上草拟了宣言,表示支持总罢工甚至武装起义。由于内部意见分歧,会议没有提出任何具体措施就闭会了。罢工陷于无领导的分散状态,逐渐被政府镇压。

德国西里西亚织工起义

19世纪30年代,德国开始了工业革命,资本主义工业有了迅速发展,劳资矛盾日益尖锐。西里西亚织工倍受盘剥,处于饥寒交迫的死亡线上。起义前不久,3.6万名织工饿死者竟达0.6万人。织工们自编一首名为《血腥屠杀》的歌曲,控诉资本家"剥掉穷人最后一件衬衣"、残酷"榨尽穷人血汗"的罪行。马克思高度评价这首歌曲的政治意义,认为"这是一个勇敢的战斗呼声。……无产阶级在这支歌中一下子就毫不含糊地、尖锐地、直截了当地、威风凛凛地宣布,它反对私有制社会"。1844年6月4日,织工们唱着这首歌曲从大厂主茨文兹尔门前通过,声讨资本主义私有制对工人的剥削,遭到毒打和逮捕。愤怒的织工捣毁了工厂主的住宅。6月5日,3000工人举行起义,捣毁一些企业,烧毁资本家的账簿和财产契据,并同军队展开肉搏,打退了政府军的进攻。6月6日,普鲁士政府调来大批军队镇压了起义,83名起义者被判重刑,数百名织工被鞭笞和强制劳役。西里西亚起义失败了。马克思对这次起义给予很高评价,说它"一开始就恰好做到了法国和英国工人在起义结束时才做到的事,那就是意识到无产阶级的本质。"

北美印第安战争

美国只有不到 200 年的历史,加上殖民地时期也不过才 380 多年。但是美国却在这短短的时间里从一个殖民地崛起为世界超级大国。其发展的动力就是它的军事活动。美国把其边疆从大西洋沿岸一直向西推进到太平洋沿岸,把北美大陆最富饶的部分囊括在其版图之内。这个向西扩张的过程(又叫"西进运动")实际上就是对土生土长的居民——北美印第安人——进行屠杀和掠夺的历史,也是北美印第安人反抗殖民者英勇斗争的历史。正如美国西进史学家 F·墨克所指出的:北美"印第安人的整个历史,就是和美国的边疆人冲突的纪录"。殖民者与印第安人之间的冲突从 16 世纪中叶起一直持续到 19 世纪 90 年代,整整有 300 多年历史。这场斗争又叫"北美印第安战争",实质上是印第安人反对欧洲殖民者侵略的战争。这场战争对于美国历史具有深远的影响,在美国乃至世界军事史上也占有重要地位。

在欧洲人到来之前,在墨西哥以北的北美大陆上,居住着 300 个部落,大约 250 万印第安人。印第安人虽然创造了辉煌灿烂的古代文明,但是在社会经济方面还相当落后,仍然处在原始氏族公社的末期。由于部族之间为争夺地盘和财富经常发生战争,所以印第安人实行的是军事民主制。在作战中勇猛的人威信最高,被部落成员推选为酋长或首领。酋长和军事首领组成部落议事会,处理部族日常事务,决定战争与和平等重大问题。部族的全体成员都是自由人,均享有平等的个人权利,并不要求任何优越权。在战争时期的首领可经过或不经过选举产生,权力不大,仅在战时有发言权。

为争夺势力范围,印第安人各部落经常展开流血冲突。为适应战争的需要,若干部落联合建立军事同盟。当时北美有好几个印第安军事同盟,以"易落魁同盟"及"阿尔贡金同盟"最强大。同盟一般设立一长制的最高首领和两名具有平等权利和职能的最高军事首领,以便相互制约。

印第安人生性骁勇剽悍,善于骑马射箭,他们以"勇士"为荣。按习俗,每个部落成员都有相互保护、相互援助及复仇雪恨的义务。由于受生产力发展水平的限制,印第安人使用的武器主要是长矛、弓箭、战斗棒等,只是后来欧洲人来到后,印第安人才有了少量的铁制武器和火器。在部落战争中,印第安人发明了"散兵伏击"战术和游击战术,不像欧洲人那样拘泥于排阵列队冲锋,而是善于利用地形地物,灵活机动地作战。印第安人的骑兵集团冲锋尤其令人闻风丧胆。

西方殖民者的到来,给印第安人带来了深重的灾难。起先,印第安人和欧洲移民的关系十分友好和睦。但当移民站稳了脚跟之后,他们中的贵族及有产者便背信弃义,不择手段地侵吞印第安人的土地和财富,甚至使用暴力驱赶印第安人,实行灭绝种族的大屠杀;他们还挑起印第安人各部落之间的冲突,以便从中渔利。当时各殖民地都颁布了法令,对从印第安人头上剥下的带发头皮悬以重赏。1703 年,新英格兰规定每个带发头皮赏 40 英镑,1720 年,每个带发头皮赏金增至 100 英镑。殖民者的侵略暴行使印第安人的家园被毁,土地被占,人口锐减。他们的领地在欧洲殖民者咄咄逼人的攻势面前向西节节退缩。为了保卫自己的家园、土地及种族生存的权利,印第安人义无反顾,拿起武器英勇地反击西方殖民者,展开了长达 300 多年的北美印第安战争。

路易·波拿巴政变

路易·波拿巴政变指的是 1852 年由路易·波拿巴发动的一次政变,这次政变推翻了法兰西第二共和国,建立起第二帝国(1852~1870 年),路易·波拿巴当了皇帝。这次政变的发生,并不是什么突如其来的"晴天霹雳",而是法国 1848 年革命以来激烈的阶级斗争发展的结果,是法国资产阶级反革命的政治上的表现。

法国六月起义的失败和巴黎工人被解除武装,意味着资产阶级反革命的胜利。1848 年 6 月 28 日,确定卡芬雅克为"法兰西共和国行政首脑",资产阶级的反动势力猖獗一时,反革命的矛头不仅针对无产阶级,而且打击自己的盟友小资产阶级和农民。他们在二月革命时所争得的权利全被取消;工人的工作日从 10 小时延长到 12 小时,延期偿付债务的规定被废除,强制征收 45 生丁税。

在六月起义被镇压的一段时间内,形成了资产阶级共和派的独占统治。资产阶级共和派企图通过立法的形式巩固自己的统治。11 月 4 日通过的法兰西第二共和国宪法于12 日隆重公布,宪法把立法权赋予立法议会,议员由普选产生,三年一选;宪法把行政权交给总统,总统也由普选产生,任期四年,握有军政大权。旧的行政机构、法庭、警察、军队原封未动。资产阶级企图建立一个强有力的总统制中央集权,来对付工人运动和民主运动。然而,法兰西共和国是不可能巩固的,资产阶级共和派的统治基础极其薄弱。资产阶级镇压了六月起义,也就击溃了共和国的主要支柱无产阶级;资产阶级共和派由于对农民和小资产阶级加强压榨而很快失去他们的支持;法国最反动的大资产阶级——银行家和大土地所有者希望恢复君主制,确保自己的利益。这样,君主派(正统君主派、奥尔良君主派、拿破仑君主派)的势力抬头了,他们联合起来组成秩序党,进行频繁的活动。

1848 年 12 月 10 日举行共和国的总统选举。主要的候选人有两个,一个是共和派的候选人、血腥将军卡芬雅克,一个是君主派的候选人、拿破仑一世的侄儿路易·波拿巴。路易·波拿巴(1808~1873 年)是一个才能平庸但是野心很大的政客,惯于见风使舵,口蜜腹剑,招摇撞骗。这个冒险家在 1836 年和 1840 年曾经两度试图夺取法国政权,都遭到失败。1844 年,他在狱中写了小册子《论消灭贫穷》,把自己打扮成是劳动人民的"朋友"。在 1848 年竞选中,他别有用心地对小农和小资产阶级做出种种蛊惑性的许诺,而实际上,他同大银行家密切地勾结起来,法国的银行家们慷慨地资助他的党羽。大土地所有者和大资产阶级希望复辟君主制,因而支持波拿巴;城市小资产阶级因不满共和国的税收政策,也支持波拿巴,问题的关键在于农民。法国广大农民不满共和国的政策,他们缅怀法国大革命时期的土地法,并把大革命时期取得的成果和拿破仑一世联系在一起,在农民眼里"拿破仑"的名字就是一个纲领。他们举着旗帜,奏着音乐走向投票箱,高呼"取消捐税,打倒富人,打倒共和国,皇帝万岁!"把选票投给拿破仑一世的侄儿路易·波拿巴。于是这个"伟大伯父的卑小侄儿"就完全出乎资产阶级共和派的意外而当选总统,他在7449471票中得到5344320票,占有压倒的优势,卡芬雅克仅仅得到1443302票。

路易·波拿巴上台后,一方面强化镇压人民的国家机器,大力扩充警察官僚机构。他到处搜罗流氓、骗子、无业游民,成立反动组织"十二月十日社",进行特务活动,任何人民的不满和反抗都遭到残酷的镇压。他把注意力着重放在军权上,用巨款收买军官和士兵,任用亲信为巴黎卫戍司令;另一方面,他尽力加强自己的行政权力。这样一来,这个普选出来的、具有王权一切特征的总统,同拥有无限立法权的不受监督、不可解散、不可分割、同样是普选出来的立法议会之间的冲突加剧了。路易·波拿巴任命君主派组成新政府,并把共和派驱逐出国家机关。

1849年春,法国的民主运动高涨起来。6月13日,数千名小资产阶级组织和平示威游行,反对政府的政策。路易·波拿巴秉承大资产阶级的旨意,出动军队,驱散游行群众,镇压了小资产阶级的反抗。在大资产阶级集团中,越来越强烈希望建立一个君主制的"强力政权",避免新的革命动荡。1851年12月1日夜到2日晨,路易·波拿巴发动政变,七八万军队占领了巴黎所有的主要战略据点,逮捕所有反对他的议员,解散立法议会,并使自己的总统任期延长为十年。巴黎和其他一些地区的反抗和起义,由于零散和没有总的领导,很快被镇压下去。一年以后;即1852年12月2日,路易·波拿巴称帝,号称拿破仑三世,开始了法兰西第二帝国的统治。

路易·波拿巴的政变是一次反革命资产阶级的政变。帝国仍然是资产阶级专政的国家。拿破仑三世的统治代表着资产阶级中最反动、最富有侵略性的阶层,即由银行家、高利贷者和大地主构成的金融贵族以及与宫廷、政府有密切关系的大工业家。以拿破仑三世为代表的一小撮野心勃勃的冒险家,依靠反动军阀和庞大的警察官僚机构进行统治。以拿破仑专政形式出现的这种资产阶级反革命的统治,不但阻碍了法国资产阶级性质的民主改革,而且使法国成为欧洲反动堡垒之一。

法兰克福议会

在维也纳和柏林的人民革命胜利之后,自然就产生了召开全德国民议会的问题。

早在维也纳和柏林三月起义以前,德国西部和南部的资产阶级已开始了争取建立国民代议制的活动。1848年3月5日,普鲁士、巴伐利亚、符腾堡、巴登等邦的等级议会的一些代表在海德堡举行会议,成立了由列米尔、魏克尔等自由派人士组成的7人委员会

（称为"七人团"），负责筹备全德预备议会的召开。维也纳和柏林起义胜利后，3 月 31 日，预备议会在莱茵河畔法兰克福召开。会上，海德堡"七人团"提出的纲领主张在德国建立君主立宪制。共和派代表斯特卢威主张废除君主制，在德国建立美国式的联邦国家。斯特卢威的提议被多数自由派代表否决。预备议会决定建立一个 50 人委员会，它的任务是在全德国民议会召开之前与联邦议会咨商，并促使后者亲自掌握全德国民议会的召开事宜。

全德国民议会的选举于 4 月末 5 月初在各邦举行。1848 年 5 月 18 日，新选出的全德国民议会议员在欢庆的行列中进入美因河畔法兰克福的圣保罗教堂。选出的议员共有 573 名，但许多人没来开会。在议会活动过程中，议员们逐渐形成不同的政治派别，主要有：约 60 名专制主义政体的拥护者构成极右翼；约 150 名共和派构成左翼；在左翼的基础上又出现了"极端民主派"，他们和共和派都属于小资产阶级集团；在左、右翼之间还有一个中间派，这就是拥有 270 人左右的资产阶级自由派，他们拥护君主立宪制度，是法兰克福议会的多数。

人民希望法兰克福全德国民议会能执行全德国最高立法权力机关的职能。但召集这个议会的联邦议会对于它的职权毫无规定，谁也不知道它的决议是具有法律效力，还是需要经过联邦议会或各邦政府的批准。全德国民议会本身也没有要求联邦议会解散，宣布自己为德国人民的唯一合法代表，从而使自己的一切决议具有法律效力，更没有为树立自己的权威而去建立一支足以粉碎各邦政府反抗的武装力量。结果出现这样一种奇怪的现象：全德国民议会决议的法律效力，从来没有被各大邦承认过，而它自身也不坚持。这种现象充分说明了德国资产阶级的妥协性，它对人民运动的恐惧远远超过了对反动势力的害怕。

国民议会辩证统一德国的宪法问题达几个月之久，主张君主立宪制度的议员，在统一德国的问题上分为"大德意志派"和"小德意志派"两个集团。"大德意志派"以联邦议会前主席什麦尔林伯爵为首，主张建立一个由奥地利君主国领导的统一的德国。"小德意志派"的代表、资产阶级自由派亨利希·冯·加格恩被选为法兰克福议会的主席，这证明了它的势力和影响之大。"小德意志派"力图把奥地利排斥在外，建立一个由普鲁士君主国来领导的统一的德国。共和派议员以罗伯特·勃鲁姆为首，希望建立一个像瑞士那样的联邦共和国，甚至不反对个别邦还可保留君主制，这意味着他们事实上放弃了反对分裂，争取统一的斗争。只有"极端民主派"才提出了建立一个统一的、不可分割的、民主的德意志共和国的要求。他们的这个纲领得到了马克思、恩格斯领导的革命无产阶级的支持。但是法兰克福议会的辩论没有取得什么结果，资产阶级自由派使这个议会变成了一个没有什么价值的清谈和辩论的俱乐部。恩格斯讽刺它是一个"老太婆议会"。

关于在根据宪法产生政府以前，成立什么样的临时中央政府的问题，议员们争论异常激烈。右翼主张由各邦政府任命统治者，左翼则坚持由议会选出行政首脑。由于革命形势的发展，德国资产阶级的反革命情绪更加强烈。法兰克福议会做出决议：由议会选举一名对议会不负责的帝国首脑，叫帝国执政。6 月 29 日，议会以 486 票的绝对优势（26

票弃权）选举奥地利的约翰大公为帝国执政，成立了帝国政府，其首脑为联邦议会前主席什麦尔林。由于法兰克福议会放弃建立武装力量，所以它没有实权，因而它所建立的帝国中央政府也得不到各邦政府的重视。

法兰克福国民议会根本没有实现人民渴望已久的统一，连一个邦的君主也没有废除；它没有加强德国各个分散的地区之间的联系，也没有摧毁那隔开各邦的关税壁垒。

奥普丹战争

奥普丹战争，又称"普丹战争""丹麦战争"或荷尔斯泰因—石勒苏益格战争。它是1864年普鲁士和奥地利对丹麦发动的一场战争，是19世纪中叶俾斯麦完成德国统一的三次王朝战争中的第一次。

1848年革命失败后，德意志联邦仍旧是大小邦林立的四分五裂的国家，然而德国资本主义发展的总趋势是无法阻挡的，这期间德意志的资本主义经济迅速地发展起来。从1850年到1870年，德国工业总产值增长1倍多，重工业部门的产量平均每10年翻一番。1850年煤的产量为700万吨，1860年为1700万吨，1870年为3400万吨。铁的产量，1850年是20万吨，1860年为50万吨，到1870年猛增至140万吨。一些大企业也发展迅速，如埃森的克虏伯钢铁厂，1850年只有工人和职员700人，1860年就扩大到2000人，1870年已达1.6万人。在轻纺行业，1849年机器织布机为5018台，到1861年已经增加到1.5万多台。从前德国出产的羊毛大部分出口到英法两国，到1859年国产羊毛仅够本国工业生产需要了。铁路发展更具规模，1860年全德铁路为6040公里，到1870年就发展到19500多公里。国内外贸易也有很大发展，以对外贸易为例，1846~1870年，外贸周转额由11亿马克上升到42亿马克，增加了2.8倍。银行业的发展出现高潮，1853~1857年，普鲁士新开银行的股本总额达6亿马克。一批世界级的大银行纷纷建立起来，如贴现公司，达姆斯塔特银行，中德信贷公司，柏林商业公司，德意志银行等。总之，德国"在20年中带来的成果比以前整整一个世纪还要多"。

这一时期，农业资本主义在德国的发展更是引人注目。1850年3月2日，普鲁士政府颁布了《调整地主和农民关系法》，降低了农民赎免封建义务的赎金额，允许农民通过出让部分土地的办法赎免封建义务。普鲁士政府还设立了土地银行，向农民贷款，这就加快了农民赎免封建义务的进程。1850年到1865年，普鲁士共有64万户农民办理了赎免手续。通过这种"自上而下"的改革，地主从农民手中掠夺了大量的赎金和土地，据统计，仅易北河以东的农民在1815~1865年的50年中，为免除封建义务缴给地主的现金高达10亿马克，土地11.3万摩尔根。这就使容克地主获得了大量的土地和现金，改变土地经营方式，使用雇佣劳动力或采用机器生产，也为向资本主义经济转化创造了条件。另一方面，千百万农民摆脱了封建的依附枷锁，获得了人身自由。

19世纪50年代，由于德国城市发展，工业人口的猛增，同时，英国废除谷物法后进口粮食也在增加，这些都刺激了国内外粮食市场的粮价上涨。在这种情况下，愈来愈多的容克地主把封建庄园经济改造成为资本主义农场，他们雇佣工人，采用机器，使用先进技术，改良土壤，农业生产大幅度提高。有的地主还因地制宜，开办了酒厂、面粉厂、制糖厂等农副产品加工企业，少数富有的容克地主甚至投资于铁路、建筑和证券交易。使许多地主转化为工业资本家，经过五六十年的发展，德国的农业迅速地走上了资本主义道路。

随着德国资本主义经济的发展，国内各邦分裂割据状态成了一种严重的阻碍，德国资产阶级对此尤感切肤之痛。各邦之间关卡林立，货币、度量衡、商业法律都不统一，阻碍了商品的流通，更缺乏集中而强大的国家政权去保护海外贸易。扫除这些障碍、建立德意志民族资本主义国家，已成为德国政治、经济发展的客观需要。因此，德国的统一已经刻不容缓地提到议事日程上来了。

1862 年 9 月 24 日，著名的政治家、外交活动家俾斯麦被任命为普鲁士首相兼外交大臣。他根据国际国内形势清醒地认识到，在统一过程中，德国不仅将面临欧洲列强尤其是法国的反对，而且在德国国内还会遇到奥地利的阻拦。为了实现德国统一大业，他颇有远见和魄力地提出了"铁血政策"。他指出："德意志的未来不在于普鲁士的自由主义，而在于强权，我们不可能通过演说，联合会，多数决议来进一步达到目的——这是 1848 年和 1849 年的重大错误——而且不可避免地将通过一场严重斗争，一场只有通过铁和血才能解决的斗争来达到目的。"这实际上是俾斯麦在统一问题上的施政纲领。他要求普鲁士内部停止对抗，"聚集力量"共同对外，不要再错过国际上出现的得以增强普鲁士力量的"有利时机"。

为了实现在普鲁士领导下统一德国的大业，俾斯麦上台后，便开始从政治、军事、外交等方面进行大刀阔斧的改革，极力推行他的"铁血政策"。1862 年 10 月，俾斯麦宣布议会休会，开始了德国无议会统治的俾斯麦军事独裁时期。他还在不经过议会同意的情况下擅自征税，甚至把国家手中掌握的铁路股票等大量出卖，以便推行军事改革计划。他毫不掩饰地说："武力在谁一边，谁也就不得不使用武力。"在他领导下的德国军事改革的一个重要内容是总参谋部的建设，1857 年，博学多才的赫尔穆斯·冯·毛奇被任命为总参谋长，他通过加强总参谋长实权对所有军事指挥事务均行使管辖权的方法，逐渐把总参谋部改造成一个各部门有机结合的整体。毛奇还担任了国王的最高军事顾问，通过这项措施，总参谋部成了最高军事指挥机构，大大提高了军队的指挥效率。同时，俾斯麦还把普鲁士军队的人数增加了几乎近 1 倍。步兵由 45 个团增加至 81 个团，骑兵由 38 个团增至 48 个团，炮兵由 9 个团增至 18 个团。兵役改为 3 年。军队不仅配有新式武器，而且在总参谋长毛奇的指挥下采用了新战略战术。俾斯麦利用手中这支壮大起来的武装力量，竭力把德意志的民族情绪激发起来。另外，为了压制不同舆论，政府还下令限制新闻出版自由。俾斯麦为了使国内政局安定，与工人运动中的机会主义领袖拉萨尔勾结，并达成协议。拉萨尔保证，他领导下的"全德工人联合会"全力支持俾斯麦的统一计划。与此同时，俾斯麦还积极开展外交活动，使当时的国际环境对普鲁士极为有利。克里木战争以后，俄奥关系恶化。1859 年法国和意大利对奥地利战争以来，法奥矛盾日益加深。

英法在克里木战争以后,在近东也开始发生摩擦。1856年巴黎和约以后,俄国总是站在西方列强的对立面。1863年,波兰爆发了大规模的民族起义,英、法、奥对俄国的波兰政策提出抗议,这给了俾斯麦一个好机会,他以"做戏似的夸张姿态"站在沙俄一边,派兵封锁波兰边境,阻止起义者越入普鲁士境内,还与沙俄签订了《阿尔文斯勒本协定》,同意沙皇俄国在必要的情况下,可以越过边境追捕起义者,以此来换取俄国的支持。由于欧洲列强的勾心斗角,英法俄不能联合行动;奥地利在欧洲已经孤立。俾斯麦利用这一有利时机,对奥地利采取恫吓和利诱相结合的政策,对俄国则尽力使它保持"中立",竭力延缓法国在近期对普鲁士的袭击,尽可能保持同英国的靠拢。正是在这种有利的国际形势下,俾斯麦开始推行统一德国计划。

普奥战争

　　1866年的普奥战争是关系到建立德国民族资本主义国家的霸权究应属于普奥这两个资产阶级君主国中哪一个的问题,是俾斯麦统一德国的关键性一步。从1864年10月至1866年6月,俾斯麦政府从各个方面做了大量准备工作,以解决普鲁士在德意志的霸权问题。

　　1865年底至1866年初,俾斯麦同拿破仑三世举行谈判。他一方面竭力使拿破仑三世感到普奥战争将是持久的,将会使普鲁士蒙受极大消耗;另一方面又迎合拿破仑三世建立新版莱茵同盟和在莱茵河左岸吞并德国领土的扩张野心,含混地暗示法国可以获得比利时、卢森堡以及普鲁士在莱茵河地区的某些领土作为"补偿",希望法国在未来的普奥战争中保持中立。

　　与此同时,俾斯麦在柏林还同意大利果沃内将军就共同进行反奥战争一事谈判。1866年4月8日,双方签署了秘密条约,规定:如果普鲁士在缔约后3个月内对奥地利采取军事行动,意大利有义务反对奥地利;一旦战胜奥地利,就把威尼斯交给意大利。意大利还从普鲁士手中得到1亿2千万法郎的援助。俾斯麦的这一步骤,使奥地利在未来的战争中腹背受敌。

　　俾斯麦竭力利用哈布斯堡王朝内部的困难。他同匈牙利的政治流亡者进行谈判,在匈牙利点燃民族革命烈火。他还考虑煽动捷克人、罗马尼亚人、马扎尔人和塞尔维亚人起义,甚至考虑让加里波第率领一支匈牙利和南斯拉夫人的联军到奥地利占领的达尔马提亚沿海地区作战,以便从内部把奥地利"炸得粉身碎骨"。尽管这些意图难以实现,但确实使奥地利的统治者惊恐不安。

　　在财政方面,俾斯麦得到了埃森的克虏伯和萨尔的施士姆等大工业家的支持。1864年,克虏伯表示,如果普鲁士下院拒绝预算案,他将提供100～200万塔勒武器的长期贷款。1866年春,俾斯麦越过议会,转让给科伦——明登铁路公司1,300万塔勒的股票,俾斯麦由此而得到一笔巨款,解决了财政的困难。此外,俾斯麦未经议会批准,发行了4千万塔勒的钞票,作为保证战争的资金。

在军事方面,以毛奇为首的参谋本部和陆军大臣罗恩为首的军事部门积极制订作战计划,主张军队应做好对奥地利作战的准备。

为了赢得德意志各阶级、阶层的支持,继续瓦解敌对阵线,俾斯麦政府于1866年4月9日向德意志联邦议会提出一项联邦改革的提案。提案要求:在普遍、直接选举的基础上召开全德议会,对德意志联邦进行改革。改革的内容包括:建立铁道、邮政、电报、电话事业的全德管理机关;迁徙自由,营业自由,统一货币与度量衡;在国外保护德国贸易和德国领事;合并全德各邦的军队等等。俾斯麦政府企图以此在王朝和民族之间,资产阶级和无产阶级之间两面讨好,把自己装扮成为全德意志民族利益的保护者,以便先发制人,制止反对普鲁士强权的人民运动;进一步挫败奥地利的力图恢复皇帝尊严的联邦改革计划,赢得人民对他准备的反奥战争的支持。但是,德意志联邦议会对这个提案没有做出任何答复。

寻找战争的借口是没有困难的。早在1865年的最后两个月,普鲁士政府就一直想在什列斯维希——霍尔施坦问题上激怒奥地利首先行动。1866年1月23日,奥地利驻霍尔施坦总督路德维希·冯·加布伦茨将军批准在霍尔施坦的中心阿尔托纳举行一次支持奥古斯滕堡大公的群众集会。3天后,俾斯麦向维也纳提出抗议。奥地利首相孟斯多夫的回答是:只有奥地利才有管辖霍尔施坦的权利。

2月28日,普王威廉在柏林召开御前会议,宣布攻击奥地利的政策,表示吞并两公国是整个普鲁士的愿望。由于普奥在两公国问题上不能达成一致意见,6月1日,奥地利驻法兰克福代表宣布,两公国的前途应由联邦议会决定。俾斯麦攻击奥地利破坏了1864年1月普奥缔结的共同行动计划。6月7日,俾斯麦令曼托伊费尔将军从什列斯维希越过艾德河向霍尔施坦进军,加布伦茨将军不战而退。

6月10日,普鲁士公布《联邦改革纲要》,要求把奥地利开除出德意志联邦。次日,奥地利公使呼吁德意志各邦实行动员,反对普鲁士。6月14日,联邦议会以9比6票通过反对普鲁士的方案。俾斯麦立即授权普鲁士公使声明:联邦议会无权以这种方式对待它的成员,并坚决要求解散联邦议会。次日,普鲁士向萨克森、汉诺威国王以及黑森——加塞尔选帝侯提出最后通牒,要求接受普鲁士提出的《联邦改革纲要》,并且允许普军自由通过他们的国土。3个君主拒绝。6月17日,奥地利发布宣战书。6月18日,普鲁士对奥宣战。普奥战争爆发。

站在奥地利一边的有:萨克森、汉诺威、巴伐利亚、巴登、符腾堡、黑森——加塞尔选帝侯国、黑森——达姆施塔德以及德意志联邦的其他成员国。站在普鲁士一边的有:梅克伦堡、奥尔登堡和其他北德意志各邦。另外还有3个自由市:汉堡、不来梅、吕贝克。

普奥战争有3个战场。奥地利被分割成南北两线作战。

南线意大利战场。战事一开始就对奥地利有利。6月24日,意大利国王维克多——厄曼努尔统率的人数众多、装备精良的意军在库斯托查同阿尔布雷希特率领的奥地利军队发生一场会战。意军四处逃散,俾斯麦对自己的盟军如此缺乏战斗力十分恼火,它使俾斯麦想把奥军分割成南北两线作战的计划化为泡影。但是,奥军由于北战场进展不利,被迫放弃威尼斯,大部分兵力向多瑙河开拔。

德意志战场是普鲁士军队对奥地利集团成员国作战。6月16日,普军攻入汉诺威,黑森——加塞尔及萨克森。萨克森军队被迫撤到摩拉维亚,与奥地利军队会合。6月27日,冯·法尔肯施泰因将军率领的5万普军在朗根萨尔察打败汉诺威军队,围困汉诺威王奥格尔格。6月29日,汉诺威投降。7月,当法尔肯施泰因军队准备占领法兰克福,进攻巴登、符腾堡时,波希米亚战场告急。

北战场,即波希米亚战场,是普奥战争的主战场。战线长达260英里。毛奇计划在外线作战,军队在战地集结。他的原则是"分兵推进,联合打击"。为了迅速集结部队,毛奇通过5条铁路线调动军队,并由柏林大本营用电报统一指挥。6月22~23日,由弗里德里希——卡尔亲王率领的第一军团和赫尔瓦特·冯·毕腾菲尔德将军率领的易北河军团由埃尔兹山和黑森山的隘口开入波希米亚。王太子弗里德里希——威廉率领的第二军团从西里西亚翻山越岭进入波希米亚谷地。开头几天的战斗,普军旗开得胜。只有在6月28日这一天,普军略为失利。卡尔亲王的部队在占领吉钦后,被奥地利埃德尔斯海姆将军的骑兵队赶出。王太子军团的第一军被加布伦茨将军的部队阻止在特劳特瑙附近。次日,卡尔亲王的军队夺回吉钦;王太子军团则彻底击溃奥地利的3个军。奥地利北战区总司令贝奈德克将军因遭重创,建议弗兰茨·约瑟夫皇帝言和。奥皇则期待一次决战。

1866年7月3日,以奥地利和萨克森的军队为一方,以普鲁士军队为另一方,在离捷克的柯尼希格莱茨附近的萨多瓦村进行决战。奥军23.8万人,普军29.1万人,这是欧洲历史上前所未有的大决战。上午8时,卡尔亲王率领的第一军团向奥地利阵地发起攻击,奥军顶住了卡尔亲王第一军团的进攻。中午,王太子率领的第二军团赶来增援,从侧翼包抄,经过激战。奥军大败。死伤计2.4万多人,被俘1.3万人。由于奥骑兵队奋勇作战,以及卡尔亲王的部队错过时机,使奥军得以渡过易北河,向奥尔缪茨退却。渡河时,奥军淹死甚众,损失惨重,最后艰难地把部队转移到多瑙河一线。

尽管在南方意大利战场上得胜的奥军赶来增援,但萨多瓦战役的败局已定。战争表明,经过改革以后的普军在军事上取得明显的优势。普军使用的是后膛枪,即撞针发射枪,3/5的陆战炮兵都装备有来复线的大炮。而奥军使用的却仍然是老式的前膛枪、前膛炮。普军经过改革以后,清除了军队中年长的或不称职的指挥官,代之以年轻、能干的指挥员。赫尔穆特·毛奇参谋总长指挥英勇、果敢,起了很大作用。普军士气高涨,他们认为,这是为德意志的统一而战。此外,普军通过铁路快速调动,用电报统一指挥,都保证了军事上的胜利。

7月5日,拿破仑三世经奥地利皇帝弗兰茨·约瑟夫的请求,提议调停。此时,为胜利冲昏头脑的普王威廉及其将领们要求继续作战,彻底击溃奥地利,占领维也纳。俾斯麦担心拖延战争将会导致法国的干涉,以及在被击溃的奥地利境内发生革命,从而使普鲁士统一德国的计划毁于一旦。他认为不应该过分伤害奥地利的民族感情,以便在未来的对法战争中争得奥地利的中立，因此，他力排众议，主张立即缔约，甚至以辞职相要挟。最后普王威廉一世让步。7月23日，普奥双方代表在尼科尔斯堡谈判。26日，签订《尼科尔斯堡预备和约》。8月23日，正式签订《布拉格和约》，规定：德意志联邦议会解散，普鲁士有权建立以它为首的北德意志联邦；奥地利把威尼斯割给意大利；奥地利偿付一笔不大的赔款；奥地利把它对什列斯维希——霍尔施坦的管理权让给普鲁士。

9月20日，普鲁士吞并了汉诺威王国、黑森——加塞尔选帝侯国、拿骚大公国、法兰克福自由市、什列斯维希——霍尔施坦两公国以及巴伐利亚、黑森——达姆施塔德的部分领土，东西普鲁士连成一片。1867年，成立以普鲁士为首的北德意志联邦，由美因河以北的19个德意志邦和3个自由市组成。同年4月17日，由北德意志联邦制宪议会通过北德意志联邦宪法。7月1日，正式生效。宪法规定：普王威廉一世为北德意志联邦元首、武装力量最高统帅，俾斯麦任联邦首相，联邦设两院制议会。下院由普遍、直接、秘密的选举选出；联邦议会由各邦任命的代表组成，共有43名代表，其中普鲁士的代表占17人。下院立法权受到限制，法律要经联邦议会通过、国王批准才能生效。南德各邦——巴伐利亚、巴登、符腾堡、墨森——达姆施塔德与德意志联邦缔结关税、贸易协定，武装力量由普鲁士参谋本部监督。

由于北德意联邦的建立，联邦内部货币、度量衡得到统一，对外政策和对外贸易由联邦政府统一确定，先前的交通限制和阻塞商品流通的障碍一扫而光。这时，在经济上得到明显好处的德国资产阶级径直拜倒在给它带来良辰美景的"铁血宰相"脚下。进步党内部分裂，其中一部分人另组成民族自由党，支持俾斯麦的外交政策和统一德国的方针。"宪法纠纷"烟消云散。1867年，奥地利统治者与匈牙利自由主义贵族联盟建立了奥匈二元帝国。

普法战争与德意志帝国的建立

北德意志联邦的建立为全德国的统一奠定了基础。但是，由于拿破仑三世的阻挠，南德四邦依然置身于联邦之外。为了实现德国的统一，俾斯麦的最后一步，必然要与法国决一雌雄。

法国战败后，1870年底，南德各邦声明加入北德意志联邦。11月15日起，德意志各邦的联盟定名为德意志联邦。12月9日，根据联邦国会的决定，改名为德意志帝国。1871年1月18日，在凡尔赛镜宫宣告德意志帝国正式建立。普王威廉一世成了德意志帝国的皇帝，俾斯麦任帝国宰相。1871年4月16日，帝国国会通过帝国宪法，5月4日，正式公布。根据宪法，德意志帝国由22个自由的君主国、3个自由市和1个帝国直辖市（阿尔萨斯——洛林）组成。德意志帝国的建立，标志德意志的统一最后完成。

俾斯麦和他的"铁血政策"

"当代的重大问题不是用说空话和多数派决议所能解决的,而必须用铁和血来解决。德国所指望的不是普鲁士的自由主义,而是它的武力。"这是奥托·冯·俾斯麦于1862年出任普鲁士宰相兼外交大臣时,在议会发表的首次演说中的一段话。

俾斯麦是普鲁士——德国容克贵族和大资产阶级著名的政治家和外交家,无产阶级革命运动的死敌。他生于1815年普鲁士的一个大容克贵族家庭。1835年柏林大学毕业以后,回到家乡管理着自己的两处领地。40年代末期,他在政治上属于顽固的保守派,"保皇"成为他不可动摇的信念。当1848年欧洲革命烽火连天,革命波及柏林、国王权威受到威胁的时候,他毫不迟疑,开始在自己的领地上组织军队,准备开赴柏林镇压革命,"勤王救驾",以解国王之危。他的狂热的容克立场赢得了国王的赏识和钦佩。50年代,在将近十年的时间里,他一直担任普鲁士王国驻德意志联邦代表会的代表,在政治上开始飞黄腾达,1859年出任驻俄大使,1861年改驻法国。1862年,他开始爬上普鲁士宰相兼外交大臣的高位。自此之后,一直把持普鲁士——德国政权长达30年之久。

俾斯麦在政治上发迹的五六十年代,正是德国资本主义经济迅速发展,工业革命阔步前进的历史时期。这时候,重工业部门的产量平均每十年就增长一倍多。以煤炭生产为例,1850年为700万吨,1860年为1700万吨,而1870年又翻了一倍。猛增到3400万吨。生铁产量也是这样,1850年为200万吨,1860年为500万吨,1870年一下子就上升到1400万吨。钢产量更在二十年间,猛增将近30倍,由原来1850年的5900吨,激增到1870年的17万吨,随着而来的是职工人数的增长。克虏伯工厂1860年有职工两千人,1870年则已经达到1.6万人。工业的发展,要求交通运输业必须迅速赶上来。1850年,德国仅有铁路6000公里,而1870年则已增加到18800多公里。重工业的发展,使德国迅速克服了落后状态,并挤进了资本主义国家的先进行列。到1870年,德国在世界工业总产量中的比重,已经达到13.2%,超过法国,居于世界第三位。

资本主义生产关系也在农业中逐步取得了胜利。有越来越多的容克地主,采用资本主义方式经营农庄,生产商品粮食和大量经济作物。总之,60年代的德国已经从一个落后的农业国,开始转变成为一个初具规模的现代工业国家。

然而,19世纪中期的德国,在政治上却仍然处于分裂的状态之下。我们知道,根据1815年维也纳会议的决议,德意志的三十四个独立君主国和汉堡、律贝克、不来梅、法兰克福四个自由市,共同组成德意志联邦。这个组织,既没有中央政权,又没有统一武装,内政、外交和军事,各自为政。实际上,"德意志联邦"充其量不过是个邦联!在这个联邦中,普鲁士和奥地利是两个主宰一切的大国,其他若干小国,则是一群听命于他们的仆从。

资本主义经济的发展给德国带来了两方面的后果:一个是使德国国内的阶级力量对

比发生了急剧变化,资产阶级的经济实力强大起来,无产阶级人数激增,队伍进一步壮大,就连容克地主阶级,也由于受到资本主义影响的不同,政治、经济利益日趋分化。另一个是德国政治上的小邦分裂状态,越来越成为资本主义经济发展的不可容忍的、不可逾越的障碍,经济发展仿佛是一种强制力,它强制德国非结束分裂不可,非实现统一不行,这已经成为一种历史趋势,任何力量都将无法阻挡。因而,到50年代末,德国的统一问题,再次提上了历史日程。

那么,德国应该怎样统一、采取什么形式、走一条什么样的道路呢?当时,德国社会的各个阶级、各个阶层,从各自的利益出发,都在寻求着自己的统一道路,提出了各自不同的统一主张和见解。在容克地主阶级中,易北河以东的一派,代表着保守的落后势力,反对统一;而那些已经资本主义化了的容克,则关心统一事业,支持本阶级的统一活动。德国资产阶级虽然公开鼓吹统一,但由于它色厉内荏,因而反对以革命方式统一德国,支持贵族地主的统一主张。它们内部分成两派:一派主张由普鲁士领导,排斥奥地利,建立统一的君主国,叫小德意志派;另一派主张并支持由奥地利领导,建立一个包括全德各邦在内的联邦制国家,它们被称为大德意志派。无产阶级和劳动群众的利益,则要求德国通过革命,推翻各邦的专制王朝,建立民主共和国。归根结底,当时德国存在着两种解决民族统一任务的可能性,也就是两条统一国家的道路:一条是由无产阶级领导、自下而上的、通过革命道路统一德国;另一条是由普鲁士或奥地利领导,通过自上而下的王朝战争道路统一德国。1862年,俾斯麦就是面临着这样两种历史抉择,而走向他的宰相官邸的。

俾斯麦上台以后,把统一德国当作自己的政治任务。他认为,武力是一切历史活动的后盾和保证,他公开扬言:"冲突在所难免,在冲突中最有力量的方面,一定胜利"。他担任宰相以后,不顾什么流言蜚语,以及资产阶级的反对和指责,忠心耿耿地保护着容克地主的阶级利益,决意推行他的"铁血政策"。所谓"铁血政策",其实不是什么新鲜玩艺,它不过是战争的同义语,枪炮、子弹、杀人流血、强权暴力的代名词。俾斯麦坚信,统一德国只有依靠"铁和血",不能期望"清谈"和"决议"。用"铁和血"来统一德国,也就成为俾斯麦的重要纲领和信条了。俾斯麦的"铁血政策",实质上是针对欧洲列强和奥地利的一种强硬政策。由于俾斯麦鼓吹武力解决问题,所以在历史上人们叫他"铁血宰相"。

19世纪60年代,德国统一的条件日益成熟,俾斯麦凭借自己手中的武装和暴力,大胆而狡猾地利用国际纠纷走上了王朝战争的道路,开始对德国进行"自上而下"的统一了。

俾斯麦统一德国是通过三次对外战争来完成的,是真正建立在"铁和血"的基础上的。1864年初,他首先挑起对丹麦的战争。战争的借口是,在丹麦与易北河之间,有丹麦国王领有的两个公国,一个是施勒斯维希,一个是霍尔斯坦。霍尔斯坦居民,基本上是日耳曼人,1815年曾经加入德意志联邦。施勒斯维希南部是日耳曼人,北部是丹麦人。丹麦民族主义者企图吞并两公国,于是引起德国民族主义者的抗议。俾斯麦借助这个事端,开始发动了对丹麦的战争。他为了解决自己的后顾之忧,也把奥地利拉进了战争旋涡,结果,普、奥联军迅速打败丹麦主力。10月,交战双方签订了《维也纳和约》,丹麦被

德意志帝国成立

迫放弃两公国,由普鲁士占领施勒斯维希,霍尔斯坦为奥地利所攫取。俾斯麦在统一德国的道路上,迈出了胜利的第一步。

　　俾斯麦统一德国的第二步,是发动对奥地利的战争。这次普、奥之战,也叫"七星期战争",是普、奥两国为争夺德意志领导权而进行的一场武装冲突。对丹麦战争结束以后,普奥两国之间的矛盾迅速激化。俾斯麦认为,"如果奥国不在战场上遭受失败,它不会允许普鲁士成为统一德意志的主宰"。为了准备对奥战争,俾斯麦首先拉拢意大利,与之签订同盟条约,而后又用甜言蜜语和诡诈伎俩稳住俄国和法国,取得他们不干涉德意志内部事务的保证。当他完成了这一切准备之后,开始对奥一再挑衅,要求奥国吐出霍尔斯坦,交给普鲁士管辖。1866 年 6 月,普鲁士悍然出兵霍尔斯坦,普奥战争爆发。7月,在现在捷克斯洛伐克境内的萨多瓦村附近,两军决战,奥军惨败,普军逼近维也纳,奥方被迫请求法国调解。8月,双方签订《布拉格和约》,规定奥地利退出德意志联邦,承认普鲁士在莱茵河以北建立北德联邦,霍尔斯坦等地划归普鲁士管辖。奥地利从德意志联邦中终于被排挤出来了。俾斯麦在统一的道路上又前进了一步。

　　俾斯麦统一德国的第三步,是普法战争。北德联邦建立以后,南德的巴伐利亚、符腾堡、巴登和黑森四邦,还留在联邦之外,法国皇帝拿破仑三世把自己打扮成南德诸邦的保护人。他这样做,倒不是因为要主持什么正义,而是出自对法国利益的考虑。他想通过胜利的战争,来转移国内人们的视线,以保住自己摇摇欲坠的皇位。在俾斯麦的挑动下,1870 年 9 月,法国向普鲁士宣战,普法战争爆发了。拿破仑三世狂妄地吹牛皮说:这场战争不过是一次"到柏林的军事散步"！9 月 2 日,色当一仗,拿破仑三世被俘,德军直捣巴黎。反法战争的胜利,扫除了统一南德的障碍,德国统一事业的完成指日可待了。1871年 1 月 18 日,在法国凡尔赛宫成立了德意志帝国,宣告了德国的统一。

德意志的统一,是历史上的一个进步。它结束了德国长期分裂的局面,推动了资本主义经济的发展。俾斯麦统一德国的历史活动,虽然顺应了历史要求,应予肯定,但是他在这些活动中,充其量也只是一个不自觉的历史遗嘱的执行人。

维也纳十月革命

八月流血事件进一步影响了革命力量的团结,奥地利的大资产阶级更加靠拢贵族。不久,国民自卫军分裂成两部分,一部分是维护贵族和大资产阶级利益的"黑黄队",另一部分是维护小资产阶级民主派利益的国民自卫军。

在议会中,小资产阶级民主派与大资产阶级、贵族的斗争,主要反映在叶拉契奇入侵匈牙利的问题上。匈牙利经过三月革命组成了一个独立政府,在政府中起主要作用的科苏特是匈牙利新兴资产阶级的代表。他一方面维护匈牙利在奥地利帝国内的自治,另一方面却不承认自己境内斯拉夫人的平等地位。4月间,克罗地亚居民要求脱离匈牙利而独立,被匈牙利政府拒绝。克罗地亚人叶拉契奇男爵被奥地利政府任命为克罗地亚总督,他宣称脱离布达佩斯,并奉奥地利皇帝之命,带领塞尔维亚——克罗地亚军队去进攻革命的匈牙利。从9月11日起,匈牙利同克罗地亚处于战争状态。在奥地利帝国议会上,民主派反对叶拉契奇对匈牙利的入侵,但由贵族、大资产阶级操纵的议会却支持他对匈牙利的入侵。9月底,叶拉契奇军被匈牙利军击溃,退向奥地利边境,希望从奥地利得到增援部队。10月3日,奥皇发布敕令,宣布解散匈牙利议会,任命叶拉契奇为皇帝在匈牙利的全权代表。奥地利国防部开始组织力量,准备给叶拉契奇派出援军。

维也纳人民为反对奥皇入侵匈牙利,支援匈牙利革命,立即掀起暴动。10月6日晨,工人、大学生和部分国民自卫军包围了车站,以阻止支援叶拉契奇的掷弹兵出发。政府军奉命向赤手空拳的群众射击,但人民群众顽强战斗,夺取了大炮,对准政府军射击。经过两个小时的战斗,下令开火的指挥官被击毙,政府军溃败。在市中心的斯蒂芬广场也发生了战斗。国民自卫军的黑黄队企图阻截革命群众夺取斯蒂芬教堂,以防他们利用敲响钟声号召总起义,但是群众击退了黑黄队,夺得了教堂。6日下午,斗争结局已定,维也纳又一次掌握在人民手中。命令开战的国防大臣拉多尔被愤怒的群众拖到大街上,吊死在国防部大厦前的路灯杆上。起义人民肃清了城市中的政府军。

为了巩固胜利,起义人民决心夺取武器库,武装自己。6日整个晚上,进行了争夺武器库的激烈战斗。在久攻不下的情况下,起义者使用了4门大炮,经过3个小时的炮击,武器库被打开了缺口,政府守卫部队被迫投降。10月7日晨,人民掌握了武器库,获得了5万支步枪、大量弹药和其他武器。

10月6日起义的胜利,使小资产阶级民主派掌握了维也纳的政权。10月7日,斐迪南一世再次逃离维也纳,到了摩拉维亚的奥尔木茨。政府大臣和宫廷显要也先后到达那里,调集反革命力量准备反扑。

奥皇命令叶拉契奇留下部分军队阻击匈牙利军队,而将其大部队向维也纳集中。镇压布拉格六月起义的刽子手文迪施格雷茨的军队也向维也纳集中。奥埃什贝格率领的国民自卫军黑黄队迅速撤离维也纳市区。这3方面的军队共约7万人,占领了维也纳郊区的战略要地,形成对维也纳的包围圈。

在反革命力量集结的同时,维也纳的工人、手工业者、大学生和小资产阶级民主派也积极组织革命力量,构筑防御工事,保卫革命。积极参加维也纳保卫战的有大学生军团战士、国民自卫军和主要由工人、帮工组成的营队。武装力量的总司令是奥地利民主主义者、国民自卫军军官、诗人梅森豪塞尔,副司令是波兰革命家贝姆。组织外省农民建立自卫军的建议被议会否决,外省对维也纳的支援极其有限。匈牙利对维也纳的支援则为时太迟,援军于10月28日才来,有利时机已经丧失。

10月22日,文迪施格雷茨发出最后通牒:维也纳必须在48小时内投降,解散一切民主组织,交出民主派的活动家及处死国防大臣拉多尔的"罪犯"。没有等到维也纳答复,文迪施格雷茨军于23日午后便开始炮击。维也纳的防御战,在波兰军官贝姆的指挥下,组织得很好。在23日和24日的战斗中,文迪施格雷茨军队未能前进一步。25日炮击更加猛烈,后半夜,政府军占领了第一道防线的某些阵地。26日,维也纳的捍卫者多次转入反攻,几乎把敌军从各占领据点打退。27日,文迪施格雷茨为了重新部署军队和调来新式大炮,军事行动停止了一天。28日,又开始了新的进攻。

维也纳的情况越来越严重,大火到处燃烧着;水源、面包、牛奶和其他食物缺乏;有一些防线已被政府军突破。但是革命人民坚守着战斗岗位,同装备优良、数倍于己的政府军决一死战。28日下午2时,政府军向星星街垒发起进攻。这里集中了起义军的主力。星星街垒是维也纳人民用石头砌成的宏大街垒,周围有极深的堑壕,堡垒上筑有6个炮眼,可以向四面八方射击。在它旁边还有一系列防御工事,造成对政府军的严重威胁。星星街垒的战斗进行得十分激烈,政府军用大炮轰击,随后有3倍于街垒保卫者的士兵发起冲锋。街垒保卫者沉着应战,英勇还击,终因寡不敌众,街垒失守。接着整个利奥波德区也被占领。

28日晚,起义领导人会议决定,派遣代表团与文迪施格雷茨谈判投降条件。这一决定是违背绝大多数战士意志的。29日的谈判没有达成协议。文迪施格雷茨只答应对军队加以约束,但要求无条件投降。30日,又派出了投降代表团,在文迪施格雷茨营中签署了让城文件。

11月1日,革命的维也纳陷落,标志着1848年奥地利革命的失败。

1848年奥地利革命失败的基本原因在于资产阶级自由派的背叛。哈布斯堡帝国境内各地区之间的阶级、民族矛盾被奥地利反革命势力利用,也是革命失败的原因之一。

维也纳十月起义失败后,除农民从革命中得到点利益外,奥地利三月革命的成果均被取消。贵族地主和资产阶级代表组成了新政府。对皇帝忠心耿耿的帝国议会被迁到摩拉维亚的偏僻小城克洛麦尔日,这时,它完全成了帝国政府的忠实奴仆。12月2日,皇帝斐迪南一世退位,他的年仅18岁的侄子弗兰西斯·约瑟夫一世(1848~1916年)即位。

新皇帝对维也纳人民不曾承担过任何诺言,因此可以肆无忌惮地在奥地利恢复旧秩序。

1849年3月4日,新政府颁布了新宪法的基本原则:奥地利帝国为中央集权制的国家;议会为两院制;皇帝对议会决议有否决权等等。3月7日,奥地利帝国议会被解散。封建专制制度在奥地利全面复辟,七零八落的多民族国家得以苟延残喘。伦巴底、威尼斯、匈牙利和捷克又作为奥地利的王家领地被置于哈布斯堡王朝的统治之下。从匈牙利分离出来的克罗地亚、特兰西瓦尼亚和塞尔维亚的伏伊伏丁那也变成了奥地利的王家领地,而受奥地利直接统治。

哈布斯堡王朝

19世纪上半叶,匈牙利是奥地利的一个附属国。根据1723年波若尼国会通过的皇位继承法,匈牙利王国成了哈布斯堡王朝"不可分割、不可分离的组成部分"。奥地利皇帝兼任匈牙利国王,匈牙利的国防、财政、外交大权均由维也纳宫廷掌管。不经匈牙利等级议会同意,维也纳宫廷可以对外宣战或缔结和约。匈牙利成立总督公署,由奥皇指派总督管理匈牙利的行政事务。匈牙利没有自己的军队,德语代替拉丁语成为官方语言。强迫居民信奉天主教,非天主教徒不得担任公职。言论、出版、结社自由均被禁止。匈牙利人民只能仰承维也纳宫廷的鼻息苟活。

奥地利从自身的利益出发,实行重商主义的经济政策。根据王朝内部的经济分工,匈牙利只能发展农业和畜牧业。充当奥——捷工业发展中的原料供应地和推销产品的市场。匈牙利民族工商业的发展遭到遏制,落后的行会工业和家庭手工业占绝对优势。1846年,从事工业的334000人中,个体工人达23.3万人,占70%,而且大部分是农业和畜牧业加工。这些少得可怜的工业还得依附奥地利,其产品的87%要运往奥地利。奥地利过剩的奢侈品、纺织品、调料等大量推销给匈牙利,占进口商品总额的85%。

匈牙利是一个封建农奴制的国家。1842年,全国1200万人口中有4/5直接或间接从事农业生产。赤贫如洗的农奴有300万,只有少量土地、房屋的小农和雇农400万,加在一起就是700万。土地分配极为不均,全国128万户小农,只占有可耕地的5.5%,而占有一千霍尔特以上土地的大约44户大地主,却占有31.18%的土地。农奴被束缚在狭小的土地上,没有人身自由,没有迁徙自由,每年必须向地主缴纳6~8成的地租,另外还有什一税、贡礼以及繁重的劳役。匈牙利是当时欧洲仍然保持农奴制的国家之一。

匈牙利又是个多民族的国家。据1842年的统计资料:匈牙利王国(包括匈牙利本土、特兰西瓦尼亚和克罗地亚)共1200万居民,以马札尔族为主体,有500万,占总人口的42%,其余为罗马尼亚人200多万,捷克人150万,德意志和塞尔维亚人100多万,克罗地亚人100万等。随着匈牙利民族的觉醒,少数民族也开始觉醒起来。他们要求承认民族权利,诸如区域自治,使用本民族语言,发展民族文化等。但匈牙利的统治阶级却坚持"一个政治民族"的观点,对于各少数民族正当的、合理的要求统统予以拒绝。对此不满的少数民族便把维也纳看成是"自由的保护神"。维也纳宫廷也正是利用这点,加深民族隔阂,以达到扼杀匈牙利革命的目的。

哈布斯堡王朝的统治严重地阻碍了匈牙利社会的进步,但是随着国际资本主义的发展以及奥地利资本主义势力的渗透,到30至40年代,匈牙利的资本主义还是有了较快的发展。封建制生产方式明显表现出崩溃状态。在大地产中开始使用机器和良种,雇佣劳力越来越多。工业中已有若干钢铁、纺织工业企业,有了第一批蒸汽碾磨厂、酿酒厂、制糖厂和几个农业机器制造厂、丝织厂等。1846年修建了第一条铁路,建成了拥有1千名工人的老布达造船厂。商业资本也逐渐繁荣,从1828到1846年,经商人数由9000增加到2.1万人左右,对外贸易额增加了两倍。这时,消灭封建农奴制度,发展资本主义已成为全国各个阶层人民的共同要求。

30年代争取改革运动的先驱者是出身大贵族的塞切尼·伊斯特万伯爵(1791~1860年)。他当过军官,退伍后曾周游欧、亚各国,能说多种语言,深受西方启蒙思想家的熏陶。1830年出版的《信贷》一书概括了他审慎、温和的社会改良方案。他主张扩大国内市场,利用廉价的信贷发展生产,以建立资本主义现代化的农业,购买机器和种畜,建筑桥梁和公路;主张以雇佣劳动取代农奴劳役制,因为"靠棍棒和鞭子打不出一个繁荣的国家"。他还提出要推广教育,促进人才培养。人们赞誉《信贷》一书是19世纪匈牙利第一部资本主义改造的纲领。他身体力行,捐款6万福林,创建匈牙利科学院,主持创办交通银行,筹资疏通多瑙河航运,修建了连接布达和佩斯的第一座桥梁——链子桥等。但他始终对哈布斯堡王朝抱有幻想。他认为,身处日耳曼和斯拉夫两大民族之间的匈牙利难于作为独立的国家存在,只有在哈布斯堡帝国的范围中匈牙利才有前途。

同塞切尼相比,出身小贵族的科苏特·劳约什(1802~1894年)的政治主张要激进得多,他后来成为匈牙利1848~1849年革命的领袖。恩格斯曾高度赞扬说,在匈牙利民族中,"他(指科苏特·劳约什——笔者注)体现了丹东和卡诺的形象"。科苏特早年就学于萨洛什保陶克大学法律系,青年时代深受法国大革命思想的影响。1824~1832年,他在自己家乡担任地方法官,1832年当选为波若尼等级议会的代表。科苏特改革纲领的中心是经济和政治上的独立,而要达到这一目的,首先就要发展工业。他说过,"没有工业的民族就像是一个单臂巨人"。他主张在给地主赔偿损失的条件下解放农奴,要求贵族和农民共同负担捐税,以及进行民主选举等。他的这些主张大都刊登在1841年由他创办的《佩斯消息报》上。

科苏特在议会里主张匈牙利在政治和经济上要摆脱对奥地利的依附。尽管他还未意识到要彻底脱离哈布斯堡王朝而独立,但仍受到塞切尼的指责。塞切尼谴责科苏特把匈牙利置于哈布斯堡的对立面,无异于"把匈牙利推向坟墓"。按照塞切尼的意见,必须同维也纳朝廷"手挽着手"进行内部改良。这场争论引起朝野政界人士极大的关注,议会反对派中几乎所有的重要人物都站在科苏特一边。塞切尼越来越孤立,大失民心。

40年代中期,维也纳宫廷试图采取人事更换的办法来维持对匈牙利的控制。首先,下令撤换当时影响极大的《佩斯消息报》的主编科苏特;更换匈牙利总理,遴选忠于维也纳的年轻贵族上任;派出行政官员到各州去加强控制。1846年底,在匈牙利政府内部正式成立了旨在保持与奥地利步调一致、维护旧制度的"保守党"。

与此同时,以科苏特为首的反对派也在积极组织自己的力量。他四处奔走,热忱地团结持有不同观点的反对派人士,于1847年组成了包括鲍詹尼·劳约什在内的"反对党"。科苏特起草的《反对党声明》中,明确宣告要求解放农奴,实行普遍课税,实行人民代议制,在法律面前人人平等。科苏特的政见赢得广大民众的支持。1847年议会选举中,他当选为佩斯州的代表。反对党内部成分十分复杂,在对改革的速度和方法上存在着分歧,但总的说来,在维护民族独立这一点上是一致的。

在匈牙利议会以外,还拥有一批资产阶级革命民主派的知名人士。裴多菲·山多尔是他们的杰出代表。他们支持反对党,但又不止一次地对其进行严厉的批评,因为他们"不愿意对祖国只是修修补补,而是要使它全身换上新装"。

裴多菲·山多尔(1823~1849年),出身屠夫家庭,当过兵,做过流浪艺人,了解下层人民的疾苦。他用诗当武器参加战斗,鼓舞人们为民族独立和自由而斗争,最后光荣捐躯疆场。1847年,在佩斯成立了以裴多菲为首的"青年匈牙利小组",其成员大部分是出身低微的年轻作家、记者和大学生。这个小组的纲领是争取匈牙利的完全独立,确立民主制度和实行彻底的土地改革。他们经常在比尔瓦克斯咖啡馆召开圆桌会议,制定决策。青年们还经常到郊区去给农民和工人做报告,唤起他们的觉悟。劳动大众尽管还不理解他们的举动,仍把他们看作朋友。

除了资产阶级革命民主派以外,还有第一个代表农民说话的政治家坦契奇·米哈伊(1799~1884年)。他出身农奴,年轻时当过雇工和纺织工人,因不堪忍受非人的生活而出走。他徒步走遍几乎整个欧洲,参加过法国和英国的工人运动,会见过恩格斯,对欧洲的革命思想在匈牙利的传播起过积极的作用。1847年2月,坦契奇在佩斯组织了第一个工人阶级的工会,领导过工人罢工。在他最著名的作品《人民之书》《人民之声就是上帝之声》中,坚决要求实行不付任何赎金的农奴解放,要求"耕者有其田"。

一个是来自上面议会内部的自由贵族反对党,一个是来自下面与劳苦大众休戚相关的激进派,这两股力量互相配合,上下呼应,形成了匈牙利1848年资产阶级民主革命的巨大洪流。

1845~1847年连续3年农业歉收,全国饥馑,加上霍乱病流行,致使成千上万的人丧生。1846~1847年欧洲的经济危机也波及匈牙利。物价猛涨,仅小麦和燕麦1847年就比1846年上涨了3倍至4倍,工人的工资却基本未动。购买力下降,民族工业纷纷倒闭,大批工人流落街头。总之,1848年匈牙利国内的形势犹如一堆干柴,一点火种就会熊熊燃烧。

奥匈帝国的建立

奥匈帝国是1867年根据奥地利、匈牙利统治阶级间的协议,在奥地利帝国的基础上建立的二元帝国。奥地利和匈牙利虽各设政府和议会,但外交、国防、财政等重大问题需帝国政府统一办理。奥地利皇帝兼任匈牙利国王和帝国元首。

1866年奥地利对普战争惨败,加速了奥匈双方妥协谈判的进程。在奥地利方面,布拉格和约使其不能对德意志统一再进行干预,同时它还被彻底排挤出意大利,匈牙利显得越来越重要;在匈牙利方面,匈牙利统治阶级并不希望奥地利帝国由于战败被过分削弱,一旦奥地利帝国解体,匈牙利在俄国和德意志帝国之间更难生存,俄德不会允许有一个独立的匈牙利存在。

在奥匈双方有相同愿望的基础上,1867年春达成协议,奥地利帝国改组为二元制的君主国——奥匈帝国,以莱塔河为线,包括特兰西瓦尼亚、阜姆及克罗地亚——斯洛文尼亚的匈牙利王国称外莱塔尼亚;奥地利、捷克、摩拉维亚、西里西亚、格尔茨、伊斯特里亚、的里雅斯特、达尔马提亚、布哥维纳、克莱那与加里西亚等地称内莱塔尼亚。

协议规定,奥皇为奥匈帝国的元首,同时也是匈牙利国王。奥匈帝国建立3个共同的部:外交部、陆海军部、财政部,后两个部在帝国两部分内同时设立。除3个共同的部外,其余各部则由奥地利与匈牙利各自独立成立。关于共同事务的财政支出,决定由帝国两部分按一定比例负担。1867年,奥地利负担70%,匈牙利为30%。关于奥匈帝国共同事务的立法权力,通过由两国议会选出各60人组成的代表团执行,例行会议在维也纳和布达佩斯轮流召开。奥匈之间订立的贸易、税收、开支等协定,每10年重订一次。这样,匈牙利有了自己的议会和责任内阁,享有政治及行政的自治权,成为君主国内受一定限制的"独立国家"。

奥匈帝国是奥地利、匈牙利统治阶级之间的联盟。它是奥匈两国地主及大资产阶级相互勾结,牺牲广大劳动群众及被压迫民族根本利益的产物。科苏特反对建立奥匈帝国。当时他写给费伦茨·德亚克的公开信中说:"我从这一事实中看到民族的灭亡,正因为我看到这一点……我的责任感使我不能再沉默下去。不是为了要和你辩论,而是以上帝、祖国和后代的名义恳求你:请你用远大的政治家的眼光来考虑一下长远的后果吧,你将把祖国引向何方。我们不但应该热爱它正在飞逝的现在,而且也应该热爱它业已无法改变的过去和行将来临的未来。请不要把我们的民族引向那今后无法驾驭的地方!"

费伦茨·德亚克得到地主阶级中大部分人的支持,坚决成立奥匈帝国。他为自己的政策辩护说:"武装斗争和革命即使有成功的希望,也只应是万不得已时才能采取的手段。""在毫无把握的情况下等待着令人怀疑的未来,而且这期间民族的力量、幸福、信任和希望一天天在消失,这是错误的,甚至是有害的打算。因为常常会出现这样的情况,就是所等待的事情不会到来,或者当它到来的时候,对我们变得越来越弱的民族已经太晚了。因此,除了试一试第三种方式(即妥协)没有别的办法。"

1867年初,奥地利政府更迭,费迪南·冯·博伊斯特男爵接替毕尔克列基。2月,他和费伦茨·德亚克分别代表奥匈政府在协定上签字;5月,由帝国议会批准;12月21日,弗兰西斯·约瑟夫批准了奥匈协定。

奥匈帝国建立后,为匈牙利资本主义经济的发展提供了可能性。1867~1890年,匈牙利的信贷机构增长了 24 倍,资本总额增长了 9 倍多。铁路建设迅速发展,到 19 世纪末,全国铁路网基本建成。但匈牙利民族作为奥匈帝国内的特权民族之一,却造成了同其他民族之间的矛盾,奥地利统治阶级把奥匈协定作为他们推行民族压迫政策的支柱。在匈牙利地区,有 36% 的居民是斯拉夫人和其他民族。他们没有土地或仅有很少土地,大部分土地掌握在匈牙利地主手中,奥匈帝国成立后,匈牙利地主进一步加紧了对他们的剥削。

奥地利通过建立奥匈帝国,消除了匈牙利完全独立的可能,同时与奥地利资产阶级达成协议,对其做出一定的让步,有利于奥地利资本主义的发展,1867 年 12 月颁布的新宪法,即"十二月宪法",满足了资产阶级关于实行普遍兵役制、改革税收政策、改革教育和婚姻法等要求,资产阶级自由派开始参加内阁,使其开始有"资产阶级内阁"之称。从这个意义上说,奥匈帝国的建立标志着奥地利帝国资产阶级改革的完成。

奥地利企图通过建立奥匈帝国消除一切不稳定因素的目的并没有达到。奥匈帝国成立后不久,捷克资产阶级民族运动日趋活跃,提出要实行三元制,以里加尔和帕拉茨基领导的捷克国民党右翼提出:既然承认并允许匈牙利国王的领土独立,那就没有任何理由阻碍包括捷克、摩拉维亚和西里西亚的捷克国王领地独立,因为它们是与匈牙利同时加入哈布斯堡君主国的。1868 年,奥地利被迫宣布布拉格处于戒严状态。

奥匈帝国成立后,工人运动有了进一步的发展。不少城市开始建立工人委员会。1868 年,举行了各族工人代表大会。大会发表宣言,号召各民族工人阶级团结起来,打破民族界限,建立统一的工人组织,工人们要求实行普选权利,在民主的基础上改造国家,"逐步使工人有可能把生产掌握到自己手里,而不必满足于几乎不足以维持生活的微薄工资"。从这时起,科学共产主义思想在奥地利、匈牙利及其他各民族工人中开始传播。在奥匈帝国内部,工人运动及民族解放运动迅速发展起来。奥匈帝国刚刚成立,即已预示着一场新的、更大的暴风雨将来到来。

意大利的统一

50 年代以后,意大利的统一运动又逐步趋向高涨。这时,"自上而下"和"自下而上"两条统一道路的斗争仍在继续。在 1848 年意大利革命中,以马志尼和加里波第为代表的民主派曾企图实现"自下而上"的统一。由于意大利资产阶级民主派的软弱,这条道路没有走通。50 年代初,马志尼在伦敦建立"意大利民族委员会""行动党"等组织,发动了几次起义(1852 年在曼图亚、1853 年在米兰和都灵),但都失败了。马志尼派转而采取个人恐怖手段,于 1854 年刺死帕尔马大公,1856 年刺伤那不勒斯国王斐迪南二世。这些行动更加暴露了马志尼派的软弱、他们策略的错误和脱离群众。马志尼派许多人对民主革命的前途失去信心,他们纷纷背弃了共和主义的理想,投入自由派的怀抱。马志尼本人也在 1853 年 8 月前往佛罗伦萨,拜倒在自由派的膝下,声称,为了联合一切争取意大利统一的力量,准备取消共和口号。共和派放弃了统一运动的领导权,以加富尔为代表的资产阶级自由派则充当了这个运动的主角。

1848年革命失败后,意大利各个小邦都恢复了封建君主制度,只有撒丁王国继续保留革命时期所颁布的宪法,实行君主立宪制度。这个宪法限制国王权力,建立议会制(包括贵族院与众议院),宣布人人在法律面前平等,赋予人民言论、出版、集会的自由,保护私有财产,议会监督税收等等。通过这种君主立宪体制,萨伏依王朝与资产阶级自由派结成了同盟。国王维克多·伊曼纽尔企图依靠自由派的支持来扩张王朝的领土。自由派则指望这个王朝维护他们的利益。于是,撒丁王国在意大利各邦中获得了政治开明的声誉。

自由派以撒丁王国为基地,利用1848年革命失败后民主派的消沉,准备把意大利各个小邦合并于撒丁王国,自上而下地把意大利统一起来。1852年,加富尔出任撒丁王国首相,开始推行一系列富国强兵的改革。这些改革措施有:一,大力发展工业,如兴修铁路,鼓励私人兴办企业,扩建热那亚港,建立商船队等等。二,实行自由贸易政策,先后与英国、法国、比利时、瑞士等国签订通商条约,并降低关税率。从1851至1858年,撒丁王国的对外贸易额增加了一倍之多,其中机器、矿石、生铁和煤的进口量增加特别快。三,大力加强国防建设,建造堡垒,改编旧军,逐年增加军队,改善军事装备。四,限制教会和寺院的权力,将教会部分财产收归国有,剥夺教会的各种特权。这些改革推行以后,增强了撒丁王国的国力,提高了王国在意大利人民中间的威望,从而为建立统一的意大利王国打下了基础。

1856年间,加富尔建立"民族协会",它大力鼓吹"在皮埃蒙特君主制的保护下来实现意大利的独立和统一"。民主派许多人对这个口号表示支持。这期间,从意大利各地聚集到撒丁王国的爱国者达3万人之多。加里波第也参加了民族协会,积极发动人民捐款购买10万支枪,支持撒丁王国扩大军队。加里波第的行动博得了自由派的好感,被授予撒丁王国的军衔和军职,开始为国王效劳。在1860年率领红衫军向西西里进军时,加里波第已明确地提出了"意大利万岁"和"伊曼纽尔万岁"的口号,在一定程度上反映了他的忠君意识。

加富尔深知,以撒丁王国单薄的力量不可能驱逐外国侵略势力,实现意大利的统一。因此,他在外交上采取与法国结盟以打击奥地利的方针。他认定同法国结盟是可行的。因为,法国与奥地利存在矛盾,有嫌隙可以利用;拿破仑三世的祖先是科西嘉人,科西嘉原属意大利,就连拿破仑三世本人也曾参加过烧炭党,自然有亲意情绪。

加富尔在外交上靠拢法国的第一个步骤是在1854年参加克里木战争,站在英、法一边对俄国作战。在这次战争中,撒丁王国派出军队1.7万人,为打败俄国尽了一分力量。战后举行巴黎和会,加富尔代表撒丁王国出席,跻身强国之列。他在会上痛陈奥地利对意大利的专横统治,博得欧洲舆论的同情。此后,撒丁王国与法国在外交上日益亲近。

1858年6月21日,加富尔利用法奥矛盾,在法国避暑胜地普隆比埃与拿破仑三世会晤,双方达成联合对奥作战的秘密协定。拿破仑三世答应参加对奥作战,帮助撒丁王国收复奥进利占领的领土,建立北意大利王国,加富尔则答应把萨伏依和尼斯割让给法国作为酬谢。为了巩固与法国的结盟,加富尔还撮合两个王朝进行联姻。伊曼纽尔把女儿玛丽·克洛蒂尔德嫁给比她大20岁的法国王子热罗姆·波拿巴。法、撒结盟以后,1859年1月1日拿破仑三世接见外交使团时,突然对奥地利的大使说:"我很惋惜,我们同贵国政府的关系已经不像从前那么友好了。"这是法国对奥地利战争的信号。

1859年4月29日,奥军渡过蒂奇河首先开始军事行动。战争开始后,加里波第应加富尔之请,立即组织红衫军参加抗奥战争。这支军队在伦巴底一带连战皆捷,给奥军以沉重打击。革命战争的胜利促进了意大利中部各小邦人民的斗争。托斯卡纳、莫登纳、帕尔马和罗曼那的人民起来推翻封建政权,成立资产阶级政权。这时加富尔抓住了有利时机,用几个月时间突击地访问了中部这几个小邦,游说他们合并于撒丁王国。加富尔的活动受到各小邦资产阶级自由派的支持。1860年3月,这些小邦在自由派控制下举行全民投票,正式宣布与撒丁王国合并。

撒丁王国合并各邦的活动受到法国拿破仑三世的阻挠。拿破仑三世之所以联合撒丁王国对奥作战,其真正目的是为了争霸,而并非同情意大利的统一事业。因此,当意大利人民革命运动胜利发展,意大利出现了实现统一的前景时,一心想控制意大利的拿破仑三世感到震惊,连忙于1859年7月8日至11日同奥地利皇帝在维拉弗郎科会晤,签订停战协定。根据这个协定,奥地利答应将伦巴底交由法国转让给撒丁王国,而法国则赞同奥地利继续占领威尼斯;同时拿破仑三世还保证重建帕尔马、莫登纳的托斯卡纳等邦的封建政权。

法奥协定签订后,加富尔屈从拿破仑三世的政治压力,于1860年3月与法国政府缔结密约,将意大利的领土萨伏依和尼斯割让给法国,以换取拿破仑三世承认伦巴底归还意大利,以及中部各小邦合并于撒丁王国。加里波第闻讯后怒不可遏,他在议会强烈谴责"这种拿民族来做交易的事情,朝野上下无不感到深恶痛绝"。他一气之下,辞去了撒丁王国议员和将军的职务,以示抗议。

当时,意大利的革命运动方兴未艾,高潮迭起。北方的运动虽因自由派的妥协而受到抑制,但是南方的运动又起来了。加里波第和民主派的革命志士继续为争取意大利的统一而斗争。1860年初,加里波第在都灵建立了一个爱国军人团体"国民军协会",并发表了《致意大利人民书》,号召建立人民武装,开展革命运动。他说:"意大利武装起来之日,就是它获得解放之时。"

4月,民主派在西西里组织起义。加里波第闻讯,立即组织"千人团"向西西里挺进。当加里波第的部队在西西里登陆时,当地人民箪食壶浆,热烈欢迎。在当地起义军的配合下,千人团所向披靡,6月解放整个西西里岛,9月轻取那不勒斯。至此,意大利南部除罗马外,已全部获得解放,加里波第受到了广大人民的拥戴,担任了那不勒斯的执政官。他随即实行一系列民主改革,释放政治犯,废除苛捐杂税,向贫民分配廉价食品,将波旁王室的土地分给无地贫民,给受伤和残废军人发放抚恤金,成立孤儿院和各种慈善团体。这些措施对于改善人民的生活起了重大作用。随后,加里波第又着手准备进军罗马,解放在教皇统治下的意大利人民。

自由派这时又施展手段来夺取民主派艰苦斗争所得到的胜利果实。加富尔早就派出他的亲信帕拉维西诺打入加里波第的队伍，担任了那不勒斯副执政官。帕拉维西诺利用职权，扶植自由派势力，为那不勒斯合并于撒丁王国做组织上和舆论上的准备。在加里波第决定进军罗马的时候，撒丁国王维克多·伊曼纽尔二世又调动两万大军来到那不勒斯进行拦阻。他公然发表文告，号召人民向君主制度妥协，宣布"革命时代已经结束"。帕拉维西诺在那不勒斯把保皇党人和自由派的势力联合起来，组织了一次大规模示威游行，要求把那不勒并入撒丁王国。在自由派的压力下，加里波第被迫同意举行自由派所控制的所谓民意投票。根据1860年10月21日投票的结果，伊曼纽尔二世从民主派手里夺取了政权。

1861年3月19日，意大利王国宣告成立。撒丁国王伊曼纽尔二世成了意大利国王，加富尔当了首相。意大利除了威尼斯和罗马两个地区之外，已基本上实现了统一。

1866年6月16日，普奥战争爆发。6月20日，意大利乘机向奥地利宣战。加里波第组织志愿军参战。在这次战争中，意大利政府军的将领无能透顶，连遭败绩，而加里波第的志愿军则捷报频传。奥地利战败求和，10月3日，签订意奥条约，威尼斯回归意大利。

为了彻底完成统一祖国的大业，加里波第先后3次组织志愿军远征罗马。1862年7月，加里波第前往巴勒莫，号召人民武装起来进军罗马。他提出"不解放罗马毋宁死"的战斗口号，很快便组织了3000名志愿军，于8月间渡过西西里海峡，在卡拉布里亚登陆，北进罗马。拿破仑三世十分恐慌，连忙派兵加强罗马防务，同时要求伊曼纽尔二世阻截志愿军。伊曼纽尔称这次远征是一场叛乱，派出王室军队在阿斯普罗山区袭击志愿军。加里波第一心想避免自相残杀，下令志愿军不要还击。一向纪律严明的志愿军遵令未发一弹，但政府军却开枪射击，打中加里波第足踝，他不支而倒地，被政府军逮捕，这次进攻失败了。

1864年春，加里波第为了远征罗马而前往英国募捐经费，被英国政府驱逐出境。1866年意奥战争后，加里波第在次年再次组织志愿军远征罗马。但都灵和巴黎的暗探到处跟踪他、监视他，9月24日再次将他逮捕。由于人民群众的抗议，伊曼纽尔下令把加里波第解回卡普里岛，并派了6艘军舰包围这个小岛以防止他出逃。10月间，加里波第在战友帮助下逃出小岛前往佛罗伦萨，并率志愿军进军罗马。伊曼纽尔与拿破仑三世沆瀣一气，法、意军队共同夹击志愿军，加里波第在指挥志愿军撤退时被本国政府军逮捕，再度被囚禁于卡普里岛。伊曼纽尔二世由于害怕加里波第解放罗马会激起人民的革命情绪，引起动乱而损害自由派地主资产阶级的利益，更害怕自己会因此丧失威望而丢掉王冠。因此，他极力阻挠和破坏加里波第的进军，企图通过同法国谈判占领罗马，但始终未获成功。

1870年普、法战争爆发，罗马的法国驻军奉调回国参战。加里波第趁机再次组织志愿军向罗马进军，于9月20日解放了这个故都。1870年年底，意大利王国的首都从佛罗伦萨迁往罗马，意大利的全国统一终于大功告成。

加里波第的伟大贡献

朱泽培·加里波第(1807~1882年)是一位资产阶级革命家,杰出的军事家,意大利的民族英雄。他把他的一生都献给意大利的民族独立和统一事业,做出了巨大的、值得纪念的贡献。

加里波第1807年7月4日生于尼茨。尼茨是在1815年脱离法国并入北意大利的撒丁王国的。

意大利从1815年起分为八个封建小邦。国家的分裂同外族压迫交织在一起,奥地利统治着伦巴底——威尼西亚,控制着意大利中部各邦;教皇领地罗马地区驻扎着法国军队;南部的两西西里王国(西西里和那不勒斯)则被西班牙波旁王朝所控制;只有撒丁王国保持着独立。国家的分裂和外族的统治严重地阻碍了意大利资本主义的发展,因此,意大利的革命任务是实现国家的统一和民族解放。这样一场革命,具有反封建的资产阶级革命和民族独立运动的性质。

在这场民族统一运动中,主要存在两大派别,一派是资产阶级——贵族自由派,主张通过资产阶级同贵族地主妥协的道路,"自上而下"建立统一的意大利王国。这一派的政治代表是撒丁王国的首相卡米洛·本佐·卡富尔伯爵(1810~1861年)。撒丁王国是唯一未受外国控制而资本主义最为发达的邦。另一派是资产阶级民主派,力求通过推翻各邦封建王朝,驱逐外国势力,"自下而上"建立统一的资产阶级共和国。这一派的领导者是朱泽培·马志尼(1805~1872年)和加里波第。

青年时代的加里波第,当过商船的水手和撒丁王国的海军,曾参加马志尼组织的"青年意大利党"。1834年该党起义失败后,加里波第逃亡南美,参加巴西南部共和主义者的起义和维护乌拉圭独立的战争。1848年回意大利参加革命,领导保卫罗马共和国的战斗,罗马共和国是1849年在罗马教皇领地上建立的资产阶级共和国。1848~1849年的意大利革命最终被外国统治者所镇压。

加里波第

50年代后期,意大利的民族运动再度高涨,北部诸邦反奥斗争激烈。加里波第率领一支志愿队,在1859年6月4日的马金塔会战和24日的索尔非利诺战役中,大败奥军,战功卓著。这次胜利推动了全意大利人民的革命运动。中部各邦推翻了封建专制政权,建立了临时政府。卡富尔则使这些邦并入撒丁王国。撒丁的统治阶级利用人民革命斗争,完成意大利的局部统一。

　　加里波第对卡富尔的行为(包括卡富尔把尼斯和萨伏依两地割让给法国,以换取拿破仑三世支持一事)极为愤愤。他和马志尼力图独立行动,使民主派成为统一运动的真正领导者。

　　1860年春,南部西西里首府巴勒摩爆发起义,接着,波澜壮阔的农民起义席卷南意。王国政府派出大批军队进行镇压。消息传到北意大利,人民立即向加里波第呼吁,要他率远征军去南意支援人民起义。加里波第组成了"千人团"(又称"红衫军"),5月5日从热那亚城启程,渡海前往西西里。"千人团"是一支志愿军队伍,主要由工人、手工业者和渔民组成,也有一些知识分子。5月11日,加里波第在西西里小港口马尔萨拉登陆,当地群众箪食壶浆,热烈欢迎。加里波第队伍的解放斗争同广泛的人民运动融汇在一起了。5月15日,加里波第志愿队在卡拉塔非米同王国政府军相遇,志愿队战士冒着猛烈炮火,强攻梯形山顶的政府军防御工事。他们克服巨大困难,攀上悬崖峭壁,击溃两倍于自己的政府军。加里波第的志愿队很快发展到五六千人。5月27日,在农民军的配合下,加里波第部队发动夜袭,一举攻克巴勒摩。到7月初,整个西西里解放了。加里波第接受西西里"专政者"的称号。

马志尼

　　全意大利的眼睛都注视着加里波第"千人团"的远征。卡富尔也只能坐视加里波第创造惊人的功绩。西西里解放后,卡富尔力图使西西里归并于撒丁王国,加里波第没有同意。8月初,加里波第决定渡过海峡,解放那不勒斯。8月18日,加里波第率领的1600名志愿队渡过海峡。手持猎枪、鱼叉、长矛和斧头的农民队伍从四面八方赶来迎接加里波第的队伍。许多王国政府的团队在同志愿队接触时,就高呼"加里波第!"而转到人民革命方面来。9月7日,加里波第志愿队在胜利进军中进入两西西里王国首都那不勒斯,波旁王朝被推翻,南部意大利解放基本完成。加里波第被推为那不勒斯临时政府的"专政者"。

　　南部意大利是经由人民革命的途径取得胜利和解放的。加里波第与起义群众保持密切的联系,是他的部队取得胜利的原因。加里波第本可依靠广大人民力量,建立民主共和国,"自下而上"地统一意大利。马志尼也向加里波第提出这样的建议。在这个关键时刻,政治上的不成熟性和不彻底性在加里波第身上暴露出来。卡富尔派出4万撒第丁军,假取道教皇辖地,匆匆赶到那不勒斯,卡富尔向加里波第提出让南意人民实行"人民表决",根据"民意"决定南意的归属。加里波第没有发动人民起来反对撒丁王国的君主政体,在所谓"民意"的考虑下居然同意"人民表决",1860年10月21日,在撒丁政府的一手摆布下，投票"结果"把南意并入撒丁王国，加里波第放弃"专政者"的大权，把政权交给撒丁国王。加里波第事实上被解甲归田，放逐到卡普雷拉岛他的岩石重叠的家乡去。1861年3月，宣布成立在撒丁王国领导下的意大利王国。没有统一的意大利领土还留下威尼西亚(奥占)和罗马教皇辖地(法国控制)。法国皇帝拿破仑三世威胁说，谁向罗马走去，路上将碰到法兰西！

1862年，加里波第又突然出现在巴勒摩，率领2000名志愿队奔赴罗马。但是这支队伍在向罗马的进军途中，却遭到意大利王国政府军的截击。国王艾曼努尔不敢同法国冲突，又不愿让民主派势力壮大。在双方的互射中，加里波第负伤，向罗马的进军失败了。1867年，加里波第志愿队再次进攻罗马，在曼塔纳附近的战役中，被教皇军和法国联军所击败。1870年，加里波第志愿队和意大利王国政府军，趁普法战争之际，进军教皇领地，9月20日占领罗马，意大利的统一最后完成。1871年1月，意大利王国首都迁到罗马。

意大利最后虽然统一于撒丁王国，但可以看到，意大利的统一是人民长期艰苦斗争的结果，在历史上是一个进步的事件。加里波第为意大利的统一立下了汗马功劳，在重要的关头起了判定性的作用。这位具有古代雄风的勇士，受到意大利人民的崇敬和怀念。

加里波第支持第一国际和巴黎公社的事业，曾热烈祝贺巴黎公社的成立。他被缺席当选为巴黎国民自卫军中央委员会委员。加里波第1882年6月2日死于卡普雷拉岛。马克思和恩格斯肯定并赞扬了加里波第在意大利统一中所起的进步作用。

波兰民族独立战争

1863年1月，在波兰王国的土地上爆发了一场声势浩大的反对沙皇统治，争取国家独立的民族起义。这是继1848年革命后在东欧土地上又一次大规模的革命运动，同时也是19世纪60年代欧洲资产阶级民族民主革命的一个组成部分。这次起义沉重地打击了沙皇俄国在波兰王国的殖民统治，鼓舞了欧洲各国人民反对沙皇俄国侵略的斗争。

起义前的3年，是波兰王国人民反对民族压迫和阶级压迫的革命斗争不断高涨的时期。1860年6月11日，革命民主主义者利用为索文斯基将军的遗孀举行葬礼的机会，在华沙组织了30年来的第一次爱国示威游行。同年11月29日，为纪念1830年起义30周年，华沙的学生及工人又举行示威游行，"波兰没有灭亡"的歌声在华沙上空回荡。

1861年2月25日，华沙人民又举行了规模更大的示威游行。27日，示威群众同沙皇军警发生冲突，有5名群众被打死，数十人受伤。4月7日，华沙人民抗议当局取缔土地协会、请愿代表团和民卫队这3个群众组织而举行大规模示威游行。翌日，示威群众同军警发生流血冲突，有二百多群众遭枪杀，近千人受伤，沙皇政府的血腥暴行不仅未能吓倒波兰王国人民，反而激起他们更大的革命热情。

同年10月，华沙等地接连举行示威游行。10日，为安葬深受众望的爱国大主教费阿尔柯夫斯基,在华沙举示盛大的游行示威。同一天里,在戈罗德洛也举行同样的示威游行。15 日,为纪念 1794 年起义的领导者、民族英雄塔代乌什·科希秋什科举行了示威游行。19 日,纪念著名将领约瑟夫·波尼亚托夫斯基逝世 48 周年又爆发示威游行。

与城市居民的斗争相呼应,反对封建压迫和剥削的农民运动在波兰王国的农村广泛开展起来。仅 1861 年 4~5 月间,就大约有 1000 个村庄的 18 万农民参加了运动。他们拒绝服劳役,要求无条件地获得解放及平分土地,在许多地方,农民同沙皇军警发生冲突。贵族地主惊恐不安,要求沙皇当局加强镇压。

与波兰王国毗邻的立陶宛,白俄罗斯和乌克兰地区也爆发了农民运动,农民要求废除农奴制,获得土地。他们同波兰王国的农民运动相互影响,相互支持。

这些群众性示威活动唤醒了广大城乡人民,在他们中间传播了为争取民族独立而斗争的思想,也为即将到来的起义培养和锻炼了一批骨干力量。

从 1862 年起,红党开始积极进行起义的组织工作。东布罗夫斯基及其助手赫美尔尼茨基在工人、学生中间积极活动,到 1862 年夏天,他俩已组织起一支 7000 人的队伍。为更好地领导起义,红党领导人在这年 5 月建立了"中央民族委员会"。

争取俄国革命力量的支持和帮助是起义准备工作的一个重要内容。1862 年 9 月底,帕德列夫斯基和吉莱尔抵达抵敦,以中央民族委员会的名义同赫尔岑和奥加廖夫就波兰起义的纲领问题举行会谈,商讨起义的时间问题。俄国革命者强调在起义中解决土地问题的重要性。10 月,帕德列夫斯基又秘密来到彼得堡,同"土地与自由"社中央委员会举行会谈。鉴于车尔尼雪夫斯基被捕和起义准备尚未就绪,双方商定波兰起义不得早于 1863 年春举行。

沙皇政府对波兰王国出现的革命形势和俄波两国革命者的合作深感不安。它一方面镇压俄国国内的革命者,利用 1862 年彼得堡大火,诬陷革命民主主义者。1862 年 7 月,逮捕了革命民主主义者车尔尼雪夫斯基。同时,它又加紧镇压波兰王国的革命运动。1861 年 10 月,俄国殖民当局发布命令:禁止 3 人以上的集会活动,宣布波兰王国处于战时状态,并在华沙的各个主要街道派兵驻守。为破坏波俄革命者的联系及合作,将被认为同波兰革命者有联系的驻波俄军调往他地。1862 年 8 月又逮捕了波兰起义的重要领导人物东布罗夫斯基。10 月 6 日,沙皇政府接受波奸、大贵族维洛波尔斯基的建议,按编定的名册征召城市青年入伍,决定在波兰王国实行强制性征兵,凡被怀疑具有革命情绪的波兰青年均被列入征兵名单,以此破坏起义的准备工作,将起义扼杀在萌芽状态。

在这紧急关头,红党右翼领导人吉莱尔主张无限期地推迟起义,实际上是取消起义计划。左翼领导人帕德列夫斯基认为,除了立即组织起义之外别无其他选择。他一面组织青年隐蔽疏散,一面准备提前起义。在帕德列夫斯基主持下,中央民族委员会决定在 1863 年 1 月 22 日举行起义。

起义可分为三个阶段:

第一阶段是 1~2 月。1 月 22 日,中央民族委员会宣布自己为临时民族政府,颁布了宣言和土地法令。宣言宣布:"所有波兰的儿女们,不分信仰、种族出身和地位,均是自由平等的公民。"宣言号召波兰人民、立陶宛人民参加起义，推翻沙皇统治，为建立独立、民主的波兰而斗争。土地法令宣布：废除农奴制，将农民耕种的土地归农民所有，无地农民将从国有土地中分得 3 莫尔格土地。恩格斯称赞这是"一个在东欧提出过的所有革命纲领中最激进的革命纲领"。

在临时民族政府号召下，从 1 月 22 日夜到 23 日，工人、学生和农民组成的 6000 名起义军在红党领导下，向驻扎在波兰王国的 10 万俄国占领军发动了 33 次攻击。由于武器装备严重缺乏，许多起义者手持猎枪、镰刀和长矛同敌人作战。红党左翼在一些农村中严格执行土地法令，严厉打击拒不执行土地法令的贵族地主，使起义获得农民的支持，特别是在基埃尔策和卢布林等东部省份取得不少胜利。但是，由帕德列夫斯基指挥的攻打战略重镇莫德林和普洛茨克的战役均遭失败。2 月起，沙皇政府不断派遣增援部队围剿起义军，起义军被迫转入农村，开展游击战。

波兰王国起义后不久，临时民族政府于 1 月 29 日和 2 月 7 日分别向立陶宛、白俄罗斯和乌克兰发表文告，号召它们同波兰王国人民一道反对沙皇俄国。红党左翼领导人谢拉科夫斯基在立陶宛、卡林诺夫斯基和符卢勃列夫斯基在白俄罗斯领导起义。立陶宛的起义运动规模较大，4~5 月间，在科温省及维连省发生战斗 36 次，沙皇政府为瓦解起义队伍假惺惺地宣布大赦所有在 5 月 1 日前回到自己家中的起义者。4 月底，谢拉科夫斯基在波涅维日县组织了一支 2500 人的队伍，分 3 路向彼尔日城进发。途中，起义军宣传土改法令，动员群众参加起义。在彼尔日城，起义军同沙俄军队激烈战斗，但因力量悬殊而失败。谢拉科夫斯基被捕，6 月惨遭杀害。

立陶宛的起义虽然失败了，但影响很大，因为：（1）它超出了会议桌上的波兰的疆界；（2）农民大量参加运动；而在库尔兰附近，它甚至直接具有土地运动的性质。同时，这里的起义吸引了一部分沙俄军队。从而有力地支持了波兰王国的运动。

4 至 8 月是起义的第二阶段。这阶段总的特点是：游击战争不断发展，起义队伍扩大到 2.1 万人，武器增多，战斗频繁，仅在 4、5 月间，就有 127 次。6 月份，起义达到高潮。

起义最激烈的地方是波兰王国的西部和南部。在西部的加里茨和马佐夫舍省，有云格领导的一支 700 人的队伍。在克拉科夫省，有梅洛斯拉夫斯基领导的队伍。在桑多米尔省，小贵族恰霍夫斯基领导的 400 起义者击败了一支 300 人的俄军后，起义队伍扩大到 1000 多人。在卢布林省，叶泽兰斯基领导的 700 人的队伍于 5 月 6 日同俄军激战 6 小时，获得胜利。这是起义开始以来取得的最大的胜利。在北方的普洛茨克省，帕德列夫斯基领导着一支近千人的队伍。4 月 21 日，他突然被捕，5 月 15 日不幸牺牲。他死后，梅洛斯拉夫斯基继续他的未竟事业，但他在 5 月的战斗中也壮烈牺牲。

波兰王国的起义得到了俄国革命民主主义者的大力支持。赫尔岑的《钟声》杂志和土地与自由社中央委员会，号召俄国人民和驻波俄军中的革命官兵为推翻沙皇专制制度而斗争。赫尔岑说："我们希望波兰独立，因为我们希望俄国自由，我们同波兰人一起，是因为同一条锁链把我们两个民族锁在一起。"

以安·波捷勃尼亚为首的 300 多名驻波俄军中的革命官兵调转枪口，同波兰王国起义战士共同战斗,最后英勇殉难。大批俄军革命官兵因同情波兰人民起义而被枪杀或被流放到西伯利亚。俄国革命者还不顾生命危险,从敌人手中救出被俘的东布罗夫斯基和符卢勃列夫斯基,使他们逃离俄国。在同情和支持起义的俄国官兵中,有列宁夫人克鲁普斯卡娅的父亲克鲁普斯基中尉。克鲁普斯卡娅回忆说:"父亲参加当时的革命军官组织,帮助波兰人逃遁,为此几乎被下士枪毙。"

马克思和流亡在伦敦的赫尔岑、巴枯宁、加里波第、马志尼、科苏特,同波兰流亡者一起组织了国际军团,准备开赴立陶宛,支援波兰人民起义。不幸,这一行动为沙俄的侦探获悉,当载着志愿人员和武器弹药的船只自伦敦开出后,被慑于沙皇政府压力的瑞典政府扣留。各国志愿人员只好从瑞典乘小船秘密驶往立陶宛,但途中遇大风,人员及武器损失极大,致使这次行动未遂。

当红党左翼领导人在前线率众奋战时,起义领导权落到了红党右翼手中。2月,梅洛斯拉夫斯基曾一度建立为期两周的军事独裁,两次作战失利后逃往巴黎。3月,在白党的策动下,波兹南贵族出身的曾在普鲁士军队中服过役的兰盖维奇将军又建立了短命的(一周)军事独裁。他反对游击战争,公开镇压农民的起义。战斗失败后,他逃入奥地利。

4月,吉莱尔掌握了起义的领导权,政府吸引了大量有产阶级加入起义队伍。这些有产阶级囿于私利,根本不想开展社会革命,竭力限制农民参加起义。吉莱尔还任命贵族瓦·查尔托雷斯基为民族政府驻巴黎代表,开始了红党与白党的合流。6月,建立了马耶夫斯基为首的民族政府。由于他秘密加入了白党,因而使6月政府明显地执行白党政府的方针:停止执行解放农奴的法令,继续镇压农民起义,拒绝同俄国革命者合作,把一切希望寄托在法、英同俄国的矛盾上,通过查尔托雷斯基请求法、英两国政府出面调停。

波兰起义爆发后,俄国同普鲁士于1863年2月8日签订了共同镇压起义的协定。拿破仑三世害怕俄、普同盟影响法国在莱茵地区的扩张,遂接受调停波兰问题的建议,以图拆散俄普同盟。6月,法国联合英国和奥地利,向俄国发出照会,要求在波兰实现停战并召开国际会议解决波兰问题。俄国拒绝它们的调停。3国在波兰问题的态度绝不是为了波兰的独立,更不愿为波兰而同俄国开战,它们只不过是利用波兰问题向俄国施加压力,以求得俄国在外交上的让步。当调停被俄国拒绝后,3国政府也就袖手旁观,听任沙皇军警镇压起义。

沙皇政府为不让波兰王国的起义,特别是立陶宛、白俄罗斯的起义转移到俄国,加紧镇压起义军。3月,俄军已达20万人,4月增到2.7万,7月又增至34万,几乎占了俄国陆军总兵力的一半。在残酷的战斗里,起义者经常是以少对多,加之武器不足和装备简陋,因而连遭失败。红党左翼领导人帕德列夫斯基、谢拉科夫斯基和卡林诺夫斯基等人先后壮烈牺牲,符卢勃列夫斯基受伤被俘。革命领导力量损失殆尽,形势急转直下。

第三阶段是1863年9月~1864年夏天,这是起义的尾声。从秋天起,起义领导权已完全为白党控制。10月,罗·特劳古特将军从白党手中夺回领导权,继续领导起义,他把分散的起义队伍改编为正规军,严格执行1月22日法令,企图通过发动农民来挽救起义。

沙皇政府于1864年3月2日颁布敕令,宣布在波兰王国土地上解放农奴。许多农民失去了起义的热情。4月11日,特劳古特及其4个战友一起被捕,8月5日,在华沙壮烈牺牲。至此,持续一年半之久的波兰王国起义终于被沙皇政府残酷地镇压下去了。

克里木战争

克里木战争发生于1853~1856年,战争的一方的沙皇俄国,另一方是英国、法国、土耳其、撒丁王国组成的同盟。这次战争是由于沙皇俄国在争霸世界的道路上想鲸吞土耳其,同英法资产阶级的利益发生严重冲突而引起的。因其主要战场在克里木,所以又叫克里木战争。

1848~1849年的欧洲革命,最终是被沙皇几十万军队的刺刀镇压下去的。沙俄不仅是国际反动势力的主要堡垒,而且牢固地保持了世界宪兵的"荣誉"。沙皇尼古拉感到自己比以往任何时候都强大,他不仅是欧洲的主人,而且应当是世界的主人。他决定利用当前的地位和时机,实现他建立世界帝国的野心。在争霸世界的斗争中,沙俄一直把南下征服土耳其帝国、夺取近东和巴尔干作为头等战略目标。沙皇梦寐以求,要把土耳其首都君士坦丁堡变为"沙皇格勒",打通黑海海峡,进而控制地中海。沙皇还力图通过对外战争来转移国内日益增强的不满。正如恩格斯所指出的:"为了在国内实行专制统治,沙皇政府在国外应该是绝对不可战胜的;它必须不断地赢得胜利,它应该善于用沙文主义的胜利狂热,用征服愈来愈多的地方来奖赏自己臣民的五条件的忠顺。"(恩格斯:《俄国沙皇政府的对外政策》,《马克思恩格斯全集》第22卷,第44页)

英国和法国在中近东也有着巨大的殖民利益,特别对英国来说,这一地区是不列颠通往东方的枢纽,绝不能容忍俄国控制黑海和地中海。还在1844年,沙皇亲自去伦敦,企图就瓜分土耳其同英国达成协议,没有得到英国的支持。

50年代初,沙皇决定利用"圣地"问题的争执对土耳其采取行动。长期以来,天主教会和东正教会之间就耶路撒冷的基督圣地的管辖权问题发生争执。由于每个教派后面都掩藏着某种政治力量,这种"神圣的争吵"不过是列强之间争夺近东霸权的"卑鄙的战争"。(马克思:《宣战——关于东方问题产生的历史》,《马克思恩格斯全集》等10卷,第187页)1852年8月,土耳其政府在法国政府的压力下,保证天主教徒对圣地的管辖权。沙皇以此为口实,指责土耳其政府迫害东正教徒,要土耳其政府把土境内所有信奉东正教的臣民交他"保护"。土耳其苏丹政府拒绝沙皇的要求。1853年7月,俄国军队强渡普鲁特河,侵占了处在土耳其素丹宗主权下的多瑙河两公国:摩尔多瓦和瓦拉几亚。10月4日,土耳其向沙俄宣战,俄土战争爆发。

在多瑙河上开始的俄土战争,俄国是侵略战争,土耳其则是反侵略的保卫战。(参看恩格斯:《神圣的战争》,《马克思恩格斯全集》第9卷,第486页)战争在多瑙河、高加索和黑海沿岸同时进行。土耳其第一仗就把俄军打败,但是英、法,普、奥等国则逼土耳其同沙俄"谈判""解决争端",致使土耳其行动犹豫,贻误战机。沙俄重新集结大量军队,11

月 18 日,沙俄舰队向停泊在西诺普港口的一支土耳其舰队突然袭击,土舰队被歼灭,俄国控制了黑海的制海权。君士坦丁堡岌岌可危了。

沙俄不顾一切地鲸吞土耳其的行动,震动了整个欧洲。沙俄的行动从根本上损害了西方列强的殖民利益。1854 年 3 月,英法对俄正式宣战,撒丁王国加入英法一方;此外,奥地利在巴尔干的利益同俄国的扩张势不相容,它派出了两个军团进入多瑙河阵地,要俄国退出多瑙河两公国。普鲁士也表示"中立",沙俄孤立了。土耳其军队再度对多瑙河和南高加索展开进攻。

战争扩大并且复杂化了。英、法的统治集团,只想使沙俄退出近东阵地,恢复战前状况,而不想全面削弱作为世界宪兵的沙俄的力量。英法联军联合舰队虽在波罗的海、白海和堪察加半岛东岸对俄军进行攻击,但他们力求把军事行动主要限于黑海沿岸地区,而不进攻沙俄的中心要害地区。直到 1854 年 8 月,英法联军舰队的进攻都是软弱的,只是以远距离炮轰一些港口和据点来夸耀自己的胜利。当时只有土耳其人建立了显赫的战功,他们在多瑙河畔的锡利斯特拉保卫战中消灭俄军五万多人,迫使俄军退回多瑙河北岸。俄军陷入严重的困境。1854 年 9 月,在奥地利的最后通牒下,俄军退出多瑙河两公国:摩尔多瓦和瓦拉几亚。在这种形势下,英法联军才开始真正的进攻,战事集中在黑海北岸的克里木半岛。军事技术落后的俄国帆船舰队无法对抗英国的汽船舰队,制海权被英法所掌握。俄军舰队被封锁在塞瓦斯托波尔。英法联军指挥官犯了战略性的错误,他们不采取强攻,宁愿围攻,于是出现了持续十一个月的著名的塞瓦斯托波尔的围攻战,双方争夺十分激烈。直到 1855 年 9 月 8 日,法军攻占南区制高点马拉霍夫冈,联军才最后攻占塞瓦斯托波尔。俄军被迫撤退,残存的黑海舰队被凿沉和烧毁在大海里。

战争已使俄国 52 万人伤亡,耗费五亿卢布,俄国财政已陷入崩溃状态,担负战争全部重担的农奴到处起义,沙俄败局已定。沙皇尼古拉一世在塞瓦斯托波尔陷落前夕服毒自杀。他的后继者亚历山大二世只得停战求和。

1856 年 2 月签订了停战协定。3 月 30 日,由法、英、奥、撒丁和土耳其代表为一方,俄国代表为另一方,签订了巴黎和约。根据和约,俄国让出多瑙河三角洲和比萨拉比亚南部的三个县归还摩尔多瓦,放弃对多瑙河两公国的保护权和对土耳其东正教臣民的保护权;规定黑海中立化,禁止外国军舰通过海峡,俄国和土耳其在黑海不得有海军军械库和舰队——这是巴黎和约的主要条款;此外俄国把卡尔斯归还土耳其,换回联军在克里木所占的城市。

克里木战争是沙俄争夺世界霸权道路上的重大挫折,动摇了它在欧洲大陆上的霸主地位。但是克里木战争并未给沙俄以决定性的打击,巴黎和约也未使沙俄的领土有多大的损失,相反,俄国利用西方列强之间的矛盾,拉拢法国,从中取利。克里木战争后,沙皇俄国和拿破仑三世的法国结成了欧洲的反动轴心。沙俄开始大规模的军事改革。在 1858 年到 1864 年间,沙俄从中国割去了 150 万平方公里的领土。沙俄继续在世界各地扩张领土,镇压波兰起义,破坏欧洲各国的民族民主运动。沙俄依然是世界宪兵。

克里木战争的战局演变

克里木战争有三个重要战场:巴尔干半岛、克里木半岛和高加索,其中决定性的为克里木战场,故称克里木战争。此外,在波罗的海、白海和远东也曾发生零星战斗。

法、英、土为一方与俄国为另一方的这场战争可分为前后两个时期。前期主要为俄土在巴尔干半岛作战;后期主要是法、英、土、撒丁与俄国在克里木半岛作战。

战争前期,或称巴尔干时期。1853 年 5 月俄土断交以后,7 月 3 日,米·德·戈恰科夫率领 8 万俄军渡过普鲁特河,侵入摩尔多瓦和瓦拉几亚。此两公国当时仍属奥斯曼帝国版图。俄国入侵表明沙皇政府对奥斯曼帝国不宣而战。战火首先由沙皇俄国点燃,"东方危机"演变成为"东方战争"。此后局势迅速变化。9 月末,英、法舰队应素丹要求,由达达尼尔海峡到达君士坦丁堡。

土耳其政府在英、法支持下,要求俄军于 18 天之内撤出侵占地区。俄国不予理睬。10 月 4 日,土耳其向俄国宣战。11 月 1 日,俄国对土耳其宣战。不久,土军 15 万人到达维丁和沃耳特尼察等地,迎击多瑙河对岸的俄军,其中 1 万人渡过多瑙河与俄军作战。此时,俄土军队之间仅仅发生小规模战斗,双方隔河对峙。俄军侵占两公国的局面未有变化。与此同时,土、俄双方在高加索也开始战斗。

11 月 30 日,继俄军越过普鲁特河之后,纳希莫夫率领的俄国黑海舰队袭击了停泊于锡诺普港湾的土耳其黑海舰队。土耳其舰队仓促应战,交锋数小时,结果几乎全部覆没,舰队司令奥斯曼帕夏受伤被俘。停泊在博斯普鲁斯海峡的英、法舰队受到公开挑战。

锡诺普海战终于促使英国内阁决心反对俄国,也激怒了法国政府。1854 年 1 月 4 日,英、法舰队进入黑海。俄国于 2 月 21 日向英、法宣战,27 日,英、法向俄国发出最后通牒。3 月初,英、法、土 3 国缔结军事防守同盟,"决心保卫奥斯曼帝国在欧洲和亚洲的领土"。3 月 23 日,俄军 5 万人渡过多瑙河,向土军发起攻击。27 日,英、法政府对俄国宣战。至此,主要参战的国家已经卷入战局。

1854 年夏天,在克里木战争的前期具有重要意义。5 月,俄军围攻多瑙河右岸的锡利斯特拉,土军顽强防守,俄军被歼 5 万多人。锡利斯特拉之战引起了奥地利的干预,与法、英军队登陆瓦尔纳。

奥地利十分关注战局。俄军侵占两公国与控制多瑙河口,使它与该地区的贸易大受损失。奥地利帝国对于巴尔干半岛早已怀有野心。现在,面临俄国威胁,它派遣 8 万大军云集东部边界,准备攻击俄军后方。奥国于 6 月 3 日发出最后通牒,强烈要求俄军撤出两公国。法、英看到巴尔干战局不利于土耳其,便派遣两国联合舰队运送 5 万英、法军队,于 6 月 24 日在瓦尔纳登陆,并向多布罗加进兵,企图从侧翼打击俄军。土军的坚持抵抗,英、法军队的侧翼包围和奥军的背后威胁,使俄军陷入困境。6 月末,俄军开始撤退,9 月,撤回普鲁特河左岸,放弃了一度占领的两公国。俄军掠夺了当地金库。奥地利根据与土耳其的协定,出兵占领两公国。

俄国进攻与土耳其防守是当时战事的主要态势。但是,巴尔干初期交锋的结果对俄国颇为不利,锡利斯特拉之战使俄国遭受惨重损失。他未能实现占领两公国的企图,却促成了国际局势于己不利的演变。

战争后期,或称克里木时期。俄军撤走后,法、英两国政府并不满足,它们充分了解俄军实力犹在,企图给俄国以真正打击。法、英在瓦尔纳召开军事会议,决定攻打克里木半岛。它们的作战方案在于,夺取塞瓦斯托波尔,占领克里木半岛等地,以求消灭俄国黑海舰队,切断俄国与黑海的联系,从而阻止它的南下势头。

1854年9月13日早晨,俄国海军上将科尔尼洛夫与中将纳希莫夫在塞瓦斯托波尔最高点——海军图书馆阁楼上用望远镜瞭望,他们大为吃惊地发现,海面天际驶来一群敌舰。14日,300多艘舰船运载的6.2万名法、英、土联军在该城北方的耶夫帕托里亚登陆。

法、英军队经过周密考虑,不曾直接进攻塞瓦斯托波尔。塞瓦斯托波尔是俄国在黑海的要塞、舰队的基地。法、英军队在克里木半岛登陆,战火烧到俄国。战争进入关键阶段。

登陆军队未曾遇到抵抗。当时,沙俄宫廷正调集大军密切注视西部边界,等待敌人进攻首都彼得堡。它仅仅派遣缅希科夫率军3万余名防守克里木半岛。缅希科夫昏庸无能而狂妄自大,对敌军来犯毫无估计,半岛设防不严。

在海上,英国舰队是主力。在陆地,法军从人数到战斗力皆超过英军。土军人数较少。法军司令是圣阿尔诺元帅,英军司令为拉格兰勋爵。

法、英联军登陆后,于9月19日发兵南下,指向塞瓦斯托波尔城。20日,法、英联军在阿尔马河遇到俄军,双方发生激烈战斗。法军博斯凯的骑兵师猛攻俄国左翼,英军攻其右翼,俄军败走。缅希科夫被人们称为"伊兹缅希科夫",即叛徒之意。他率领俄国野战军队通往塞瓦斯托波尔东北的巴赫奇萨拉依。科尔尼洛夫和纳希莫夫奉命负责塞瓦斯托波尔的城防,守军约为2万水兵。法、英联军在此重要关头未曾充分利用俄军城防甚差,并在阿尔马战败之机立即挥戈南下,直取塞瓦斯托波尔。此种犹疑迟缓举动令当时国际舆论吃惊,也使后世史学家与军事家费解。俄军得到喘息机会后,加固城防,准备坚守。

塞瓦斯托波尔守军凿穿数艘军舰,沉入港内,封锁了港口。俄国水兵和部分居民在城外修建了由多层工事组成的保护圈。守军自感力量不足,盼望缅希科夫所部野战军队的支援。阿尔马战后,由康罗贝尔将军接替病重的法军司令圣阿尔诺。法、英联军数日后开始南下,包围了塞瓦斯托波尔城。克里木战争的高潮塞瓦斯托波尔争夺战从此开始,并延续了349天。

俄国野战军队得到增援,10月末,在巴拉克拉瓦进攻并取胜。11月,法、英军队在英克曼之战中以少击众,俄军损失1/3。远在约2000公里之外的彼得堡宫廷,无视俄军在克里木半岛的困境。沙皇尼古拉一世于1855年2月下令进攻,以求切断法、英联军的供应线。战斗发生于耶夫帕托里亚,俄军再次惨败。沙皇政府认为缅希科夫无能,令其"因病"辞职,改由米·德·戈恰科夫担任克里木半岛俄军司令。司令官的更替也未改变俄军处境。8月,乔尔纳亚列奇卡一战,俄军的进攻又以失败告终。俄国野战军队从此无力解救围城,塞瓦斯托波尔只得任凭法、英军队攻击。

自从1854年9月末开始围攻以来,法、英联军不断加强攻城力量。土耳其也从多瑙河调来援军3.5万人。同时,法、英积极争取盟友,它们于1855年1月与撒丁王国结盟。撒丁王国立即派遣15万军队参加战斗。军事力量的增加使法、英处于十分有利地位。盟军达到12万之众,且装备精良、弹药充足、供应良好。守卫在克里木半岛和塞瓦斯托波尔城的俄军共有5万多人,后又派来增援军队,共计为十数万人。

1854年10月,法、英联军初次炮轰塞瓦斯托波尔。俄方死伤千余人,海军上将科尔尼洛夫被击毙。1855年4、5、6与8月,法、英联军接连炮轰塞瓦斯托波尔,守军大片工事被摧毁,兵员伤亡惨重。8月炮轰时,俄方每日平均被击毙近3000人。海军中将纳希莫夫于6月巡视工事时,遭敌军枪击,重伤而死。数月围攻,几番炮轰,使得俄军损兵折将,伤亡惨重,外壕丢失,抵抗减弱,濒临绝境。

法军司令康罗贝尔将军与英军司令拉格朗不和,只得于1855年5月辞职,改由别利西埃将军继任。拉格朗于6月因病去世,由辛普森继任司令。法、英联军加紧争夺护城工事,不断收缩包围圈。

9月5日,700门大炮猛轰塞瓦斯托波尔。3日之内弹雨纷纷,血肉横飞,俄军工事大量被毁。这是法、英第六次,也是最后一次炮轰。8日,法、英军队发起总攻击,经过激烈厮杀,法军终于夺下马拉霍夫冈高地。这是俯瞰全城的制高点,它的丧失使该城无法继续防守。残留的守军被迫经由事先架设的便桥撤到北岸。塞瓦斯托波尔落入法、英联军手中,克里木战争基本结束。此后,其他地区仍有一些战斗,但已无关大局,不能改变俄国战败的事实。

在此前后,法、英联军在舰队支持下,曾占领刻赤、阿纳帕、金希恩等黑海沿岸城镇,并在亚速海沿岸毁坏俄军粮食储备和焚烧若干小城。法、英军队在克里木获得大胜之后,未曾出师北征,侵入俄罗斯帝国内地。看来,拿破仑一世的惨痛教训,人们仍然记忆犹新。

除了巴尔干和克里木之外,高加索、波罗的海、白海与远东也先后发生过战争。高加索战场尤为重要,波罗的海战场也别具特色。

俄、土之间对高加索地区的争夺由来已久。在克里木战争中,高加索的战斗开始于1853年10月27日土军进攻圣尼古拉哨所,结束于1855年11月卡尔斯投降。它与巴尔干和克里木战事同时进行。

1853年10月至11月,10万土军发动进攻,目标为第比利斯。俄军此时约为3万之众,他们于12月在巴施卡迪克拉尔重创土军。冬季,大雪封山,道路阻塞,双方停战,1854年5月,12万土耳其军队重新发动进攻,但6月至7月俄军又取得胜利。8月,俄军再次击败土军主力于丘柳克——达拉,它本身也受到重大损失。冬季到来,双方转入休战状态。1855年春,俄军主动出击,不久开始围攻卡尔斯要塞。此城易守难攻,土军坚守

5 个月之久,终于在 11 月 28 日被迫投降。卡尔斯的胜利只是稍微改善了俄国的处境,不能改变俄国的败局。

1854 年 7 月,由 52 艘军舰组成的英、法舰队在波罗的海对俄国要塞喀朗施塔德进行封锁,并企图在汉科、阿多和埃克涅斯等地登陆。8 月 16 日,英、法舰队攻占阿兰群岛的博马松德俄军要塞。但波罗的海受冰封等自然条件所限,一年之内仅有部分时间可以作战,英、法舰队后来离开波罗的海。1855 年,英、法舰队仍以封锁海岸为主,并曾炮轰塞阿堡等沿岸城市。英、法舰队虽然攻克博马松德要塞,但未能夺取喀朗施塔德这一预定目标。波罗的海战斗就此结束。

1854~1855 年,英、法舰队曾在白海向俄国发动进攻。他们从海上炮轰科拉等地,并试图进攻阿尔汉格尔斯克。1854 年 8~9 月,英、法舰队在堪察加半岛的彼得罗巴甫洛夫斯克登陆。1855 年,它们又企图在鞑靼海峡的德卡斯特里登陆,在这些战斗中,英、法未曾动用强大兵力,因而战果不大。

克里木战争的基本进程表明,俄军山前期的进攻转为后期的防守,法、英、土军队则由被动变成主动并取得最后胜利。从战事本身来看,前期战斗较为缓和,后期,尤其是塞瓦斯托波尔之战空前激烈。这是拿破仑一世之后数十年来欧洲未曾见到的一场恶战。仅仅塞瓦斯托波尔的争夺,俄军死伤就达十余万人。

塞瓦斯托波尔围攻战

多瑙河战事结束后,战争主要就集中到黑海北岸的克里木半岛了。这个俄罗斯帝国欧陆南疆的桥头堡,像一只有力的拳头插入那波涛滚滚的黑海。它东临俄国的内海亚速海,西北濒卡尔基尼特湾,战略地位十分重要。半岛南端的塞瓦斯托波尔,是俄国黑海舰队的主要基地。如今,港内停泊着十四艘战列舰、六艘巡航舰和六艘蒸汽舰,它们受到英法联合舰队的封锁和监视。然而,联军要夺取眼前的这个要塞也非易事,在这里,俄舰既有可靠的隐蔽地点,又有强大的海岸炮台火力作掩护。只有在陆军的支持下,联军舰队才能发动有效的进攻。

1854 年 9 月初,英、法、土 62000 陆军士兵携火炮 112 门,从瓦尔纳出发,开始了大吹大擂的克里木远征。从这时起,克里木半岛成了主要战场;早就想使战争局限在一定范围内的英、法,开始了比较坚决的进攻。而克里木战争也就以其主要战场所在地而得名。

9 月 14~18 日,这支由 300 艘运输船、89 艘舰艇运送和掩护的远征部队,在克里木半岛耶夫帕托里亚附近顺利登陆,并开始向南推进。俄国处于无所作为的被动状态,没有进行阻击。面对优势敌人的进攻,克里木俄军陆海军总司令,1853 年出使君士坦丁堡时骄横无礼的缅希科夫公爵,惊慌失措,下令退却。9 月 19 日,联军进抵阿尔马河。这是半岛南部的一条重要河流,它自东向西横卧其间,成为从北面进攻塞瓦斯托波尔的一道天然障碍。缅希科夫指挥的 35000 俄军,携 84 门火炮退据河的南岸。这里地势较高,多悬崖峭壁,俄军企图凭险固守。9 月 20 日,克里木英军总司令腊格伦将军所部居左,克里木法军总司令圣阿尔诺元帅所部居右,对俄军阵地展开进攻。联军与俄军的第一次陆战——阿尔马河会战开始了。这天清晨,法军一个师沿海岸前进,来到河口,在舰只炮火的支援下,抢渡阿尔马河成功登上南岸的法军迂回于俄军左翼后方。接着,联军从正面进击。他们缓慢而稳步地通过崎岖难行的地段后,首先攻取俄军在北岸的前哨据点。俄军在退却时烧毁其中一个据点,火光冲天。联军趁势强行渡河,冲向高地。战斗在葡萄园及断崖与鹿砦之间展开。俄军无法抵挡,只好沿山坡向后撤退,退向塞瓦斯托波尔。这次会战,俄军损失 5700 人,连缅希科夫的马车也落入法军之手;联军损失 4300 人,也付出很大代价,加上地形不熟,因而没有发起追击。

随后,联军进逼塞瓦斯托波尔北区。这里可以俯视整个城市,当时俄军防守薄弱,是打开塞瓦斯托波尔要塞的钥匙。但联军不敢乘胜从北部正面强攻,而是在要塞东面作长距离迂回,越过因克尔芒向巴拉克拉瓦进军,从南面展开进攻,实际上是放弃了一次胜利在握的战斗而另觅他途。

从阿尔马河败阵的缅希科夫,退到塞瓦斯托波尔。但他没有在这里停留多久,就把保卫要塞的指挥权交给俄国黑海舰队参谋长科尔尼洛夫,而自己则率部分军队前往巴赫奇萨莱,去防卫联系俄国内地的交通线。

9 月 25 日,联军向塞瓦斯托波尔南区推进。同日,俄军宣布该城戒严。从此,开始了旷日持久的塞瓦斯托波尔围攻战。26 日,联军攻占巴拉克拉瓦,以此为作战基地和军需补给站。

塞瓦斯托波尔的城防司令、海军上将科尔尼洛夫和他的主要助手纳希莫夫,不失时机地采取紧急措施,加强防御。在要塞临海一面已有强大的海岸火力(13 座炮台,611 门火炮)的条件下,仍做出决定:将五艘旧战列舰和两艘巡航舰横向沉没在北湾入口处;其余舰只随时待命,以便有效地阻止联军的蒸汽舰突进港内停泊场。

10 月 17 日,联军开始炮击塞瓦斯托波尔。1460 门火炮(其中舰炮 1340 门)从陆上和海上同时猛轰。要塞的许多碉堡被炸毁,大炮被打坏,俄军死伤 15000 人,科尔尼洛夫阵亡,纳希莫夫接任其遗职,指挥城防。当时,塞瓦斯托波尔附近联军有 67000 人,同守城俄军相比占有巨大的优势。腊格伦将军和新任克里木法军总司令康罗贝尔将军,曾指望在炮击摧毁要塞工事之后,以突击的方式一举夺取该城,但是俄军炮火的有力还击,迫使他们推迟进攻。

此后,缅希科夫多次在敌后发动攻势,试图解塞瓦斯托尔之围,但都没有成功。

10 月 25 日,缅希科夫率军进攻巴拉克拉瓦的联军阵地。这个港口的陆上第一道防线由土军防守的四个多面堡组成。其中第一个多面堡构筑非常坚固,俄军先施炮击,然后以三个营的兵力强攻;土军拼死抵抗,死伤 170 人,堡垒终于失守。接着,俄军几乎未经战斗便占领了其余仓促构筑的三个多面堡。联军的第一道防线完全被击破了。俄军骑兵追歼土军,防守第二道防线的部分英军前往支援。两军相遇,俄国骑兵攻击英军一个步兵团,七八百名英国骑兵冲上去同数量上比自己多一倍的敌骑兵厮杀,英国步兵则在距敌 50 步的地方举枪齐射,俄国骑兵败走。随后,双方援军开到,战斗又起。英军轻骑兵旅驱马向前,遭到俄军火炮和步枪的射击。骑兵旅发起冲锋,砍倒敌方炮手,击溃敌一支骑兵。但是,当他们开始折回时,另一支俄国骑兵突然从旁边冲出,其势迅猛。人困马乏的英国轻骑兵旅抵挡不住,结果几乎全部被歼灭。这一仗英军骑兵损失惨重,但俄军并未能夺回巴拉克拉瓦,联军失去的只是第一道防线,英军仍在坚守并积极加强第二道防线。

在巴拉克拉瓦会战以后,缅希科夫获得增援,准备同联军决战,并选择塞瓦斯托波尔以东、黑河河口附近的因克尔芒为战场。俄军占领了因克尔芒高地的有利阵地,于11月5日向联军发动进攻。他们排成密集的纵队猛扑英军据守的各个山头。英军的炮兵首先开炮轰击,而散开卧倒的英军步兵接着一阵齐射,俄军死伤累累。当进攻者勉强爬上山顶时,其队形已被破坏。英军步兵又一阵齐射,随即展开白刃战;俄军抵敌不住,被赶下山去。但是,俄军依仗优势兵力,反复冲击。两军一次又一次短兵相接,战斗十分激烈。正当英军苦战之际,法军一个师及时赶到,给了英军以有力的支援,俄军败退。就这样,14000人的联军,终于战胜了3万人的俄军。但双方都为此付出很高代价:联军损失三分之一的兵力;俄军损失更大,达1万余人。

因克尔芒会战后,交战双方处于相持状态。1855年1月,撒丁王国与法国缔结同盟条约,参加对俄作战。15000撒丁军被派赴克里木战场,从事修筑工事和后勤支援等工作。撒丁参战是法国和英国所需要的;塞瓦斯托波尔围攻战拖得愈久,联军就愈是需要新的同盟者。虽然撒丁在这个战争舞台上不过是一个配角,但大批撒丁军的到来多少增强了联军的力量。同时,沙俄在国际上也显得更加孤立了。撒丁国王维克多·艾曼努尔二世(1849~1861年在位)及其首相加富尔伯爵有自己的打算;当时,意大利仍然四分五裂,北部的伦巴底、威尼斯被奥地利长期占领,撒丁的统治者旨在以参战来取悦英、法(特别是法国),谋求拿破仑三世帮助他们取得奥占意大利领土,支持由撒丁完成意大利国家的统一。

1855年春,激烈的战斗重新展开。彼得堡宫廷急于要打破联军对塞瓦斯托波尔的包围,要求缅希科夫主动出击。2月,这位不受广大士兵欢迎的将领,命令俄军19000人向耶夫帕托里亚推进。该城南临黑海,东邻萨塞克湖,是联军登陆部队的前进基地。2月17日,俄军自唯一易受攻击的西北面接近耶夫帕托里亚,先是发动全线炮击,接着步兵借助墓碑和树木的掩护展开进攻。奥美尔帕夏统率的土耳其驻军给了俄军以沉重的打击,并迫使其后退。耶夫帕托里亚会战失败后,尼古拉一世不得不借口缅希科夫"有病",免去其克里木俄军统帅一职,改由多瑙河上的败将哥尔查科夫继任。

形势对沙俄越来越不利了。3月2日,尼古拉一世于绝望中猝然死去。其长子继承皇位,称亚历山大二世(1855~1881年在位)。

在整个战局中,亚速海是俄军向克里木运送粮食和其他补给品的主要通道。5月,接替康罗贝尔出任克里木法军总司令的佩利西埃将军,决定截断俄军在亚速海上的粮道。为此,联军发动了向几亚速海的远征。主要由英法两国舰队的轻型军舰组成的分舰队,运载英、法、土军15000人,开往这个俄国内海。5月下旬,联军占领了控制刻赤海峡的刻赤城。这里贮藏着可供10万人食用近四个月之久的军粮,俄国损失惨重。而正是在刻赤附近,联军截获了哥尔查科夫给当地部队长官的信件。信中埋怨对塞瓦斯托波尔的粮食供应不足,坚决要求火速派出新的运粮队。然而为时已晚,联合舰队正在亚速海上横冲直撞,追歼俄国的运输帆船,摧毁沿岸的重要据点,严重破坏了俄军的供应线。

从6月中旬起,联军加强了对塞瓦斯托波尔的攻势,6月18日,英军在左,法军在右,对军港区俄军防线发起强攻,试图夺取大凸角堡和马拉霍夫冈。这一天,正是40年前滑铁卢会战的日子。路易·波拿巴(拿破仑一世的侄儿)曾经在巴黎贵族院宣布,为滑铁卢会战雪耻是他的特殊使命。显然,佩利西埃一定接到了来自巴黎的命令:必须隆重纪念滑铁卢会战日。佩利西埃曾同克里木英军统帅腊格伦勋爵协调作战行动。原定6月18日拂晓恢复炮击,在数小时全力轰击之后,联军七个纵队同时突然展开强攻。后来改变计划,撤销炮击,确定凌晨三时发动强攻,信号当空三发信号弹。可是,在规定的时间前半小时,部分法军忽然开始进攻,打乱了整个作战部署。其原因,据佩利西埃称,是那些人把爆炸弹看成信号弹了。于是,这位克里木法国统帅只好提前发出进攻信号,联军的行动处于一片混乱之中。据守阵地的俄军以猛烈的炮火迎击敌人,联军损失惨重,佩利西埃赶忙下令退却。法军对马拉霍夫冈和英军对大凸角堡的强攻都失败了。据法国官方公布的显然缩小了的数字,联军伤亡约5000人。佩利西埃只好自我安慰一番,说是这次退却进行得"颇为体面"。而俄国人于得胜之余,免不了沾沾自喜。6月19日休战时,一位俄国军官得意地问英国军官:"昨天你们的将军们在指挥强攻时,该不是喝醉了酒吧?"

然而,6月18日防御战的胜利并不能扭转俄军的颓势。塞瓦斯托波尔要塞的被围者每天都要损失500至700人。保卫要塞的主要领导者纳希莫夫,7月10日在马拉霍夫冈巡视阵地时身负重伤,两天后去世。

在经历了7月的相对沉寂以后,到8月战事又趋激烈。8月16日,俄军为吸引围攻塞瓦斯托波尔的敌人,发动了黑河战役。这一天拂晓前,在哥尔查科夫亲自指挥下,从梅肯集高地开来的俄军于黑河边占据了一些山冈。这里,黑河水自东南往西北流去,对岸就是联军的阵地。那里有两群小山冈,分别由法军和撒丁军把守。联军阵地的前沿有两道障碍:第一道是黑河,只有浅水地段才能徒涉;第二道是水渠,几乎均从陡峭的山岩中开出。在山顶上,联军构筑了若干胸墙,有效地加强了防御。俄军趁着清晨大雾迷漫,发动突然袭击。他们首先夺取了联军在东岸的桥头堡,继而在争夺桥梁的战斗中又击败了法国守军。俄军士气高昂,迅速跨过黑河,越过水渠,爬上陡坡,冲向山顶。这时,胸墙后面的法军以逸待劳,迎头齐射,并分兵从俄军侧翼展开猛攻。俄军败下山去,退回河东。接着,俄军发起第二次攻击。他们一部分从桥上过去,另一部分从桥的两侧膛水过河,猛冲法军阵地。法军炮兵从正面轰击,撒丁军从侧面轰击,炮火十分猛烈。俄军不顾一切,再次冲上高地。坚守阵地的法军立即全力齐射,并从正面和侧翼发起冲锋。俄军抵挡不住,混乱地退回黑河对岸。哥尔查科夫不甘心失败,随即发动第三次攻击。俄军渡过黑河,但还没有登上山顶,就遭到联军炮兵交叉火力的严重杀伤。俄军又一次被赶了回去。

这次黑河会战俄军损失了 5000 人；联军损失较少，约为 1500 人。

此后，联军获得大量增援，不仅加强了围攻力量，而且增加了防备力量。它有足够强大的兵力，排除东面来自因克尔芒高地的俄军进攻的威胁，保证南面对塞瓦斯托波尔最后发动总攻的胜利。

到 9 月，塞瓦斯托波尔围攻战进入了决定性的阶段。从 9 月 5 日开始，联军对要塞进行了最后一次、也是最猛烈一次的炮击。700 门大炮持续不断地发出隆隆巨响，向俄军阵地倾泻了数以 10 万计的炮弹。要塞各处工事都遭到破坏，马拉霍夫冈上的工事几乎全被摧毁了，俄军每天伤亡 2000 至 3000 人。9 月 8 日，联国 13 个师和一个旅共约六万人，发起了规模空前的总攻。守军四万人拼死抵抗，战斗呈白热化。在马拉霍夫冈这个关键阵地，法军的进攻纵队同俄军展开了一场恶战。山冈斜坡上遗尸枕藉，血流满地。俄军终于败退了，法军攻占了马拉霍夫冈。在其他地段，联军的进攻则被击退了。

塞瓦斯托波尔南区的马拉霍夫冈是一个制高点。它高耸于城市之上，成为军港区和市区的屏障。法军在冈上架起大炮，使残存的俄军舰船再也找不到一个安全的停泊场了；而通往北区的浮桥，随时都可能被法军的炮火击毁。俄军士气低落，粮食匮乏，坚守已经无望了，哥尔查科夫不得不下令撤退。入夜，军港区和市区守军沿横跨大湾的浮桥转移到北区。在此之前，俄军烧毁了建筑物，炸毁了弹药库，沉没了尚存的舰只。四处浓烟烈火，断垣残壁，用佩利西埃的话说：俄军使整个地区变成了一座烈火熊熊的大火炉。9 月 9 日，法军开进俄军弃守的要塞，发现这里已成了一片废墟，便又返回自己的兵营。转移到北区的俄军，随后即与克里木半岛上的其余俄国部队会合。长达十一个月的塞瓦斯托波尔围攻战，就这样以俄军的最后失败而告结束。在整个围攻战中，联军伤亡约 7.3 万人，俄军伤亡高达 10.2 万人。

克里木战争中的外交斗争

围绕克里木战争所进行的外交斗争，从某种程度看来，甚至比战事本身更为复杂。外交斗争与军事行动相配合。1853 年上半年，缅希科夫出使君士坦丁堡期间，各国外交活动十分活跃，战事之初，即 1858 年下半年，外交活动处于沉寂状态，军事活动暂时压倒外交斗争。不外，外交家重新展开活动，奥地利进行多次调停，法、英与撒丁建立同盟。塞瓦斯托波尔陷落后，寻求出路为当时外交的特征，巴黎和会以外交途径结束了这一场战争。

俄国从 1844 年之后企图与英国结盟，但英国在经济和政治上与俄国争夺中近东，矛盾重重。英国著名政治家帕麦斯顿指出："欧洲沉睡良久，此刻正在苏醒，以便消除沙皇在其辽阔国土四周采取的进攻体制。"消除俄国影响是当时英国政府的明确主张。

与此同时，俄国政府先后与丹麦、瑞典和波斯进行谈判，以求壮大自己力量。丹麦不愿保持中立。瑞典不肯支持俄国。波斯拒绝参加反对土耳其的战争。俄国陷于孤立，独自与欧洲数强较量。

1853 年,法、英正在逐步走向联合。俄国过高估计了法、英之间的矛盾。当时,法国外交部长德鲁安·德·吕伊斯指出:"拿破仑三世的目的是为了打破 1815 年之后的欧洲联盟"。法国的矛头必然指向当时欧洲大陆的霸主——俄国。拿破仑三世奉行联英抗俄政策。经济上在中近东排挤俄国与政治上限制俄国对外扩张,成为法英联盟的基础。

1853 年 3 月至 5 日,法英合作外交的初步表现为协同反对缅希科夫使团。法、英驻君士坦丁堡大使德·拉库尔与斯特拉福共同采取灵活策略,支持素丹与缅希科夫周旋。他们公开表示相信缅希科夫的声明,即为协商圣地问题与黑山国事件而来,他们进而证明,素丹准备就圣地问题进行尽可能地让步,而且土耳其军队镇压黑山国反抗的战斗在奥地利压力下已经停止,土军即将撤回。他们造成俄国使团已经"完成了"公开任务的局面,逼迫缅希科夫或启程回国或另提苛刻要求,从而为英法干预提供充分理由。尼古拉一世中了外交圈套,匆忙对素丹发出最后通牒。法、英外交获得初步成果。

锡诺普海战消除了英法的一切疑虑,促使它们决心建立联盟。1854 年 1 月 4 日,英、法舰队进入黑海,军事与外交密切配合,回答俄国的挑战。1 月 29 日,法国《通报》发表拿破仑三世致尼古拉一世的公开信,宣布俄国应负战争责任,代表法、英两国抗议俄国在锡诺普的罪行,要求俄国从多瑙河两公国撤军。拿破仑三世以法、英代表姿态对俄方施加了巨大的外交压力。

尼古拉一世于 2 月 9 日在《圣彼得堡报》也以公开信形式回复,宣称"1854 年的俄国将和 1812 年一样显示自己的力量"。21 日,俄国向法、英两国宣战,显然决心将战争政策推行到底。

法、英外交在 1854 年 2 月底至 6 月采取了一系列活动。2 月 27 日法、英对俄发出最后通牒。3 月 12 日,英、法、土三国结盟,声明"决心保卫奥斯曼帝国在欧洲和亚洲的领土"。27 日,法、英对俄国宣战。4 月 10 日,法、英签订正式盟约。至此,克里木战争的力量结构基本形成。法、英联军在瓦尔纳登陆,迫使俄军撤回普鲁特河左岸。4 月,拿破仑三世访问英国与 9 月维多利亚女王访问法国促进两国的团结。1854 年 8 月 8 日,法、英与奥地利从维也纳向俄国发出"四项条件"的照会:法、英、奥、普、俄共同保护两公国。它们暂由奥军占领;5 国共同保护素丹所属基督臣民;5 国共同监督多瑙河口;重审 1841 年有关达达尼尔与博斯普鲁斯两海峡的条约。四项条件为将来和平之基础,但俄国不做答复,它坚持继续作战。9 月中,法、英军队在克里木半岛登陆,战争进入决胜阶段,外交活动处于低潮。

塞瓦斯托波尔的长期对峙为法、英外交提供了新的机会。两国外交官员寻求新的盟友参战。1855 年 1 月 10 日,法、英与撒丁王国结盟。法、英协同外交为其军队在克里木战场上增添了新的盟军。

1855 年 3 月 2 日,尼古拉一世服毒自杀,长子即位为亚历山大二世。此年春夏,俄军在塞瓦斯托波尔日益面临危机,俄国全国陷入困境。9 月,塞瓦斯托波尔终于失守。外交家们投入了频繁的活动之中。亚历山大二世即位之初曾希望结束战争,通过谈判解救危难。

　　法、英亦面临是否继续进行战争的问题。法英两国皆曾主张继续战争,摧毁俄国。为此,1855年秋法国与瑞典进行谈判,希望从陆地进攻俄国主要地区,但瑞典国王奥斯卡一世要求英法派遣5万联军协助他占领芬兰,并永久拥有此地。英国不愿出兵,瑞典拒绝合作。法国政府看到与英国的分歧和瑞典的拒绝,因而主张停战,乘有利时机实现和平。英国、撒丁与土耳其希望依靠法国陆军占领克里木,深入俄国腹地,控制波罗的海与高加索等地。法国由于与英国有分歧,且国内局势不安,便与俄国开始秘密谈判。但是,法、俄私下谈判未能终止战争。只是由于奥地利的干预,俄国才决心和平。

　　克里木战争期间,奥地利帝国的外交作用远远超过了它的军事作用。1853年7月,俄军入侵多瑙河两公国后,奥地利主要运用外交手段反对俄国威胁,不愿直接卷入战事。7月24日,布奥尔在维也纳召集法、英、俄、普四国大使协商,但俄国拒不参加,锡诺普海战之后,奥地利再次出面斡旋。12月5日召开奥、英、法、普四国代表维也纳会议,决议保护奥斯曼帝国的完整,要求素丹保证基督教臣民之命运。俄国再次拒绝出席,调停重遭挫折。

　　1854年春天,俄国对英、法宣战,法、英对俄国宣战,局势大为恶化。4月9日,奥、法、英、普从维也纳发出照会,要求俄国从巴尔干撤军,保证奥斯曼帝国完整等等。法英两国力争奥地利出兵参战,奥地利外交活动余地减少。同时,俄军于5月围攻锡利斯特拉,威胁猛增。奥地利只得于6月3日向俄国发出最后通牒。

　　法、英、土逐渐占据优势,俄国日益变为劣势,促使奥地利不断倾向英、法一方。1854年8月8日,它与英、法一起对俄国发出四项条件的照会,支持英法立场。俄国拒不答复。普鲁士对四项条件也持反对态度。9月,法、英在克里木半岛登陆后,接连打败俄军,促使普鲁士逐渐改变态度。12月2日,奥地利与法、英订立条约:如1855年1月1日前俄国仍不接受四项条件,奥将在法、英一边参战。奥地利此举仅仅是给自己的调停外交增添若干军事色彩,并不准备出兵克里木。

古老的阿尔及利亚

　　阿尔及利亚地处西北非的中段,北面隔地中海同法国、西班牙、意大利诸国相望。它与马格里布的另外两个国家摩洛哥、突尼斯在地理、人种和历史上都有着紧密联系。阿尔及利亚疆域辽阔,资源丰富,北部沿海地带是狭长的冲积平原,土地肥沃,气候适宜,是地中海沿岸著名的农耕区;盛产小麦、大麦、棉花和麻类等作物,是北非著名的谷仓;商业和手工业也素称繁荣。

　　13世纪中期,随着穆瓦希德帝国的覆灭,在北非出现了3个封建国家(它们的疆域大体上和现代马格里布3国的划分一致),即摩洛哥的马林王国,突尼斯的哈夫斯王国和阿尔及利亚的阿卜德瓦德王国。这3个国家均试图以自己为中心建立新的帝国,相互间进行了长期的争霸混战。

16 世纪初,西班牙人在阿尔及利亚沿岸建立一些据点,遭到当地阿拉伯人和柏柏尔人的反抗。土耳其海盗趁机入侵北非,并征服阿尔及利亚。

1587 年,土耳其苏丹任命其帕夏(将军、总督)来阿尔及利亚,但至 17 世纪中叶起,阿尔及利亚名义上是土耳其奥斯曼帝国的一个组成部分,实际上已是一个独立的军事封建国家。代表土耳其统治的最高首脑"德伊",是在当地土耳其驻军首领中产生的,其实际统治的地区只及首府阿尔及尔周围沿海地带。内部山区,以至南部沙漠地带均属于独立的游牧部落所有。德伊将全国划分为阿尔及尔、君士坦丁和奥兰 3 个省,分别任命 3 个"贝伊"来管理。18 世纪以后,马格里布各国经济衰落,3 国统治阶级之间不断发生纷争;各国内部的封建割据战争日趋频繁。这些促使国家的经济情况和政治情况日趋恶化,大大削弱了它抵抗外国扩张的能力。西方殖民列强便乘机把侵略魔爪伸向这个地区。

法国资产阶级早已把阿尔及利亚视为自己的首要侵略目标。16 世纪初,法国早于欧洲其他强国同阿尔及利亚建立外交关系,把它当作一个实际上的主权国家来签订条约,并在阿尔及利亚拉卡尔城附近修筑了一座"法国棱堡"。18 世纪,马塞一家商号垄断了阿尔及利亚的粮食贸易。在拿破仑统治期间,法国政府开始对阿尔及利亚沿海进行考查,曾派工兵测绘了阿尔及利亚沿海的地形图,同时拟定了侵略的军事行动计划。1807 年到 1808 年间,拿破仑和沙皇两次会晤,在谈判瓜分土耳其的时候,拿破仑曾提出阿尔及利亚将来归属法国,后来因为拿破仑在西班牙的失利和在俄国的失败,法国才延缓了侵阿计划的实施。

阿尔及利亚的统治者(土耳其人的"德伊")向来畏服于法国,因而法国一直把阿尔及利亚看作是未来的殖民地。拿破仑对外扩张期间,阿尔及利亚向法国供应粮食,向在意大利和埃及的波拿巴军队供给粮秣。到 1815 年,法国欠阿尔及利亚的债务高达 1380 万法郎,却无意偿还,引起了两国间的激烈纠纷。

埃及和突尼斯都是由于欠了外债、国家财政受控制而沦为保护国的,阿尔及利亚的情况则恰恰相反。早在法国资产阶级革命和拿破仑统治时期,法国政府因由阿尔及利亚商人供应粮秣而欠下了他们巨额债务。阿尔及利亚德伊侯赛因要求法国复辟王朝偿还这笔债款,一直没有得到解决。1827 年 4 月 29 日,在一次会见中,阿尔及利亚德伊询问法国领事德瓦尔,为什么法国政府对他索还债款的要求不予答复。领事以粗暴的语气回答说:"我国政府将不给你信件,这就是说你的要求无效。"德伊大怒,叫领事离开。德瓦尔不予理睬,德伊气急,用扇子(一说蝇拍)敲了德瓦尔两下。这就是著名的"扇击事件"。法国政府借口这是对法国的侮辱,扬言要进攻阿尔及利亚。可是当时法国舰队正忙于希腊事件,无法驶往阿尔及尔,法国更害怕英国干涉,不敢贸然发动战争。在两三年时间里,法国只是虚张声势地在海面上耀武扬威。到 1830 年法国波旁复辟王朝已经摇摇欲坠,阶级矛盾异常尖锐,政局不稳。查理十世决定通过军事冒险来转移国内人民斗争的视线,以征服阿尔及利亚的"武功"来巩固自己摇摇欲坠的王位。

1830 年法国发动对阿尔及利亚侵略战争时的陆军部长席拉尔曾说,这场战争是"为了解决我们(指法国——引者)的人口过剩,推销我们工厂的产品来换取由于我国的土壤和气候条件而不出产的其他产品。"事实证明,通过对外冒险来摆脱内政困境,并把阿尔及利亚变成自己的商品销售市场和移民区是法国政府发动战争的真正目的。

　　1830年5月25日,法国派遣7000军队远征阿尔及尔。拿破仑早年策划侵入阿尔及利亚时所留下的有关阿尔及利亚的地理和防卫的资料,大有助于这场侵略战争。6月14日,法国侵略军在阿尔及利亚附近的西蒂——费吕克登陆。经过20天战斗,7月5日德伊战败被迫投降,侯赛因全家逃往那不勒斯。土耳其军队撤回到小亚细亚。法国人在保证穆斯林们可以自由举行宗教仪式,并"尊重其自由、财产、买卖以及妻子的不受侵犯"之后,进入该国首都。不用说,这些谎言都停留在纸面上,法军入城后立即开始大肆烧杀掳掠,胡作非为。他们仅在德伊侯赛因王宫中就劫去黄金1.5万磅,白银22万磅,加上其他物品共值5500万法郎,而法国远征军费开支仅435万万法郎。

欧洲掠夺者

　　查理十世的军事冒险并不能挽救复辟王朝的厄运,这是波旁王室、内阁和军人一小撮人的冒险,得不到法国人民的支持,甚至得不到工业资产阶级的支持。7月29日,查理十世被赶下台。在阿尔及利亚的"胜利"和复辟王朝的倒台之间仅相隔23天。

　　1830年七月革命以后,七月王朝对阿尔及利亚的政策是摇摆不定的,因为它本身还不稳固。但是资产阶级的掠夺本性,使新内阁表示要建立一个"重要的殖民地"。一份又一份"调查报告"充满了实施占领只需要少量的费用和人员,而阿尔及利亚将成为法国的财源的乐观估计。最后,虽然决定进行征服,但在1837年以前只限于局部地区的占领。七月王朝是一个资产阶级王朝。30年代末,法国的资本主义经济已有很大的发展,工业资产阶级要求殖民扩张。1840年后,法国对阿尔及利亚的征服更趋积极。在此以前,法国侵阿的军队曾经九易统帅,但是在1841~1847年,法国资产阶级决心要镇压阿尔及利亚人民的抵抗。在这6年中担任侵略统帅的布若,一直得到政府的信任。法国征服阿尔及利亚的第1阶段,就是在这几年中完成的。

第一次卡洛斯战争

1833 年 10 月,唐·卡洛斯率兵从葡萄牙进入西班牙,在托莱多省的塔拉韦腊向政府开战,内战爆发。战场主要集中在北部的加泰罗尼亚和巴斯克地区。卡洛斯军的计划是:利用这里多山的有利地形,在农民支持下,用游击战与优势的政府军对抗,逐步扩大地盘,壮大队伍,然后再与政府军决战,夺取全国政权。这两个地区毗邻法国,可以得到法国极端分子的支援,并可随时撤到法国境内。卡洛斯派军队的指挥官 J·苏马拉卡雷吉将军是一位军事天才。他利用巴斯克山区的有利地形,从当地农民中招兵买马,使军队由几百人发展到精兵 3 万,并擅长山地作战。他组建了一个炮兵团,装备有缴获的大炮和土造炮弹。此外,还建立了一所工兵学校和几个兵工厂。在战争初期,在苏马拉卡雷吉的指挥下,卡洛斯军在北部数挫政府军,控制了西班牙北部。

初期战争的失利,引起政府阵营的极度恐慌。1834 年,西班牙又爆发了第三次资产阶级革命,在人民斗争的压力下及战局失利的紧要关头,摄政皇后克里斯蒂娜为了消灭政敌,保住摄政王位,不得不同以资产阶级为首的进步势力结盟,在人民的压力下进行了一系列改革:废除了行会特权;颁布了新宪法;实行君主立宪制;任命自由派执政;扩大选举权;废除了长子继承制和领主权;解散了教僧团;没收了修道院和教会的土地并廉价拍卖;废除了什一税等。这些改革对人民有利,从而赢得了人民支持,奠定了战争胜利的基础。

从 1835 年起,战局开始发生了变化。双方军队在北部战略港口毕尔巴鄂展开了激烈的争夺战。卡洛斯军迫切想攻占这一港口,以便取得海外的援助。在 1835 年围攻期间,苏马拉卡雷吉因腿部受重伤致死,使卡洛斯军受到沉重打击。

1836 年,双方处于相持阶段。政府军得到了英法两国的援助,英国的"西班牙军团"和法国的外籍军团还直接参战。政府军士气大振,在富有指挥经验、精力充沛的埃斯帕特罗将军指挥下,在英法援军协助下,于泰拉伯圭一战中战败卡洛斯军。但卡洛斯军在 8 月 29 日的埃尔纳尼一战中,击败了伊万斯将军的英国军团。11 月 9 日,卡洛斯军又包围了毕尔巴鄂,毕尔巴鄂之战成了战争的转折点。卡洛斯军开始时攻占了一部分郊区,但政府军很快主动出击恢复。埃斯帕特罗指挥 1.8 万政府军经反复争夺,终于 12 月 25 日夺回毕尔巴鄂城,驱逐了卡洛斯军,歼敌 1800 人,政府军伤亡 700 余人。毕尔巴鄂之战后,战局逆转,卡洛斯军撤往山区,进行游击战。

1837 年,是决定性的 1 年。5 月,双方进行了战争中规模最大的一次战役——韦斯卡战役。伊里瓦雷乌将军指挥 1.2 万政府军和英军同卡洛斯军 2 万人展开激战。卡洛斯军依仗人数优势,全线猛攻,打得英军阵脚大乱,在此紧急关头,伊里瓦雷乌将军亲率骑兵出击,迫使卡洛斯军停止追击。在战斗中,伊里瓦雷乌将军不幸阵亡,政府军伤亡 1000 余人,内有英军 227 人。8 月,两军又在埃雷拉展开会战。卡洛斯亲任统帅,由莫雷诺将军指挥的军队在向马德里进军中,击败了布伦埃斯将军指挥的政府军。政府军伤亡 2600 多人,是开战以来伤亡最大的一次。卡洛斯率军 1.4 万乘胜向首都马德里进军,当进到离马德里仅 12 英里时,与埃斯帕特罗率领的 2 万军队相遇,被迫后撤。从此以后,卡洛斯军开始衰落。

1838 年,卡洛斯军已无力发起大规模进攻,只能在山区进行游击战。政府军步步进逼,压缩卡洛斯军的地盘。卡洛斯军士气低落,无力再战。1839 年 8 月 31 日,卡洛斯军总司令马罗托将军未经卡洛斯批准,私下同政府军签订了《贝尔加拉协定》。根据协定:马罗托及其部下归顺克里斯蒂娜,政府对其赦免;恢复巴斯克和纳瓦拉二省的自治地位。唐·卡洛斯陷于困境,被迫和一部分追随者逃到法国的布尔日。卡洛斯军残部在"长者"卡夫雷拉将军的指挥下,在加泰罗尼亚坚持顽抗,直到 1840 年 7 月,埃斯帕特罗才指挥正规军将其一网打尽。

第 1 次卡洛斯战争以政府军获胜而告终。卡洛斯军的失败,是因为复辟倒退得不到人民的支持。卡洛斯未能把自己的势力扩展到巴斯克和纳瓦拉地区以外。

第二次卡洛斯战争

唐·卡洛斯战败后,和其追随者逃到法国,自立小朝廷,时刻梦想回国复辟封建王朝。1845 年,老卡洛斯之子唐·卡洛斯·路易自封为查理六世(1845~1861 年在位)。1868 年 7 月,老卡洛斯之孙唐·卡洛斯·马利阿被封为查理七世。这 1 年,西班牙革命爆发,伊萨贝拉女王被黜,国会推选萨伏依王室的奥斯塔公爵阿马戴维斯为国王,但遭到被击败的王位候选人和平民百姓的强烈反对,甚至有人扬言要杀死阿马戴维斯。1873 年,阿马戴维斯被迫退位,激进派控制的国会宣布建立"第一共和国"。这时人民起义风起云涌,政局动荡,这给卡洛斯派提供了天赐良机,卡洛斯派认为时机已到,起兵叛乱。梵蒂冈教廷和一些欧洲国家的反动势力予以大力支持。

战争初期,卡洛斯军占了上风。到 1873 年 8 月,在巴斯克人协助下,攻占了西班牙北部的巴斯克和纳瓦尔等地区及埃斯泰利亚等城镇。

在卡洛斯军节节推进的情况下,西班牙政局一派混乱。1874 年 1 月,共和国垮台,多明格斯将军建立了军事独裁政府。他随即出兵,解除了卡洛斯军对毕尔巴鄂的包围。但政府军军心不稳,纷纷倒戈。卡洛斯军在埃斯泰利亚和昆卡两战中获胜,不久又攻占了中、南方重要城市阿尔科伊、塞维利亚、加的夫和巴伦西亚等地,许多城镇不战而降。1874 年底,卡洛斯军已发展到 10 万人,分为中央军、北方军和加泰罗尼亚军三部分,并得到游击队的配合,大有席卷全国之势。

为挽救危局,1874 年 12 月 24 日,康波斯将军又发动政变,推翻共和国,宣布伊萨贝拉之子阿方索十二世担任立宪国王,又恢复了波旁王朝。1875 年 1 月,阿方索发表宣言,允诺大赦卡洛斯分子,要求和解,但遭到卡洛斯拒绝。1875 年 2 月 3 日,卡洛斯军在卢卡拉之战中又一次击溃政府军,但自己已是强弩之末。政府方面很快稳定了局势,整编了军队,逐渐掌握了主动权。8月,阿方索出动15万大军向卡洛斯军发起全面进攻,打败了加泰罗尼亚和阿拉贡的卡洛斯军。卡洛斯阵营因内部矛盾,发生分裂,加上缺乏人民支持,连连失败,很快便全线崩溃。1876年2月,政府军攻克了卡洛斯派"首府"埃斯泰利亚和大本营托洛萨,全歼卡洛斯军1万余人,另有数千人投降,小卡洛斯逃亡法国。巴斯克地区被迫放弃了其特殊的税收和军事制度。卡洛斯战争以政府军的胜利而告终。

流放殖民地与公民殖民地

英国从1717年开始,一直把本国重罪犯人流放到北美殖民地去。1783年,北美殖民地赢得了独立,英国丧失了北美流放地。这时,英国社会因工业革命和圈地运动大规模地进行而陷于动荡的局面,犯罪率日益升高。拥挤在囚船上和监狱中的犯人发生了瘟疫,并有向农村蔓延之势,而犯人暴动又屡屡发生。如何处置犯人成了当时执政的皮特政府亟待解决的问题。

1779年,曾经随同库克发现东澳大利亚的约瑟夫·班克斯向下议院的一个委员会建议,把东澳大利亚的植物湾地区作为流放地,英国政府采纳了班克斯的建议。1786年8月,内务大臣悉尼勋爵宣布东澳大利亚为刑事犯和政治犯的流放地,并指示海军部做准备,以便把第一批犯人运往澳洲。接着,英王任命阿瑟·菲利普上校为新殖民地的第一任总督兼驻地司令官。

1787年5月13日,菲利普总督率领212名海军陆战队员,押送575名流放犯离开英国,于1788年1月到达澳洲的植物湾。从此,澳大利亚沦为英国的殖民地。

英国变澳大利亚为自己的殖民地花费了半个多世纪的时间,经历了流放犯殖民地和公民殖民地两个历史时期。

(1)流放犯殖民地时期(1788~1823年)

从1788年开始,英国把大批犯人陆续流放到澳洲。1788~1795年间,流放来的犯人为5765人;1795~1810年间为6525人;1816~1820年间为11250人。最初30多年,被放逐到澳洲来的犯人总数达33508人。据统计,在澳大利亚的白人总人口中,犯人、释放犯及其后裔占3/4以上。

澳大利亚的菲利普船长

流放来的犯人除少数确有危害社会的罪行外,大多数是无以为生的贫民,被剥夺土地的农民,乞丐,或反抗英国殖民统治的爱尔兰人以及政治犯,等等。

英国在这里建立起的殖民政府,起初具有浓厚的军事专制性质,以犯人及其后裔为统治对象。在 1823 年以前,总督拥有赦免罪犯、缓刑、征兵、维持法纪、赐予土地、统率军队、保卫移民等权力。总督对母国政府负责,受殖民大臣遥控。

澳殖民政府利用军队和严刑强迫流放犯在杰克逊港(今悉尼市)建造住所,修筑道路,开荒种地,办起农场和牧场。澳大利亚出现了第一批城市和乡村。初期,一切东西,尤其粮食和生活必需品完全依赖母国的船只运输供应。一旦运输船延误日期或失事,就会给殖民地带来严重饥馑。如 1789~1790 年的饥馑使菲利普总督深信,只靠流放犯的劳动,不可能使殖民地长期存在下去,因而他制定出发展殖民地的方针:从英国吸引自由移民来澳大利亚,把犯人作为自由移民的劳动力;赐土地予官员,亦由犯人充作劳动力;赐土地子释放犯。这一方针后经格罗斯等总督修改充实,成了英国殖民当局长期在澳的殖民方针。其结果,使澳大利亚社会向与流放犯殖民地相反的方向发展。

农业是这一历史时期的主要经济部门。农业经济体制当时出现了四种类型:殖民当局的农场,强迫犯人劳动;军政官员私人农场,指派犯人无偿劳动或雇佣释放犯;自由移民的个体经济;释放犯的个体经济。

畜牧业、小型作坊和商业也陆续建立起来,其中以养羊业的出现和发展,对后来澳大利亚社会的发展有特殊重要的意义。澳大利亚养羊业的鼻祖是前军官麦卡阿瑟。1802年,他在伦敦说服了国务大臣卡登姆伯爵,允许他在澳发展养羊业。他带着卡登姆给新南威尔士总督金的命令回到悉尼,命令要求金给麦卡阿瑟 1 万英亩土地,来饲养西班牙的美利奴细毛羊,澳大利亚的养羊业从此发展起来。

农牧业经济的发展和人口的增长,客观上要求扩大土地面积,从而加紧了对澳洲内陆的探察,并取得了一些成就。其中最重大的成就是 1813 年越过蓝山山垭和 1815 年越过利物浦山脉的通道,进而发现两山山麓以西的肥沃的大平原。新南威尔士殖民政府当即派出探险人员对大平原及其河流进行勘察,不久便开始大规模向这里移民。这就为澳大利亚农牧业,尤其是养羊业的迅速发展提供了必需的前提条件。

在各个经济部门中,流放犯和释放犯是社会生产的主要劳动力。最初的几任总督都能正确地对待释放犯。犯人刑满释放后,一般给予 30~50 英亩土地,如有专门技能,务使尽其才,并给予较高的社会地位。因而进入 19 世纪后涌现出一批有名的释放犯,如西米恩·洛德、查尔斯·威廉、汤普森等人。在这方面,澳大利亚历史上著名的政治家麦夸里总督(1809~1821 年任职)是比较突出的。

在麦夸里总督时期,在如何对待释放犯方面,澳大利亚出现了相互对立的两派:凡拥护正确对待释放犯的人,称之为"解放论"派;凡反对给释放犯以应有的社会地位的人,称之为"排斥论"派。早在 1816 年,一批反对麦夸里的人写了一份请愿书交维尔牧师转呈英国下议院。请愿书控告麦夸里总督改变陪审团的决定、鞭打自由人、出卖赦免证和重用释放犯等。1819 年,英国下议院任命了一个"调查监狱委员会"。殖民大臣巴瑟斯特任命约·托·比格为调查委员,去澳大利亚调查,双方的斗争达到高潮。

比格从 1819 年 10 月至 1821 年 2 月在新南威尔士和范迪门两殖民区进行了细致的调查,并在 1822 和 1823 年先后向英国政府提交了三个报告,就有关犯人和释放犯提出了如下建议:大力发展牧羊业,用流放犯牧羊;把最顽固的犯人流放到莫尔顿湾、克斯提港和博恩港去,对一般犯人亦"宁严勿宽";废除授土地予释放犯的政策;禁止任命释放犯担任社会公职和由释放犯参加陪审团。英国政府接受了比格的这些建议。

1821 年 12 月,布里斯班取代麦夸里任总督。布里斯班奉命改变了对犯人和释放犯的政策,完全按照比格的建议行事,把犯人从市镇迁到乡村,指派给自由移民去从事农牧业劳动;把所谓不堪改造的犯人送往麦夸里港和莫尔顿湾,后又改迁到诺福克岛;同时废止了授土地予释放犯的政策。

(2)公民殖民地时期(1823~1850 年)

18 世纪 60 年代开始的英国工业革命,到 19 世纪 50 年代已基本完成。母国工业的巨大发展,迫切要求殖民地提供更多的原料和销售更多的商品。在工业革命中,英国毛纺织工业高速度地发展起来,大幅度地增加了对羊毛的需求量迫切要求澳大利亚养羊业迅速发展,以适应母国毛纺织工业高速度发展的要求。英国因此在 19 世纪 20 年代后改变了对澳大利亚的殖民政策。

英国政府在澳推行了新的土地政策,建立起新的授予、租让和出售土地的制度。1825 年,英国颁发给澳大利亚农业公司特许状,在新南威尔士东海岸的纽卡斯尔地区授予该公司 100 万英亩土地。后来又允许亨利·丹加尔家族在亨特河流域占用 30 万英亩土地。在 1820~1850 年间,仅塔斯马尼亚一个殖民区就租让土地达 425 万英亩。新南威尔士共出租土地高达 7300 万英亩。这样,澳大利亚出现了畜牧业大发展的局面。1847 年,英国枢密院为了适应这一局面而颁布了有关土地租借的法令,此法令的颁布导致租借土地高达 1 亿 8 千万英亩。

在 19 世纪 50 年代以前,出售土地也达到了一定的规模。1820~1831 年间,塔斯马尼亚和新南威尔士两个殖民区共发卖土地 500 万英亩;1837~1842 年间又发卖土地 200 万英亩。伦敦地产公司专门经营出售西澳大利亚的土地,它在 18 个月内就卖给 70 个自由移民 50 万英亩土地。

英国政府还推行了新的移民政策,对自由移民给予旅费津贴。1830 年以后,从英国移入的公民几乎全是由政府资助的。到澳大利亚后,殖民当局给予妥善来自"努力"号船上的水手在悉尼港升旗安排,给予种子、土地、工具和牲畜,无偿向他们提供流放犯充作劳动力。从 19 世纪 20 年代起,自由移民大批涌入澳大利亚。1820~1850 年流放来的犯人为 10 万人左右,而自由移民高达 20 万人以上。澳大利亚人口结构发生了显著的变化:自由移民数量超过了流放犯和释放犯人数的总和;出现了阶级差别;人口的总数从 1820 年的 33543 人上升到 1850 年的 405363 人,即在 30 年内增长了近 11 倍。

英国政府还改变了对澳统治方式。1823 年,英国议会通过关于改善新南威尔士和范迪门地区的司法条例。根据条例,新南威尔士和范迪门地区分别建立起 5~7 人的立法会议。此后,英国被迫一次又一次地进行改革,变换统治方式。总督权力日益削弱,而由当地地主资产阶级控制的议会的力量日益膨胀。

澳大利亚人口结构的变化,英国对澳统治方式的变化,以及采取新的土地政策和移民政策,所有这些表明,澳大利亚已由流放犯殖民地转向公民殖民地。

　　除原有新南威尔士和范迪门地区外,英国殖民主义者还于 1829 年建立西澳大利亚殖民区,1836 年建立南澳大利亚殖民区。自由移民不仅侵占了蓝山山脉和利物浦山脉以西的大平原,而且向南、向西,向整个澳大利亚扩展,到 19 世纪 50 年代,整个澳大利亚都沦为英国的殖民地。

　　在这一历史时期内,澳大利亚的社会经济迅速发展。为了适应母国毛纺织业的发展,养羊业已发展成为澳洲的主要经济部门。英国大量投资于细羊毛生产,拥有资本的移民绝大多数成为养羊主,史称"牧地借用人"。他们随着日益增多的羊群逐步向内陆推进,距海岸越来越远。而规模巨大的养羊公司和牧羊场像雨后春笋般地陆续出现。到 1849 年,澳大利亚已拥有 1,600 万只绵羊。羊毛成了主要的出口商品,出口数量迅速增长,1810 年仅 167 磅,到 1849 年就达到了 3,500 万磅。1850 年,澳大利亚的羊毛几乎全部运往英国,占英国全年羊毛进口总数的一半。

　　羊毛生产和出口的迅猛增长对澳大利亚社会的发展有极为重要的意义。澳大利亚因此而被称为"骑在羊背上的国家"。

　　农业经济发展也很快。首先耕地面积逐渐扩大,据不完全统计,1850 年,新南威尔士、范迪门地区和南澳大利亚三个殖民区的农田已达 43.2 万英亩,粮食自给率逐年增加。

　　农牧业的迅速发展是建立在侵占土著黑人土地和屠杀土著居民的基础之上的。据估计,在 1788 年时,大陆上黑人约有 500 个部落,人口总计约 30 万。此外,在塔斯马尼亚还有 4000~7000 黑人土著。在流放犯殖民地时期,英国人和土著基本上是互不来往,只是有时流放犯逃到土著那里避难。进入 19 世纪 30 年代后,尤其大规模养羊业开始后,英国殖民主义者为夺取肥沃土地,大肆屠杀黑人土著。采取的手段极端残暴,如集体驱赶枪杀、在食物中下毒、追逐捕杀……。经过多年屠杀,到 1876 年,塔斯马尼亚黑人土著被虐杀殆尽,大陆上的黑人 85% 以上也被虐杀了。

淘金者云集澳洲南部

随着农牧业的发展和人口的增长,澳大利亚内部市场逐步扩大,促进了供本地需要的制造业的产生,出现了造船、酿酒、制粉、农具等工业部门,此外,食盐、服装、制革、家具、陶器、铁器等小型作坊也纷纷出现。工业中,以造船业最为突出。范迪门是澳大利亚造船中心。1840~1850年间,该殖民区建造轮船400艘,载重量总计达2.4万吨。与此同时,从事商业和进出口贸易的机构以及金融银行机构也陆续建立起来。

澳大利亚各殖民区土生土长的地主资产阶级、中小资产阶级、工人阶级和农民阶级在这一历史时期内逐步成长起来,并开始了激烈的斗争。在1823~1850年间,政治斗争主要是围绕着废除流放制而展开的。澳大利亚各殖民区的中小资产阶级、工人阶级和农民阶级主张废除流放制,英国政府坚决反对。1837~1838年,英国下议院被迫建立一个由威廉·莫尔斯沃思爵士主持的委员会调查流放制的问题。1839年,英国政府下令废除新南威尔士和范迪门地区的流放犯指派制。1840年,英国殖民大臣约翰·罗素勋爵在下议院发表演说,不得不承认流放制是奴隶制,并宣布废除向新南威尔士流放犯人的制度。此后,澳大利亚本土的各阶级和一些政治集团不断地对英国政府施加压力,迫使它在其他殖民区也废除流放制,斗争一直持续到1866年。是年,英国不得不宣布在整个澳大利亚废除流放制。

废除流放制具有重大的历史意义。之后,澳大利亚民族资本主义迅速发展起来,为澳大利亚民族的形成和1901年澳大利亚联邦的建立奠定了牢固的基础。

大盐平八郎起义

大盐平八郎起义是日本19世纪30年代最大的一次市民反封建武装起义。这次起义发生在"天下(日本)财政中心"的大阪市,由幕府官吏发动和领导,对统治阶级震动很大。它沉重地打击了德川幕府的封建统治,加深了德川幕府的政治危机,影响深远,在日本历史上占有重要地位。

大盐平八郎1793年(宽政五年)正月22日出生在日本大阪市天满区的一个下级武士家庭。他七岁丧父,八岁丧母,由祖父大盐成余抚养成人。其祖父是大阪市东"町奉行"所的"与力",大盐平八郎十四岁继承祖父之业,做大阪东"町奉行"所的见习"与力"。开始了他的警官生涯。

大盐平八郎任警职期间,忠于职守,秉公断案。他为维护封建秩序,巩固封建统治,曾不畏风险地处理过三大重要案件,即1827年逮捕天主教徒案;1829年惩办贪赃枉法的衙役案;1830年惩处伤风败俗的僧侣案,建立了被封建统治阶级称颂的所谓"大盐三大功绩"。这样一个忠实维护封建统治的卫道士,之所以发动和领导大阪市民进行反封建武装起义,有其深刻的社会历史背景。

大盐平八郎所处的时代,是日本历史上最后一个封建政权——德川幕府统治的晚期。当时,社会矛盾复杂尖锐,德川幕府政治、经济危机四伏,主要表现在以下三个方面:

1.商人聚集财富,幕府财政恐慌。

日本进入18世纪后,商品货币经济获得了前所未有的发展。随着商品经济的发展,社会阶级结构逐步发生变化,出现了一个靠经营手工业工场、放高利贷或出租土地发财致富的豪农豪商阶层。到18世纪中叶,全国百万富翁就有70家。国家的主要财富集中在大商人手里,有"大阪富豪一怒,天下诸侯惊惧"的说法。

2.封建等级制度紊乱,中下级武士对幕府和商人日益不满。

日本封建统治阶级把社会划分为士(武士)、农(农民)、工(手工业者)、商(商人)四个等级,规定占人口不到10%的"士"为"四民之首"。士属于统治阶级,一般说来是包括将军、大名直至士卒的,但通常所说的武士,则仅指将军、大名之下的士。农、工、商是被统治阶级。士这一当权的封建领主阶级内部,又以幕府将军为首,划分许多等级。将军之下有诸侯,诸侯称为"大名",割据一方,其领地称"藩国"。幕府末期,日本约有260~270个大名。大名之下有家臣藩士,家臣之下又有家臣,直到士卒。德川幕府以它规定的土地收获量来计算领地的多寡。在幕府末期,中级武士年平均收入为100石,大致相当于一个富农的收入;全体武士的平均收入,则在35石以下,与一般农民的生活水平差不多;下级武士的经济收入,往往比一般农民还不如。随着幕府和各藩的财政经济恐慌不断加剧,大名不得不大量削减武士的俸禄。中下级武士的生活,费用不断增加,而其俸禄却有减无增,日子越来越不好过。为了弄到钱,武士们经常向商人借债,甚至典当武器,出卖武士身份,或采取通婚、当养子等方式与商人拉关系、攀亲戚。武士对商人的依赖,如当时人所记载:"今世诸侯无论大小皆垂首强求于商人,依靠江户、京都、大阪以及其他各地的富商,以其资济来维持生活。"对农民、手工业者和商人具有"格杀勿论"特权的武士,现在竟沦为依靠商人资济来度日,并且每况愈下,不断破产,这使他们对幕府和商人十分不满,甚至达到"恨主如仇"的程度。

3.国内阶级矛盾空前尖锐,人民反封建斗争此伏彼起。

德川幕府对农民的统治是十分残酷的。认为"农民和芝麻一样,越榨越出油",甚至公然说"把农民弄得不死不活,是政治的秘诀"。特别是随着幕府财政困难日益加深,而变本加厉地压榨广大农民,使农民负担越来越重。农民生活的状况正如地主田中邱偶在《民间省要》中所描写的那样:"所谓农民,是和牛马一样的,他们受着荷重赋税的压迫……以致丧失财产出卖妻子,或受辱而死者不可胜数。"日本人民的悲惨处境,使他们与

日本京都浴堂洗澡画面

封建统治阶级的矛盾日趋激化,反抗斗争此伏彼起,逐年增加,据统计,1830年日本全国共发生农民起义23起,而到了大盐平八郎起义前一年,即1836年,农民起义多达98起。不仅农民与幕府的矛盾十分尖锐,幕府与商人、武士及各藩的矛盾也越来越大。国内阶

级矛盾激化，为大盐平八郎发动人民，进行反封建武装起义提供了有利条件。

导致大盐平八郎起义的直接原因，是发生在天保年间（1830~1844年）的大饥馑和引起米价飞涨的幕府暴政。

大盐平八郎于1830年辞去警官职务，专事教育与著述。从1816年起，大盐平八郎就在家开设私塾，教同僚子弟文武两道。1825年，他将家塾命名为"洗心洞"，向门生弟子们讲授"阳明理学"。阳明学派，是中国明代王阳明创立的学派，以"致良知"和"知行合一"为主旨。明末清初，阳明理学传到日本，发展成日本的一个重要学派。大盐平八郎发挥了阳明学中的"知行合一"观，他比阳明学的主张更重视实行，不仅要重视自己的道德修养，而且还要把这种道德修养加以推行，使自己和社会上的人们都来执行。他的这些理论和思想，从积极方面说，使他不断追求自身的道德完善，因而富有同情心。有一次新年时节，当他身着新衣，享用佳肴时，不禁想起挣扎在冻饿死亡线上的穷苦百姓，写下了"着得新衣祝新年，羹饼味浓易下咽。忽思城中多菜色，一身温饱愧于天"的诗句。对穷苦百姓的同情和要用行动改变贫苦百姓的悲惨处境的决心，为此后大盐平八郎发动和领导市民起义奠定了思想基础。而黑暗的政治和残酷的现实，更加速了他的思想转变。

大盐平八郎富有正义感，任警官时又能广泛接触到日本社会各个阶层。统治阶级的穷奢极欲和劳动人民的悲惨处境形成的鲜明对照，使他思想感情逐渐发生变化，对封建统治阶级失去信心，对被压迫人民深表同情。他曾多次走访过农村，写下不少同情农民的诗文。"苹花蒲剑战风开，可知依然租税催。蛩虫鸣草声尤切，似诉农人荒耗哀。"有一次当他看到因暴雨所致，作物腐坏，哀声遍村，而统治阶级对此却不闻不问时，

古代日本人制作的辟邪物

愤然写道："田混池沟稻腐坏，村村拱手只空哀。莲虽君子无情甚，出水红颜一笑开。"

1830年，开始了天保大饥馑。据统计，在整个德川时代，共发生灾荒130次，大饥馑21次，其中著名的特大饥馑共有3次。天保大饥馑就发生在大盐平八郎辞职后的1830~1836年。灾荒年间，粮食收成锐减，1836年，收获量只相当于一般年景的42%。1836~1837年的两年间，饿死人达5.6万之多，甚至出现人吃人的现象。据史料记载：当时如作半日之旅，则见路旁死骸，官吏不加收埋，犬鸟争食，臭气刺鼻。大阪也同全国一样，惨不忍睹："今日在大阪求生者，稍有不顺，沦为乞丐者，一日达40~400人之多。特别是隆冬季节，寒气袭人，虽至春日，每遇寒雪袭击，冻饿而亡者，每日达30~40人。自去冬至正月，死亡之人约4~5千人。"整个饥馑年间饿死人数不计其数，仅津轻藩（现青森县）据说就饿死4.5万人以上，人民挣扎在死亡线上。

为帮助处于饥饿之中的穷人度过灾年，大盐平八郎四处奔走，向大阪的官商借钱救济灾民，均遭拒绝。富商们却趁荒年之机，囤积居奇，哄抬米价，牟取暴利。官府不仅不

加制止,反而与奸商勾结,从中渔利,人民痛苦不堪。这使大盐平八郎边一步认识到,要解救饥民,就必须用武力推翻恶政,惩治奸商。他在起义檄文中说,"事至于此,忍无可忍,不得已敢以天下为己任,冒灭族之祸患",遂决定进行武装起义。

大盐平八郎决定起义之后,便积极着手各项准备工作。1836年9月,他开始在洗心洞教授炮术,购买硫磺、铅等军用材料,赶制火药、炮弹、大炮、炮车等武器弹药。除自制一门木制"百目筒"大炮外,还向东町警官由比万之助的父亲彦之进等,借了几门铁制百目筒大炮,并准备了起义时用的旗帜、灯笼和草鞋等用品。

1837年1月8日,大盐平八郎在洗心洞举行"义盟血誓",正式成立了起义领导核心。参加义盟血誓的共有60人,其中下级武士24人,农民17人。起义领导者除大盐平八郎外,也有农村中的上层分子,如摄津国(现大阪府和兵库县一部分)东成郡般若寺村的村长桥本忠兵卫和摄津国守口村的富农兼典当业者白井孝右卫门等。他们参加策划起义,在经费上给予大力资助。

为了救济饥民和扩大起义队伍,1837年2月1日,大盐平八郎以雇用工人填平宅内水池为名,将约定参加起义的40余人聚集家中。同月,他还将自己珍藏的5万册书籍全部变卖,换金600余两,并在6日至8日三天之内,按每户一朱,全部分给1万户穷苦百姓。分配范围主要是摄津国东成郡的19个村和河内茨田郡的9个村镇,总计约54个村镇。大盐平八郎此举的目的有二:其一是这些村镇多是大阪市的近郊农村,受大阪市贪官奸商们的欺压和盘剥厉害,生活尤为痛苦,较之偏远地区的农民更加痛恨大阪的贪官奸商;其二是这些地方距大阪市较近,起义一旦爆发,他们能迅速参加。

大盐平八郎的卖书费是由大阪的四家书店帮助散发的。大盐让他们散发时务必向领钱人说,如果你们一旦看见大阪天满区起火,便请速来大盐先生处,参加起义。可见,起义领导者对广泛动员群众参加起义是十分重视的。

为动员更多的人参加起义,大盐平八郎还印制了大量起义檄文。该檄文是大盐平八郎起义的纲领,也是号召人民参加起义的动员书。

起义檄文用汉文体日文写成,木版印刷。为了保密,在制版时,把原稿横行切断为5或6字一组,印刷时再重新组排,以防木刻匠人得知其内容。檄文印出后,装入中央写有"天降"字样的精制绢袋内,派人分头送往各地。檄文全文约1800字,其主要内容有以下几个方面:

1.反对幕府统治。檄文开头明确指出:当今"四海穷困,天禄永终;小人治国,灾害并至;此盖往圣之深诚于后世人君人臣者也"。"天皇自足利家以来,如同隐居,久失赏罚之柄。"而今"我等兴师问罪,不同于乱民之骚扰;既欲减轻各处年贡诸役,并欲中兴神武天皇之政道"。这里主张恢复天皇政权的目的是为了反对幕府统治。

2.揭露贪官污吏腐败无能,鱼肉人民。檄文说:"达官要人之间,贿赂公行,交相增纳。甚至不顾道德仁义,以内室裙带之缘,奔走钻营,得膺重任;于是,专求一人一家之私肥,课领内百姓以重金。"

3.揭露贪官奸商相互勾结,趁荒年之机,哄抬米价,牟取暴利,不管人民之死活,过着荒淫无度的糜烂生活:"职掌当地政务之府尹暨诸官吏,竟复与之(奸商)相互勾结;朝夕蝟聚堂岛,计议米价行情,而置下民于不顾。"在今连年灾荒,"际此民生艰难时节,彼辈依然锦衣玉食,游乐于优伶娼妓之间,一如往昔""或则山珍海味,妻妾围侍,或则……饮宴无度,一掷千金"。

4.檄文以"奉天命,行天罚"为口号,号召人们不要坐忍此世道,应"起而诛戮此辈殃民官吏,并于骄奢已久之大阪富商,亦将一并加以诛戮"。

5.要求各村民在起义时,应把村中记录年贡租役之账册全部烧毁。

6.要求各村穷苦百姓,不问其路途远近,凡闻及大阪城中骚动一起,即火速前来参加起义,共分官商之金银财米。

檄文还要求人们:"此文应即传达于各村,为使多数百姓皆能见及,应将此文张贴于热闹大村之神殿",并告诫说:"檄文在向各村传达时,如被往来于大阪间官吏所悉,在他们欲报告大阪奸人之时,应马上予以斩杀。"

大盐平八郎起义檄文是当时日本历次起义、暴动中,最明确、最具体地提出反对幕府暴政,诛杀贪官奸商,救济穷苦百姓的文件,也是目前仅存的研究大盐平八郎起义最有价值的史料。

大盐平八郎把起义时间定在1837年2月19日晚举行。他之所以将起义的时间定于该日,是因为他考虑到2月19日,大阪东町奉行迹部山城守良弼和新任的西町奉行堀伊贺守利坚将共同巡视大阪市,是发动起义的绝好机会。可是,在起义之前,内部出了叛徒。2月17日夜,大盐平八郎的弟子平山助次郎向东町奉行告密,由于大盐平八郎曾为维护封建秩序出过不少力,此经历使町奉行上下均不相信告密者的话,未采取行动。翌日,参加过起义准备工作,详知起义计划的吉见九郎右卫门又叛变,并让其子英太郎和河合八十次郎向西町奉行告密。由于告密者还提供了起义檄文为证据,官府立即着手逮捕起义人员。2月19日凌晨,险些被捕的濑田济之助逃至洗心洞,向大盐平八郎报告了起义计划已被叛徒告密。大盐平八郎深知情况紧急,刻不容缓,决定立即举行起义。

19日上午8时左右,大盐平八郎稍做部署之后,便下达了起义命令。起义军首先火烧大盐平八郎住宅,以此向四周发出起义信号,并表示百折不回,血战到底的决心。

起义军打着写有"救民"字样的旗帜,兵分三路向前挺进。第一路为中军,由大盐平八郎亲自统率;第二路为前锋,由其养子大盐格之助同大井正一郎统率;第三路为后队,由濑田济之助率领。300名起义者猛烈进攻,中午时,在大阪市民的积极支持下顺利地渡过难波桥,进入船场。船场是大阪最热闹的经济中心,众多贪官奸商居住于此,是起义军攻击的主要目标。

起义军到达船场时,大阪近郊区的般若寺村、守口町、贝胁村、三番村、北寺方村、稗岛村、善源寺村和上江村等地的农民,纷纷前来参加,起义队伍不断壮大。此时,大盐平八郎把起义军改分为两队,一队仍由他指挥,向高丽桥街方向进攻;另一队由大盐格之助指挥,向今桥街进攻。起义者在进军途中,或发炮,或放火,袭击富豪,捣毁米店,将所得财物、米谷分发给贫苦民众。沿途也有农民、市民甚至"贱民"参加。

起义军的猛烈攻击使大阪贪官奸商胆战心惊,他们急忙四处调兵遣将,前来镇压起义队伍。下午两点多,起义军遭到幕府军的袭击,东西两町奉行的兵力亦出动,起义者陷入困境。到下午4点左右,起义者虽经浴血奋战,终因寡不敌众而溃败,大盐平八郎被迫隐藏起来。在油挂町美吉屋五郎兵卫家潜伏时,因有人告密,于3月27日遭到官军包围。他与大盐格之助不甘被捕受辱,引火自焚而死。

大盐平八郎起义虽然在当天即被镇压下去了,但它沉重地打击了贪官奸商。加起义者仅从巨商鸿池屋庄兵卫一家就夺取黄金4万两。起义军除用枪、炮等武器进攻外,还采取了火攻的方式。火烧范围,在天满区方面,从川崎至堤川;在船场、上町方面,从东边的弓町至西边的中桥,从北边的大川至南边的内本町,均成为一片火海。烧毁房屋总计3389所,其中库房230处。火烧街道总计112条,占当时街道总数近1/5。熊熊大火一直燃烧到20日晚才被扑灭。

英缅战争

19世纪20至80年代之间,英国殖民统治者在印度站稳了脚跟之后,便把继续侵略扩张的矛头指向缅甸,公然发动了三次侵缅战争,第一次是1824年~1826年;第二次是1852年;第三次是1885年,把整个缅甸变为自己的殖民地。

缅甸是中南半岛上最大的国家,其领土面积约为67万平方公里。缅甸的地势是南低北高,伊洛瓦底江贯通其境内南北,其下游地区则是土质肥沃的冲积平原,盛产粮食。其中游以蒲甘、曼德勒为中心的地区,自蒲甘王朝以来就一直是古代缅甸的政治中心。它的西部,南北纵行的阿拉干山脉,把阿拉干地区与缅甸中部地区相隔开。北部大部分地区绵亘着山岭和高原。东北部是呈三角状的广阔的掸邦高原(因大多居民为掸族而得名)。

缅甸国土上,不仅动植物种类繁多,而且其矿产资源丰富,地下蕴藏着大量的金、银、铜、锡、铅、锌和宝石等。其森林资源中,尤以柚木最为珍贵,英缅第三次战争的导火线就是由英国商人逃税偷运缅甸的柚木而引起的所谓"柚木案"。

英国殖民者入侵之前,缅甸人口约400万。其中,缅族是该国家的主体民族,少数民族主要有掸族、若开族、克伦族、克钦族、钦族和孟族等。

1782~1819年,正值缅甸雍籍牙王朝封建专制统治盛极之时,其对外战争不断升级,曾先后多次出兵侵略暹罗(今泰国)和老挝等国。当时,缅甸西北部和北部边界已扩展到今天印度的曼尼坡,东部及其东北部与中国接壤,东南部与暹罗交界。

从17世纪40年代起,英国与荷兰殖民者在缅甸沿海地区就已经开始进行激烈的争夺。1756~1763年间,英、法两国经过七年战争,英国最后战胜法国。根据1763年的巴黎和约,英国取得了对北美殖民地和印度的控制权,巩固了自己的海上霸权地位。1773年,英国在加尔各答任命了印度总督,以加强对印度的殖民统治,并把印度变为它扩大对亚洲国家侵略的基地。

1785年,缅甸国王孟陨(1782~1819年)把独立的阿拉干王国并入缅甸版图。这样,缅甸与英属印度之间有了共同的边界。

1794年以后,许多阿拉干人陆续逃往英属印度领地。英国殖民者抓住这一机会,唆使这些移民以英属印度为基地,不断对阿拉干进行武装袭击。当缅甸军队追击入侵的敌人之时,英国殖民者又应允其退守英属印度领地,使缅甸与英印边境关系恶化。

自1795~1814年间,英国通过东印度公司6次派遣使者前往缅甸,企图使缅甸统治者签订不平等条约。结果,都未能如愿以偿,但是,这些使者也并非一无所获,空手而归,他们利用出使缅甸之机,深入了解缅甸社会各方面的情况,积极为英国对缅甸的殖民扩

英军捣毁仰光的一个主要监狱

张出谋划策,1795年,曾出使过缅甸的使者迈克尔·西姆施向英国殖民当局提出:"缅甸帝国内被称为'勃固'的地区(今缅甸的南部)对英属印度的重要性是与三个明确的目标相联系的。"这三个目标就是:一、取得缅甸的柚木供应,用以造船,如果没有柚木,在印度的英国海军只能以很有限的规模存在;二、把英国的产品大量输入缅甸;三、防止英国以外的国家控制缅甸。

1815年,英国在欧洲的地位随着拿破仑战争的结束而得以进一步的加强与巩固。英国可以集中精力扩大并巩固其在亚洲的侵略与统治。1819年,英国殖民者侵占了新加坡。1824年,英、荷两国签订了他们在东南亚划分势力范围的协定。英国占领了马六甲,取得了对马来西亚的控制权。

英国在侵略征服南亚以及东南亚地区的同时,早已经把缅甸作为其向外扩张的目标。其主要的原因在于缅甸的重要战略地位。缅甸位于中印两国之间,又横亘于英属印度和马来半岛的英属殖民地中间。这对英国来说,控制了缅甸,不但对其巩固英属印度有利,而且还可以把英国在东部地区的殖民地联系起来,甚至还可以打开入侵中国的门户。就是在这样的历史背景下,爆发了英缅战争。

第一次英缅战争

英国殖民者在诱使缅甸缔结不平等条约的幻想破灭后,不但没有放弃其对缅甸进行殖民扩张的野心,而是加紧步伐,继续在阿拉干、曼尼坡和阿萨姆等地区制造事端,恶化边境形势,为侵略战争做准备。1814年,阿萨姆发生内乱,阿萨姆一些大臣向缅甸政府求援,缅军应邀于1819年进入阿萨姆,帮助原王公恢复了权力。随后,不少阿萨姆人逃往英属印度领地,英国殖民者便唆使他们进攻阿萨姆。1822年,缅甸政府派班都拉将军率

领军队进入阿萨姆地区,抵御来自英属印度的入侵。1813年,缅甸军队乘曼尼坡发生王位之争,应王子马其新之求援,出兵曼尼坡,立马其新为王。1819年,缅甸政府以马其新没出席缅王孟既(1819~1837)的登基典礼为由出兵进入曼尼坡。马其新被迫率数千人逃到邻邦卡恰尔,与缅军作战。卡恰尔国王则逃到英属印度,向英国政府求援,英国乘机公开宣布卡恰尔为自己的保护国。缅甸政府对其声明不予理睬,1824年1月,英、缅军队在卡恰尔附近发生了直接冲突。1823年2月,英国殖民当局派出军队占领了有争议的内夫河口的刷浦黎岛,竖起英国国旗。该年的9月23日午夜,缅甸出动1000余人的兵力,出其不意地进行反攻,夺回该岛。不久,缅军撤回,英军再次占领该岛。

1824年3月5日,英印殖民当局以缅甸威胁英属印度的安全为借口,声称,由于缅甸方面"进攻和杀害我们在刷浦黎的守军","实际上使两国已经处于交战状态",对缅甸发动了第一次侵略战争。

1824年3月5日,英军兵分三路,全面入侵缅甸。第一路沿布拉马普得拉河进入北方的阿萨姆地区,第二路进攻西南部的阿拉干地区;第三路从海上进攻缅甸南部。

战争首先在阿萨姆打响。3月13日,英国军队沿着布拉马普得拉河进犯阿萨姆,沿途散发了"致阿萨姆人宣言",把入侵阿萨姆的行径说成是对阿萨姆人的"援助",目的是要把"缅甸人驱逐出去,建立一个符合阿萨姆人需要的,促进各阶级幸福的政府"。缅甸军队则以阿萨姆首府朗普尔为基地,顽强地抵抗英军的入侵。1825年1月,经过充分的准备,英军对朗普尔发起了猛烈的攻击。缅军在条件极其不利的形势下,顽强抵抗,浴血奋战,击毙众多英军,并伤英军将领理查兹。英军付出沉重代价后,攻占了朗普尔,控制了阿萨姆,取得了这一战场上的胜利。

在阿拉干战场上,缅甸军队在班都拉将军的指挥下,主动出击入侵的敌人。1824年5月初,班都拉率兵渡过缅印边境的内夫河,一举攻下英印吉大港地区的重镇,港口城市拉特纳帕兰。缅军乘胜出击,又攻占了距拉特纳帕兰以北20多公里的重镇拉穆。

缅军攻占拉特纳帕兰和拉穆引起了孟加拉英国殖民当局的震惊,也引起加尔各答的震动,一些商人则携带家属和财产离开该城。于是,英印当局唯恐缅甸军队乘胜进攻吉大港,遂火速调集军队前去增援。但是,由于5月间,从海路进攻缅甸的英国军队攻占了仰光,班都拉的军队还未能进军吉大港,就于7月间奉命赶往伊洛瓦底江流域抗击英军。

这样,阿拉干战场上的军事形势向着有利于英军的方面发展,于是,英军开始由守势转入进攻。1825年3月,英军攻占了阿拉干首府末罗汉,随后占领了阿拉干全境。英军虽然在阿拉干取得了胜利,但是,由于遭到缅甸军民的顽强抵抗,加之水土不服,疾病流行,结果损失惨重,伤亡多达数千人。

第一次英缅战争的主战场在伊洛瓦底江流域。

1824年5月9日,英国殖民者组建了一支由66艘战舰,运载着1.1万多名士兵的庞大海军舰队离开了安达曼群岛驶向缅甸南部沿海。当时,由于缅甸军队的主力集中在西部和西北部边界地区,南部沿海地区兵力空虚,这给英军以可乘之机。5月11日,英军将领坎贝尔指挥从安达曼群岛开来的英军在仰光登陆。但是,英军登陆之后,当即遇到了困难。他们发现仰光当地的居民撤离时已经带走了全部的粮食、牲畜等,留给敌人一座空城。结果正如一位英国史学家所描述的那样,英军这次登陆,"断粮绝饷,失却联络,不久雨季开始,英军自陷泥足,困守仰光,日间不能进攻。入晚又须防御缅军之偷袭,枕戈待旦,苦不堪言",处境狼狈。由于缅甸军民奋起反抗侵略者,加上疫病流行,又值雨季,英国军队损伤惨重,1万多人中,能够参战者只有4000人,其中3/4的人是印度兵,能作战的英军官兵仅有1000多人。

英国侵略军占领了仰光、勃固、马都八等海岸城市,可以沿伊洛瓦底江而上,从南面直接威胁着缅甸的中心地区。缅甸政府急忙在调集首都阿瓦的兵力围攻仰光的英军的同时,下令班都拉率主力部队回师南下。班都拉接到命令,立刻率领6万大军,冒着大雨与酷热,翻越阿拉干山脉,于1824年11月赶回到仰光前线。

12月1日,班都拉率领缅军向驻守在仰光瑞大光宝塔附近的英军发起总攻。由于英、缅双方军事装备的差异:英军武器精良,缅军武器装备落后,当时所使用的最好的武器也只不过是18世纪的滑膛枪。英军以逸待劳,缅军则长途跋涉,疲惫不堪。另外,英国增援部队陆续抵达缅甸南部地区。因此,缅军几次发起进攻均为英军所败,伤亡较大,造成军事上的失利。仰光之役,缅军伤亡人数5000多人,而英军只损失了不到400人。激战1周后,班都拉率领7000多名士兵撤往仰光西北方的达柳漂,掘壕固守。

1825年3月,英国主力军队沿着伊洛瓦底江大举北上,准备进攻达柳漂。班都拉将军亲临前线指挥作战,曾在班瓦战役中击退入侵的英军。英军将领科顿写信给班都拉,要他率兵投降。班都拉在回信中义正词严地说:"你会看到,我将坚定地保卫我的祖国。如果你作为朋友而来,我让你参观达柳漂;但是,如果你作为敌人而来,那就来吧!"

科顿劝降失败后,当即率部向缅军驻守的塔粦堡发起进攻,结果被缅军击败,损伤惨重。3月25日,英国将领坎贝尔率增援部队赶到,稍加修整后,于4月1日向缅军驻地发起大规模的进攻,班都拉在战斗中中弹身亡,使缅军受到很大的损失。缅军失去总指挥,犹如群龙无首,陷入混乱之中,英军随即击溃缅军,占领达柳漂,并继续北上,于4月3日攻占卑谬。因雨季来临,才使英军未能继续北上。

班都拉之死以及英国侵略势力继续向缅甸腹地渗透,极大地震撼了缅甸封建王朝。然而,上层统治集团内部并没有形成统一的意见:一些官员主张同英军战斗到底,一些官员则主张同英军议和。缅王接受了议和派的建议,于1825年9月派代表同英方谈判,谈判中,英国提出要缅甸割让阿拉干等地,赔款200万英镑的苛刻条件。缅甸拒绝了英方提出的条件。由于谈判失败,缅甸政府在10月,重新组织了1万多人的部队向集结在卑谬的英军展开猛烈的反攻,开始曾给敌军以有力的打击,但是,随后英国大批援军赶到,英军力量得以加强,缅军反攻失败。

1826年2月,英军长驱直入,占领了蒲甘,推进到距缅甸首都阿瓦不远的延达波。缅甸封建王朝在英国入侵的紧要关头,丧失了继续抵抗英军的勇气与信心,又一次派出代表前往延达波与英国人进行谈判,无条件地接受了英国提出的所有要求,于1826年2月24日正式签订了《延达波条约》。

《延达波条约》共有 11 款。其主要内容是：1.缅甸政府放弃对阿萨姆及其邻国的要求，今后不得干预他们的事务，承认曼尼坡原来统治者的地位。2.缅甸国王要把阿拉干和丹那沙林割让给英国。3.缅甸政府向英国赔款 1000 万卢比，分 4 次还清。4.英国政府可以派出使臣驻缅甸首都；使臣可以拥有一支 50 人的卫队。5.英国船只可以自由进入缅甸港口，商船免税。

延达波条约的签订，标志着长达 2 年之久的第一次英缅战争的结束。这次战争是英国殖民当局在缅甸威胁英属印度的安全的借口下发动的侵略战争。他们虽然取得了胜利，但是，在缅甸人民的打击下，伤亡惨重。侵缅的 4 万余英国官兵中，约有 1.5 万人葬身于战场，军费开支多达 1300 万英镑。战争给缅甸各族人民带来了巨大的灾难与不幸，因为战争是以英属印度为基地展开的，也给印度人民增加下沉重的负担。

第一次英缅战争对缅甸的社会历史发展产生了巨大的影响。首先，这场战争中断了缅甸封建专制王朝独立发展的进程。其次，把独立的缅甸变成了半殖民地半封建的社会。再次，缅甸领土的割让不但使得缅甸的领土与主权受到侵害，而且给英国以进一步扩大殖民领地奠定了基础。第四，英国船只可以自由进入缅甸港口，带来了大量西方商品，商品经济的渗透使缅甸自给自足的封建经济直接受到资本主义的冲击。第五，缅甸王朝为了支付巨额赔款，加重了对人民的盘剥，从而使缅甸国内阶级矛盾加深。

第二次英缅战争

第一次英缅战争结束后，英国殖民当局，贪得无厌，得寸进尺，不但没有满足于割地和赔款，而且是企图获得更大的权益。

1826 年 9 月，英印殖民当局派特使约翰·克劳福德前往缅甸首府阿瓦，进行有关商约缔结的谈判。谈判期间，双方至少进行了 13 次会谈，共 3 个月，但是没有得到实质性的进展，英国并没有动摇缅王对外贸易的垄断权。

1830 年，英印总督本迪克（1828～1835 年）派亨利·伯尼出任驻缅使节。他来到缅都阿瓦后，继续就有关商约缔结问题同缅甸政府进行会谈，无果而终，1837 年回到印度。

伯尼在驻缅期间，虽然在商约缔结方面无所获，但是，在此期间，他在缅甸上层社会中积极活动，1830 年，就取得了与缅甸政府官员一起去宫廷出席缅王早朝的权利。他正是利用这一特殊的身份和有利的条件，暗中了解和掌握了缅甸统治集团上层的大量情况，组织间谍活动。这些为英国殖民主义势力进一步在缅甸扩张提供了各方面的情报。

英国的入侵激起缅甸各族人民的反抗。1830～1836 年期间，丹那沙林、阿拉干等地都爆发了人民反抗英国侵略的起义。英国殖民者以丹那沙林为基地，不断向勃固地区渗透，也激起缅甸政府中爱国官员的强烈不满。在广大缅甸人民反抗英国人统治的思想情绪的影响下，缅王孟坑（1837～1846 年）继位之后，宣布延达波条约无效，拒绝就缔结新的商约同英印殖民当局进行谈判。

1840 年，英国东印度公司驻缅都代表理查德·本逊离开缅甸。他回到加尔各答后，叫嚣只有诉诸武力才能使缅甸政府屈从。但是，英国当时正在进行侵略阿富汗的战争，同沙俄进行争夺，又发动侵略中国的鸦片战争，一时尚无力对缅甸发动新的侵略。

1846年，缅王蒲甘（1846～1853年）继位后，任命吴屋为仰光总督。吴屋面对英国商人在仰光港口肆无忌惮，无视缅甸的规章制度，进行各种违法活动，遂采取措施治理港口混乱不堪的局面。正当英国殖民者对缅甸虎视眈眈时，仰光港口接连发生几起事件，成为英国殖民者发动第二次英缅战争的借口。

1851年6月，英国船只"君主号"船长谢泼德在仰光港把1名引水员抛入大海淹死。8月，英国船只"挑战者号"的船长又在港口杀死1名船员。仰光总督吴屋按照缅甸的习惯法逮捕了他们，并处以罚款，他们拒绝交付罚金，被监禁起来，在被迫交纳了100英镑后，才获得释放。另一方面，当时的英国已在其本土上完成了产业革命，基本上完成了对印度殖民地的控制。在这种形势下，英国政府借口缅甸"虐待英商"发动了第二次侵缅战争。

1851年11月17日，印度总督大贺胥派遣东印度公司代理海军总司令兰伯特准将率6艘战舰开赴缅甸，要求缅甸政府撤换仰光总督吴屋，并向受罚的2位英国船长赔礼道歉，还要赔款1000英镑，并承担兰伯特舰队从印度到仰光所耗费用。屈于英国这种压力，缅甸政府同意撤换总督吴屋的职务，任命吴蒙为新总督，接受了赔款的要求，以平息事端。然而，兰伯特蓄意制造事端，使事态扩大，他公然派出军人和牧师，不顾外交礼仪及缅甸当时的制度，骑马擅自闯入总督吴蒙的私人住宅，并同总督的警卫人员发生争执。在这种情况下，总督吴蒙避而不见英方人员。于是，英国殖民者又借口缅甸人侮辱英方谈判代表，采取蛮横的行动，劫走了停靠在仰光港口的缅甸王船"水吕号"，并炮击仰光，对仰光实行海上封锁。

1852年2月18日，大贺胥向缅甸国王发出最后通牒，要求缅甸通过国王的大臣向闯入吴蒙宅邸的英国官员表示歉意；缅甸向英方赔款100万卢比，以赔偿英方因备战所耗资财；撤掉仰光总督吴蒙的职务，并限定缅甸政府于4月1日前做出答复。缅甸政府最后还是拒绝了英国殖民者的无理要求，但是，政府并没有像第一次英缅战争中那样，积极备战以抗击英国侵略者。4月1日，英国将领戈德温率军从丹那沙林向缅甸发起进攻。英军仅用了8个月的时间，侵占了下缅甸地区。随后，英国单方面宣布已吞并了下缅甸，宣称"勃固省现在已经成为，将来也永远是大英帝国在东方的领土的一部分。"事实上，侵略者在下缅甸的统治尚未稳固，不堪忍受英国殖民统治的缅甸各族人民，一方面反对缅甸封建王朝对英国侵略者抱有的幻想与妥协；另一方面同英国殖民者展开了顽强的斗争。斗争此起彼伏，英国殖民主义者用了5年的时间才控制了这一地区。1862年，英国殖民者在镇压下缅甸人民抗英斗争后，把阿拉干、丹那沙林、勃固3个地区合并起来，组成"英属缅甸"，加强对下缅甸地区的殖民统治。

第二次英缅战争与第一次英缅战争的不同之处在于：1.英国殖民者在这次战争中毫不掩饰地暴露出他们贪婪、野蛮的本来面目。他们明明杀了缅甸的船员，还要缅甸政府向英国人赔礼道歉，交付罚款；他们不顾外交礼仪擅闯私人住宅，却说缅甸人侮辱其谈判代表……。2.缅甸封建统治者表现得十分软弱无力,未能组织较大规模的抵抗,而始终对英国殖民主义者抱有幻想并一再妥协。这已表明了缅甸封建王朝已完全丧失能力,无法领导各族人民反抗外来入侵者的斗争。

第三次英缅战争

第二次英缅战争刚刚结束,马克思就指出,"没有尽头的缅甸战争的第三次爆发,看来有不可避免之势。"

英国殖民者并没有以取得下缅甸为满足,他们企图以下缅甸为基地,逐渐向上缅甸地区渗透,最后将上缅甸也纳入其殖民地范围。其真正的用意还不仅如此,一方面,英国殖民当局要实现对缅甸的全面控制,掠夺缅甸丰富的资源。另一方面,要通过上缅甸逐渐渗入中国的西南地区,打通侵略中国云南的通道。

因此,为了首先打开更加广阔的市场,1855 年,英印政府派驻缅甸的总督亚瑟·潘尔曾亲自率领代表团访问上缅甸。代表团的成员各自肩负着特殊的使命。他们在上缅甸逗留长达两个月之久。虽然他们与缅甸政府没达成任何协议,但是,他们收集到了大量有关缅甸政府的政治、经济、交通、物产资源、气候等重要的情报。

缅甸政府自曼同(1853~1878 年)登基时起就一直对英印殖民当局抱有幻想,指望通过谈判实现收回勃固等地的目的。缅王之弟加囊亲王在克里木战争期间,曾建议趁机收复失地。曼同则拒绝出兵,甚至表示,"我不能在朋友的背后放暗箭"。1857 年,因印度爆发了人民大起义,大批驻缅英军赶赴印度去镇压起义。有人再度提出乘机收复失地,曼同仍然拒绝出兵,并且说,"我不能乘人之危伤害朋友"。

1866 年 8 月 2 日,因争夺王位,曼同的两个儿子在曼德勒发动政变,杀死了王储曼囊亲王,曼同也险些丧命。为了巩固其统治地位,曼同王急欲购进武器,驻下缅甸的英国殖民当局乘机表示,缅王可以通过他们购进武器,条件是必须先签订英缅贸易协定。缅王被迫与英方于 1867 年签订商约。商约规定,进一步降低过境商品税,税率为货物总值的5%左右。缅甸政府同意英国代表进驻八莫,为英国人通过八莫进入中国云南开展贸易提供方便。同时缅王还放弃了对柚木、石油和红宝石以外的所有商品的贸易垄断权。缅甸同意在缅甸的英国人有治外法权。英国方面答应,在英国驻下缅甸总督事先同意的情况下,缅王可以获得所需的枪支、弹药。此后,英国政府经常插手缅甸内部事务,挑拨离间,制造是非,引起缅甸各族人民之间的隔阂与矛盾,从中渔利。甚至还煽动掸、克伦、克钦等族闹独立。曼同一直采取妥协让步的政策,但是,由于英国殖民者贪得无厌、言而无信,千方百计阻挠曼同王获得武器,因此,1875 年后,英缅关系又趋紧张。

当时,正值世界上主要资本主义国家开始从自由资本主义向帝国主义过渡的时期,帝国列强都竭尽全力为扩大商品市场和工业原料产地而争夺殖民地和势力范围。

1883 年,缅甸政府为了求得援助,派使者访问西欧诸国。当英国获悉缅甸使者在巴黎同法国代表谈判时,害怕法国势力渗透到缅甸,进行了公开的干涉。英国驻巴黎大使向法国声明:"由于缅甸邻近英属印度及其与大英帝国的关系,缅甸同女王陛下政府的关系占有一个特殊的地位。有关缅甸的一切问题,女王陛下的政府都给予特别的关注。"英国驻法国大使还要求法国政府保证缅法协定只具有商业性质,英国殖民主义者把缅甸视为它的势力范围,绝对不允许法国插手缅甸事务。这也是英国殖民者发动第三次英缅战争的主要原因之一。1885 年,发生的所谓"柚木案"成为英国发动这次战争的借口。

1885 年,英国刚结束对阿富汗战争,镇压了非洲祖鲁人的反抗。法国则正进行着侵略印度支那的战争,英国抓住这一有利的时机。借口缅甸政府对"柚木案"的判决是迫害英国商人,决定再次发动战争。原来,缅甸的柚木出口贸易一直垄断在缅王手中,英国公司要想从上缅甸运走柚木,必须依照有关规定向缅甸政府交纳一定的税款。然而,驻上缅甸专门从事柚木开采、转运业务的英资孟买缅甸贸易公司,为了牟取暴利,肆意进行偷税漏税活动。缅甸政府发现,这个公司在两年之内从上缅甸运出柚木共 8 万根,但是,该公司只申报 3 万根。于是,1885 年 8 月 20 日,缅甸政府做出向这家公司罚款230 万卢比的决定,孟买缅甸公司不服判决,英属缅甸专员要求把这一案件交付印度总督仲裁。缅甸政府对这一无理要求予以拒绝。于是,英国殖民当局于 10 月 22 日正式向缅甸政府发出最后通牒,限定缅甸政府必须在 11 月 10 日之前做出明确的答复。通牒的主要内容是:1.缅甸政府接受英印总督派遣特使裁决柚木案;2.英国特使可以带一支由 1000 名士兵和1 艘武装汽船组成的卫队进驻曼德勒;3.缅甸政府必须为英国在缅甸领土上打开同中国的贸易提供方便;4.缅甸的外交活动必须接受英印总督的监督。

1885 年 11 月 9 日,缅甸政府对英印当局的通牒做出答复:反对英方派遣特使来裁决"柚木案",拒绝英国控制缅甸的外交,其他条件可以接受。实际上,英国政府并不在乎缅甸政府对最后通牒答复的好坏。他们已经做好了充分的侵略准备。所以,11 月 11 日,英印当局命普伦德加斯特将军率军向曼德勒进军,发动了第三次英缅战争。

缅甸政府既无实际能力抗击英国的入侵,也没有必要的思想与军事上的准备。11 月14 日,装备精良的英军共 1 万多人开始进入上缅甸。因英军有备而来,他们入侵之前,已经绘制丁伊洛瓦底江沿岸的要塞分布和地形图,侵略军对缅甸的军事部署情况了如指掌,因此侵略者在军事上比第二次英缅战争时占有更大的优势。对比之下,缅甸政府非但对英军入侵没有足够的心理与军事上的准备,而且,统治集团内部更缺乏统一的认识。正值英军大举北上之时,缅王锡袍却像往常一样与王后在宫中寻欢作乐,置国家安危于不顾。他的两个主要大臣金蕴敏纪和泰达敏纪,一个主战,一个主和,主和派金蕴敏纪暗中下令各地缅军不得抵抗英军。而主战的一方,并未采取任何实际行动,依然幻想英国侵略军只是试图以武力相胁,以迫使缅甸政府接受其最后通牒而已,不会大动干戈。

战争共进行了 14 天,英军未曾遇到多大的抵抗,缅甸以失败而告终。1886 年 1 月 1日,印度总督达弗林宣布,上缅甸为英国的殖民地。

英国殖民者凭借强大的军事力量吞并了缅甸。他们的侵略,激起了缅甸各族人民的强烈反抗。英国殖民者陷入孤立的境地。从 1880 年到 1896 年,缅甸各族人民抗击英国的游击战争此起彼伏,规模浩大,给英国侵略者以有力的打击。缅甸人民的抗英斗争,牵制了大量的英军兵力。英国占领曼德勒后,曾调4万多兵力,耗用大量军费,花了10年的时间,才把缅甸各族人民的反抗斗争镇压下去。缅甸各族人民规模浩大的反英斗争虽然缺乏统一而坚强的领导而最终失败,但是,它充分地表现了缅甸人民的高度爱国热情和英勇奋战的精神,显示出人民群众的巨大力量。

中国人民曾协助缅甸人民抗击英国侵略者。在第三次英缅战争中,云南地方官员曾派腾越都司、副将李文秀到缅甸了解战况。后来李文秀率部500余人去缅甸参加抗英斗争,最后战死疆场。

缅甸人民经过几十年的艰苦斗争,直到1948年才最后摆脱英国的殖民统治,宣布独立。

《德法年鉴》创刊

1843年3月17日,马克思被迫辞去《莱茵报》主编职务(随后报纸也被查封)后不久,便同青年黑格尔派分子卢格商定去国外创办《德法年鉴》。同年11月,他偕同刚刚结婚的妻子燕妮去巴黎侨居。经过几个月的筹备,1844年2月,马克思和卢格主编的《德法年鉴》创刊号出版了。由于二人有原则分歧,加之经费拮据和普鲁士当局严厉封锁,《德法年鉴》只出版两期合刊号就被迫停刊了。《年鉴》刊登了马克思、卢格、巴枯宁、费尔巴哈之间八封通信(马克思三封),特别是刊载了马克思和恩格斯的著作多篇。马克思在《犹太人问题》中阐明了政治解放和人类解放之间的区别,资产阶级革命和社会主义革命之间的区别,在《黑格尔法哲学批判导言》中指明了无产阶级革命的道路,指出"批判的武器当然不能代替武器的批判,物质力量只能用物质力量来摧毁;但是理论一经掌握了群众,也会变成物质力量。"恩格斯在《政治经济学批判大纲》中揭露了资本主义制度不可克服的矛盾,马克思誉之为"天才大纲";在《英国状况——评托马斯·卡莱尔的"过去和现在"》中主要批判了卡莱尔的宗教观和英雄史观,指出,只有群众才是实现先进思想的力量。

奥康瑙尔提出土地新村计划

菲格斯·奥康瑙尔是英国宪章运动左翼领袖之一。在1843年宪章运动第二次走向低潮后,奥康瑙尔转而致力于他的土地新村计划。他在《小农场的经济管理》一书以及许多演说和文章中提出这一计划:只要工人和农民捐款集资购买土地,把失业者安置在土地上,就可以缓和就业竞争,从而可以提高工厂工人的工资。为了实现他的计划,1844年11月,他把《北极星报》由里兹迁往伦敦,然后奔波各地积极展开宣传鼓动工作,使成千上万的工人和小商人入股。奥康瑙尔用这些股金购买了两个庄园产地,分给不是根据农耕技术而是根据政治信仰选定的新村移民。英国历史学家莫尔顿在评论这一土地新村计划时，认为："从经济方面看来，这种计划是荒谬的，自始就注定要失败的，而且这种计划把本来可以用在较好的地方的力量浪费了，但它在另一方面却使那处于低潮的运动维持着直到1846年经济危机时期，使宪章主义进入它的第三个活动时期。"

法国入侵摩洛哥

　　1844年，阿尔及利亚抗法战争暂时失败，民族英雄阿卜杜拉·喀德尔退往摩洛哥，以便在那里积蓄力量打击法国侵略者。法国侵略军要求摩洛哥苏丹交出阿卜杜拉·喀德尔，遭到摩洛哥的拒绝。法军以此为借口侵入摩洛哥领土，并于1844年8月在艾里河打败摩洛哥军。与此同时，法国舰队袭击了摩洛哥沿海港口城市丹吉尔和摩加多尔，英国反对法国占领摩洛哥而出面干涉，在英的威胁下法国被迫撤出摩洛哥。法国占领摩洛哥的野心未能得逞。

恩格斯写成《英国工人阶级状况》

　　18世纪60年代到19世纪40年代，由于工业革命引起社会全面变革，英国则是这一大变革的典型国家。1842年11月~1844年8月，恩格斯侨居英国期间，远离社交活动，几乎把所有空闲时间都用来同普通工人交往，研究他们的劳动生活状况。1844年9月~1845年3月，恩格斯根据自己亲身观察和可靠资料写成了《英国工人阶级状况》一书。恩格斯使用大量不可批驳的资料——英国工人阶级的劳动条件、工资、住宅、营养、卫生、疾病、死亡以及女工、童工的状况，研究了英国的经济制度和政治制度，并以英国这个典型国家为例阐明了资本主义生产关系一系列规律。证明在资本主义制度下，随着资本主义生产的扩大而对工人阶级和劳动群众剥削日益加强，失业者产业后备军的形成、周期性经济危机的不断重复是不可避免的。

恩格斯

恩格斯在书中特别强调，劳动和资本之间的矛盾是不可调和的，工人所处的极其恶劣的劳动生活条件必然会推动它为自身解放和推翻资本主义制度而斗争。恩格斯批判了欧文社会主义的阶级调和论,认为无产阶级的阶级斗争才是历史发展的强大动力。恩格斯在总结工人运动经验得出结论说:诚然进行罢工和成立工会是组织和教育工人阶级的有效手段,但二者毕竟无力把他们从雇佣奴隶制中解放出来。恩格斯对宪章运动给予很高评价,说它是无产阶级的第一次独立的政治运动,同时批评它的目标狭隘性,提出工人运动必须同社会主义相结合这一重要原理。《英国工人阶级状况》一书是马克思主义形成初期的著作。

豪发明缝纫机

1841 年法国人巴泰勒米·带莫尼埃设计制造了一台缝纫机,开始了手工缝纫的机械化。对缝纫机的发明做出重大贡献的是美国发明家伊莱亚斯·豪(1819~1867)。他从 1843 年开始从事缝纫机的设计和制造,以解决手工缝纫速度慢,效率低的缺欠。在乔治·菲雪的资助下,经过两年多的努力,1845 年 5 月豪制造出了第一台缝纫机。这台缝纫机每分钟可缝制 250 针,为手工缝制的 7 倍。1846 年,豪和菲雪在华盛顿为他们的发明取得专利权。但是,令人遗憾的是他们的发明只被看作是一种儿童玩具,在美国没有立刻引起重视,豪只好带着他的机器到了英国,首先被英国一家女式服装厂采用。在不断地改进和完善中,豪的缝纫机成为家庭和服装厂的实用机器。后来,豪在英国的经济状况不好,他又返回美国。发现一个名字叫艾萨克·胜嘉的人严重侵犯了他的专利权,大量生产和销售他的缝纫机。豪控告了他,1854 年,豪终于胜诉。胜嘉迫不得已付给豪专利使用费。到 1860 年,美国生产的缝纫机就已超过了 11 万台。缝纫机的出现使得服装工业得以迅速发展,同时也降低了服装成本,是一项造福于人类的发明。

美军入侵墨西哥

1845 年美国吞并得克萨斯后,墨西哥提出强烈抗议,同美国断绝了外交关系。美国政府又向墨西哥提出"购买"新墨西哥和加利福尼亚的无理要求,遭到墨西哥的拒绝。于是美国借口"边界纠纷"以武力相威胁。1846 年 5 月初,泰洛将军不宣而战,率军越过格兰德河侵入墨西哥境内。5 月 11 日,波尔克总统在他的国会咨文里反诬墨西哥军队侵入美国境内,要求对墨西哥宣战。5 月 13 日,美国正式对墨西哥宣战。早已进入加利福尼亚的所谓弗里蒙特"探险队"于 6 月 14 日宣布成立加利福尼亚共和国——"白熊旗共和国",不久就挂起了美国星条旗。卡尼率领的美国第二支侵略军侵入新墨西哥和加利福尼亚地区,8 月 18 日占领圣菲。1847 年仲夏,太平洋沿岸各港口均被美军占领,不久征服了全部加利福尼亚。1847 年 3 月 9 日,斯科特率领的第三支侵略军从韦腊克鲁斯登

缝纫机发明者伊莱亚斯·豪

陆,向墨西哥内地推进,9月14日占领了墨西哥首都墨西哥城,美墨战争以美国的"胜利"而结束。1848年2月2日,双方在墨西哥城附近的小镇签订了瓜达卢佩——伊达尔戈条约。墨西哥除了正式承认美国吞并得克萨斯外,又割让新墨西哥和加利福尼亚广大领土给美国。1853年,美国又强行"购买"了现今亚利桑那州南端基拉河流域的11多平方公里土地。

威尔莫特附件提出

　　19世纪40年代,美国南北两种经济体系之间的矛盾日益尖锐化。南部种植园奴隶主阶级企图在美墨战争中夺来的墨西哥土地上建立奴隶制度,而以工业资产阶级为首的北方则坚决反对。1846年8月8日,众议院根据波尔克总统特别咨文,提出拨款200万美元作为"偿付"购买墨西哥土地代价的议案时,宾夕法尼亚民主党议员威尔莫特发言说,不反对国会拨款"购买"墨西哥土地,但在新领地推行奴隶制是同民主原则不相容的。于是他引用《西北法令》中的有关条款,对议案提出一个附加条款,即在未来新领地上,除了正式判刑罪犯外,"不得实行奴隶制或强迫劳役制"。这就是著名的"威尔莫特附件"。它引起一场国会内外的激烈辩论,除一个州例外,北部各州议会都通过决议支持"附件"。

图为在 5 月 8 日的帕罗·阿尔托战役中，2200 名美军击败 6000 名墨西哥军的情景。

南部各州则认为"附件"是对他们"特殊制度"的严重挑战。他们眼看着北部将因人口迅速增长控制众议会而束手无策，"附件"又堵塞了奴隶制向西部新领地扩张的道路，打破参议院的均势，北部将有力量通过一项宪法修正案，禁止在南部实行奴隶制，因而全力抵制。

1847~1849 年，林肯任众议会议员期间，至少有 40 次投票赞成"附件"，但屡次提出屡次都被否决。直到 1850 年通过妥协案，奴隶主取得"优势"，斗争才暂时缓和下来。

1847 年经济危机

19 世纪 40 年代，欧美各国工业革命深入开展，各国相继掀起修筑铁路热潮，这样刺激了英国钢铁的生产和出口。此时美国工业发展速度已超过英国，法国、德国的铁路投资猛增，纺织工业出现扩大固定资本的热潮。各国工业生产的盲目扩大与广大劳动人民支付能力的相对缩小，使得国际性普遍生产过剩迫近。1847 年，英国由粮食投机导致金融危机，周期性的经济危机形成。由于 1847 年经济危机的冲击，英国整个工业生产下降25%，破产企业超过 6000 家。法国工业生产下降了 50%；美国由于农业出口加大了工业品需求，因而受打击较轻。

柏林马铃薯暴动

1840 年，德意志各邦社会阶级矛盾日益尖锐，工农群众运动迅速发展，资产阶级反对政府的斗争日益加强。在这种形势下，1845～1846 年连续两年发生了马铃薯病虫害和农业歉收，加速了德国革命形势的形成。商人借歉收之机囤积居奇，使物价猛涨、食物奇缺，人民群众生活急剧恶化。1847 年 4 月 21 日～23 日，柏林发生了饥民"马铃薯暴动"。4 月 21 日晚，人民群众拥向弗里德里希区、路易莎区和宫廷广场。宪兵和警察进行干涉，双方发生冲突。4 月 22 日，柏林广大人民包括郊区群众都走上街头，捣毁商店的门窗。23 日，政府调来大批军警镇压了暴动。

1847 年 11 月 4 日，德国著名作曲家、指挥家贾利克松逝世，享年 38 岁。（图为门德尔松斯·门德尔）

《共产党宣言》发表

1847 年末，共产主义者同盟第二次代表大会委托马克思、恩格斯起草同盟纲领。1848 年 2 月，马克思、恩格斯合著的《共产党宣言》在伦敦发表，它标志着马克思主义的诞生。宣言"以天才的透彻鲜明的笔调叙述了新的世界观"，是对共产主义"完整的、系统的、至今仍然是最好的阐述。"宣言始终贯彻的基本思想是，每一历史时代的经济生产及必然由此产生的社会结构，是该时代政治的和精神的历史基础，从原始土地公有制解体以来的全部历史都是阶级斗争的历史。宣言第一章，深刻分析了资本主义不可克服的矛盾，揭示了"资产阶级的灭亡和无产阶级的胜利是同样不可避免的"客观规律，阐明了无产阶级的伟大历史使命。第二章，阐明了共产党的性质和特点，规定了党的纲领、目的和

1847 年，英国小说家萨克雷发表代表作《名利场》，淋漓尽致地讽刺了维多利亚时代英国社会中存在的种种虚伪。（图为讽刺小说家萨克雷）

无产阶级专政的基本思想。第三章，揭露和批判了种种社会主义流派，分析产生这些思潮的社会经济根源及其本质和客观作用。第四章，制定了党的策略原则，联合一切可以联合的力量反对主要敌人，在联合中坚持无产阶级革命原则。同时提出从资产阶级民主革命向社会主义革命转变的思想。宣言最后号召"全世界无产者，联合起来!"马克思主义的诞生是人类思想史上一次伟大革命。

利比里亚独立

从 15 世纪下半叶起，葡、荷、英、法、德殖民者相继侵入非洲大陆。19 世纪上半叶，美国在西非建立了利比里亚殖民地。美国在非洲建立殖民地除了为同欧洲殖民国家抗衡外，还有它特殊的动机。18 世纪末，美国北部各州先后废除了奴隶制，1800 年有 20 万左右解放了的自由黑人。南部奴隶主把自由黑人的存在看成是对他们的奴隶财产最大威胁，极力主张把美国自由黑人"送回非洲去"。1816 年，成立了美国殖民地协会。1819 年协会提出在非洲建立殖民地的法案，国会通过该法案并拨款 10 万美元作为实行殖民法案的经费。1822 年美国以武力相要挟，"购买"了塞拉勒窝内和象牙海岸之间 11 万多平方公里的土地，建立了利比里亚移民区。美国殖民活动遭到美国黑人坚决反对和有力抵制。1820~1833 年间，仅有 2885 名美国自由黑人移民利比里亚。黑人移民同土著黑人之间经常为土地问题发生冲突，美国则用武力镇压土著黑人。1841 年，美国殖民协会任

美国政府让自由黑人移民利比里亚

命第一位黑人总督—约瑟夫·罗伯茨。他为利比里亚的独立做了许多工作,是利比里亚历史上有影响的人物。1847年7月26日,蒙罗维亚召开人民大会,宣告利比里亚独立,公布利比里亚共和宪法,选举罗伯茨为第一任总统。

法国宴会运动

　　从1840年起,七月王朝实际上是由基佐执政。他对内实行极端保守主义,反对任何改革;对外支持神圣同盟,加之政府官吏贪赃腐化,引起国内各阶层的反对。实力逐渐增长的工业资产阶级对七月王朝日益不满,从而形成了资产阶级反对派;以梯也尔和巴洛为首的是资产阶级君主派;以马拉斯特和拉马丁为首的"国民报派"是资产阶级共和派;以赖德律·洛兰为首的"改革报派"是小资产阶级民主派。这些不同政治主张的派别在反对七月王朝的斗争中暂时团结起来。1839~1840年,他们在巴黎和外省成立了拥护改革委员会,组织支持选举改革的示威游行和宴会。各政治团体在宴会上公开发表演说和政治性的祝酒词。工人群众有时也举行这种宴会,于是宴会成为组织群众政治集会的一种手段。1847年,在经济危机和革命形势的影响下,资产阶级反对派再次掀起宴会运动高潮。7月7日,在巴黎由巴洛组织规模巨大的宴会,参加者有84名代表和1200名客人,引起全国极大反响。此后宴会运动在全国普遍展开,1847年9~10月,共举行70多次宴会,约1.7万人参加,宴会起到了发动群众的作用。由于金融贵族拒绝任何选举改革,资产阶级反对派决定在1848年1月9日再次举行盛大宴会,展开声势浩大的选举改革运动,基佐政府下令禁止,资产阶级反对派决定宴会改期在2月22日举行,同时组织一次示

威游行。政府准备以武力镇压。资产阶级反对派屈服于压力开始退却了。

法兰西共和国成立

　　1848年2月22日,资产阶级宴会运动慑于七月王朝的武力恫吓而退却了,但巴黎的广大人民群众不顾政府禁令,仍按原计划冒雨走上街头,高喊"打倒基佐!改革万岁!"的口号,举行大规模的示威游行。23日,人民群众夺取武器同政府军展开激烈的街垒战。有些政府军倒向革命,革命形势发展迅速。路易·菲力浦妄图以罢免基佐的办法来维持即将坍塌的七月王朝。资产阶级欣喜若狂,准备同七月王朝妥协。但巴黎人民却高喊"打倒路易·菲力蒲!共和国万岁!"的口号继续战斗,并在当晚修筑起1500多座街垒。24日晨,工人已占领巴黎的主要街道。国王使尽一切挽救七月王朝的办法都失败了,匆匆逃往英国。巴黎人民占领了王宫—推伊勒里宫,推翻了七月王朝。二月革命胜利后,原来躲在家里的拉马丁、洛兰已经拟定了临时政府人员名单,于24日晚宣告成立由11人组成的临时政府,资产阶级共和派7人、小资产阶级民主派2人、工人代表2人。临时政府的重要职位都被资产阶级占据:杜邦任主席、拉马丁任外交部长、洛兰任内政部长……,而两位工人代表路易·勃朗和阿尔伯任不管部长。资产阶级占优势的临时政府是推翻七月王朝不同阶级和派别的妥协物。资产阶级害怕手握武器的工人阶级走得太远,迟迟不宣布成立共和国。老革命家、医生拉斯拜尔率领工人代表来到市政厅,要求两小时之内宣布共和国,否则他们就带领20万人回到市政厅。临时政府被迫在1848年2月25日宣布成立法兰西共和国,即法兰西第二共和国。1851年12月,路易·波拿巴发动政变,共和国名存实亡,1852年12月恢复帝制,法兰西第二共和国告终。

巴黎工人六月起义

　　二月革命胜利后,巴黎工人把第二共和国看成是"社会共和国",误认为通过它就可以实行劳动权利和社会主义。2月28日在起义工人的压力下,临时政府成立了劳动委员会,由路易·勃朗和阿尔伯任正副主席,既麻痹了工人又把工人代表赶出临时政府。3月2日开办国家工场。临时政府把工场组织得很差,并借口维持国家工场,对四种直接税增收45生丁税。与此同时,组织资产阶级武装准备镇压工人。5月4日召开制宪会议,10日成立五人执行委员会,组成清一色资产阶级共和派政府。5月15日工人举行示威,要求工人代表参加政府,成立劳动部。资产阶级立即镇压工人,逮捕了布朗基、阿尔伯等革命领袖,解散劳动委员会,封闭革命俱乐部。6月22日解散国家工场,使1.7万多名工人立即失业。当天巴黎工人就举行了大规模示威,提出"打倒制宪会议!建立民主社会共和国!"等口号。6月23日~26日发展成武装起义,起义中心在圣安东区,革命家刻尔索斯拟定了从工人住宅区进攻市政厅完整的作战计划。4万多起义者对抗6倍于自己的反革命武装的疯狂进攻,以大无畏精神坚持了4天之久。一个街垒里只剩几人仍在坚持战斗,举红旗的人倒下另一个人就接上去,最后一个女工仍然高举红旗向敌人冲击并倒在血泊中。6月26日,起义被刽子手卡芬雅克血腥地镇压下去,六月起义失败了。

路易·波拿巴当选法兰西第二共和国总统

镇压六月起义是法国资产阶级公开走向反革命的开始,随后制宪会议任命六月起义的刽子手卡芬雅克为政府首脑,对工人继续实行白色恐怖政策。1848年11月4日,颁布法兰西第二共和国宪法,规定公民的一切"自由"都必须受国家监督;总统为国家元首统揽军政大权,他既不能解散议会也不对议会负责,但总统任期四年不得连任。12月10日进行总统选举,参加总统竞选的有:共和派的卡芬雅克和拉马丁,民主派洛兰,社会主义派别拉斯拜尔;大资产阶级候选人路易·波拿巴。选举结果,路易·波拿巴以多数票当选为总统。路易·波拿巴是拿破仑一世的侄儿,曾企图恢复法兰西帝国,但两次起事都失败了。1844,年他在狱中写了《论消灭贫困》一书,把自己打扮成劳动人民的"代表"。他所以能当选总统是他采取了把自己打扮成超党派人物的欺骗手段以取得各阶级、阶层的信任。在竞选中他答应农民"减轻赋税""保护小土地私有制",因此农民投了他的票。允诺"大赦被捕的六月起义者",仇恨共和派镇压六月起义的工人也投了他的票。答应实行"低息贷款",因而不满共和国财政政策的小资产阶级支持了他。允诺"确保社会秩序,免遭一切侵害",因此获得仇视革命并把波拿巴上台视为复辟帝制开端的大资产阶级和大土地所有者的支持。幻想拿破仑帝国光荣的军队也投了他的票。波拿巴当选总统,为他后来发动政变和恢复帝制铺平了道路。

柏林爆发3月18日革命

在法国二月革命影响下,南德和普鲁士都爆发了起义。1848年3月6日,一些激进青年在柏林开会,拟定请愿书要求政治自由,实行代议制,召开联合议会。3月13日,柏林出现一份传单,要求消灭资本家和高利贷剥削,成立劳动部,改善工人状况。普鲁士专制政府准备用武力镇压群众运动,柏林卫戍部队进入戒备状态。当晚,两万多名群众在动物园集会遭到政府军的袭击,死伤多人,群众筑起街垒进行反抗。14日晚,群众又在王宫广场集会,双方发生冲突。3月15日,维也纳爆发革命和梅特涅垮台逃亡国外的消息传到柏林,普鲁士王室惊恐万状,人民群众倍受鼓舞。16日,人民群众同政府军又发生冲突,死伤170多人。政府军屠杀人民群众引起各阶层的愤慨,3月17日,柏林举行大规模群众集会,通过请愿书,要求政府军撤出柏林,组织国民自卫军,实行出版自由,尽快召开联合议会。3月18日清晨，为了缓和群众斗争情绪和取得喘息时间，威廉四世发出两道命令：取消书报检查制和尽快召开联合议会。资产阶级表示欢迎，而人民群众则要求政府军撤出首都，并在王宫广场南侧和其他地方筑起街垒，准备战斗。威廉四世调动1.4万名政府军和74门大炮向起义中心区猛攻。王储普鲁士亲王亲自指挥这次镇压活动，因而获得"炮弹亲王"的绰号。革命群众团结一致英勇战斗，傍晚已占领柏林3/5地区，夜晚战斗更加激烈。政府军广大士兵同情起义人民，拒绝服从向群众射击的命令，从而给王室以致命打击。王室害怕军队倒戈，把军队撤出柏林。柏林于3月18日革命胜利了。3月19日国王被迫发表《致我心爱的柏林人宣言》，宣布军队撤往波茨坦，并偕王后走上阳台，向死难烈士致哀。3月21日，国王发表《告我国人民和德意志民族宣言》，答应承担德国统一事业，宣誓忠于民族的三色旗，实行出版自由、陪审制和取消领主法庭。

1848 年德国革命

1848年革命前夕，德意志联邦仍然是各封建君主邦四分五裂的松散联合体。它面临的革命任务是推翻各邦封建君主制，建立统一的共和国。1845~1846年的农业歉收和1847年的经济危机促成了德国革命形势的形成。在法国二月革命影响下，德国爆发了三月革命。1848年2~3月，首先在南德诸邦爆发革命并取得初步胜利，建立了自由派政府。3月13日~18日，普鲁士首都柏林人民举行示威，很快发展成起义，要求政治自由、实行人民代议制。在革命形势的压力下，威廉四世不得不任命资产阶级自由派康普浩森和汉泽曼组阁，答应尽快召开联合议会。与此同时，全德各地爆发了农民运动、工人运动和民主运动。马克思、恩格斯四月初回国积极参加德国革命。康普浩森~汉泽曼内阁一开始就同王室妥协，不能改动旧的官僚制度，还破坏了4月20日柏林人民要求改革选举制的群众示威。5月22日，普鲁士议会开幕，康普浩森提出宪法草案：普鲁士为君主立宪国家，实行责任内阁制。不仅议会中的左右两翼都对草案不满，柏林人民也纷纷提出抗议。5月30日，柏林发生了自发的武装示威。6月14日，柏林人民同军警发生冲突，傍晚包围并占领了军械库，最后被政府军镇压，柏林六月起义失败了。国王6月22日任命近臣奥尔斯瓦特组成新内阁。9月13日，任命弗兰克尔将军为布兰登堡军区司令。11月2日，任命王族勃兰登堡伯爵组阁，然后把军队开入柏林。12月5日，威廉四世下令解散普鲁士议会，恢复了君主专制统治。普鲁士革命失败了。1849年，普鲁士、汉诺威、萨克森、巴伐利亚等大邦都拒绝法兰克福议会通过的帝国宪法，并镇压了护宪运动。

奥地利爆发 1848 年革命

哈布斯堡王朝的奥地利帝国是一个以日耳曼民族为统治民族的多民族封建专制国

家,阶级矛盾和民族矛盾交织在一起。推翻哈布斯堡王朝统治、建立各自民族独立国家是帝国境内各族人民的革命任务。1847年经济危机促成了奥地利革命形势的形成。1848年3月13日,维也纳工人、学生和市民高呼"打倒梅特涅!实行宪政!"的口号,举行声势浩大的示威游行。在激烈巷战中,起义者打败了前来镇压的政府军。奥皇斐迪南一世被迫罢免了反动宰相梅特涅,答应实行宪政。梅特涅男扮女装逃亡英国。三月革命获得胜利。4月26日颁布宪法,实行两院议会制,国王享有最高行政权和否决议会立法大权。5月11日颁布选举法,选民有很高财产资格限制,广大工人和下层群众被剥夺了选举权。5月15日和26日,维也纳人民两次举行起义,反对宪法和选举法,取得五月起义的胜利。皇帝逃亡因斯布鲁克。6月1日,政府被迫同意召开一院制议会和取消选民财产资格限制,实行普选。7

奥地利皇帝费迪南一世面对1848年匈牙利、意大利和维也纳掀起的革命浪潮,他被迫退位逃亡。

月22日,在维也纳召开帝国议会,废除农民封建依附关系,但劳役租或代役租必须赎买。8月12日,皇帝返回维也纳是反革命反攻的信号。8月23日,政府降低国家工程中的工人工资,引起工人在8月起义,结果被政府镇压。10月3日,奥地利派兵镇压匈牙利革命,消息传出后,维也纳人民十分愤慨。10月6日,维也纳工人、学生举行起义,攻下武器库并用以武装10万起义者,帝国议会投降。10月7日,王室再度逃亡,政府军撤出维也纳,起义者占领了首都,十月起义取得胜利。10月12日,政府集结大批军队开始向维也纳反攻。首都起义者进行了英勇保卫首都的战斗。10月25~27日,7万名政府军、200门大炮连续三天向维也纳猛轰。由于反动势力强大,又无外援,11月1日,维也纳陷落。大批起义领导人被屠杀,十月起义失败了。

维也纳三月革命成立新政府

1848年法国二月革命和奥地利帝国境内的革命运动推动了维也纳3月革命的爆发。3月3日,下奥地利议会33名左翼代表起草请愿书,要求政府实行改革。不久,"奥地利进步党宣言及纲领"发表,要求修改宪法、改革政府体制、改组内阁、召开联合议会、实行工业活动自由和废除书报检查。工人们举行集会,要求推翻专制政府。大学生成立"争取自由斗争同盟",召开大会通过请愿书,要求言论、出版和宗教信仰自由。3月13日,奥地利议会开幕。人民群众,其中多是工人、手工业者和大学生,在议会大厦前的广场集会,要求政治自由,实行陪审制和责任内阁制,提出"打倒梅特涅!""打倒专制政府!"等口号。政府调动军队开往议会大厦广场,镇压集会群众,发生了流血事件。这不仅动员了维也纳人民群众,也激怒了郊区工人。他们在捣毁机器、烧毁工厂之后向市中心进发,政府军向手无寸铁的群众开枪,革命群众以石块还击。傍晚,各代表团先后到达皇宫,坚决要求梅特涅下台,并声明如在傍晚9时前政府仍不采取断然措施,人民群众将发动总起义。梅特涅被迫辞职,并于第二天乔装逃往英国。斐迪南一世被迫答应取消书报检查,武装市民和大学生,但不触动专制制度。3月14~15日,人民群众要求制定宪法,以君王立宪制代替专制君主制。3月14日政府颁布命令,把维也纳的管理大权交给刽子手文迪什格雷茨;3月15日任命伊奥斯为国民自卫军首脑。这就更加激怒了维也纳群众,傍晚,成千上万的工人、手工业者和大学生举行起义,向皇宫进攻。政府被迫同意7月召

19世纪40年代的维也纳

开各省议会和资产阶级代表大会,制定宪法,实行宪政,同时改组维也纳市政机构,资产阶级及其知识分子参加了新政府。维也纳三月革命的胜利有力地推动了奥地利帝国境内的匈牙利、捷克以及其他地区的革命运动。资产阶级满足于维也纳3月革命成果,广大人民继续战斗,随后举行五月起义、十月起义,推动奥地利革命不断深入。

英国军队炮轰印度城市

匈牙利爆发 1848 年革命

匈牙利是奥地利帝国境内的一个封建王国,奥皇兼任匈牙利国王。匈牙利人民深受双重压迫,迫切要求摆脱奥地利异族统治和消灭封建制度,建立独立的民族国家。1848年3月3日,民族英雄拉约什·科苏特在议会抨击奥地利专制统治。3月12日,"反对派同盟"举行群众大会,拟定了请愿书,即《十二条》革命纲领:要求成立匈牙利内阁,每年召开议会,在法律面前人人平等,取消劳役制,但没有提出独立问题。3月15日,当维也纳革命消息传来,爱国诗人山多尔·斐多菲在一个咖啡馆朗诵他的《民族之歌》,号召人民起来为争取自由而斗争。佩斯人民高唱这首歌举行大示威,包围了市政厅,首都各团体组成的公安委员会夺取了政权。奥地利皇帝被迫同意成立匈牙利内阁,任命温和派巴蒂安尼组阁,苏科特任财政大臣。匈牙利议会通过法令:每年召开一次议会,匈牙利内阁对议会负责,废除农奴制,实行普遍课税,匈牙利在军事上和财政上独立自主。4月上旬,斐迪南一世勉强批准了这些法令。随着奥地利反革命势力抬头,奥皇决定反扑,镇压匈牙利革命。任命叶拉乞希为总司令,9月11日率军进攻佩斯。9月22日,成立了以科苏特为主席的匈牙利"国防委员会",不久代替垮台的巴蒂安尼内阁为匈牙利革命政府。奥地利反动派镇压维也纳十月起义后,全力以赴镇压匈牙利革命。1849年工月5日攻陷佩斯,匈牙利政府和议会迁往德布勒森。4月14日,匈牙利议会通过独立宣言宣告独立;5

月 2 日成立共和国,科苏特任国家元首;5 月 21 日,收复佩斯。奥地利联合沙俄共 26 万大军疯狂向匈牙利反扑,7 月中旬,佩斯再度失陷。8 月 13 日,匈军总司令戈尔盖向俄军投降,匈牙利革命最后失败。

海地革命

15 世纪末,哥伦布"发现"新大陆之后,拉丁美洲地区逐渐沦为西班牙、葡萄牙、法国和英国等欧洲列强的殖民地。到 18 世纪末,拉丁美洲人民在殖民地统治的漫漫长夜里已度过了 300 年之久。1790 年,英勇的海地人民首先点燃独立运动的火种。经过 14 个春秋艰苦卓绝的斗争,建立了世界近代史上第一个黑人独立国家——海地。

海地,印第安语即多山的地方,位于加勒比海海地岛的西部,1502 年,沦为西班牙殖民地。1697 年,西班牙被迫同法国签订莱斯维克条约,把海地岛的西部即海地割让给法国。因法国称海地岛为圣多明各岛(西班牙人称它为伊斯帕尼奥拉,意即小西班牙岛),故当时海地被称为法属圣多明各;东部仍归西班牙,被称为西属圣多明各,即今天的多米尼加共和国。

法国殖民者的种族歧视和阶级压迫政策,引起殖民地各族人民的不满和反抗。混血种人和"自由"黑人争取公民权的斗争此伏彼起,黑人奴隶争取自由权的斗争连绵不断。黑人奴隶不顾严峻的法律规定,冒着生命危险纷纷逃离种植园,1751 年,逃奴达 3 千余名。几乎每隔 5~10 年要发生一次黑奴起义,其中以 1671、1691 和 1718 年的起义规模最大。逃奴组成叫"马隆"的游击队,在深山中坚持斗争。1783 年,一个名叫德·罗维拉的殖民军官在信中写道:"在殖民地(圣多明各),殖民者经常处于被动挨打地位,就像坐在火药桶上一样。"正是这种经济关系、种族关系和阶级关系及其对抗趋势的发展,导致了海地革命的必然爆发。

18 世纪下半叶美国独立革命的胜利,鼓舞了圣多明各人民的解放斗争。由于法国组织圣多明各混血种人队伍参加美国独立革命,在客观上为圣多明各培育了一批革命力量。

18 世纪法国启蒙思想的传入,给圣多明各人民反对法国殖民统治提供了思想条件。当时,伏尔泰、狄德罗和雷纳尔的著作,宣传启蒙思想的刊物,在圣多明各广泛流传。法国革命前夕,法国每郡出版的刊物只有 4~5 种,而圣多明各却有 50 种之多。这些作品宣传废奴思想,颂扬人人平等,同情暴力革命,为混血种人和"自由"黑人争取公民权,黑人奴隶争取自由权利的斗争,提供了思想武器。

1789 年的法国资产阶级革命及其《人权宣言》的公布,直接点燃了海地革命的引火线。根据《人权宣言》的原则,圣多明各混血种人和"自由"黑人立即进行争取公民权的斗争。混血种人文森特·奥热是最著名的领袖之一。奥热出生于圣多明各北部的冬冬,母亲是种植园主。法国公布《人权宣言》时,奥热正在巴黎留学,在法国革命者罗伯斯比尔等人的支持下,积极参加争取黑白混血种人公民权的斗争,因遭到法国当局的反对而失败。他气愤地说:"我们不愿意在这恶劣的环境中再待下去了……我们能招募像法国兵那样优良的士兵。我们自己的兵力将使我们受到尊敬和取得独立"。不久,他前往美国,筹措武器。后来,他到达圣多明各北部的格兰德·里维埃,建立起义军司令部。

1790 年 10 月,奥热率领 250 名混血种人和"自由"黑人起义军正式举行武装起义,揭开了海地革命的序幕。起义军打击法国殖民者,烧毁种植园,并打败法国上校马杜特率领的 600 名殖民军。马杜特受挫后,法国殖民当局增派 1,500 名殖民军前往镇压。起义军终于失败,奥热及其余部逃往西属圣多明各。1791 年初,西班牙殖民当局将他们引渡到海地角。奥热被车裂而死,其余起义者有的被处以死刑,有的被流放。奥热起义失败的根本原因,是由于他们没有提出废除奴隶制度的口号,因而起义军没有得到广大黑人奴隶的支持。

1791 年 8 月 14 日,在黑人布克曼的领导下,海地角附近 200 余名奴隶秘密集中到盖门森林,筹划起事;8 月 22 日,黑人奴隶在"争取自由""宁死不当奴隶"的口号下起义。起义军冲击殖民机构,惩办殖民官吏,打击种植园主,分掉种植园主的粮食和食物,并放火烧毁自由战士杜桑是海地著名的黑人领袖种植园。在起义头两个月里,起义军杀死殖民者和种植园主 2 千余人,烧毁 180 个甘蔗种植园和 900 个咖啡和蓝靛种植园。

1791 年 10 月,杜桑·卢维杜尔(1743~1803 年)烧毁海地角北部的布雷达种植园,带领 1 千余名奴隶,加入起义军队伍。杜桑原是布雷达种植园主的奴隶,后提升为马车夫,曾研读过法国启蒙思想家的著作,受到启蒙思想的影响。杜桑参加起义军,把起义推向一个新的高潮。奴隶起义的烈火迅即燃遍整个圣多明各北部,殖民者和种植园主纷纷逃往海地角等大城市,请求殖民军的保护。

与此同时,圣多明各西部的混血种人在太子港附近举行起义,并公推里戈为领袖。里戈是混血种人,家庭富裕,曾留学法国,参加过美国独立战争。里戈在起义中提出"争取圣多明各独立"的口号,吸引了大批混血种人。他还吸取奥热起义失败的教训,对奴隶起义一度抱欢迎态度,吸收一部分奴隶参加起义队伍。起义军接连取胜,一度攻克西部重镇太子港,逐渐将起义烈火引向圣多明各南部,起义军人数增加到 5 千余人。

法国殖民统治的结束

1794 年 7 月,法国雅各宾派政权被推翻,建立了代表大资产阶级利益的政府。这个政府企图继续维持法国在圣多明各的殖民统治,恢复圣多明各的奴隶制度。杜桑十分担忧,他写信警告法国政府,如果"在圣多明各重新建立奴隶制,那么我向你们声明,那是不可能的;我们已经懂得如何应付危难以获得自由,我们将会懂得如何不顾生命去保卫自由。执政的长官们,这就是圣多明各人民的决心,这些就是他们让我传达给你们的原则。"

1796 年底,法国同意圣多明各选派代表参加法国五百人院。起义军利用这个机会,推选掌握军权的总督位沃为圣多明各的代表,迫使拉沃离开了圣多明各。从这时起,杜桑实际上成了圣多明各的总督。1797 年,杜桑指责法国特派员桑托纳克管理经济不善,勒令他回国。桑托纳克离开后,杜桑控制了圣多明各的行政和军事大权。

接着,杜桑派出代表去法国,奉劝法国政府不要再派代表到圣多明各,但被拒绝。1798 年 4 月,法国委派埃杜维尔担任驻圣多明各的特派员。埃杜维尔诱劝杜桑到法国去过荣华富贵的生活。杜桑识破了他的阴谋,坚决拒绝。1798 年 10 月,埃杜维尔带领 1000 余人,分乘 3 只大船,灰溜溜地离开圣多明各。圣多明各实际上成了一个独立国家。

1799 年,代表圣多明各混血种人种植园主利益的一些起义军军官为反对黑人起义军掌握政权,举行叛乱。杜桑亲率起义军镇压西部和北部地区的叛乱活动。德萨林和克里斯托夫平定了南部地区的骚动。德萨林原系圣多明各北部科尔梅斯种植园的奴隶;克里斯托夫原系英国属地格林纳达岛的奴隶,7 岁时逃至圣多明各,当旅店的侍员。1800 年 8 月,杜桑率军抵达南部重镇累凯城,里戈等混血种人起义军军官纷纷逃往法国。这时,黑人起义军已发展到 5.5 万人。

1801 年 1 月,杜桑在穆瓦兹的配合下,率领起义军从圣多明各南部攻入西属圣多明各,几乎没有遇到什么抵抗就攻占圣多明各城,原西属圣多明各总督逃往古巴。至此,起义军统一了整个海地岛。

巴西独立运动

巴西是 1500 年 4 月 22 日葡萄牙航海家卡布拉尔发现后沦为葡萄牙殖民地的。葡萄牙人奴役和掠夺巴西 300 多年,巴西人民反奴役、反掠夺的斗争也进行了 300 多年。1822 年 9 月 9 日,巴西宣布与葡萄牙脱离关系,独立成为巴西帝国。

巴西独立运动的完成,经历了整整 100 年的时间和一条曲折的道路,是有其特点的。它可分三个阶段。

第一个阶段是武装斗争阶段。这个阶段从 1789 年米纳斯密谋开始,经过 1798 年的巴伊亚密谋和 1817 年的伯南布哥革命等伟大事件而正式展开。这些事件都具有资产阶级革命的色彩,有较明确的民族独立思想,要求与葡萄牙殖民者决裂,主张建立共和国和废除奴隶制度。

米纳斯密谋是由蒂拉登特斯组织的。米纳斯吉拉斯是巴西黄金热的中心,新兴资产阶级与自由矿工都在成长,一批批奴隶也集中到这里来。到 1785 年,黄金矿源日见枯竭。王室下令全力挖采,同时垄断冶炼过程,毁掉原有私人设立的手工冶炼工场,但仍按原来的税额向居民征税。这激起了新兴资产阶级和居民的强烈不满。1789 年,米纳斯总督巴巴塞纳子爵决定向居民追索过去积欠的全部税款,总计有黄金 596 阿罗瓦,合 8,940 公斤。这引起了人们的愤慨。

骑兵中尉若阿金·若泽·达·席尔瓦·沙维尔（即拔牙师"蒂拉登特斯"）和从欧洲回来不久的若泽·阿尔瓦雷斯·马西埃尔，以及一批进步的作家、诗人、医生、律师、神甫和军官等，秘密策划推翻葡萄牙殖民统治的武装起义。他们的纲领是：同葡萄牙决裂，建立共和国；组织新的民团，实行义务兵役制；开办各类工厂，允许自由贸易，废除对黄金、钻石开采的垄断；设立大学，发展教育；奖励生育，救济贫民；选定内地的圣若昂·德雷伊为首都。他们还酝酿提出废除奴隶制的主张，也设计了新生共和国的国旗。他们决定在殖民当局正式追收旧税的当天发难，计划首先击溃总督卫队，活捉巴巴塞纳。蒂拉登特斯主动承担了最危险的角色和最艰巨的任务。

南美的西班牙控制区

由于密谋的参与者白人军官雷伊斯告密，起义失败了。蒂拉登特斯被捕下狱，后被杀害。这次革命烈火虽在点燃阶段就被扑灭，但它是巴西历史上第一次对全国有影响的、带有资产阶级革命性质的独立斗争，是巴西独立运动的开端。

1798 年的巴伊亚密谋也是一次夭折的起义。它反映了巴西独立运动地深入，说明独立和自由、民主的思想已在巴西中下层人民中传播与生根。密谋的负责人是两名黑白混血种的缝衣工人和两名士兵。参加者一为受了欧洲资产阶级革命思想影响的知识分子，二为裁缝、木工、石工、士兵、奴隶等，也有少数中下级军官。其中不少有色人种，也有妇女。他们的纲领比米纳斯密谋的纲领更激进、鲜明：主张建立独立的民主政府，解放奴隶，发展生产，增加士兵薪饷，与各国开展自由贸易，并对那些反对革命的人处以死刑等。

1798 年 8 月 12 日，他们秘密地在巴伊亚散发传单，张贴标语，准备在第革尔广场举行暴动。由于叛徒告密，就在暴动的当天，殖民当局突然进行大包围大逮捕，起义被镇压下去了，四个领导人被处以绞刑。这次起义进一步鼓舞了巴西人民要求独立的斗志。

1817 年伯南布哥的革命烈火，不仅燃烧起来，而且蔓延开了。伯南布哥是一个富有反殖民统治传统的地区。驻军中葡籍高级军官与巴西籍的中下级军官、仁兵的矛盾比较尖锐。一批受欧洲资产阶级革命思想影响的先进人物，早就组织了酝酿独立的秘密团体。1817 年 3 月 6 日，殖民地当局下令在伯南布哥首府累西腓逮捕几个密谋起义的嫌疑分子。有一位下级军官拒捕，并刺死了一个前来逮捕他的少将，就此点燃了起义的导火线。起义者手持长矛利箭，走上街头，高呼"独立万岁！""自由万岁！"攻入炮台，逮捕了躲进炮台的省长。起义者组织了共和国临时政府，由商业、军队、神父、农民和法律等五个方面的代表人物中各推一人担任政府成员,还组织了以知识界为主的"协商委员会"。

临时政府发布了致伯南布哥与全体巴西人民的宣言,号召永远结束王权暴政,建立自由独立的巴西共和国;宣布取消苛捐杂税,废除贸易垄断,禁止葡萄牙船只出港;提高士兵薪饷,建立海军;鼓励世俗教育;废除等级特权制等。对解放奴隶问题,宣言中只是说政府希望"解放奴隶的工作能以正义与合法的方式来逐步实现"。

临时政府派出代表前往美国、英国和阿根廷等国,争取得到支持。

革命的烽火蔓延到帕拉伊巴州、北里约格朗德州、阿拉戈阿州与塞阿腊州,一时在东北地区出现了高涨的革命形势。

若奥六世得知伯南布哥起义的消息,立即派兵镇压。他用海军封锁累西腓港,以陆军进攻伯南布哥。经过激烈的战斗,终因敌我力量悬殊,起义军被迫退出累西腓,停止抵抗。这次起义从3月6日发动到5月20日失败,不到3个月,起义领袖多遭杀戮,被捕的起义群众达两千多人。

这次起义,无论方式、纲领和规模,都比前几次前进了一大步。它动摇了殖民统治的基础,使若奥六世感到命运岌岌可危而开始认真策划退路。

第二个阶段是巴西宣布独立,与葡萄牙仍然藕断丝连,实际上带有分立性质的阶段。

1814年从葡萄牙本土赶走拿破仑后,由于若奥亲王委托摄政的英国贝雷斯福德元帅的专横统治,激起人民对摄政王和在巴西的葡王室的反感。若奥六世不得不思考对策,处心积虑谋求把巴西独立运动扭到自己安排的轨道上来。

早在1813年,若奥亲王的顾问费雷拉就曾建议:把葡王国摄政的权力交给贝拉王子(即佩德罗一世),由若奥亲王任独立的巴西皇帝,以防止一场民众的革命。若奥亲王不敢贸然从事。1815年,在英国建议下,将葡萄牙国名改为"葡萄牙—巴西—阿尔加维联合王国",表示葡萄牙与巴西"平等",藉此缓和巴西人民的革命情绪。这个骗局很快就被巴西更多的人识破,于是1817年爆发了伯南布哥革命。

1820年8月24日,葡萄牙本土发生资产阶级革命,这对巴西产生了巨大影响。巴伊亚州和巴拉西州的军队建立了新的政权,各个州先后成立洪达,米纳斯吉拉斯州更为动荡,里约热内卢的驻军和人民也在骚动。1821年2月26日,里约热内卢的圣安娜广场上聚集了许多葡萄牙军队,要求国王向葡萄牙的资产阶级宪法宣誓。若奥六世派王子佩德罗去现场观察,佩德罗被迫承诺了一些改革,缓和了形势。但葡萄牙国内的局势仍很紧张,新议会要求王室返回晨斯本,皇后逼若奥六世回去,英国也坚持要他回去。若奥六世于4月中旬决定将王室带回葡萄牙。

4月21日,若奥六世在行前任命佩德罗王子为巴西摄政王。没想到就在他下达任命的三天内,巴西一些州的洪达却宣布与佩德罗政府脱离关系,有些地区还提出了独立的口号,这给若奥六世当头一棒。王室船队将要启程返葡时,里约热内卢海口的炮台看守所要求留下全部国库金银。若奥六世虽对这些"叛乱"进行了镇压,也意识到巴西独立已是一股不可阻挡的历史潮流。他在4月26日率王室3000人返葡前夕,对佩德罗面授机宜:"如果巴西发生了坏得不能再坏的情况,硬要独立,你就自己来宣布独立,把王冠带在自己的头上"。他还说，"如果巴西独立，最好是为你而独立，因为你还尊重我，王冠比落在冒险家的头上好得多"。这是若奥六世为保持布拉甘沙王朝在巴西的统治而留下的一个改牌换记的锦囊妙计。巴西著名史学家卡洛热拉斯说："这样做，巴西就可以在布拉甘沙王朝庇荫下，作为一个更大的葡萄牙投影而和平地继续其君主制的演变。"

佩德罗从担任摄政王到宣布"独立"，经过了观望、拖延和激动三个历程，最后演出了独立喜剧。从 1821 年 4 月 21 日担任摄政王到 1822 年 1 月 9 日宣布"我留下"的 8 个多月，佩德罗处于矛盾、犹豫和观望之中。他和他的支持者——巴西的大庄园主、大商人和继续留在巴西的葡萄牙贵族的基本要求是，保持与葡萄牙的平等地位，建立葡萄牙与巴西的联合王国。以土生白人、著名的自然科学家若译·博尼法西奥教授为首的支持者，开展要求他留下的运动，成立"抗命俱乐部"。但巴西人民群众，包括一部分庄园主、土生白人中的商人以及新兴手工工场主、手工业者和城乡居民，尤其是有革命传统的米纳斯吉拉斯州和伯南布哥州的人民却希望与葡萄牙决裂而建立独立的共和国。可是葡议会咄咄逼人，认为佩德罗的想法大逆不道，先后通过了两个命令，规定巴西分割为若干省，每个省直接受里斯本管辖，巴西的一切政务均由里斯本指挥；同时撤销摄政王的机构，命令摄政王立即返葡"以便完成政治上的教育"。

若奥六世也不理解他儿子的用心，怀疑他会背叛布拉甘沙王朝。因此，佩德罗给他父亲写了一封信。他说："独立运动只是愿意保护我以及我们的军队"，"我自己的荣誉比整个巴西的荣誉还重要。""我向陛下宣誓：永不违背信义"，"用血写下誓言：我立誓永远忠于陛下，忠于国家及忠于葡萄牙宪章"。他仍迟迟没有公开做出抉择，担心正在高涨的独立与共和的浪潮会将他淹没。他尤其担心米纳斯吉拉斯州以及在国内有巨大政治、经济影响的圣保罗州不支持他而使他陷入绝境。后来，他派人到圣保罗州和米纳斯吉拉斯州去收集要求他留下的"请愿书"。由当时担任圣保罗州洪达副主席的若泽·博尼法西奥教授草拟了一个所谓圣保罗州民众的请愿书，征集了 8000 多人的签名。1821 年 12 月 29 日，博尼法西奥等把请愿书呈送到王室参议院，请挽留佩德罗。1822 年 1 月 9 日，举行了上书仪式，由圣保罗州洪达的主席发表了"劝留"演说。佩德罗在这种"正合孤意"的场面上，表示"暂且留在巴西"，"等他们（指葡议会和若奥六世）对巴西情况完全了解后"，"再作去留"。群众表示不满，他才断然表示："为了大家的利益和民族的幸福……请告诉人民，我留下。"

此后 7 个月，佩德罗采取了拖延政策，不与葡萄牙彻底决裂。1 月 16 日，佩德罗任命了博尼法西奥教授领导的内阁。内阁在佩德罗同意下制定了一系列抵制葡萄牙的法令，如里斯本来的任何命令若未得到佩德罗的同意都不得在巴西执行；禁止任何葡萄牙军队在巴西登陆；命令驻里约热内卢的葡军返回里斯本等。内阁号召各州都承认亲王政权是全国最高权力机构，组成为建立制宪会议做准备的全国各州代表会议，颁布了召开制宪会议的法令。但是，佩德罗表示忠于对父王的誓言，仍以葡萄牙在巴西的摄政王身份活动。他的目的就是建立一个延续布拉甘沙王朝法统的立宪帝国，与葡萄牙平等联合。

巴西的独立派不满佩德罗的拖延态度，对他施加压力。5 月 13 日若奥六世生日那天，里约热内卢的议会代表团再向佩德罗上书，声明"巴西再也不能附属于一个小小的、遥远的、既保卫不了更征服不了它的国家"。佩德罗接受了代表团敬献的"巴西的永久保护者"的称号。他一方面有限度地放任独立派人士进行各种要求独立的活动；另一方面始终不愿流露出与葡萄牙决裂的意向。

8月28日，巴西收到葡萄牙议会新的命令，指出佩德罗只是巴西行政机构的临时首脑，应立即返回欧洲；巴西内阁的大臣只能由里斯本任命；各州代表委员会和制宪会议都是非法的；博尼法西奥和现任的巴西内阁其他大臣以及拥护独立的人，必须受法律追究，等等。若奥六世在葡议会的压力下也写信给儿子，要他服从葡萄牙的法令，回到葡萄牙来。佩德罗正在圣保罗州的伊皮兰加河畔巡视。面对这个紧急局势，在里约热内卢的临时摄政王、王后娜利奥波尔迪娜主持了内阁会议，会上一致决议，迅速派人把情况告知佩德罗。王后和博尼法西奥都写信力劝佩德罗与葡萄牙断然决裂。博尼法西奥的信中还说："王子必须在两条道路中仔细地选择一条，要么立即回到葡萄牙去，从而使自己成为葡萄牙的阶下囚，就像若奥六世目前的处境一样；要么留下来，并宣布独立，成为巴西的皇帝或国王"。王子的另一位亲信也写信告诉他："在葡萄牙，已有一帮人公开讲要剥夺佩德罗的王位继承权，而拥护王叔米格尔作王位继承人。"

9月7日，佩德罗收到信使送来的信后，激动得挥剑跺脚，摔掉葡萄牙发来的指令，并对他的神父说："从今天起，我们同葡萄牙的关系结束了，我不再需要从葡萄牙政府那里来的任何东西。我宣布：巴西永远从葡萄牙分离出来了。"接着，佩德罗向警卫部队高声喊道："巴西人，从今以后，我们的口号是：要么独立要么死亡！"1822年10月12日，佩德罗在博尼法西奥等君主派代表人物拥护下，被尊为立宪皇帝，称佩德罗一世。12月1日，又采用葡萄牙的传统仪式举行了加冕典礼。

在巴西独立过程中也有过战争。当佩德罗宣布"我留下"时，驻在里约热内卢的两千名葡军就曾企图逼他回国，但被当地1万多名人民武装逐出首都，勒令回葡。在巴伊亚的葡军将领马德拉曾率万余军队与巴西人民战斗，后来投降了。西斯普纳蒂纳省（今乌拉圭，当时在巴西统治下）蒙得维的亚的葡军抵抗了17个月，被赶走了。其他一些地方的葡军企图作乱，都没有成功。这些战争在整个独立运动中并没有产生直接的影响。

巴西宣布独立后，1824年，美国承认了它。1825年，英国和葡萄牙也承认了它。这是巴西人民斗争的胜利。然而，巴西的独立带有分离和分立的性质。葡、巴各立门户，彼此之间仍有血缘关系，在政治、经济、文化等方面交织着分割不开的网络：

巴西帝国由葡萄牙布拉甘沙王朝的嫡系继承人、葡萄牙王子统治，巴西帝国宫廷的大权几乎原封不动的由葡萄牙贵族掌握。1823年底，佩德罗一世解散制宪会议，任命自己的葡籍王室亲信组织新政府，大量葡萄牙出生的人担任州长和地方部队司令官。在独立时为佩德罗出过大力的土生白人博尼法西奥，也两度被排挤出内阁。巴西军队中的大多数军官是葡萄牙人。在巴伊亚战斗中被俘的葡籍官兵都被编入巴西军队。这些说明，葡萄牙的法统依然在巴西延续。

1825年，葡萄牙王室承认巴西帝国的《葡巴条约》序言中，说此约是"为调整关于两国分离的所有基本问题而接受英王陛下的调停"而订立的。条约规定"巴西皇帝陛下为感谢他的尊敬的父亲和君主唐·若奥六世的关心与慈爱,同意最忠诚的国王陛下亲自承担巴西皇帝的称号"。这就是说,葡萄牙的国王同时也就是巴西的皇帝。在条约其他部分提及两国关系时,有的地方也用"分离"的词语。

1826年,葡萄牙国王若奥六世去世。葡王室做出决定,由佩德罗继任国王。佩德罗接受了继承权,兼任葡萄牙国王,并为葡萄牙制订了一部宪法,宣布大赦等。后因兼顾不及,才逊位给自己的幼女格格丽亚。1828年,他的弟弟米格尔篡夺王位,他又进行干预。这时,巴西人民"认为皇帝对葡萄牙和他女儿的王冠比对巴西更感兴趣"。佩德罗遭到巴西人民的反对,更加"依靠原籍葡萄牙的臣

巴西独立后的第一位皇帝佩德罗

民,而把巴西人排斥在他的密友和顾问圈子之外,甚至巴西人连一个大臣的职位都保不住。"

巴西帝国独立后社会性质未变,奴隶制、大庄园制、君主制都一仍旧贯。英国人的特殊地位也未变,葡萄牙人在巴西的特权、地产、浮财、船舶、货物、利润等,均受到法律保护;即使前几年已被没收了的也悉数发还。葡萄牙运到巴西的货物受到国际法中最优惠税率的待遇。

这些说明巴西宣布独立,还只是实现了分立。如用形象的说法,这场独立喜剧,剧本主要是若奥亲王的顾问费雷拉构思的,作者主要是若奥六世,导演是博尼法西奥,主角是佩德罗一世。正因为博尼法西奥处于导演地位,所以巴西的种植园主和一部分封建的历史学家称他为"独立之父"。事实上,博尼法西奥虽是受过法国启蒙思想教育的学者,但他出身于大种植园主,被人视为保守派人物。在欧洲时期,他曾被法国资产阶级革命中群众的激进行动所吓坏,因此反对与葡萄牙彻底决裂,反对共和制度,主张走"阻力最小的道路"来使巴西人取得自主的权力。佩德罗面对独立与共和的世界性风暴,明知陈规的统治防线必然会被冲破,他考虑的是"从最恶劣的形势中作最好的打算"。博尼法西奥的"阻力最小的道路"和佩德罗的"最好的打算"结合起来,他们就合作使独立后的巴西仍处在布拉甘沙王朝的统治之下。

第三个阶段是巴西人民争取完全的独立并取得胜利的阶段。这是巴西人民反对帝制,要求废除奴隶制,建立共和国,推翻布拉甘沙王朝,建立巴西人统治巴西的阶段,经历了巴西帝国全过程。在这过程中,巴西的葡萄牙色彩愈来愈淡,巴西的民族色彩一年胜过一年。到1899年巴西帝国被推翻,巴西联邦共和国宣告成立,葡萄牙人的布拉甘沙王

朝从巴西被赶走,巴西人民才取得了独立运动的完全的彻底的胜利。

南美洲殖民地的独立战

　　西班牙南美洲殖民地包括秘鲁、新格拉纳达和拉普拉塔三个总督区以及委内瑞拉和智利两个都督区。1810 年,殖民地人民爆发了反抗西班牙统治的独立战争。殖民地人民浴血奋战 15 年,于 1826 年初赢得最后胜利。

　　18 世纪 70 年代,美国人民推翻英国殖民统治,赢得了独立。80 年代末,法国爆发了资产阶级革命。90 年代,海地人民起义,赶走法国、英国和西班牙的殖民势力,建立了独立国家。这些国家人民的胜利斗争,为西班牙南美洲殖民地人民树立了榜样,指明了前进的方向。18 世纪末,一些出身于土生白人地主和商业资产阶级家庭的知识分子,在欧美资产阶级革命和民族独立运动的影响下,在本地区积极传播欧洲启蒙运动思想和资产阶级革命思想,批判西班牙殖民制度。1794 年,新格拉纳达的安东尼奥·纳里尼奥在波哥大翻译、出版了法国的《人权宣言》。1810 年,拉普拉塔地区出版了西班牙文版的法国启蒙思想家卢梭的名著《社会契约论》。这本书和美国启蒙思想家托马斯·潘恩的《常识》在委内瑞拉广为流传。马里亚诺·莫雷诺 1802 年撰写《论普遍实行的印第安人私人徭役制》一文,批判了强迫印第安人服劳役的制度,要求"正义和自由"。委内瑞拉的米格尔·何塞·桑斯撰文强烈批判了西班牙在殖民地推行的以经院哲学为主要教学内容的教育制度,强调实践和实验的重要性。

　　与此同时,反抗殖民统治、争取独立的武装斗争此伏彼起。影响比较大的是:1780～1781 年,秘鲁的图帕克·阿马鲁发动的印第安人大起义,反对西班牙殖民奴役,要求恢复印加政权;1781 年,新格拉纳达索科罗地区的"平民派"起义,反对殖民当局的横征暴敛;1806 年,委内瑞拉人弗朗西斯科·米兰达率领数百名武装人员,从美国出发征战委内瑞拉;1809 年,拉普拉塔总督区的丘基萨卡和拉巴斯两市人民起义以及基多市的土生白人起义。这些武装斗争虽然被殖民当局一一镇压了,但它们却唤起了殖民地人民的觉醒。

南美的解放者

　　1808 年 3 月 23 日,法军侵占西班牙首都马德里。拿破仑废黜西班牙国王费尔南多七世,将其软禁在法国,并派自己的哥哥约瑟夫·波拿巴到西班牙当国王。西班牙人民纷纷拿起武器,开展抗法斗争。各地区相继成立"执政委员会",即洪达,行使地方权力。9 月 25 日,在阿朗胡埃斯组成"中央执政委员会",以费尔南多七世的名义执政,统一领导全国抗战。1810年初,法军差不多侵占了西班牙全部国土。"中央执政委员会"宣布解散,将权力移交给"摄政委员会"。

西班牙国内事态的发展,直接触发了南美洲殖民地的独立战争。战争分别在两大战区进行:北部战区,包括委内瑞拉都督区和新格拉纳达总督区;南部战区,包括拉普拉塔总督区、智利都督区和秘鲁总督区。

在北部战区,西班牙"中央执政委员会"解散的消息,首先传到委内瑞拉都督区首府加拉加斯。1810年4月19日,以土生白人地主和商人为主体的加拉加斯市政会召开公开会议,声明不承认"摄政委员会",决定自行成立"最高执政委员会",以西班牙国王费尔南多七世的名义执政。各省爱国力量纷纷夺取地方政权、宣布支持"最高执政委员会"。只有科罗、马拉开波和瓜亚纳地区在殖民势力控制下,声明只承认西班牙"摄政委员会"。

1811年3月2日,委内瑞拉首届国民代表会议在加拉加斯开幕。在以米兰达和西蒙·玻利瓦尔等为首的爱国力量敦促下,代表会议于7月5日通过《独立宣言》,宣告委内瑞拉共和国诞生,史称第一共和国。

1812年初,西班牙海军军官多明戈·蒙特维尔德奉西班牙摄政委员会之命,率领200余人乘船从波多黎各出发,到委内瑞拉的科罗登陆。他纠集科罗、马拉开波和瓜亚纳地区的殖民势力,向加拉加斯进犯。4月23日,共和国政府授权米兰达统掌军政大权。米兰达调集4000人马,到巴伦西亚地区迎战敌军,在作战中连遭失败。迫于形势,他决定同敌人议和。7月25日,双方签署"协议书",米兰达同意放下武器;蒙特维尔德保证不伤害爱国者,并允许他们自由离境。30日,米兰达同一批爱国军军官撤离加拉加斯。第一共和国被扼杀。

就在米兰达一行离开加拉加斯的当天,蒙特维尔德即撕毁协议,下令逮捕爱国者。31日,米兰达在拉瓜伊拉落入敌手,被解往西班牙监禁,1816年7月14日死于加的斯狱中。

1812年8月初,玻利瓦尔同一批战友逃离委内瑞拉。于10月间辗转在新格拉纳达的卡塔赫纳,同当地的爱国力量联合起来,打击殖民势力。这时新格拉纳达的爱国力量早于1810年7月下旬推翻了当地西班牙殖民政权,并正在抗击来自波多黎各和秘鲁的殖民势力的反扑。

12月15日,玻利瓦尔发表致新格拉纳达公民的公开信,即历史上著名的"卡塔赫纳宣言"。他在信中分析了委内瑞拉第一共和国失败的原因,首先是由于"采取了联邦形式","各省我行我素"全国陷入无政府状态;其次是未能建设一支正规军;第三是新政权"挥霍公共收入",滥发纸币,引起人民群众的强烈不满。他呼吁新格拉纳达爱国力量支持他收复加拉加斯。新格拉纳达国民代表会议立即声明,支持他进军委内瑞拉,并宣布他为新格拉纳达公民,授予准将军衔。

1813年3月初,玻利瓦尔率领1000余人,从库库塔打进委内瑞拉。在委内瑞拉爱国力量的配合下,8月7日收复加拉加斯。玻利瓦尔召开市政会,宣布成立委内瑞拉第二共

这幅画描绘了 1819 年博亚卡战争——一次玻利瓦尔把新格拉纳达(即哥伦比亚)解
放出来的决定性战役。

和国。市政会任命玻利瓦尔为爱国武装总司令,掌管军政大权,并授予他"解放者"称号。
1813 年底,爱国军解放了东部地区。

　　一批逃至奥里诺科河沿岸草原地区的西班牙殖民军,纠合在军官何塞·托马斯·博
维斯周围,利用草原牧民与土生白人地主之间的矛盾,以给牧民分配土地作诱饵,组织了
8000 余人的"保王军"。1814 年 6 月 15 日,保王军在拉普埃尔塔击败波利瓦尔指挥的爱国
军。7 月 6 日,玻利瓦尔撤出加拉斯,转战东部地区。9 月 3 日,他离境前往新格拉纳
达。委内瑞拉第二共和国失败。

　　1814 年 3 月,西班牙国王费尔南多七世回国复位,他力图使用武力恢复西班牙在殖
民地的统治。1815 年 2 月 18 日,他指令巴勃罗·莫里略率领 1.6 万人的"远征军",前往
南美洲。4 月初,远征军抵委内瑞拉。7 月 12 日,莫里略指挥 8000 余人开赴新格拉纳达,
向那里的爱国力量反扑。

　　当时正在牙买加从事救国活动的玻利瓦尔,在 9 月 6 日给当地友人写的信,即著名
的"牙买加之信"中指出了当时的形势,他写道:"帷幕已经拉开,我们已见到光明,但还有
人想使我们回到黑暗中去。镣铐已经砸碎,我们已经自由;但我们的敌人企图重新奴役
我们。因此,美洲在做殊死的战斗,而殊死的战斗没有不赢得胜利的。"12 月下旬,玻利瓦
尔获悉西班牙远征军已攻占卡塔赫纳城,立即前往海地。海地总统阿莱杭德罗·佩蒂翁

热情支持委内瑞拉的独立事业,向玻利瓦尔提供了7条船和可以装备5000人的武器弹药。1816年3月30日,玻利瓦尔率领250人回委内瑞拉。6月中旬被殖民军打败。玻利瓦尔返回海地,重新组织力量。12月21日,再次打回委内瑞拉。他总结了以往战斗的经验教训,决定改变战略,让开加拉加斯等大城市,深入奥里诺科河流域农村地区,与在那儿坚持战斗的爱国力量会合。他宣告废除奴隶制,声明胜利后给参加独立战争的人分配土地。大批黑人和混血种人积极参加爱国军。1817年7月16日,爱国军解放重镇安戈斯图拉(今玻利瓦尔城)。

玻利瓦尔将总部设在安戈斯图拉,筹备召开国民代表会议。1819年2月15日,国民代表会议召开,成立委内瑞拉第三共和国。玻利瓦尔当选为共和国总统和爱国武装最高统帅。3月中旬,他率军前往阿普雷草原地区,与安东尼奥·帕埃斯指挥的"草原牧民军"共同作战。4月2日,爱国军在拉斯格塞拉斯击溃殖民军,歼敌400余,迫使莫里略率残部撤出中部地区。

中部地区解放后,玻利瓦尔决定进军新格拉纳达。1819年6月初,他率领一支两千余人的"解放军"出征。解放军冒雨穿过新格拉纳达东部地区沼泽地带,翻越险峻难行的安第斯山脉,7月6日到达通哈省的索查村。8月7日,解放军与西班牙殖民军3千人在波亚卡河一线交战,全歼敌军,俘虏敌军正副司令、全部校、尉级军官和1,600名士兵。玻利瓦尔乘胜挥师南下,8月10日收复波哥大。新格拉纳达的爱国力量配合解放军,战斗65天,解放了大部领土。

玻利瓦尔大胜西班牙军的战争场面

12月11日,玻利瓦尔在安戈斯图拉国民代表会议上提议委内瑞拉与新格拉纳达合并,成立哥伦比亚共和国。17日,代表会议一致通过他的提议,并选举他为共和国总统,选举费朗西斯科·德·帕乌拉·桑坦德尔为负责新格拉纳达军政事务的副总统。

1820年1月1日,集结在加的斯港准备开赴南美洲的一支西班牙远征军起义,反对费尔南多七世的暴政,拒绝到南美洲作战,要求实行1812年"自由宪法"。费尔南多七世被迫指示莫里略同玻利瓦尔和谈。11月25日,双方代表在特鲁希略城达成停战半年的协议。

停战协议给了爱国军一个休整的机会。玻利瓦尔派人到美国、安的列斯群岛等地购买武器弹药,准备决战。1821年6月24日,玻利瓦尔指挥6,500多人马,在卡拉博博与殖民军司令米格尔·拉托雷率领的5,500

名殖民军会战。不及一个小时，殖民军败阵溃散。29 日，加拉加斯光复。8 月 1 日，玻利瓦尔离开加拉加斯，前往新格拉纳达，指挥爱国军攻打盘踞在基多地区的殖民军。

1822 年 5 月 24 日，玻利瓦尔部将安东尼奥·何塞·德·苏克雷指挥两千爱国军，在基多市北皮钦查山重创敌军。敌军司令阿伊梅奇宣布五条件投降，基多解放。6 月 16 日，玻利瓦尔抵基多市。至此，哥伦比亚共和国的国土全部解放。

在南部战区，1810 年 5 月 18 日，西班牙中央执政委员会解散的消息传到拉普拉塔总督区首府布宜诺斯艾利斯。当天，以莫雷诺·马努埃尔·贝尔格拉诺为首的爱国者集会，要求西班牙殖民总督巴尔塔萨尔·西斯内罗斯立即召开市政会公开会议，讨论总督区组成新政府的问题。他们的要求得到以科尔内利奥·萨维德拉为代表的爱国军官的支持。5 月 24 日，市政会在殖民官员、大商人、大地主和反动主教的把持下，决定成立以西斯内罗斯为首的执政委员会。这引起了爱国者的强烈不满，25 日，他们带领市民涌向市政会，要求罢免西斯内罗斯，成立由爱国者组成的新政府。市政会在人民群众的压力下，改组执政委员会，成立"拉普拉塔临时执政委员会"，由萨维德拉任主席，贝尔格拉诺等 6 人为委员，莫雷诺和帕索任秘书。

拉普拉塔·临时执政委员会仍以费尔南多七世的名义执政，各省纷纷宣布支持新政权。只有巴拉圭、东岸地区（今乌拉圭）、上秘鲁和科尔多瓦控制在殖民势力手中，与新政权为敌。

7 月中旬，拉普拉塔临时执政委员会派出 1.5 万人的"解放军"，以弗朗西斯科·奥尔蒂斯·德·奥坎波和安东尼奥·贡萨莱斯·巴尔卡塞为正副司令，征讨科尔多瓦和上秘鲁。前殖民总督利尼埃尔和一批殖民官吏从科尔多瓦向上秘鲁逃跑时，被解放军俘获。8 月 26 日，利尼埃尔等人被处决。

8 月末，解放军向上秘鲁进发。上秘鲁各地爱国力量配合解放军打击敌人。11 月 7 日，解放军在苏伊帕查与殖民军会战，全歼敌军，俘获并处决了敌军司令科尔多瓦、殖民省长尼埃托及其他主要殖民官吏。解放军乘胜推进到拉普拉塔总督区和秘鲁总督区的界河德萨瓜德罗河左岸，与秘鲁总督派来的援军隔河对峙。1811 年 5 月 16 日，卡斯特利与殖民军司令戈叶内切达成停战 40 天的协议。

与此同时，巴拉圭的爱国力量在何塞·加斯帕尔·托马斯·罗德里格斯·弗朗西亚的领导下，推翻当地殖民政权，于 6 月 19 日宣告独立。以何塞·阿蒂加斯为首的东岸地区爱国力量，于 1811 年 4、5 月间解放大部分领土，敌人龟缩在蒙得维的亚城负隅顽抗。

6 月 20 日，戈叶内切撕毁停战协议，在瓦基突然袭击解放军，解放军向南撤退，撤出上称鲁。军事失利引起爱国力量对拉普拉塔临时执政委员会的不满。9 月 23 日，"三人执政府"成立，取代临时执政委员会。

三人执政府委任贝尔格拉诺为"北方军"司令。1812 年 9 月 24 日，北方军 1,500 在图库曼城外与 3000 敌人交战，大获全胜，毙敌 450 人，俘虏 700 人。图库曼大捷后，三人执政府改组，成立第二届三人执政府。

1813 年 2 月 20 日，北方军收复被殖民军占领的萨尔塔城。4 月，贝尔格拉诺率领

5000人进军上秘鲁。10至11月间,在与敌军作战中连遭失败。贝尔格拉诺指挥剩下的1000人撤出上秘鲁,退至图库曼。

1813年底,三人执政府任命圣马丁为北方军司令,接替贝尔格拉诺。圣马丁抵图库曼后,提出新的战略方案,主张训练一支人数不多、纪律严明的部队,从门多萨出征智利,消灭盘踞于那里的殖民军,然后经海路,攻克利马。布宜诺斯艾利斯政府同意他的主张。8月10日,调他任库约省省长。该省与智利接壤,是圣马丁筹备实施其战略方案的理想场所。

1810年9月18日,智利爱国力量赶走殖民总督,成立执政委员会,组成以贝尔纳多·奥希金斯为总司令的爱国军,扫荡境内的殖民势力。1814年10月初,智利爱国军战败,西班牙殖民势力在智利复辟。奥希金斯率领仅剩的500名官兵,翻过安第斯山,进入库约省,与圣马丁会合。

1816年3月24日,拉普拉塔地区国民代表会议在图库曼召开。会议在圣马丁、贝尔格拉诺等人的敦促下,7月9日通过决议,宣告正式独立。会议推选胡安·马丁·德·普埃雷东为最高执政官。

玻利瓦尔

以普埃雷东为首的政府全力支持圣马丁的战略方案的实施,将圣马丁组织起来的部队命名为"安第斯山军",任命圣马丁为总司令。1816年底,安第斯山军发展到了5500人,其中大多是英勇善战的黑人和混血种人。圣马丁对安第斯山军进行严格的政治和军事训练。

1817年1月中旬,圣马丁指挥安第斯山军分四路,先后攀越高达4千多公尺的安第斯山,向智利南部、北部和中部同时进击。圣马丁和奥希金斯率主力直插圣地亚哥城。殖民都督马科·德尔·庞特慌忙抽调2000兵力在查卡布科山布阵。2月21日黎明时分,两军交锋。激战至中午,西班牙殖民军溃散。庞特在潜逃途中被爱国军捕获。14日,圣马丁和奥希金斯率军进入圣地亚哥城。16日,召开市政会公开会议,奥希金斯被推选为智利最高执政官。1818年2月12日,奥希金斯在塔尔卡宣布智利正式独立。4月5日,圣马丁和奥希金斯指挥5000人,在圣地亚哥城南17公里处的迈普平原与5000敌军决战。爱国军获胜,俘虏敌军官兵3000余人。

迈普战役胜利后,爱国军向南推进,解放了大部分领土。圣马丁在阿根廷政府和智利政府的支持下,花了两年时间,组织、训练了一支4500人的"秘鲁解放军";还建设了一

这幅插画描绘了在刚刚获得独立的智利国旗下，人们在安第斯酒馆外挥舞头巾，跳着苏格兰双人舞的情景。

支1600人的海军，挪用8艘战舰、16艘运输船。圣马丁自己担任总司令兼陆军司令，雇聘英国海军军官科克兰为海军司令。

1820年8月20日，圣马丁挥师经海路北上，征战秘鲁。行前，他晓谕将士："这次出征的目的是将秘鲁从西班牙的奴役下拯救出来，使其成为一个自由的主权国家，从而完成南美大陆独立的伟大事业。"9月8日，圣马丁率领解放军在秘鲁南部海港帕拉卡斯登陆，迅速占领了附近的皮斯科镇。他指令舰队封锁沿海港口，防止敌人从海上得到增援；同时派遣1000余人的部队插入内陆山区，发动群众，切断利马与内地的联系。他本人率领主力乘船北上，到秘鲁北部地区作战。1820年底，北部地区全部解放。殖民总督于1821年7月6日率部撤离利马，退往内地山区。12日，圣马丁率军进入利马。28日，他正式宣告秘鲁独立，出任护国公，成立新政府。

然而，殖民总督尚有2万余兵力盘踞在秘鲁内陆山区，时刻威胁着新生政权。

1822年5月24日，基多解放。圣马丁立即与玻利瓦尔联系，约定在瓜亚基尔会晤，共商解放秘鲁，实现西班牙南美洲殖民地完全独立的大计。7月26、27日，他俩进行单独会谈，讨论了瓜亚基尔的归属、南美洲各国独立后实行何种政体以及联合作战等问题。圣马丁要求将瓜亚基尔划给秘鲁，主张君主制，建议两支部队联合作战，玻利瓦尔任总指挥。玻利瓦尔则认为瓜亚基尔是哥伦比亚共和国的领土，主张共和制，不同意两支部队联合作战，只愿派 1,070 人支援圣马丁。会谈没有达成任何协议。27 日晚，圣马丁悄然离开瓜亚基尔。

圣马丁回到利马后，立即筹备召开国民代表会议。9 月22 日，代表会议开幕。圣马丁在会上发表了辞职演说，向代表会议移交军政大权。当晚，他在安孔港只身登舟离开秘鲁，经智利回阿根廷。不久即前往欧洲，寄居法国。1850 年8 月 17 日，在法国布洛涅城病逝。

圣马丁辞职后，秘鲁政府敦请玻利瓦尔出兵。玻利瓦尔指令苏克雷率 3000 人先期进军秘鲁。他本人于 9 月 1 日抵秘鲁沿海重镇卡亚俄，秘鲁国民代表会议授予他全权，处理军政事务。

玻利维亚士兵

玻利瓦尔从哥伦比亚共和国调来军队，与圣马丁的旧部汇合，组成约 1 万人的"解放联军"。1824 年 7 月初，他挥师进剿盘踞在内地山区的殖民军。8 月 6 日，在胡宁与殖民军 8000 余人会战，歼敌千余。殖民军败走库斯科，沿途逃散 3000 多人。

10 月底，殖民总督在库斯科调集 9000 余人，扑向解放联军。玻利瓦尔指令苏克雷率领 5000 余名官兵迎战敌军。12 月 9 日，两军在阿亚库乔谷地开战。厮杀半日，殖民军全军覆没，死伤两千多，被俘 3000 多人，其中有殖民总督、14 名将军、16 名上校、68 名中校、284 名少校以及大批下级军官。殖民总督被迫签署投降书，命令所有尚在秘鲁和上秘鲁顽抗的殖民军缴械投降。马克思、恩格斯高度评价阿亚库乔战役，称之为一次最终保证了西属南美洲独立的会战。

独立战争爆发后一直在坚持战斗的上秘鲁游击队，在阿亚库乔大捷的鼓舞下，向殖民势力发起最后攻击。1825 年 1 月底～2 月初，接连收复拉巴斯、圣克鲁斯、科恰班巴等重要城市。2 月 7 日，苏克雷奉玻利瓦尔之命，指挥解放联军进军上秘鲁，支援游击队清剿残敌。4 月初，上秘鲁全境解放。

7 月 6 日，上秘鲁国民代表会议在丘基萨卡开幕。8 月 6 日，上秘鲁宣告独立，成立共和国。为了纪念玻利瓦尔的功绩，定国名为"玻利瓦尔共和国"，不久改称玻利维亚共和国。

1826 年 1 月 23 日，秘鲁爱国军攻克西班牙殖民势力盘踞的最后一个据点卡亚俄。西班牙南美洲殖民地全部解放。

墨西哥的独立

奥古斯丁·德·伊图尔维德1783年9月生于巴利阿多利德一个白人大庄园主之家。15岁便辍学当了地方民团的军官。伊图尔维德是个虔诚的天主教徒。1808年首都的半岛人发动政变时,他的一家都站在西班牙人一边。多洛雷斯起义后,由于伊达尔戈和他曾在圣尼古拉斯神学院相识,便邀他参加革命,并答应任命他为少将。伊图尔维德害怕人民革命危及他的财产和地位,认为群众造反"会把全国夷为平地,破坏财富,激化欧洲人和美洲人的矛盾,牺牲数以千计的生命",因而拒绝伊达尔戈的邀请,投奔了政府军。以后,他残酷镇压革命运动,野蛮屠杀起义者,甚至连他们的家属也不放过。他因为对起义军作战有功,由上尉擢升为上校。

墨西哥独立运动的英雄们

伊图尔维德代表着上层土生白人的利益。这个阶层从殖民统治中获得了巨大的财富和较多的特权,虽然不满半岛人的歧视和压制,但更惧怕人民群众的反抗。独立战争初期,这个阶层和殖民当局一起极力扑灭革命的烈火。当各地的人民起义被镇压后,他们与宗主国的矛盾又尖锐起来。摆脱西班牙控制的渴望,南美各国纷纷独立的榜样,使他们感到,墨西哥独立的果实已经成熟,是该采摘的时候了。

1820年3月，西班牙发生了革命。费尔南多七世被迫恢复1812年带有自由主义色彩的加的斯宪法。消息传来，墨西哥人民也要求颁布和执行这部宪法。这一形势，使上层土生白人开始担心宗主国革命的火焰蔓延到墨西哥，同样会威胁到他们的利益。于是，他们决定出来领导独立运动，使之按照自己的需要发展。这样，伊图尔维德就成了他们的理想人物。

1820年11月，在以墨西哥前宗教裁判所所长蒙特阿古多、宗教裁判所成员提腊多和检审法庭庭长巴塔耶尔为首的上层土生白人的支持下，伊图尔维德被任命为南部梅斯卡拉河地区军队司令，专门对付反抗殖民统治的由盖雷罗领导的游击队。开始，伊图尔维德企图消灭起义者，屡遭败绩，于是改为联合盖雷罗。

1821年2月24日，伊图尔维德在伊瓜拉城公布了他的独立纲领——"伊瓜拉计划"。其主要内容是：墨西哥摆脱西班牙和其他一切国家而独立；建立以费尔南多七世或波旁王朝其他代表为首的君主立宪政体；管理制度和行政机构维持现状；天主教为国教；保护教会特权，不侵犯教会财产；一切种族必须团结；全体居民都有参政权。这是一个充满对统治阶级妥协、忍让，极力保护旧制度的极不彻底的独立纲领。它和伊达尔戈、莫雷洛斯的独立思想是根本不能相比的。但是，在大规模的人民起义遭到镇压的情况下，这一纲领毕竟反映了广大民众要求独立的愿望，它逐渐被广泛接受了。6月，瓜达拉哈拉公布了伊瓜拉计划，接着其他城市也纷纷仿效，宣布脱离殖民当局、拥护伊瓜拉计划。许多游击队领袖，如盖雷罗、尼科拉斯·布拉沃、瓜达卢佩·维多利亚等，都参加到伊图尔维德的队伍中来。

伊图尔维德声称要保证实现以"宗教、团结、独立"三原则为基础的伊瓜拉计划，建立所谓"三保证军"。不到半年，三保证军扩大到4万余人，攻占了瓜那华托、巴利阿多利德等城市，7月初，逼近首都，总督阿波达卡被迫辞职。

7月30日，新总督奥诺多胡抵达韦腊克鲁斯。当时，西班牙军队不足6千人，只控制着首都等几个孤立的大城市。墨西哥殖民制度的废除只是时间问题。奥诺多胡感到，阻挡殖民地的独立已不可能，继续战斗下去只会使宗主国遭到更大的损失。西班牙的革命形势也不允许调集援军到殖民地来。奥诺多胡决定同伊图尔维德谈判，1821年8月24日，双方在科尔多瓦城达成协议，承认了伊瓜拉计划。9月27日，三保证军进入墨西哥城。28日，临时委员会宣布墨西哥脱离西班牙而独立，组成以伊图尔维德为首的摄政会议。

墨西哥独立了。代表上层土生白人利益的伊图尔维德窃取了革命的果实。1822年5月，曾支持伊图尔维德上台的旧势力又一次策动军队叛乱，公然恢复帝制。7月25日，伊图尔维德加冕，称为墨西哥皇帝奥古斯丁一世。但是，这一违背时代潮流的倒行逆施是不得人心的。同年12月，韦腊克鲁斯守军军官圣塔安那发动起义，不久便波及全国。1823年3月19日，伊图尔维德被迫退位，流亡欧洲。11月7日，制宪大会开幕。1824年1月31日正式批准了国家的独立和共和政体。墨西哥人民的斗争终于取得了胜利。

墨西哥南部的中美洲，殖民地时期是新西班牙总督区管辖的一个独立单位。墨西哥独立战争开始后,这里也发生了土生白人领导的起义。1821 年 9 月 15 日,中美洲地区宣布独立;1822 年 1 月 25 日,合并于墨西哥。伊图尔维德帝国瓦解后,1823 年 7 月,中美洲脱离墨西哥,组成中美洲共和国联邦,首府设在危地马拉城。1838 年,中美洲共和国联邦解体,危地马拉、洪都拉斯、萨尔瓦多、尼加拉瓜和哥斯达黎加先后成了独立的主权国家。

美英战争

美国在独立战争中打败英国赢得了独立,但仅仅过了 30 年左右的时间,两国又大动干戈,1812 年,爆发了"美英战争"(又叫"第二次独立战争"或"经济独立战争")。这场战争对美国的经济发展及美英两国的关系均具有特殊的意义。

这场战争具有深刻的历史背景,它是独立战争后美英两国关系发展的必然产物。

独立战争以后,英国一直耿耿于怀,不甘心失败,时刻想使美国重新沦为英国的殖民地。因此,从 1783 年以来,英国一直采取敌视美国的政策,8 年不派驻美大使,并对美施加政治、经济和军事压力。在军事上,英国仍占据着同美国接壤的西北边境地区的 7 个据点,迟迟不按《巴黎和约》的规定撤出。1793 年,英国首相声称:英国打算永远占领西北地区。英国之所以保留几个据点,其目的是想控制皮毛贸易及西北地区的印第安人,并且染指路易斯安那。英国还在加拿大集中军队威胁美国的安全。战后,美国政府曾多次要求英军撤军,均遭拒绝。直到 1796 年两国签署了《杰伊条约》,英军才全部撤走。但是英国仍在挑拨策动印第安人不断地袭扰美国的西部边境。

在经济上,英国通过不平等的贸易关系使美国在经济上依赖英国,成了英国的"经济殖民地"。美国出口商品的 3/4 输往英国,主要是原料;英国商品则控制了美国市场。1790 年,美国共输入 1500 万元的货物,其中有 1200 万元是英国产品。1789 年,英国自称对美出口已达到独立战争前的规模,出口比 1772 年还高。

在欧洲,美国的中立国地位受到英法两国的藐视和破坏。两国任意搜查、扣留美国商船,征用美国水手,没收船上的货物,使美国蒙受了巨大损失。19 世纪初以前,美国主要同法国的关系紧张,对英国则试图通过外交途径解决问题。华盛顿说过:"我的目标是防止一场战争。"后来英国造成的损失越来越严重。在整个拿破仑战争期间,英国共捕获美国船只 1700 余艘。1807 年 6 月 22 日,英国军舰无端攻击美国"切萨皮克"号军舰,使美方伤亡 21 人,引起美国朝野的震惊,向英国提出了强烈的抗议,两国关系日趋紧张。但英国视美国的克制为软弱可欺,继续变本加厉地打击美国的航运业,强逼美方船只向英国纳税,强征美国水手在英船服务。"切萨皮克事件"以后的 3 年中,英国征用美国海员的事件达 6057 起。英国的海盗行径沉重打击了美国的经济。

战争的另一个重要原因,是美国资产阶级和奴隶主集团早就对富饶广袤的加拿大和西部地区垂涎三尺。他们想通过战争把英国人赶走,把这两个地区并入美国,同时顺手牵羊夺取佛罗里达。美国国会中的好战派"战鹰"集团为扩张领土而鼓噪,众议员哈尔柏声称:"造物主已经确定了我们的疆界:南边是墨西哥湾,北边是永世冰盖的地方。"宣战前,参议院还提出一项法案,要求授权总统占领佛罗里达、加拿大等地,但未获通过。1812 年 6 月 18 日,国会批准麦迪逊的咨文,正式对英宣战,"第 2 次独立战争"爆发了。

　　战争爆发时,美英双方的力量对比仍然是悬殊的。美国第 4 位总统麦迪逊(1809～1813 年)上台时,美国的军事力量远远不能满足国防的需要:1809 年,仅有正规军 3000人。这时正值美英关系日趋紧张,麦迪逊便加紧进行军事准备。1810 年,他要求国会再

1777 年 10 月 17 日,由美国将军霍雷肖·盖茨率领的美军在萨拉托加战役中击败。
由伯戈因将军统帅的英军,伯戈因将军被俘,并以绅士般的风度交出了他的指挥剑。

征召 2 万名志愿兵,国会没有批准,后经他再三努力,国会才同意扩军。到 1812 年 6 月,美国已有陆军 11744 人(内有 5000 人是当年招募的补充部队)。陆军指挥系统进行了改组。原来陆军后勤供应归国会掌管,由财政部的公共供应承办局负责与厂商签订合同订购,由陆军部的军事仓库管理局负责储存和分配。这种制度效率不高,花费也大。为此,1812 年 3 月设立军需部取代了上述机构。陆军部中还设立了采购军粮局,受陆军部长领导。经过改组,后勤供应从文官领导转归军队直接控制之下。国会则成立了军械部,负责军事装备的研制和生产。扩建了工兵、炮兵等技术兵种,新设立了坑道工兵和地雷工兵,扩充了西点军校,并囤积了大批军火。海防建设这时也初具规模,经 20 多年建设,沿大西洋岸已修建要塞 24 个,计划配置 750 门大炮,但战前仅配置了不到一半。在海军方面,有了新型快速战舰 6 艘,还有十几艘较小的军舰和 150 艘快艇,以及 318 艘私掠船。

　　宣战后,美国国会授权把陆军增至 13 个团 2.5 万人,再征 5 万民兵服现役;还拨款建造 4 艘战列舰,6 艘重型快速战舰。但是,这些战舰还未等建成投入战斗,战争便结束了。在战争中美国动员的部队为:1812 年年底,正规军 1.5 万人,志愿兵近 5 万,总数 6.5万人。1814 年,正规军 3.8 万人(国会批准了 6.2 万人)。这是美国迄今为止动员的最大

规模的军力。

这次战争同独立战争不同的是:经过几十年的和平时期,美国经济实力已今非昔比:全国人口 770 万,土地面积扩大 4 倍,工业革命正拉开序幕。因此,能够动员更多的人力物力从事战争。

在英国方面,有人口 1800 万,工业革命正在深入展开,经济实力世界第一。陆军总兵力近 10 万人,海军有 15 万水兵,800 艘军舰,其中有 230 艘超过了美国最大的军舰,英国军舰总数甚至比美国军舰的大炮总数还要多。但是,英国当时正同法国在欧洲打得难分难解,能够投入这场战争的兵力并不多。战争期间,加拿大人口才 50 万,驻加英军仅有 7000 人,民兵 1 万人。战争开始时海军在北美海域也仅有 1 艘战列舰和 7 舰快速战舰。战争期间,英军最高兵力 16500 人,另得到 800 名加拿大民兵和 2500 名印第安人支持。所以,以双方力量对比来看,英国兵力处于劣势,美国在人力方面占绝对优势,并拥有天时地利人和等有利因素。

英国的有利条件是:海军占有绝对优势。战争开始不久,英国便调来大批海军掌握了制海权,全面封锁了美国海岸。在海军提供的掩护和运输支援下,英军可以随心所欲地调动部队,选择美军防线上的薄弱环节进行袭击,取得了战略主动权。此外,英军的训练和装备均高出美军一筹,指挥人员富有经验,部队战斗力强。而美国民兵虽多,但是装备差,素质低。如,纽约州 7.6 万民兵总共只有 3.9 万支枪;弗吉尼亚州 6 万民兵,共有枪 1.4 万支。美军指挥人员腐败无能,没有战斗经验。陆军少将迪尔博恩 60 多岁了,从未指挥过团以上的部队。陆军部长尤斯蒂斯是文官,毫无军事知识。因此在战争中,美军遭到许多不应有的挫折。

第二次美英战争从 1812 年 6 月起到 1815 年 1 月止,共打了两年半。战争从 4 个方向展开:美加边境、大西洋沿岸、墨西哥湾沿岸和海上。以美加边境为重点,战争过程可分为 3 个阶段:

美国进攻阶段(1812 年 6 月~1813 年)

在此阶段,北美的英军兵力空虚,仅在加拿大驻军 4500 人,形势十分有利。早在 1812 年年初,美国陆军部便拟定了战略计划。美国的战略目标只有一个:夺取加拿大,但具体作战计划却十分混乱。陆军部计划:攻占加拿大,要动员四、五万兵员。分 3 路进攻:东路沿传统的老路进攻加拿大首府蒙特利尔;中路从安大略湖两侧北进;西路从伊利湖以西的底特律向加拿大进攻。但开战后,边境各州不愿参战,消极对抗,使征兵数额一直未达到额定的 4 万人,计划被迫改变。麦迪逊总统决定沿传统路线进攻蒙特利尔,新英格兰各州怕把战火引到自己身边,坚决反对开战。西部地区则力主从大湖区进攻。最后,美放弃了 3 路同时进攻的计划,选择先向西部地区进攻的计划。这样,美国战略计划一开始就埋下隐患:它不是抓住"树干"——圣劳伦斯河——进攻蒙特利尔,把加拿大一分为二,最后截断"树根"——通向大西洋的海路,迫使加拿大英军投降,而是舍本逐末,进攻"树枝"——圣劳伦斯河支流及五大湖区,从而酿成败局。而英军一开始毫无准备,采取被动防御战略,偶尔反击。

这一阶段的战略集中在美加边境的西北部。美军从西路发动攻势,企图入侵加拿大。英将布罗克指挥军队在民兵和印第安人支援下,于7、8两月击退了美军进攻,并攻占了美国西部几个重要的堡垒。8月15日,迪尔本堡美国守军35人在撤退途中遭印第

英军在波士顿登陆

安人伏击,被全歼。8月16日,密歇根州州长威廉·赫尔在防守底特律时,一枪未发,竟率领2500名守军向700名英军缴械投降。接着,英军转移到中路。10月12日晚,在尼亚加拉河以1000人击退了3000名美军的进攻。在这次战斗中,美正规军还未同敌人交火便四散溃逃,而纽约民兵则按兵不动。东路,美军11月份向蒙特利尔进发,但因民兵拒绝进入加拿大,美军只前进了20公里便班师回营。美军3路攻势均告失败,西北地区的印第安人开始纷纷参加英军对美军作战。美军在战略上处于劣势。

在海战方面,美海军全面出击,战舰和私掠船神出鬼没,遍及大西洋。美舰在同英舰的交锋中屡占上风,仅在战争的头几个月,美海军便击沉英舰3艘,俘获英舰船500艘以上,使海上霸王英国大为震惊。当英舰"战斗"号被击沉之后,英国《泰晤士报》称:"阴郁的气氛笼罩了全城,要对此做出评价都是一件痛苦的事"。由于海军的胜利抵销了陆地上的惨败,以致许多美国人都认为战争已经打赢了。

纵观这一阶段战事,美军陆败海胜。陆败原因是:陆军指挥人员无能。麦迪逊总统缺乏军事才能,陆军部长尤斯蒂斯指挥也不得力,如,宣战的当天让赫尔赶到底特律,却不告他战争已经开始,结果使他措手不及而失败。当迪尔博恩任西北战区司令时,却认为底特律不在他的辖区,对赫尔不管不问。尤斯蒂斯对此几周内不去纠正。更令人难以置信的是这位迪尔博恩年已60岁还从未指挥过一个团以上的军队。此外,美军还缺乏训练,部队纪律涣散。民兵本位思想严重,只想守家卫土,不愿支援正规军作战。同时,

1812年改建的后勤供应系统效率低下，部队时常得不到及时的供应，大大影响了战斗力。哈利逊率军在西北地区作战时，就主要靠老百姓制造子弹和衣服来支援战斗。结果，美军丧失了赢得胜利的大好时机。

英军转守为攻，夺取主动权（1813年～1814年）

进入1813年，英军抽调大批海军赶到北美，掌握了制海权，从而夺取了战略上的主动权。只是陆军还难以从欧洲抽出更多的兵力，无法扩大战果。

美国吸取了前一阶段的经验教训，迅速改组了指挥机构。由约翰·阿姆斯特朗取代了尤斯蒂斯任陆军部长。国会设立了总参谋部，协助陆军部长指挥部队。总参谋部下设：军械部、军需部、采购部、军法署、军医署、副官、监察长、测绘部队、军需部队、牧师、西点军校和9大军区。这一改组，大大提高了部队的指挥能力和作战效率。

这一阶段美国的作战计划是：收复底特律，加强五大湖区的水上力量，越过安大略湖进攻加拿大。作战范围扩大到东海岸和墨西哥湾沿岸，主战场是五大湖区。

在底特律方向，1813年初，美军在哈利逊指挥下，兵分3路进攻底特律。布罗克指挥英军，不等3路美军会师，便将其中两路击溃。美军有900人被俘，受到印第安人的屠杀。尔后，战事便转到五大湖区。

五大湖区是通往加拿大的门户，五个大湖彼此贯通，以安大略湖最为重要。1813年

"大不列颠"号

4月，美军在安大略湖海军的支援下，攻占了加拿大首府约克（今多伦多），焚毁此城后撤出。为争夺对五大湖的控制，双方开展了造舰竞赛。9月10日，美军司令佩利率领由9艘舰艇组成的小舰队，同英舰队在伊利湖的普特因湾激战，迫使拥有6艘军舰的英国舰队扯起白旗，这是英国海军史上唯一的一次整个舰队投降的事件。美军控制了伊利湖，打开了通往安大略湖的门户，切断了英军的后勤供应线，迫使英军撤出底特律。美军哈利逊部3500人乘胜追击，10月5日，在泰晤士河畔的莫拉维安镇追上了英国与印第安人

联军约 1600 人，将其击败。英军被歼 500 多人，被俘 600 余人，印第安人著名领袖特库姆塞被杀。美军残酷地将特库姆塞的尸体肢解，将皮剥下制成了剃刀皮带。这一仗是 1813 年在陆战中美军取得的唯一一次胜利。此役具有重大意义：它使英印联盟瓦解，加强了美国对西北地区的控制。10 月，美军兵分两路，共 1.3 万人向蒙特利尔发起钳形攻势，但在离蒙特利尔 70 英里处被 2000 名英印联军击退。到了年底，英军举行反攻，把美军赶出乔治堡。在"比伏坦之战"中，印第安人歼灭了一支美军小部队。不久，英军又攻占了尼亚加拉，确立了对美加边境的控制。

在其他战场上，英军占尽上风。在东海岸，1813 年春天，英国海军对从缅因到弗吉尼亚的整个东海岸炮击、骚扰，烧毁了一些工厂和村庄。沿岸军民进行了顽强抵抗。如 6 月 22 日诺福克保卫战，美军以寡敌众，击退了敌军 2000 人的海陆攻击，使英军伤亡 81 人，美军毫无伤亡。在墨西哥湾沿岸地区，美军主要是在佛罗里达同受英国煽动的克里克印第安人激战。在米克斯堡之战中，克里克人击败美军，美军 400 多人被击毙，500 人被俘。

在海战方面，英国增派大量舰艇封锁了美国海岸，迫使美国舰船停于港内，其中一部分舰只在以后的战争中再没敢露面。英国还加强了对商船的护航，有效地防止了美国私掠船的攻击。仅在 1813 年，英海军便捕获美国船只 200 艘，使新英格兰地区的美国船只几近绝迹。仅有个别美国军舰敢于突破英国封锁到外海作战，如"厄塞克斯"号战舰曾绕过南美洲合恩角进入太平洋，6 个月，捕获了价值 2500 万元的大批英船。"大黄蜂"号也曾俘获英国"孔雀"号战舰，而美国的"切萨皮克"号战舰则为英军俘获。

这一阶段的战局同上一阶段正好相反。美国在陆战中占优，海战中处于劣势。陆战的改观是领导机构改组的结果，海战失利则是敌我力量发生逆转所致。总的来讲：英国掌握了战略主动权。

美军打破英军进攻（1814 年~1815 年 1 月）

美军鉴于上一阶段的战况，进一步实行军事改组，大胆起用年轻军官以取代老朽无能的将领。如提升立有军功的雅各布·布朗为少将，指挥尼亚加拉前线的部队；提升 39 岁的乔治·伊泽比为尚普兰湖前线的司令，还提升了斯科特、安德鲁·杰克逊等 6 名立有战功的指挥官为准将军衔。经过改组，高级指挥人员的年龄平均从 60 岁降至 36 岁，进一步提高了指挥效率和活力。此外，美军还加紧对部队进行军事训练，以提高部队战斗力。其中以北部战区副司令斯科特的做法最有代表性，斯科特认为：战胜英国，唯一有效的补救方法就是军训。军区司令布朗授权他组建 1 个训练营，他便从 1814 年 3 月至 6 月培训了 3000 名官兵。他以斯图本为榜样，用教范严格进行训练。他还亲自给军官讲课，教授步枪、刺刀的战术应用，再由军官回去教士兵。他每天要求进行 10 小时的操练。为严明军纪，还处决了 4 个逃兵。经过短期紧张的军训，美军的战术能力有了很大提高。

这期间，英国脱身于欧洲战火，开始大举增兵北美和封锁美国的东海岸。英国掌握了战略优势,一方面在东部沿海地区选择美军防线的空隙,发起了一系列攻击;一方面计划从尼亚加拉、尚普兰湖和新奥尔良 3 个方向南北夹击,并进袭切萨皮克湾。美国一度处于困境,由于英国的海上封锁,出口大幅度下降,从 1807 年的 1.083 亿美元降到 1814 年的 1000 万美元,沿海的航运和渔业几乎全部中断。当时的报纸曾哀叹:"我们的海港被人封锁,我们的船只腐烂生锈,只有青草欣欣向荣,蔓生在公用码头。"美国海军龟缩于港口内,很少出海作战。英国的海上封锁一直持续到战争结束。

在陆战方面,双方展开了更为激烈的拉锯战。在五大湖区,双方竞相建造更大的战舰,以夺取主动权。在尼亚加拉方向,7 月 3 日,美军攻占重镇伊利堡。7 月 5 日,双方在奇普瓦一线展开激战。4000 名美军经斯科特训练后,战术素质有了很大的提高,第 1 次与 2400 名英军面对面交锋,展开白刃格斗,击退了英军。英军为美军战斗力的提高十分震惊,大叫:"啊,这是正规军!"此次交战美军伤亡 335 人,英军伤亡 604 人。7 月 25 日,美军在隆迪斯兰与英军激战后撤出,2000 名美军中伤亡了 853 人,英军也伤亡了 878 人。奇普瓦之战和隆迪斯兰之战显示美军的战斗力有了很大提高。1814 年 8 月中旬,普雷沃斯特率英军准备沿传统的尚普兰湖——哈得逊河一线入侵美国。9 月 11 日,麦克多诺指挥美 14 艘军舰与 2 倍于己的英国舰队英勇奋战,击退了英军的进攻,击毙英舰 4 队司令,并俘获英舰 4 艘,迫使英军退回加拿大。"麦克多诺大捷"(又叫"普拉茨堡战役")解除了英军从加拿大入侵纽约和佛蒙特的威胁,并对双方正在比利时的根特举行的会谈起了重大影响,迫使英国放弃了强硬立场。

在东海岸,8 月 19 日罗斯率领 4000 英军在切萨皮克湾沿岸登陆,其中 2000 人直驱华盛顿。美军集中正规军和民兵共 7000 人阻击,但在 300 名英军面前却溃不成军。麦迪逊总统及政府成员仓皇逃往弗吉尼亚山区。8 月 24~25 日英军占领华盛顿,为报复美军年前对约克镇和纽瓦克的破坏,放火焚毁了白宫、国会大厦以及除专利局以外的所有政府建筑物。由于华盛顿的失守,阿姆斯特朗引咎辞职,由门罗接任。9 月 12 日至 14 日,英军从海陆两方面进攻巴尔的摩。美正规军和民兵奋力抗击,击毙了英军司令罗斯将军。在麦克亨利堡要塞,美军冒着枪林弹雨英勇战斗,律师弗朗西斯·斯科特·基在英军集中营中,看到堡垒上空迎风招展的星条旗,激动万分,谱写传世之曲《星条旗永不落》,这首歌后来成了美国国歌。在华盛顿地区的战斗中,英军伤亡 294 人,美军伤亡 200余人。

在墨西哥湾沿线,杰克逊率 2500 人及印第安军从 1813 年 11 月至 1814 年 4 月向克里克人发动 6 次攻势。经过 6 次战斗,最后在亚拉巴马州的马蹄湾打败了克里克人,屠杀了 557 名克里克印第安人,迫使克里克人割地求和。杰克逊军损失不到 50 人。1814年 8 月,英军又唆使克里克人挑起战端。杰克逊又率军于 11 月 7 日攻陷了彭萨科拉,打败了克里克人,粉碎了英军的牵制企图,并使英国失去了克里克人这个强有力的同盟者,美国控制了亚拉巴马的绝大部分。1814 年 12 月,英国 50 多艘战舰和 7500 名士兵企图攻占美国南方的战略重镇新奥尔良,进而夺取墨西哥湾沿岸地区,以便作为和谈中讨价还价的筹码,同时英国还企图使路易斯安那与美国分离。当时防守新奥尔良的美军只有

1800~1815 年之间发生在美国和北非诸国之间的黎波里战争中的一次海战

6000 人,其中 3/4 是民兵,海军仅有 2 艘小军舰及几只炮艇。美军城防司令杰克逊下令构筑坚固工事,精心严密地组织防御。1815 年 1 月 8 日,帕克南爵士指挥 5300 名英军向新奥尔良发起进攻。早已森严壁垒的美军以坚决猛烈的炮火打退了英军。英军伤亡被俘达 2000 人左右,帕克南也在此役毙命,美军仅伤亡 71 人。这是这场战争中的最后一仗,美军取得了辉煌胜利。此战对战争结局并无多大影响,因为《根特和约》早在半个月之前就已签字了,由于通讯设备落后,这一消息姗姗来迟。但"新奥尔良大捷"仍作为美国赢得第 2 次美英之战的重要标志而载入史册。

俄伊土争霸高加索

　　1816 年,沙皇任命叶尔莫洛夫将军担任高加索俄军总司令。他上任后,改变了以往只是派出个别讨伐队的做法,提出了一个逐步征服高加索的方案。这一方案的核心是修建军事要塞,然后从这些要塞出发,逐步向车臣和塔吉克斯坦山区内地推进。他还下令开辟森林中的道路,声称对边区绥靖来说,斧头的作用和枪、刺刀的作用同样重要。1817～1818 年,俄军把高加索筑垒防线由捷列克河推进到孙扎河。1817 年 10 月,在该河中游设置了被称为"拦阻营垒"的工事。这一行动揭开了高加索战争的序幕。

　　1818 年,高加索俄军已增至 6 万人。1819 年,高加索独立军达到 5 万人,还得到西北高加索的"黑海哥萨克军"近 4 万人的补充。这时,塔吉克斯坦部族在封建主策划下联合起来反击俄军的推进。1819 年,他们几次进攻孙扎河的俄军防线,均被俄军击败。同一时期,伊朗、土耳其也想兼并高加索,为了对抗俄国的扩张,两国分别煽动高加索山民抗击俄军。俄国于是同伊朗和土耳其先后打了 2 次战争。

1826～1828 年的俄国伊朗战争

1826 年 6 月 23 日,波斯国王宣布对俄军发动"圣战"。阿拔斯·米尔扎率 6 万军队越过阿拉克斯河,猛扑卡拉巴赫和格鲁吉亚,迅速攻占了萨里亚内和甘扎等重要据点。波斯军越过潘帕克等地,直逼第比利斯。一路上,波斯军受到群众的热烈欢迎和支持,流亡国外的格鲁吉亚和阿塞拜疆王公贵族均支持波斯的进军。俄军的失败使沙皇尼古拉一世恼羞成怒,他将叶尔莫洛夫撤职,任命帕斯凯维奇为司令。1826 年 8 月,又增兵高加索。9 月,两军在甘扎展开决战,俄军炮兵击溃了波斯骑兵。波斯军失利,撤至阿拉克斯河。1827 年 10 月,俄军攻入埃里温及大不里士,并夺取了波斯军在德里兰的军火库,波斯被迫求和。战争以俄国胜利而告终。根据 1828 年 2 月两国签订的《土库曼彻条约》,俄国吞并了埃里温汗国和纳希契凡汗国,完全控制了里海,大大增强了在里海沿岸的势力,并获 2000 万银卢布的战争赔款。

1811 年的莫斯科城

1828～1829 年的俄国土耳其战争同波斯的和约墨迹未干,俄国就利用希腊独立战争之机向土耳其宣战。战争主要在巴尔干地区展开,高加索的军事行动实质上是策应在巴尔干地区的军事行动。这时南高加索基本已为俄军占领,仅剩下西部沿黑海地区仍为土耳其占有。在高加索战场,帕斯凯维奇麾下的俄军有 2.5 万人,而土军则为 5 万人。

俄军企图攻占西亚美尼亚,土军予以坚决抵抗。安拉普保卫战,土军坚守了 40 天,最终失守。阿哈尔齐赫要塞争夺战,两军进行巷战整整一夜。俄军在取得上述交战的胜利后继续攻占了卡尔斯,后在库尔德人抗击下才停止进军。1829 年,俄军在埃里温又击败土军,并攻占重镇特拉布松。最后,俄军在巴尔干和高加索均占胜了土军。根据 1829 年《阿德里安堡和约》,俄国又兼并了阿哈尔齐赫和阿哈尔卡拉基两个要塞及从库班河口到波季以南的上尼古拉码头的黑海沿岸地区。由于修筑了通往俄国的苏呼米军路,卡拉柴地区也为俄国并吞。

俄国在同伊朗、土耳其两国进行的战争中,以强大的军事优势获得了胜利,确立了在高加索地区的霸权地位。

俄国征服高加索

1856 年,高加索的俄军增至 30 万人,由巴里亚京斯基将军任总司令。他采取"绞杀"战略,集中兵力,步步为营,缓慢推进,一步一道防线。大军所到之处,实行"烧光、抢光、杀光"的"三光政策"。俄军宣称,"我们必须把黑海东岸并入俄国版图,因此要肃清整个沿海地区的山民。为了实现这一计划,库班河彼岸的其他居民集团堵住了通往海滨山民的去路,因而必须予以消灭和赶走……消灭库班河彼岸居民的相当大的一部分是必要的,以便迫使其余居民无条件地放下武器……"

高加索山民进行了英勇的抵抗,多次给俄军以沉重打击。但是因为长期经济封锁,加上俄军的"三光"政策,使起义军经济上陷于困境,人力、物力近于枯竭。1859 年 4 月,俄军攻陷了沙米尔的府邸韦诺山村。沙米尔率领 400 余人坚守吉尼布山村,俄军用 4 个月时间才于 8 月 25 日攻陷吉尼布村,沙米尔被俘。11 月 20 日,穆罕默德—埃明率领 2000 名切尔克斯起义军放下了武器。这时仅有黑海沿岸的西高加索切尔克斯人还在坚持战斗,英勇顽强的切尔克斯人"宁肯杀敌致死,也不在大军面前屈服。他们的村子被洗劫了 10 次,他们还坚守故地。"俄军对切尔克斯人发起最后攻击。到 1863 年,俄军占领了别拉亚河和普希什河之间的地带。1864 年 4 月中旬,俄军又攻占了西起纳瓦金斯科耶,东至拉巴河沿岸的地区。1864 年 5 月 21 日,俄军终于攻克了切尔克斯人的最后一个基地克巴达。俄军的军事行动一直持续到 1864 年底,漫长的高加索战争才最终宣告结束。

俄国在吞并高加索的过程中,还大批驱逐当地居民,大量移入俄国哥萨克和农民。从 1856 年至 1865 年,共驱逐了 49.3 万切尔克斯人,其中仅 1860 年就驱逐了 25 万人,大部分赶到波斯和土耳其。填补真空的是几十万俄国移民,当地居民反而成了少数。移民中有哥萨克、解放的农奴及官吏、军官等,他们强占了当地人民的大片耕地和牧场。如格鲁吉亚每个农产 19 世纪初平均有 10~20 俄亩土地,到 1864 年只剩 5 俄亩。俄国军官声称:"在灭亡的切尔克斯人生前遗弃的火炉边,如今站着伟大的俄罗斯人民……野草已被铲除,麦子将会生长出来"。

尼泊尔的统一

尼泊尔从割据到统一是历史发展的必然趋势。普·纳·沙阿顺应历史发展的潮流,积极致力于尼泊尔的统一大业,为完成尼泊尔的统一大业,他经历了种种艰难和曲折,不惜将自己的全部心血倾注到这一大业之上。但是直到他逐渐摆脱了狭隘的宗族观念,粗具民族主义思想之后,统一尼泊尔的事业才有了真正的发展。

普·纳·沙阿雄心勃勃,计划分三个阶段把尼泊尔统一起来。第一阶段以征服谷地为总目标,是整个统一计划的重心。谷地历来就是尼泊尔文化的象征,也是历代王朝的所在地。可以说,征服了谷地等于统一事业完成了大半。正因为如此,普·纳·沙阿特别重视对谷地的战争。第二阶段是西进,谷地得手后,以其为大本营西进各土邦王朝。最后即第三阶段向东铲除残存于山区的几个土邦王朝,从而把整个尼泊尔统一起来。

根据这一计划,普·纳·沙阿首先发动了对谷地的战争。但在当时,无论从人力或财力方面来看,廓尔喀远不如谷地雄厚。在这种情况下,先蚕食谷地的周围地区,造成围困谷地的形势,然后再用经济窒息的办法来夺取它,这成了普·纳·沙阿进攻谷地的战略核心。在谷地的三个小公国中,加德满都公国较强,在位君主是贾·普·马拉;其他两个公国较弱。拉吉亚·普拉卡什·马拉为帕坦王,但形若虚设,实权操持在六个大臣的手中。伦齐德·马拉为巴德冈王,这个小王朝一直同廓尔喀保持着友好关系。鉴于这种实际情况,普·纳·沙阿采取各个击破的策略,首先把进攻的目标指向了加德满都公国。

1742年,普·纳·沙阿凭借自己的勇气发动了第一次攻打奴瓦科特土邦的战争。

奴瓦科特土邦在廓尔喀以东约70公里、谷地西北约20公里的地方。城东南有达迪河,城西有特里索里河,处于两江环抱中的奴瓦科特城以其绝壁临江,构成了一道山水相连的天然屏障。奴瓦科特城原是加德满都的属地,每年都向谷地提供大量的粮食和其他生活必需品。它还是谷地通过吉隆口岸同我国西藏进行贸易的必经之地,因此它既是谷地的生命线又是其前沿阵地,是具有经济和军事意义的战略要地。普·纳·沙阿急于求成,他没有吸取父王失败的教训,便率军匆匆渡过河去攻打奴瓦科特城。面对配备有步枪的强敌和绝壁之上的坚固工事,再看看自己手执的长矛大刀和疲惫不堪的士兵,普·纳·沙阿不寒而栗,他无心冒险而退兵了。

第一次奴瓦科特之征实际上是以失败告终。普·纳·沙阿吸取了这一教训,决心大力改善军队的装备。他前往贝拿勒斯城时,很重要的内容就是购置武器弹药。这一愿望实现之后,1744年10月,他又率领军队第二次攻打奴瓦科特。马拉王朝在这里的守军将领是贾扬达,拉纳父子俩,贾扬达·拉纳早年是廓尔喀军的指挥官。在普·纳·沙阿父王执政的时代,他曾领命率军攻打奴瓦科特,因败北而被革职。羞怒之下,他投靠了加德满都的贾·普·马拉王,后被派驻奴瓦科特。他本人率部分马拉士兵固守在城东南大约五公里处的贝尔科特镇,奴瓦科特城由其子桑卡穆尼·拉纳守卫。实际上,其子率领的数百名士兵全部固守在城北一公里多的摩哈曼达尔高地上,城中并没有布置兵力。普·纳·沙阿选择了雨季,乘敌人毫无戒备,带领乔达拉和卡吉,统帅1300多名士兵迅速地抵达特里索里河岸。渡过河后,因不知城中虚实,普·纳·沙阿不敢贸然发起攻击。他命卡吉卡鲁·潘德率主力绕道至北面占据城东北的盖尔库高地,普·纳·沙阿自己率少部分军队驻扎在河岸上,等卡鲁·潘德由北向南发起攻击之后,他随即接应。双方兵力众寡悬殊,马拉士兵惶恐不安。廓尔喀士兵利用有利地形,居高临下向摩哈曼达尔发起攻击。桑卡穆尼·拉纳当场被击毙,马拉士兵大乱,纷纷向贝尔科特逃去。特里索里河岸上的廓尔喀士兵趁势攻城，在南北夹击之下奴瓦科特城很快落入普·纳·沙阿的手中。

由于奴瓦科特的胜利，普·纳·沙阿不太冷静了，他没有仔细分析形势和听取大臣们的意见，毅然决定马上攻打贝尔科特。贝尔科特与奴瓦科特相距六公里，中间隔着一条达迪河。未经休整的廓尔喀士兵渡过达迪河，便去攻打处于高地的敌阵。普·纳·沙阿久攻不下，部队伤亡越来越大，他有点灰心，打算后撤了，这时，卡鲁·潘德率军赶到，他进言劝阻，切不可后撤，以免挫伤部队的锐气，进而危及刚刚到手的奴瓦科特，普·纳·沙阿采纳了卡鲁·潘德的意见。由于援军的到来，廓尔喀军队士气大振，他们分多路向敌阵冲击，势如破竹，不多时就攻下敌阵，并活捉了贾扬达·拉纳。至此，加德满都公国在奴瓦科特和贝尔科特的势力便被彻底铲除了。

奴瓦科特的胜利，截断了谷地同西藏的贸易线，动摇了谷地三个公国的统治基础。贾·普·马拉十分恼怒，曾派部将卡西拉姆·塔帕率军出击，力图夺回失地，结果失败了。他怀疑卡西拉姆·塔帕等人通敌，决定除掉他们。在一次节日团聚会上，贾·普·马拉乘机杀害了一大批官员，他的这种滥杀臣属的行径引起了统治阶级内部的不满和恐慌，1746 年，卡西拉姆·塔帕的弟弟联络一批上层政界人物发动宫廷政变，将贾·普·马拉废黜了。趁加德满都内乱之机，普·纳·沙阿又夺取了谷地东面的纳尔图姆和摩哈德瓦波卡里两地。这两地是巴德冈的属地，离加德满都大约 15 公里。这时，拉姆忠土邦乘机挑拨廓尔喀同巴德冈的关系。普·纳·沙阿为了消除不利影响，很快把除驻有军队的两个镇子外的其他地方退还给了巴德冈，粉碎了拉姆忠土邦的阴谋。

差不多就在廓尔喀人攻打谷地的同时，乔比斯国中较强的几个土邦也把手伸向了谷地。1748 年，塔纳胡土邦出兵攻占了帕坦公国的属地齐德朗，随后又攻克了拉米当达。为不使谷地的局势复杂化，以致影响廓尔喀的征服计划，普·纳·沙阿起兵从塔纳胡土邦手中夺回了拉米当达交还给帕坦公国。

1750 年，贾·普·马拉重新夺回王权。他很快发兵，从廓尔喀人手中夺回了纳尔图姆和摩哈德瓦波卡里。1754 年，普·纳·沙阿又把马拉士兵赶出了纳尔图姆重新控制了该地。同时，还派兵攻占了谷地西部的达赫乔克。

吉隆商道被截断之后，马拉王朝不得不改道经拉米当达向南折转东，再向北经库地（今聂拉木）山口同西藏进行贸易。普·纳·沙阿发现马拉王朝改用库地商道同外界进行贸易后，便发兵首先夺取了拉米当达，接着又占领了商道沿线各地，截断了谷地的新商道，随后，普·纳·沙阿攻取了帕坦公国南面的法尔坪、贾帕岗、德卓巴尔库、沙东加尔和科克纳等地。帕坦公国惶恐不安，向百姓募捐，赎回了部分失地。普·纳·沙阿只留下了巴尔库和沙东加尔两地，其余地区允其赎回。因为这两地距离基尔堤普尔城最近，具有重要的战略意义。在控制了谷地周围的许多地方之后，普·纳·沙阿又开始积极筹划攻打谷地的门户——基尔堤普尔城了。

基尔堤普尔城位于谷地的南面，加德满都在其北，帕坦在其东，它同这两个公国相距都不过五六公里，是谷地三个公国的门户。由于它地理位置重要，对谷地的安危具有特殊的作用。当廓尔喀军兵临城下、面临着生死存亡之时,三个公国也将彼此间的纠纷暂时搁置一边,组织起联军驻扎在基尔堤普尔城,当时,虽然谷地周围的许多地方被廓尔喀占领了,谷地同西藏的贸易商道也被廓尔喀截断了,但谷地三公国的经济并未遭到致命的打击,它们都还具有一定的实力。

1757 年,普·纳·沙阿不听卡鲁·潘德等大臣要求推迟进攻基尔堤普尔城的劝告,亲自挂帅,命卡鲁·潘德率军出击。廓尔喀部队沿巴尔库河而上,但还未来得及渡河,就被谷地的联军切断首尾。双方在开阔的河岸上短兵相接,进行了一场残酷的白刃战,互相厮杀长达数小时之久,两军死伤都很惨重。据记载,单廓尔喀军就战死四百多人,横尸遍野,巴尔库河成了一条血的河流。廓尔喀军的得力指挥官卡鲁·潘德战死疆场,普·纳·沙阿也险些丧命。廓尔喀军未能前进一步,不得已只好撤退到奴瓦科特。

基尔堤普尔战斗之所以失败,除了对谷地三国的内在力量估计不足之外,谷地南面的马格万普尔土邦通过山路还能把大量物资输入谷地,这是谷地的联军能够奋力抵抗的重要原因之一。因此,普·纳·沙阿决定在再次攻打基尔堤普尔城之前,先堵死谷地的这一通道。

马格万普尔的北部同谷地相连,这是一个十分富庶的土邦。普·纳·沙阿以前正是考虑到它的特殊位置和丰富的物产将有助于他的统一大业,才欣然同意与它联姻的。但是完婚后,两次迎亲失败使两国从结亲发展到结怨。另一方面,北印度孟加拉省 1760 年新上任的省督卡西姆·阿利·汗,为了摆脱英国人的统治,一心要向喜马拉雅山区发展自己的势力。因此,他也准备攻占马格万普尔城。鉴于这样的局势,普·纳·沙阿于 1762 年 8 月指派他的三个弟弟率军出征,轻取了马格万普尔城并缴获了许多武器。

马格万普尔城的失陷使谷地三国完全落入廓尔喀军的包围之中。由于一切物资都无法运入,谷地的经济情况迅速恶化。随着生活物资的日益短缺,人民生活日趋艰难,民心浮动,君臣们如坐针毡,惶惶不可终日。就在这时候,孟加拉省督卡西姆·阿利·汗急不可待地要插足尼泊尔,英国东印度公司的殖民者也虎视眈眈地等待时机,以求得逞。

1763 年,卡西姆·阿利·汗指派古尔金·汗大臣率领 2000 士兵和 1000 名后勤兵分两路向据守在马格万普尔的廓尔喀军扑来。古尔金·汗的军队主要是穆斯林士兵,他们不熟悉山区情况,也不习惯山地生活。经过长途行军虽然进入了马格万普尔,但士兵们已疲惫不堪。廓尔喀军在渡口后面的山上设下伏兵,当古尔金·汗的部队到达渡口并过河后,廓尔喀军先引诱他们上山,然后又把他们赶下山去,让敌军疲于奔命。随后伏兵四起,直捣敌军。顿时,古尔金·汗的部队乱作一团,溃不成军,伤亡惨重。据统计,死伤1700 多人,廓尔喀军缴获了 500 多支步枪和几门大炮。这一胜仗不但巩固了马格万普尔的胜利成果,而且还用所缴获的武器武装了自己。普·纳·沙阿在攻打马格万普尔的同时,还出兵谷地东南一带。1763~1764 两年间,先后攻克法尔坪、乔帕尔和邦加。这三个地方都在谷地的南面,离基尔普尔最远的法尔坪也只有十来公里,距邦加仅一公里多。占领这几个地方为下一步攻打基尔堤普尔城创造了有利条件。

1765 年,普·纳·沙阿第二次攻打基尔堤普尔城。部队顺利地进逼城下,但联军士兵利用城墙固守，廓尔喀军队多次攻城都无法突入，伤亡也越来越大。最后，普·纳·沙阿不得不把部队撤到达赫乔克休整。同年，廓尔喀军再次包围了基尔堤普尔城，大约六个月之后，该城已经到了弹尽粮绝的境地。形势的急剧恶化迫使城中的守军做出最后选择——投降。1766 年 3 月，廓尔喀军胜利进驻基尔堤普尔城。

"门户"丧失后，谷地三个公国的君主更加惊恐不安。贾·普·马拉决心投靠英国东印度公司，请求出兵援助，他想假英国人之手来消灭廓尔喀军。1767 年 3 月，贾·普·马拉派使臣秘密地前往贝迪亚向英国殖民者递送情报，进行勾结。其实，英国殖民者早就想在尼泊尔插足，发展自己的势力，以便把侵略的魔爪伸入我国西藏。4 月初，贝迪亚的英国官员写信给驻巴特那的长官，禀明援助马拉人的好处。驻巴特那的长官随即将情况上报至总督处，总督立即召集特别委员会商讨，7 月便做出了援助马拉人的决定。总督命令驻巴特那的长官金罗克上尉做好战斗准备。另外，也指示巴特那的官员立即写信给普·纳·沙阿，叫他必须解除对谷地的包围，否则他将被认为是东印度公司的敌人而对他采取必要的行动。普·纳·沙阿对英国人的恐吓信件处之泰然，从容地做好一切应急准备，表现了一个民族主义者的爱国气概。

1767 年 8 月中，金罗克上尉带领 18 个连共 2400 名士兵（其中 90% 为印度雇佣军，英国士兵仅占 10%），从巴特那向谷地进发。他们计划 11 天抵达谷地附近的帕若迪，同围困谷地的廓尔喀军决战。当时正逢雨季，道路泥泞难走，军队里又流行着疫病，英军士兵吃尽了苦头，才艰难地到达尼泊尔境内的辛图里卡特渡口。没有打过败仗的金罗克上尉，自恃装备精良，骄横跋扈，不可一世。他没让部队休整，就领兵从辛图里卡特继续向库尔科特进发。

从巴特那到辛图里卡特属于平原地区，从辛图里卡特起开始进入山区。普·纳·沙阿知道，英军装备精良、训练有素，和他们打平原战，于己不利，只有等敌军进了山区，才能发挥自己军队所擅长打山地战的优势。所以，他有意避开在平川地区与英军交锋，而在辛图里卡特到库尔科特的一条怪石林立、狭窄难行的山路两旁和离这条山路约四公里的山顶上，设下了 1200 多名伏兵，准备待敌人瓮后，聚而歼之。

骄横的金罗克上尉并没有发现普·纳·沙阿所设的埋伏圈，指挥全军按原计划向库尔科特进发。他把辎重部队放在最前面，英军顺着陡坡缓缓而上。埋伏在山顶上的廓尔喀士兵先放过走在前面的英军后勤兵，等英军的正规部队进入埋伏圈，便立即开火。受惊的后勤兵纷纷后退，撞入正规部队中，使敌军无法射击。廓尔喀军凭借居高临下的有利地形猛烈地杀向敌军，英兵竞相后逃。这时。山路两旁的廓尔喀伏兵切断了敌军的退路。经过长途行军的煎熬和不习惯山地战的英军，腹背受敌，乱作一团，洋枪洋炮无法施展其威力，大批英军死伤于廓尔喀士兵的刀、枪、剑、戟之下。战斗持续了几小时，英军伤亡惨重。死者横尸遍野，生者仓皇逃命，金罗克搜罗残兵败将约 800 人，丢弃了武器辎重，匆匆流窜到尼泊尔的巴拉、巴尔萨、劳特哈特一带。

两次战胜外敌的胜利意义重大，它显示了尼泊尔人民为捍卫民族独立有能力战胜比自己强大的敌人。英国侵略军的失败打破了贾·普·马拉投靠外国势力的迷梦。被廓尔喀军团团围住的马拉王朝犹如风中残烛,行将灭亡。

击败古尔金·汗粉碎英国人的侵略以及成功地封锁谷地,这一切为攻打谷地奠定了基础。普·纳·沙阿决定在1768年的因陀罗节出击,因为,在印度教流行的谷地,一年一度的因陀罗节分外热闹。这是一个纪念库玛丽女神的节日,传说天上一位女神受命下凡变成为三个女孩,其中一个叫库玛丽。她们杀死了占有(天、地、人)三界的魔鬼,从此人们开始崇拜库玛丽神。随着岁月的流逝,谷地的尼瓦尔人崇拜起活的库玛丽女神了。他们每年严格挑选一个仅十几岁的纯贞少女,经过许多宗教仪式使其净化成为活的库玛丽女神。这个节日一般在公历9月下旬,连续庆祝七日。库玛丽女神被安置在一辆高大的木轮神车上,被人们缓缓推着在街上巡游,从第五日的午夜时分起,国王还要乘坐库玛丽神车按规定的路线巡游全城,居民们纷纷走上街头叩拜女神。天亮之前,神车回到出发点,国王下车返回王宫。

1768年的因陀罗节从9月22日开始,普·纳·沙阿决定在9月26日攻城,因为这一天正是加德满都王离开王宫坐上神车巡游全城的日子。谷地因被围困多年,经济已十分萧条、民心浮动,人们对能否像以往那样欢庆这一节日表示怀疑。贾·普·马拉为稳定民心,决定大庆这一节日。9月26日夜,贾·普·马拉被群臣们簇拥上了神车之后,廓尔喀军便开始了攻城的行动。士兵们用斧子砍开了加德满都东、西、北三个城门,惟南门不动以留给贾·普·马拉逃生之用。廓尔喀军攻入城后,从三个方向迅速向王宫推进,有少数的卫兵企图顽抗,立即被廓尔喀士兵的乱刀砍死,王宫很快就被攻下了。

这时,正坐在神车上的贾·普·马拉得知王宫已丢失,便跳下神车,带上二三百名侍卫从南门逃到了帕坦公国。帕坦公国的实权掌握在六个大臣的手中,他们倚仗权势贪赃枉法、中饱私囊,每一个大臣都积聚了一笔巨额私产。为了确保既得利益,早在廓尔喀军打败英国人时,他们就想投降廓尔喀,由于贾·普·马拉的干预才作罢。现在,廓尔喀军攻克了加德满都公国,大臣们见大势已去,便决定投降。这样,帕坦国王德吉纳尔·辛·马拉同前来避难的贾·普·马拉只得一同逃到巴德冈公国。

普·纳·沙阿没有立即向巴德冈进军,而是采取层层设防、逐渐缩小对其包围的办法。围困长达一年之久,给巴德冈造成了极大的困难。1769年11月,才向巴德冈发起攻击。逃难去的两个君主几乎剩下只身一人,没有兵力,抵抗廓尔喀军队,全靠巴德冈国王伦齐德·马拉的王宫卫队。他们拥有一门大炮,卫兵们虽然佩戴步枪,但势单力薄,兵员不多。廓尔喀军顺巷道、沿房顶逐渐接近了巴德冈王宫,步步紧逼的廓尔喀军使王宫卫队完全失去了抵抗的能力。三个公国的君主龟缩在王宫的一个角落里,贾·普·马拉的腿上又中了子弹,伦齐德·马拉国王预感到情况不妙,不得已打出白旗,向廓尔喀军投降。至此,谷地三个公国完全落入普·纳·沙阿的手中。

攻克谷地之后,普·纳·沙阿没让部队休整,就开始把统一国家的战争转入第二阶段。1771年4月,普·纳·沙阿派邦萨拉兹·潘德和卡哈尔·辛·巴斯尼亚特二位大臣率领部队,分别从北线和南线向西挺进。

邦萨拉兹·潘德率部从拉姆忠土邦西部边境渡过马相迪河,穿过卡斯基土邦进入

（西）奴瓦科特土邦。因（西）奴瓦科特土邦首府建在山顶上，易守难攻，廓尔喀军就以其南面的乡加为基地，驻扎下来，准备攻打其首府。但是，（西）奴瓦科特土邦及其周围的几个土邦的统治者，为了保卫这一地区，使其不受廓尔喀军的攻占，便联合起来同廓尔喀抗衡。邦萨拉兹·潘德率军多次进攻不克，只得退到乡加基地，等待南线进展的消息。

由于乔比斯国中的塔纳胡、里兴、托尔、吉岭等土邦先后归顺了廓尔喀，南线的卡哈尔·辛·巴斯尼亚特率军顺利地通过了这些地方，并且成功地攻下了皮尔科特、贝容等几个土邦。由于雨季来临，卡哈尔·辛·巴斯尼亚特无法再西进，只好留下部分士兵驻守皮尔科特，自己带领大部人马前往乡加同邦萨拉兹·潘德的部队会合。

廓尔喀军全靠在战败的土邦征税度过了雨季。雨季中，由于廓尔喀军队停止了征讨，被征服的土邦互相串通，决定组成联军抗击廓尔喀军。雨季过后，土邦的军队纷纷云集于沙达胡土邦，卡斯基和拉姆忠土邦的军队也加入了联军的行列。邦萨拉兹·潘德和卡哈尔·辛·巴斯尼亚特发觉了这一新动向，决定提前动手，把驻扎在皮尔科特的廓尔喀军也调到乡加，西进的两支军队聚集在一起向沙达胡土邦发起了总攻。由于联军占据了以本土为战场的有利条件，廓尔喀军则处于孤军深入的不利境地，所以从白天打到黑夜，廓尔喀军伤亡惨重，仍无法取胜。最后，卡哈尔·辛·巴斯尼亚特等五百多士兵壮烈牺牲，邦萨拉兹·潘德被俘，残余的廓尔喀兵都逃到了托尔土邦。接着，联军于1772年2月包围了托尔的廓尔喀军残部达13天之久。普·纳·沙阿虽增派部队去救援，但由于路途遥远，无济于事，被围士兵被迫缴械投降。向西推进的计划失败后，普·纳·沙阿不得不改变计划，转而东征。

东部地区的土邦王朝的军队无论是在数量方面还是实力方面均不如西部地区，大多十分软弱，不堪一击。廓尔喀军的东征十分顺利，到1774年为止，就攻克了乔当迪、莫朗、萨布达里、马查基兰特和帕洛基兰特等土邦，正当廓尔喀军顺利进展之时，1775年元月，普·纳·沙阿不幸病逝，东征因此而停止。

普·纳·沙阿虽然没有最后完成统一尼泊尔的大业，但整个尼泊尔的中部和东部地区已在廓尔喀沙阿王朝的控制之下。大约20年后，他的后人巴哈杜尔·沙阿兴兵向西讨伐割据势力，征服了西部地区后，终于实现了尼泊尔的统一。但是后人为纪念普·纳·沙阿的伟大功绩，将1768年9月26日攻克谷地的日子定为尼泊尔的统一日，普·纳·沙阿被尊崇为统一尼泊尔王国的大君。

美国——墨西哥战争

1846年~1848年，美国对墨西哥的战争是世界近代史上一次臭名昭著的掠夺性战争。通过这次战争，美国夺取了墨西哥一半以上的领土。前美国共产党领袖威廉·福斯特称其为"美国和整个西半球历史上最蛮横的非正义战争"。

战争的直接起因是美国吞并得克萨斯。得克萨斯原是墨西哥的一个省份，面积20

万平方公里,超过美国东北部 9 个自由州的面积总和。这里土地肥沃,矿藏丰富。南部奴隶主贪婪的目光一直注视着这片土地。19 世纪 20 年代初,第一批美国移民约 300 人到得克萨斯定居,并带来了黑奴。20 年代末,美国总统亚当斯·杰克逊提出"购买"得克萨斯地区,遭拒绝。美国加紧向这里移民,到 1836 年,美国移民达到 3 万人,其中约有 5000 黑奴。移民人数大大超过墨西哥居民。

在杰克逊的怂恿下,1835 年 6 月,南部奴隶主积极策划美国移民举行武装暴乱。不到半年时间,叛乱者几乎控制了得克萨斯全境。1836 年 3 月 2 日,在美国的一手策划下,得克萨斯宣布"独立",建立了傀儡国家"孤星共和国"。杰克逊的好友、田纳西籍的将军萨姆·豪斯顿"当选"为首任"总统"。3 月 9 日,遵照杰克逊的密令,美国军队越过边界,进入得克萨斯。

墨西哥政府拒绝承认得克萨斯"独立",当时的总统圣塔安那率领 6000 兵力去平息美国移民的叛乱。1836 年 4 月 21 日,墨西哥军队在哈辛托河口与美军遭遇,被歼,圣塔安那本人被俘。他与叛乱者签订了投降协定,承认所谓的孤星共和国,并以布拉沃河(美国称格兰德河)为国界。

但是,墨西哥国会在 1836 年 5 月 20 日和 7 月 29 日通过决议,宣布圣塔安那被俘期间缔结的一

奥地利大公登上墨西哥王位

切协议均无效,并召回了墨西哥驻美大使,指出,"美国政府的行动威胁到墨西哥共和国的主权和独立"。美国政府不顾墨西哥政府的反对,于 1837 年 3 月 3 日正式承认得克萨斯"共和国"成立。

在建立了这个傀儡"国家"以后,美国南部的奴隶主为了扩大自己在参议院的席位,主张迅速合并得克萨斯,将这大片土地分成几个蓄奴州加入联邦。北部的资本家为了遏制南部的势力,反对合并。1844 年美国总统选举时,民主党候选人詹姆斯·波尔克以合并得克萨斯为竞选政纲,并获得了胜利。波尔克执政以后,将注意力主要放在对外扩张方面,把掠夺墨西哥的领土作为整个对外扩张政策的一个重要组成部分。1845 年初,美国参众两院通过联合决议,合并得克萨斯。1845 年 7 月,美国正式吞并了得克萨斯,宣布它为联邦第 28 州。

美国统治集团的扩张主义政策激起了墨西哥人民的强烈反抗,在人民群众的压力下,墨西哥政府多次对美国提出抗议。1845 年 3 月,墨西哥与美国断绝了外交关系,声称美国合并得克萨斯将被视为对墨西哥宣战。两国的关系到了剑拔弩张的地步。

然而,美国南部奴隶主并不以合并得克萨斯为满足,其目标是要占据墨西哥北部的全部领土,包括加利福尼亚、新墨西哥、奇瓦瓦等州。他们蓄意挑起一场战争,以达到其

扩张主义的目的。代表南部奴隶主利益的波尔克政府一面调兵遣将,准备战争;一面派路易斯安那州的国会议员约翰·斯莱德耳为特使前往墨西哥谈判,企图迫使墨西哥承认美国合并得克萨斯,并将加利福尼亚和新墨西哥州卖给美国。当这一企图未能得逞时,波尔克政府决意出兵,以武力征服墨西哥。

1845 年夏天,由泰洛将军指挥的美国正规部队进驻得克萨斯,在两国的实际边界线努埃西斯河附近不断挑起军事冲突,制造战争借口。1845 年 10 月,美国正规军的一半包括 5 个步兵团、4 个炮兵团和 1 个龙骑兵团,将近 4000 兵力集结在努埃西斯河口的科珀斯克里斯提,随时准备进入墨西哥国境。同时,康内尔海军准将和斯劳特海军准将指挥的美国舰队封锁了墨西哥湾和太平洋东西海岸。

1846 年 3 月 8 日,美国军队不宣而战,从科珀斯克里斯提越过努埃西斯河,并迅速占领大片土地。4月底,墨西哥一支小分队渡过布拉沃河袭击了美军。边境冲突日益扩大。

5 月 8 日,在布拉沃河北岸的巴洛阿尔托地区,由阿里斯塔指挥的墨西哥部队和泰洛的军队第一次正式交战。美军利用其炮兵优势使墨军失利。次日,在雷萨卡地区再次激战。在这次战役中,墨西哥损失 522 人,美国伤亡 177 人。墨军被迫退到布拉沃河以南。

这时,波尔克总统认为宣战的时机已经成熟,1846 年 5 月 11 日,他在致国会的咨文中,颠倒黑白地说什么,"墨西哥越过了美国的边界,侵犯了我们的领土,并且在美国的土地上流洒着美国人的鲜血。"美国国会众议院以 174 票赞成,14 票反对,参

西克西米连及其夫人夏洛特

议院以 42 票赞成,2 票反对,3 票弃权通过法案,宣布:"由于墨西哥共和国的行动,该政府与美国政府之间进入战争状态。"决定拨款 1000 万美元作为军费,征召 5 万志愿兵。5月 13 日,美国正式对墨西哥宣战。

当时,墨西哥国内政局依旧动荡不定。圣塔安那的独裁统治引起了广大人民的强烈不满,1844 年秋天,首都爆发起义,圣塔安那被推翻,并驱逐出国,流亡古巴,联邦派中温和派的代表何塞·华金·埃雷拉于 1845 年当选总统。

埃雷拉政府面对美国的侵略采取妥协退让的政策。保守派代表帕雷德斯利用人民对政府的不满,于 1846 年 1 月夺取了政权。他把主要精力放在巩固自己的统治上面,对战争根本未做必要的安排。直到 7 月 7 日,美国宣战后将近两个月,墨西哥国会才正式宣战。国会决议的第一条说明了战争的防御性质:"美国已经开始并正在对墨西哥共和国进行侵略,侵入并攻占了我国的几个省份,政府将对这种侵略进行反击,行使保卫国家的天职。"

战争开始时,美国拥有的正规军人数不多,1845年底共有步兵7883人。美国政府主要依靠征召志愿兵来扩充兵力,整个美墨战争期间,美国招募的志愿兵有67905人,总兵力超过10万人。

墨西哥军队的人数,在战争开始时约为2.3万多人,以后又陆续补充了一些新兵。墨西哥士兵的装备很差,使用的大多是17世纪的旧式火炮和步枪,瞄准率很差;许多士兵单靠大刀、长矛、甚至套索与敌人拼搏,许多人光着脚行军。但是他们为了保卫祖国,驱逐侵略者,作战十分勇敢,宣战以后,美国侵略军在几条战线同时发动攻势,以便达到两个目的:第一,占领墨西哥北部省份,包括上加利福尼亚、新墨西哥、奇瓦瓦;第二,迫使墨西哥承认这些占领。为了达到第一个目的,三支部队在加利福尼亚、新墨西哥和奇瓦瓦同时发动进攻。为了达到第二个目的,美国从布拉沃河地区出发,经萨尔提略向首都墨西哥城进逼。同时,海军准备在韦腊克鲁斯港登陆,从东南面直抵墨西哥城。

占领墨西哥北部省份的战斗由1846年7月一直延续到1848年3月。1846年6月,美国在加利福尼亚的移民仿照侵占得克萨斯的伎俩,发动武装暴动,建立了所谓"独立"的加利福尼亚共和国。几乎是同时,由海军准将斯劳特和斯托克顿指挥的美国舰队在太平洋沿岸马塞特兰登陆,于1846年7月9日占领了旧金山,8月初进入圣彼得罗,8月13日在加利福尼亚首府洛杉矶登陆,8月17日,斯托克顿宣布加利福尼亚加入美国联邦。

这时在新墨西哥,由基尔尼将军率领的占领军也发动攻势。1846年7月,基尔尼的部队在密苏里河岸的利文伏特要塞组成了拥有3000士兵和16门大炮的西路军向新墨西哥州进发。当时墨西哥在该州约有2000兵力,但是州长阿尔米霍不积极组织抵抗,仓皇逃遁。8月18日,新墨西哥首府圣菲失陷,占领者随即宣布新墨西哥归美国所有。1846年9月25日,基尔尼率领大军向加利福尼亚进军,准备打开一条从陆路通向太平洋的通道。

巴拿马运河施工现场

为了向奇瓦瓦地区进军,占领通往瓜马斯港的通道,波尔克政府在得克萨斯将4000名志愿兵组成了中路军,由伍尔将军率领,准备占领奇瓦瓦,后因情况变化,折向东面,占领了科阿韦拉州的首府蒙古洛瓦。12月,为与泰洛部队在萨尔提略汇合,放弃了征服奇瓦瓦的计划。

由泰洛率领的美国主力部队集中在东北部战场,准备从得克萨斯出发经过蒙特雷、萨尔提略向首都进军,以便迫使墨西哥接受美国提出的一切条件。泰洛在巴济阿尔托战役之后,于5月18日渡过布拉沃河,占领了重要城市马塔莫罗斯;6月初,向北部重镇蒙特雷进军。蒙特雷是新莱昂州的首府,有居民1.5万人,是通往首都的战略要地。守卫蒙特雷的安普迪亚将军有7000步兵,但装备极差。当时泰洛部队已拥有6670人的兵力,19门大炮。战斗于9月20日打响,墨西哥士兵进行了顽强的抵抗,23~24日进入巷战,几乎每一条街道,每一幢楼房都进行了激烈的争夺。经过3天激战,虽然市中心区仍在墨西哥军队手中,但是安普迪亚的部队已经弹尽粮绝,陷入重围,不得不投降。泰洛部队也伤亡惨重,仅仅9月21日一天就死伤400多人,包括1名将军,33名军官,他同意墨西哥军队带走一切武器装备,有组织地撤退,并休战8个星期。11月16日,美军未遇任何抵抗,占领了战略要地萨尔提略。

经过8个月的战事,墨西哥1/3的领土被美国侵略军占领。占领军所到之处进行了野蛮的抢劫和屠杀。

墨西哥游击战的兴起

墨西哥军队的战败和大片领土的丧失使人民对保守派政府极端不满。帕雷德斯政府在国家生死存亡的关头,不去组织力量抵抗美国的侵略,而是准备在墨西哥建立帝制,认为墨西哥唯一的生路是让西班牙亲王路易斯·费尔南多当皇帝,以便得到欧洲列强的支持。

保守派政府的倒行逆施引起了各阶层人民的反对。在激进派领袖法里亚斯的领导下,瓜达拉哈拉、韦腊克鲁斯、普韦布拉等城市发生了武装起义,起义者高呼"共和国万岁","消灭侵略者"的口号。法里亚斯等为了尽快推翻保守派政府,与圣塔安那的支持者结成联盟,决定将流亡在古巴的圣塔安那召回,由他来指挥军队。他凭着在历次战争中的经历,仍被许多人看作是墨西哥将军中唯一能领兵打仗的人。

圣塔安那立即声明支持激进派上台执政,表示回国后自己仅仅负责国防。当时墨西哥的港口已被美国海军封锁,无法通过。圣塔安那私下与波尔克总统做了一桩肮脏的交易,许诺只要美国让他通过封锁线回国,将来美国可以用3000万美元的代价获得所希望得到的土地。1846年8月,这个臭名昭著的"考迪罗"又回到了墨西哥,重新登上政治舞台。

1846年8月4日,墨西哥城爆发了声势浩大的起义,帕雷德斯政府被推翻。全国人民寄希望于激进派,国内出现了爱国主义的热潮。同年12月,国会选举圣塔安那为共和国总统,法里亚斯为副总统,政权主要掌握在法里亚斯等激进派手中。

法里亚斯政府积极采取措施,加强国防力量,组织国民卫队,吸收爱国青年参加保卫祖国的战斗。为了筹措资金,继续进行战争,1847年1月,法里亚斯政府决定征用教会价值1500万比索的贵重物品充当军费。反动僧侣和保守派不顾国难当头,企图发动内战推翻法里亚斯政权。国内的政治斗争进一步激化。

圣塔安那出任总司令之后,表面上在组织抗战,实际上在为美国效劳。1846年10月,他下令放弃墨西哥湾重要港口——坦皮科。9月,圣塔安那来到圣路易斯波托西,建立大本营,招募新兵,准备抗击泰洛的部队,但是几个月过去了,没有采取任何军事行动。

直到 1847 年 1 月，圣塔安那才率领墨西哥 21500 人的部队从圣路易斯波托西开拔北上，迎击驻扎在萨尔提略的泰洛部队。

2 月 22 日~23 日，在离萨尔提略不远的布埃纳维斯塔山口发生了激战。这是北部战场上最后一次，也是最残酷的一次战役。泰洛投入的兵力有 6000 人，圣塔安那自称有 18133 人，实际上参战人数要少得多，因为长途行军中非战斗减员 1000 多人。泰洛部队凭借有利的地形和密集的炮火打退了墨军一次又一次进攻，但是，墨西哥军队依靠士兵的勇猛和人多势众顶住了敌人的压力，并使泰洛部队遭到重大损失。23 日，泰洛部队的左翼几乎完全被击溃，通往美军后方的道路已打开。

泰洛处境十分危险，准备向华盛顿告急。这时，圣塔安那因得悉首都发生了事变，随即命令自己的军队撤退，返回圣路易斯波托西，并无条件释放 400 名俘

顽强、独立、好战的墨西哥牧牛人

房。泰洛部队立即转入反攻，墨西哥部队在一片混乱中向南撤退。由于饥饿、寒冷和疾病，倒在沙漠里的墨西哥士兵不计其数。整个战役中，墨军伤亡 1500 人，美军伤亡 723 人。

圣塔安那到达道都后，站在教权派叛乱者一边，推翻了法里亚斯政权，将其驱逐出国，自己独揽了军政大权。

内乱外患使墨西哥到了民族危亡的紧急关头。人民群众不愿当亡国奴，自动拿起武器，开展了广泛的游击战。敌占区游击战争的展开牵制了敌人的兵力，使其不能迅速前进。

1846 年 9 月，1000 多名武装起来的印第安农民在加利福尼亚的重要据点萨吉尔起义。9 月 23 日，洛杉矶的居民在弗洛雷斯上尉的领导下，袭击了美国驻防军，迫使敌人投降。到 1846 年 11 月底，整个加利福尼亚几乎都被墨西哥爱国者占领。据统计，加利福尼亚游击队的人数达到 6000~8000 人。直到 1847 年 1 月 12 日，基尔尼部队经过激战才又重新占领洛杉矶。

在新墨西哥，印第安农民在托马斯·奥尔蒂斯、迭戈·阿尔丘莱塔等爱国者的领导下，举行了武装起义。1 月 20 日，起义的主力部队袭击了首府圣菲，游击队人数达 1500 人。在蒙特雷、马塔莫罗斯等东北部地区，游击队切断了敌人的交通，袭击了敌人的辎重。

从太平洋沿岸到墨西哥湾，到处都燃烧着墨西哥爱国者抗美救国的烽火。敌后游击队的战斗打乱了敌人的部署，牵制了敌人大量兵力，使美国侵略军在北部战场不得不从进攻转入防御。

韦腊克鲁斯港登陆和墨西哥首都失陷

美墨经过将近一年的激战，美国侵略军占领了墨西哥北部大片领土，但是战争的第二个目的——迫使墨西哥承认这种占领——未能达到。战争变得旷日持久。

南部奴隶主发动的这场战争在美国国内已越来越不得人心。许多辉格党人，废奴主义者公开谴责这次战争，废奴主义的领袖弗雷德里克·道格拉斯将其称为"一场残酷的屠杀"，"是我们的蓄奴总统干的好事"。

波尔克害怕战争拖延会动摇自己的政治地位，所以也希望尽快结束战争。游击战争的扩大使美军越来越感到兵力不足，战线太长。从北部进攻墨西哥城要通过大片沙漠地带，存在许多困难。波尔克政府决定放弃原定计划，改变主攻方向，从海上登陆，直抵墨西哥城，迫使墨西哥投降。

1847 年春，波尔克总统任命斯科特将军为总司令，准备从韦腊克鲁斯港登陆。斯科特部队拥有 162 艘军舰和登陆艇，装备有 40~50 门大炮，10 万发炮弹，由三个师组成的兵力总人数达 1.3 万多人。

从韦腊克鲁斯港登陆到墨西哥城陷落历时半年多，进行了五次大的战役：

1.3 月 22 日~29 日韦腊克鲁斯保卫战。3 月 9 日，斯科特的部队在韦腊克鲁斯港附近登陆，在围城半个月之后发起攻击。由于反动的教权派在首都叛乱，法里亚斯政府被推翻，韦腊克鲁斯港处于孤立无援的状态，仅靠以莫拉雷斯将军为首的有限的城防力量进行抵抗。3 月 22 日起，72 艘美国军舰进行了历时 4 昼夜的野蛮炮轰，倾泻的炮弹足有数千发，由码头工人、建筑工人和渔民组成的 4 千多城防军进行了英勇抵抗，终因孤军奋战，寡不敌众而失败。3 月 29 日，韦腊克鲁斯港被攻陷。

2.4 月 17~18 日塞罗戈尔多战役。美国占领军攻占韦腊克鲁斯以后，径直向西取道当年西班牙殖民者的路线向墨西哥城进军。圣塔安那率领一万二千名新兵组成的队伍，在离韦腊克鲁斯港 160 英里的塞罗戈尔多峡谷迎击敌人，这是通往墨西哥城的战略要地。圣塔安那的主要阵地设在塞罗戈尔多山冈上，周围是难以通行的密林，打算借助天险，阻击敌人。

斯科特部队从小道绕过了密林地带，从后方袭击墨军。圣塔安那惊慌失措，临阵脱逃，墨军遭受重大损失。两天之内，墨军伤亡约 1000~1200 人，3000 人被俘，美军伤亡431 人。塞罗戈尔多要塞的失守意味着通往首都的道路已被打开。5 月 15 日，美军未经战斗进入第三大城市普韦布拉。

3.8 月 19~20 日丘鲁布斯科战役。斯科特部队经过了休整和增补，于 8 月初重新向墨西哥城进逼。8 月 19 日，在离首都 4 英里的丘鲁布斯科河岸展开血战。墨西哥爱国者进行了顽强的抵抗。由爱尔兰人、波兰人、英国人和正义的美国人组成的"圣巴特里西奥营"的国际战士与墨西哥人并肩战斗，给了敌人以沉重打击。斯科特部队一天之内损失兵力 1056 人,其中有 76 名军官。

4.9 月 8 日莫利诺德雷伊战役。美国侵略军听说墨西哥人在莫利诺德雷伊铸造大炮,对这一据点发动了强攻。守卫这一据点的是来自附近负责各州防卫的国民卫队,总兵力达 4000 人。美军投入的兵力为 3447 人。战斗进行得十分激烈,一天之内美军伤亡 787 人。由于圣塔安那不派后备军增援,由民兵组成的骑兵部队也未投入战斗,墨军再次遭到失败。

5.9 月 13 日查普尔特佩克战役。这是通往墨西哥城的最后一个据点。9 月 13 日,斯科特借助猛烈的炮火,发动了强大的攻势,将 4 个师,7000 多兵力全部投入了强攻。

驻守在查普尔特佩克山冈周围的墨西哥军队共有 5000 人,但投入战斗的只有步兵和军事学校学员组成的 832 名驻防军,由独立战争中的老将军尼科拉斯·布拉沃指挥。墨西哥士兵浴血奋战,几乎全部殉国。有 6 名年幼(最小的只有十三岁)的军事学校的学员与敌人进行了顽强的搏斗,"少年六英雄"的事迹至今仍为人们所传颂。斯科特占领军一天之内死伤 862 人。

查普尔特佩克的失守打开了通向墨西哥城的西大门。当时,斯科特的部队伤亡惨重,减员将近 1 乃,加上增援部队仅有 6000 人。圣塔安那手中尚有 5000 名士兵,4000 名骑兵,可是他对首都未做任何设防。9 月 14 日,圣塔安那率领部队撤离了墨西哥城。

古巴三十年解放战争

1868~1898 年,古巴人民进行了一场持续三十年的反抗西班牙殖民统治、争取民族独立的战争。其全过程可分为三个阶段:1868~1878 年,第一次独立战争,史称"十年战争";1878~1895 年,大规模武装斗争的间歇,革命力量的重组和集结;1895~1898 年,第二次独立战争。

16 世纪初,古巴岛沦为西班牙的殖民地。该岛是安的列斯群岛中最大的一个岛屿,地处大西洋、加勒比海通向墨西哥湾的咽喉要道,战略意义十分重要。它成了西班牙向美洲大陆扩张的基地,西班牙殖民帝国海上交通的枢纽和贸易往来的中转站。由于这些原因,它也成了法、荷、英等其他欧洲列强蓄意谋取的对象。因此,整个 16、17 乃至 18 世纪期间,古巴在西班牙殖民帝国里是个军事前哨,是个与其他欧洲列强争霸的前沿阵地,军事价值远远大于经济价值,其经济发展一直未受到宗主国的重视。到 18 世纪末,古巴经济才进入迅猛发展的时期。1790 年海地革命爆发,黑奴起义节节胜利,包括种植园主和黑奴在内的 3 万余人从海地移居古巴。他们带来了资本、劳力和技术,这又促进了古巴经济的繁荣。咖啡和甘蔗种植业大发展,1774 年只有 2 家咖啡种植园,1827 年达到了 2067 家。1792 年,出口咖啡 7101 阿罗巴(1 阿罗巴等于 25 磅),1833 年为 256.6359 万阿罗巴。甘蔗种植园的面积逐年递增:18 世纪末每年增加 688 公顷,19 世纪初每年增加 1416 公顷,40 年代每年增加 5261 公顷;1862 年,总共达 100 万公顷。蔗糖出口量:1790

年为 1.5423 万吨,1868 年增至 72.025 万吨。甘蔗园、制糖厂的发展,带动了铁路、公路和港口的修筑,以及制糖技术的革新,蒸汽技术得到普遍应用,机械化程度大大提高。与此同时,养牛业和烟草种植业也得到了发展,牧场从 1827 年的 70 万公顷增至 1862 年的 330 万公顷;1780 年出口烟草 340 万磅;1850 年达 800 万磅。

为满足种植业发展的需要,古巴引进大批劳动力。1790~1815 年,有约 14.2 万黑奴进入古巴。1861 年,古巴已有 37 万余黑奴,占总人口的 26.5%。从 1847 年开始,古巴又从中国引进"契约劳工",从墨西哥引进印第安人劳工。到 70 年代,已有 12.5 万中国劳工在古巴的甘蔗种植园、制糖厂、铁路修筑工地和家庭中干活。同时,古巴还从欧洲招募了大批移民。1774 年,古巴只有

美国军舰俄勒冈号

17 万人,其中白人 9600 人,自由黑人和混血种人约 3.2 万人,黑奴 4.4 万人;到 1849 年,人口增至 94.5 万,其中白人占了约 45.7 万,自由黑人 16.4 万,黑奴约 32.4 万,另有数百名华工,劳动力的增加和种植业的发展促进了古巴对外贸易的发展,加强了与国际市场、特别是同美国市场的直接联系。1826~1830 年,古巴同美国的贸易总值达 372 万比索,1856~1860 年增加到了 1837 万比索;而同宗主国西班牙的贸易总值却降到了第 2 位:1826~1830 年为 280 万比索,1856~1860 年亦仅为 531 万比索,古巴的经济已进入美国市场的运行轨道。

1790 年海地革命的爆发不仅影响了古巴社会与经济的发展,也影响了古巴政治的发展。19 世纪初,古巴人民在海地革命和拉美其他地区独立斗争的影响下,开展了推翻西班牙殖民统治、争取独立的斗争。1809 年,共济会会员、律师霍金·英方特和拉蒙·德·拉·卢斯在首府哈瓦那密谋独立,并草拟了宪法。他们遭到殖民当局的镇压,卢斯被捕,英方特逃往委内瑞拉。1811 年初,自由黑人何塞·安东尼奥·阿庞特以哈瓦那为中心,在全岛组织武装起义。他宣布解放奴隶,废除奴隶制,结束奴隶主的反动统治。白人、自由黑人同黑奴一道参加了战斗,他们烧毁甘蔗种植园,捣毁制糖厂,处死作恶多端的工头。1812 年初,起义惨遭殖民当局镇压,阿庞特被捕罹难。1821 年,革命组织"玻利瓦尔的追随者们"成立,提出"不独立毋宁死"的战斗口号,主张解放黑奴,成立共和国,计划 1823 年 8 月起义;但秘密泄露,领导成员被捕。1825~1843 年,马坦萨斯省黑奴几度起义,反抗殖民统治,要求获得解放,废除奴隶制;但起义均告失败。殖民当局指控马坦萨斯黑人起义是个长时期的阴谋,进行了大搜捕,数月内逮捕了 4000 余人。这对独立运动

是个沉重打击。

古巴人民的独立运动、特别是黑奴的起义,不但遭到了殖民当局的残酷镇压,也引起了克里奥约地主、资产阶级(即古巴当地出生的新兴地主、资产阶级)的极度恐慌。但是,这些人大多同时又是奴隶主,他们随着自身经济实力的不断增强和同国际市场联系的日益紧密,与宗主国西班牙殖民统治的矛盾渐趋加剧。同时,他们又惧于海地黑奴起义在古巴重演,遂对独立运动采取了消极乃至反对的立场。为了维护自身的利益,他们走上了改良的道路。1862 年,《世纪报》在哈瓦那问世,传播改良主张,要求殖民当局减免苛捐杂税,争取贸易更大的自由,并要求派代表参加西班牙议会。1865 年,"改良党"成立。它提出古巴人与半岛人(即西班牙人)权利平等,要求限制殖民都督的权力,主张更大的政治自由和贸易自由,主张逐步废除奴隶制。西班牙政府为摆脱自身的政治、经济困境,提出与古巴代表对话,商讨改良事宜。古巴组成了由 16 人组成的"陈情委员会",1866 年底至 1867 年初,"陈情委员会"在马德里开会,向西班牙政府提出一系列变革要求,诸

谢夫曼将军

如古巴派代表参加西班牙议会、担任行政职务机会均等、不得随意逮捕和搜查、不得非法没收财产、改革税收和关税制度、逐步解放黑奴,等等。然而,西班牙政府充耳不闻,并下令解散"陈情委员会",继而任命反动军官弗朗西斯科·莱松迪为古巴都督。莱松迪到古巴后,立即下令《世纪报》停刊,解散"改良党",禁止公共集会。与此同时,西班牙政府下令在古巴征收 6% 的财产税,增收进口税。殖民当局的倒行逆施使克里奥约地主、资产阶级认识到,宗主国西班牙是不会允许任何重大变革的,自由的命运要由自己掌握。他们中的激进派开始了争取脱离西班牙而独立的斗争。

十年苦斗

1867 年 8 月 14 日,70 余名主张独立的克里奥约地主、资产阶级分子在古巴东方省巴亚莫市秘密集会,成立"三人委员会",由弗朗西斯科·维森特·阿基莱拉任主席,弗朗西斯科·马塞奥·奥索里奥和佩德罗·菲盖雷多为委员,并委托"三人委员会"负责组织武装起义的准备工作。"三人委员会"立即行动,决定分头前往圣地亚哥、卡马圭、奥尔金、拉斯维加斯和哈瓦那等中心城市联络同志,共商独立解放大计,并决定 1868 年 12 月 24 日起事。然而,他们的活动引起了殖民当局的注意,起义计划有遭破坏之虞。以巴亚莫律师卡洛斯·马努埃尔·德·塞斯佩德斯为首的一批爱国者决定提前行动,1868 年 10 月 10 日清晨,塞斯佩德斯会同 37 名同志在东方省亚拉小镇附近的"德马哈瓜"甘蔗种植园起事,以"古巴岛革命委员会"的名义发表《宣言》,号召全岛人民拿起武器,推翻西班

牙殖民统治。

　　塞斯佩德斯立即解放了自家种植园的黑奴,让他们参加起义队伍。10日当天,起义队伍就集结了200人。"古巴岛革命委员会"计划首先攻打并占领市镇。11日黎明时分,起义队伍向亚拉镇进发,途中与一小股殖民军遭遇,被打散。数小时后,他们在附近一庄园重新集合。12日,起义队伍扩充到了300余人。战争火种点燃,立呈燎原之势,从13日开始,战斗在东方省的巴亚莫、曼萨尼略、圣地亚哥、图纳斯、奥尔金和库巴等地区打响,起义队伍攻占了数十座大小市镇。黑奴、自由黑人、华人劳工和白人劳工纷纷参战,起义队伍很快从数百人增加到了数千人。18日,塞斯佩德斯指挥300余人攻打重镇巴亚莫城;20日敌指挥官率120余名守军投降。巴亚莫的攻克,大大鼓舞了起义军的斗志。"古巴岛革命委员会"宣布组成临时政府,推选塞斯佩德斯为临时政府主席、起义军总司令,并指定巴亚莫市为自由古巴首都。

　　殖民都督莱松迪获悉东方省起义后,立即任命其副手瓦尔马塞达伯爵为前线总指挥,派他到东方省组织、指挥殖民军镇压起义军。瓦尔马塞达计划先收复东方省港口重镇曼萨尼略,再攻打起义军总部巴亚莫市,然后镇压其他地区。

俄勒冈号军舰正在炮击圣地亚哥岸上的炮台

　　瓦尔马塞达原定11月初开始行动,然而10月底,卡马圭省的爱国者响应塞斯佩德斯的号召,一举攻占了瓜伊马罗镇。11月4～11日,起义军在萨尔瓦多·西斯内罗斯·贝当古和伊格纳西奥·阿格拉蒙特的指挥下又接连攻克港口重镇努埃维塔斯和巴加镇。同时,拉斯维加斯、哈瓦那和比纳尔德尔里奥的爱国者也在积极准备起事。解放战争有从东向西扩展之势。瓦尔马塞达立即改变计划,决定首先镇压卡马圭的起义军,以孤立东方省,遏制战争火势向西蔓延。11月下旬,殖民军夺取努埃维塔斯及其他市镇,起义军撤至农村地区。同时,殖民当局在西部诸省大肆搜捕爱国者,数千人被流放岛外。1869年1月初,瓦尔马塞达率领千余人马进入东方省,15日占领巴亚莫市。在敌军的强大攻势面前,起义军被迫放弃中心市镇,转移到农村地区作战。

　　瓦尔马塞达转战至东方省后,卡马圭省的起义军重新活跃起来。未几,除努埃维塔斯等几处港口城市和中心市镇外,起义军即控制了全省。1869年2月,拉斯维加斯省的爱国者在卡马圭省起义军的影响和支持下,亦拿起武器,攻打殖民军,收复了邻近卡马圭省的东部地区。

为了彻底消灭起义军,殖民当局宣布进行"绝灭战"。瓦尔马塞达下令:1.15 岁以上的人,凡无正当理由离家在外者,一律处死;2.所有房舍均需悬挂白旗,以示其主人愿意和平。凡无白旗的房舍一律烧毁;3.凡未生活在自己家里或父母家里的妇女一律集中到市镇。他企图以此割断起义军与人民群众的联系。与此同时,他下令建议军事据点,遍挖战壕,控制交通线,切断起义军的联络,企图将起义军分割开来,逐一消灭。为了防范起义军向西部运动,他下令在卡马圭省设置了一道封锁线,该封锁线南起胡卡罗,北至莫隆,全长 40 余公里。

1869 年 4 月,为完善起义军的政治、军事建设,制定新的战斗计划,临时政府在瓜伊马罗镇召开制宪会议。来自各省的代表通过了古巴第一部宪法,宣布成立共和国,选举塞斯佩德斯为总统。塞斯佩德斯任命马努埃尔·盖萨达为起义军总司令。针对敌人的作战计划和部署,共和国军政当局制定了新的战略:1.分散战斗,扩大活动范围,迫使敌人分散兵力;2.开展游击战,在运动中打击敌人;3.尽力将战争向西扩展。

东方省起义军根据新的战略方针,分散活动,游击小组各自为战,骚扰、打击敌人。奥尔金地区的游击队最活跃。那儿的军事指挥官是马克西莫·戈麦斯将军,他是多米尼加人,极富作战经验,指挥 1800 人的队伍分散与敌军周旋。在他的影响下,东方省的起义军尽量避免同殖民军发生正面冲突,打了就跑,让敌人追不着,打不到,最大限度地分散了敌人的兵力。殖民军控制着各个据点,起义军在广大农村和山区活动。东方省战事进入胶着状态。

1869 年底,卡马圭省战事进入一个新阶段。是年 6 月,殖民都督换马,安东尼奥·卡巴列埃罗·德·罗达斯接任。他策划将战斗重点移至卡马圭省,任命普埃略将军为前线总指挥。12 月 25 日,普埃略率领步兵 1200 人、骑兵 100 人、工兵 1 个连,携带 4 门山炮,向共和国政府所在地瓜伊马罗进发。1870 年 1 月 1 日,在米纳德胡安罗德里格斯与起义军遭遇。阿格拉蒙特指挥500 人,凭借有利地形,与敌军交战,歼敌 400 余

繁忙的坦帕港

人,普埃略被迫率队撤至努埃维塔斯。殖民总督遂指令戈叶内切将军从拉斯维加斯的桑克蒂斯皮里图斯出发,增援普埃略。1 月 13 日,戈叶内切率领两个旅的兵力在普林西佩港登陆,与普埃略配合,分兵两路,向起义军活动的中心地区东南部进击;2 月中旬,又转向西南和东北地区追剿起义军。殖民军这次不是打赢了就走,而是拿下一个地方就占领一个地方,建立据点,控制战略要地,形成了一个据点网。面对这种情况,起义军转入丛林、山区,分散活动。

1870 年 12 月,瓦尔马塞达接任殖民都督。这时,殖民军已达 10.5 万人。瓦尔马塞达上台后,一方面加紧镇压行动,一方面收买起义军将领。对他收买活动的回答是起义军的反攻。他离开东方省后,戈麦斯指挥部队围攻奥尔金市;其他地区的起义军亦趁势攻

打敌军据点,严重打乱了殖民当局的战略部署。1871年1月中、下旬,阿格拉蒙特亦指挥起义军在卡马圭和拉斯维加斯两省各地骚扰、打击敌人,瓦尔马塞达决定先平息拉斯维加斯的战事。2月间,他两度亲自出马,到拉斯维加斯指挥战斗。起义军在东方省和卡马圭省的支援下,开展游击活动,到处反击敌军。他于是决定转赴

美国船队到达古巴海岸

卡马圭省指挥作战,企图割断拉斯维加斯的起义军与东方省的联系。然而,在卡马圭省起义军的游击战面前,他同样束手无策。他的无能引起了西班牙政府的不满,1872年5月30日,他向西班牙政府提出辞呈。7月11日,弗朗西斯科·塞巴略斯将军接任古巴都督。

在3年多的战斗中,起义军中成长起了一批作战骁勇、指挥有方、深受士兵爱戴的军事将领,戈麦斯、卡利克斯托·加西亚、安东尼奥·马塞奥、阿格拉蒙特是其中杰出的代表。瓦尔马塞达辞职后,卡·加西亚在东方省组织、指挥起义军攻打市镇,争夺据点,消灭敌人有生力量。阿格拉蒙特则在卡马圭省指挥起义军向西运动,力图攻入拉斯维加斯省。1873年5月11日,他指挥500名战士在希马瓜尤与敌军700人作战,不幸中弹身亡。戈麦斯受命继任卡马圭省起义军总司令,赴前线指挥作战。

一个时期来,共和国议会对塞斯佩德斯的专权甚为不满,1873年10月28日解除了他的职务,选举西斯内罗斯为总统。翌年2月27日,塞斯佩德斯在圣洛仑索与敌军作战时牺牲。

新总统上任后,根据作战需要,将共和国划分为3大战区:东方省战区,卡·加西亚任战区司令;考托特别战区,维森特·加西亚任战区司令;西部战区(包括卡马圭省和拉斯维加斯省),戈麦斯任战区司令。东方省战区又分为2个分区:关塔那摩—巴拉科阿分区,马塞奥任司令;考托—奥尔金分区,马努埃尔·卡尔瓦尔任司令。考托特别战区也分为两个分区:希瓜尼~巴亚莫分区,弗朗西斯科·哈维尔·德·塞斯佩德斯任司令;曼萨尼略—图纳斯分区,维·加西亚兼任司令。解放战争进入了一个新阶段。各战区继续主动出击,消灭敌人。1873年11月7日,维·加西亚指挥起义军在拉桑哈战役中击溃1500敌军,缴获20万发子弹。12月2日,戈麦斯指挥起义军在帕洛塞科战役中全歼了1个纵队的殖民军,击毙包括敌军司令在内的300人,俘虏70人,缴获208支步枪、1.2万发子弹,57匹战马,起义军只伤17人、亡3人。12月初,卡·加西亚指挥起义军在曼萨尼略和巴亚莫地区攻打敌军据点和中心市镇,然而,由于缺少重型武器,伤亡惨重,战绩不佳。1874年8月底,他同卫队40余人在巴亚莫附近的圣安东尼奥德巴哈与敌军遭遇,受伤被俘。共和国总统任命维·加西亚为东方省战区总司令,指挥起义军继续战斗。

在此期间,戈麦斯在卡马圭省指挥作战的同时,不断与共和国政府策划"西征"战略。他从东方省和卡马圭省的起义军中抽调包括马塞奥在内的一批精兵强将,组成了500人的西征军。1875年1月初,他挥师西进,冲破敌军封锁线,突入拉斯维加斯省,与当地起

义军会合,指挥 1400 余将士向敌人进攻,连获胜利。他一边作战,一边等待增援部队,以期大力向西推进。然而,4 月初东方省起义军骚乱,要求西斯内罗斯总统辞职。28 日,议会解除西斯内罗斯的职务,由议长胡安·鲍蒂斯塔·斯波托诺任临时总统。而东方省总司令卡·加西亚刚愎自用,也引起了军内的普遍不满,共和国一时陷入了政治和军事危机。1876 年 3 月 29 日,议会选举托马斯·埃斯特拉达·帕尔玛为总统。他立即通知在起义军中深孚众望的戈麦斯返回控制局势,戈麦斯 12 月初回到政府所在地洛斯伊斯莱尼奥斯,受命任作战部部长,他着手整顿军事秩序,下令卡·加两亚离开东方省西征。

1876 年 11 月初,西班牙指派阿塞尼奥·马丁内斯·坎波斯将军到古巴指挥战斗,并陆续增派了 5.7 万远征军。坎波斯制定了新的作战计划:扼制住起义军的西征势头,力保西部;然后从西向东打,先扫荡活动在马坦萨斯和拉斯维加斯省的起义军,步步为营,仔细搜索,不放过一个山洞、一个墙角。解放战争进入退却阶段。

卡马圭省的起义军指责帕尔玛无能,要求撤换总统。东方省起义军将领各自为战,缺乏统一指挥。1877 年 4 月初,坎波斯调集数万人马,兵分 4 路,趁起义军内乱之机,向卡马圭省进犯。他亲自率领一路人马由海路到普林西佩港登陆,切断卡马圭省和东方省的联系,另 3 路由拉斯维加斯向东推进。坎波斯下令采用"密集扫荡"战术,部队分成小股,按划定的小区活动,相互配合,务求全歼起义军,殖民军初步控制了卡马圭省的局势后,坎波斯即率领援军进入东方省作战。

东方省的起义军在马塞奥的指挥下,针锋相对,开展游击战,抑制住了敌军扫荡的疯狂势头。然而,卡马圭省的起义军损失惨重,共和国政府和议会被敌人追赶,东奔西突。10 月 31 日帕尔玛总统被俘,形势进一步恶化。12 月中旬,议会决定与殖民当局和谈。坎波斯闻讯后,于 21 日赶至卡马圭省的圣克鲁斯德尔苏尔,与共和国议会代表会晤,宣布在卡马圭省停火。1878 年 2 月 8 日议会解散,成立"中央委员会"。10 日,"中央委员会"派代表到桑洪与坎波斯会谈,签订《桑洪条约》。条约的主要内容是:起义军放下武器;殖民当局改革行政制度,大赦政治犯,给予参加起义军的黑奴和华工以自由,允许自由离境。

大多数起义军将领同意放下武器,停止战斗,但以马塞奥为首的一批东方省将领拒绝接受和约。3 月 15 日,他与坎波斯在巴拉瓜镇会晤,宣布不承认《桑洪条约》,继续战斗,古巴不独立,绝不放下武器。此后,坎波斯调集重兵围歼起义军;5 月 3 日马塞奥被迫离开古巴。"十年战争"至此结束。

革命力量的重新积聚

"十年战争"停息后,古巴人民的解放斗争并未休止,战斗的中心移到了古巴境外,根据地在美国。《桑洪条约》签订后,一批坚决不妥协的起义军将士流亡异域,大批不满殖民统治的资产阶级、小资产阶级和劳动群众亦移居海外,有数万人分布在美国、牙买加、多米尼加、墨西哥、中美洲和欧洲等地。他们都抱有一个共同的崇高理想:争取古巴独立。他们坚持同一种斗争手段:武装斗争。"流亡者革命俱乐部""爱国委员会"在美国、欧洲和拉丁美洲一些国家纷纷成立,这些组织四处集资、联络同志,准备为祖国解放大业而服务。

一些"十年战争"中战功卓著、意志坚定、德高望重的将领成了侨民组织的核心和领导。1879 年初,流亡到美国的卡·加西亚在纽约组织"古巴革命委员会",指导筹集资金,购买武器弹药,号召岛内爱国者拿起武器,继续战斗。马塞奥从牙买加赶到纽约,与卡·加西亚一道进行准备工作。8 月下旬,一批留在岛内的"十年战争"宿将和老战士响应卡·加西亚和马塞奥的号召,在东方省和拉斯维加斯省的一些地方重新拿起武器,投入反抗西班牙殖民统治的斗争。以何塞·马蒂为代表的哈瓦那爱国志士成立了"秘密革命委员会",募集资金,支援起义军的战斗。9 月 17 日,马蒂等人被捕,被放逐到西班牙。1880 年 1 月,马蒂离开西班牙到美国纽约,立即参加"古巴革命委员会"的工作,与卡·加西亚共同筹备打回老家,支援岛上的武装斗争。4 月 17 日,卡·加西亚亲自率领 27 名解放斗士,携带大量武器弹药,从美国偷渡回国,于 5 月 7 日登陆。然而,由于外援未能及时赶到,国内起义军在殖民军的清剿下伤亡惨重,战斗力已大为削弱,许多人放下了武器,卡·加西亚被迫向殖民当局投降,历时近一年的武装起义失败。这次起义史称"小战争"。

卡·加西亚离开美国期间,马蒂担任"古巴革命委员会"代理主席。"小战争"失败后,马蒂及时总结了失败的原因,认为最主要是缺乏准备和内部不团结。他指出:准备不足,战斗难以持久,难以获得最后胜利。他十分强调:光有愿望不行,必须要有计划,要有组织,不能搞"唐·吉诃德式的军事冒险"。据此,他立即着手在纽约古巴侨民中积极活动,宣传自己的思想,广泛团结同志。1882 年 7 月,他派人前往多米尼加、哥斯达黎加等地,与戈麦斯、马塞奥等人联系,商讨联合行动计划。1884 年,他在纽约成立"古巴救济协会",动员侨胞支持古巴岛内反西班牙殖民统治的斗争;同时,着手统一分散活动的爱国小团体,并开始重视黑人同胞的工作。1980 年,他在纽约协助侨居美国的古巴黑人成立爱国组织"同盟会",并亲自给他们上课,宣讲爱国主义,号召他们投身祖国解放运动。90 年代初,马蒂穿梭于美国的纽约、坦帕、卡约韦索和费城,往返于多米尼加、海地、牙买加、哥斯达黎加、巴拿马、墨西哥等国,广泛进行革命宣传鼓动工作,募集资金,指导古巴侨民建立统一组织。1891 年 11 月下旬,他在坦帕的一次讲演中指出,发动古巴解放战争的"时刻到了",但是,必须要有一个团结一致的、坚强的革命组织;还必须正确对待黑人同胞。他号召同胞们"跨上战马,为国而战,捐躯在棕榈树下。"他的讲演极大地鼓舞了同胞们的爱国热情,纷纷表示愿同他一道为古巴解放而战。1892 年 4 月 10 日,马蒂在纽约主持召开古巴侨民各爱国团体代表大会,正式成立统一的组织"古巴革命党"。党纲第一条载明:"古巴革命党的建立,是为了团结所有怀着善良愿望的人们的力量,以赢得古巴岛的完全独立,并促进和帮助波多黎各争取独立。"大会一致推选马蒂为"党代表",负责协调、指导工作。为了宣传党的主张,团结一切爱国力量,马蒂创办了党报《祖国》。

"古巴革命党"的成立使解放战争有了统一的政治领导和组织保证。古巴解放战争进入了一个新阶段。马蒂指导全党着手组织军事力量，购买武器弹药。他亲自到多米尼加会晤戈麦斯，以"古巴革命党"的名义请他出任解放军总司令；并与活动在哥斯达黎加的马塞奥联系，让他立即组织力量，准备行动。同时，马蒂又派人到牙买加、洪都拉斯、墨西哥等地，在古巴侨民中宣传党的主张，招募人员、筹集资金。此外，他吸取"小战争"失败的历史教训，特派专人潜回古巴，与岛内各爱国团体联络，发展党组织，贯彻党的主张，发动群众，组织力量，以期战争爆发时里应外合，确保胜利。

　　1894年底，古巴岛内外各爱国力量的组织、协调工作大体就绪，马蒂征集到两艘游艇和一艘轮船，准备满载武器弹药和人员从美国的佛罗里达渡海回国发动起义。但由于叛徒向美国当局告发了这一军事行动，美国海军于1895年1月12日扣留了船只，没收了武器弹药。这时，国内武装起义条件已经成熟。为了不让敌人有准备的时间，必须抓紧时机立即行动，马蒂代表"古巴革命党"于1月28日向国内党组织下达全岛总起义的命令，时间定于2月下旬的某1天。命令下达后，全党总动员，岛内爱国志士热烈响应，整装待发。1月31日，马蒂及其数名同伴前往多米尼加，与戈麦斯会合；同时通知马塞奥做好准备，届时直接率领爱国志士回国参战。

决战的胜利和美国的介入

　　国内各地党组织会商后，决定2月24日起事。这天是星期日，又适逢狂欢节，是行动的大好时机。2月26日，马蒂和戈麦斯接到国内来电："东部、西部，起义开始。"西部哈瓦那省和马坦萨斯省以及拉斯维加斯和卡马圭省的起义很快被殖民军镇压了下去，但东方省的起义却发展迅速，省府圣地亚哥和重要市镇巴亚莫、关塔那摩、希瓜尼、考托等地的起义军在包括黑人、华人在内的广大工农群众的大力支援下，击退了殖民军的征剿，控制住了局势。

　　3月25日，为了争取一切可以争取的力量，最大限度地孤立敌人，马蒂和戈麦斯在多米尼加的蒙特克里斯蒂镇发表《蒙特克里斯蒂宣言》，声明这次战争是1868年爆发的独立革命战争的继续；宣布决不伤害和平的西班牙人，尊重不与革命为敌的古巴人的财产权；号召全体古巴人不分种族、肤色，紧密团结，战斗到底。当天，马塞奥率领22名爱国志士从哥斯达黎加出发，途经牙买加、巴哈马群岛，4月1日在东方省北部巴拉科阿镇附近登陆，与起义军汇合。为了直接指挥战斗，就在马塞奥等人登陆的当天，马蒂和戈麦斯从多米尼加出发，渡海回国，11日在东方省南部的普拉伊塔斯登陆，与起义军会合。马蒂、戈麦斯和马塞奥的到来，极大地鼓舞了起义将士的斗志，同时也引起了殖民当局的极度恐慌。西班牙政府任命"十年战争"末期任殖民军总司令的坎波斯为古巴都督，他率领万余人马于4月16日到达古巴，增援殖民军，这时在古巴的殖民军已达20万。坎波斯调兵遣将，布防控制西部诸省和拉斯维加斯省及卡马圭省；而后亲自率领5万重兵由海路到东方省的关塔那摩登陆，抢占了圣地亚哥、奥尔金、图纳斯等中心市镇。

　　5月5日，马蒂、戈麦斯、马塞奥及其他起义军将领在圣路易斯附近的梅霍拉纳糖厂聚会,商讨破敌计策。会议决定成立临时政府,选举马蒂为管理行政和外交事务的最高负责人、戈麦斯为解放军总司令、马塞奥为东方省解放军司令,会议通过了西征计划,以打破敌人对东方省的封锁。

会后,马塞奥在东方省发动群众,扩充队伍。成千上万的农民(大多是黑人和混血种人,还有一些华人)投军或参加支前服务,老人、小孩、妇女都行动了起来,他们照顾伤病员和马匹,送信、传递消息。在广大农民的支援下,解放军在霍比托、佩拉莱萨、萨奥德尔印迪奥等地连战皆捷,逼使敌军龟缩在中心市镇,不敢妄动,这一时期解放战争遭受的一大损失是马蒂的牺牲。5月19日,解放军总部在双河口与敌军遭遇,马蒂冲锋陷阵,不幸中弹身亡。

马蒂牺牲后,戈麦斯前往卡马圭省,发动、组织农民群众,开展游击战,指挥偷袭敌人据点、袭击敌人的运输线,解放军很快在卡马圭省打开了局面。7月间,拉斯维加斯省的爱国武装在塞拉芬·桑切斯等人的领导下也打响了,并得到了工人和农民群众的广泛支持。

为了推动解放战争的深入发展,9月中旬,临时政府在卡马圭省的希马瓜镇召开制宪会议。会议宣告古巴独立,成立共和国,并通过了为期一年的古巴共和国临时宪法。根据宪法,组成古巴共和国政府,西斯内罗斯当选为总统,戈麦斯和马塞奥受命出任解放军正、副总司令。

戈麦斯和马塞奥立即同政府协商,决定实施"西征"战略,将解放战争推向全国。戈麦斯和马塞奥分头行动。戈麦斯前往拉斯维加斯指挥战斗,牵制敌人,配合马塞奥行动。马塞奥回东方省选调精兵强将1500人,10月22日率部进入卡马圭省,突破敌军封锁线,进入拉斯维加斯省,与戈麦斯会合,组成了一支3600人的队伍。解放军弹药奇缺,人均才有2颗子弹;而敌军在拉斯维加斯省结集了3万装备精良的部队。戈麦斯和马塞奥一方面指挥部队进行运动战,灵活机动地打击敌人;另一方面进行"经济战",组织力量破坏制糖厂、烧毁甘蔗园。12月中旬,解放军在马尔蒂恩波与1000敌军交战,靠砍刀与对手拼杀15分钟,杀死敌人200余人,自己伤亡44人。马塞奥乘胜挥师西进,所向披靡,于1896年1月10日进入殖民统治的中心地带哈瓦那省,22日进抵古巴岛最西端的曼图亚镇。至此,马塞奥率领不足4000人的解放军,历时3个月,征程2360余公里,胜利完成了"西征"任务,达到了动员群众、打击敌人的预期目的。解放战争的烈火蔓延到了全岛各地,解放军从30个团扩充到了86个团,控制了广大农村地区。殖民军龟缩到了少数中心市镇。

西班牙政府为挽救战争颓势,召回主和派坎波斯,任命主战派瓦莱西亚诺·魏勒为殖民都督兼殖民军总司令,他于2月10日赶到古巴。他将带来的5万远征军布防在首府周围,接着在各大中心市镇搜捕爱国政党领袖,将其驱逐出境,同时镇压一切反对殖民统治、要求自治或独立的活动。他在稳定了中心城市后,于10月8日颁布《集中令》,迫使所有乡村居民8日内离开家园,集中居住到驻有殖民军的中心市镇,否则一律处死。其目的在于制造恐怖气氛,割断解放军与农民的联系。然而,这一反动措施更激起了广大农民的反抗,大批人参加了解放军。1896 年底,解放军人数增加到了 5 万人。魏勒下令清乡,滥杀无辜。

戈麦斯和马塞奥下令反清剿,指导部队改变战略战术,分散活动,开展游击战,打夜战,打伏击,奇袭敌据点,能打则打,打不过则走。1896 年 12 月 7 日傍晚,马塞奥率领一支人马在哈瓦那省圣彼得罗镇附近与敌人遭遇,中弹身亡。戈麦斯向全军将士发出号召:"以誓死保卫祖国的爱国主义行动为马塞奥报仇!"1897 年上半年,戈麦斯在拉斯维加斯省指挥游击战,机动灵活,使 5 万敌军陷于被动挨打的境地。在东方省战斗的解放军则解放了除省会圣地亚哥和少数大城市外的大片国土,卡马圭省广大农村亦在解放军的控制之下。

魏勒的反动政策非但没有遏制住解放军的反击势头,在军事上没有取得成功,反而在政治上遭到了古巴岛内外舆论的指责。他在"集中令"下达后,数十万农民被集中在据点里。他们生活无着落,疾病流行,死亡人数日益增多。1897 年 8 月,西班牙政府在舆论的压力下撤换殖民都督,委派主和派布兰科接替魏勒。新都督向古巴解放军伸出橄榄枝,谋求和谈,政治解决问题。11 月,西班牙政府宣布古巴"自治",在岛上实行西班牙宪法,主权归西班牙。解放军拒绝实行"自治",戈麦斯下令继续战斗,推翻西班牙殖民统治,建立独立自主的新古巴。1898 年 1 月,古巴解放军已收复 2 乃以上的国土,控制了广大乡村地区和中、小市镇,殖民军龟缩进了省会城市和几个沿海重镇。从不预言战争发展前景的戈麦斯充满自信地宣告:"战争要不了一年就可结束了。"

就在古巴人民胜利在即的时刻,1 月 12 日,美国借口保护其侨民的生命、财产安全,派遣包括"缅因号"战舰在内的 4 艘军舰驶近古巴。2 月 15 日,停泊在哈瓦那港的"缅因号"发生爆炸沉没,美军死亡 266 人。4 月 28 日,美国政府以此为借口向西班牙宣战。一场轰轰烈烈的古巴解放战争变成了美国征服殖民地的战争。

第一次英布战争和詹姆森事件

19 世纪 70 年代以前,英布的矛盾和冲突尽管很激烈,但都能以某些"和平"的方式——"迁徙"、谈判、签约而得到暂时的解决。而十九世纪最后三十年,随着南部非洲钻、金矿业的出现和迅速发展,资本主义垄断组织的产生和帝国主义的形成,英布之间暂时缓和下来的矛盾日趋走向白热化。"最无耻"的英帝国主义分子罗德斯为了实现"开普—开罗计划",决心夺取赞比西河和林波波河之间的地区,打开南北通道,把开普殖民地扩大到赞比西河,占领整个南部非洲。1876 年 8 月 3 日,南部非洲各国在唐宁街举行的联合会议上商讨建立南非联邦的计划告吹之后,英国政府决心通过武力来完成这一任务。1876~1877 年,德兰士瓦东部巴苏陀族的一支叫巴佩的人发动起义,反对布尔人的统治。英国人利用这个有利时机,一枪不发就占领了首都比勒陀利亚,吞并了德兰士瓦。布尔人对英国统治极为不满,伺机反抗。

祖鲁战争为德兰士瓦摆脱英国的统治创造了极为有利的条件。1880年12月8日，德兰士瓦各地的布尔人云集在比勒陀利亚附近的一个叫帕尔德克拉尔的村庄里。他们经过五天的激烈辩论，决定以武力反抗英国，恢复布尔人对德兰士瓦的统治，重建南非共

英国人描绘的坎普尔屠杀的场面

和国。克鲁格、茹贝尔和比勒陀利乌斯三人被推为临时政府的首脑。12月14日，布尔人出其不意地袭击了英军。当两连英军士兵正沿着乡间小道行进时，布尔人的指挥官突然露面，要求英军投降。同时，埋伏在道路两旁的布尔人瞄准了几乎每一个英军官兵，英军刚一拒绝投降，布尔人立刻进行猛烈射击。英军惊慌失措，一片混乱，200余名英军阵亡86人，受伤83人，剩下的人全部被俘，布尔人仅死亡1人。胜利大大鼓舞了布尔人的士气。他们的组织性虽差，但能骑善射，熟悉地形和自然条件，实战能力还是远远超过英军。布尔人持续进攻，屡战屡胜，把比勒陀利亚等几个英军驻防的城市包围起来。1881年2月27日，英布双方在马尤巴山进行决战。纳塔尔总督科利将军率领部队前来支援，受到布尔兵团的袭击。1000多名英军被打得丢盔弃甲，一败涂地，死亡达900余人，科利将军也被击毙。

　　马尤巴山的惨败迫使英国政府进行谈判。3月23日，英布两国签订停战协定。8月3日，两国又签订了比勒陀利亚协定，英国政府被迫承认德兰士瓦的布尔人独立，克鲁格任总统。但英国在协定中施加了一些限制，即德兰士瓦不准向大陆腹地扩张领土，未得到英国同意不得同除奥兰治以外的任何其他国家订约。这就是历史上所称的第一次英布战争。

　　在德兰士瓦重新建国后的最初几年，布尔人加紧与英国人争夺地盘，在贝专纳地区进行土地吞并活动。他们残酷地镇压了当地居民的武装反抗，于1882年和1883年分别建立了两上傀儡共和国——斯太拉南共和国和果兴共和国。贝专纳地区虽然是人烟稀少的荒坡地，却是到达赞比西河流域最方便的通道，罗德斯把它称为"通往北方之路"、进入大陆腹地的"通道之钥"和"瓶颈"。1883年，英国以拯救贝专纳"灭亡的命运"为借口，派遣沃伦将军率领一支四千人的远征军去驱逐布尔人。1884年12月，英军刚抵达南部非洲，布尔人慑于英军的威力，未做任何反抗就撤走了。次年初，沃伦部队占领了贝专纳

全境。同年九月,英国内阁宣布这一地区的南部为英国的殖民地——"英属贝专纳"(后划归开普殖民地),而它的北部和西部则变为"贝专纳保护国"。这样,英国就能更顺利地进行吞并河间地区的阴谋活动了。到19世纪90年代,英国南非特许公司占领了非洲广大的内陆地区——今天的津巴布韦(罗得西亚)、赞比亚和马拉维的全部领土。至此,罗德斯便完成了北进的突破任务,并切断了布尔人的出海通道,使两个布尔共和国处于英国占领区的弧形大包围之中,实现了最后征服布尔人的重大部署。

德国在南部非洲的掠夺和阴谋活动,加速了第二次英布战争的爆发。德国利用布尔人和英国人激烈争夺南非,无力他顾的机会,于1884年乘机占领了西南非洲,把它作为深入非洲腹地的跳板。此后,德国便迅速向南非腹地深入,垄断资本大量地渗入布尔人统治的国家,在1886年~1896年短短的十年时间里,德国对德兰士瓦的商品输出从每年30万英镑剧增到1600万英镑。布尔政府为了联德拒英,利用德国的力量打破英国从南、北、西三面包围自己的不利处境,便把铁路建筑和制造炸药的特许权给了德国,这就严重地损害了英国的利益。德国在德兰士瓦积极进行经济渗透的同时,在舆论上也大力支持布尔人。

英军解救马弗金之围的部队军官

1895年末,罗德斯认为占领德兰士瓦的时机已经成熟,决定通过里反外应的阴谋手段,一举解决它与两个布尔共和国以及德国的冲突。长期以来,约翰内斯堡的政治局势一直很紧张,不满布尔人统治的各垄断公司对克鲁格政府的公开反抗一触即发。他们憎恨布尔政府依靠他们交纳的税款过日子,却不给他们以选举权。他们提出了一连串的抗议和决议,其口号是:没有代表权就不纳税。在罗德斯的指使下,采矿资本家在约翰内斯堡成立了一个旨在推翻布尔政府的秘密的"改革委员会"。罗德斯的政变计划规定,由改革委员策划暴动,并建立一个临时政府,同时,英国的"特许团"将应新政府的"请求"从外部开进德兰士瓦。政变部署全部安排就绪,改革委员会由罗德斯的哥哥佛朗克领导,入侵的"特许团"由英国南非公司的雇佣军组成,由詹姆森博士指挥,行动的信号是"特许团从罗得西亚开进德兰士瓦",暴动预定于1895年12月27日举行。可是事态的发展并不顺利。事到临头,约翰内斯堡改革委员会的委员们感到恐惧,而把"暴动"的时间推迟到1896的1月6日。狂妄的詹姆森迫不及待了,他认为不能丧失"唯一难得的机会"便决定单独行动。1895年12月29日,詹姆森带领六百名"特许团"士兵,从贝专纳出发,进军德兰士瓦。他们攻占的主要目标是约翰内斯堡和比勒陀利亚,詹姆森的秘密军事行动很快就为布尔政府获悉,克鲁格派格罗尼将军率领部队应战。1896年1月2日,当英军到达约翰内斯堡城附近的山峦地带时,埋伏在这里的布尔人立即把英军团团包围。经过短时间的激烈战斗,英军全部被歼灭,134人被击毙,其余的人被迫投降,詹姆森也当了俘虏,被押解到比勒陀利亚。此后,约翰内斯堡改革委员会也被迫放弃了暴动的计划。于1月6日放下武器。

这次未遂的政变影响深远。罗德斯的政治生涯从此走下坡路,不像以前那样活跃了。詹姆森被克鲁格引渡给英国政府,在伦敦被判处十五个月的徒刑。但是,这位英帝国主义的殖民强盗,八年之后又当上了开普殖民地的总理。

詹姆森事件使英布双方的积怨像山爆发似的迸发出来。彼此都认识到大战迫在眉睫,无可避免,便开始积极备战。布尔人认为自己是南非白人的核心,企图实现"布尔非洲"的计划,建立从林波波河延伸到开普地区的南部非洲的地区霸权。布尔人从政治、经济、军事等方面进行了全面的准备。为了进一步打击英国势力,布尔政府对矿业公司加紧实施重税政策,阻止移民入境,并对已入境的外地新移民的政治权力加以严格限制。另外,布尔政府还大肆捕人,在约翰内斯堡逮捕的64名改革委员会的委员中,48名是英国人。布尔政府先将他们判处死刑,后改判为巨额罚款。布尔政府把增加的财政收入都用作军费开支,暗中购买大批军火,与德国克虏伯公司成交大炮订货,与柏林列维公司成交毛瑟式步枪订货。1894年,德兰士瓦从德国购买步枪1.3万支,1895年又购买1万支。詹姆森事件后,军事预算直线上升,1895年为74.16万英镑,1896年猛增为200.73万英镑。1895~1898年,进口的步枪有4万支,加上原有的枪支,总数达八万支以上。

英国方面在"詹姆森袭击"失败之后,用战争粉碎布尔共和国的决心更加坚定。但是,当时的国际国内形势对英国统治者极为不利:在国内,工人阶级的反战运动,爱尔兰的独立运动和开普殖民地欧洲移民的反英风潮,弄得英国统治集团焦头烂额,狼狈不堪。国际上,英法在尼罗河上游剑拔弩张,委内瑞拉边界纠纷使英美关系异常紧张,印度西北部诸省的反英斗争如火如荼,远东的英俄冲突也是很尖锐;尤其是1881年马尤巴山的败北,英国仍记忆犹新。这些棘手的问题都迫使英国把征服布尔人的战争推迟了几年。可是,英国仍在进行着战争的准备,为了排除德国这个严重的障碍,英国进行了一系列纵横捭阖的外交活动。英国把太平洋萨摩亚群岛中的两个岛屿让给了德国,并于1889年同德国就可能瓜分葡属非洲殖民地问题签订秘密协定,促使德国严守中立。1899年,英国又与葡萄牙缔结密约,英国承担了保护葡萄牙及其殖民地的安全义务,葡萄牙则允诺不让军火经过葡属马普托湾运往德兰士瓦。此外,葡萄牙还同意当英国处于战争状态时,葡不宣布中立,以便英国海军能够利用葡属莫桑比克的港口。这样就堵塞了德兰士瓦唯一的出海口,从而加强了英国在南部非洲的地位。英国经过一系列的外交活动,调整和

莱迪史密斯市场

缓和了与其他列强——德国、俄国和法国的关系。在波谲云诡的外交斗争中,布尔人怎能对付得了老奸巨猾的英国。至 1899 年,英国已创造了有利于自己的国际环境,彻底"解决"南非问题的"时机"已经成熟。

布隆方丹会谈和英布战争的爆发

战争前夕,伦敦的《每日邮报》《泰晤士报》《每日新闻》和好望角的《海角时报》,同时发动了大规模的反对布尔共和国的宣传,指责布尔政府征收高额采矿税为非法,大肆宣传布尔政府腐朽无能,专制横暴。1899 年 4 月,英国驻南非最高专员米尔纳策动移民,把一封有 2 万多人签名的请愿书送给维多利亚女王,要求女王对德兰士瓦政府施加压力,给移民以选举权。事实上,这只是发动战争的借口。按照米尔纳自己的说法,仅有百分之一的移民要求选举权,因为移民并不愿意放弃自己原来的国籍和公民权利。

战争的火药味越来越浓。布尔人自知处于不利的地位:首先由于英国人的包围,德兰士瓦与外界已完全隔绝;其次,德兰士瓦的外交代表经过在欧洲争取援助的试探,发现已不可能得到欧洲国家的实际支援,因为就连曾经把布尔人称为盟友和亲兄弟和德国,这时也居然劝告德兰士瓦对英国让步;再就是,布尔人也面临着祖鲁人的反抗。为了争取时间完成军事部署,奥兰治自由邦总统斯泰因向英国提出谈判要求,想以谈判来拖延时间。英国殖民大臣张伯伦、米尔纳和罗德斯都认为在武力的威胁下,两个布尔共和国可能屈服,于是就同意了和布尔人进行谈判。

1899 年 5 月 30 日至 6 月 5 日,谈判在奥兰治自由邦的首府布隆方丹举行。会议首先讨论移民的选举权问题。克鲁格提出德兰士瓦政府准备对居住满七年的移民授予公民资格,但要求必须把双方的一切争执交由第三国仲裁。英国代表米尔纳坚持移民居住五年,应即授予选举权,并声明这一问题未获得解决前,拒绝谈判其他任何问题。米尔纳在会议上极力挑逗布尔人,嬉笑怒骂,步步紧逼。克鲁格清楚地知道,如果答应米尔纳的条件,他还会提出更多的要求。谈判中断了,后来米尔纳自己也承认,会谈是他破坏的。

布隆方丹会谈破裂后,局势急剧恶化,战争一触即发。英国首相索尔兹伯里口头上表示"不相信会发生战争",实际上却给张伯伦、米尔纳等发动战争的充分自由。只是由于英国统治集团向来低估布尔人的武装力量,军事上并无作充分准备;同时又惧怕布尔人乘英国在南非兵力不足之际展开军事行动,所以张伯伦又故作姿态,摆出"和解"的架势。

8月初,在比勒陀利亚双方恢复谈判。克鲁格看风使舵,会议刚开始就宣布接受米尔纳在布隆方丹提出的方案,但要求英国此后不再干涉德兰士瓦的内政。英国代表得寸进尺,要求对布尔国家享有宗主权,并声称英国还准备提出其他条件,布尔政府也必须全部答应。与此同时,英国派兵万余人开往南非,作为外交谈判的后盾,向布尔人施加军事压力。8月12日,年仅三十岁的布尔代表史末资和英国代表康尼翰·格林举行非正式谈判,会上双方唇枪舌剑展开了尖锐的争论。史末资宣布,移民居住五年可获得选举权的规定,两周后可能成为布尔国家的法律;英国不得干涉内政,不应再坚持宗主权的要求;选举法一旦生效,仲裁应即得到承认。对史末资的宣布,英国代表蛮横无理地全部驳回。13日清晨,克鲁格和政府的其他重要官员与奥兰治

在图盖拉山谷的英军骑兵部队

自由邦的政府官员在布隆方丹交换情报和意见。布尔官员警告说,英国军队在边境不断加强。在这生死存亡的紧急关头,两个布尔政府决定"不再等待了",决心背水一战,与英国人决一雌雄。8月19日,克鲁格政府公开发表声明,提出三点强硬"建议",要求英国政府"不干涉南非共和国的内部事务,不再坚持宗主权的要求,同意仲裁"。8月21日,布尔政府再次声明,保留三点建议是继续谈判的基础。英国政府把布尔人的三点建议看作是"挑战"和"最后通牒"。

两个布尔共和国关系的改善和加强,也促使克鲁格决心一战。在"詹姆森袭击"之前,德兰士瓦企图称霸南非,曾引起奥兰治自由邦的反感和敌视。之后,由于英国对德兰士瓦的咄咄进逼,奥兰治自由邦颇有兔死狐悲之感,便奉行与德兰士瓦紧密合作的政策。为了共同对付英国的军事入侵,早在1897年,两个布尔共和国就签订了军事同盟条约。此后,它们在与英国的斗争中休戚相关,生死与共。英国也曾施展外交手段,企图破坏它们的同盟关系,向奥兰治自由邦表示愿维护其独立,妄图各个击破。奥兰治识破了英国的阴谋,拒绝了英国的建议。

1899年9月,南非大陆战争的阴云密布。英国军队正向德兰士瓦和奥兰治自由邦的西部边境移动,还有不少英军从海上向南非进发。英国内阁会议通过了秘密动员的决议案。接着,约翰内斯堡的外侨成群撤离,厂矿关闭,报纸停刊。在这危急的时刻,面对英国人虎视眈眈的挑战,布尔人一如既往,不甘示弱,早已摩拳擦掌,准备反击。他们在全

国各地登记入伍,对前线各阵地的守军进行战前动员,突击队也纷纷开往纳塔尔边境,不惜一切代价,准备与英国人决一雌雄。

布尔政府认为,既然与英国人一战已在所难免,现在英国军事准备还未最后完成,正是发动进攻的良好时机;同时,布尔人也坚信战争爆发后,好望角和纳塔尔的布尔居民必然会起来反英。此外,欧洲各国政府的声援还是

英莱迪史密斯部队司令霍特的司令部

有指望的。所以,当德兰士瓦得到奥兰治的充分支持后,为了先发制人,出奇制胜,而不惜孤注一掷。9 月 26 日,克鲁格拟就了对英国的最后通牒,要求英国政府在四十八小时内做出如下保证:一、英军立即撤离德兰士瓦边境;二、6 月 13 日以来增援的英军撤离南非;三、正在途中的英军不在南非任何港口登陆。否则,德兰士瓦共和国不得不深为遗憾地认为英国政府的行动就是"正式宣战"。9 月 27 日,德兰士瓦下达总动员令,四天后,布尔全军开赴国境线。由于集中在边境的布尔军队缺乏粮食、帐篷、医药、交通工具等等,加上奥兰治自由邦的动员很缓慢,不能迅速与德兰士瓦作军事上的配合,因而不能立即投入战斗,所以 26 日拟好的最后通牒只好推迟到 10 月 9 日才正式发出。英军收到通牒后立即予以驳回,声称"不值得讨论"。10 月 11 日,布尔军队进攻纳塔尔,英布战争爆发。这就是一般人所称的英布战争,即第二次英布战争。

布尔人的初期胜利

英布战争从 1899 年 10 月 11 日开始到 1902 年 5 月 31 日双方签订和约结束,长达两年零八个月,这次战争明显地分为三个阶段。在战争的第一个阶段,英国统治集团由于在战前错误地估计了形势,低估了布尔人的反击力量,宣传英军对布尔人的作战不能算是军事行动而是一次"愉快的旅行",可以轻而易举地取得胜利,于是掉以轻心,没有做好充分的战前军事准备,所以战争打起来后,英军节节失利,一败涂地。张伯伦曾绝望地写道:"我简直不相信自己,我不能不认为现在的陆军部毫无用处。如果幸运的话,上帝将拯救我们。"

战争初期,布尔人在南非明显地占据着优势地位,英国人处于劣势。布尔人在长期镇压非洲当地居民的过程中,建立了全民皆兵的民军制度。按照选区建立兵营,18 ~ 34 岁的男性布尔人都得服兵役。军官由士兵选举的产生,作战计划由各级军官组成的军事会议讨论决定,比较民主,善于协作。布尔人勇敢善战,善于防御和突袭。布尔军队几乎全是骑兵,行动迅速,有很大的机动性和灵活性。詹姆森事件后,布尔人进行了充分的军

事准备。他们有优秀的炮队，全是由德制大炮武装起来的；他们还进口了许多德制的卡宾步枪，储存有大量的弹药。战前，布尔政府又在全国进行总动员，下令16~60岁的布尔男性公民都得上前线，拒绝服役的课以罚金或监禁。仅德兰士瓦和奥兰治就动员了六、七万骑兵，开普殖民地也有一万多名布尔人志愿参加布尔军队，另外还有一支两万五千人的欧洲志愿军，总计十万余人，这是一支武器装备精良的军队。

布尔人非常熟悉南非辽阔的草原地形，习惯南非炎热的气候。战前，他们的军事部署已经基本就绪，有六七万骑兵在靠近纳塔尔和开普殖民地区的东西两侧安营扎寨，只待进攻的命令。英国政府虽然早已下定决心武装解决南非问题，但缺乏实际的军事准备，直到战争爆发的前夕，南非的英军还只有一万五千人，而且兵力分散，缺乏军火。因此，只能据守阵地，等待援军。不习惯南非的炎热气候，不熟悉复杂的地形等，也给英军作战带来了很多困难。

在斯潘考普顶峰的交战

10月10日是克鲁格总统的生日，在比勒陀利亚举行了声势浩大的游行和阅兵式。11日黄昏，布尔军队首先向英军发动进攻。从战争爆发到1900年2月是英布战争的第一个阶段，这一阶段是以布尔军队的胜利进军和英军的失利为其战争特征。布尔军队从四个主要方向向英军展开攻势。在东线战场，总司令茹贝尔将军率领1.7万名布尔人的军队首先越过德拉肯斯堡山脉，突入纳塔尔。10月12日，第一次交锋就打败了英军，在战争的最初几天，他们就占领了边疆城市纽卡斯尔和丹基。在几次攻坚战中，布尔军使用的克虏伯工厂的大炮大显威力，"炮火把土地都变成了泥浆"。英军企图阻止布尔军的进攻，但无济于事。10月30日，在尼科逊山峡一役，1000多名英军被迫投降。这一天被英国人称为"悲哀的星期一"。接着，纳塔尔的英军总司令霍特率领的近万名军队被包围在纳塔尔的最大城市劳迪史密斯城里，纳塔尔同德班港的联系被切断了。在以后的两次战役中，英军在斯托姆山和科伦索连遭失败，被俘近两千人。布尔军乘胜强渡图盖拉河。在不到三个星期的时间里，布尔军在东线战场上就取得了如此重大的胜利。

在西线战场上，克罗里埃将军率领8000名布尔骑兵进入贝专纳境内。不久就把以贝登堡为首的英军包围在马佛京，从而切断了好望角和罗得西亚的联系。在稍稍往南的地区，德·拉·雷伊指挥下的布尔军向金刚石工业中心金伯利城进攻，包围了这座城市。英布战争的罪魁之一罗德斯也被包围在城内。与此同时，布尔人的另一支强大的机动部队强渡奥兰治河,向南挺进,占领了开普殖民地的东北地区,并发动当地的布尔居民起来同英国当局做斗争,在不到一个月的时间内,布尔军队就获得了辉煌的战果。但是布尔人未能乘胜前进扩大战果,而是把主要兵力固定在围城打援上。由于他们不善于打攻坚战,攻取城池的战术又过于简单,因此布尔军虽然包围了英军的三个重要据点——劳迪史密斯、马佛京和金伯利,但始终未能攻克它们,以取得战略上的决定性胜利。旷日持久的攻坚战反给了英军以喘息之机。这时,布尔的统治者被胜利冲昏了头脑,建立"布尔非洲"的愿望又浮现了,他们企图把德兰士瓦和奥兰治以外的开普殖民地、纳塔尔、贝专纳、罗得西亚和其他地区联结起来,一统于比勒陀利亚之下,与英国抗衡。

1899 年 11 月上旬,新任命的南非英军总司令布勒将军率领三万英军来到南非。在罗德斯的强烈要求下,他不顾一切地派遣大批英军增援并不具有重大战略意义的金伯利城,去拯救罗德斯和他的矿业公司。由于布尔军的顽强阻击,八千多名英军花费了三个星期,才向前推进了二十四公里。英军源源不断地向南非开来,到 12 月,英军已增至 15万人,在数量上已超过布尔军队的一倍。英军企图扭转战局,发起反攻战,从 12 月 9 日至15 日一周内,就发生了英布战争中三次著名的战役:英军第三师在奥兰治自由邦边境的风暴山战役中,全军覆没;增援金伯利的英军遭到布尔人的突然袭击,伤亡、失踪多达 900人,司令官乔华普将军也被击毙;英军总司令布勒率领的具有第一流精良武器装备的 2万名英军,企图强渡图盖拉河,以解劳迪史密斯之围,也毫无成效。在主要战场纳塔尔,战斗十分激烈,尽管英军肆意违犯国际公法,使用了达姆弹,也没有"把战线推进一公尺"。在短短的一个星期内,三次大战役,英军损失惨重,反攻计划化为泡影。在英军战争史上称之为"黑暗的一周"。

面对严重的失败局面,布勒完全绝望了。他在给英国政府的报告中说,要解劳迪史密斯之围是不可能的。布勒不愿再听到败北的战报,竟电告劳迪史密斯的守军司令霍特:"烧掉你的电报密码本吧!"12 月 18 日,布勒被撤职,降为纳塔尔的英军司令。英国新派罗伯茨勋爵任南非英军总司令,基切纳为总参谋长。1900 年的 1 月,英布双方没有采取较大的军事行动,战局处于相持状态。

突破图盖拉防线

1900 年 2 月至 8 月,战争跨入第二个阶段,英军的战略反攻取得了巨大的胜利。

1900 的 1 月底,罗伯茨和基切纳来到南非,他俩都是双手沾满了殖民地人民鲜血的刽子手。罗伯茨在印度"征战"四十一年,具有丰富的殖民战争经验,因对阿富汗进行殖民战争的"功绩"而臭名远扬。基切纳在征服埃及和苏丹时也获得"功勋"。从 1899 年12 月到 1900 年 1 月底,英国从印度、加拿大、澳大利亚和新西兰等地调动大批援军,陆续开到南非各港口,总兵力增加到 25 万人,远远超过布尔人的兵力。在集结了大量兵力后,罗伯茨和基切纳就重新部署兵力,调整了军事将领,加强了骑兵部队,装备了新式武器,整顿了运输组织。1900 年 2 月,英军大规模的军事行动开始了。

首先，英军开始解金伯利城之围。随着英军部队源源不断地到来，布勒派兵增援金伯利，企图解金伯利之围。但增援的英军遭到布尔军的阻击，这样便形成了包围之包围的战争态势。布勒无法解围，布尔军也无力攻下城池。

行进中的英军

　　布尔军围困金伯利城达一百二十四天之久，给金伯利造成了严重的经济危机。城内食物严重不足，实行卡片定量供应，到处是排队买食品的人群，市场供应十分紧张。饥饿的人们，肚子肿得很大，躺在铁丝网下，等待着死神的降临。各种疾病也到处蔓延，白种人的婴儿死亡率达50%，混血孩子的死亡率竟高达93.5%，对黑人无疑更是一场大灾难。矿上的孩子多死于坏血病。

　　2月，英军开始反攻。英军总司令罗伯茨利用优势兵力和有利地形，发动钳形攻势，从东西两侧同时向布尔军发动进攻，把战斗的重心从纳塔尔转向奥兰治河流域易于攻击的地区。2月15日，英军将领弗伦奇率5000骑兵，从后面迂回绕过克罗里埃的坚固阵地，"像大海里的鱼雷一样横扫大草原"。经过残酷的战斗，最后终于进入了被围困三个月之久的金伯利城。金伯利的解围，是英军的一大胜利，但英军也付出了重大的代价，弗伦奇精锐的骑兵损失惨重，只剩下1500余骑了。克罗里埃的布尔军队遭受挫折后，只得向北撤退，但因行动迟缓，通往奥兰治自由邦的退路已被英军截断。两个星期后，克罗里埃被迫率军向英军投降。

　　另外，英军加紧突破图盖拉防线。图盖拉河和劳迪史密斯是纳塔尔的战略要地，是布尔共和国的门户，它有德拉肯斯堡山脉做屏障，又有布尔人的精锐部队守卫着。四个月来，博塔又在图盖拉河沿岸建筑了坚固的防御工事，易守难攻。起初，布勒想用1.5万人的兵力来突破有1.2万布尔军防守的图盖拉防线，但事实证明，这是根本不可能的。罗伯茨来到南非后，调兵遣将，重新部署兵力，加强了纳塔尔战场的力量，但在金伯利解围前，罗伯茨给布勒的任务只是"严格执行防御"，保住重要的前沿阵地。所以，2月12日以前，布勒连续发动了三次进攻也未突破布尔军的防御工事，进展是极其缓

英军入侵马赫迪国家

慢的。

在实战中，布勒逐渐认识到南非战争是一场现代化的战争，要解劳迪史密斯之围应用一把新的"钥匙"，采取一套新的进攻体制，即步兵加炮兵的联合作战体制。大炮不再仅仅是"三幕戏"的第一幕，而是要为先头部队挺进提供一道开路的火力保护网。2月12日，布勒发动第四次进攻，便采用了新的战术。英军用五十门重炮和野战炮对付布尔军的八门大炮，从胡萨高地到金果罗，从金果罗到芒泰，克里斯托，再到赫朗瓦尼，步步为营，一个山头一个山头地向前推进，逐段摧毁了布尔军的防线。金伯利解围的消息传来，又大大鼓舞了英军士兵的士气。19日，赫朗瓦尼被英军占领，打开了通向科伦索的道路，剩下的问题就是如何攻占图盖拉河和劳迪史密斯之间的地区了。当天早晨，布勒的两个步兵连不费一枪一弹就开进了科伦索，第二天，布尔军逃过了图盖拉河。这样，图盖拉河南岸的弧形地带便被英军完全占领了。2月下旬，布勒的大炮每天都在向布尔军的阵地猛烈炮击，英军继续向前推进。21日，布勒的部队渡过科伦索东面的浮桥，打通了沿着介于博塔防线和图盖拉河之间的铁路走廊向东北方向前进的道路。22日前半夜，英军拔除了建立在绿色山头的两个坚固阵地——马蹄山和温山。23日，英军攻占了哈特山，这是一场残酷的争夺战，英军以伤亡五百余人，阵亡两名校级军官的代价才夺取了阵地。这场战斗尽管使英军遭到惨重的损失，但对夺取整个战争的胜利却具有重要意义。从走廊最后的哈特山到劳迪史密斯大平原形成双方对垒的阵势，形势变得逐渐有利于英军了：位于幽深峡谷中的掩蔽部可以使英军安全推进到走廊的尽头，而不会受到布尔军阵地的威胁。

2月27日，图盖拉河防线的最终突破，这是英布战争的重要转折点。布勒令英军从左右两侧夹击布尔军，左侧是利特尔顿战区，他们用炮火控制走廊下部布尔军的阵地，把博塔的主要兵力阻挡在战壕里；右侧，沃伦的三个旅在巴顿指挥下，像三把钢刀插进走廊上部布尔军的阵地，这

英国军队镇压苏丹马赫迪起义军

样便从东侧包围了布尔军的防线。由于山路崎岖难行，布勒的部队被阻挡在铁道山。这时，基切纳的部队从皮特斯山脉边上展开攻势，他们从山坡上端蜿蜒前进，很快就越过铁路线。接着，双方对铁道山和哈特山之间的咽喉地带进行了激烈的争夺，展开了肉搏战。结果布尔军遭到惨败，博塔苦心经营了四个月的图盖拉防线全线崩溃。布尔军队一部分撤退，一部分投降，包围劳迪史密斯的布尔军队也被迫后撤，被围困了118天的劳迪史密斯终于解围。

劳迪史密斯的解围，为英军打开了通往布尔共和国的大门。英军乘胜追击，3月13日，又占领了奥兰治自由邦的首府布隆方丹，插入布尔国家的心脏，使纳塔尔战场形势发

生了重大变化。占领开普殖民地北部地区的布尔军,同自己基地的联系被切断,不得不经过英军占领的奥兰治冲往德兰士瓦。布尔军损兵折将,仅在一个月内,就连失两名大将:克罗里埃被迫投降,茹贝尔落马摔伤致死。战争形势的发展对布尔军极为不利,战场转移到布尔共和国境内,英军掌握了战争的主动权。

英军占领了布隆方丹之后,军中伤寒病突然蔓延开来;铁路运输线过长,物资供不应求;博塔接任总司令后,布尔军战术比较灵活,坚决阻止英军前进。以上种种原因,迫使英军不得不暂时中断反攻,布尔军暂时住了几个防御阵地。七个星期后,直到四月底,罗伯茨重新发动总攻。英军倚仗数量上的绝对优势,以两翼包抄相威胁,迫使布尔军从许多坚固的防御阵地撤退。英军节节胜利,布尔军步步后退。5月12日,英军大举进攻克隆斯塔特。5月17日,被包围了217天的马佛京解围。5月31日,英军直指约翰内斯堡,布尔军被迫放弃城池。6月5日,英军攻入德兰士瓦的首府比勒陀利亚。到夏末,两个布尔共和国的一些最重要的中心城市都被英军占领。布尔共和国享有高龄的克鲁格总统启程前往欧洲,指望说服各大国政府出面支持"布尔事业"。罗伯茨宣布吞并两个布尔共和国,然后把事务交给基切纳后便返回英国,因征战有功。罗伯茨被晋升为英军总指挥。至此。英布战争的第二阶段告终。

漫长的游击战

当英军在军事上取得巨大胜利的时候,不管在南非或世界其他地区,许多人都以为英布战争已经结束了。罗德斯在南非同盟的集会上发表演说:"战争已经成为过去。"为了欢庆胜利,英军最高统帅罗伯茨在比勒陀利亚举行了规模盛大的阅兵式。英国政府也于9月10日正式宣布战争结束,吞并德兰士瓦共和国和奥兰治自由邦。保守党利用战争的胜利,乘机提前举行大选,通过所谓的"咔叽选举",继续执政。英国矿业资本家、军火大王、将军们、政客们以及整个统治集团的人们,皆大欢喜。但是,他们高兴得太早了,英国的所谓胜利不过是暂时的,战争结束也只是错觉而已。布尔人尽管遭到严重的挫折,丢失了一大片土地、城市和交通要道,但他们并没有被消灭,广大的乡村、草原、高原和山脉仍然被布尔人控制着。布尔政府还在,军队还在,他们化整为零,神出鬼没地破坏交通、袭击英军、夺取武器、捕捉俘虏。实际上,漫长而残酷的游击战争开始了。

茹贝尔落马致死后,博塔将军继任布尔军总司令,他以善于灵活运用游击战术而著名。布尔军队的民团突击体制也很适应于游击战争。他们对每一条沟壑,每一座山头,每一条道路,每一个村庄都了如指掌,并且得到绝大多数白人居民的支持。分布很广的农场就是他们巩固的根据地。在博塔的领导下,德·威特将军率领的一支游击队活跃在德兰士瓦的东部,威胁着纳塔尔;史末资将军和德·拉·雷伊将军统率的游击队活跃在德兰士瓦的西部。布尔游击队也经常深入到东起伊丽莎白港,西至纳巴特湾,南达好望角的广大区域内活动。布尔人往往用夺来的武器装备把自己武装起来,使英军往往分不清敌我。他们利用熟悉的地形,经常出其不意地打击敌人,使英军坐卧不安,疲于奔命,惶惶不可终日。1902年3月，梅图安师长率领的一支英军，被德·拉·雷伊的部队包围，无计可施，被迫投降。这个消息使英军十分震惊，吓瘫了基切纳勋爵，使他卧床不起达36个小时。

发动战争之初，英国政府错误地估计了形势，认为1000万英镑的军费和一个师的兵力就可以解决南非问题。然而战争进行到1901年1月时，消耗的军费已达8000万英镑，派出的远征军已超过24万人，离结束战争还遥遥无期。1901年9月，基切纳在给罗伯茨的信中写道："我希望那些说战争可以迅速结束的人能来南非，请他告诉我们怎么办！"布尔人的游击战已使英国将军黔驴技穷，一筹莫展了，就连维多利亚女王也坐卧不安，焦急万分。1901年，她临死时的最后一句话是："基切纳勋爵那里有什么消息？"有人认为维多利亚女王的死亡可能是南非战争影响的，因为"她是为战争而劳瘁的"。由此可见，英国统治集团因战争的不利局面已焦急到何种程度。两个小小的布尔国家，居然能使称霸全球的大英帝国碰得焦头烂额，这真是历史的讽刺。但是，英国索尔兹伯里的保守党政府不顾英国人民的反对，也不顾世界舆论和英国部分自由党人的谴责，决心不惜一切代价，把战争进行到底。英国军队在南非采取了最残酷的虐杀手段，如任意屠杀俘虏，建立集中营制度，进行大规模扫荡等，这些残酷的手段都为后来的法西斯所承袭。

从1900年9月起，英军就在布隆方丹和比勒陀利亚建立集中营，后来又陆续扩大到开普殖民地和纳塔尔地区，仅在德兰士瓦和奥兰治两个布尔共和国境内就建立了80个集中营。英军到处搜捕，把一个个村庄里的妇女、儿童都关进集中营。1901年10月，被囚禁在集中营里的布尔人已达11.8万人，黑人有4.2万人，基切纳在向英国政府的报告中说："我们现在拘捕了占总数一半以上的布尔人。"集中营里没有房屋，人们大都是风餐露宿；缺乏燃料，人们很难得到熟食；饮水不足，人们只能以污水代替。因此，在集中营里传染病到处流行，因患流行病而死亡的人遍布集中营，特别是在华氏115°高温的夏季，死亡率高的骇人听闻，竟高达百分之四十三。根据官方大大缩小了的统计数字，1901年10月，南非集中营死去3156人，其中儿童占2633人；11月，死去2807人，其中儿童占2271人。1901年9月至11月，死亡总数达8374人。英国报刊对集中营里迫害妇女儿童的残暴行为讳莫如深。1901年1月，英国著名的慈善家霍布豪斯女士对布隆方丹等地的集中营进行了实地调查，揭露了集中营的惨状，引起了世界舆论的普遍愤慨。她在给英国国防部的报告中写道："我认为这个集中营制度极端残暴，它永远不能从人们的记忆中勾销。维护这个集中营就意味着明目张胆地屠杀儿童。"英军首创的这种灭绝大量无辜居民的集中营，在第二次世界大战时为德国希特勒法西斯所仿效。

英军进行了大规模的"扫荡"。起初英军只是焚毁铁路沿线十公里以内所有的农庄和房舍，后来这种暴行蹂躏的范围一天天扩大，程度一天天加深，实际上扩大到整个南非地区。英军集结兵力，对布尔游击进行全面"分区扫荡"。最大的一次是在德兰士瓦，英军排成50公里宽的密集队形，扫荡可能遇到的所有布尔人。基切纳曾命令英军：不但要包围敌人，而且要系统地、彻底地断绝布尔游击队的供应来源，要把马匹、牛群、谷物、运输工具、男女老少和当地土著居民，一律送往铁路沿线，不能利用的物资立即焚毁，磨坊和面包都应毁坏,布尔军人的家属均押解到军中服劳役。

为了彻底摧毁布尔人的游击战,切断布尔军民的"鱼水关系",从1901年1月起,英军开始设立军事堡垒防线。他们沿铁路和各条战线,三步一岗,五步一哨,每半公里或一公里建筑一座堡垒。堡垒的直径为12英尺,高6英尺。它的顶部和墙都是用铁制的。堡垒的四周筑起围墙,堡垒之间用有刺的铁丝网连接起来。一般的堡垒驻兵6~10人,重要的堡垒驻兵20~30人。英军一共修筑了8000多个堡垒,防线长达4000多公里。

英军的残暴行径给一般布尔和平居民带来了深重的灾难,就连英国自由党首脑坎伯尔·班纳曼在议会的演讲中也揭露了不列颠的野蛮行径,他说:在两个布尔族的国家里,除矿业城市外,所有的地方都成了一片恐怖的荒漠:田舍化为灰烬,乡村变为废墟,大小牲畜一群群被消灭,或被赶走,工厂被破坏,农业机器被捣毁。

尽管英军采用了抢、捕、围、烧、杀等极其残酷的手段,仍然不能阻止布尔人的顽强抵抗,他们的每一个暴行都激起了布尔人的更大的仇恨。活跃在南非草原上的布尔游击队,作战机动灵活,无比英勇,他们神出鬼没,经常出击小股英军,偷袭仓库,阻击列车,夺取英军武器武装自己,使反英战争逐渐成了燎原的烈火,四处蔓延。

残酷而漫长的游击战到1902年5月已延续了将近两年,英布双方都已精疲力竭。

印度民族大起义

1857年5月,在印度爆发了轰轰烈烈的民族大起义。这是印度历史上第一次由下层人民和部分爱国封建主进行的全国性的反英武装起义。西方习惯称之为"雇佣军兵变"或"士兵起义"。卷入起义的地区占全印面积的1/6,人口占1/10。起义持续了两年多,严重震撼了英国殖民统治的根基。

印度民族大起义是英人侵印度后民族矛盾的总爆发,它的原因可以归结为政治的、经济与社会的、宗教的及军事的4个方面。

英国统治时期的印度是一个殖民地半封建社会,它是英国用刺刀强加给印度的一种社会形态。

1911年,英属殖民地印度庆祝英王乔治五世继位典礼。

按通常的说法,1757年6月普拉西战后,英国占领了孟加拉,这是印度沦为英国殖民地的开端;到1849年英国殖民者吞并旁遮普,整个印度都沦为英国的殖民地了。

1600年成立的"东印度公司"是英国殖民者侵略和掠夺印度的主要工具。在商业资本时期,东印度公司通过贸易、直接掠夺、在孟加拉实行"固定柴明达尔制",破坏印度的社会经济。但从总的看,这种破坏只是触动了印度社会的表面,而没有破坏印度社会的基础。

19世纪上半期,由于英国工业资本主义的发展,英国对印度的殖民剥削方式也有所改变。1813年,英国取消了东印度公司对印度的贸易垄断权,把印度变成倾销英国商品的市场和原料产地,并在农村普遍确立土地私有制,实行农业的商品化生产。英国殖民主义对印度社会的发展,同时起了相反相成的两种不同的作用。一方面,殖民主义的入侵给予印度村社制度以决定性打击,使村社制度彻底解体以至消灭,英国人充当了历史不自觉的工具。另一方面,殖民主义的入侵却给印度社会带来了无穷无尽的灾难,使印度各阶层同英国殖民者的矛盾极其尖锐。

农民和手工业者是社会的下层,受压迫最重,苦难最深,反抗意识最坚决。1813年,英国取消了公司对印度的贸易垄断权。自此以后,英国工业品像洪水一般涌入印度,对印度的经济发生了毁灭性的打击。例如,1824年英国输往印度的棉布为100万码(1码等于3英尺),1837年猛增到6400万码。印度的纺

英印军队中的印籍下级军官

车和织机迅速为英国蒸汽机所摧毁,手工业工场纷纷倒闭。纺织业的著名城市达卡,过去有15万居民,1840年减少到2~3万,城内长满荆棘,疟疾流行,由一个繁华的城市变成了一个贫穷的小镇。英国的印度总督本丁克勋爵在1834年的报告中说:"悲惨的境况在商业史上是无与伦比的。棉织工人的白骨使印度平原都白成一片了。"广大手工业者和农民深受国破家亡之苦,他们很自然地成为反英起义的主力军。

征收高额土地税是英国殖民者增加收入的主要来源。英国殖民者在印度的一些地区实行了几种征收土地税的办法。1793年,在孟加拉、比哈尔和奥里萨实行"固定柴明达尔制",即英国没收了这些地区的封建主和公社的土地以后,把土地交给包税人柴明达尔,包税人向东印度公司交纳相当于1790年实际税额9/10的定额土地税。在孟买和马德拉斯的大部地区,土地私有制根深蒂固,英国于1820年实行"莱脱瓦尔制",即农民租佃制。该制度虽然承认公社农民对于耕地的所有权,但农民必须向公司缴纳相当于全年收成的1/3到1/2的土地税,农民实际上成了公司的佃农。1822年,又在中部地区实行"不固定柴明达尔制",规定柴明达尔负责向农民征收租税,税额不固定,每25年至30年重定一次。英国在印度实行的土地税制,虽然形式多种多样,但本质则在于最大限度地压榨农民。马克思在论到这些制度的实质时说:"这两种制度都是贻害无穷的,都包含着极大的内在矛盾,都不是为了耕种土地的人民群众的利益,也不是为了占有土地的掌管人的利益,而是为了从土地上征税的政府的利益。"新的土地税制把农民压得喘不过气

来，致使农业衰退，土地荒芜，饥荒不断。据统计，到1830年，马德拉斯省有1/4的土地荒芜。19世纪上半叶，印度先后发生7次饥荒，饿死150万人。其中1837年西北省的饥荒最为严重，饿死80万人。马克思指出："无论是在孟加拉的柴明达尔制度下，或者是在马德拉斯和孟买的莱特瓦尔制度下，占印度居民11/12的莱特农民都遭到了可怕的赤贫化。"印度农民的悲惨处境，使他们对英国殖民者充满了深仇大恨。

兵营中正在进行锻炼的印籍士兵

英国的殖民统治也损害了部分印度封建王公的利益。印度各邦的封建王公原是英国殖民统治的支柱，但殖民当局为扩大直接统治区的地盘，以开辟更广阔的市场和更多的原料产地，采取兼并部分封建王公领地的政策。1848年戴贺胥任总督后，按照殖民者的所谓"丧失权利说"，规定王公死后若无直系后嗣，其土地和年金即由东印度公司收回。通过这种手段，殖民者先后兼并了萨塔拉、那格浦尔、詹西等10多个封建土邦，剥夺了印度土邦王公的世袭特权。1856年，殖民当局竟宣布奥德王公不善治理，强行吞并其领地。另外，还剥夺了马拉特王公那那·萨希伯领取年金的继承权，没收了印度教和伊斯兰教寺院大量的土地。英国殖民者的这些政策损害了土邦王公的利益，把封建王公中的一部分人也推向起义者一边。

英印军队中的印度土著雇佣兵是当时印度唯一有组织的力量。这种给英国人当兵的印度人被称为"士兵"。大起义前夕，英印军队总数超过28万人，其中英籍官兵只有4.55万人。英印军队分为部分，即孟加拉军、孟买军和马德拉斯军。孟买军人数超过17万，其中印籍士兵约14万。他们都是破产的农民和手工业者，为生活所迫而受雇于公司。在征服印度的长期战争中，殖民者曾施以小恩小惠，对他们进行笼络和收买，如薪饷较高、纳税较轻等。当英国利用士兵征服整个印度以后，对士兵也改变了政策：干涉他们的信仰，触犯他们的种姓；削减他们的薪饷，因而激起了他们的反抗情绪。有些印度士兵团，因为政府未能满足其发给远征津贴的要求，在1857年起义前的13年中已发动过4次叛变。印度士兵成为印度人民过去从未有过的第1支核心的反抗力量。

英国殖民者大大强化殖民统治，使印度人民"所遭受的灾难具有了一种特殊的悲惨的色彩"。这样，反抗英国殖民统治的民族起义在全国酝酿起来。

1911年，一位英国绅士与他的印度仆人。

这次民族大起义不再像以往封建主领导的起义那样，只谋求恢复个别土邦的独立,而是以恢复全印度的独立为目标。革命士兵和下层群众向往恢复独立,但绝不希望再出现诸侯割据、战乱不已的局面。至于封建主,许多人也看到统一是大势所趋;此外,以往斗争失败的教训也使他们认识到,只有提出全局的反英目标才能动员全国的力量共同进行斗争。这次起义所以显示了以往任何起义所不能比拟的威力,首先就是因为有了这个全局性的共同目标。

1857~1859 年印度民族起义可分为四个阶段:

起义的酝酿和开始(1857 年初~5 月中旬)

19 世纪中期,印度到处弥漫着对英国殖民者的不满情绪,社会各阶层都在秘密酝酿起义。早在 1856 年,印度教徒和伊斯兰教徒就在广大城乡进行各种形式的反英宣传。一些大城市出现了号召人民赶走外国侵略者,进行"圣战"的文告,民间到处是用人民喜闻乐见的艺术形式进行广泛宣传。在神殿和广场树荫下常常聚集着人群,往往可以听到苍劲悲壮的歌声,揭露英殖民者的戏剧《暗蓝色的镜子》在德里、阿格拉、勒克瑙等地巡回演出。马德拉斯的小封建主莫尔维·阿赫马德·沙从南到北,在各地号召举行反英起义,后因建立武装组织被捕。1857 年初,马尔瓦和西北各省农村中,传递着神秘的烤薄饼。2 月,这种被看作起义的信号传到了德里城下。在雇佣兵中传递着同样象征的荷花,而且产生了秘密组织五人会——潘查雅特。

阿迦汗三世殿下穿着全副王者装束

涂油子弹问题成为民族起义的导火线。1857 年初,殖民当局发下的子弹涂有牛油和猪油,士兵使用时必须用牙咬破包装纸。印度两个最大的宗教是印度教和伊斯兰教,印度教徒视母牛为神圣,而伊斯兰教则忌讳猪肉。这样就伤了两个最大宗教信徒的感情,因此,士兵对于殖民者这样的恶毒用心极为愤恨。从 2 月到 4 月,军队哗变事件不断发生。3 月 29 日,第 34 步兵团士兵曼加尔·潘迪怀着对殖民者的满腔怒火,开枪打死 3 个英国军官,被处绞刑。这次事件加速了民族起义的爆发。

5 月 10 日,驻在德里附近的米鲁特的士兵首先发难,点燃了印度民族大起义的烈火。起义的印度士兵和以后的起义者鉴于大敌当前,放弃了宗教偏见,用他们曾经拒绝使用的涂油子弹来回击英国殖民者。他们趁英国军官在教堂做祈祷,包围了教堂,杀死英国军官,焚烧兵营和殖民官署,打开监狱,释放囚犯,起义者还封锁了铁路。就这样,米鲁特起义当天就取得了胜利。

高潮（1857年5月~9月）

5月10日晚，米鲁特的起义军乘胜向德里进发，11日上午抵德里。城内军民纷纷响应，严惩英国军官，烧毁殖民者的住宅，打开城门迎接起义军，起义者很快就占领了古都德里。

德里的占领，是起义者的第一个重大胜利。它沉重地打击了殖民主义者的统治，极大地鼓舞了人们的斗争信心。从此，那些对英国统治者心怀不满的贵族、僧侣也纷纷参加到起义队伍中来，初步形成了一个包括各阶级、各种力量的反英战线。起义军拥立莫卧儿王朝末代皇帝巴哈杜尔·沙为印度皇帝，成立了由6名军官和4名文官组成的起义领导机构行政院。行政院发表文告，号召人民不分宗教信仰，团结对敌。行政院还颁布命令，废除"柴明达尔制"，取消贫民捐税，对地主、富商和高利贷者征收特别税。

德里起义政权的建立具有重大的政治影响，它意味着起义者取得了全印的政治中心，德里起义的胜利有力地推动了其他各地的反英斗争。奥德省的勒克瑙、坎普尔和中部的詹西成为起义的重要中心。

到这时，英国侵略者才慌了手脚，总督坎宁勋爵下令从各处调兵：从缅甸、马德拉斯等地调兵，把参加波斯战争的军队调回印度；又请求额尔金勋爵把准备派往中国去镇压中国人民的军队转派到印度。同时，采取各种手段，拉拢印度土邦王公和大地主，来分化印度方面的团结。6月8日，英军首先围攻德里。德里4万起义军英勇战斗，不断出击。英军屡遭挫败，不能前进一步。7月4日，英国驻奥德的行政长官亨利·劳伦斯爵士身负重伤，一命呜呼。

勒克瑙和奥德全境起义的胜利，使英国人从印度东南方向德里进攻的计划成为泡影；零散在恒河一线的英军不时地受到奥德起义军民的威胁。

继勒克瑙起义之后，西南的坎普尔，东南的贝拿勒斯、阿拉哈巴德于6月初也相继起义，对战局有重要影响的是坎普尔。坎普尔地处恒河南岸，是英国人在印度东北部的军事重镇，也是这次民族起义前秘密组织活动最早的发源地之一。那那·萨希伯是那里的组织者和领导者，他的家臣坦提亚·多比参加了起义，后来成为著名的起义将领。

中印度的起义中心在詹西。5月10日米鲁特起义以后，詹西女王拉克希米·巴伊就积极准备起义。6月4日，她在詹西举起义旗。詹西女王身着武装，亲临前线巡视和指挥，英国

在图盖拉山谷的英军骑兵部队

殖民主义者及其爪牙据守市区的碉堡进行顽抗。7日,女王命令骑兵团长卡拉·汗和税务官穆罕默德·胡西恩率兵攻打,堡垒里面的印籍士兵起义响应。8日,英国殖民者竖起白旗投降。起义军民举行示威游行,欢庆胜利,英国殖民主义者被斩首示众,詹西女王再度登上王位。起义军向全邦发出通告:"世界属上帝,印度属德里莫卧儿皇帝,詹西属拉克希米·巴伊"。

民族起义的烽火不仅遍及北部印度和中印度各地,而且还进一步深入到了印度的南方。海德拉巴和孟买是南印度发动起义的两个重要的地方,但在南印度没有形成起义的中心。

相持(1857 年 9 月~1858 年 6 月)

在起义广泛发展的过程中,逐渐形成了以德里、勒克瑙、詹西等几座大城市为中心的起义据点,而德里尤为引人注目,因而成了英国进攻的主要目标。

英国人经过了一阵慌乱之后,逐渐由被动转为主动。他们以旁遮普为基地,6 月 8 日向德里进攻。德里起义者在战略上采取守势,没有乘胜出击,拔除城外敌人据点。混进起义队伍的封建王公,阴谋叛变;地主、富商囤积粮食,抬高物价,窝藏军火,甚至私通英军,盗卖情报,炸毁军火库。他们的叛卖活动,严重地削弱了起义队伍的力量。英军利用起义队伍的弱点,组织反攻。9 月 14 日,英军向德里发动总攻,在炮兵的支持下,闯进了城里。起义军同英军进行了激烈的巷战,在 6 天的保卫战中,起义者打死敌军 5000 余人,击毙两个英军司令官。英军对起义军民进行了野蛮的报复,在德里开始了血腥的大屠杀。以巴哈杜尔·沙为首的王公贵族屈膝投降,起义军被迫退出德里。

9 月 19 日德里陷落后,奥德首府勒克瑙成为起义军的中心。英军以坎普尔为基地,4 次派援军来解围勒克瑙巡抚官邸的英军,接着向勒克瑙进攻。1857 年秋,起义军达 5 万人以上。1858 年初,集中在勒克瑙的起义军接近 20 万人,其中 3.5 万以上是孟加拉军团的印度雇佣兵,然而,他们大部分人的武器是马刀。奥德封建贵族集团反对莫尔维·阿赫马德·沙对军队的领导,并把他投入监狱。在起义军士兵要求下,封建贵族集团释放了他,但为时已晚。

1858 年 3 月初,英军集中 9 万名武装精良的军队和 180 多门大炮,开始向勒克瑙进攻。面对强大的敌人,起义者展开了英勇顽强的斗争,战斗持续两个多星期,3 月 21 日,起义军主力开始撤离,勒克瑙陷落。

德里、勒克瑙相继沦陷以后,詹西成了最重要的起义中心,中印度的英军总指挥休·罗斯爵士率其主力,于 1858 年 1 月 6 日,从因陀尔附近的姆霍出发,向詹西进军。3 月 20 日,罗斯的军队抵达詹西南郊。25 日,双方展开激烈的炮战,詹西女王亲临前线指挥。一个目击者说,拉克希米·巴伊"一直在繁忙地指挥战斗,她亲自察看每件事物,不断传下重要的命令,哪段城墙危险,她立刻命人去抢修。"在女王的率领下,詹西军民多次打哑敌人的大炮,致使敌军一时难于攻入城内。4 月 1 日,坦提亚·多比率领援军 2.2 万人从卡尔皮赶至詹西,从背后打击敌人,但因麻痹轻敌,当英军调头反攻时,他的军队被击溃,损失惨重,不得不向卡尔皮撤退。詹西的处境越来越困难,女王毫不气馁,仍顽强地坚持斗争。3日,敌人向詹西正门(北门)发起进攻,女王同往常一样,亲临前线,不仅在精神上鼓励战士英勇杀敌,而且对那些打得特别出色的战士赠予金银财宝或其他实物。战士们冲杀勇敢,一度迫使敌人退却。由于内奸的叛卖,敌人从南门进入市区,并逐渐逼近王宫。4日,战斗集中在王宫附近,女王登上堡垒,环视詹西全城,亲眼看到市民被屠杀、房屋被烧毁、财产被劫掠的情景,怒火万丈。她拿起佩刀,率领1000名战士向敌人冲击。双方展开白刃战。正在这时,有使者前来向女王报告:北门的守门官库阿尔·库达·巴克什和炮兵军官古兰·戈斯·汗阵亡,北门已向敌人敞开。女王见大势已去,不禁大声痛哭。她对那位使者说:"我决定亲手点燃军火库,和它同归于尽。"后经那位使者劝说,决定连夜突围,支援外地的独立战争。当天夜里,詹西女王从北门突围而出。5日,詹西城沦陷。

游击战(1858年6月~1859年)

德里、勒克瑙、詹西等起义中心相继陷落后,各地分散的起义军转入游击战。当时,活跃在各地的起义军至少还有15~20万人。

游击战主要在3个地区进行:奥德和罗希尔坎德地区,起义军领袖为奥德皇后、那那·萨希伯及其弟弟巴拉·劳、阿赫马德沙。东南奥德和西比哈尔地区,起义军领袖为库马尔·辛格和其弟阿马尔·辛格、朱斑·辛格。朱木纳河和纳尔巴达河之间的广大中印度地区,起义军领袖为詹西女王、坦提亚·多比和拉奥·萨希伯。而中印度的游击战争,无论就活动范围或持续的时间,都远远超过前两个地区。

中印度的起义军自詹西沦陷后即向卡尔皮集中,詹西女王、坦提亚·多比等起义军领袖决定据守这一战略要地。但受到北印度和南印度敌军的两面夹攻,不得不于1858年5月22日撤离卡尔皮,向西边的瓜廖尔进军。6月1日,起义军解放瓜廖尔,建立了临时性的政权机构,由拉奥·萨希伯为首相。6月3日,在瓜廖尔城内举行盛大典礼。首相任命了以拉姆·拉奥·戈文德为首的一批大臣,任命坦提亚·多比为起义军总司令。

英国人对此十分恐慌,从各方面调兵遣将。6月17日,中印度英军总指挥罗斯率军进攻瓜廖尔。坦蒂亚·多比负责指挥城防的战斗,詹西女王负责指挥城郊的战斗。东南郊一带的战斗最为激烈,詹西女王一直和起义士兵们一起奋战。一位目击者描写了女王在战场上英勇杀敌的情景:"美丽的女王立即奔向战场,坚定地反击休·罗斯爵士的军队。她率领她的军队对罗斯的军队进行多次猛烈的攻击。虽然她的军队被敌人的炮火打乱,伤亡愈来愈大,但女王仍旧出现在最前线,聚结她的散乱的军队,表现了她那非凡的勇气。不过,所有这一切都无济于事。休·罗斯亲自率领骆驼兵向前冲击,冲断了女王最后的阵线。尽管如此,不屈不挠,英勇无畏的女王仍坚守在她的阵地。"正当女王以"这种世上所罕见的英雄气

在第3次阿富汗战争中,英军以超过25万的兵力,对抗叛军。

概"抵抗罗斯爵士的时候,其余的英军从背后袭来,女王腹背受敌,壮烈牺牲。坦提亚·多比为了保全实力,决定放弃瓜廖尔,6月20日,起义军撤离瓜廖尔。

坦提亚·多比退出瓜廖尔后,与英军反复周旋,转战各地,使英军疲于奔命,一筹莫展。但这些优势并未充分发挥,由于内部争执,无法协同作战;英国殖民者实行收买政策,许多封建主叛变。1859年1月,巴克德·汗、那那·萨希伯退走尼泊尔。4月18日,坦提亚·多比遇难。年底,零星的游击战最后停止。

日本倒幕运动

日本在明治维新前是一个闭关自守、封建落后的国家。这个国家号称"神国",是所谓"诸神保护的国家"。天皇就是神的化身,他对自己的臣民拥有至高无上的权力。"忠君报国""效忠天皇"的思想一直是日本封建社会的最高道德准则。

到了17世纪初,国家权力落到了由德川家康创立的被称作"武家政权"的德川幕府手中。德川家康,原是一个地方诸侯,在多年的群雄争霸战争中势力逐步扩大,并于1600年关原之战中击败了与之对立的大名,奠定了日后总揽天下的基础。1603年,德川家康从日本天皇那里取得"征夷大将军"的称号,并在江户城创设了封建军事专政政权。此后,德川一家世袭相承,经15代将军,在日本维持了长达260余年的幕府统治。

在德川幕府统治下,日本名义上的首脑是天皇,但实权已落在德川家族的手中。当时幕府将军把持着全国最高土地所有权,直辖约占全国耕地总面积的1/4,是最大的封建领主。并且,还掌握着全国的商业城市和矿山,垄断着对外贸易,控制着国家经济命脉。在政治上,德川幕府名义上是"大将军",实际上自称"大君",对外代表国家,对内主持政府,大权独揽。最典型的是,幕府并不设在首都,而在江户办公,处理国家大事,往往自作主张,根本不把天皇放在眼里。

为了加强自己的统治,德川幕府在日本全国实行了"幕藩体制",这是一种金字塔般的制度,德川幕府将军端据于其顶,下面由各诸侯支持。为了获得大名的拥护,德川家族把掠夺来的土地分封给260家大名,各地大名则必须宣誓效忠将军,遵守幕府法规,听从调遣。大名的领地和统治机构叫作"藩",意即幕府的屏障;并按亲疏关系,把200多个藩分为亲藩、内藩和外藩,将军依靠亲藩、内藩,对边远的外藩大名严加防范。大名又把自己的领地分割成更小的单位分赐给自己的家臣,他们属于将军和大名之下,被称作武士。这些武士一般是职业军人,拥有佩刀的特权,杀死平民可以不受惩罚,是幕府将军统治人民的主要力量。

为了更加巩固自己的统治,幕府一方面拼命鼓吹迂腐的儒家思想,尤其把宋朝理学家朱熹的学说定为国学,禁锢人民的思想,压制他们的反抗情绪;另一方面,推行闭关自守的"锁国"政策,不同其他国家建立任何关系,把整个日本严密地封闭起来。

18世后期,随着商品经济的发展,出现了新兴的地主阶级和商业资本家,他们为了争得政治上的地位,摆脱封建统治,对幕府制度产生强烈的不满。而广大的人民群众不堪忍受苦难的生活,反抗的情绪也日趋高涨,接连爆发无数次农民起义和市民暴动。这些反抗斗争,严重地动摇了幕府的统治。

19世纪中叶,一向奉行"锁国政策"的日本,遭到美、英、法、俄等国的侵略。1853年和1854年,美国海军将领柏利率领舰队两次闯进江户湾,迫使日本开港通商。幕府屈服于列强的炮火,连续与列强签订了很多不平等条约和关税协定,出卖国家主权和民族利益。日本面临着严重的民族危机。日本人民仇视外国侵略者,更痛恨和侵略者相勾结的幕府。农民和市民纷纷起义,开展"倒幕"运动;中下层武士、商人、资本家和新兴地主中的改革势力也投入了"倒幕"斗争。

1863年12月,长州藩讨幕派高杉晋作率领以农民为主体的"奇兵队"击败保守派,夺取了藩政权。随后,萨摩藩讨幕派西乡隆盛、大久保利通等人也控制了藩权。不久,这两股力量结成讨幕联盟,成为全国讨幕运动的核心。他们一方面实行政治、经济改革,以调动农民、商人和中下级武士的积极性;另一方面,在军事上武装自己,购置大量的西方先进武器,与幕府军队抗衡。

面对这个情况,德川幕府自然不会善罢甘休。1866年5月,幕府借口长州藩蓄谋叛乱,派遣大军讨伐。以为胜券稳操的幕府军对于他们对手的详情是所知不多的,只晓得高杉晋作的部队唤作奇兵队,是用各种稀奇古怪的洋玩意装备起来的,但是等到了战斗打响时,幕府军终于发现他们的敌手是可怕的。那是支由贫穷武士、浪人、农民所组成的军队,所有官兵都作战勇敢,所有服装、武器和训练方式都取法于欧洲。几番冲杀和突击后,幕府军终于撑不住,败下阵来。这时,幕府的后院又开始起火,各地不约而同地爆发了40多起暴动。7月间,将军家茂在大阪于绝望中病死。

1866年的12月,德川庆喜继任将军。不久,压制讨幕派的孝明天皇去世,不满十五岁的明治天皇即位。这时,宫廷形势开始向有利于讨幕派方面发展。1867年10月,萨摩、长州、安艺三藩讨幕派在京都召开秘密会议,决定利用年幼的明治天皇的名义武装倒幕。他们一方面扩充兵力;另一方面秘密同天皇取得联系,准备发动宫廷政变,把德川将军赶下台去。

1867年12月9日,西南各诸侯率兵包围皇宫,解除德川幕府驻后宫警卫队的武装。

他们簇拥着年少的明治天皇，召开御前会议，宣布"王政复古"，大权全归天皇掌握。明治天皇随即颁布诏书，决定建立由他领导的新的中央政府，并委派西乡隆盛和大久保利通这些改革派主管政事。

1868年1月底，倒幕军在京都附近击败幕府军队，德川庆喜逃往江户。政府军不给对方以喘息之机，跟踪幕府残军，迅即包围江户。2月，天皇组织了讨幕军，由于广大农民和城市贫民积极配合，倒幕军终于打败了比自己数量大三倍的幕府军，德川庆喜被迫投降，统治日本长达200多年之久的德川幕府垮台。倒幕派取得了胜利，建立起以明治天皇为首的日本新政府。明治天皇废藩置县，将全国划为三府七十二县，消灭了国内的封建割据势力，建立起一个统一的中央集权的国家，为发展资本主义扫除了障碍。

明治维新是日本挤进资本主义列强的转折点。新兴的资产阶级与保留下来的封建贵族相勾结，形成军事封建帝国主义，极力对外扩张，成为第二次世界大战的策源地。给世界带来了巨大的灾难和痛苦。

明治维新

19世纪后半期，继英国、法国等欧洲国家和美国等美洲国家的资产阶级革命胜利之后，日本也出现了一次在政治、经济、思想文化等领域的全面革新运动。这场以推行资本主义新政为目的的资产阶级革新运动，开始于明治年间，所以史称"明治维新"。

明治维新之前的四个等级

在19世纪之前，日本是一个闭关自守、封建落后的国家。在这个自称为"神国"的国家里，天皇被认为是神的化身，对自己的臣民拥有至高无上的权力。1603年，德川家康消灭了当时日本各地的割据势力，在江户设置了幕府，开始了德川幕府的统治时期。

在德川统治时期，天皇只是名义上的最高统治者，国家的实际权力则落到了世袭的幕府将军手中。幕府并不在首都而在江户办公，在处理国家大事时，往往自作主张，根本不把天皇放在眼里。除皇族外，日本存在着严格的四个封建等级，即"士、农、工、商"。

士和皇族是国家的统治阶级。士中的将军具有最高的地位，拥有全国土地的支配权，其领地占了整个日本的1/4。并且，还掌握着全国的商业城市和矿山，垄断着对外贸易，控制了国家的经济命脉。在政治上，德川幕府名义上是"大将军"，实际上自称"大君"，对外代表国家，对内主持政府，大权独揽。

其余的土地分给了260多个"藩",即大名。大名从属于将军,向将军担负军事和其他方面的义务。为了更好地进行统治,德川幕府按照亲疏关系,把这些藩分为亲藩、内藩和外藩,将军依靠亲藩、内藩,对边远的外藩大名严加防范。武士是将军和大名的臣属亲兵,实际上,德川幕府主要就靠武士来维持自己的统治。

农、工、商分别是当时日本的农民、手工业者和商人,是被统治阶级。此外,当时日本还有"秽多""非人"等贱民,这些人的社会地位就更加低下了。广大群众不堪忍受苦难的生活,反抗的情绪日趋高涨,接连爆发农民起义和市民暴动。这些反抗斗争,严重地动摇了幕府的统治。

在18世纪中叶后,商业资本开始进入日本农村,导致农民进一步丧失了原本就很微薄的土地。这些新兴地主在控制土地的同时,还控制了农民的家庭手工业,开设了纺织业手工场。此后,棉纺织品、采矿以及一些海产加工工业的资本主义手工工场开始在日本出现。很快,日本出现了江户、京都等商业中心,并且出现了三井、鸿池等拥有巨额财产的商业富豪。这些地主阶级和商业资本家为了争得政治地位,对幕府制度产生了强烈不满。

明治维新前的日本社会

近代资本主义的发展,动摇了原本非常坚实的封建主义制度。本来作为统治阶级的士,对工商业是持鄙视态度的。但是随着商品货币经济的渗入,这些士和商人、高利贷者形成了相互依赖的关系。他们有的和商人共同出资以经营工商业,有的则向高利贷者大举借债。工商业的崛起和传统统治阶层财政上的分化,使得靠将军、士等发放的俸禄为生的武士的生活也颇为艰难。

正当日本国内统治开始动摇时,西方殖民主义开始大举入侵日本。早在16世纪中叶,葡萄牙、西班牙以及荷兰、英国等欧洲国家就开始在日本传教通商。幕府为了巩固封建统治,抵制资本主义对日本的影响,曾先后5次发布"锁国令",规定日本只能和中国、朝鲜、荷兰进行少量的贸易,与其他国家的贸易一律禁止。这种闭关锁国的局面持续了200多年。

美国、俄国、英法等国家曾多次提出日本开设通商港口,但是遭到了日本政府的拒绝。1853年,美国海军将领柏利率领海军舰队两次闯入江户湾,以炮轰江户相威胁,迫使日本开港通商。次年,日本和美国签订了《日美和好条约》。不久,幕府连续与英国、俄国、荷兰等签订了不平等条约和关税协定。1863年,英法联军借口日本个别武士排外,炮轰鹿尔岛,并最终索取了大量赔款。1864年,英、法、美、俄四国组成联军,炮轰下关,要去下关海峡自由通航,并再次勒索了大量赔款。

这些不平等条约的签订,使日本国内面临更加严重的统治危机。大批农民和手工业者因为外国商品的进入而纷纷破产,民族矛盾和阶级矛盾迅速激化,最终爆发了推翻封建幕府、争取民族独立的斗争。

1859年,当幕府要求天皇批准《安政条约》时,以长州藩和萨摩藩为首的下级武士聚集京都,联络部分王宫贵族,策划推翻幕府统治。幕府大老片伊直弼为了恢复幕府统治的力量和威信,随之制造了"安政大狱",杀害了大量改革派人员;并于1863年,在京都策划了一次政变,把改革派贵族和长州藩武士都驱逐出了京都,然后发动了两次征讨长州藩的军事行动。

但是幕府军队在征讨长州藩的过程中不仅没有成功,反而使自己原本就虚弱的统治力量变得更加虚弱。1866年,长州藩和萨摩藩秘密结成反幕府的军事同盟。军事同盟一方面实行政治、经济改革,以调动农民、商人和下级武士的积极性;同时购置了大量西方先进武器,以与幕府军队抗衡。

同年12月,倾向于保留幕府统治的孝明天皇去世,不满十五岁的明治天皇即位。次年10月,天皇给军事同盟密诏,要求他们讨伐幕府。在讨幕派大军压境的情况下,德川庆喜采取以退为进的策略,宣布"奉还大政",主动请求辞去将军的职位,把政权交还给天皇。这一举动使得讨幕派"师出无名",同时德川庆喜可以利用这段时间组织军队进行反扑。

讨幕派识破了幕府的阴谋,于1868年1月3日率兵包围皇宫,解除德川幕府驻后宫警卫队的武装。明治天皇当即召开御前会议,天皇发布《王政复古大号令》,废除幕府,令德川庆喜"辞官纳地",并且随即颁布诏书,决定建立由他领导的、名为"太政官"的新中央政府,并委派西乡隆盛和大久保利通这些改革派主管政事。8日及10日,德川庆喜在大阪宣布"王政复古大号令"为非法。

德川庆喜连夜逃出京都而退居大阪,准备集中全部兵力做最后一番挣扎。他们打着"解救天皇,清除奸臣"的旗号,兵分两路,准备夹击京都。随之,幕府军队和天皇军队在京都附近的鸟羽、伏见一带进行决战。士气旺盛的新政府军以5000兵力一举击败了3倍于自己的幕府军。1869年春,天皇军出征北海道,于6月27日攻下幕府残余势力盘踞的最后据点五畯廓,戊辰战争结束。4月,在天皇军队大军迫近江户的时候,德川庆喜献城投降。统治日本长达260多年的德川幕府至此宣告覆灭。

德川幕府倒台后,天皇成立的政府成为全国唯一合法的政府,天皇则成为全国最高统治者。新政府内的高级官员都由天皇直接任命,并对天皇负责。同时,新政府在财政上受到了三井、小野等财团的支持。7月,天皇宣布迁都江户,并将之改名为东京。

在经济上,明治天皇于1868年~1873年逐步废除了封建领主的地方割据,以加强天皇的中央集权统治。同时,在经济、政治、文化、社会等方面开始了自上而下的、史称"明治维新"的资产阶级改革:

1868年3~4月间,明治政府先后颁布了《五条誓文》和《政体书》,从而提出推行资本主义新政的两个纲领性文件,开展了大刀阔斧的维新运动。

《五条誓文》的内容是:一、广兴会议,决万机于公论;二、上下一心,盛行经论;三、官武一体,以至庶民,各遂其志,勿使人心倦怠;四、破除旧来之陋习,一本天地之公道;五、应求知识于世界,大振皇基。在《政体书》上,提出要在日本实行"三权分立"制度,反映了资产阶级的政治要求。

根据这些纲领性文件,明治天皇在以下几个方面进行了改革。

在政治方面,首先逐步削弱了封建割据的势力,建立中央集权的统一国家。1869年1月,萨摩、长州等几个藩奏请奉还版籍,归还土地和人口与中央。同年7月25日,天皇下诏接受各藩奉还土地和人口,任命藩主为藩知事。1871年8月29日,天皇宣布废藩置县,解除旧藩主的藩知事职务,建立近代府具体制,此后日本建立了府、县、道地方体制,原有的封建领主制被废除。

此外,天皇废除了封建等级制度,实行"四民平等"。首先,将大名、公卿等统一改名为"华族",一般武士为"士族";随之,正式确立皇族、华族、士族和平民的份制,农、工、商及贱民一律归为平民,并且取消了武士特权。这一措施,使得原有的武士阶层彻底瓦解,中上层武士后来成为资本家,下层武士则成为劳动者。然后,取消过去根据身份不同而规定的职业、通婚、生活规则等限制,允许不同阶层的人通婚、自由选择职业、自由选择居住地,实现形式上的平等。

在军事上,1871年,日本建立了专门保护天皇的部队,称"亲兵";同时,对原有各藩拥有的军队进行改编,使之成为政府军队的主力。1872年,天皇仿效西方资本主义国家,颁布了《征兵令》,取消了武士独占军人身份的特权,实行征兵制,建立了近代常备军。这支富于武士道精神、绝对效忠天皇的新式军队,成为日本后来对外侵略扩张的主要工具。此外,日本在全国建立了中央集权的"国家警察"制度。

在经济方面,明治天皇采取各种措施,大力发展资本主义经济。1868年,政府下令解除各藩设立的税卡;1869年,废除大商人对对外贸易的垄断权,并且鼓励发展对外贸易;1873年7月,日本天皇发布《地税改革法》,允许土地私有和自由买卖,废除禁止土地买卖的法令,正式从法律上保障新兴地主的土地所有权;把年贡制(即由农业生产者按收获量向领主交纳实物或代金)改为地税制,由国家向土地所有者按法定地价征收固定货币地税。

政府对纺织、水泥等轻工业部门极为重视,投入大量资金,引进西方先进技术,并且聘请国外的技术工人,扶持私人企业。针对日本资本主义经济相对薄弱的情况,政府以国家力量投资举办一些私人无法开办的近代工业,如铁路、钢铁冶炼、机器制造、邮电等,当然,同时鼓励有能力的私人发展这些行业。在起到示范作用后,政府把这些国营企业贱价甚至无偿转让给和政府有联系的私人资本家,例如,三井财团得到了煤矿、纺织厂和制丝厂等,而三菱财团则得到了造船厂、金矿和银矿等。

在教育方面,政府推行"文明开化"政策。1871年,设立文部省,统一管理全国的教育事业,改革旧有教育制度。1872年,文部省发布了《学制布告》《学制》等文件,提出任何人都享有平等的受教育权利,同时在日本实行小学义务教育制度;为了尽快移植和利用西方最新技术,在教育课程中设立大量科技课程,规定每个学生学习科技课程的时间要占到全部时间的一半;同时,政府非常强调大学教育,并且选派优秀人才去西方大学留学,这批人后来成为资本主义经济发展的重要建设人才。

同时,著名思想家、"近代日本哲学之父"西周等人倡导学习西方思想,而福则谕吉等人则提倡"实学",以儒家吸收西学,接受西方自然技术思想,以"天"接受天赋人权思想。从这一点来看,日本明治维新比中国有些思想家的"以儒学排斥西学"要进步得多。

应该说,日本的明治维新在短时间内就取得了巨大成功。四五年后,日本棉纱的出口量就达到了全世界总出口量的 1/4。三十年后,日本已经从落后的封建农业国进入新兴工业国的行列。这些有利于资本主义经济发展的改革措施,使日本迅速走上了资本主义发展的道路。此后,日本逐步摆脱美国、俄国等势力的控制,逐步废除了不平等条约,收回国家主权,摆脱了民族危机,成了独立发展的资本主义强国,并且以自己的军事、经济优势进攻朝鲜、中国大清王朝。明治维新后,日本迅速崛起,成为亚洲近代唯一走上独立发展道路的国家,并且逐步步入了先进的资本主义国家的行列。此后,新兴的日本资产阶级和残余下来的封建主义一起形成了军国主义,发动日俄战争,成为第二次世界大战的策源地。所有这些都离不开明治维新,明治维新后,随着经济军事实力的增长,日本竭力推行军国主义,开始对亚洲邻国进行侵略扩张,成为新兴的帝国主义国家。因此,明治维新成为日本历史发展的转折点。

俄国废除农奴制

在 19 世纪上半叶,当英国、法国等国家连续发生资产阶级革命,并产生工业革命的时候,俄国还存在着野蛮落后的农奴制。直到 19 世纪中期,俄国还是一个以农奴制为基础的封建君主专制的国家。

在农奴制的禁锢下,俄国还是在 19 世纪 30 年代开始了工业革命,资本主义工厂逐步替代了手工工场,在工业生产中也开始用机器替代手工劳动。到 19 世纪中叶,俄国的纺织行业在采用了国外进口的机器设备后,其产量居世界第五位。其他诸如,冶金、采矿和造船业也开始使用机器,并普遍采用蒸汽机作为动力。

从 1815 年到 1858 年,俄国资本主义工厂的数量增加了三倍,具有资本主义性质的工厂占工厂总数量的 62%。但是,农奴制的存在严重制约了资本主义在俄国的发展。大量农奴被束缚在土地上而没有人身自由;在地主的压榨下,农奴生活极度贫困,导致大量农奴死亡和逃跑;劳动技能的低下阻碍了生产技术的改进;极度贫困的农奴又导致俄国国内的购买力极低,造成资本原始积累速度缓慢;工厂主为了雇佣隶属于农奴主的农奴,必须付给农奴主一定的利润,从而减少了工业资本的积累。

总的来说,俄国发展资本主义所需要的自由雇佣劳动力、国内市场购买力和工业原料,都由于农奴制的存在而严重缺乏。

除了农奴要求解放自身之外,那些已经资产阶级化的贵族地主,也希望能够改变农奴制度。他们甚至上书沙皇，制定改革方案，阐明自己的政治观点。农奴通过暴动和起义，也告诉沙皇必须废除农奴制度。从1826年~1854年，俄国共发生了709次农民起义，平均每年24次以上；从1855年到1860年，俄国总共发生了472次农民骚动和起义事件，平均每年94次以上。俄国第三厅报告沙皇说："人民情绪整个趋向一个目标——解放。"

在19世纪50年代的克里木战争中，俄国惨败于英国和法国，农奴制给俄国带来的落后和虚弱暴露无遗。沙皇俄国在军事上、经济上和政治上都落后于英国、法国等资本主义国家。在战争开始后，俄军司令部竟然找不到一张有关克里木地区的军用地图。由于军官的贪污腐化，前线作战的士兵缺少必要的军需物品，很多士兵经常饿着肚子去打仗。在武器设备上，英法早就使用以蒸汽机为动力的舰船了，而俄国仍然还使用旧式帆船；英法士兵已经使用新式来复枪，而俄国仍然使用落后的滑膛枪。

因此，克里木战争不但没有加强沙皇俄国的欧洲霸权地位，也没有挽救农奴危机，反而激化了国内革命者的革命情绪。由于战争给俄国带来了经济上的破坏，使得国内的经济更加恶化，税收不断增加，加上连年的自然灾害，使得人民生活愈加恶化。

沙皇亚历山大二世此时也不得不承认农奴制的落后，并扬言迟早要废除。他说："与其等农民自下而上来解放自己，不如自上而下来解放农奴。"1856年3月30日，沙皇在接见莫斯科贵族代表时，说明了农奴改革的必要性，并且正式宣布要改革农奴制度。次年1月，沙皇政府成立了由高级官吏组成的"农民事务秘密委员会"，亚历山大二世自己任主席，其中的委员大部分是大贵族地主。

大贵族地主占贵族阶层的10%，却拥有30%的农奴，他们享有高官厚禄和各种特权，因此事实上他们是农奴制度的坚决拥护者。由于这些贵族代表并不热衷于农奴改革，因此这个委员会事实上并没有解决任何问题。"秘密委员会"代理执行主席奥尔洛甫公爵支持大贵族，不赞成和土地一起解放农奴，甚至说："如果要我签字连同土地一起解放农奴，我宁愿把自己的手指砍掉。"经过一段时间的争吵后，委员会决定"缓慢而谨慎地改善农民生活状况"，在"不要经过巨大和激烈变革的前提下，制定逐步解放农奴的计划"。

11月20日，亚历山大二世准许在立陶宛等三个省份首先成立贵族代表委员会，拟定解放农奴的方案。方案的设定必须按照以下原则进行调整：保留地主全部土地的所有权；地主享有世袭领地治安权；保证妥善地、全部地缴纳国税、地方税和货币税。事实上，这些决定就是政府的初步改革纲领。

1858年2月，"秘密委员会"改为"总委员会"，由它的下设机构邀请地方贵族代表讨论各省的改革方案。到该年年底，除部分省之外，俄国大部分省都已经建立了贵族委员会。不过，各省贵族委员会的成立和诏书的公开使得农奴制问题的讨论公开化，并因此在社会各阶层中引起了强烈的反响。

由于触及自己的利益，这些大贵族在制定改革方案的时候，采取了尽量拖延的方法。对制定出的方案，也代表着自身的利益，尽量采用比较保守的做法。俄国小资产阶级和农奴对政府和委员会的做法深感不满，大俄罗斯农民发生暴动，反对地主和贵族，反对保护地主的官吏。

农奴运动的高涨和革命民主主义者对改革的不满和揭露,给统治阶级很大恐慌,迫于形势压力,亚历山大二世不得不正式宣布废除农奴制。1858 年 10 月,亚历山大二世命令农民事务总委员会通过新的纲领。这个纲领的主要内容包括:农民取得人身自由,列入农村自由等级;农民组成村社,村社的管理机构由村社选举产生;地主同村社联系,而不是和农民个人联系;除保证农民长期使用的份地外,应使之能够购买该领地为私有财产,政府可以采用组织信贷方法帮助农民。

从 1861 年 1 月 28 日到 2 月 17 日,国务会议就废除农奴制的各种方案进行了讨论和审批,亚历山大二世在会上对大贵族代表说:"今后的任何拖延都将不利于国家,请你们相信,为了保护地主的利益,凡是能够做到的一切,都做到了。"在会议的最后一天,代表们通过了其中一个法令。

俄历 1861 年 2 月 19 日(公历 3 月 3 日),亚历山大二世签署了宣布改革的诏书,正式签署了系列废除农奴制度的特别宣言。这些法令包括 17 个文件,包括《关于农民脱离农奴依附关系的一般法令》和《关于省、县处理农民事务的机构的法令》等地方法令。

《关于农民脱离农奴依附关系的一般法令》是这一系列法令中最为根本的法令。它主要涉及农奴生活的两个方面:人身权利和财产权利。法令规定,脱离了农奴依附关系的农民享有其他自由的农村居民同等的权利,农奴在法律上获得人身自由,地主不能任意买卖、典押或者交换农奴,不能禁止农奴结婚或者干涉家庭生活;农奴可以遵照自由农村居民的有关法规,获得不动产和动产,担任工职,从事工商活动的权利;农民在获得解放的同时,可以从地主手中获得一块份地和宅边园地。

在获取宅边园地时,农民可以依法向地主缴纳 69 卢布的赎金。地主在保留耕地以及其他土地(牧场、森林等)的土地所有权的情况下,作为份地分给农民使用。不过这些份地基本上是农民改革前耕种土地的 4/5 或者 2/3。而且农民在获得份地之前,必须承担一定的义务,交纳货币代役租和工役租。农民和地主签订赎地契约时,规定一次性交完赎金总额的 20% 到 50%,其他由国家垫付。只有在征得地主同意之后,农民才能将这些份地转为私产,同时才能终止原来所承担的义务。所以,实际上农民在获得自由和份地的同时,遭到沙皇和地主的联合掠夺。

此外,为了加强对农民的统治,政府规定必须在农村设立村社,将农民编制在村社里,不经过村社的批准,农民不得外出谋生。在农村设立基层组织,设村长、乡长以及其他公职人员,贵族地主拥有地方治安权。

从这些政策可以看出,实际上农民虽然得到了人身自由,但是在经济上不得不依赖于地主。改革后的俄国农村,还处于地方贵族地主的统治之下。农奴制废除之后,沙皇政府还对政治方面进行了一些改革。在县和州设立"地方自治局",管理修路、医院和学校的事务,一些自由派地主和资产阶级获得了参政的权利;同时,实行司法制度改革,采用公开审判制度和陪审团制度;1870 年,俄国还成立了由有产者组成的市杜马,以市长为首的城市行政处,市杜马的活动也受省县监督;接着,俄国实行了普遍义务兵役制,规定年满二十一岁的青年都要服兵役,六年期满后转入后备军。

在 2 月 19 日法令颁布之后,大俄罗斯、乌克兰和白俄罗斯等地区获得解放的农奴超过 1000 万。从 1863 年和 1866 年,又解放了 100 多万采邑农民和 900 多万国家农民。

但是由于解放农奴的条件过于苛刻,引起了农民和革命民主主义者的极大不满。在法令发布后,农民纷纷举行暴动。1861 年上半年,农民暴动席卷了实行法令的 43 个省中的 42 个,共发生暴动 647 次。在 1861 年一年中,全国总共发生暴动 2034 次。

2 月 19 日改革虽然保留了浓厚的封建制度色彩,始终被认为是一次不彻底的改革。改革后,大土地占有制仍然存在,沙皇政权也基本上原封不动。但是总的来讲,它还是一个资产阶级改革的纲领性文件,对俄国资本主义的发展起到了很大的作用。这次废除农奴的改革,给资本主义发展提供了必要的劳动力、国内市场和资金。

改革后,俄国资本主义比过去有了长足发展。1861 年到 1881 年间,布匹的生产量增加了两倍;1860 年到 1890 年间,生铁的产量由 2050 万普特增加到了 5600 万普特;钢铁产量由 1800 万普特增加到了 36700 万普特。在 1866 年的时候,俄国的工厂总数还不到 3000 个,但是到 1903 年的时候已经近 9000 个了。到 19 世纪 80 年代,俄国已经基本完成了工业革命。

废除农奴制,是"封建君主制向资产阶级君主制度转变道路上的一步",加速了俄国资本主义经济的发展,因此这场具有资产阶级性质的改革,是俄国历史上重大的转折点。列宁这样评论这次改革:"如果总的看一看 1861 年俄国国家全部结构的改变,那么就必然会承认,这种改变是封建君主制向资产阶级君主制转变的道路上的一步。这不仅从经济观点来看是正确的,而且从政治观点来看也是正确的。只要回忆一下法院方面、管理方面、地方自治方面的改革的性质以及 1861 年农民改革后发生的各种类似的改革的性质,就一定会相信这种论断是正确的。"

废奴改革

俄国封建社会实行的是农奴制。农民租种地主的土地,要向地主缴地租服劳役。俄国的农奴是不自由的。他们的一切,包括人身、子女、财产都属于地主所有。地主可以随意打骂农奴,而农奴却连控告主人的权利也没有。地主可以自由买卖农奴,农奴却不能随意离开地主,逃跑要被追捕。隐藏逃跑的农奴要受法律制裁。

到了 19 世纪上半叶,俄国农奴制度陷入危机。随着商品生产的发展,市场上对粮食和原料的需求大量增加,可是,封建地主无法满足这种需求。他们只想从农奴身上压榨出更多的东西来,根本不关心生产技术的改进。多数地主不愿使用机器,他们说:"买机器要花钱,还要养马来带动机器,而让农奴干活却用不着花钱,为什么要使用机器呢?"当然也有少数地主购买了机器,但是,农奴也不愿使用机器,因为生产出来的东西再多,也都要被地主拿走。总之,农奴制度使俄国农业长期处于停滞落后状态。歉收、荒年频繁出现。

农奴制也严重地阻碍了资本主义工业的发展。俄国工业大部分建立在农奴劳动的基础上，农奴出来做工必须向地主缴代役租，到了农忙季节，他们还随时可能被叫回农村。这样，俄国工厂主不仅要多付工资，而且很难维持工厂的正常生产。俄国工业由于缺乏自由的雇佣劳动力。它的发展速度远远落后于西欧。18 世纪末，俄国生铁的产量和英国相等。但是五十年后，俄国的产量只有资本主义英国的十分之一。很明显，农奴制已然成为俄国经济发展的绊脚石。

1856 年，曾经不可一世的沙俄在克里木战争中被资本主义的英法打败了。战争的失败进一步暴露了农奴制的腐朽落后。

人们再也不能容忍了，农民不断举行暴动，仅 1858~1860 年的三年期间就发生了 280 次。废除农奴制已势在必行。

在西欧，领导废除农奴制斗争的是资产阶级。可是，俄国资产阶级却没有能力完成这项历史使命。它诞生较晚，力量薄弱，对沙皇政府有很大的依赖性。它只是恳求政府做些改革，希望用改良来促进资本主义的发展，搞自上而下的变革，以保持国内的平静。

革命民主主义者赫尔岑、车尔尼雪夫斯基等人主张用革命的办法废除农奴制。他们号召人民举行武装起义，推翻沙皇政府，使农民获得自由和分得土地。但是，他们的力量比较薄弱，这条道路没能成为现实。

结果，农奴制的废除是在农奴主总代表——沙皇亚历山大二世的主持下，通过自上而下的方式实现的。亚历山大当皇太子时，曾主张保存农奴制。1855 年继位后，他看到农奴制已无法再保持下去，被迫改变原来的观点，他说："与其等农民自下而上起来解放自己，不如自上而下来解放农民"。在形势的逼迫下，亚历山大二世于 1857 年主持召开农民事务机密委员会会议，讨论拟定解放农民的方案。经过激烈争论，方案最后得到国务会议的批准。1861 年 3 月 3 日（俄历 2 月 19 日），亚历山大二世正式签署了《关于农民脱离农奴依附地位的法令》和特别诏书。

《二月十九日法令》的基本内容有以下几个方面：

一、关于农奴的人身解放。自法令颁布时起，农奴获得人身自由。农民有权用自己的名字订契约、做买卖、任公职、打官司和拥有各种动产、不动产。地主再不能买卖、交换、抵押和赠送农奴，也无权干涉农民的家庭生活。

二、关于宅旁园地和份地。农奴在获得人身自由时，可以得到农舍、宅旁园地和份地（划归农民耕种的地段叫份地）。份地的分配由地方法令规定。法令一般把本地区划为黑土、非黑土和草原三个地带，并规定每个地带的份地最高额和最低额，一般在 2.75 俄亩到 12 俄亩之间。

农民得到的份地数额不仅要在故意压低的标准之内，而且要同地主协商决定。这就使地主可以利用规定，尽可能多地割走农民的耕地。这种被地主强占的份地，叫作"割地"，它占改革前农民份地的 18%。在土地特别值钱的黑土地带，割地竟达到 20%~40%。

改革后，俄国的每一个地主农民平均得到 3.3 俄亩的份地。最好的土地以及改革前归地主和农民所公有的水塘、牧场、森林都被地主霸占去；同时，地主故意把自己的土地插入农民的份地之中，把农民的土地分割成许多碎块。改革后，农民仍不得不租种地主的土地,继续受地主的奴役剥削。

三、对宅旁园地和份地的赎买。农民的宅旁园地可以依法赎买,只要缴纳邱卢布的法定赎金,6个月后就取得农舍和宅旁园地的所有权。

赎买份地则要预先取得地主的同意。赎金的数额以每年代役租作为6%的年利率加以资本化得出。或者说,把赎金存入银行,年利率为6%,其利息应等同代役租。如果每年的代役租是六卢布,那么赎金就是100卢布。农民同地主签订赎地契约时,必须立刻付出赎金的20%~25%,其余的75%~80%由政府垫出付给地主。此后,农民必须每年向国家缴付赎地费,分49年还清这笔债款的本利。

农民付出的赎金大大高出了当时的地价。1854~1858年的份地价格是5亿5400万卢布,而赎金的总数却高达8亿6700万卢布。可见,农民赎买的不仅是土地,而且也包括了本人的人身自由。

四、关于改革后农民的管理组织。为了便于统治和剥削农民,政府保留了原有的村社组织,要村社负责监督农民按时完成各种义务。

1861年法令解放了1000多万隶属于地主的农民。1863年和1866年又先后解放了100多万隶属于皇室的采邑农民和950万隶属于国家的国有农民。总共解放了2100多万男性农民。女性农民也同时获得解放,她们不必付赎金,但也得不到土地。

60年代废除农奴制度的改革是一场资产阶级性质的改革。它是俄国历史上从封建生产方式过渡到资本主义生产方式的转折点。列宁说:"这是俄国在向资产阶级君主制转变的道路上前进的一步"。(列宁:《"农民改革"和无产阶级农民革命》,《列宁全集》第17卷,第103页)

这个改革具有进步意义,它使农奴获得人身自由,为资本主义工厂提供了自由劳动力;它向农民勒索了大量赎金,为大机器生产提供了资金。改革为俄国资本主义经济的发展创造了有利条件。

但是,这次改革是由农奴主自上而下实行的。改革极不彻底,它保留了浓厚的封建残余。经济上,地主土地所有制没有触动,大部分土地仍掌握在地主手里。政治上,沙皇专制制度也保留下来了,广大劳动农民仍然处于无权地位,继续遭受地主阶级的残酷剥削和压迫。因此,彻底消灭封建农奴制残余,仍然是摆在俄国人民面前的首要任务。

大仲马与《基督山伯爵》

1802年7月,在维墨尔——科特雷镇的洛尔麦雷街住宅里,玛丽·露意莎为仲马将军生了一个男孩,取名"亚历山大·仲马",这就是在往后近半个世纪内驰名法国文坛的大仲马。不过,他似乎有些生不逢时,因为此时他那被罢黜的父亲——仲马将军正处在贫病交加之中。仲马将军去世以后,小亚历山大在母亲的百般呵护和宠爱下,度过了自由闲暇、无忧无虑的童年时代,不过,那时他母亲带着他过的是贫穷生活。

1815 年 6 月，发生了那次著名的滑铁卢战役，拿破仑的军队被反法联军打得一败涂地。之后，曾经不可一世、飞扬跋扈的拿破仑皇帝被流放到大西洋的一个荒岛上。接着，国王路易十八则乘着异国征服者的马车回到了法国，开始了波旁王朝的复辟统治。制度的更替使年仅 13 岁的小亚历山大面临一次艰难的选择，那就是他是否应该接受备维·德·利亚·帕伊叶特里这个姓氏，如果接受的话，侯爵这个封号他唾手可得。可是，小亚历山大骄傲地对母亲说："我叫仲马，别的名字我不想要……我父亲会怎么想？如果我弃绝他，而用上那个我压根儿不知道的祖父的姓。"母亲对儿子这近乎勇敢的选择而喜笑颜开。

青年时代的仲马浑身都洋溢着一种自发的力量和蓬勃的创造力，有人评论他是第二个狄德罗——一位著名的百科全书式的学者。的确，年轻的仲马从父亲那里继承下来了超人的体力、宽宏大量的气度、丰富的想象力和虚荣心。不过，除此之外，年轻的时候他还是个着了迷的猎手、不学无术的饶舌者和狂热的戏剧迷，很早以来，他就被《哈姆雷特》中的大老鼠和《威尼斯商人》中夏洛克的一磅肉等传奇剧深深地感动了，他决定当一个剧作家。

19 岁那年，仲马终于抵挡不住来自远方繁华巴黎的诱惑，他决定独闯巴黎。前往巴黎时，仲马所有的财富就是母亲给他的 400 法郎，而路费则是从公共马车卖票员卡尔季叶老爷子那里打台球赢来的。到巴黎后，通过仲马将军的老朋友福阿将军的帮助，同时也因为写得一手漂亮的字体，大仲马成了奥尔良公爵办公室里一名私人抄写员。这份工作的年俸是 1200 法郎，这样，他的生活就没有多大的后顾之忧了。在这期间，仲马利用业余时间，读了大量的书籍，写了大量的笔记，并开始了创作的尝试。

与此同时，仲马结识了社会地位同他一样卑微的缝衣女工卡特琳娜·拉贝，随后两人很快坠入爱河并同居。1824 年 7 月 27 日，他们有了一个胖小子，洗礼时取名为亚历山大，这是仲马这一系第三个叫亚历山大的人。就这样，这位 22 岁的小官吏当上了父亲。但是，由于大仲马与拉贝从未履行过结婚手续，他们的儿子自然就没有合法的身份，小仲马一直被人们视为私生子。

1827 年，有个英国剧团来巴黎作巡回演出，并获得了极大的成功。这次演出使巴黎人改变了对于传奇剧的看法，人们对于英国演员精彩的表演报以热烈的掌声，自然，这群人中少不了一个疯狂的戏剧迷——大仲马。当看到舞台上的莎士比亚悲剧，仲马终于明白，他在创作中一直孜孜以求的是什么：自由而生动地描绘伟大的事件，把古典主义者隐藏在幕后的肉体上的暴力行为搬上舞台、用出人意料的结局使观众惊异。英国人的这次演出，部分地改变了法国戏剧界古典悲剧占垄断地位的现状，并彻底地改变了热情的仲马。此后，大仲马正是根据这样一种风格创作了一部又一部优秀的剧作，从而成为法国著名的浪漫主义戏剧家。

1829 年，仲马发表了历史剧《亨利第三及其宫廷》，主要是反映 16 世纪宗教战争期间封建国王与反动贵族之间狗咬狗的纷争、阴谋和残杀。仲马用他那双年轻、热情的手打开了一个时代，让它矗立在每一个观众面前。这部历史剧在法兰西喜剧院演出，获得了空前的成功,被公认为浪漫主义戏剧运动的一个胜利。在法国,仲马第一个把传奇剧搬上严肃的剧院舞台,因此人们说,《亨利第三及其宫廷》的演出是浪漫主义戏剧运动的开端。

1831 年,仲马又发表另一部成功的历史剧《安东尼》。如要了解《安东尼》的演出在戏剧生活中究竟是什么性质的事件,只需读读当时一些杂志的评论就够了。《两世界》杂志评论说:"……此剧获得了空前的成功,它的每一场都变成了不是一个,而至少是 20 个沙龙的议论中心……所有的包厢都在进行着充满好奇心的争论,但这争论总摆脱不了《安东尼》的影响……传奇剧重又在文艺界赢得了自己的地位。"与当年老仲马驰骋疆场所向披靡一样,在法国文坛,大仲马也纵横驰骋,并赢得了崇高的声誉。就这样,一个前不久刚从维墨尔——科特雷来到巴黎的 28 岁的年轻人,一无地位,二无靠山,三无金钱,却一下子就变成了名人,甚至是要人。大仲马成了自己那个时代最受欢迎的剧作家,和雨果、德维尼并驾齐驱,成为浪漫主义戏剧的先驱。

剧作演出的不断成功不仅给仲马带来了崇高的声誉,也给他带来了丰厚的收入,使他成为文艺界的一个大财主。这本来是件好事,但没想到的是从此以后,风度翩翩、有天使一样明亮眼睛的大仲马开始出入上流社会,整日同那些贵妇人、女演员厮混,频繁地更换情人,过着挥金如土、风情万种的放浪生活。有一次,这位放荡的父亲非常庄重地对年轻的小仲马说:"我的儿子,你要配得上仲马这个名字,就必须生活得很阔绰,到巴黎饭店去吃饭,什么摆阔的事都别拒绝。"由此可见大仲马当时思想之一斑。

仲马的放荡给自己招来了意想不到的麻烦。1841 年,大仲马曾千方百计地想加入法国科学院,但是科学院的成员都避之唯恐不及。当时的仲马有一对私生儿女,有一群固执而任性的情妇,说不定什么时候会闹出桩丑事来,科学家们不敢接受他。快活而不知检点的仲马注定永远也难以走进科学院神圣的大门,事实也是如此,仲马一直活到 68 岁也没有能实现自己的这一夙愿。

从 19 世纪 40 年代开始,大仲马与人合作,开始撰写报章连载小说,其中绝大部分属于历史武侠小说。仲马想通过小说这种通俗易懂的文学形式再现法国乃至地中海的历史。所以,如果说前半生的仲马是天生的剧作家,那么后半生的他则是一个杰出的传奇历史小说家。

1844 年,大仲马发表他最出色的历史武侠小说《三个火枪手》(亦译《三剑客》)。这部小说情节惊险曲折,它不同于一般的"斗篷加长剑"的庸俗小说,而是十分细致地描写了 17 世纪初期的社会生活,刻画了一些栩栩如生的人物,具有现实主义的内容与风格。小说显示了仲马成熟的写作技巧,并且同样给仲马带来了巨大的荣誉。1850 年,人们说,如果在某个荒无人烟的岛上还住着鲁滨逊的话,那么,他这时候大概也在读着《三个火枪手》。

紧接着在 1845 年,大仲马一部长达百万字的长篇小说《基督山伯爵》问世。小说精心编写了一个报恩复仇的故事:主人公邓蒂斯被嫉妒他的人告密下狱,在囚牢里过了 14 年。他按一个临死狱友提供的线索,在一个偏远的海岛上找到了宝库,一举成为亿万富翁。从此，他改名"基督山伯爵"，回报了有恩于他的船主摩莱尔，也一一惩罚了他的仇人：马瑟夫伯爵、银行家邓格拉斯和法官维尔福。《基督山伯爵》的成就超过了仲马以前所有的作品，整个巴黎都为这部小说发了疯，不过，大仲马本人发疯的程度则更为厉害。他从未在自己的小说和私人生活之间划分过明确的界限。邓蒂斯过的那种豪富生活使他倾慕不已。仲马决定要拥有自己的基督山城堡，后来，仲马的愿望实现了，不过他为此花费了 70 万法郎。

城堡建成之后，仲马也像基督山伯爵一样大把大把地花钱，成了一个慈善家。当时，任何一个手头拮据的作家和艺术家都可以到"基督山"来住，这里常常住着许多食客，有些连仲马自己都不认识。每年花在这些人身上的钱数以万计，除了这些人，这里还住着一些妇女，这些人大多数是仲马的情妇……这支庞大的食客大军使仲马负债累累，逼得他不得不像机器一样接连不断地创作，以获得丰厚的稿酬。不过，尽管如此，仲马常常会陷入被债主们包围的窘境之中而难以脱身。

有人评价说，在整个法国文学史上，没有任何一个作家像 1845～1855 年这段时期的大仲马那样多产，他一个劲儿地往报纸和杂志上投寄长篇小说，每年达 8～10 卷之多。而且，这些数字惊人的作品很少有失败的。在那时，仲马是法国唯一一个赢得所有报纸赞赏的作家，他还笼络了整整一支匿名合作者的大军，有人称基督山城堡是"小说工厂"，这座工厂生产了大量的作品。全法国乃至全世界的人在闲暇时刻都捧着大仲马的长篇小说，但谁也不曾读完仲马的全部作品。有人则补充说，整个世界和法国人自己是通过仲马的长篇小说来熟悉法国历史的。

值得一提的是，仲马是个热忱的共和主义者。在 1830 年的"七月革命"中，仲马积极地参加了巴黎人民推翻波旁王朝的战斗。在第二年，他又担任了炮兵连的副连长；在 1848 年革命时期，他曾带兵进入巴黎编辑共和派报纸。1852 年，路易·波拿巴称帝拿破仑三世，大仲马被迫逃亡到布鲁塞尔，之后在欧洲各地游历。在 1860 年意大利人民进行统一祖国的战争时，他又前往意大利筹备军火，协助加里波第征战。但是，与天生就是骁勇善战的其父仲马将军不同，大仲马几乎没有什么战绩，也许因为他天生是个剧作家、小说家，而不是一个军事家和政治家，他不能创造历史，却只能重新把历史引进自己的创作中，从而在法国乃至世界文学史上留下一道耀眼的弧线和印迹。

在这里，可以毫不夸张地说，青壮年时代的大仲马是法国文坛的一个奇迹，他是法国第一个把传奇剧搬上严肃的戏剧舞台的剧作家，同时也是他那个时代最受欢迎的小说家，他使全世界读者为他着迷。然而，奇迹总会过去。当创造奇迹的时代过去之后，衰老对于奇迹的创造者便显得非常残酷。

1867 年，65 岁的大仲马创办了一种新报纸《德·阿尔坦扬》，计划每周出三次，又请自己那帮朋友帮他做广告："……他，谢天谢地，使得人们都在谈论自己……他复活了，重新拔出刺刀，保卫过去的原则。"但《德·阿尔坦扬》没有获得成功，仲马开始感觉力不从心，那把锐利的刺刀已经拔不出来，也不再属于他了。终于来到了这么一天，这位曾经是那么敏捷、善辩的大仲马，思路变得不清晰了，讲述也混乱不堪。1870 年秋，一场中风使大仲马变成了半瘫痪,他好不容易才来到小仲马家,对儿子说:"我想死在你这儿。"其实,亚历山大·仲马并不害怕死亡,"死神对我很宽厚,"他说,"因为我能讲点故事给她听"。1870年12月5日晚间9点钟,大仲马悄悄地离开了人世,给人们留下的是不朽的艺术之作和深切的怀念。

临终前,大仲马对他的儿子讲述过一个这样的梦:"我梦见,我站在一个陡峻的悬崖顶上,那上面的每一块石头让我想起了我的每一本书来。"大仲马的梦在1880年变成了现实,这年,人们在马利泽尔勃广场为他建造了一座纪念碑。正像他所梦见的那样,在那巨大的花岗岩底座上面,青铜铸成的大仲马像微笑着坐在那里,他的脚下是一组群像:大学生、工人、年轻姑娘,手执书本永远凝立在那里。碑的另一面,坐在基座上的德·阿尔坦扬在那里守卫着。在纪念碑的揭幕仪式上,主持人茹利·克拉列季说:"大仲马使三代甚至四代人变得快活,他做得更多,他安慰了他们……"而大仲马的朋友爱德蒙·阿布则说:"这座雕像塑造出来的是一代伟大的狂人,他那无限的乐观,罕见的快乐使他拥有比我们所有人加在一起都更加健全的思想、更加完备的理智……"

也许正是因为这一份快乐、乐观,也许因为他知道儿子小仲马将会为"仲马"这个家庭增添一道道更亮丽的色彩,大仲马溘然长逝时,脸上带着的是那永恒的、抹不去的、人们早已熟悉的微笑。

小仲马与《茶花女》

1824年7月27日,小仲马降生了。

他的父亲是未成名的大仲马,母亲是普通的缝衣女工卡特琳娜·拉贝。

据日后有人回忆说,小仲马出生时的哭喊声又大又洪亮,也许他早已知道自己没有合法的身份,是个私生子,等待自己的将是不负责任的父亲长达7年的遗忘和世人的奚落、羞辱。

1831年春天,大仲马与一个女演员同居生下了一个女儿,这个女演员要求大仲马通过法律形式承认女儿的合法地位。直到此时,大仲马才记得自己还有一个儿子,于是他找到了已经7岁的小仲马。当时卡特琳娜为了得到儿子的抚养权,在大仲马来的时候把小仲马藏起来,或者叫他跳窗逃走,但这一切都无济于事,法庭最后判决,小仲马归大仲马抚养。这位勤劳而善良的女工失去了自己同居的伴侣之后,又失去了自己含辛茹苦带大的孩子。当小仲马挥泪离开自己的母亲时,他深深感到人世间的残酷和不公平。

大仲马在承认小仲马的同时,正和一个名叫贝尔·克莱尔塞梅尔的妇女打得火热,于是把7岁的小仲马送进了寄宿学校。在学校,略懂世事的小仲马痛苦地忍受着同学们对他这个私生子的种种歧视和虐待,那些油头粉面的小坏蛋在小仲马的书和笔记本上画上许多淫秽下流的画,下面再写上他母亲的名字。小仲马常常一个人蜷缩在角落里,失声痛哭。经常的中伤和凌辱使他的性格变得冷酷起来,也损害了他的健康。他变得阴沉、多疑、孤独，渴望着报复。后来小仲马说："我从来也没有完全从经历过的这场打击中复原过来，即令是在生活的最幸福时刻，我也从来不能原谅，不会忘记自己所受的屈辱。"

1839年，小仲马终于得以离开那个地狱一样可怕的寄宿学校，回到了父亲的身边。小仲马本来是一个在贫困屈辱的生活环境中长大的纯朴少年，但回到父亲身边之后，他的生活逐渐发生了变化。他生活在一个人欲横流的社会里，特别是大仲马那种骄奢淫逸的生活方式为这位涉世不深的青年树立了一种最现实的"榜样"。他终于学坏了，也开始尝试追逐声色犬马的荒唐生活。有那么一阵子，人们一提到大、小仲马，便会用"有其父必有其子"这句话来揶揄他们父子两人的生活方式。

不过，大仲马在把小仲马带到声色犬马的生活中去的同时，也引导小仲马走上了文学创作的道路。不满20岁的时候，小仲马写了一些诗歌，编成一本书名响亮的集子《青春的罪恶》，用他父亲的钱出版，结果只卖出14本。他还着手写了他的处女作小说《四个女人和一只鹦鹉的奇遇》，但是这些作品都没有引起人们的注意。作为文学家的小仲马，真正使他能够在法国文学史上占有重要一席之地的，主要是那部脍炙人口的《茶花女》

小仲马

茶花女的生活原型是玛丽·杜普莱西——小仲马的一个情妇。玛丽·杜普莱西是个美艳绝伦的风尘女子，她拥有一大帮追随者和数不清的情人，其中不乏像德·斯塔凯尔贝克伯爵和德·格拉蒙公爵这样的显赫人物，这些情人随时准备为她一掷千金，甚至不惜为她破产。1844年8月，小仲马在"杂耍剧院"认识了玛丽，随后很快就成为她最最心爱的一个情人。由于嫉妒、猜疑和贫穷，小仲马最后极其痛苦地离开了玛丽。1847年2月，玛丽·杜普莱西死于疾病和寂寞的双重折磨中。等小仲马从外地赶回巴黎时，玛丽已经下葬一个星期，他只赶上玛丽财产的拍卖。

玛丽·杜普莱西的死深深地触动了小仲马。1847年6月，也就是在玛丽·杜普莱西去世四个月以后，小仲马又来到他曾与玛丽一起度过一段愉快岁月的乡间，那里的一草一木都唤起了他对往日的回忆，也激起了他创作的冲动。于是他闭门写作，花了不到一个月的工夫便写出了小说《茶花女》。1848年，小说出版引起了巨大的轰动，这时的小仲马还不满24岁。1851年，小仲马又着手把小说《茶花女》改编成话剧剧本，并为该剧的上演不屈不挠地进行了近三年的努力争斗。1852年2月2日，《茶花女》在巴黎杂耍剧院首场演出，取得了巨大的成功！这次演出成了这一世纪戏剧界的一个重大事件。意大利作曲家威尔第也是当时的观众之一，随后他以满腔的热情写出了歌剧《茶花女》。

无论是小说还是话剧，《茶花女》的故事内容基本上没有多大的改变，叙述的始终是男主人公阿尔芒与女主人公玛格丽特的爱情悲剧。作为成功的文学作品，它们为我们塑造了一个具有永恒艺术魅力的形象"茶花女"：她美丽、聪明而善良，虽然沦落风尘，但依旧保持着纯洁、高尚的心灵，又甘愿牺牲自己去成全他人。这一切都使这位为人们所不齿的烟花女子的形象闪烁着一种圣洁的光辉。尤其重要的一点是，小仲马开了一代思想先河：在《茶花女》问世之前，那些行为轻佻的姑娘是备受歧视的；而在这之后，每当人们想起像玛格丽特一样的姑娘，就禁不住掬一把同情之泪，忍不住要用感情的皮鞭去抽打和鞭笞像阿尔芒父亲那样的伪君子。

《茶花女》的成功伴随了小仲马很久很久，给他带来了崇高的声誉，这声誉甚至使他的剧作家父亲也相形见绌。在《茶花女》首场演出之后，小仲马打电报给父亲："巨大的成功，就像我是在参加你的作品的首场演出！"父亲立即回电："我最好的作品就是你，我的孩子！"不过，在对《茶花女》的一片叫好声中，也不时会听到一些来自像普柳达姆先生这类人的抗议声，他们感到《茶花女》的创作有失体面，是对妓女的美化。实际上，平心而论，当小仲马在写《茶花女》的时候，他既不打算抨击妓女，也不打算捍卫她们，他在这里既没有成为一个辩护人，也没有成为公开的说教者，他不过是个艺术家，充其量是他对自己的女主人公满怀同情而已。但是若十年之后，小仲马在经历了狂热的青年时代之后，他成了一个严肃的道德说教者，并且彻底与浪漫主义决裂，其标志是 1855 年，现实主义戏剧《半上流社会》的问世。

从 19 世纪 50 年代中期起，小仲马转而专门从事戏剧创作。正如他的父亲所说的那样："我从幻想中汲取自己的情节，而我的儿子却到现实中去寻找它们；我创作时闭着眼睛，而他，眼睛却睁得大大的；我描绘，他摄影。"的确，在小仲马创作的 20 多部剧作中的人物和事件，绝大部分有生活原型，有些甚至就是现实生活的再版，像《放荡的父亲》和《私生子》这两部话剧，一看就知道是两个仲马生活的写照。与此同时，在创作时，小仲马还把自己放在道德家和正义裁判的执行者这样的高度，毫不留情地在话剧中加大段大段的说教，使观众和读者不胜其烦。小仲马有个著名的论调，他认为："任何文学，要不把完善道德、理想和有益当作目的，那都是病态的不健全的文学。"于是，探讨资产阶级社会的道德问题，促成了贯穿他的文学创作的中心主题。法国著名作家福楼拜评价小仲马说："他感兴趣的，不是剧本本身，而是他想加以宣传的思想。我们的朋友仲马幻想着拉马丁的光荣，或者说得更确切些，幻想着拉文扬的光荣。连撩裙子都不允许——这种想法对他说来成为执著的了……"这段评价中的拉马丁是法国著名的诗人，同时也是一名勇敢明智的战士，拉文扬即是其作品中人物的完美化身，由此可以看出小仲马对人物的要求几乎到了苛刻的地步。

不过，这位道德家虽然在文学上与浪漫主义绝缘，在生活上却依旧浪漫。在他的一生中，常常被一些情妇所困扰。1855 年，他疯狂地爱上了一位已婚女子纳迪亚·克诺林，她是波罗的海沿岸的斯拉夫人，是纳雷什基纳亲王的妻子。小仲马在 1861 年给乔治·桑的信中说，这位亲王夫人就像"一条绿眼睛的美人鱼"，"我随时准备像爱一个天使般地爱她，也随时准备像杀死一只野兽般地杀掉她。"1864 年，这种疯狂的爱情最终促成了小仲马与"美人鱼"之间的婚姻。但是，"美人鱼"的猜疑、妒忌和不善持家很快使他的小家庭名存实亡,小仲马处在痛苦和矛盾中,不得不从情妇那里寻找安慰。小仲马第二次也是最后一次婚姻是在他风烛残年时,而他的妻子则是比他小40岁,风华正茂的昂利埃特·雷尼埃。但两次婚姻给小仲马带来的只是两个女儿,他没有儿子,这就意味着仲马家族的历史要中断了。

小仲马最后一部引起轰动的剧本是《弗兰西昂》,出版于1887年。在这以后的整整8年时间里,这位名望卓著、才华横溢、被一些最好的剧院包围起来的剧作家却是在沉默中度过的。这位文学伟人很容易陷入颓唐和悲观之中,他对年轻的波尔·布尔热说道:"从7岁开始,我就和生活搏斗。从我的声音里你别想寻找忧郁——那里面只有疲倦。常常有这样的时候,疲倦袭倒了我,把我整个吞噬了。"暮年的时候,小仲马越来越忧郁,甚至忧郁到对自己的艺术也产生了怀疑,这使他热衷于神秘学和宿命论。在最后的岁月中,这位曾经慷慨陈词的道德家扮演了世俗的神秘主义的角色。

1895年10月1日,小仲马倒下了。他对自己的女儿说:"我也闹不明白,自己是怎么回事,耳边整天像有个蟋蟀在吱吱叫着。"很快他开始感到头痛,有时候陷入奇怪的昏厥之中。11月27日,仲马家族的最后一个小仲马在一个寂寥的深夜里永远闭上了双眼,落下了他人生的帷幕,而此时他案头还堆放着一部即将完成的剧作——《提佛之路》。

小仲马死了以后,人们把他葬在蒙马特公墓,因为在那里,安息着他的永世的情人"茶花女"。

笛福的处女作

1985年初,美国《生活》杂志公布了它在数以百万计的读者中征询意见,评选出"人类有史以来的最佳书籍",《鲁滨逊漂流记》名列《唐·吉诃德》之后,荣获亚军。如果从版次来看,早在一个世纪以前该书即已达到700次,从而创造了世界纪录。时间跨越了又一个世纪,鲁滨逊漂流荒岛创造乐园的魅力,依然不可抵挡。这本雅俗共赏的小说,使它的作者丹尼尔·笛福(1660~1731年)在世界文学史上占有重要的地位。

《鲁滨逊漂流记》是笛福小说的处女作。成书时,他已到了花甲之年,这样的雄心勃勃和卓有成就,常会被人认为是罕见的奇迹。其实,他在少年时代就打下了创作基础。

笛福出身于近似鲁滨逊的小康之家,父亲是伦敦的一个商人。当时正值王政复辟时期,他希望儿子将来成为牧师,安分守己的度日。笛福受完中等教育以后,掌握了拉丁文、希腊文、法文和西班牙、意大利等国的文字,一心要去西欧各国经商。他说服父亲后,便与人合伙,从事国际贸易。其间,他曾参加过反对国王詹姆士二世的斗争,却不曾放弃经商。只是由于爆发了英法之间的战争,使他于1692年遭到破产,才做些零碎小事。他开过砖瓦厂,当过信奉新教的政府情报员。

笛福在政治上反对封建专制,要求政治民主;拥护殖民制度,赞颂新兴资产阶级的进取和刚毅精神。1697~1698年间,他的经济论文《计划论述》和《论开发》等发表后,又写了一些政治小册子。1701 年发表的讽刺诗《真正的英国人》，为荷籍国王威廉第三辩护，并因此受到青睐，被安排到国王的顾问班子里，仿佛时来运转，不幸的是，国王坠马身亡。

1702 年，安妮女王登基后，热衷于天主教。笛福发表政论《消灭不同教派的捷径》，用反讽手法抗议政府压迫不同教派人士，因此获罪下狱，受到枷号示众的酷刑。笛福不堪忍受凌辱，于 1703 年写了一首《枷刑颂》，斥责那些应受枷刑的无能的将军、争权的政客、贪婪的财政家……。这首诗在伦敦散发以后，激起了社会各阶层的广泛同情，当他在广场上带枷示众时，群众把鲜花撒在他身上，给他戴上英雄的花冠。当局迫于形势，经笛福友人的营救，才释放了他。

1704 年起，笛福担任辉格党办的《评论》周刊的主笔，光在这个周刊上，他就写了 5000 页的文字。据统计，笛福一生与 26 家杂志有联系。他的作品投合了资产阶级发展的需要，很受市民欢迎。比如 1722 年，写的《瘟疫年纪事》，淋漓尽致地描写了他五岁时目睹的黑死病奇祸。单是他家附近的教堂墓地，六月份的一个星期之内就埋下 120 具尸体，7 月份的一个星期之内增加到 554 具。收尸人员夜间推着车子沿街叫喊："把死人搬出来！"其凄惨之状，非笔墨所能形容。作品发表时，正当法国马赛鼠疫流行，所以特别引人关注。笛福作为报章杂志的主笔和记者，在 18 世纪取得的成就，和他的著名小说《鲁滨逊漂流记》一起，引起报界的高度重视，被誉为"现代新闻报道之父"。

1713 年 12 月，笛福在《英国人》杂志上看到一篇关于苏格兰水手亚历山大·塞尔柯克的特写。这位水手航海时与船长发生冲突，被抛到智利海外的荒岛上，孤独地度过了四年多的蛮荒生活。后来，一个航海家发现了他，把他带回英国。该文在末尾写道："要求仅限于生活必需品的人，是最快乐的"。笛福虽然对这篇特写很感兴趣，但不赞成那种"知足常乐"的论调。他用这个飘流荒岛的题材，写成一部宣扬"奋斗常乐"的小说。

小说的主人公鲁滨逊，1632 年生于英国约克郡。为了兴趣，不顾父母的反对，逃到海外经商，被摩尔人掳去，当成奴隶卖掉，后来逃往巴西工作。1659 年 9 月，为去非洲购买奴隶，航行到西印度群岛触礁，独自飘到无人岛。

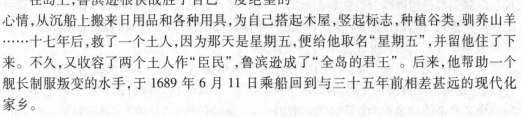

笛福

在岛上，鲁滨逊很快战胜了自己一度绝望的心情，从沉船上搬来日用品和各种用具，为自己搭起木屋，竖起标志，种植谷类，驯养山羊……十七年后，救了一个土人，因为那天是星期五，便给他取名"星期五"，并留他住了下来。不久，又收容了两个土人作"臣民"，鲁滨逊成了"全岛的君王"。后来，他帮助一个舰长制服叛变的水手，于 1689 年 6 月 11 日乘船回到与三十五年前相差甚远的现代化家乡。

恩格斯指出，从《鲁滨逊漂流记》里，可以清楚地看出资本主义原始积累的过程。而鲁滨逊正是一个"真正的'资产者'"，这是笛福执笔时所不曾预料的。

该书出版后，受到热烈欢迎，四个月内发行了四版，接着又出了续篇。续篇中，鲁滨逊带领外甥和星期五再度出海，到他经营过的岛上继续垦殖。星期五因插手父亲与土著间正在进行的"海战"而战死。鲁滨逊经过许多危险后，旅行到中国、西伯利亚，十年后回乡享受天年。

完成《鲁滨逊漂流记》之后，笛福又写了几本类似的小说，著名的有《辛格顿船长》《摩尔·弗兰德斯》《杰克上校》等。其中的主人公都有一股永不满足、不断追求的劲头。有人称之为清教徒的精神史。

笛福晚年并没有享受到清福，他24岁那年和一个富商的女儿结婚，接连生了八个孩子（其中有两个夭折）。据说他另外还有一个私生子，负担之重，可想而知。他曾梦想发财，无奈一再失败，欠下的债务，始终未能还清。为此，他曾在《英国商人手册》一书中，谆谆告诫青年：在事业未成规模之前，千万不可结婚。在《英国商业计划》一文中，他反复强调"工作就是生命，因循懒惰就是死亡。"这也许可以说是他一生的座右铭吧！

著名的俄国讽刺作家：果戈理

正如爱尔兰作家奥卡·王尔德所说的那样："大作家的生活往往非常乏味，他们把精力都用在写书上了，一点也没有留给生活。"果戈理（1809～1852年）在他短短的人生中，抱着多病之躯，过着出家人一样的生活，呕心沥血，奋笔写作，给世人留下了洋溢着青春欢笑的《狄康卡近乡夜话》，像划破黑暗的一抹曙光、使人含泪而笑的《密尔格拉得》和《彼得堡故事》，以及两部流传全球、千古不朽的艺术佳作——讽刺喜剧《钦差大臣》和长篇史诗《死魂灵》。他和普希金一起作为批判现实主义文学的奠基人，受到革命导师马克思的推崇。

本世纪初，青年鲁迅读了果戈理的作品后，曾热情赞赏他"以其不可见之泪痕悲色，振其邦人"，并取法于他的佳作《狂人日记》，创作了震撼我国"五四"文坛的同名小说。

果戈理在他的作品中所塑造的一个个文学典型，已经成了有特定意义的通用词汇，如：浅薄无聊的官吏赫列斯达可夫，投机钻营、招摇撞骗的"天才"乞乞科夫，贪婪、吝啬、积聚而又浪费的行尸走肉泼留希金。作家茅盾生前说得好：这些活生生的形象，使我国读者联想到自己国内昨天存在着的或今天也还存在着的那些不劳而获、唯利是图、荒淫无耻……进行冒险欺诈的资产阶级人物，而给以更深的憎恨。果戈理实现了自己"给人民带来幸福"的崇高理想，永远值得世人怀念。

在当年乌克兰一座荒芜的地主庄园里，果戈理来到了人世间。他的父亲擅长于写作，编过描写轻浮贵族的喜剧，语言富于生活气息，在密尔格拉得的索罗庆采镇上小有名气。他的母亲受宗教影响很深，常给他讲些因果报应的故事，其中有关地狱的一些情节，虽然使他感到恐怖,听来却也异常新奇。钟爱他的老祖母,也能给他讲些哥萨克的故事,有时还会情不自禁地唱起古老的歌谣。在这样的家庭里,果戈理受到了良好的艺术熏陶。

1818 年,他进入坡尔塔瓦省的一所县立学校读书,第二年因病休学,在家里自修。1821 年升入涅仁高级中学,受到十二月党人贵族革命思想的影响,爱读普希金的诗。当进步教师别洛乌索夫受到迫害时,果戈理曾被传讯。因为在他的笔记本里,被查出有属于别洛乌索夫自由思想的言论。为了保护敬爱的老师,他勇敢地声称都是自己写的,矢口否认与别洛乌索夫有任何关系。这对于一个临近毕业的学生来说,该是何等难能可贵的行动啊!结果毕业时,按成绩他应得到十二等官职的任命,因此事只得到十四等官职的任命。

1829 年初,果戈理到了彼得堡。当他得知普希金住在皇村后,便立即登门拜访。遗憾的是被看门的人挡了驾。1830 年,果戈理在《祖国纪事》上发表第一篇小说《比萨甫留克》,受到著名诗人茹柯夫斯基的赏识,在他家举行的一次晚会上,果戈理结识了一些诗人和批评家,其中有位作家名叫普列尼约夫,于 1831 年 5 月 19 日举办一交家庭晚会,使他终于有幸会见了早就敬仰的普希金。普希金非常喜爱这位身材矮小、略带腼腆的“小俄罗斯奇才”,和他一见如故,倾心交谈。

当时,果戈理正在皇村附近的巴甫洛夫斯克当家庭教师,便有较多的机会会见普希金,并和他一起散步、谈心。不久,果戈理出版了中篇小说集《狄康卡近乡夜话》第一部,普希金读完后“惊喜异常”。认为它“许多地方都那么富有诗意,充满了灵感”;称赞果戈理的描写是俄国文学中“极不平凡的现象”。

有一次,果戈理想写个喜剧,正在思考题材的时候,普希金给他讲了两个故事:一个是普希金本人在奥伦堡搜集普加乔夫的历史资料时,被地方官员当作沙皇派来“私行察访”的钦差大臣;一个是《祖国纪事》杂志的出版者斯文英,有一次在外地冒充彼得堡要员,老百姓纷纷向他递状子,控告当地县长。果戈理听了这两个故事很受启发,在不到两个月的时间里,便写出了一部杰出的讽刺喜剧:《钦差大臣》。

果戈理有一个“像普通的破旧的纪念册”那样的大笔记本,封面写着“日用百科全书”。编者的署名是“果戈理”,日期写的是“1826 年”,里面写着他“在社会上观察到的东西”。他从学生时代起,就一直保持着写笔记的习惯。他处处留心积累创作素材,有时把饭店里的菜单也抄写下来;在与母亲通信中,他请求老人家回信描绘农村婚礼的场面和教堂诵经士的全套服装等;在封地局当文读员时,常和同事聊天,询问他们的家庭、子女和生活情况,并把它写在笔记本里。在《作者自白》中,果戈理谈到自己的写作方法时说:“我从未在想象中创造过任何东西,我没有这种本领。只有取自现实的东西,取自熟悉的素材,我才能写好。”这对于爱好写作的读者不无教益吧!

一篇文稿写好后,或许由于某种原因,再把它烧掉,这是常有的事。但是,像果戈理那样把鸿篇巨制的书稿付之一炬,在世界文学史上还是罕见的。

果戈理有一句名言:“为了复活,必须先要有死亡。”

他青年时代，就曾烧过自己不满意的小说《海士曼》；两次毁了自己的剧作《第三级的乌拉及密尔》；1929 年夏，他的长诗——《汉斯·古谢加顿》正式出版，当他发现书店里几星期积压着这本书卖不掉，又有人在杂志上写文章批评这本书"陈旧、浪漫……"时，他便跑到书店，取回所有的《汉斯·古谢加顿》，全都销毁了。

有一次，他把自己写好的剧本读给诗人茹柯夫斯基听，当时正是午休时间，诗人稍一打盹，他便断定是自己写得不好，没等读完，就把剧本扔进火中。

最令人惋惜的是他花费十年时间写出的《死魂灵》第二部手稿，大约烧过三次。这充分说明，果戈理对待创作的严肃态度和对艺术完美的追求。

果戈理（1809～1852 年），俄罗斯现实主义文学的奠基人之一。

果戈理暮年受了宗教神秘主义的影响，曾到耶路撒冷作了一次朝拜。在莫斯科居住期间开始吃素斋，而且大部分时间都跪在自己房间里的圣像前。由于疾病的折磨，四十三岁便离开了人间。作为伟大的俄罗斯语言艺术家，苏联政府于 1952 年在莫斯科给他竖立了纪念碑。

19 世纪英国浪漫主义诗人拜伦和雪莱

18 世纪末和 19 世纪头几十年间，是英国社会经济、政治和文化发生深刻变革的时期。工业革命促使英国资本主义社会的两大阶级，即工业资产阶级和工业无产阶级的矛盾日益尖锐化。无产阶级作为独立的政治力量登上了历史舞台。19 世纪头十年中，北方工业区发生了多次工人暴动。1811 至 1812 年，在诺丁汉、兰开夏、约克等郡，工人们掀起了规模巨大的捣毁机器运动，它因其领导人名叫卢德而称为卢德运动。政府用死刑严惩了许多捣毁机器的工人，卢德运动被镇压了。

与此同时，在工业革命进程中经济实力大大加强的英国工业资产阶级，不能容忍金融寡头、土地贵族和商业垄断资本家控制议会和政府，他们要求分享国家政权。在资产阶级民主改革运动的强大压力下，1832 年通过了议会改革法案，规定增加工业城市的代表席位，降低选民的财产资格限制，它标志着英国工业资产阶级在政治上的胜利。

除此之外，英国和爱尔兰之间的民族矛盾也加剧了，英国在美洲和印度连年进行殖民战争。在意大利、西班牙、希腊等国，热爱自由的人民纷纷掀起反抗异族压迫和封建反动势力的民族民主运动。英国浪漫主义文学就是在这样曲折、复杂的历史背景下形成的。

　　英国的浪漫主义文学分两大流派。华兹华斯、柯勒律治、骚塞等诗人，都曾卜居英国西北部的湖区，所以被称为"湖畔派"。他们在法国革命初期对法国革命还表示欢迎，但随着法国革命转入雅各宾专政时期，他们又感到恐惧，生怕法国革命人民的行动会影响英国人民，因此转而站在英国统治阶级的立场上，仇视革命的民主运动，推崇国教，拥护反动的神圣同盟。在文学上，他们强调作家的主观想象力，否定文学反映现实，否定文学的社会作用。湖畔派热衷于描写脱离现实斗争的题材，描写带有神秘色彩的自然风光和离奇古怪的故事情节，美化和歌颂中世纪的封建宗法社会。以拜伦和雪莱为代表的革命浪漫主义，则继承了启蒙学派和民主派的理想和传统，始终同情法

英国浪漫主义诗人拜伦

国资产阶级革命。他们支持卢德运动和民族解放运动，反对英国统治阶级的反动的国内外政策，反对教会和神圣同盟。在文学上，他们强调文学是现实的反映，肯定文学的社会教育作用。他们的作品的核心是资产阶级个人主义，追求"个性"解放，强烈要求摆脱一切封建束缚。他们的作品也反映了人民群众的某些愿望和要求，在当时的历史条件下具有巨大的进步意义。

　　乔治·戈登·拜伦（1788~1824年）是19世纪上半叶英国伟大的革命浪漫主义诗人。拜伦出生于破落的贵族家庭，10岁继承了爵位和诺丁汉的祖传领地，1801年进入哈罗学校，1805年入剑桥大学。他博览群书，特别喜欢历史、哲学和文学。1809年，他发表了讽刺长诗《英格兰诗人和苏格兰评论家》，答复了保守派对他的第一部诗集的批评。他辛辣地讽刺了湖畔派诗人。同年大学毕业后，拜伦出国旅行，游历了葡萄牙、西班牙、阿尔巴尼亚、希腊、土耳其等地。1811年回到祖国之后，他根据旅途中所得到的印象开始写作长诗《恰尔德·哈罗尔德游记》。

　　《恰尔德·哈罗尔德游记》是拜伦的代表作。拜伦通过他第一次塑造的哈罗尔德这个忧郁的漂泊者的形象，抒发了他的强烈的追求个人自由的资产阶级个人主义思想。拜伦猛烈抨击英国统治集团和欧洲封建反动势力，热烈同情和支持欧洲资产阶级民主革命和民族解放运动。但是，哈罗尔德也反映了拜伦身上存在的矛盾和缺陷。哈罗尔德蔑视群众，离群索居，沉迷于大自然美景，悲观厌世，对人生采取虚无主义态度。

　　拜伦同情英国工人阶级的恶劣处境，积极支持卢德运动。1812年，拜伦在上议院发表了著名的演说，反对处决破坏机器的工人。他发表了政治诗《编织机法案编制者颂》，抨击了政府的反动政策，并号召工人起来打断刽子手们的脊梁骨。1816年，他又写了《卢

德派之歌》,号召工人扔掉梭子,拿起武器,用自己手织的布匹来包裹暴君的尸体,用暴君的血液来灌溉自由之树。

由于英国统治集团的迫害,1816年拜伦被迫离开英国,先后在瑞士、意大利等国过着漂泊的生活。在瑞士,拜伦认识了雪莱。这个时期,拜伦除写了大量的诗作之外,还钻研了意大利的历史和文学,参加过意大利烧炭党人的革命。

长篇叙事诗《唐·璜》是拜伦最重要的一部作品,比起拜伦过去的作品,这部长诗的现实主义色彩加深了。作品的内容,是说西班牙青年贵族唐·璜逃出西班牙,流落到希腊,同希腊海盗的女儿海甸自由恋爱。后来他被海盗送到奴隶市场拍卖,进了土耳其素丹的后宫。接着,唐·璜逃出素丹的后宫,加入了正在侵入土耳其的俄国军队。唐·璜在战争中立了战功,成为叶卡特林娜二世的宠臣,最后奉使英国。拜伦原来计划《唐·璜》共写二十五歌,他最后准备让唐·璜参加法国革命,在法国革命中牺牲。法国革命应该是全诗的高潮,但拜伦只完成了十六歌和十七歌片段,就在希腊牺牲了,因而全诗未完。在《唐·璜》中,拜伦抨击、讽刺、嘲笑英国资本主义社会的现状和欧洲各国的封建专制统治与穷兵黩武。同时,在这部作品中,拜伦也处处流露出他的资产阶级个人主义思想和虚无主义的哀愁。

1823年,拜伦自己出资装备了一艘战舰,招募500名士兵,前往希腊参加希腊人民反抗土耳其的民族独立战争,受到希腊人民的热烈欢迎。1824年4月19日,拜伦不幸患热病而死。希腊人民为拜伦举行了隆重的国葬。

拜伦是这一时期欧洲文坛上最有影响的诗人之一。他的作品对后来英国宪章派文学起了重要的作用,对当时欧洲各国的文学也产生了强烈的影响。拜伦是一个充满着矛盾的伟大的革命浪漫主义诗人。他为民主自由、民族解放的理想而战斗了一生,他的作品具有巨大的进步意义和艺术价值,这是拜伦一生的主流。拜伦反对封建专制主义和大资产阶级的金钱统治,但他所追求的只是个人的绝对自由。因此马克思说:"拜伦要是活得再长一些,就会成为一个反动的资产者"。(马克思、恩格斯:《论浪漫主义》,人民文学出版社1959年版,第36页)

柏西·比希·雪莱(1792~1822年)出生于富裕的地主贵族家庭,祖父和父亲都是顽固的保守派贵族。雪莱在伊顿学校读书,对自然科学、哲学和文学的兴趣极为浓厚,广泛地阅读了自然科学著作和柏拉图、休谟、启蒙思想家的著作以及泛神论、自然神论等哲学理论。他是葛德文的《政治正义性的研究》、潘恩的《人权论》和卢梭的《论人类不平等的起源和原因》的热烈崇拜者。1810年,雪莱进了牛津大学。1811年,他写了题为《无神论的必然性》的论文,因此而被开除学籍。在这篇论文中,雪莱认为私有制是罪恶的,他反对剥削制度,并向往于一个未来的空想社会。

1812年2月,雪莱曾经到爱尔兰旅行,热情支持爱尔兰人民反抗英国殖民压迫的民族解放斗争。次年,雪莱发表第一部长诗《麦布女王》。在这部长诗中,他表达了自己的最基本的政治、哲学和美学观点。雪莱采取梦幻和寓言的形式,描写仙后麦布女王引领熟睡的纯洁少女伊昂珊的灵魂到宇宙中去观察人类的过去、现在和未来。雪莱通过这个梦幻故事，揭露暴君和僧侣摧残了人类的自由和才智，剥夺了人民的劳动果实，从而使千百万人民忍饥挨饿。他指出，变革是自然的基本法则，理性的声音终将唤醒人民，推翻暴君、僧侣和政客的统治，一个人人丰衣足食、人类才智获得解放，由道德、理性和科学统治的幸福社会必将出现于世界。

雪莱的另一部重要作品是《伊斯兰的起义》，这部长诗发表于 1818 年。长诗的主人公是诗人莱昂，他眼看暴君横行霸道，广大人民陷于水深火热之中，便挺身而出，积极宣传真理，号召祖国人民起来反抗，在黄金城发动革命，他的情人茜丝娜也同他并肩战斗。

可是暴君被推翻以后，莱昂却以"仁爱"为怀，说服激怒的革命人民饶恕暴君，结果暴君乘机复辟，屠杀人民，莱昂和茜丝娜也被活活烧死。莱昂和茜丝娜临刑前慷慨高歌："我们的死亡会促进人类的前程"。围绕着这个故事，雪莱猛烈抨击欧洲封建反动势力的专制暴政，热情歌颂法国资产阶级大革命，并指出法国革命虽然被反动的神圣同盟镇压了，但封建反动势力必然要覆灭，民主自由今后必定实现，人类的明天必将灿烂辉煌。

珀西·比希·雪莱

雪莱的作品触怒了统治阶级。1818 年，他和拜伦一样，被迫永远离开英国。在流亡国外期间，雪莱还写了许多作品，其中比较著名的有《解放了的普罗米修斯》《致英国人之歌》《专制暴君的化装舞剧》《自由颂》《西风颂》《致云雀》，等等。政治诗《致英国人之歌》号召工人，农民起来斗争，在宪章运动时期成为广大工人们的战歌。雪莱指出物质财富都是劳动人民创造的，必须为他们自己所占有。雪莱从启蒙思想出发，认为人人应享有自由平等的权利，表现了对劳动人民的深刻同情，并意识到劳动人民的巨大力量。但雪莱却认为，人民应该通过"精神"力量去说服统治者，而不必诉诸革命或暴力手段。在雪莱的世界观中，唯物主义和唯心主义相互交织，用泛神论来反对有神论。这些反映了他的阶级局限性。

1822 年 7 月 8 日，雪莱在意大利沿海乘游艇航行时突遇风暴，不幸遇难。

马克思和恩格斯都十分重视雪莱。恩格斯说雪莱是"天才的预言家"。马克思在比较了拜伦和雪莱之后，曾经这样说："雪莱……是一个真正的革命家，而且永远是社会主义的急先锋。"（马克思、恩格斯：《沧浪漫主义》，人民文学出版社 1959 年版，第 36 页）

雪莱的名字在中国并不陌生。《西风歌》结尾的名句——"如果冬天来了，春天还会远吗？"不仅早为我国诗人们所传诵，而且在解放前的黑暗年代里，曾经成为鼓舞广大人民蔑视黑暗势力、奋勇斗争的战歌。

幽默大师马克·吐温

马克·吐温（1835~1910年）是19世纪美国文坛上的幽默大师。传说，有一次，一位想当作家的青年写信问他："人们都说鱼骨里的鳞能够补脑，不知您是否吃了那种鱼？吃了多少？"马克·吐温在回信中风趣地写道："你想要成为作家，必须得吃1吨以上的鲸鱼。"这当然是办不到的。我们不妨了解一下马克·吐温是怎样走上写作道路的。

马克·吐温其实是笔名，真名叫山姆·克雷门。他出生于密苏里州的一个贫穷的村子里。由于父亲工作不顺利，四岁那年，他随家迁到同一州的汉尼拔镇。镇边的密西西比河上，常有蒸汽轮船来往，商业繁盛，为马克·吐温后来的写作提供了素材。

马克·吐温童年常去姨母农场里玩，并和一位中年黑奴丹尼尔非常要好。丹尼尔不仅热情、纯朴，而且头脑清楚。马克·吐温常向他请教一些有关《圣经》上的问题，比如：那个所罗门王，据说聪明无比，为什么他的后宫里有数以百万计的妻子呢？丹尼尔认为这件事是靠不住的。马克·吐温后来把这段话写进了《哈克贝里·费恩历险记》里：

后宫就是个人公寓，我猜是。大概在带孩子的屋子里也得整天哇哇地吵。我看这些老婆也会吵得够瞧的。那么一来，吵的声音就更厉害了。可是人家都说，所罗门是自古以来顶聪明的人，我可不信那一套。为什么呢？一个聪明人哪会愿意一天到晚住在那个叽叽喳喳、吵吵闹闹的鬼地方呢？不会的——他怎么也不会受那个罪。

马克·吐温

在这本书的结尾部分，马克·吐温给黑奴恢复了自由，为久违的丹尼尔大叔献上了一份厚礼。海明威把这本书视为美国小说的根源。

12岁那年，父亲死后，马克·吐温便挑起了生活的重担。他当过报童、杂货铺的小伙计、铁匠、印刷工人、书商的帮手、矿工和报社通讯员，一度在报社供职时，周游了全美。

1859年，马克·吐温得到了向往已久的领航员之职，领航时，他熟悉了水手测水的喊声："马克·吐温"（意为"水深二㖞"的安全水位）。从1863年起，取它作为自己的笔名。第二年，旧金山幽默作家阿·沃德等帮助他提高写作本领。他根据一个矿工训蛙的民间传说，用非常口语化的文笔，提炼成一篇幽默故事《跳蛙》，小说大意是：某人在比赛青蛙跳远时，在对手的青蛙肚里灌上铝丸，使它跳不起来，从而赢得胜利。小说发表后，马克·吐温一举成名。

1867年，马克·吐温32岁时，他以记者身份与去欧洲和巴勒斯坦的旅游团同行，半年中，他从所到之处向报社发回许多非常有趣的报道，深受读者欢迎。这次旅行是他人生的一个转机，因为他结识了后来成为他妻子的奥莉薇娅·兰登的弟弟查尔斯·兰登，正是由于这个原因，马克·吐温才有机会向他姐姐求婚。几次造访以后，一天当马克·吐温离开兰登家登上马车时，马惊跳一下，把他甩出车外，他站立不起来了。兰登将他救回家中，休养了十多天，奥莉薇娅终于被他的痴情所感动，于1870年2月，与马克·吐温喜结良缘。就在马克·吐温结婚的那天早上，由上述报道汇编成册的《傻子出国记》一书的版税汇来了，总计为4000美元，这使岳父非常高兴，于是赠送给他们一幢建于布法罗市的别墅。吐温对爱妻赞扬倍至，认为她有"天使之美"，并且"亲切善良，正直公道，信赖别人，感情丰富，聪明无比。"在小说《镀金时代》里，有她的影子。

马克·吐温曾和《汤姆叔叔的小屋》的作者斯托夫人是邻居，两人常在一起谈天说地。一次，他从斯托夫人处回家，妻子看到他的模样问道："你没有结领带就去的吗？""呀！我没有打上领带吗？""你忘了领带，斯托夫人不说什么吗？"

"没说什么。不过只谈了三十分钟。"

为了平息妻子的气，他写了一封信，附上一只美丽的小盒子，送给斯托夫人。信上说：

现送上领带一根，请你看看。我今晨在夫人处谈了三十分钟的话，所以请夫人也耐心地看它三十分钟，看后立即还给我，因为我的领带除了这一根，没有别的了。

马克·吐温为什么会穷到只备有一根领带的地步呢？那是因为他投资帮助一位青年研制活字印刷机，但那项研究并不成功，投资无法收回。接着，1893年美国的经济大萧条袭来，持续了四年之久，致使马克·吐温经营的出版公司倒闭，负债累累。他不得不再次出国，到夏威夷、澳大利亚、新西兰、印度、南美等地做演讲旅行，以偿还债务并维持生活。这段经历记录在《赤道环游记》一书中。当他还清债务时，年仅24岁的长女斯吉病故了。

吐温同命运搏斗，继续到伦敦、瑞士、维也纳和瑞典等地做演讲旅行。反正只要爱妻健在，任何地方都是他的伊甸园。

有一次，吐温和老朋友比杰尔夫人争论有无灵魂的问题。比杰尔夫人说道："如果过了一百万年，我们在天堂重逢，你是否承认自己的不对呢？"吐温发现要说服比杰尔夫人是相当困难的。第二天，他派人送去了三块小石头，石头上刻着他新写的诗句，内容是："如果过了一百万年，事情证明你对，而我不对，我将公开地、坦率地、勇敢地面对你那可爱的、带着嘲笑的小脸，承认自己的错误。""如果竟是我对，那我会感到遗憾，因为你我已无法对证。""呵！有耐性的石头，你已经呆过好几百万年了，就带着这封信再呆上一百万年吧。"

6年以后，在意大利的佛罗伦萨养病的妻子，收到马克·吐温一封十分伤感的信，他写道：

"亲爱的奥莉薇娅：

你曾给斯吉写过，说她的灵魂是不灭的。我的心都快碎了。我相信灵魂是不灭的，和你一起相信不灭，这是人类三千多年来大多数贤人们的信念，让我们也继承这个信念吧,绝不怀疑。"

不久,他的妻子被病魔夺去了生命。

马克·吐温经受不起这重大的打击,日益悲观厌世,他前期幽默中蕴含着对社会的希望渐为辛辣的讽刺所取代。一次,有位百万富翁的左眼坏了,装了一只假眼,让吐温分辨真假。吐温指着他的左眼说:"这只是假的。"富翁问他:"你怎么知道?"吐温说:"因为你这只眼睛里还多少有一点点慈悲"。

吐温晚年先后被耶鲁大学、密苏里大学和牛津大学分别授予文学博士学位,他出生后的当年和病逝前都有哈雷彗星在天空出现。享年75岁。后来,吐温被鲁迅称为"讲笑话的好手"。他对当年发生在中国的义和团起义,曾深表同情。本世纪初,开始揭露美国帝国主义,反对它在菲律宾的暴行。1906年4月,当他在纽约会见高尔基时,正负责全美赞助俄国革命委员会的领导工作。现在,每年至少有25万人前往汉尼拔,参观马克·吐温博物馆和保存下来的吐温故居。为此,马克·吐温的故乡旅游业颇为兴盛,每年收入就有4000万美元。这是马克·吐温生前所不曾想到的。

法国作家罗曼·罗兰

法国作家罗曼·罗兰(1866~1944年)出生于法国中部尼弗内地方的克拉姆斯镇。幼年时代的罗兰,就像《约翰·克利斯朵夫》中的奥利维一样,是个满头金发的、小巧的人。他的父亲是镇上颇有名望的公证人,母亲则是一位狂热的天主教徒,她酷爱音乐,教子甚严。罗兰常被"禁闭在古老城镇和古老宅舍的垣墙之内",或是跟母亲学弹钢琴,或是在阁楼上贪婪地读着莎士比亚的剧本。这些天赋的发展,对于他日后的创作具有重要意义。

1884年,罗兰没能考取高师,据说就是因为他"把最好的时光给了莎士比亚"。1886年,罗兰第三次投考高师,才被录取入学。他读的是史地系,这对他和家庭来说,完全是出于经济上的考虑,因为迁居巴黎以后,父亲只谋得一个银行小职员的职务,收入微薄。而罗兰却总想成为一个作家或音乐家,这种念头在临近毕业时显得更加强烈。他几乎完全沉迷于文学作品的阅读之中。1889年,托尔斯泰的一本小册子《那么,我们该做什么呢?》出版了。其中所宣扬的宗教救赎信念,特别是对现代文明的否定,使他感到很难理解。使他更为困惑的是身为伟大作家的托尔斯泰竟然写道:"文学正如专卖制度一样,只是一种巧妙的剥削。它仅仅有利于参加这个工作的人,而不利于人民。"至于音乐,托尔斯泰认为那不过是"引导人民无视义务的娱乐"。

困惑之余,罗兰决定写一封信去请教托尔斯泰。出乎意料,几个星期后,托尔斯泰用法文写了一封长达38页的回信寄来了。

"亲爱的朋友:我收到了你给我的第一封信,它打动了我的心。我含着眼泪读完了它。"而罗兰此刻读着这封珍贵的回信,则是兴奋得"连气都喘不过来"。他暗下决心终生从事文学创作，甚至立下誓言："不创作，毋宁死！"

"一切真正的职业的先决条件，不是对艺术的爱，而是对人类的爱。"托翁正是以这样的"爱"引导罗兰踏入艺术宫殿，为人类撷取了二十世纪的文学桂冠。托翁以他的作品和生平活动，被誉为"世界的良心"；以后，罗兰又以他的作品和生平活动，被誉为"欧洲的良心"。

高师毕业后，在校长的推荐下，罗兰去罗马一所法国考古学校读了不到一个学期，基本上完成了规定的研究专题以后，便腾出时间开展了广泛的社交活动。凭着他杰出的音乐才华，他成了玛尔维达·冯·梅森堡太太沙龙的上客。据说，这位老人是歌德的后裔，她和哲学家尼采、作曲家瓦格纳、革命家马志尼以及文学家赫尔岑都曾有过来往。她虽年逾古稀，头脑仍异常敏锐，待人也真挚无私。罗兰不仅受到她慈母般的抚爱，而且听到她不少关于音乐、绘画和意大利古老文化的卓越见解。在罗兰的心目中，梅森堡太太不啻为"智慧的伴侣"和"人类的磁石"。罗兰在罗马期间，经常去参加那高朋满座的沙龙漫谈，他终生怀念那段光辉的岁月，怀念敬爱的梅森堡太太，并和她保持着通信往来。下面摘录一封老太太写给他的回信，读者从中可见一斑。

罗曼·罗兰，亲爱的朋友：

哦！放心吧！我的亲爱的朋友，我也珍爱我们的通信，这类信并不浪费时间。……首先我想看到你完成作品的心急。我坚信你不会改变，我坚信你一生的精神历程已经不可更改地确立了；如果他改变的话，我将感到惘然。我的心思只是想使你在迈向最后目标的征途中，少走一些崎岖的路。……

M·梅森堡

1890.12.16

1892年，罗兰以论文《意大利歌剧起源史》获博士学位。其后，他写了十多部剧本。1901年，和共同生活八年的妻子离婚后，便深居简出，专心写作《贝多芬传》。在这部作品的卷首，罗兰大声疾呼："让我们把窗子打开！让我们把自由的空气放进来！让我们呼吸英雄的气息！"这本书发表于1903年的《半月手记》杂志上，1908年正式出版。

罗兰自幼崇拜贝多芬，他回忆说："当我幼年经历到疑惑和压迫时，贝多芬的音调，那现在依旧留在我脑中的音调，曾使我心中永久的生命火花焕发。"在维也纳，他瞻仰了这位伟人音乐家曾经度过一个暴风雨时代的颓败的故居。1901年参加在美国祭奠贝多芬的盛会，1902年底去贝多芬的故乡旅行，他兴奋地说："贝多芬的巨掌给我新生的婴儿《约翰·克利斯朵夫》举行了洗礼。"

这本叙事诗般的伟大小说，从1904年开始在《半月手记》杂志刊载，在读者中引起了狂热的共鸣。作品对19世纪末和20世纪初欧洲政治、社会的强烈批判，反映出作者豪迈的理想主义。作品连载至1912年完成时，也就是主角"约翰·克利斯朵夫之死的消息传遍全世界时，许多读者都不禁为之放声大哭"。从某种意义上说，《贝多芬传》是《约翰·克利斯朵夫》的序曲，前者相当于后者的"黎明"和"早晨"。两个出生在莱茵河畔的主角，父母的职业和爱好相同，他们在气质上都是清教徒。

1915 年，罗兰荣获诺贝尔文学奖奖金。作为世界著名的文学家，他像托尔斯泰一样，热情扶植青年作家的成长。有一次，罗兰看到青年依斯特拉迪写的忏悔录，这是他向自己的喉咙砍了几刀被送进医院抢救时，医生从他衣袋里找到的。罗兰看后，发现他很有才华，便热情鼓励他写作，把他称为"一个巴尔干的高尔基"向文坛推荐。这位罗马尼亚作家于 1924 年 10 月曾专程去巴黎探望罗兰，表示对他由衷的崇敬。

第一次世界大战时，罗兰在瑞士发表了许多反战文章。1927 年在，巴黎召开的第一次反法西斯群众大会上，担任名誉主席。第二次世界大战时，罗兰返回沦陷的故乡，闭门写作。当时的傀儡政府禁止在教科书上选用罗兰的作品，但他坚信黑暗必将为光明所代替，他的《内心旅程》和《贝多芬——创作时代》等作品，就是在这时完成

罗曼·罗兰

的。他还一贯支持甘地的独立运动，并对印度那种深受宗教影响的灵魂音乐产生极大的共鸣。病逝前，罗兰应邀参加了十月革命二十七周年的纪念活动。二十多天后，罗兰心力交瘁，就与世长辞了。

米勒

时间——19 世纪中叶法国巴黎。在拿破仑一世这样自命不凡的人遭到惨败之后，波旁家族又回到了王座之上。这是痛苦的法兰西，20 年的财政困难，专制独裁和军事杀戮。人们的钱袋、身体、精神都在受苦。巴黎许多学艺术的学生拥挤在卢浮宫博物馆陈列的米开朗基罗杰作的周围，因为他们感到和这些在痛苦中诞生的石雕人物有一种精神上的血缘关系。米勒是这群艺术学生中最有出息的人之一，他对米开朗基罗的作品尤其敏感。一个偶然的机会，他看到这位艺术巨匠画的一个垂死的人，后来在给一个朋友的信中这样写道："我感到自己就像他一样受到死亡的折磨。我怜悯他，我经受了他的肢体所经受的同样痛苦。"大多数人只看到痛苦中的丑态，他们对痛苦的景象有反感。但也有少数人由于痛苦的经历而升华到宗教与美学的高度。他们找到了心灵的喉道，输以忧伤的养料，再把忧伤变为琼浆。这样的一个人就是米勒，创作了《扶锄的农夫》《播种人》《拾穗》、《晚钟》的桂冠画家。他出生在诺曼底，是一个农民的孩子。在 19 世纪的法国画家中，他作为悲观主义派的最高典范而头角峥嵘，是一个在人生的悲哀中找到灵感的人。

米勒曾经写道："你正坐在一棵树下，体会着可能享受到的宁静与安详；突然看到一

《拾穗者》（1857 年）

个背着一捆柴草的穷苦人从一条小路上艰难地走来。"这是人类痛苦的柴草,地位最卑下的农民背着它,耐心地在寻求一星火种,使柴草燃烧起来,变成希望的火焰。农民的生存,农民的生与死,是由变化莫测的泥土所决定的,而米勒就是在农民日常的耕作中发现了人类的崇高戏剧。上演这齣史诗般悲剧的舞台正是诺曼底绵长无际的、沐浴着阳光的平坦土地,演员就是从事劳动的农民,他埋头耕作,不发怨言,心无二致。在农民的专心致力之中蕴含着嘲讽与怜悯,一种足以使艺术家感动得祈祷和流泪的景象。在米勒幼年时,村上的传教士曾对他说:"我的孩子呵,你有一颗会带给你许多烦恼的心灵;你不知道你将会遭受多少痛苦!"米勒兑现了这个预言。

在米勒早年的生活中,诺曼底境内格鲁西峭壁处发生过一次悲惨的沉船事件;那天是万圣节,米勒和他的父母在村上的小教堂里做礼拜。突然一个浑身湿透,脸上还粘着冰渣子的水手冲上祭坛喊着说,一艘船触礁了。大家立刻赶到海边,看到乘客和桅顶在随着巨大的浪潮上下浮沉,同时听到绝望的呼救声。他们一起跪下祈祷,海风猛烈地抽在他们身上。米勒永远忘不了那些男男女女跪下祈祷时的面孔。在后来的岁月里,他常常抒发米开朗基罗的思想感情说,不应该把人的生辰看作欢乐的日子,而应该看作哀伤的日子。有一次,他在迎接新年时用了这样的祝酒词:"又是一个年头要在今夜结束了,多么可悲呵! 我希望我们大家尽可能少活些年。"批评家们指责他的绘画中没有欢乐。欢乐吗? 他没有享受过。他是个农民,把他抚养大的是纯朴、淡泊的祖母,是由于辛劳过度而过早死去的父亲,是因为儿子米勒在巴比松画画,买不起火车票,无法回到她病榻旁边来,以致在哀伤中死去的母亲。"生命从来没有对我显示过欢乐的一面,我不知欢乐为何物,我从未见到过。我所知道的最令人愉快的事物就是宁静与沉默。"

巴比松的冬季可真冷呵! 米勒成年后的大部分岁月都消磨在这个"画家的省份"里。

他住了一间小谷仓，靠一个柴火炉子取暖，这样过了27年！他还有一个十分耐心的、从不抱怨的妻子要养活，他动情地称她为"了不起的老太婆"，还有儿女——"小癞蛤蟆们"要喂饱。在你的画卖不出去的时候，在你总是处于饥饿边缘的时候，寒冬是多么难熬呵！然而他却不愿为了春天而牺牲冬天。对于这位艺术家来说，不能在严冬季节看到田野和森林的悲哀简直是莫大的损失。他不是哲学家，他不想抹掉生命的辛酸，也不想找到个处方使自己变得淡漠起来。可能就是痛苦给了这位艺术家最强劲的表现力，他说："艺术不是一种消遣，而是一种冲突，是车轮的一次撞击交错，人在其中会被辗得粉碎。"

米勒年轻时，白天在家乡的田地里辛勤地耕作，晚上也曾经画过几张炭笔画。这些素描引起住在附近的一个三流画家的羡慕。从那时起，米勒就意识到做农民对他不合适。艺术才是他的事业，他的使命，他的真正信仰。那位友好的画家说服了巴黎的一个委员会给米勒一笔奖学金，于是米勒离开家庭到了首都。但一到那儿他就被思乡的情绪所支配，用他的话来说，他是在一月里的一个飘着雪花的傍晚到达那个"漆黑、泥泞、弥漫着烟雾的巴黎的"。看到那些来来往往的车辆，雾气笼罩下的街灯，狭窄的胡同和龌龊的房屋，他的眼里不禁涌出了泪水。为了不致失声啜泣，他在街上的喷泉那儿一遍遍地用手接了水往脸上洒，这才使他感到好过一点。他毕竟是来朝圣的。现在他想起了祖母、一个具有清教徒心灵的、庄严贞洁的天主教徒的临别赠言："我的孩子，我宁愿看到你死，也不愿你违背上帝的训诫……记住，你首先是个基督教徒，其次才是个艺术家。"

批评家们抓住不放的正是米勒艺术中的这种素质。他们说，与其称他为艺术家，还不如说他是基督徒。就拿他的名作《拾穗》为例吧：三个农妇在田里拾穗，她们动作呆板，神态疲惫，盛夏的烈日当头照着，似火的骄阳烤着大地。背景是，一群收割庄稼的人堆起金色的谷垛，一个农民高高地坐在货车上监督他们干活。在拾穗的妇女当中，有两个人分别系着红的和蓝的头巾，她们弯着腰，一声不响，毫无怨言，粗手笨脚地拾着穗子。第三个妇女在站着歇腰，也许这会儿她正在纳闷，是什么残忍的法律判定她要受这样的苦和累？但是在这一闪即逝的顿悟之后，在这能把无生气的身躯变成有人性的形体的神圣之火部分点燃以后，她显然又会加入拾穗者的行列，再度弯下腰来。"必得汗流满面，才能糊口为生"。

米勒创作《拾穗》时是43岁。多年来，他一次一次地把作品往巴黎的沙龙中送，也一次一次地被退了回来。他的画不合贵族们的口味，他们不屑与一个手扶犁把，脚踩巴比松泥土和肥料的人打交道。在米勒进入巴黎艺术界的时候，那些矫揉造作、出身于城市的同行曾经嘲笑过他的乡下佬模样。有几个说话更加放肆的人还尝过他的老拳，他们半讥讽半钦佩地给他取了个绰号，叫"森林中的野人"。米勒在整个一生中始终是个"森林中的野人"。他说："我绝不屈从，我绝不让巴黎的沙龙艺术强加于我。我生来就是个农民，到死也是个农民。"

就这样，米勒带着妻子儿女住在巴比松大森林边上一间摇晃作响的小屋里。他在园子里种地、画画，维持着家庭的最起码生活。他熟悉他笔下的农民，他是他们的兄弟，是共过患难的知己。尽管他的生活费用几乎低到微乎其微，他仍然无力支付。有一次他写道:"我真不知道如何去履行我的义务,如何才能活下去。"他的口袋里往往两个法郎也没有。他是怀着深厚的温情画出《拾穗》的。他很理解法国农民的艰苦,但人们却以一片嘲笑声对待这幅作品。一个批评家在谈到三个拾穗人的形体时说:"她们是竖在田里的难看的稻草人。米勒先生的丑陋粗俗丝毫未减。"对此,米勒是可以回敬一句的:即使在丑的事物中也有美、一个盲目的批评家所无法理解的美。还有些批评家对这幅画的技巧与气质表示怀疑。可以想象,拾穗人干活的田地在八月骄阳的照射下一定是热不可耐,而画面的色调却阴沉暗淡,像蒙上一层烟雾似的呈灰蓝色。但是,有一个为他辩护的人对此做了解释,指出:"八月的太阳在画面上放出一股强烈的光热。在其他人的画中,你是找不到任何一道像假日间活蹦乱跳的小学生一样,如此任性随意的光线的。这是严肃的阳光,它使麦穗成熟,人们流汗,而不在嬉戏中浪费时光。"米勒是善于描绘暗淡色彩——森林,暮霭和阴影——的诗人。他说:"要是你能看到森林是多么美该有多好!有时候,我做完了一天的工作,晚上跑到森林中去,每一次都给吓得失魂丧魄地回来。那儿的肃静与庄严令人惊骇,我发现自己真的害怕起来。我不知道那些淘气的树木彼此在说些什么,那是因为我们讲的不是同一种语言。"可是,他的艺术语言却往往十分接近于理解大自然语言的程度。

在《拾穗》问世之后,米勒曾被指控为煽动家。资产阶级确信,他是在企图唤起农民的阶级觉悟,他是由于对有产阶级怀有私仇而在鼓动社会革命。仇恨吗?米勒回答道:"艺术的使命是爱的使命,不是恨。"他是在关心把农民从土地上解放出来的事业吗?他自己就是农民中的一个。永恒不朽的概念,认为人们在从事自己所选择的职业时会产生巨大力量这样一个概念,使米勒不愿按照假设而是按照农民的本来面目来表现他——命中注定要永远在田里耕作,对社会变革不怀有任何梦想或渴望。

但批评家们却不愿看到这些。"三个丑陋的贫穷女神"——这是他们给三个拾穗人起的绰号——"激进主义和革命的战斗口号"。米勒回答说:"我想我的批评家们都是有鉴赏力、有教养的人士;但我却不能做他们那样的人。在我的一生中,我只看到过田地,我只想把我看到的尽可能忠实地表现出来。"批评家们指责说,他的画是夸张的,他在追求奇特的情节,但是米勒从来也没有想过什么奇特的情节。他回答道:"卢森堡画廊使我对剧院产生反感。我一向十分厌恶男女演员们的夸大、虚饰和假笑。"那么,不管怎么说——批评家坚持道——反正米勒的作品里充满了廉价的感伤;他滥用画笔!这个指责,像其他指责一样,被米勒断然否定了。他的上帝是米开朗基罗。米开朗基罗有一次对荷兰王子说:"好的画决不会引出一滴眼泪。"那么,《拾穗》是怎么画出来的呢?米勒艺术的精髓是什么呢?

"记住,让·弗朗索瓦,你首先是个基督徒,然后才是个艺术家。"这是在他就要动身去巴黎进美术学校的时候,祖母对他说的话。"起来,起来,我的小弗朗索瓦,"这是他一直记住的、祖母最初对他说的话,"你知道吗? 小鸟赞颂上帝的歌儿已经唱了多久了!"祖母最后说的几句话也始终清晰地刻印在他的记忆里:"画吧,为永恒而画,想想看,召唤你去见上帝的号角是随时都会响的。"

米勒是个信仰宗教的人。在他身上没有抗议的信号,没有社会变革的企求。"必得汗流满面,才能糊口为生。"这是一种永不改变的、注定不移的命运。他是在圣经的教诲下成长起来的。在人与土地无休无止的斗争中,他看到的不是社会意义,不是政治意义,而主要是宗教意义。他是上帝创造的一个简单而孤独的人,他的整个目的就是在茹苦含辛的悲惨折磨中表现生命的美。米勒热爱生命正是因为生命如此悲哀。使他这样热爱生命的正是他心灵中的寒冬。他的性格是靠圣经的教义,是靠家乡格鲁西海岸的暴风哺育滋养的。

圣经,海上的暴风雨,弗吉尔和荷马的诗篇,米勒孜孜不倦地诵读着这两个古代歌手的诗章。他们在气质上比大多数同时代的人与他更为接近。他在《拾穗》中描绘的男女不只是沉默寡言、默默无闻的乡下佬,不只是贫困、饱受虐待、无足轻重的可怜虫,他们像弗吉尔和荷马笔下的战士一样,是一首伟大诗篇、所有诗篇中最伟大的——生命史诗中的英雄角色。

米勒从巴比松写信给巴黎的朋友们说,他们的欢乐生活与像他这样住在一间小茅屋里的人的经历是不能相提并论的。他在黄昏时分外出散步的时候,眼光常从那些东倒西歪的农舍屋顶上扫过;烟囱把缕缕青烟送到宁静的空气之中;瑰丽多彩的日落过后,夜星在云端闪烁发光;地面上,农夫的身影缓慢地从田里归去……到了 1859 年,在《拾穗》问世两年以后,米勒挖掘了记忆中的这些经历,画出了《晚钟》。保尔·格赛尔用生动的笔调对这幅画做了如下的描述:

"田地中央,一个年轻农民和他的妻子刚干完一天的活,几袋土豆堆放在一辆手推车上。暮霭悄悄地罩上田野,远处的地平线上有一个村庄。教堂的尖塔和几家农舍的屋顶在朦胧的暮色中依稀可见。蓦然间,远方传来晚钟的乐曲,音响在宁静的空中回荡。画面上,两个人站在那里,默然无语,动也不动,完全沉浸在虔诚的默祷之中。男人光着头,粗大的手里拿着帽子,笨拙地站着;女人崇敬地握着双手,两人都低着头。他们的样子多么可怜,多么粗野!看着他们,你也许会以为这两个人都是用粘在他们木底鞋上的泥土做的。然而,在黄昏的静谧中,在逐渐消退的晚霞的衬托下,这两个幽暗的身影却支配着整个画面。大自然正溶化在愈来愈深的夜色之中,画上的两个人不再被大自然的无垠无际弄得不知所措。他们不再是两个穷苦而孤独的人,而是两个心灵,他们的祈祷充溢了广阔无限的空间。"

这幅画在米勒死后不久,以 25 万美元的价格卖了出去。但是在 1859 年,在米勒刚完成这幅作品的时候,他已是一贫如洗。他曾写道:"我们的燃料只够维持两三天了,也不知道有什么办法才能再搞到一些;没有钱,他们是不会给我们柴火的……"自杀的念头一度纠缠过他。他打消了这个念头,还画了一张速写:一个画家躺在画架下奄奄待毙,一个女人恐怖地喊出:"自杀是不光彩的!"

米勒的生命中有过几个反抗的时期,这是其中之一。在他无法筹措到路费去探望垂危的母亲时,他绝望地举起双臂:"我给钉在一块岩石上了,判处了终生苦役!"现在,贫困又把他压垮,这一次,他没有按照通常的客观态度行事,在创作《扶锄的农夫》时表现了绝望的痛苦。

米勒预见到这幅画所将引起的骚动，他在给一个朋友的信中写道："《扶锄的农夫》将使我受到一些人的责难，这帮人不喜欢别人要他们去观察一个与他们所习惯的完全不同的世界，不喜欢别人干扰他们的安宁。"很少有一幅画比这个受尽折磨、没有指望的庄稼汉扶着锄头暂息片刻的画像引起过更多的攻击谩骂，又掀起过更加狂热的喝彩声了。艾德文·马克什姆在受到这幅画的启发而作的一首诗中写道："世世代代的重荷压得他弯下了腰，岁月的空虚显现在他脸上。"这个庄稼汉的心灵已被世世代代强加在他和他的所有阶级兄弟身上的苦役所扼杀。他的眼里带着茫然而麻木的神情，面部的所有表情特征已被泯灭。拉·布茹耶尔谈到这些庄稼人的时候说："我们可能在满乡遍野看到一些畜牲，雄的雌的，黑的灰的，太阳烤着它们，土地束缚着它们，它们带着不可克服的固执在地里笨拙地挖掘着；然而它们说着一种清晰的话语，当它们站起身来——看呵——它们显出了人的模样，原来他们是人！"

批评家们对这幅作品所表现的令人伤脑筋的现实主义感到震惊。过去，还从来没有人敢于把这个庄稼汉从默默无闻的处境中抖弄出来——这个扶着锄头的农民弯着脊背；长期不停地辛劳使脑壳变长了，像只梨子那样；呆滞的眼光里不带有任何表情。一个批评家轻蔑地写道："米勒一定花了不少时间才找到这样一个典型，这种典型即使在疯人院里也不会轻易碰到。想一想吗，一个鬼怪脸上挂着愚昧的傻笑，像个稻草人似的歪竖在田地中央。没有丝毫智慧的光彩使得这个用这种姿态在田里休息的野蛮家伙具有人的味道。他是在干活还是在杀人？是在翻地还是在掘坟？"

《扶锄的农夫》是十个世纪以来在法国土地上一声不响埋头干活的广大农业工人的典型。现在，是不是出现了一个艺术家要给他们发言权了？是，也不是。这一次米勒在他的作品中加进了说教。扶锄的人是在上帝的天地间为他服务的忠仆，"这些人做的工作真的是有些家伙要我们相信的无益劳动吗？"米勒挑战地问道，"可是在我看来，这样的劳动却表现了人类真正的尊严，传达了真正的诗情。"是的，是诗，但却是悲哀的诗。耕耘，绘画，作曲——这些高尚的工作必须要做，但为什么做的时候要有如此切肤之哀呢？

哀伤并不永远属于米勒。他终于能够免于饥饿，《播种人》《拾穗》和《晚钟》使一些为数不多但却有影响的人士皈依到他的艺术信仰中来。这些人对他的现实主义既不感到困惑，也不感到害怕。一个情同手足的艺术家西奥道·罗梭是首先承认这个描写人间哀愁的画家的天才的人士之一。米勒在痛苦中挣扎的时候，罗梭用几百法郎买下了他的一幅画，而为了不致使画家尴尬，他推说买主是个富有的美国人。另一个朋友用抽彩的办法募集了一笔钱，代米勒付了房租和肉铺的账。大仲马写了不少推荐米勒作品的华丽文章，终于有一个富有的收藏家同意在三年内每月预付给米勒 1000 法郎，换取他在这段时间的全部作品。在这个时期，米勒创作了一系列以日常生活为题材的画。其中的一幅是一个小女孩在开始学步，妈妈轻轻地把她朝爸爸那个方向推去，他就在离她们几尺远的地方，他扔下铁锹伸出臂膀来迎接孩子。在另一幅画中，一个农妇把婴儿抱在膝上，对着一匙汤吹着气，因为汤太热，孩子咽不下去，她用手搂住孩子，轻轻地把他推向匙边。

在第三幅画中,妈妈把一个生病的孩子紧紧地抱在怀里,四周零乱地放着一些玩具,爸爸不知所措地站在一旁,神色焦虑,他不敢走近床边,因为他觉得自己太笨手笨脚,怕照顾不好像生病的孩子这么一个脆弱的小东西。

米勒本人就是一个最慈爱的爸爸。他的朋友罗梭说:"是的,米勒为他的骨肉辛勤工作。就像一棵树那样,长出了太多的花果而把自己熬干了;为了使儿女们活下去,他耗尽精力。"有一次,罗梭送给米勒的孩子们一篮玩具和糖果。快乐的父亲写信谈到他的"小蛤蟆们"打开礼品时的"疯狂热情"。"试想一下,这些孩子,他们无法用言语表达感情,只会用喊叫和踩脚来表现最强烈最本能的激动,你对当时的情景就可以稍有概念了。"

白天,米勒在工作室里画画的时候,只要孩子们游戏的声浪传到他的耳鼓里,他就会立刻跑到他们那儿去吻他们,讲些奇闻轶事给他们听。他工作时,房门从来不关。可所有的孩子,即使是最小的,在路过工作室门口的时候,也会压低嗓音,踮着脚走过去。"嘘——爸爸在工作!"如果有哪位来访者不够注意,没有显示出同样的敬意,他们就会这样提醒他。晚上,孩子们头发乱蓬蓬地、兴高采烈地围坐在饭桌四周,米勒像古代史诗中的族长一样,唱起他童年时代在格鲁西农田上唱的歌来。他蓄着一把很有气派的胡子,保尔·格赛尔写道:"他那浓密的头发像鬃毛一般披在肩上,宽大的额头显示出内心的活力。"一个同时代的艺术家称他为"穿着钉了平头钉靴子的朱庇特神。"

1867年,这位可敬的艺术家在53岁的时候,才受到公认,他得到艺术学院的金质奖章。一年后,他从命运之神手里接受了最可爱的礼物——还有最残酷的打击。在他被授予荣誉勋章的时候,他失去了最知心的朋友罗梭。这个"比兄弟还要亲"的朋友得了瘫痪症,就死在他的怀里。

在此后六年多的时间里,米勒继续从事艺术创作,然后他也开始休息了。这次休息来得正是时候。过去七年的动乱不安已使他的心灵濒于绝望。路易·拿破仑和俾斯麦搞了一次毫无必要的战争,法国被一举击败,巴黎在饥饿中被迫投降。工人们起来革命又受到军队的大规模屠杀。这些事件使米勒不知所措,他受的教养使他相信圣经就是真理。"魔鬼的剑啊,"他喊道,"你难道不能插入剑鞘?"

一个瑰丽的落日引进了他的暮年。残酷,痛苦,死亡,在他生命终止的前几天,在圣诞节期间,一头小鹿在一群猎狗的追赶下跑到他的花园里避难,由于受伤而死去。米勒说,"可怜的、沉默不言的动物,他的死实际上就是一个象征。它告诉我,我的末日也不远了。"

米勒的末日是在1875年冬季来到的。

在米勒处于贫困的黑暗时期,用他的话来说,他仿佛觉得自己是一个"在歌唱真理,但声音微弱的人……他的声音几乎没有人听得到"。但是,这个声音逐渐响了起来,终于变成土地的强有力的呐喊——在这块原始的土地上,万物生长,万物归根。土地——永恒的创造者,永恒的毁灭者。正如米开朗基罗一次所说:"我们大家只不过是慢慢地有了生气的土块。"而米勒还可以加上一句——也在慢慢地瓦解崩溃而进入死亡。

米勒的艺术是简朴崇高的真正艺术。它描绘了一种庄严的史诗般的斗争——人与他的发源地、土地的斗争。在土地的残忍面前,他无依无助,在土地的神秘面前,他崇拜敬慕。在人与命运斗争的景象中有一种冷酷的幽默,诗人和画家有眼睛,能看到在这种令人同情的斗争中的人,他们有手,能把这种斗争转化为美,这是神灵们的嘲弄。这朵自痛苦的种子中发芽而绽开的艺术之花是一种辛酸的天赋,也是一种高尚的天赋。因为,在这位艺术家把悲哀变成美的同时,他也把美转化为希望。而用一句古代的格言来解释,就是,"有希望就有生命。"

人们带着预言的口吻和诗意的公正把米勒称之为"乡下佬中的但丁,土包子中的米开朗基罗。"

孤独的梵高

梵高生于荷兰布拉邦,16 岁完成学业就开始经商。做了欧洲一个有名的艺术品商人哥比尔的助手——哥比尔在海牙、布鲁塞尔、伦敦、巴黎、柏林和纽约都开设了美术陈列室。梵高为他包装名画的影印品,有时也向富有的艺术品主顾推销原作。但他是一个很不成功的售货员,他生性腼腆,一点也不会办事,穿着又寒碜,动作举止就像个粗鲁的荷兰庄稼汉。他不知道如何去跟人打交道。为人过于诚实,也过于直率。有一天,他犯了一个不可原谅的大错,他和他的雇主吵了起来,而且讲了些怪话——譬如说,他讨厌做生意啦,为了画而讨价还价是罪过啦,在艺术品的买卖中赚钱是合法的欺骗啦,等等。雇主预付给他一个月的工资,叫他从此再也不要在他面前露面。

梵高到了英国,在伦敦一家规模很小的寄宿学校教法文。他知识水平还不错,而且喜爱儿童。他的父母以为他的职业与他的志趣相合,因而感到宽慰。梵高本人一度也是满意的,尽管他的薪水很低。这家寄宿学校的学生全部来自伦敦的贫民窟,他们是被不负责任的父母扔到这个学校来的,这些家长甚至从来也不考虑是否交得起学费。在每个学期结束的时候,负责学校事务的牧师就派梵高到学生家长那儿去收钱。这个年轻人走过泥泞的街道,敲打几下摇摇晃晃的屋门,进了气味难闻的房间。他本来是准备好向这些手头拮据、腹内饥饿的男女收学费的,可是当他看到他们眼中的哀愁,嘴边饱经折磨的皱纹,他立刻就掉转身子,一言不发地走了出去。他空着手回到牧师那儿,那位高贵的君子于是大发雷霆。这个年轻教师干吗要受他自己那种愚蠢的感伤情调的支配呢?牧师叫梵高滚开,梵高于是离开了那里。

他回到父母身边。他们对他感到沮丧而且绝望,这个窝囊废长子将来可怎么办呢?可怜的小子什么活儿也干不长,他们伤心地摇着脑袋。可是,梵高却又有了一个机会。他在一家书店里找到了工作。每天下午,事情办完了,他就在道尔代西博物馆里浏览,尽情欣赏艺术杰作。这样的生活似乎是他能够适应的——与书画为伴的生活。他的雇主也感到,这个孤独的年车店员具有内在的热情,如果给他一个机会从事某种专业,他是可能成功的。于是他请一个做牧师的顾客写了一封信给梵高的父母,敦促他们把孩子送到大学去读书，家长的希望再度被激发了起来。梵高到了阿姆斯特丹，住到一个叔叔家里，开始准备投考。他跟一个犹太老师学拉丁文和希腊文——他勤奋到如此地步，以致得了精神崩溃症而无法参加考试。在养病期间，他经常到几家教堂去，在做礼拜的时候，他则浮想联翩，用以自娱。星期日，他往往到六七家不同派别的教堂去做礼拜，包括犹太教堂。有一次，在宗教激情的驱使下，当募捐的盘子传过来的时候，他把银手表扔了进去。另一次，把手套也扔了进去。他怀着一种强烈的愿望，想出去传教。他突然把自己想象得和基督一样。他在报刊上读到比利时煤矿工人的悲惨生活，决定去拯救这些矿工的灵魂。他忘了自己受苦的家庭在仰赖他给予经济上的支助，一下子就投入了援助比利时受苦人的工作之中。他父亲，一个非常虔诚的人，抑制住失望的情绪，对他的行动表示同意。他母亲捎了一箱子针织品衣服给他，还有慈爱的话语。

《向日葵》(1889 年)

梵高在矿工中祈祷，给他们的眼睛里带去了些许光辉。他住在一个理发师家里，用简单的语言和有力的手势传布教义。他根本没有受过这方面的训练，但不要紧，他替在井下事故中受伤的男女工人包扎伤口，在伤寒病流行的时候，他搬到煤田的一间空房子里去住，为的是离病人近一些。在这次防治伤寒的运动中，他把自己的衣服、食物和钱都捐献了。当地一个面包师傅和他的妻子写信给梵高的父母说，他的健康已大受损害，他在玩命。"这个年轻人和我们所见过的人全不一样。"他们请求他父母把他接回去，否则就来不及了。父亲立刻乘火车到了比利时，央求儿子跟他回家。梵高起初不肯，在面包师傅郑重许诺，他将把工作接过去以后，才同意离开那儿。

梵高 28 岁，是一个最最孤独的人。他开始画画——谁知道是由于什么冲动呢！——完成了一些比利时矿工的素描。他基本上不懂技法，画起画来像个 12 岁的男孩子一样，在纸上涂满了不熟练的图画。他的弟弟西奥喜欢他的画，并且开始鼓励他。比利时煤田的工人肯定给了梵高非常深刻的印象！西奥要他画他最熟悉的人——那些卑下、肮脏、悲哀、不善于表达思想的人。梵高常常想到米勒的作品《收割者》，这幅画对他起了指导与启示作用。他对弟弟西奥说，他宁可去看"伊斯莱尔或米勒画的一个普通妇女或是爱德华·弗莱利画的一个老妇人"，也不愿看弗拉恩或是维纳斯的画像。"像弗拉恩那样好看的身子又有什么用呢？动物也有，甚至可能比人的还要美些。可是伊斯莱尔，米勒或弗莱利画的人物所具有的性灵却是动物绝不会有的。"

正当梵高在反复思考心灵奥秘的时候，他遇到从阿姆斯特丹来的一个表姐，第一次真正陷入了情网。表姐是个寡妇，还有个孩子。她的年纪比梵高大，对他所献的殷勤丝毫不感兴趣。而且她父亲对于一个多年来萍踪浪迹，显然无力谋生的 30 岁男子向女儿求婚的事很有反感。他把女儿关在房里，不让梵高与她接触。梵高在绝望中把手伸到一支蜡烛的火焰里。"我能把手放在火里烧几秒钟，就让我看她几秒钟吧！"他央求道。那个父亲吹灭了蜡烛，把梵高打发了出去。

"一个人要能工作，要成为一个艺术家，就需要爱情。"梵高在写给西奥的信中说。但他所憧憬的不只是肉体上的爱，而是来自对他有足够的了解，能使他摆脱无比孤独的某个人的爱。因为他不得不独自摸索。他离开了父亲，在海牙搞到一间工作室，与莫维交上朋友，向他学画。可是他们的友谊是在不愉快之中结束的。莫维建议，为了使技法臻于完美，梵高应该画石膏像，但是梵高不愿意去摹仿别人。他要以自己的原始方法画出他的想象，不然就干脆不画。他扔下莫维的石膏模型，夺门而去。

后来，他一度找到了爱情。"我终于遇到了她，"他写信告诉西奥说，"她不年轻，也不漂亮。身材相当高大壮实。她的手不是一位夫人的手，像K（他的表姐）那样，而是一个勤劳人的手……她站在洗衣盆旁边。我们什么都谈，谈她的生活，她的心事，她的痛苦，她的健康……爱一个人，需要爱情，没有爱情就不能生活，这难道是罪过？对我来说，没有爱情的生命倒是罪过的、不道德的。"梵高在寻求美的一种新的象征，不是爱神维纳斯的欢乐的美，而是"脸上仿佛写着'生命的现实在这儿留下了痕迹'的、一个半老徐娘的哀愁的美"。（在他的内心深处，难道就没有丝毫能再制造一个玛丽·玛格达伦的神奇力量吗？）

这个半老徐娘一度也对他报之以爱情，后来他们又各自东西了。他回到工作室，继续孤独地去寻求那得不到的东西。他每天工作14小时。西奥受聘在哥比尔的艺术经营中有了一个位置，他每月给梵高寄一次钱，让他买颜料，付给模特儿报酬。孩子给他当了模特儿，他就送他一只苹果。老年人当了模特儿，则肯定会收到几块烟草。梵高工作的时候，穿着不整洁的蓝衬衣。胡子从来不剃；头发从来不梳。由于工作过度，眼睛又红又肿。他研究水彩画，分析报上的漫画。在漫画中，发现了他一直在寻求的生命和个性。漫画用线条与色调表现了生动的民间传说。他把自己的画寄给西奥，希望弟弟能引起哥比尔对这些画的兴趣，可是没有效果。一位艺术权威特西格劝他别再画了，因为他是注定要失败的。人们厌恶梵高笔下粗糙、懒散的涂抹，在他的画上，痛苦是加以夸大的。他们想要一些漂亮的小肖像画挂在客厅里，或是完美精致的风景画——而不要描写忧伤的漫画。有一次，一个上流社会的少妇在观看梵高的一幅油画，一个艺术家问她："你认为他的艺术怎么样？""我很高兴你把这个称之为艺术，加布里尔先生。"一旁的夫人答道。

在继续探索之中，梵高遇到一个被情人遗弃的女人，她就要分娩了。"我没有足够的钱付给她充当模特儿的全部工资，"梵高写信给他弟弟说，"但是代她付了房租；而且，感谢上帝，由于和她分享了我的面包，我终于能使她没有挨饿受冻……她脸上稍有麻点，所以不再是美丽的……正因为如此，她对我才有用处。"他相当天真地说到这个女人有一些使别人产生反感的怪癖。"首先，她使用的语言；其次，她的脾气。可是，西奥，我想跟她结婚，我喜爱她，她对我也很钟情。我想经历一下家庭生活的苦与乐，然后把自身的体会画下来……当一个人坐在病榻旁边照顾病人，有时候衣袋里一分钱也没有的时候，最能感受到什么是爱情。这可不像在春光明媚的季节里采集草莓那样优哉游哉。"

梵高用弟弟每月寄来的钱照顾这个女人度过了怀孕期，最后把她送进莱顿的一家产科医院。他已经过了30岁，对生命的过分失望使他不可能非常热烈地去爱她。他对她的感情比情欲要强烈得多，他们之间有一种互相了解的维系，也可以说是默契。他也像她一样，是一个独自在生命的道路上挣扎的、被遗弃的人。这个可怜、愚蠢、从不抱怨的女人正是他的合适伴侣。"我想和这个女人结婚，西奥……没有人关心她，也没有人要她；她是孤独的、被遗弃的人；我接受了她，把我所有的爱，所有的柔情，所有的关怀都给了她。"他问西奥这是否会使他们的友谊发生变化，西奥是否反对这种破例的事情？西奥回信说，这样的婚姻对于他们的家庭将是一个沉重的打击，从经济上来说是不可能的，从道德上来说是一场巨大的灾难。梵高简洁地答复说，就道德问题而言，这个女人生下的孩子"洗刷了她身上的所有污点。我尊重一个做了母亲的女人"。作为对这封信的答复，西奥寄给他150法郎。梵高料理了婴儿，照顾母亲。孩子长大以后，经常爬到这位艺术家的膝上，睁着好奇的大眼睛看他画画。

梵高愉快地工作着。可是却没有人买他的画，妻子开始抱怨他们太穷。就这样他们挨饿受冻，吵闹喧嚣。最后，妻子带着孩子回到妓院。现在他的工作室里，竖着一幅简单的女人素描像——一个裸着身子、瘦小的中年妇女，沉默地蹲在那里，两只手抱住头。几束稀疏的、没有光泽的头发披在瘦削的肩背上，腿上的脉络根根暴起。在他妻子这幅肖像的下面是画名——《哀伤》。

"是的，我认为伟大人物的历史就是悲剧，"梵高在写给西奥的信中说，"他们不仅在活着的时候遇到很多阻力，而往往在他们的成就得到公认的时候，他们已不在人间。"梵高这时仍然处于艺术家形成性格的阶段。他愈来愈相信，绘画的伟大启示不是构图而是色彩，这种色彩绝不是构图的陪衬而必须是构图本身。色彩也不能是静止的，必须跳动而且有力。有一次看到一处风景，他想画下来，又没有钱去购买他惯常使用的大量颜料，他就从厨房里搞了些染料，又从一个咖啡壶上刮了些粉末，画出了一幅天然色彩的风景画。可是他的画却无处可卖。"我常常带着微微有点饥饿的感觉坐在沙丘上画素描，因为我吃不饱，"他写信告诉西奥。弟弟一声不响地继续给他寄钱。有一次，梵高以嘲笑的心情写信给西奥说，在他住的那个艺术家聚居的地方，没有一个画家付得起工作室的税额。"税收人员到我的住处来过两次，我让他们看了厨房里的四张椅子和粗糙的松木桌子。从那以后，他们就不再打扰我了。"另一次他在写给西奥的信中提道："至于我穿的衣服嘛，别人给我什么，我就穿什么；我穿过爸爸和你的衣服，有时候很不合身，因为我们身材不同。"

在这个时期，他创作了一幅一家人在农舍中以土豆当饭的画。画面是沉郁的，充满了伦勃朗的气质。但梵高通常追求的却是不同的效果，他坐在沙丘上，在正午的炎日下画素描。"画烈日，描绘法国梧桐逐渐在天际消失的景象是一件使人跃跃欲试的事情。"他的信里又提到另一次恋爱事件——这一次是和一个"本来是很有身价的"姑娘，可是现在就像"被笨拙的修理工搞坏了的一只克莱姆纳小提琴"。这段恋爱史也像往常的一样在不愉快中结束。那姑娘曾企图吞服毒药。由于家人处事慎重，丑事才没有外扬。梵高经过这次事件的刺激，情绪消沉，转而把自己的思想感情倾注在绘画上。这时，他已慢慢地走向艺术成熟的阶段。他终于明确了他的目标："撇开文艺复兴时期的艺术大师吧！撇开理论上正确，艺术上没有生气的解剖吧！我们需要活的解剖！抹掉没有吸引力的、死气沉沉的画室色彩吧！大多数画家都不会运用健康的色调，他们不理解生命。如果我画农妇，就要她们成为农妇。""近来我的脑子里尽是伦勃朗和哈尔斯——还有那些可爱的荷兰姑娘！她们给我留下了什么样的印象啊！我真想把她们画下来，这种渴望比我想占有她们的心情还要强烈，虽然我确实希望两样都能做到。"他画她们，占有她们，其他一切全不放在心上。他连肚子也忽略了，有一度曾接连几个星期都没有吃上一顿热饭。由于他的疏忽，牙齿也一个个地脱落，引起满嘴剧痛，如果不快快地把食物吞下去，他就会疼得大叫起来。医生警告他工作不要过于劳累，否则就会得精神崩溃症。梵高要他弟弟西奥辞掉在哥比尔那儿的职务，和他一起到巴黎去，在一个工作室里画画，他相信西奥有艺术家的素质。但是西奥是一个很实际的人，他没有同意。梵高到巴黎，研究法国印象派画家的艺术，结识了艺术家高更。后来，法国南部阿尔的馨风吸引了他不平静的心，阿尔是一个色彩缤纷的地方。这位生在北方，在萧瑟的景色与萎缩的农民中长大的画家，一旦看到阿尔盛开的花朵和当地人民有光泽的皮肤的时候，就像进入天方夜谭里描写的有魅力的城市那样惊奇。他一向对色彩鲜明的日本风景画片感兴趣。现在他仿佛走进了梦想中的日本。这是一个到处是姹紫嫣红和潺潺流水的地方，这是一个在炎炎烈日下的仙境。梵高就是描绘仙境的人，他十天之内画出了十所花园。创作了以蔚蓝色天空与橙红色河岸为背景，衬托着一辆马车越过吊桥的图画。他的画笔简直发出了火光。他画的树似乎"可以再发出一百棵树苗"。他画的向日葵看上去仿佛会化成光芒。要抓住几个珍贵的落日镜头，这一点他一定得做到！他画布上的色彩愈来愈鲜艳，直到他的神经也为之激动，血液都涌上脑子。他不停地喝酒，使自己保持兴奋状态，以便画出他心目中狂热的异国情景。他不停地抽烟，忙不过来就饿着肚子一再地画呀画呀，一天工作 14 到 17 小时。内心深处有个魔鬼在驱使着他。他总是在阳光最烤人的时候画画，因为此时的景色看起来最丰富最奇异。高温冲击到他的脑子，使他茫然到难以置信的程度。炎热的太阳光线慢慢地侵蚀着他的理性。他在工作室的墙上贴了许多向日葵画和一组名为《诗人园地》的习作。高更从巴黎到了阿尔，和他共用一间工作室，梵高真是高兴极了。间或，地平线上也会掠过一片阴云，这时他就想到西奥为了资助他所做的牺牲。真是个天使！每个月如数寄来 150 法郎维持他的生活。有一次，在一阵忏悔的冲动下，他给西奥写信说："你难道不知道吗？我宁愿从此不再画画，也不愿看着你为了赚钱而毁了自己！"得了吧！不再画画！当然，他只不过是在说笑话，他只是在逗英雄。西奥心肠太好，没有相信他的话。

梵高继续画下去，晚上则消磨在酒吧间里。画家的梦想一直保持在他心头，有朝一日，世上得出现一个"未来的画家"，一个前所未见的色彩画家。这个梦想补偿了他的饥饿、贫穷与破衣烂衫。有一天，他请弟弟给他多寄一点钱买床褥垫，"因为，"他天真地写道,"房东诈骗了我。"另一次,他写信告诉西奥,高更非常高兴,对西奥非常感激,因为西奥以五十法郎的价格出售了他的一幅画。又有一次,他写信说,他愈来愈心不在焉了,"如果内在的激情太甚,我就多喝一杯分散注意力……我就能比较专心,手也比较能够把稳。这也就是为什么我几乎敢向你发誓,我的画会有长进的——因为我除了画作以外已一无所有。"

他的探索就此到头了吗?这个 35 岁的孤独的人就放荡到无可挽救了吗?他多年来一心在寻求的美究竟在哪里?那个突然放弃了经商,跑到心灵枯竭的矿工中去布道的传教士现在怎么样了?"常常是一连几天,我除了叫人送饭或是送咖啡来之外,和谁也不说一句话。……阳光和创作大幅图画的过度劳累使我头昏目眩。"期待已久的成果在哪里?在经受了多年的劳累以及贫困与痛苦的提炼之后,他天才的精华又在哪里?"我所能显示的就是一具毁坏的尸体和对生命十分狂热的才智……而这个,西奥,就已经使你付出了 1.5 万个法郎。"西奥告诫他不要再酗酒,因为在这段日子里,梵高很少是清醒的。而世界呢?不幸的是,世界又太清醒了。"你把这个称之为艺术吗?"那个年轻的贵妇吸着气说。长着灰胡子的批评家们于是齐声大笑。

梵高现在老是摆脱不了一个念头,他认为自己活不了多少年。他感到自己要发疯了。阿尔的烈日!画布上血红的色彩!痛苦,饥饿!他常常谈到精神病,并且指出有多少伟大的人物都成了它的牺牲品。这些人为了实现他们的理想,牺牲了他们的智慧。"社会把我们的新画家当作疯子来对待,由于这种待遇,他们真的变成了疯子。"或者——"我愈是疯癫,就愈是个艺术家。"还有——"医生会告诉你,不仅摩西、默罕莫德、耶稣、马丁路德、布尼安和其他一些宗教领袖是疯子,而且像法朗兹、哈尔斯、伦勃朗和德拉克洛瓦这些艺术家也都是疯子。那么,哪里还有神智健全的人呢?"

梵高和高更的住所确实是疯人的住所。两位艺术家一起作画,一起讨论艺术,一起喝得酩酊大醉,然后把酒杯扔来扔去。他们讨论印象派画家、象征派画家;他们为德拉克洛瓦、杜米埃、毕沙罗这些画家而争吵;然后冲出工作室,彼此多少天不说一句话。高更是一个了不起的人。他曾经放弃了一笔相当大的财产,跑到南海群岛去画画。现在,回到法国以后,把时间都花在打弹子、逛博物馆和画画上。他把钱看得很淡;对人也很冷淡。但是他却被梵高画的向日葵和妓院情景深深吸引住,梵高对他也十分仰慕。他们两人互相称道,互相咒骂,至少有一度,随时都准备用生命来互相保卫。

梵高继续把橙色和紫色调在一起,把红黄和碧绿调在一起。他要使画布上浸透灼热的阳光,刮风的天空与跳动的阴影。他的食物是硬饼干,牛奶和鸡蛋,把弟弟寄来的钱用在颜料上。他画了一个酒吧间的夜生活。"我试图用红和绿来表现人类极其强烈的感情,"他写信给西奥说,"酒吧间是血红色和深黄色的,中间有一张绿色的弹子台;还有四盏柠檬色的灯射出橙红和绿色的光。"他画了十四朵向日葵,用黄绿色的地面加以衬托。"我亲爱的西奥,我陶醉了,看到的一切使我陶醉。我出去画了一张阳光照耀下的花园。后来我把画带了回来,又带了一幅黑色的画布出去,这一张也画成了。"暗淡的、黄而带绿的阳光,装着紫罗兰色窗板的粉红色房屋!"我感到在我的色彩与华格纳的音乐之间有一种联系。硫黄色与淡紫色！这些色彩使我兴奋之至……我毫不感到疲倦。"他把酒吧间外面画成"一盏大煤气灯在蓝色的夜间照着露台，还有一角繁星闪烁的蓝天。我已不再意识到自我的存在，这些画是在梦境中出现在我面前的……现在我没有病，但是如果我不多吃一些食物，如果我不休息一段时期，那肯定是会生病的……我决心至少三天不画画……也许我要用写作来使自己得到休息……我最近画的一张油画是一排绿色的柏树，衬托在一片玫瑰红的天空上，天上挂着浅柠檬色的一弯新月……上星期的工作几乎把我累死……我刚刚一口气睡了16小时，这一觉使我的精神大为恢复……但是这一周我确实干得不错，画了五张。"这些是他在1889年12月18日写的。到了12月21日，西奥收到一份急电，要他赶快到阿尔去。梵高在神智极度狂乱与发高烧的状态中，割下了自己的一片耳朵作为礼物送给了一个妓女。西奥搭了头班车到了阿尔，发现梵高躺在医院里不省人事。他在描绘随风摆动的夹竹桃与绚丽多彩的天空的一股激情中发疯了。

他复原了，有一度仿佛很清醒。他向那个妓女道歉，说他是在发高烧的时候，把自己的一片耳朵送给她的。她并不介意，谁也不介意。过去也有过类似的例子。在阿尔，人人都有点疯癫。那南风，那些色彩缤纷的花朵，"我希望我只是有了一个艺术家的怪诞，"他写信给西奥说。他又回到工作室画画去了，这次高更不在那儿。高更对于整个事件反应奇特。在梵高发病的第二天，他就离开阿尔到了布列特尼，结束了这段友谊。梵高继续画画。他身体还是很弱，患有失眠症。只有在枕头下面放一剂樟脑才能入睡。医生向他保证说，他是由于工作太紧张了才垮下来的，这个病只是暂时现象。他们对他说，非常敏感的人往往会得这种病。在他刚恢复健康的时候，他确实不停地被幻觉所困扰。后来他服用了药物，这些幻觉已经减少到每周几场噩梦。他请求医生让他重新投入工作。何必老是会诊，老是确诊不了呢？"要就是把我马上送到疯人院去关起来——如果我在欺骗自己，我就不会反对——不然就让我全力以赴，投入工作……"在狂乱之中，他甩掉了他所热爱的一切，但是他不肯承认自己神志不清。

他出院一个月以后，在二月里又进了医院。他以为人们要毒死他。自从他第一次发病以来，邻居们确实经常围在他工作室的窗子外面，指着这个"疯子"低声议论。梵高每次到窗口去吸点新鲜空气的时候，人们就会冲着他喊："疯子！疯子！"他不断地听到这样的喊叫："瞧他画的画——简直是侮辱人！瞧他那只残缺不全的耳朵！"

梵高又出院了。他写信给西奥，请他不要为他的情况担心。"不管是什么，我们也还是把它咽下去吧！如果我知道你内心平静，我会过得好一些的。"

然而两星期以后，他又回到医院去了。西奥痛苦得简直要发狂，却是什么消息也得不到。医生们对他的病情严守缄默。最后，在三月里，西奥接到梵高一封信。"我仿佛在你写的充满友爱的信里看到手足之间无比深切的关怀，我认为有责任打破沉默了。现在，我是在完全正常的情况下给你写信的，不是个疯癫之人，而是你熟知的哥哥。这是真话。"接着，他说，一些邻居给市长递了一份申诉，说他不宜于自由生活，于是警官就下令把他锁在一间小屋子里。"你可以理解，看到这么多人怯弱地联合起来对付一个病人，是多么使人震惊的一种打击啊！特别是，我总是尽量与人为善，从来也不怀疑他们有仇恨之心。"好嘛，他住在一间黄色的屋子里，墙上贴满了令人眼花缭乱的向日葵画，这难道不是个疯子？"我对市长说，"如果能使这些好心的人永远感到满意，我完全可以把自己扔到水里去；哪怕我受了伤，反正我没有做过伤害他们的事。"他为自己找到了借口：如果他永远疯癫下去，人们就不会"在我忙着画画、吃饭或是睡觉的时候来干预。现在，他们样样事都要干涉"。

医生们把他这一切错乱现象归咎于咖啡喝得太多和酗酒。可他又有什么办法呢："为了达到去年夏天我画出的鲜明的黄色调，我真的不能不进入紧张兴奋的状态。"艺术有是个有工作要做的人，即使在工作中会失去躯体和心灵。真正的艺术家必须在他艺术的圣坛上献出一切——健康、幸福、自尊、甚至生命本身。

然而，梵高不是个生就的殉道者。"你可不要以为其中有任何牺牲的念头，"他写信给西奥说，"在我的一生中，或者说大半生中，我所追求的并不是殉道者的事业，因为我做不了殉道者。如果我碰到麻烦或引起麻烦，确实会被吓呆的。"

医生们正准备再度让他出院的时候，他的信又使西奥大吃一惊。他在信中宣布，他很不愿意回到工作室去独自生活，所以想住到圣莱米精神病院去。他希望医院当局会给他一间屋子让他随心所欲地画画。他的要求仅止于此。另一方面，如果他以后信写得少了，西奥一定要原谅他。"我不知道今后会不会经常写信，因为有些时候我是不够清醒的，无法写得有条有理。"西奥不必再同情他了，这是浪费："从某方面来讲，在身体比较健康地过了若干年以后，我们迟早也得有身体不健康的时候，这样才公平。"当然他不会偏偏去选择疯癫这样的疾病。但一种病与另一种病到底又有什么区别呢："至于我的将来，我不再是 20 岁的人了，西奥，我已经 36。谁知道呢？尽管如此，也许我面前还会有若干近乎正常的岁月哩……哦，我亲爱的西奥，你要是现在能看到这儿的橄榄树林，那该多好！"也有时候，他意志十分消沉。"如果我没有你的感情，西奥，我的痛苦会迫使我毫不悔恨地去自杀的……到了一定时候，我们有权利向社会发出抗议并且保卫我们自己。"西奥悲痛万分。他就要结婚了，现在他需要把每月寄给梵高的钱用作家庭开支。梵高请求他把这笔钱留着自己用，不要再把钱花在供他画画上面。因为成功的机会，他被公认为艺术家的机会现在已是微乎其微。他确信，有一种不可抗拒的力量使得他每走一步都受到挫折。他只有一条路可走——到精神病院去。所以，西奥最好不要为他担忧。"好多画家都变成了疯子，确实如此。我会常常发疯的，但对我来说反正是一回事。医院里有许多房间，给二十来个画家做工作室都够用的。"

五月间，他进了圣莱米精神病院，医院给了他一个房间作画室。他用的色彩十分鲜艳，一二十个疯子总是在旁边围观，还帮他调色。梵高对同院的病人非常亲切。"虽然有些人不停地嚎叫或是嬉笑怒骂，可是大多数人都相处得很好，在发病的时候能互相帮助。"他把自己描写成一个心中已不存任何希望的人。至于他的画，"绘画是否还具有美或是什么用处，太值得怀疑了。但是又怎么办呢？有些人尽管疯了或者病了，还是喜爱自然；这些人就是画家。"他们必须不停地画！

这封信发出去不到几天,他又发了病。病好的时候他听到了好消息,西奥的年轻妻子生了一个男孩。此外,西奥又寄给他一篇登在法国一家报纸上的文章,是一个青年文学家奥利尔就梵高在阿尔创作的绘画所写的叙事诗。他把梵高称作新时代的"启蒙者",并且用动人的暗喻谈论梵高的色彩。梵高读着这篇文章,不禁热泪盈眶。他写信给奥利尔说,他对他善意的言词十分感激,但是他却不配领受这样的赞誉。他解释说,他这一切都归功于阿尔色彩画派的创始人蒙蒂契尔。他建议奥利尔去参观哥比尔开设的画廊,看看蒙蒂契尔画的花卉。"然后,我亲爱的先生,你就能把赞美给予值得称赞的人了。"

不久以后,梵高请了假,离开圣莱米精神病院到了阿尔,在那里画画的时候,又发了一次病。人们发现他在田野里叫嚷,喉头肿得四天不能吃东西,这些病痛的袭击!"讨厌极了,"他在绝望中写信告诉西奥,但他绝不能放弃画家的事业。他感到,画画对他健康的恢复是绝对必要的。像医生所命令的那样,一连几个星期啥事也不干,那简直不能忍受。医生们使他感到将来已没有什么希望。在休养期间,他们什么工作也不准他做。他们预料他的病会一再发作。梵高阅读了大量莎士比亚和伏尔泰的作品,使神智保持清醒。但是他也坚持要画画。"哪怕是画卷心菜和生菜,我也要画。只有通过画画,我才能正常起来。"在几次发病中,他曾经一连几天昏迷不醒,在他清醒的时候,医生们会强迫他一动不动地在有栅栏的窗子后面坐上几个钟头。他们只想让他多吃,让他长胖。他请求他们让他干点体力劳动,学点铁匠或木匠手艺。最后,医生们同意让他再次拿起画笔。他画了精神病患者的病房。多么完美的一组作品啊!25 岁的时候,他画的是比利时饥饿的矿工。37 岁的时候,他画的是圣莱米痛苦的疯子。

1890 年 3 月,梵高离开了精神病院。有一度生活得很快乐,他做了西奥小儿子的干爸爸。西奥夫妇经常来看他。他有时带着侄儿小文森外出散步,让他看母牛在挤奶的时候怎么样嗖嗖地摇着尾巴,公鸡是怎么"喔喔"叫的。

在一个晴朗的日子里,他忽然感到一种莫大的平静,他从来还没有过这样的体会。精神上的狂乱消失了,从童年时代起就附着在他身上的那个疯狂的恶魔也消失了。他仿佛卸下了什么重大的责任似的。他写信给西奥说:"我正处于一种平静得无法画画的心情之中……"

突然,在 1890 年 7 月 29 日,他对着自己的身体发射了一颗子弹,结束了他的探索。

斯托夫人《汤姆叔叔的小屋》出版

19 世纪中期,美国黑人商品奴隶制度的腐朽性、残酷性暴露无遗,废除奴隶制已是美国人民的共同呼声。美国许多进步作家和学者纷纷挥笔谴责奴隶制的反动和罪恶。美国女作家斯托夫人(1811~1896)就是其中的突出代表。斯托夫人长期居住在同奴隶州肯塔基河(俄亥俄河)相隔的辛辛那提。他的父亲和丈夫是废奴运动的同情者,她的家庭

是逃亡奴隶的避难所。她亲眼目睹黑人奴隶受非人待遇和迫害的种种惨景,亲眼看到许

《汤姆叔叔的小屋》售书广告

多追捕逃亡奴隶的惊心动魄场面,了解奴隶制的真实面目。1850 年《逃奴追缉法》颁布后,广大人民群众义愤填膺,斯托夫人提笔疾书,写出一部震惊美国社会的小说——《汤姆叔叔的小屋》,抨击美国南部奴隶制的反动和奴隶主的罪行。小说以黑人奴隶"汤姆叔叔"的苦难经历为线索,用极其沉重的笔调把黑人奴隶制下黑奴的悲惨生活展现在读者的面前,揭露了奴隶主剥削、迫害黑人奴隶骇人听闻的罪行。《汤姆叔叔的小屋》从 1851 年 6 月连载于《民族杂志》上,1852 年 3 月出版单行本。初版的 5000 册两天就卖光了,一年之内共销售 30 万册。随后改编成剧本在各地上演。这部小说成为美国人反对奴隶制度的战斗号角。

加富尔就任撒丁王国首相

加富尔是意大利著名的政治家,自上而下统一路线的组织者和执行者。青年时代曾留学英法各国,认为英国的君主立宪制是最好的制度。1848 年革命前夕,他同朋友在都灵创办《复兴报》,鼓吹以撒丁王国为中心实现自上而下的统一,从此声名渐著。他积极参加 1848 年革命,是议会中有影响的议员。1850 年 10 月任农商产业大臣,不久任财政大臣。1852 年任撒丁王国首相。为统一意大利,他对内政进行了一系列改革,提高了撒丁王国在意大利诸邦中的地位。他认为单靠撒丁的力量是不能推翻奥地利的统治实现

意大利统一的。他决定联法抗奥来实现统一。1857 年 7 月,他同拿破仑三世缔结协定,用战争把奥地利赶出伦巴底和威尼斯,两地合并于撒丁,而撒丁割萨伏依和尼斯给法国作为回报。1859 年 4 月 26 日意法联军对奥宣战,6 月底基本上把奥军赶出伦巴底。加里波的领导的志愿军到处打击敌人,许多公国爆发了革命,建立了资产阶级自由派政权,拿破仑三世对此深感恐惧,他背弃诺言单独同奥地利签约停战,把威尼斯留给奥地利。这激起全意人民的愤怒,加富尔不得不辞职。但他仍谋统一,以庶民身份到中部各邦游说,鼓动新政权加入撒丁王国。1860 年 3 月,中部四邦并入撒丁。加富尔主张组阁又担任了首相。当巴勒摩起义,加里波的统一南意大利后,加富尔软硬兼施,"说服"加里波的同意把南意大利用所谓"全民投票"办法并入撒丁。至此除威尼斯和教皇领地外,撒丁王国统一了 7 个邦。1861 年 3 月 17 日第一届意大利议会开幕,撒丁国王维克多·艾曼努尔被定为意大利国王,加富尔任总理大臣兼外交和海军大臣。

地球自转被证明

　　地球本身是自转的,这对于当今时代的人们来讲是一件非常普通的自然常识。然而,人类对于这一现象的认识却经历了漫长的岁月,最终由法国物理学家杰恩·玻纳德·列恩·傅科(1819~1868)利用著名傅科摆实验证明地球本身确有自转存在。1851 年,傅科在巴黎先贤祠的圆顶大厅内,用 67 米长的钢丝将一质量为 2.8 万克的铁球悬挂在大厅顶部,令其自由摆动,每当铁球到达摆动最高点时,傅科就在地面上做上标记。傅科摆总是在同一竖直平面内摆动,但傅科的实验却告诉人们,地面上有关铁球所能到达的最高位置的标记沿顺时针方向旋转。即摆所在的竖直平面与地球平面之间有相对运动。这种相对运动的存在恰好说明地球本身是有自转存在的。傅科还测出在巴黎这个摆是以每小时大约 11 度的速率旋转,旋转一周大约需要 32 小时。以后傅科在地球的北极、赤道、南半球多次重复了他的实验,成功地演示出地球自转的存在。在不同地点,傅科摆相对于地球的转动速率不同。其实,自然界中存在着很多足以证明地球自转的现象,如在北半球,由南向北的河流东岸受到的冲刷厉害等等。

飞艇的发明

　　继 1783 年载人热气球顺利升空之后,为改变气球难以控制的缺点,飞艇应运而生。1852 年法国工程师亨利·吉法尔制造了第一艘飞艇,雪茄烟状的气囊长 44 米,里面充满氢气,飞艇上装有重 160 公斤的 3 马力蒸汽动力机,在螺旋桨推动下,吉法尔乘坐这艘飞艇从巴黎赛马场升空,以每小时 10 公里的速度飞越巴黎。吉法尔飞艇的一个重要缺陷是,只能在帆式舵的作用下做微小转弯。1872 年德国工程师 P·亨莱因将内燃机用于飞艇。1884 年第一艘实用飞艇—"法兰西号"由法国发明家阿·赛·克雷布斯和查理·勒纳尔制成,长 51.8 米,靠电动机驱动,它能够受控到达指定地点,并可任意改变方向。在飞艇研制方面做出突出贡献的是德国退役军官费德南德·格瑞弗·冯·齐柏林(1838～1917)。1900 年 7 月 2 日第一艘齐伯林飞艇 LZ-1 号从德国康斯坦茨湖出发进行首次飞行。艇长 128 米,内部气囊充有 9910 立方米氢气,时速为 20 英里。1910 年齐伯林组建德国航空公司,从此飞艇开始载客飞行。1917 年齐伯林飞艇在空中停留时间达 100 小时。1919 年 7 月英制 R-34 飞艇完成开辟了横越大西洋的空中业务。1937 年 5 月 6 日兴登号大型飞艇失事,飞艇不再被使用。

美国共和党成立

共和党人林肯

1854 年 7 月 6 日,共和党于密歇根州杰克逊城成立。共和党是 19 世纪 40～50 年代围绕奴隶制的激烈斗争中,以工业资产阶级为核心、反奴隶制各党派、各阶层参加的反奴隶制的联盟。1840 年民主党和辉格党才建立起最早的全国性政党制度。当时它们都是不稳定的经济利益集团的结合体,工业资产阶级和奴隶主在两党内都有自己的代理人。随着工业资本主义和种植园经济的发展,南北经济利益矛盾日益加深,两党内部不断出现分化和两党之间重新组合。经过围绕吞并得克萨斯、占领新墨西哥和加利福尼亚、1850 年妥协案、堪萨斯—内布拉斯加法案等重大事件的反复较量,这种分化与重新组合才逐步明朗化。民主党分化成南北两大派,但以南方民主党人为主体的民主党仍然继续存在。辉格党的南北两派分别参加了民主党和共和党,作为一个政党的实体已经消失。共和党应运而生。参加共和党的有:反对奴隶制的北部辉格党人,反对奴隶制的北部民主党人,还有于 1848 年由辉格党人和民主党内反对奴隶制分子成立的自由土地党人,包括并入自由土地党的自由党人(1840 年成立的主张废除奴隶制政党)。由美国党内分化出来的反对堪萨斯—内布拉斯加法案分子也参加了共和党。共和党接受了自由土地党的口号:"自由土地,自由言论,自由劳动,自由人民"。它的政纲主要是:反对奴隶制向新领地扩张,但不干涉现在奴隶制,反对堪萨斯—内布拉斯加法案,支持萨斯以自由州加入联邦;颁布《宅地法》;实行保护关税政策;支持修建通向太平洋的铁路。共和党得到工业资本家、银行家、商人、自由职业者、小店主、小制造商以及广大农民、工人和黑人的支持。1856 年共和党第一次参加大选,竟然获得 134 万多张选票,11 州 114 张选举人票。1860 年大选共和党获得胜利,林肯当选为美国第十六任总统。

美国会通过堪萨斯-内布拉斯加法案

19 世纪 50 年代初,路易斯安那地区还有大量购买的土地没有开发。密苏里河以西的堪萨斯—内布拉斯加地区的土地肥沃,移民人口逐渐增加。1853 年美国国会通过法案修建横贯大陆铁路,将穿过这两个地区,铁路建成后那里将会变成人口稠密的地区,这样,两地面临是由雇佣劳动制或奴隶制控制的问题。根据 1820 年密苏里妥协案的规定,两地都位于北纬 36 度 30 分以北,建立雇佣劳动制是顺理成章的事。但是,参议院领地委员会主席、北方民主党领袖斯蒂芬·道格拉斯于 1954 年 1 月 23 日向参议院提交的《堪萨斯-内布拉斯加法案》草案,却废除了密苏里妥协案规定的地理位置限制。法案提出"领地及由领地形成的新州内一切有关奴隶制问题,应留给住在那里的人民通过他们的代表"去解决。道格拉斯把这种原则称之为"居民主权原则"。实际上是为奴隶制进入堪萨斯和内布拉斯加两领地开绿灯,为奴隶制在新领地上的扩张扫除障碍。国会内外都非常关注法案的命运,它涉及联邦政府将掌握在谁人之手的关键,为此进行了长达 4 个月之久的全国性辩论。1854 年 5 月,在奴隶主的操纵下国会通过该法案。当即遭到北方的强烈反对,各地召开群众大会纷纷向国会递交请愿书、抗议书。道格拉斯一手炮制的堪萨斯-内布拉斯加法案,最后引发了堪萨斯内战。

美国堪萨斯内战爆发

1854 年 1 月,堪萨斯-内布拉斯加法案通过引起堪萨斯内战的爆发。南部奴隶主企图在堪萨斯建立奴隶制,把内布拉斯加留给北部自由土地派。根据"居民主权"原则,组织大批移民进入堪萨斯占据大部分良田,以便取得人口优势。自由土地派反对在堪萨斯建立奴隶制,成立"堪萨斯移民援助会",组织北部大批移民进入堪萨斯。1854 年 10 月,奴隶主从密苏里招募大批武装暴徒袭击自由土地派移民,挑起堪萨斯内战。11 月双方因选举国会代表问题发生了冲突。奴隶主以恐怖手段强行"选出"一个拥护奴隶制的代表进入国会。1855 年双方组织了各自政府,堪萨斯出现两个政权并存的复杂局面。两个政府要求联邦政府承认自己是堪萨斯的合法政府。偏袒南部的皮尔斯总统只承认由奴隶主控制的政府。1856 年 5 月 21 日,奴隶主武装洗劫了自由土地派的据点劳伦斯。在保卫劳伦斯的激战中约翰·布朗被推选为自由土地派自卫队上尉,他英勇作战狠狠打击了敌人。双方继续向堪萨斯大批移民,组织游击队伍,扩大自己的势力。1857 年召开大会,

南部奴隶主招募武装暴徒阻击北方自由移民

在奴隶主控制下通过允许奴隶制存在的宪法,1858 年立法议会否决了它。

巴黎和会签署《巴黎和约》

　　克里木战争结束后,1856 年 2 月 25 日～3 月 30 日在巴黎召开了和会,缔结了《巴黎和约》。参加和会的当事国主要全权代表有法国外交大臣瓦列夫斯基、英国外交大臣克拉林顿、土耳其的阿里·帕夏、撒丁王国首相加富尔和战败国俄国全权代表奥尔洛夫伯爵。未参战的奥地利是和谈的发起国,它的外交大臣布沃尔也参加了和会。在讨论黑海问题时,普鲁士首相曼托伊费尔以海峡公约签字国代表资格参加和会。由于法国不愿看到英国在近东的势力加强,给予俄国某些支持使其不至于过分削弱。拿破仑三世拒绝支持英国关于俄属高加索独立的要求。奥地利企图获得它占领的摩尔达维亚和瓦拉几亚两公国,遭到法俄的反对,奥地利为此退出和约。经过一个多月的讨价还价,和会于 1856 年 3 月 30 日最后签署了《巴黎和约》。和约的主要内容:列强共同保证奥斯曼帝国的“独立和完整”,土耳其苏丹答应信仰基督教的自由;联军占领的克里木仍属俄国,俄国把多瑙河口和比萨拉亚南部割让给摩尔达维亚,把卡尔斯归还给土耳其,放弃对土耳其境内东正教徒的保护权;摩尔达维亚和瓦拉几亚宗主权名义上仍属土耳其,但由列强共同保证;黑海中立化,禁止各国军舰通过两海峡,禁止俄土两国在黑海拥有舰队和海军基地;开放多瑙河,保证各国商船航行自由。

亨利·贝塞麦发明转炉炼钢法

　　18 世纪中叶,英国的工业革命迫使人们对钢铁冶炼技术进行改革。在这方面首先取得突破性进展的是英国军事工程师亨利·贝塞麦(1813~1898)。19 世纪中叶,欧洲爆发了克里木战争,作为一个军事工程师,贝塞麦设计了具有来复线结构的大炮,用以提高射程和精确度。尽管这项发明受到拿破仑三世的赞赏,但由于当时仅有的生铁和熟铁无法满足新型大炮炮筒在强度、硬度、韧度等各方面的要求,贝塞麦无法将他的设计付诸实际。为此,贝塞麦深感发展钢铁冶炼技术的重要性,于是便把自己的注意力转向炼钢工业。1855 年,贝塞麦开始了铸造炮身的炼钢实验。他将生铁在反射炉中溶化并掺入渗碳钢,然后利用压缩空气鼓风法强化炉内反应过程。他偶然发现,空气使炉子边缘上没有熔化的生铁燃烧,30 分钟后,在炉壁上竟挂着两片薄钢片。这一发现使贝塞麦倍受鼓舞。在进一步的工作中,他将固定式炼钢炉改成翻转式炼钢炉,使一个罐型装置放在能倾斜的转架上,然后倒入铁水并从炉底吹入高压空气,燃烧掉铁水中的杂质,利用氧化反应产生的热仅 10 分钟左右就炼出一炉钢来。1856 年,贝塞麦在英国科学协会发

英国军事工程师亨利·贝塞麦

表讲演,公布了他的转炉炼钢法,轰动了整个欧洲。贝塞麦的转炉炼钢法存在一个重大缺陷,就是不适于对含磷较多的矿砂的冶炼。这个问题直到 1879 年英国冶金学家西德尼·托马斯(1850~1885)发明了碱性炉衬才得以解决。当然,这时已经有了更先进的一种炼钢方法——平炉炼钢法了。

1857 年经济危机爆发

　　资本主义历史上第一次世界性的经济危机。这次经济危机是由于资本主义、工厂工业和世界市场在 1847 年至 1857 年间获得迅速发展而形成的。在这个时期,美国经济由于国外资本的大量输入、铁路建设的蓬勃发展、加利福尼亚金矿的发现而迅速发展起来。

在这个时期,变化最大的是德国。马克思曾写道:"众所周知,1849~1859年这个时期是德国经济发展中的一个空前未有的时期。在此期间,德国可以说从农业国变成了工业国。"其他资本主义国家在此期间都有不同程度的发展。这是资本主义经济危机最重要的内部根源。在1847年至1857年期间,世界贸易大幅度扩大。50年代的每年平均增长额比前20年提高了两倍。资本主义以往的整个发展过程促进了世界市场的飞速扩大。世界市场的扩大必然使这次危机具有世界性。1857年危机与以往各次危机不同。以往各次危机的策源地是英国,而这次却是美国。美国危机的事态很快扩张到英、法、德等发达的资本主义国家,并且不久就蔓延到瑞典、荷兰、意大利、挪威和丹麦。许多殖民地国家,如澳大利亚、爪哇、巴西,甚至农奴制的俄国,也遭到危机的打击。1857年危机波及的范围超过以往各次危机。但是,1857年危机的后果与以往的危机一样,使广大无产阶级群众生活状况恶化,大大激化了阶级对抗和阶级斗争。1857年危机的另一个重要后果,是侵占殖民地,掠夺、压榨殖民地和半殖民地的政策加强了。这种做法对资本主义摆脱这次危机起到了巨大的作用。

亚述学产生

亚述学属于东方学的一种,是研究两河流域及其附近使用楔形文字各民族的语言、文字、历史和文化的科学。最初主要发掘和研究亚述的文化遗迹,故而得名,17世纪,意大利的彼得洛·德拉·瓦列(1586~1652)从波斯波里斯王宫带回铭文拓片,楔形文字才为欧洲人所知。19世纪初,德国学者格罗铁芬开始释读楔形文字,他依据两组铭文,从波斯的楔形文字中考证出12个字母,为释读楔形文字奠定了基础。由于彪尔努夫(1801~1852)和辛拉等人的研究,大大推进了楔形文字的释读工作。1842年,法国学者波塔

亚述人创作的壁画,描述亚述士兵露营场面。

(1802~1870);1845~1851年,英国学者赖亚德(1817~1894),先后在伊拉克北部的摩苏

尔附近,发现了古代亚述的遗址,一大批泥版文书等珍贵文物成为研究亚述文字、历史和文化的宝贵资料。1847年,英国学者罗林生,先译解了贝希斯敦铭文中的波斯文,然后将其与巴比伦文相对照,读通了巴比伦、亚述的楔形文字,为亚述学的诞生铺平了道路。1857年,有4位学者各自独立地读通了同一楔形铭文,人们视这一年为亚述学诞生的一年。亚述学的诞生,为人们研究苏美尔人、阿卡德人、巴比伦人、亚述人、埃兰人、赫梯人和波斯人等古代民族的历史,打开了奥秘之门。

英国议会通过新印度法案

1857~1859年印度民族大起义给英国殖民者以沉重打击。英国统治阶级在不改变殖民主义基本政策的前提下,开始变换对印度的统治术。首先改组殖民机构,撤销臭名昭著的东印度公司,在印度人民中散布"更好时代"即将来临的幻想,加强对印度的直接控制。1858年8月,英国议会通过"最佳治理印度法",撤销东印度公司,把对印度的管理权交给英王,由总督以副王的身份代表英王对印度进行直接统治;在英国政府内设印度事务部代替监督委员会。其次,改变过去单凭军事力量控制印度的政策,采取军事力量和联合印度封建王公、僧侣并用的统治政策。1858年11月1日,维多利亚女王颁布诏谕宣布,"尊重当地王公的权利、尊严和体统",对王公"旧日一切土地所有权予以保护"。收买印度封建王公作为英国在印度殖民统治的社会支柱。再次,1859年通过"固定租佃制法",规定地主无权把农民从土地上赶走或任意提高地租。开始农民相信自己可能成为土地所有者,缓和了农民的不满情绪。后来"长期佃户"可以抵押或出卖自己耕种的土地,很快被高利贷者和商人买去转租,他们任意增加租金,加重了对农民的压榨。最后,改组英印军队,加强对印度的军事控制。主要采取减少印度士兵在英印军队中比例的措施。起义前英印士兵比例大约为1∶6到1∶7,起义后孟加拉改为1∶2,其他地区改为1∶3。炮兵和技术部队除少数例外全由英人担任。大部分士兵不再从孟加拉和奥德招募,而从旁遮普锡克人和尼泊尔廓尔喀人中招募。英国殖民者利用印度王公封建地主同农民的阶级矛盾,利用民族矛盾和宗教矛盾,采取"以夷治夷""分而治之"的策略。

普鲁士亲王摄政

1857年10月,普鲁士国王腓特烈·威廉四世突然中风,其弟普鲁士亲王,即镇压三月十八日柏林起义的"炮弹亲王"接管了政府日常事务。1858年秋,威廉四世的疾病已无望痊愈。10月7日,王后提出把王权交给摄政的方案,普鲁士亲王担任摄政王并接管了全部王权。直到1861年初威廉四世逝世,摄政王继承王位称威廉一世。摄政初期,他对1859年法意对奥战争采取了"不明智"的政策。一方面动员普鲁士军队威胁法国,另一方面要求取得德意志联邦军队的指挥权,威胁奥地利,其结果促使法奥签订维拉弗兰卡停战协定,普鲁士毫无所得,成为全欧洲的笑柄。普鲁士资产阶级利用摄政时期加强了自己的政治经济地位,并在议会中取得自由派的多数。摄政王为了在普奥争夺德国统一运动领导权的斗争中取得军事优势,并把日益壮大的民主运动镇压下去,1860年向议会提出军事改革方案。方案主要内容是:取消国民后备军,常备军增加一倍,服役期从二年延为三年,增加军费950万塔勒。自由派占多数的议会否决了军事改革案,并要求普鲁士实行君主立宪制。政府解散议会。1862年,自由派在新选议会中仍占多数,并再次否决军事改革案。9月23日,过去的"炮弹亲王"-摄政王、今天的威廉一世任命俾斯麦为普鲁士首相兼外交大臣。俾斯麦不顾议会的反对,强行军事改革,实行扩军备战,准备用自上而下王朝战争方法实现德国统一。从而引起四年之久的"宪法纠纷"。

苏伊士运河破土动工

早在18世纪末,拿破仑·波拿巴将军占领埃及后,曾亲自率领工程技术人员勘察开凿苏伊士运河的可能性。1846年所谓法国宗教团体圣西门会组成运河研究会讨论开凿运河的种种技术问题。拿破仑三世认为,未来的运河是加强法国在中近东和印度洋势力的重要武器,竭力支持运河计划。法国驻埃及前领事费迪南·德·莱塞普斯"热心"运河计划,他向埃及总督赛义德游说,说运河造成后会给埃及带来巨额收入,埃及将以运河为屏障,取得西方国家支持,摆脱土耳其而独立。赛义德被他说服,1854年10月23日双方签订了《关于修建和使用苏伊士运河的'租让合同'》,1856年1月5日,又签订一项扩大运河特权的补充合同。租让合同规定:由埃及无偿提供开凿运河所需要的土地和4/5劳工,由公司决定付给劳工的工资数额;运河完工后租让99年,埃及收取运河收入的15%。1857年,莱塞普斯不顾英土等国的反对,以私人名义成立了国际苏伊士海运运河公司,资金2亿法郎,共40万股,每股500法郎,各国均可投资。法国购买全部股份的52%;在英国的鼓动下土、奥、俄、美、英都拒绝认购,埃及被迫买下44%股份;西班牙人、荷兰人、突尼斯人、意大利人买下剩余的4%。准备基本就绪后,1859年4月25日运河正式在塞德港破土动工。苏伊士地峡一片沙漠,气候炎热无雨,淡水奇缺而供应不足,劳动和生活条件相当艰苦,加上连年瘟疫,埃及劳工病死逃亡者无数。经10年漫长岁月,1869年11月17日,苏伊士运河才竣工正式通航。苏伊士运河成为东西方航运往来的捷径,对促进世界贸易起了巨大作用。但它是以牺牲埃及人民众多生命财产为代价的。开凿运河的10年中,埃及提供数十万劳工,挖去7.2亿土方,牺牲12万人的生命,耗资1600万英镑。开凿运河使本来很弱的埃及承受如此巨大牺牲,国力更加衰竭。西方列强为了控制、占领运河的争夺愈演愈烈,埃及不仅没有获得独立,反而被英国长期占领。

苏伊士运河开工典礼,有多个国家元首参加。

约翰·布朗起义

　　布朗是位彻底的废奴主义者。他反对奴隶制,积极参加帮助奴隶逃亡的"地下铁道"活动。他反对堪萨斯-内布拉斯加法案,参加了保卫堪萨斯的劳伦斯战斗。他主张用武装起义的办法推翻美国南部奴隶制,并亲自组织武装起义。1857 年他着手制定起义计划:第一步,建立起义基地,储存武器和隐蔽起义队伍;第二步,发动起义,夺取军火库武装黑人奴隶;第三步,以蓝岭山脉为游根据地,逐步深入南部腹地打击奴隶制度。1859 年10 月 16 日晚,布朗率领由 22 人组成的起义军占领了波托马克河桥和申南多亚河桥,俘虏了驻军指挥官,夺取了军火库,动员黑人参加起义。但因事前并未进行宣传工作,那里的黑人奴隶较少且多是家庭奴隶,响应者仅 50 人。17 日,敌人夺回两桥和军火库。18 日,经激烈战斗,终因寡不敌众,起义失败了。起义者 9 人牺牲,布朗等 7 人被俘。布朗在 40 多天的监狱生活中,写下了一封封可歌可泣的书信,显示了高尚的革命气节和战胜奴隶制的信心。1859 年 12 月 2 日,布朗英勇就义,就义前他写下了最后遗言:"我,约翰·布朗,现在坚信只有鲜血才能洗清这个有罪的国土的罪恶。过去我自以为不需要流血就可以做到这一点,现在我认为这是不现实的。"布朗的预言很快实现了,1861 年爆发了埋葬奴隶制的伟大革命-美国内战。马克思高度评价布朗起义,说它是当代发生的最伟

在美国南方,黑奴可以在市场上自由买卖。

大的事件之一。

林肯当选美国总统

　　1860 年 11 月 6 日,美国举行第 16 任总统的选举,结果共和党候选人亚伯拉罕·林肯获胜,引起南方奴隶主的极大不满,成为导致美国内战爆发的直接原因之一。美国南部以奴隶劳动为基础的种植园经济,早在殖民地时期就已经存在了。美国独立后,这种腐朽、落后的经济制度同北方以自由雇佣劳动制度为基础的资本主义经济的矛盾冲突愈演愈烈,导致了一系列的政治对立与流血冲突,如密苏里加入联邦事件、废奴运动以及堪萨斯内战等,到 19 世纪中叶,南方奴隶制的去废存留已经成为美国举国上下一致关注的焦点。为了争得权势显赫的总统职位,北方工业资产阶级与南方奴隶主阶级展开了激烈的角逐。1860 年,当总统大选年到来时,代表北方工业资产阶级利益的共和党同代表南方奴隶主和北方部分工商业资产阶级利益的民主党围绕着奴隶制度向西部和北部的扩张以及关税制度问题展开了激烈的总统竞选活动。1860 年 5 月 16 日,共和党全国代表大会在芝加哥举行,会议提名林肯为总统候选人。林肯(1809~1865)生于肯塔基州的一个木工家庭里,做过律师,后当选为州与联邦议会议员,政治上反对奴隶制度。作为总统候选人,他虽然不主张废除奴隶制度,但坚决反对奴隶制度的进一步扩张和分裂国家的任何图谋。1860 年 4 月 23 日,民主党全国代表大会在查尔斯顿召开,会上南方与北方的民主党人发生分裂,结果北方民主党人推举斯蒂芬·道格拉斯为总统候选人;南方民主党人推举布雷肯里奇为总统候选人,他们之间虽有分歧,但在维护奴隶制度这一点上却是一致的。11 月大选揭晓，林肯获 1 866 452 张选票，道格拉斯获 1 376 957 张选票，布雷肯里奇获 849,781 张选票，林肯在全国工人和西部农民的支持下当选总统，预示着南方奴隶制度的穷途末路。

林肯遇刺身亡

亚伯拉罕·林肯（1809~1865），美国第 16 任总统。在任期间，平息了南方奴隶主的叛乱，取得了内战的胜利，故深为南方奴隶主阶级所仇视。1865 年 4 月 3 日南方同盟首都里士满被联邦军攻战，4 月 9 日，南军将领罗伯特·李率部投降，标志着长达 4 年之久的内战结束。4 月 14 日晚，林肯携夫人到华盛顿第 10 大街的福特剧院观看流行喜剧《我们美国的表兄弟》。此时，南方间谍、演员约翰·威尔尼斯·布思已经策划了一起刺杀总

布思暗杀林肯的情景

统的险恶阴谋。正当全场沉浸在戏剧的喜乐气氛中时，布思犹如一个幽灵偷偷潜入总统包厢，在距林肯 1.5 米的地方扣响了手枪扳机，子弹从林肯头部左侧，距左耳 7.62 厘米的地方射入后脑，总统倒在血泊中，全场、全国以至全世界都处于震惊与悲愤之中。林肯终因抢救无效，于 1865 年 4 月 15 日清晨 7 时 22 分与世长辞。当天，安德鲁·约翰逊继任总统，并开始追捕凶手。4 月 26 日，布思因拒捕被击毙，其他同谋犯——被捕归案。4 月 19 日，在白宫举行了隆重的悼念仪式。4 月 21 日，灵车载着林肯的遗体驶往林肯家乡斯林菲尔德。5 月 4 日，林肯灵柩被安葬在斯林菲尔德山清水秀的橡树岭公墓。他的墓穴周围布满了由无数鲜花堆成的"花山"，表达了美国人民对林肯的无限敬仰与怀念之情。

在举国哀悼林肯的日子里,约有700多万人肃立街道两旁,向出殡行列致哀,有150万人瞻仰了林肯遗容。林肯的被刺,在国外也引起了巨大震动,各国进步人士和团体都以不同形式表达了痛惜之情,马克思也代表第一国际给林肯以极高的评价,称他"是一位英雄"。

三K党在美国南部横行

1865年美国内战结束后,南方的奴隶主阶级极力要恢复昔日奴役和剥削黑人的特权地位。他们利用约翰逊保守的重建纲领,于1865~1866年相继在南部各州制定并实施了反动的《黑人法典》,为了使该法典得以顺利执行,南方奴隶主和反动势力决心要辅之以恐怖与暴力,结果导致"三K党"在美国南部的横行。"三K党"是英文Ku Klux Klan的缩写,Ku Klux源自希腊语Kyklos,意为党派,为了押韵,又加上也有"党派"之意的Klan,故称"三K党"。"三K党"最初出现于田纳西州,不久发展到亚拉巴马、得克萨斯、阿肯色及北卡罗来纳等州。1865年"三K党"建立时,昔日"南部同盟"分子是其主要发起人和组织者。"三K党"党徒通常的装束是白面罩、硬纸帽和遮盖全身的长袍。他们施暴的对象主要是黑人和白人共和党人,并以交叉的剑、棺材、骷髅、交叉的腿骨和带有K·K·K的列车作为恐怖的标记。"三K党"党徒往往以最野蛮、最令人发指的手段残害黑人,如肢解尸体、吊死妇女儿童、把人投入布满涂有蛇毒的尖刀的大箱子,让其中毒、窒息而死。即使有的幸免一死,也遭到痛打,并被涂上遍体的柏油,再粘上许多棉花,使其受尽肉体之苦和人格的侮辱。据统计,仅在1866年的头10个月中,佐治亚一个州就有150多人惨遭"三K党"的毒手,但却未受到各州当局的严厉制裁。在路易斯安那州,即使杀人凶手被逮捕,只要缴纳保证金,即可获释。美国政府的宽容与放纵,使得"三K党"在南部的活动更加猖獗。"三K党"的暴行激起了广大黑人和全国进步力量的极大愤慨,他们纷纷拿起武器进行自卫,以暴力对抗"三K党"党徒的迫害,狠狠打击了"三K党"的嚣张气焰。

遗传定律建立

遗传定律的建立经历了曲折的历史过程。在进行了大量实验的基础上,首先对遗传现象提出理论解释的是奥地利遗传学家格里戈·约翰·孟德尔(1822~1884)。1843年秋,孟德尔进入奥地利布台恩修道院,这个修道院已对院内经营的农作物进行了多次植物杂交实验,并正在研究植物的遗传,变异和进化问题。1853年起,孟德尔在布隆的一所学校讲授植物课程。为做动植物遗传杂交试验,他利用修道院内的空地栽种了豌豆、玉米、草莓等作物,并饲养了蜜蜂、小家鼠等动物。在反复实践过程中,他意识到豌豆是研究遗传的较好对象。1856 年起,孟德尔开始了艰苦细致、时间漫长的豌豆杂交实验,他先后从 34 个豌豆品种中选出 22 个性状稳定的品种,其中有 7 对性状最明显。8 年中,孟德尔处理过近 3 万株豌豆,摸索了它们的各种性状通过繁殖传递给后代的规律,提出了遗传学的两个基本定律:分离定律和自由组合定律。1865 年,孟德尔在奥地利自然科学学会上报告了他的成果,但未获承认。1866

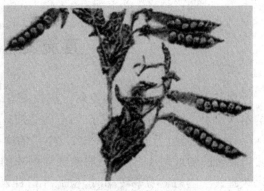

孟德尔实验时使用的豌豆标本

年孟德尔又以《植物杂交实验》为题在奥地利自然科学学会年刊上发表论文,尽管这份杂志被送往欧美各大城市 120 个图书馆,但孟德尔的遗传定律仍没有引起任何重视。1884 年当这位伟大的科学家病逝时,没有能看到他在遗传学方面的贡献对人类进步产生的影响。

第一国际代表大会召开

    1865 年,第一国际伦敦代表会议决定 1866 年 5 月在日内瓦召开国际第一次代表大会,后来延期到 1866 年 9 月 3~8 日在瑞士日内瓦召开。第一国际建立后,以法国工人运动的领导者之一托伦为首的蒲鲁东主义者企图把国际引向小资产阶级社会主义道路。蒲鲁东派是第一国际的发起者,又是国际组织中一支较大的队伍,因此,日内瓦代表大会不能不成为马克思主义同蒲鲁东主义进行激烈斗争的大会。出席这次代表大会的有中央委员会委员和英、法、瑞、德等国代表共 60 人。其中 1/3 是蒲鲁东主义者,马克思因忙于《资本论》的写作,没有出席大会,但他代表中央委员会拟定的文件,成为大会各项决议的基础。大会的主要议程是讨论和批准国际工人协会的章程。会上,蒲鲁东主义者把协会的任务说成是为会员寻找职业,开设商店,使会员等价地交换商品和劳务。还提出,只有从事体力劳动的人才能成为国际会员和选为代表的主张。经过激烈的争论,大会否决了蒲鲁东主义者的上述错误主张,通过了基本上是马克思 1864 年为协会起草的章程。此外大会还不顾蒲鲁东主义者的破坏与反对,通过了一系列的决议,强调国际工人协会要为挫败各国资本家破坏工人罢工阴谋而斗争;要争取实行 8 小时工作制;把儿童、少年的劳动同教育(包括智育、体育和技术教育)结合起来;强调工会必须为工人阶级的彻底解放而奋斗;在肯定生产合作社积极作用的同时,又指出依靠生产合作社决不能改造资本主义社会。大会还通过了取消间接税、废除常备军和武装人民的决议。

直流发电机发明

　　1831 年英国物理学家迈克尔·法拉第发现了电磁感应现象,随后,他又对这种现象的本质给予了解释,提出了法拉第电磁感应定律。这一定律给出了发电机的基本原理。同年,法拉第制造了世界上第一台发电机的模型。他在马蹄形磁铁的两极之间放置一个可以旋转的圆形铜片,并在铜片的轴与铜片的边缘之间用导线连接一检流计,当铜片在永久磁铁产生的磁场中转动时,检流计指针发生持久性偏转,即有连续电流产生。1832

德国纽伦堡直流发电机制造厂

年,法国人希波利特·皮克希(1808~1835)在巴黎展出了世界上第一台发电机,这台发电机是通过手轮转动永久磁铁,使磁场中的固定线圈中的磁通量发生变化而产生电流。1833 年皮克希改进了他的发电机,装上了整流子和换向器,变交流电为直流电,这台发电机由于输出电压太低,且是脉动的而没有实用价值。1834 年英国仪器制造商 E.M.克拉克制造了一台电压高于化学电池、可供实验室用的发电机,他将永久磁铁固定,反过来旋转线圈。为了克服永久磁铁产生的磁场强度低的缺陷,以适于社会发展对电能的需求,1845 年英国物理学家查理·惠斯通(1802~1875)用电磁铁取代了永久磁铁,研制了第一台用其他电源激励磁场的电磁铁发电机。因是他激式的,没有被推广。1864 年英国工程师亨利·威尔德(1833~1919)提出了自激式发电机的设想。1866 年德国发明家维尔纳

·冯·西门子(1816~1892)把威尔德的设想变成了现实,第一台自激式发电机问世,它的磁场是由发电机自身的电流来激励产生的。1867 的西门子发表论文《关于不用永久磁铁而把机械能转换为电能的方法》,阐述自激式发电机的工作原理。西门子在技术发展史上的贡献可以与瓦特齐名。1869 年长期在法国工作的电气工程师泽诺贝·特弗勒·格喇姆(1826~1901)制成了具有环形电枢的直流发电机,并马上投产满足社会需求。1872 年德国电气工程师阿尔特涅克(1845~1904)发明鼓式电枢,使发电机的效率大幅度地提高。至 19 世纪 70 年代,发电机已经代替了原电池,被广泛地应用在社会生产中。

重建美国南部

1865 年,美国内战结束后,南方立即面临进行政治改革和社会复兴的艰巨工作,历史上把 1865~1877 年在南方进行的资产阶级民主改造时期称作是美国南部的重建时期。早在内战中,林肯就曾在被占领的蓄奴州采取过委派临时军事长官和重建政府的措施。1865 年,林肯遇刺后,继任的约翰逊总统的保守政策使南方反动势力日益猖獗。1866 年6 月,美国国会通过了给黑人以公民权的宪法第 14 修正案,但遭到南方各州的抵制,并纷纷颁布、实施压制和迫害黑人的《黑人法典》。1867 年,激进共和党人占优势的国会通过了"重建法案",把南方尚未重新加入联邦的弗吉尼亚、佐治亚等 10 个州划分为 5 个军区,实行军事管制;由总统任命军区司令,负责保护人身及财产安全,惩办一切破坏分子;重申给黑人以选举权,并剥夺参加过叛乱或犯有重罪者的选举权和参政权;上述各州制定的州宪法只有在接受宪法第 14 条修正案,并被国会批准的条件下,才能派代表参加国会、取消对它的军事管制,重返联邦。在 1868—1870 年间,上述 10 个州陆续重新加入联邦。新成立的州政府一般由共和党控制,有些州政府甚至吸收了黑人参政,结果遭到南方反动势力的仇视与反抗。他们成立诸如"三 K 党"一类的秘密恐怖组织,对黑人和激进共和党人实行疯狂的报复。新成立的南方各州政府亦加紧进行资产阶级性质的改革:废除《黑人法典》,实现黑人平等权利;建立公立学校;实行陪审制度;兴办社会福利事业;实行土地改革,卖土地给黑人和无地的白人;实现奖励工商业政策;改革税制等。虽然南方保守的民主党不久又控制了各州政权,但重建对美国南方以至北方的资本主义发展无疑具有重大影响,为美国在 19 世纪后半叶成为资本主义强国奠定了基础。1877 年联邦军队最后撤出南部各州,标志重建结束。

加拿大建立自统领

加拿大最早的居民是印第安人和爱斯基摩人。公元 10 世纪左右,挪威探险者最早来到加拿大。15 世纪末 16 世纪初,意大利人和法国人相继到达纽芬兰东岸和圣劳伦斯湾。1608 年,法国人在圣劳伦斯河沿岸建立了最早的殖民据点。1756~1763 年"7 年战争"中,法国失败,按照巴黎条约,法国在加拿大的大部分殖民地都转归英国。此后,英国移民逐渐在加拿大占多数。1848 年,英属北美殖民地成立了自治政府。1867 年,英国颁布《英属北美法案》,同意加拿大获得自统领地位,该法案于同年 7 月 1 日生效,此后该日成为加拿大国庆日。该法案规定,加拿大自统领由英属北美安大略、魁北克、新布伦瑞克和新斯科舍 4 个省份组成。该法案虽然允许加拿大自治、建立联邦,但并无完整的自治权。直至 1914 年,加拿大自统领才获得较完整的国内事务的自治权。1926 年,加拿大始获得外交上的独立权。

第一国际布鲁塞尔代表大会召开

　　根据 1867 年洛桑代表大会的决定,第一国际第三次代表大会于 1868 年 9 月 6~13 日在比利时的布鲁塞尔举行。出席大会的有英、法、比、瑞、德、意、西等国工人代表 99 人。德国的倍倍尔和李卜克内西第一次参加了国际代表大会。马克思虽然未出席大会,但为总委员会起草了年度报告。大会对迫在眉睫的普法战争所造成的危机进行了讨论,并发表声明,号召工人阶级反对这场即将爆发的战争。会上争论最激烈的问题是上次大会议而未决的财产所有制问题。以托伦为代表的蒲鲁东主义者继续坚持土地个人所有制是"幸福和进步的最主要前提"的观点,认为,废除私有制是"粗暴的共产主义"。卢昂支部的代表奥布里在起草的报告中则认为,土地应该归还其天然的主人——整个社会。布鲁塞尔支部的代表巴普则从经济发展趋势和有利于无产阶级等方面论证了土地转为集体所有的必要性,批判了蒲鲁东主义者的错误观点,指出农民的土地小私有制已过时,应该实行土地公有制。在争论中,部分蒲鲁东主义者也转向赞成土地公有制。最后,大会以 30 票赞成、4 票反对、15 票弃权通过了巴普的决议案。决议提出:经济的发展将使土地公有成为社会的必需,国家应将土地、矿山、森林和铁路交给社会共同使用。这个决议对蒲鲁东主义者是一个毁灭性打击,使其左翼逐渐倾向马克思主义,其右翼在第一国际内的势力从此一蹶不振。大会还通过了关于 8 小时工作制、工人罢工和工人全面教育等问题的决议。代表大会在通过德国代表团提出的决议中,为《资本论》第一卷的出版向马克思表示敬意,并号召各国工人学习《资本论》。大会选举产生了新的总委员会,确定下次代表大会在巴塞尔召开。这次大会标志着马克思主义在同蒲鲁东主义的斗争中取得了决定性的胜利。

美国全国黑人工人协会成立

　　19 世纪中叶,美国黑人工人人数已相当可观。内战前,北部 25 万自由黑人中的大部分在各个企业中做工；1865年，南部诸州已有10万黑人工厂工人，而白人工厂工人仅有2万。到美国南部重建时期，黑人工厂工人的数目增加更快。由于当时已存在的全国劳工

1869年12月5日，黑人工人全国代表大会在华盛顿召开。

协会多数下属工会对黑人工人采取排斥态度，使得建立黑人工人的独立组织成为十分必要。1869年12月5日，黑人工人全国代表大会在华盛顿召开，参加大会的除工人之外，还包括了几乎所有黑人阶层的代表，如律师、教师、神父、商人等。造成代表成分复杂的主要原因是，当时的黑人工人运动不可避免地要同全国黑人解放运动联系在一起，而后一运动参加者的复杂成分必然造成黑人工人全国代表大会代表成分的复杂性。在这次代表大会上，宣布成立全国黑人工人协会（又译"全国有色人种劳工协会"），协会章程宣布，该协会"对捍卫工人权利予以特别注意"。代表大会做出的特别决议号召一切民族的工人都要为工人阶级的共同利益而斗争，并决定要与全国劳工协会合并。全国黑人工人协会成立后，积极捍卫黑人利益，要求分土地给黑人，并在全国各地，尤其是南部各州建立起许多基层黑人工会。由于当时共和党仍然主张维护已解放的黑人的权利，使得全国黑人工人协会一直对共和党抱有幻想，在政治上追随该党。黑人弗列得里克·道格拉斯甚至认为，共和党是一个"真正的工人政党"。1871年，道格拉斯当选为全国黑人工人协会主席后，共和党对协会的影响骤增，不久，该协会即成为共和党的一个普通支部。这使得该协会日益脱离广大黑人工人群众，1874年，该协会就不复存在了。

日本政府开始开发北海道

北海道原名虾夷地，明治维新后，政府开始对虾夷地进行开发。1869年（明治2年）设开拓使，虾夷地改称北海道（意即北虾夷）。开拓使自1872年起，制定了10年计划，投

资 2000 万日元,着手兴办各种官营工厂,引进西方先进技术,开发幌内、茅沼煤矿,修建铁路、公路等。为了保证劳动力的充足,积极采取移民政策,将东北各藩为中心的士族集体迁居到北海道,实行屯田兵制度。同时,剥夺了原住居民阿伊努族的土地,把他们囊括

日本明治维新时代,街上小摊颇具风味。

在官有地内。1882 年,废除了开拓使。1886 年,设北海道厅,开始重视对基础事业的开发,原来的直接保护政策也变为间接保护政策。同时,开始引进本州资本来开发内陆的未开发地区,并利用囚犯修建煤矿、公路和河道等项工程。自 1901 年起开始实施《北海道开发 10 年计划》,接着又从 1910 年起开始实施《北海道第一期开发计划》,15 年间共投资 7000 万日元。到 1914 年,谷类与豆类已得到大面积的种植,建立了畜力耕种和人力收割相配合的作业体系,养马业和制酪业也得到广泛普及,北洋渔业也得到开发。自 1927 年(昭和 2 年)起,着手实施《北海道第 2 期开发计划》,在 20 年间,投资 9.6 亿日元,争取开垦农地 158 万町步。从重视基础事业转向种植甜菜振兴畜耕法的农业。实行移民政策,促进民有未垦地的开发,着手开发道东、道西,但因受到冻灾和经济危机的沉重打击,这一时期的计划还未收到满意的成果即进入了战时体制。战时,为解决劳动力的不足,从中国和朝鲜强行抓来了大批劳工,这些劳工在煤矿等地受尽虐待,许多人惨死于此地。战败后,日本政府非常重视北海道的开发工作。1950 年,制定了《北海道开发法》,成立

了北海道开发厅,开始对北海道进行综合开发。重点是开发工业和电源,整顿和扩充产业基础设备,增产粮食和调查地下资源等,取得了一定的成效。但近年来,出现了煤矿倒闭,农村人口减少,工业地带公害严重等问题。总之,对北海道的开发,促进了本地区工、农业的发展。

化学元素周期律发现

19世纪60年代,大量的化学元素被发现,相应的原子量亦被精确测定出来,许多化学家都试图去寻找化学元素所遵循的规律,以便将已发现的孤立的事实进行归类,并最终找到内在联系。在这个领域做出突出成绩的是俄国科学家德米特里·伊凡诺维奇·门捷列夫(1834~1907)。1867年10月,作为彼得堡大学化学系主任的门捷列夫想编写一部合适的教科书,为此他研究了当时已发现的63种元素的化学性质和物理性质。他做了63张卡片,上面标着每种元素的名称、原子量、氧化物、比重等性质。为了分类,门捷列夫不断地变换这些卡片的位置,但没有令他满意的摆法。1869年2月17日,他按原子量的大小将这63种元素排成了几行,并让性质相似的元素属于一列,一个令人兴奋、表现元素内在联系的表格出现了。1869年3月在俄国化学会举行的学术报告会上,彼得堡大学教授、有机化学专家们许特金代表因病缺席的门捷列夫宣读了论文《元素性质和原子量的关系》,发表了第一个元素周期表,同时指出原子量决定元素的化学性质,当按原子量的大小将元素排列起来后,元素的化学性质体现出明显的周期性。在原子量变化较大的地方,门捷列夫预言了新元素的存在。门捷列夫在按元素性质确定了元素在周期表中的位置后,又对某些元素不正确的原子量给予了修正。以后的发现证明,门捷列夫按元素周期律预言的元素的物理性质和化学性质有着惊人的正确性。1871年2月,门捷列夫发表了第二张元素周期表。在这里他根据德国化学家朱利亚·洛塔尔·迈尔(1830~1895)的意见,将同族元素分为主族和副族,并增添了没有主、副族之分的第八族元素。预言了5个没有发现的元素位置。到此元素周期律的发现工作完成了。在这方面做出突出成绩的还有迈尔。1868年,迈尔先于门捷列夫几个月发表了《原子体积周期性图表》,这张表相当好地体现了化学元素的5个周期,但迈尔没有对此做出较好的解释。

阿尔及利亚爆发反法起义

早在16世纪,法国就觊觎阿尔及利亚。1824年,法国开始了侵略阿尔及利亚的殖民战争。1830年6月14日,法国将军布尔蒙率领4.2万军队大举进犯,7月5日占领了首府阿尔及尔,土耳其统治者德伊投降。法国侵占阿尔及利亚后实行残暴的殖民统治,使阿尔及利亚人民陷入贫困境地。1868年~1870年间,又连续发生灾荒,死于饥饿和瘟疫者达 50 万之众,殖民地和宗属国之间的矛盾加剧。1870 年,法国爆发"9·4 革命",在阿尔及利亚引起强烈反响。欧洲移民中的激进分子立即成立共和协会,要求法国恢复共和国,并赋予阿尔及利亚以自治权。协会还提出了"社会革命"的口号,公开支持第一国际。10 月,阿尔及利亚的欧籍工人举行武装起义,驱逐殖民总督,逮捕第二帝国军政官员。在其他城市,欧洲移民也成立了市政府,建立了国民自卫军。11 月,共和协会宣布在阿尔及利亚成立联邦共和国,法国国防政府答应给欧洲移民以法兰西公民权后,协会领导人则把权力交给了国防政府的代表,出卖了欧洲移民争取自治权的斗争。1871 年 3 月,在卡比利亚地区的首领穆罕默德·毛克拉尼领导下,爆发了大规模反法起义,义军人数达 2.5 万人。4 月,在阿尔及利亚影响很大的拉赫马尼教派参加起义,号召穆斯林把法国殖民者赶出阿尔及利亚。起义军多次重创法军,几乎控制了整个阿尔及利亚东部。后来,由于法国在镇压了国内的巴黎公社革命后,得以大量增兵,使力量对比发生重大变化,以及起义队伍中上层分子的动摇与内乱,极大地削弱了起义力量。1872 年 1 月,起义者控制的图古尔特和瓦格拉两据点相继陷落,反法起义失败。

巴黎公社成立

1871 年 3 月 18 日,国民自卫军中央委员会领导巴黎无产阶级夺取了资产阶级把持的政权,取得了巴黎工人起义的胜利,国民自卫军中央委员会成了实际上的临时政府。然而,国民自卫军中央委员会没有乘胜追击反革命势力,而是认为应当立即进行选举,成立公社,急于把政权移交给民选机关。从 3 月 18 日到 26 日,中央委员会几乎集中全力于公社选举的筹备工作。原定选举在 3 月 22 日进行,但由于巴黎的资产阶级区长和反动议员从中作梗而两次延期,后改在 3 月 26 日进行。为了保证无产阶级和其他劳动人民享有民主权利,中央委员会规定每 2 万居民选举一名代表,以保证人口稠密的工人区能有相应的代表名额。这一天是星期日,全巴黎共有 229167 人参加选举,约占当时巴黎居民总数的 2/3 以上。选举结果,当选的公社委员共有 86 人,其中工人代表 35 人,第一国际会员 37 人,资产阶级代表 21 人。工人代表和其他革命者代表占绝对优势。委员中有国际会员瓦尔兰、弗兰克尔、杜瓦尔等。由于资产阶级代表拒绝就职或相继退出,因而公社委员的实际数字是 64 人,不久又进行了补选。在当选的 64 名委员中又存在着不同的政治派别,其中,蒲鲁东派有 20 人,布朗基派有 21 人,新雅各宾派有 14 人。虽然这些委员大多数是工人,但复杂的政治派别必然使公社潜伏着无法摆脱的危机。3 月 28 日下午,在巴黎市政厅举行了隆重的公社成立典礼,与会的巴黎军民达 20 万人。会上,国民自卫军中央委员会正式将政权移交给公社的代表。至此,人类历史上第一个无产阶级政权——巴黎公社正式成立。4 月 16 日,公社举行补选,又有 17 名新委员被选入公社。

法国印象派绘画兴起

19世纪后半期,在法国兴起了一个重要画派,即印象派。这一派的画家主要有莫奈、马奈、毕沙罗、雷诺阿、西斯莱、德加、摩里索、吉约曼、巴齐耶等。这些画家个性鲜明、讲究实际、没有需要共同遵守的具体原则。他们力图客观地描绘视觉现实中的瞬息片刻,即表现纯粹光的关系,而对统治欧洲艺术达200多年之久的种种清规戒律不以为然,其中马奈成为开创先河的画家。19世纪60年代后期,马奈在自己的作品中反映了一种新的美学观点,有史以来第一次把画家从以题材为中心的创作方法里解放出来,主张把重点放在颜色和形体上。与此同时,莫奈、毕沙罗、雷诺阿、西斯莱和巴齐耶等人在风景画中努力探索一种更直接的方法来描绘多彩的光和色。当时的物理学研究发现:颜色并不是物体所固有的特性,而是物体所反射出来的光线。从这一研究成果出发,这些画家们努力突破旧框框的束缚,打破物体具有单一的、表面看来一成不变的"固有色"的传统观念,力图捕捉物体在特定时间内所自然呈现的那种瞬息即逝的颜色,以便更有效地把那种受一时气氛影响、随距离和周围物体变化而变化的颜色表现出来。他们最先把这一绘画原则用于对水的描绘,后又扩大到从建筑物到天空的所有其他物体。其特点是:笔触简短明了,远看是一堆混合的颜色,其实是用未经调和的颜色来描绘阳光反射所产生的种种色彩。为此,印象派画家往往寻找色彩最鲜明的题材,而不再注意感情色彩和文学特性。1874年,这批画家首次举行独立画展,以与法国美术学院的官方沙龙相抗衡。莫奈1872年完成的《印象·日出》一画曾使人们用"印象"派一词来讥笑这批作家。到1886年,这批画家共举行7次画展。此后,该画派团体宣布解散,但它在艺术史上产生的影响是深远的。

莫奈绘成《印象·日出》

莫奈1840年生于巴黎,少年时代是在港湾城市勒阿弗尔度过的,他在那里遇见了海洋画家布丹,这对他以后的绘画创作具有决定性意义;描绘户外明亮光线的基本特征是始于布丹。1874年莫奈发起组织了首届集团画展。因为他的作品《印象·日出》(1874)而使印象主义画派得名。《印象·日出》表现的是日出时透过晨雾观看太阳初升的瞬间印象,河水反映着太阳与天空的色彩,天与水在晨雾中融成一片;船和岸上的景物看不清,用墨绿色和淡蓝色描了几笔,与旭日朦胧的光色融为一起,极其生动地表现了日出的印象。画面色调明快绚丽,笔法交错重叠,改变了学院派古典的灰暗色调。较好的注意了物与物之间,物与环境之间的"环境色",形成相互衬映,谐和自然的交响色彩。莫奈对光线的处理具有独到之处,善于运用光学原理去分析物体的色彩只是光波在物体表面颤

动的程度不同的结果,及物体固有色在不同光线下产生的变化。据此莫奈以赤、橙、黄、绿、青、蓝、紫7种色相去表现景物的整体感和空气感。他在这方面的尝试获得了成功,在绘画技巧上做出了重大革新和突破,以此诞生了20世纪印象派绘画。

法兰西第三共和国成立

1870年7月普法战争爆发后,法兰西第二帝国的腐败性日益明显,军事上接连失败。9月1日,法军在色当战役中死伤2.5万人,拿破仑三世不得不率8万余人向普军统帅毛奇投降。9月4日,巴黎愤怒的市民涌向市议会,要求废黜拿破仑三世,恢复共和制度。在人民革命的推动下,资产阶级共和派议员宣布废黜法皇,宣布成立法兰西第三共和国。共和国成立后,由于保皇派同共和派在议会内的激烈斗争,普鲁士军队的进逼,以及巴黎公社革命的打击,第三共和国一直未能制定相应的宪法。从1871年到1875年,法国政局一直处于动荡之中。1871年8月,国民议会获得了制定宪法的权力,并选举梯也尔为共和国总统。1873年5月,梯也尔下台后,反动军人麦克马洪当选新总统,保皇派复辟帝制、推翻共和的危险一直威胁着第三共和国。甚至议会在讨论宪法草案时,也未能明确提出国家体制问题,只是在讨论关于总统选举条文时,有人提出修正案,才在“总统”一词前加上了“共和国”的字样。最后,议会以多票数通过了这一修正案,算是间接地承认了共和制。直到1875年,国民议会陆续通过了一系列法案,组成了第三共和国宪法,才确立了共和制度。1875年的宪法是一部反民主的宪法,它赋予总统极大的权力,选举权有财产与居住期的限制,为后来保皇派的复辟活动埋下了祸根。因此,恩格斯把第三共和国称作是“没有皇帝的帝国”。1884年,资产阶级共和派中的温和派执政期间,议会通过了宪法补充案,规定不得改变政府的共和形式,使得共和制得以巩固。到90年代,随着布朗热事件和德雷福斯案件的平息与平反,王党复辟帝制的喧嚣才销声匿迹。1940年5月,德国法西斯军队大举进攻,法国军队抵挡不住德国军队的攻击,只得在强大攻势面前节节败退。6月22日法国投降,法兰西第三共和国结束。

苏伊士运河开通

早在古代,人们就产生了把地中海和红海连接起来的想法。18世纪末,法军侵占埃及时,就曾带来一批工程师,由列比尔领导,对苏伊士地峡进行了勘测。后来,由于法军被赶出埃及而未能把开凿运河的计划付诸实施,但是,列比尔考察队的勘测资料却为后来主持运河开凿工程的勒赛普所利用。1854年,赛义德成为埃及统治者,法国驻亚历山大港总领事勒赛普利用他同赛义德的亲近关系,获得了开凿苏伊士运河的特许权,并签订了《关于修建和使用沟通地中海和红海的苏伊士运河及其附属建筑的租让合同》。合同规定:由各国资本家组织一个"国际公司"主持开凿事宜;公司取得自运河开通之日起为期99年的租让权。该公司实际上为法国所控制。英国最初强烈反对法国的开凿计划,后出于战略利益考虑,英国决定在运河开通后再把这一水上交通要道夺到自己手里。1859年春,苏伊士运河正式动工开凿,埃及提供了大量劳动力。经过10年的艰苦劳动,以12万埃及劳工丧生的惨重代价,苏伊士运河于1869年11月17日正式竣工开通。苏伊士运河北起塞得港,南到苏伊士,全长168公里,其水面宽度为80~135米,水底宽度为45~100米,河床深度达10~12米。由于河床深,可以通航4.5万吨巨轮,使欧洲至印度的航程缩短一半,苏伊士运河成为沟通欧、亚、非三洲的重要战略通道。英国为了夺取对苏伊士运河的控制权,竭力寻找契机。埃及政府在"国际公司"的40万股股票中,拥有17.66万股,为了偿还因开凿运河而欠下的1200万英镑外债,埃及决定出售自己的股票。英国首相狄斯累利立即通过议会批准了拨款,并在罗斯柴尔德银行的协助下,于1875年11月25日购买了占运河股票44%的埃及17.66万股票,仅付股票原价值1/4的款额。此后,英国取得了运河公司的部分经营管理权。

日本向亚洲国家大举扩张

明治维新以后,日本迅速走上了独立发展资本主义的道路。由于日本资本主义发展的后起性和落后性,使得日本在还没有解除它同西方列强的不平等条约时就走上了侵略亚洲其他国家的扩张道路,以便用武力为日本落后的工业寻求海外市场。19世纪70~80年代,日本逐步建立起一支庞大的陆海军力量,成为远东最富有侵略性的军事强国。1872年,日本侵占琉球;1874年,日本以渔民被杀为借口,企图攻打台湾,后由于遭到顽强抵抗而放弃了占领台湾的企图。接着,日本就把侵略矛头转向朝鲜,以便控制这个通往中国大陆的桥梁和日本海出口的要冲。19世纪70年代初,日本曾多次派遣代表到朝鲜的釜山港同朝鲜国王的代表进行谈判,力图同朝鲜建立外交关系,以便为进一步征服朝鲜创造条件。由于朝鲜政府对日本的居心怀

日本内阁商讨准备入侵朝鲜画面

有深深的戒意,几次谈判均未获成功,日本迫不及待地采取了野蛮的炮舰政策。1875年4月,日本派遣3艘军舰开进汉江口,以便侦察通往朝鲜首都——汉城的水路要冲和挑起事端,从而为大规模侵朝制造借口。当日舰驶进汉江并开始测量航道深度时,朝鲜炮台

鸣炮示警,而日舰则对炮台猛烈射击,并在永宗岛登陆,歼灭了警备队,夺取和摧毁了那里的防御工事。为了扩大事态,9月,日本又派遣一艘军舰到朝鲜的江华岛,以武力相威胁,要求朝鲜同意与日本建立通商关系。这一要求遭拒绝后,双方又发生了流血冲突。1876年1月,日本又向朝鲜增派两艘军舰和800名士兵,并攻占了江华岛。朝鲜政府内部在对日政策上发生分歧,不久掌权的闵妃集团派出两名代表去江华岛同日本人谈判。2月26日,日朝在江华岛签署了不平等的"和平与友好"条约,规定朝鲜开放元山、仁川、釜山等港口;日本在朝设立领事馆;日本人在朝享有治外法权。该条约标志朝鲜开始沦为日本的殖民地。

美国劳工党成立

美国内战后,随着工农运动的高涨,社会主义运动也蓬勃发展起来。早在1857年,马克思主义者左尔格、梅耶尔等人就在纽约组织了社会主义小组。1867年,马克思主义者又在美国建立了第一国际美国支部。到1872年,第一国际美国支部共有30个分部,拥有5000名会员。但是,由于受拉萨尔改良主义和巴枯宁无政府主义思想的影响,美国的社会主义运动开始出现裂痕。1874年,拉萨尔分子脱离第一国际美国支部,成立了新组织北美社会民主党。为了争取拉萨尔分子,避免社会主义运动的分裂,1876年美国的马克思主义者解散了第一国际美国支部,与拉萨尔分子在费城联合建立了美国劳工党,党员约3000人。参加成立大会的马克思主义者有左尔格、奥托·魏德迈、弗·阿·索格等。成立大会上选出的党的全国委员会中,拉萨尔派占据了多数,拉萨尔主义者菲利普·范·派顿被选为党的书记。1877年12月召开的第二次代表大会上,美国劳工党改名为美国社会劳工党,并通过了充满着拉萨尔主义思想的决议,规定党的首要任务是参加竞选,争取普选权;党的指导原则是:"知识就是兵工厂,理智就是武器,选票就是子弹。"美国社会劳工党积极参加和领导了1877年美国的铁路大罢工,并明确提出了争取8小时工作制和铁路收归国有的口号。1886年,该党还在芝加哥领导了著名的全国总罢工。由于该党成员几乎全是德国侨民,大多数不懂英语,企图把马克思主义当作教条硬搬到美国来,因此造成该党成员脱离美国实际、脱离美国人民的教条主义和宗派主义倾向。到19世纪90年代,该党分裂,在美国工人运动中的影响日渐消失。

土耳其颁布第一部宪法

19世纪中叶,随着土耳其资本主义经济因素的发展和世俗学校的创立,出现了一批深受欧洲资产阶级影响的知识分子。尽管他们的政治主张不尽相同,但都对土耳其腐朽的苏丹专制政体极端不满。1865年6月,在伊斯坦布尔出现了一个由作家、记者、商人、军官和学生组成的秘密组织——新奥斯曼党。1866年,由于新奥斯曼党人密谋败露,导致一部分党人被捕,其余逃往国外。19世纪70年代,土耳其内政外交再次处于困境,给新奥斯曼党人的立宪运动提供了有利条件。1876年初,新奥斯曼党人发表宣言,指责苏丹阿卜杜尔·阿西兹和宰相涅基姆是土耳其一切祸患的根源。1876年5月22日,新奥斯曼党人在伊斯坦布尔组织领导了一次声势浩大的反对苏丹政府的示威游行。苏丹被迫罢免宰相,组织包括新奥斯曼党领导人米德哈特在内的新政府。5月30日,在群众运动的推动下,新奥斯曼党人发动宫廷政变,废黜了苏丹阿西兹。依法继位的穆拉德五世因患精神病,在3个月后亦被废黜,由其弟阿卜杜尔·哈米德二世登上王位。他向米德哈特提出了实施宪法的书面保证,并委托米德哈特为总理大臣,着手制订宪法。1876年12月23日,哈米德二世正式颁布了第一部土耳其宪法。宪法宣布在土耳其确立立宪君主制,规定建立两院制议会;帝国臣民不分宗教信仰在法律上一律平等;参议院议员由苏丹指派,为终身职,而众议院议员则在很高财产资格限制的基础上由选举产生;苏丹有任免大臣、宣战媾和、宣布戒严和废止民法的权力;伊斯兰教为国教;土耳其语为国语。1876年宪法虽然还有许多局限性,但它毕竟使土耳其走上了立宪道路。

1877 年俄土战争

19世纪70年代,欧洲列强在巴尔干的争夺日趋激烈。1877年3月,俄国以同意奥匈占有波斯尼亚和黑塞哥维纳为条件,取得了奥匈在一旦发生俄土战争时保持中立的允诺。在做了充分外交准备后,1877年4月24日,俄国正式对土耳其宣战,并投入18.5万名陆军。1877年6月27日,俄军先头部队强渡多瑙河成功,攻占了战略要地西斯托夫城。在高加索战场上,俄军夺取了卡尔斯,严重威胁着埃尔祖鲁。在巴尔干,俄军遭到普列文要塞的顽强抵抗,受阻达4个月之久,到12月初,俄军才攻下该要塞。1878年1月,俄军深入马里查河谷,占领了亚得里亚堡,并向土耳其首都君士坦丁堡挺进,占领了距土耳其首都仅12公里的圣斯特伐诺镇。1878年3月3日,俄土双方在该镇签订了合约,称圣斯特伐诺和约。根据条约,俄国从土耳其方面获得南高加索的卡尔斯、阿达罕、巴统、巴雅西特等地和比萨拉比亚的南部;土耳其承认塞尔维亚、罗马尼亚、门的内哥罗脱离土耳其独立;允许波斯尼亚和黑塞哥维纳自治;建立受俄国保护的"大保加利亚国",其领土包括保加利亚北部和东鲁米利亚、马其顿等地;土耳其向俄国赔款14.1亿卢布。如果实施这一条约,尤其是建立受俄国控制的"大保加利亚国",必将大大增强俄国在巴尔干半岛的势力。因此,该条约一公布,立即引起了英、奥等国的强烈反对。经过一系列的幕后交易,1878年6月13日,在柏林召开了有俄、英、德、奥匈、法、意、土、伊朗和巴尔干各国代表参加的国际会议。7月13日,与会各国签订了柏林条约,在很大程度上修改了圣斯特伐诺和约,使俄国在巴尔干的势力受到一定程度的抑制。

1878 年柏林会议。该会议在很大程度上修改了圣斯特伐诺和约。

苏丹马赫迪起义

　　19 世纪初,苏丹名义上归属于奥斯曼帝国,但实际上由埃及统治。19 世纪 70 年代后,英国逐渐取代了埃及在苏丹的统治地位,占据了苏丹各省长以及总督的职位,对苏丹人民进行残酷的剥削和压迫,结果导致 80 年代初马赫迪起义的爆发。马赫迪原为伊斯兰教中的"救世主"。1881 年,伊斯兰教苦修僧阿赫迈德利用马赫迪将在人间建立天国的传说,自称是"众所期待的马赫迪",号召人民行动起来和英国的邪恶势力做斗争。他广为散发传单与信件,主张建立"普遍平等、处处有公正的美好社会",为此,他号召人民进行驱赶叛教者和异教徒的"圣战"。1881 年 8 月 12 日,苏丹总督派军队到阿巴岛捉拿马赫迪,结果被马赫迪信徒全歼,揭开了马赫迪起义的帷幕。阿巴岛之战后,马赫迪率起义者向西部卡迪尔山区进发,沿途队伍不断扩大。1881 年 12 月,苏丹总督再派军队围剿,又被义军全歼。1882 年 4 月,3500 名讨伐军再次进攻卡迪尔山区,6 月 7 日,该军又被义军全歼。1883 年 9 月,英国军官希克斯率领 1.1 万埃及远征军攻打苏丹起义军,11 月 5 日,起义军再歼敌军,并击毙希克斯,与此同时,起义军所占地区急剧扩大。英国朝野为之震动,决定派遣殖民主义者戈登前来苏丹诱降起义者,结果遭到马赫迪的拒绝。英国再次派军远征,起义者立即切断戈登的退路,并包围了首府喀土穆。1885 年 1 月 26 日,义军攻陷喀土穆,并刺死了戈登。到夏季,起义军几乎解放了整个苏丹国土。1885 年 6 月,马赫迪病逝,他的战友阿卜杜拉称哈里发,建立了统一的中央集权国家,定都恩图曼。马赫迪国家建立后,实行了一系列加强国力的政治、经济和军事措施,有力地推动了苏丹的统一和发展。英国殖民者不甘心在苏丹的失败,于 1896 年派遣装备精良的 2.5 万远征军进犯苏丹,到 1900 年,起义军最后失败,苏丹成为英国殖民地。

日本自由党成立

　　1881 年 10 月 29 日,日本的资产阶级政党自由党召开成立大会,来自全国各地的 78 名代表出席了会议。板垣退助被推选为总理。自由党以中小地主、富农、非特权的工商业者和士族出身的激进知识分子为领导,以一般农民、城市小资产阶级为主要基础。自由党宣布,要为开设国会、减轻地税、修改不平等条约、地方自治和争取自由民主权力而奋斗。并把"扩大自由,保障权力,增进幸福,改善社会和确立善美的立宪政体"写进盟约。但在其党纲中一句也没有提到皇权。1882 年,创办机关报《自由新闻》,开展宣传活动,以植木枝盛、中江兆民为主的自由党左派民权家,对内坚持民主主义立场,对外则与日本政府持有不同立场,反对"以大欺小,以强凌弱",反对侵略战争。经过一年多的发展,自由党加强了和下层农民、中小商品生产者的联系。他们常常和农民联合在一起,领导人民进行反对专制政府的斗争,继而发展为人民起义。其中最著名的是 1882 年爆发的福岛事件。随着自由党声望的日益提高,明治政府异常恐惧,他们惧怕农民群众的斗争和自由民权运动的革命化,于是,明治政府采取软硬兼施的两手策略,一方面加强对自

日本风俗中,人们犹喜清洁雅静。图为日本京都浴堂洗澡画面。

由民权运动的镇压,另一方面策动板垣退助、后藤象二郎出国到欧洲旅游,拉拢和收买自由党上层,分化和瓦解自由民权运动。1882 年 11 月 11 日,板垣和后藤以考察欧美立宪政治为名前往欧洲旅游。党的机关报《自由新闻》的编辑部长马扬辰猪因反对板垣、后藤出国而退党。于是,自由党内部发生了分裂。改进党指责板垣出国的旅游费出自政府,

自由党则攻击改进党与三菱勾结,自由民权阵营由此公开分裂。1884 年,激进的自由党员联合贫苦农民进行武装起义,先后发生了群马事件和加波山事件。这些事件不仅震动了明治政府,也使以板垣退助为首的自由党上层领导者极为恐惧。他们在左派党员的急进化和政府的镇压下屈服,1884 年 10 月,自由党建党三周年之际,板垣及自由党首脑在大阪召开会议,宣布解散自由党。1890 年 9 月,板垣又重新组成了立宪自由党,1891 年改称自由党,1896 年,板垣入阁任内务大臣。1898 年,又与进步党联合组成"宪政党",不久,宪政党分裂,原属自由党成员于 1900 年参加了伊藤博文建立的立宪政友会,自由党的成立及其活动推动了自由民权运动的向前发展。

朝鲜殖民地化程度加深

1876 年,日本以武力逼迫朝鲜签订了《江华条约》,根据条约,朝鲜须开放仁川、元山两港口,同意日本在朝鲜设立领事馆,允许日本在朝自由通商,承认日本在朝享有领事裁判权。这一条约严重破坏了朝鲜主权,开了资本主义国家与朝鲜订立不平等条约的先例,此后欧美各资本主义国家蜂拥而至,纷纷效仿日本,与朝鲜签订了一系列不平等条约。继日本之后,第一个走上强迫朝鲜接受不平等条约道路的是美国。美国为达此目的,照例采取了"炮舰政策",派遣由舒费尔特海军上将指挥的一艘三桅军舰前往朝鲜,以"力求达到使朝鲜港口为美国商品开放的目的。"舒费尔特在让日本人充当中间人的要求遭到拒绝后,又来到中国,以求得中国对美国要求的支持。李鸿章一贯奉行所谓"以夷制夷"的政策,试图以美国的势力来遏制日本在朝势力的膨胀。为此,李鸿章曾致函朝鲜的一个高官说:"以夷制夷,让一种力量对抗另一种力量,对我们来说,难道不是最妙的政策吗? 你们应当利用一切机会同你们将要用来遏制日本的那些西方国家建立条约关系"。当朝鲜同意与美签约后,舒费尔特到达朝鲜,于 1882 年 5 月 22 日代表美国政府与朝鲜签署了《朝美修好通商条约》。该条约共 14 条,主要内容有:美国和朝鲜建立外交关系;美国人在朝鲜享有治外法权;美国获得最惠国待遇;进入朝鲜的美国商品缴纳低率关税;朝鲜向美国开放港口通商;在朝美国商人受到保护等。这样,美国也获得了日本根据《江华条约》所获得的一切特权。继美国之后,英、德、俄、法等西方国家也相继迫使朝鲜签订了一系列不平等条约,从而使朝鲜进一步殖民地化。

马克思在伦敦逝世

19 世纪 80 年代初,正当欧美各国社会主义政党普遍建立,国际共产主义运动蓬勃发展时,马克思主义创始人、全世界无产阶级的伟大导师卡尔·马克思的健康状况却在日益恶化。1881 年 12 月 2 日,马克思的妻子燕妮因患肝癌去世,马克思异常悲痛,使其身心遭到严重打击。但是，马克思仍然坚持工作，注意研究俄国的土地关系；关心自然科学的发展；指导各国工人政党的活动；为出版《资本论》第一卷德文第三版做准备工作。1883 年 1 月 12 日，马克思得悉大女儿病逝的消息，不得不从外地赶回伦敦，致使病情恶化。1883 年 3 月 14 日下午 2 点 45 分，马克思在伦敦工作室的安乐椅中与世长辞，终年 65 岁。3 月 17 日，马克思被安葬在伦敦效外海格特公墓，举行了隆重而简朴的葬礼。参加葬礼的有恩格斯、李卜克内西、拉法格、龙格、艾威林等 20 余人。在墓地上，雷姆克代表《社会民主党人报》和伦敦共产主义工人教育

英国伦敦马克思之墓

协会向马克思的灵柩献了花圈。恩格斯在葬礼上发表了演说，高度评价了马克思一生对共产主义理论和国际共产主义运动的卓越贡献，指出，"马克思首先是一个革命家。以某种方式参加推翻资本主义社会及其所建立的国家制度的事业，参加有赖他才第一次意识到本身地位和要求，意识到本身解放条件的现代无产阶级的解放事业，——这实际上就是他毕生的使命。"他的英名和事业将永垂不朽！龙格在葬礼上还宣读了俄国社会主义者的挽词，以及其他工人党发来的唁电。最后，李卜克内西代表德国社会民主党致悼词。他说，马克思是属于整个无产阶级的。他把自己的一生都献给了全世界的无产者。他的英名将永垂不朽！1956 年，在马克思的墓地建立了高大的纪念碑，在浅灰色花岗石砌成的台座上安放着马克思的青铜雕像，台座边上刻着"全世界无产者，联合起来！"的著名口号。

法国侵略越南

19 世纪中叶，法国开始对越南进行公开的武装侵略，1862 年 6 月 5 日迫使越南阮氏王朝签署了第一次西贡条约，割地、赔款、开港、自由通商，从此，越南走上了沦为法国殖民地的道路。法国殖民者占领南圻后，继续向中圻和北圻进犯。1874 年 3 月，法国又强迫越南签订了第二次西贡条约，承认越南的外交要接受法国的监督；法国殖民者占有南圻，在越南享有治外法权；开放红河及河内、海防、归仁三个港口，越南进一步殖民地化。1883 年 8 月，安南皇帝嗣德死后，统治阶级内部发生争夺皇位的内讧，法国殖民地者乘机向中圻出动，轰击顺化和附近地区。越南军队虽然进行了抵抗，但终未能阻止法军登陆。8 月 20 日，法军占据顺化外围的堡垒，同时向阮氏王朝发出最后通牒，要越南政府在 24

小时之内承认法国对越南的保护权。8月25日,阮氏王朝同法国签署了"顺化条约",规定:法国拥有对越南的保护权;越南的一切外交事务均由法国控制;平顺省并入南圻法国直辖殖民地;北圻的行政由法国监督节制;法国驻顺化公使可以随时觐见越南皇帝,皇帝不得拒绝接见。该条约总计22条,对法国在越南的权利和利益做了详尽的规定。但是法国政府唯恐该条约还不够完整严密,又于1884年6月6日同越南签订了第二次顺化条约(又称"巴特诺条约"),共19条,主要内容有:越南接受法国保护;法国有权在越南各地驻军;法国设总监,控制越南对外关系,保证保护权的行使;在北圻各地设监督或副监督,节制越南官吏。该条约的签订表明,尽管越南还保留着名义上独立的阮氏王朝,但它事实上已成为法国的殖民地。

伊藤博文组阁日本政府

迫于自由民权运动和人民革命斗争的压力,在伊藤的策划下,天皇于1881年10月发布诏书,决定于1890年开设国会,制定钦定宪法。1882年3月14日,日本政府派遣以伊藤博文为首的"宪法考察团"前往欧洲各国考察宪法。他把英、法、德三国宪法加以比较,认为德国"君主亲掌立法行政大权,不经君主许可一切法律不得实行"宪法最适合日本的国情。伊藤1883年8月归国后着手制定宪法的筹备工作。1885年12月,明治政府根据伊藤的建议废除了原来的太政官制,建立了内阁制,由总理大臣(首相)和国务大臣组成,直接隶属于天皇。伊藤出任内阁总理大臣,井上馨任外务大臣。伊藤内阁大力鼓励欧化主义,力图修改条约,遭到保守派的反对。1887年12月,制定"保安条例",镇压自由民权运动,把片冈健吉、尾崎行雄等570多名自由党人等民主斗士驱逐出东京。从1886年6月起,伊藤开始组织秘密班子起草宪法,1888年4月,呈奏天皇,4月28日,设立了作为最高顾问府的枢密院,由日本天皇把宪法草案提交给枢密院审议。伊藤立即辞去首相职务。改任枢密院议长领导审议宪法会议,完成了审议宪法的任务。1888年4月,大隈重信接替井上任外务大臣后,内阁辞职。到此,第一届内阁结束。1892年8月,伊藤再次受命组阁,他改革行政,不顾以自由党、立宪改进党为中心的反政府势力的反对,扩充海军。1894年7月,与英签订了新的《英日通商条约》,其中虽取得了贸易上的最惠国待遇,但没有收回关税自主权。美、德、奥等

伊藤博文

国也仿照此约与日本签订了新约。1894年,伊藤内阁悍然发动了中日甲午战争。1895年3月,强迫清王朝签订了"马关条约"。战后,公然与自由党合作,拉拢板垣退助入阁,但因内阁不统一而辞职。伊藤内阁对日本的内政、外交方面都做出过一定的贡献,但它又有不光彩的一面,即镇压日本人民革命运动和对邻国进行侵略扩张。

印度国民大会党建立

19世纪中叶,印度逐渐出现了近代工业,随之而产生了近代产业工人和民族资产阶级。由于英国殖民当局对印度民族工业采取扼杀政策,对印度工人、农民实行残酷的压迫与掠夺,从而导致了19世纪后半期,印度工人运动、农民运动和民族资产阶级改良运动的高涨,引起英国殖民者的极大恐惧。为了防止可能爆发的人民革命,英国殖民当局竭力要把已经开展起来的群众运动引导到合法、改良的非暴力轨道上去。英国退职的殖民官吏休谟,受政府委托,积极开展活动,游说于上层社会和知识分子之间,试图说服他们成立改良主义的政党。而印度的民族主义者也正在酝酿成立民族主义政党。经过双方活动,1885年12月28日,在孟买举行了印度国民大会党(简称国大党)成立大会。出席大会的有孟买、旁遮普和其他英属印度各省的代表,他们多是民族资产阶级的上层分

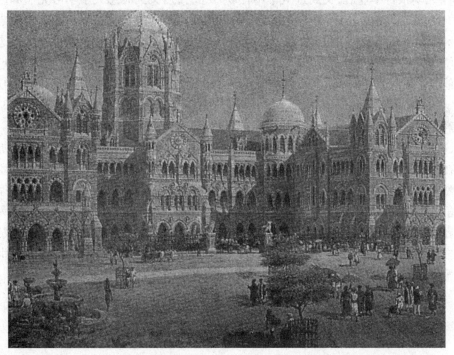

公元19世纪80年代,英国殖民地政府在印度孟买建造独具风格的新火车站。

子、资产阶级知识分子的富裕阶层和农村地主。据统计,自由职业者约占50%;商人和地

主的代表各占25%。会议从一开始就确定了与英国友好的格调,在成立大会上,孟买省的英国总督雷依和其他高级殖民官员都以贵宾身份列席会议。而会议主席巴纳吉在开幕词中则说:"英国对印度造福无穷,全国都为此对英国表示感激。英国给了我们秩序,给予我们铁路,而最重要的是给了我们欧洲教育的无价之宝"。成立大会一共通过了9项决议,其核心是要求民族平等和民族自治;要求实行政治改革,在参政院中增加民选议员;实行保护关税;谴责政府的军费开支等。可见,该党具有浓厚的改良主义色彩,它要达到的最终目标不是民族独立,而是区域自治;它主张采用的手段是改良,而不是革命。这些政治主张反映了当时印度地主和上层资产阶级的要求,体现了印度资产阶级的两重性,这表明,印度国大党是一个地主资产阶级民族改良主义政党。

德国威廉二世继位

1859年1月27日,威廉二世生于波茨坦。他是腓特烈·威廉亲王和维多利亚女公爵的长子。1874年,他到卡塞尔大学预科学习3年,学习期间深受校长兴伯特教授影响。由于按普鲁士王室惯例,他作为王位继承人,在10岁时即入军籍,被授予少尉军衔,故1877年大学预科毕业后,又到近卫军中任职6个月,后又到波恩大学学习宪法和政治经济学。威廉二世继位之前,深受坚决反俄的瓦德西将军影响,崇尚武力,追求德意志民族的军事胜利。1888年6月15日,其父腓特列·威廉亲王突然病逝,他继承了德意志帝国皇帝位,时年29岁。这时的威廉二世锋芒毕露,军国主义和独断专行的倾向十分明显。早在他当王储时就已同宰相俾斯麦有了分歧,他不能容忍俾斯麦挟权自重和把皇权限制在一定的范围内的做法。威廉二世继位后,与俾斯麦的矛盾日益激化。1890年3月18日,俾斯麦提出辞呈,威廉二世当即批准。此后,他掌握了德意志帝国的全部权力。在内政上,威廉二世极端仇视和竭力打击社会民主党人;对天主教中央党势力的扩大加以限制。在外交上,积极推行走向世界的外交新路线,不断扩张,同英法展开争夺海外殖民地的激烈斗争,插手中近东事务,在远东加紧对中国的侵略活动,在北非同法国争夺摩洛哥的斗争几近演成战火,最后终于在欧洲形成了以德国为核心的同盟国军事集团,为第一次世界大战的爆发埋下了火种。1918年11月10日,德国在第一次世界大战中战败后,威廉二世逃往荷兰,霍亨索伦家族的数百年统治至此结束。1941年6月,威廉二世死于多伦堡。

国际工会代表大会在伦敦召开

19世纪80年代出现了新的国际工人运动高潮,欧美各国纷纷建立社会主义政党,马克思主义日益在工人运动中占据支配地位,各国无产阶级要求加强国际团结,共同反对资产阶级的呼声愈来愈强烈,这些都表明建立新的无产阶级国际组织的条件已经成熟。1888年11月6日~10日,由英国工联发起,在伦敦召开了国际工会代表大会。参加大会的有英国、比利时、荷兰、丹麦、意大利等国的工会代表以及法国"可能派"控制下的工会代表。会上做出的最重要决议是委托可能派筹备1889年在巴黎召开工人和社会主义国际代表大会,试图利用工人加强国际团结的要求来篡夺对国际工人运动的领导权。而德国社会民主党及法国工人党的领导人却对此反应迟缓,看不清其中暗伏的危险,甚至响应可能派与工联主义者的倡议,准备参加他们的筹备会议。在这紧急时刻,恩格斯及时地揭露了机会主义者的阴谋,同时对李卜克内西、倍倍尔、盖得、拉法格等人做了大量工作,使他们认识到了问题的严重性,从而积极投入组织国际代表大会的工作。1889年2月,各国无产阶级政党和组织的代表在海牙召开预备会议,决定7月在巴黎召开国际社会主义者代表大会。这才使机会主义者篡夺工人运动领导权的企图成为泡影。

青年土耳其党成立

19世纪上半叶,土耳其封建地主阶级的改革运动并没有挽救封建统治的危机。一批受西方启蒙思想影响的知识分子代表正在成长中的土耳其工商业资产阶级的利益和要求,展开了要求限制君主权力、实现立宪的斗争。1865年6月,在土耳其出现了秘密组织新奥斯曼党,从事立宪的宣传鼓动。1876年12月23日,土耳其颁布了第一部宪法,宣布在土耳其实现君主立宪制度。1878年2月,苏丹哈米德二世镇压了立宪运动,取消了1876年宪法,建立了极为残暴的封建专制统治。1889年5月,首都伊斯坦布尔帝国医学院的4名学生建立了一个反对哈米德二世专制统治的秘密团体,取名奥斯曼同盟,后改名为统一进步委员会,欧洲人则把它称作青年土耳其党。它成立后,组织发展迅速,许多青年学生、军官、知识分子和国外流亡者都成为该党成员,新闻记者阿麦德·李萨成为该党领袖。青年土耳其党的政治纲领是,保持奥斯曼帝国领土完整,反对专制制度,要求恢复1876年宪法。它反映了土耳其资产阶级和自由派地主的利益与要求。1897年,该党发动的军事政变失败后,遭到残酷镇压,党也发生了分裂。1908年资产阶级革命胜利后,曾一度上台执政。

滑翔机发明

热气球和飞艇的研制成功,极大地鼓舞着人们去寻求一种比空气重的飞行器。首先被设计制造的是不需要动力就能飞行的滑翔机。在这方面做出开拓性贡献的是德国人奥特·利林塔尔(1848~1896)。早在高中读书时,利林塔尔就设计过扑翼滑翔机,试飞失败后,他仔细研究失败原因,通过观察鸟类的滑翔和风筝的飞翔,决定将扑翼机改装成

20 世纪初期，人们已经能够制造出性能日趋完善的滑翔机。

定翼机。1889 年出版的《鸟类飞行——飞机驾驶技术的基础》一书，是他早期研究飞机机理的著作。从 1891 年第一架载人滑翔机起飞开始，在以后的 6 年时间里，利林塔尔在利希滕菲尔德附近的人造山上，使用自制的单翼、双翼滑翔机进行了两千多次滑翔，探索出一套操纵稳定的飞行方法，掌握了滑翔技术。1896 年 8 月 9 日，利林塔尔在里诺附近的斯特滑翔时遇到狂风，滑翔机失事，10 日去世。同年，美国工程师奥克塔夫·夏尼特（1832~1910）设计了有方向舵、机翼带有活动关节的滑翔机，提高了安全度。1902 年，莱特兄弟采用活动垂直尾舵和水平升降舵，研制出早期最成功的飞机。滑翔机的问世和使用为人类航空事业的发展积累了经验。1935 年以后，滑翔机被广泛地应用于气象研究工作。

伊斯曼·柯达公司的沿革

　　伊斯曼·柯达公司是主要生产摄影器材的公司。该公司前身是由乔治·伊斯曼于 1881 年创建的生产干片、胶片的伊斯曼干片公司。1889 年改名为伊斯曼公司，1892 年改为现名。该公司成立后本着成本低廉、大批生产、大做广告、面向世界的 4 条经营原则，开拓市场、广销产品。该公司的推销机构和代理商几乎遍布世界各地，长期垄断着世界胶卷市场的 90% 以上。近年来，由于不断受到日本富士公司的冲击，其产品销量占世界市场的比重下降到 65%。为了摆脱困境，重振雄风，该公司开始转向医药、分析设备、复印机，以及电子等新兴的技术部门。目前柯达公司以生产摄影器材和化学制品为主，其产品多达 2500 多种，是世界上最大的摄影器材公司。1983 年该公司的资产额为 109.28

亿美元,雇佣职工 12.25 万人,销售额为 101.70 亿美元,居美国工业公司第 30 位,资本主义世界工业公司第 64 位。公司总部设在纽约。

柴油机发明

柴油机是一种结构简单的内燃机。与汽油机的主要区别在于点火方式不同,柴油机采用压缩气体点火,而汽油机则采用电火花点火。1862 年,法国科学家阿尔方斯·比奥·德罗克斯提出四冲程内燃机工作原理。1876 年,德国工程师尼古拉·奥古斯特·奥托首先取得了煤气内燃机的发明专利权。在此基础上,1892 年德国工程师鲁道夫·狄塞耳(1858~1913)提出了压缩点火式内燃机的设计方案,他设计的工作循环有四个冲程:进气、压缩、燃烧和膨胀、排气。同年,狄塞耳获得了这项发明的专利权。1893 年,他将这些构思写进了《代替蒸汽机及现今通用内燃机的合理热机的理论与构造》一书中,引起了工程技术界的关注。1897 年,德国奥古斯堡工厂按照狄塞耳的设计首先制造出一台 18 马力,热效率 38% 的以煤油为燃料的压缩点火式内燃机,并于 1898 年在慕尼黑展出。

法俄军事同盟形成

1882 年 5 月,德、意、奥三国同盟形成,同盟条约规定:如果缔约国中一国遭到法国或其他非缔约国的攻击,其他两国必须全力援助。这一条约使法国深感威胁,极力寻找强大的同盟者,以摆脱孤立处境。而这时的俄国则与德国矛盾日益激化,双方展开了尖锐激烈的贸易战,俄国粮食出口锐减。因此,俄国不仅需要寻找新的政治同盟者来对付德奥,而且要得到新的财政支持来摆脱经济上的困境。1887 年,法国向俄国提出了结盟的呼吁;1888 年,法国向俄国贷款 5 亿法郎;1889 年又续订了两笔共达 19 亿法郎的借款合同,法国资本源源不断地输入俄国,奠定了两国结盟的基础。此外,俄国还向法国定购了 50 万支步枪,法俄关系进一步密切。1891 年,当法国舰队访问俄国喀琅施搭得要塞时,在欢迎仪式上演奏了在俄国一直严禁演奏的《马塞曲》,沙皇亚历山大三世在乐曲声中脱帽致敬,从而在法国巴黎引起一股要求与俄国亲善的浪潮。1891 年 8 月,俄法交换协议书,商定:如遇战争威胁时,双方要共同协商对策。1892 年,法俄两国总参谋部官员在彼得堡签订军事同盟协定,规定:当法国遭受德、意进攻时,俄国将尽全力支援法国、进攻德、意;如果俄国遭到德、意、奥进攻时,法国亦全力进攻德、意、奥,以支援俄国。1893 年 12 月 27 日和 1894 年 1 月 4 日,俄法政府先后批准了这一军事同盟协定,标志着法俄同盟正式形成。它为后来法、俄、英三国协约的建立奠定了基础。

英、法、俄阻遏德国修筑巴格达铁路

19 世纪下半叶,英国成为世界最大的殖民帝国,但是,它却遭到了后起的帝国主义国家,尤其是德国的挑战。19 世纪 80 年代,德意志帝国制定了一个修筑从博斯普鲁斯海峡直通波斯湾的铁路计划。根据这一计划,新修筑的铁路,即巴格达铁路,将成为越过海峡、连接欧洲的重要通道,使柏林、君士坦丁堡、巴格达连成一线。这样,德国不仅可以控制小亚细亚半岛,在波斯湾建立阵地,直逼高加索,在两河流域扩展势力,威胁埃及,而且还可以在英国通往印度的道路上打进一个楔子。正如德国人自己所说:"巴格达铁路将替我们开辟到伊朗和阿富汗的道路,而成为架在英属印度上面的一把利剑。"1888 年,德国资本家考拉受德意志银行和符腾堡银行的委托,取得了由伊斯密尔至安卡拉一线的租借权,并成立了小亚细亚铁路公司。1893 年 1 月,当土耳其当局同意把至康尼亚一线的租借权给予德国人时,列强反应强烈。英国认为,德国插足海湾将给英国造成严重威胁,因而不惜采用一切手段来抵制德国的这一企图,俄、法表示支持英国的声明。而德国则不接受英国的指责,并声称要在埃及问题上报复英国。经过一番明争暗斗,德国终于在 1893 年获得了至康尼亚一线的租借权,并于 1896 年建成了这段铁路。1898 年,德皇威廉二世利用访问土耳其之机,再提由康尼亚到巴格达、波斯湾的铁路租借权问题,1903 年获得这一特许权。但动工之后,仅修了 200 公里就因英、法、俄的阻遏而中断。经过数年交涉,德国迫于其他方面的利害关系,终于 1911 年 3 月表示放弃巴格达铁路最后部分的修筑(指从巴格达至波斯湾一段)。1914 年 6 月,英、德在伦敦草签了关于巴格达铁路的格雷-里赫诺夫斯基协定。未等两国正式签署,第一次世界大战就爆发了。巴格达铁路的修筑反映了新老帝国主义瓜分殖民地的尖锐矛盾与冲突。

法国德雷福斯案件平反

19 世纪末,法国共和党温和派执政,积极推行有利于大资产阶级的内外政策,统治阶级上层贪污腐化,政局动荡,使国内阶级斗争日趋尖锐,政治危机接连不断。继布朗热事件和巴拿马丑闻之后,19 世纪 90 年代又发生了德雷福斯案件。1894 年,法国总参谋部指控犹太籍军官德雷福斯上尉向德国人出卖军事情报。法国国内的反动势力也乘机进行反犹和反共和制的宣传,鼓吹对德战争。德雷福斯因此而被判处终身监禁,囚禁于法属圭亚那的魔鬼岛。由于判决证据不足,一批代表进步势力的政治家和包括作家左拉在内的知识分子掀起了一场要求释放德雷福斯的群众运动。1896 年,保皇党分子、军官埃斯特哈齐的罪行公诸于世,证明他才是 1894 年出卖军事情报的真正罪犯。但是,法国政府却拒绝为德雷福斯平反。1898 年 1 月军事法庭竟宣布埃斯特哈齐无罪,从而激起全国人民的义愤，并且围绕这一案件形成了德雷福斯派和反德雷福斯派。前者主要由激进派、工人和进步知识分子组成，他们要求立即无条件释放德雷福斯，公布案件的真相，彻底为德雷福斯平反；后者主要由反犹主义者和保皇党人、教权派及反动军官组成，他们坚持法籍犹太人对国家不忠的观点，继续诬陷德雷福斯有罪，并且认为替德雷福斯辩护有损法国军队的"光荣"，他们甚至阴谋策划政变，推翻共和制度。1898 年 8 月，发现了与德雷福斯有关的一个重要文件是伪造的，法军情报部官员亦承认这是为维持陆军的面子而为，从而激起全国更大的抗议浪潮。1899 年 6 月，卢梭内阁成立，使为德雷福斯案件的平反出现了转机。1899 年 9 月雷恩军事法庭认定德雷福斯有罪，但由总统赦免。1904 年再次重审，直至 1906 年 7 月，审理过程才进入最后阶段，民事上诉法院撤销了雷恩军事法庭判决，为德雷福斯昭雪，并授予荣誉军团勋章。

英国征服乌干达

乌干达是东非的一个内陆国家。早在公元 10 世纪，班图人就在这里建立了著名的"基塔腊王国"。18 世纪，基塔腊王国逐步衰落瓦解，而南部的乌干达王国日益强盛起来。19 世纪下半叶，乌干达王国进入鼎盛时期，成为一个中央集权的封建制国家。在乌干达境内同时还有布尼奥罗、托罗和安科累 3 个小王国。19 世纪上半叶，阿拉伯人曾来到乌干达传播伊斯兰教，并掠夺奴隶和象牙。19 世纪 70 年代，英国殖民者也在传播基督教的掩护下，向乌干达进行殖民扩张。1884 年，乌干达新国王姆旺加对英国的殖民扩张采取了抵制措施，下令驱逐基督教传教士，同时欲清除阿拉伯商人和伊斯兰教徒。结果，伊斯兰教徒废黜了姆旺加，把其兄弟卡累马拥上了王位。为了夺回王位，姆旺加决定改奉基督教，并于 1889 年借助英国人势力赶走了卡累马，英国人在乌干达的势力大增。1890 年，英德赫尔古兰条约签订后，英国东非公司的军队开进乌干达。1890 年 12 月，英国殖民主义者卢加德与姆旺加签订条约，规定，姆旺加同意把其国土置于英国东非公司的保护之下。1894 年，英国东非公司又把它在乌干达的各项权利转让给英国政府。同年 6 月，英国正式宣布乌干达为保护国。由于布尼奥罗王国拒绝接受英国保护，英国便用武力占领了布尼奥罗。1896 年，英国又控制了托罗、安科累两个小国，整个乌干达遂沦为英国的殖民地。此后，英国虽然形式上保留了乌干达的 4 个王国，但国王的权力已被剥夺殆尽，全国实权都掌握在英国总督手里。乌干达的封建势力亦成为英国殖民统治的社会支柱。

中日甲午战争

明治维新后上台的日本近代天皇制的统治集团为了掠夺原料，寻求国外市场，积极推行扩张侵略政策。1894年5月，朝鲜发生东学党起义，朝鲜政府向清政府求援，日本按其既定的侵略性"大陆政策"，劝诱清政府派兵，清政府中了日本的诡计，于6月4日派直隶提督叶志超率兵1500人赴朝，在牙山登陆。日本见阴谋得逞，6月5日设立了适应大规模作战的"大本营"，将数量上远远超过清朝的军队开到朝鲜，布防汉城、仁川一切通路。这时朝鲜内部局势已趋平稳，清政府提出对方应撤军，但是，日本拒绝撤兵，并提出了"改革朝鲜内政"的无理要求。与此同时，清政府实行所谓求和避战，"以夷制夷"的对外方针，不积极采取有效的抵抗措施。7月23日，日军占领朝鲜王宫，控制了朝鲜政权，并攻击了清政府驻朝总理公署。25日，日本海军在牙山口外丰岛附近袭击了中国的"济远""广乙"二舰，击沉了中国租用的运兵船"高升号"，并俘获了护航的炮舰"操江号"，清军官兵700人殉难。接着，日军大举进攻牙山的中国驻军，在牙山外围的成欢双方发生激战。清兵战败，主将叶志超率部队逃往平壤。8月1日，中日双方正式宣战（因为1894年按农历是甲午年，故这次战争通称"中日甲午战争"）。由于清政府负责前线战事的直隶总督李鸿章仍坚持"避战静守"的方针，致使清军一直处于被动挨打的地位。9月15日，日陆军万余人分三路围攻平壤，总兵左宝贵率部顽强抵抗，后壮烈战死。清前敌主帅叶志超率部弃城奔逃，次日，平壤失陷。17日，日本海军中将伊东·亨率领的联合舰队在黄海海面袭击了清提督丁汝昌所率的北洋舰队。双方激战约6小时，各有胜负，北洋海军损失较重。战后，李鸿章令北洋舰队退守威海卫军港内。于是，日军不仅占领了朝鲜全境，而且还控制了黄海和渤海的制海权，从陆海两路逼近中国。10月下旬，侵华日军第1军渡鸭绿江，于26日攻陷九连城和安东（今丹东）直入辽东腹地。10月24日，大山岩指挥的日军第2军，在中国辽东半岛的花园口登陆，直犯金州，11月攻占大连、旅顺。1895年1月，日军陆海两路齐头并进，夹击清政府的重要海军基城威海卫。北洋水师提督丁汝昌等爱国将领在腹背受敌的危急情况下坚持抵抗。2月12日，日军攻占刘公岛，北洋海军全军覆没。3月初，日军又攻占了牛庄、营口等重镇，打败了山海关内的数万清军，至3月上旬，日军占领了整个辽东半岛。至此，战争以中国的失败而告终。1895年4月17日，日本强迫清政府签订了《马关条约》，中国社会的半殖民地化进一步加深。

奥林匹克委员会成立

法国教育家皮埃尔·德·顾拜旦男爵很想将体育作为教育手段，培养青少年具有健壮的体魄、刻苦进取的精神和工作能力。早在1888年顾拜旦就萌发创办现代奥林匹克运动会的想法，并在国内外做了大量的工作。1892年，正式向全世界提出倡议。该倡议得到很多国家的拥护和支持。1894年，在巴黎召开了"恢复奥林匹克运动会代表大会"，有12个国家79名代表参加了会议。经过讨论和协商，最后成立了现代奥林匹克运动会的领导机关——国际奥林匹克委员会，简称"奥委会"。会议还通过一项决议，决定从1896年起，每隔4年举行一次奥运会，如果因故中辍，其届次照算，还决定，奥运会是以个人和运动队为比赛单位,并不计算各国的成绩。后来,人们往往用各国得到的奖牌种类、数目及取得前6名运动员的积分,来评定各国的成绩。自1896举行第一届奥运会以来,至今已举行了27届。每一届奥运会都是世界体育界的一次盛会,不仅通过切磋技艺,提高了世界体育竞技水平;而且通过体育交流,进一步加强了世界人民的友谊和团结,促进了世界和平与发展。

罗得西亚国家建立

罗得西亚(非洲人称津巴布韦)是英国殖民主义者塞内尔·罗得斯(1853~1902)为标榜自己的殖民业绩、以自己名字命名的一个殖民国家。罗得斯于1870年来南非后,在经营钻石、大搞投机活动中,暴发为百万富翁。1881年进入政界,历任开普殖民地议会议员、财政部长,1890年升为总理。为了实现在南非的政治思想,他把开普殖民地扩大到赞比亚河,以便打通开普到开罗的内陆通道。他积极策划了武装侵略河间地区的行动。位于赞比亚河和林波波河间地区,蕴藏着丰富的金矿,是实现"开普—开罗计划"的中间环节,具有重要战略意义。而要达到这一目的,关键在于马塔贝莱兰统治者洛本古拉不愿开门揖盗。1891年,罗得斯招募冒险分子组成武装"拓荒队",开进河间地区。1893年派亲信詹姆森率1500多名雇佣兵,分三路进攻马塔贝莱兰人村镇。洛本古拉虽率众英勇抗战,但终因力量悬殊而失败,罗得斯占领了河间地区。1895年。罗得斯将新占领的河间地区和赞比亚河以南地区命名为罗得西亚(又称南罗得西亚)。1923年,英国政府给予自治领地位。

第一届现代奥运会在希腊雅典举行

1896年4月4日~15日,第1届现代奥运会在希腊首都雅典隆重举行。这次奥运会距罗马皇帝狄奥多西下令禁止举行古代奥运会,中间间隔1503年。由于希腊国库空虚,希腊政府号召国民捐款资助,一个名叫乔治奥斯·阿维罗夫的富商向希腊政府捐赠了100万希腊币。为纪念他对运动会所做的贡献,希腊在雅典广场上为他建造了一座塑像。为了筹措资金,希腊政府还责成邮电部门印发了一套以古代奥运会为题材的邮票。这些成功的尝试使以后的历届奥运会竞相效仿。国际奥委会主席皮埃尔·德·顾拜旦出席了开幕式。希腊国王乔治一世致开幕词,开幕式上还演奏了一曲庄严的古曲弦乐,此乐于1958年定为奥运会会歌。此届仅有7名裁判员(裁判长在内)来自5个国家。新建成的运动场能容纳7万观众,场内跑道呈U形,全长333.33米。参赛国有澳大利亚、奥地利、保加利亚、英国、匈牙利、德国、希腊、丹麦、美国、法国、瑞士、瑞典和智利等13个国家。运动员311名,其中东道国就占230名。此届项目设有田径、游泳(包括跳水)、举

奥运会 100 米短跑比赛场面

重、摔跤、体操、自行车、射击、击剑等 8 个项目。为纪念当年的爱国者、民族英雄菲迪比得斯，此届决定设马拉松比赛。此后马拉松便成了奥运会的正式项目。此届奥运会没有女运动员参加。由于东道国认为金子俗气，奖牌只有银、铜两种。授予冠军的是银牌和橄榄环、月桂冠，二、三名则只得铜牌。但是为了计算方便，仍按金、银、铜三类计算。获得奖牌前三名的是：美国、希腊、德国。第 1 届奥运会尽管由于条件限制、经验不足，使游泳比赛在海里进行，举重、摔跤没分级别，运动员可以跨项比赛，观众可随意上场参赛，但第 1 届奥运会仍不失为一次圆满的盛会，它为现代奥运会翻开了崭新的一页，在世界体育史上占有极为重要的位置。

埃意签订亚的斯亚贝巴条约

　　1896 年 5 月埃塞俄比亚取得了抗意卫国战争的胜利。意大利被迫求和。10 月 26 日，埃塞俄比亚皇帝麦纳利克二世同意大利王国政府代表内拉齐尼少校在亚的斯亚贝巴签约，称亚的斯亚贝巴条约。另外还签订了一份关于交换战俘的协定。条约共 9 条。主要内容为：第一、废除 1889 年签订的乌查理条约，意大利无条件承认埃塞俄比亚是一个独立的主权国家；第二、埃塞俄比亚和意属厄立特里亚之间的新边界推迟一年划定，而在划定边界以前恢复原状。意大利放弃了埃塞俄比亚北部的提格雷省，保留了 1889 年沿马雷布河、贝累扎河和穆纳河划界的厄立特里亚；第三、根据条约精神，两国政府在近期缔结贸易条约；第四、根据亚的斯亚贝巴条约规定，埃、意两国进行了关于埃、厄边界的磋商。1897年在亚的斯亚贝巴签订了划定埃塞俄比亚和厄立特里亚边界的协定,由于意大利方面的破坏,没能兑现。1900年7月又在亚的斯亚贝巴由麦纳利克二世和意方代表奇科迪科拉分别代表埃、意政府签署一项关于埃塞俄比亚和厄立特里亚边界条约,确定1889年埃、厄临时边界为固定边界。以后,麦纳利克为确保国家的独立,又周旋于欧洲大国之间。

汤姆逊发现电子

  19世纪末,科学家们对于阴极射线的研究导致了1897年英国物理学家约瑟夫·约翰·汤姆逊(1856~1940)发现电子。有关阴极射线研究的一个关键问题是,阴极射线究竟是以太振动还是粒子流。当时,几乎所有的德国物理学家都认为应该是以太振动,而英国和法国物理学家则认为应该是粒子流。作为剑桥大学卡迪文什实验室领导的汤姆逊教授,受法国物理学家J.B.培兰(1870~1942)利用金属筒收集到的阴极射线呈负电性的启发,设计了一个实验,首先验证了金属筒的负电性确实是由阴极射线引起的,且阴极射线在电场和磁场中所循的路径与荷负电的粒子相同,从而为阴极射线的粒子说提供了强有力的佐证。第二步是在改进了真空管,提高了真空度的条件下进行的。汤姆逊利用阴极射线在电场和磁场中的偏转,测定了构成阴极射线的粒子的荷质比约为氢离子荷质比的770倍,再一次证明了阴极射线是由具有一定质量的带粒子构成,且这种粒子的质量远远小于氢离子。这一使当时一些很有名望的物理学家都难以接受的结果说明,确实存在着比原子还小的粒子。1897年12月德国物理学家考夫曼测得这个荷质比的更精确值为1.77×10^{17}esu/g。进而汤姆逊还发现,阴极射线粒子的荷质比与放电管中充有哪种气体无关、与阴极材料无关,即所有阴极材料具有一种共同粒子。后来证明它是原子的一个组成部分,人们称它为"电子"。1909~1917年美国物理学家密立根测得电子的电荷为1.6×10^{-19}库仑。电子的发现是对经典物理学中"原子不可分割"理论的致命一击,对整个自然科学的发展都具有极大影响。

贝克勒尔发现神秘射线

  放射性是在对X射线的研究过程中得到的又一重大发现。1896年1月20日法国数学家彭加勒在法国科学院每周例会上,展示了他刚刚收到的有关X射线的照片,并提醒大家注意X射线与荧光现象之间可能有某种联系。法国物理学家亨利·贝克勒尔(1852~1908)出生在一个研究荧光现象的世家,父辈多年的工作为他积累了许多荧光物质。贝克勒尔想检验一下荧光物质铀盐经太阳光照射后能否产生X射线。他把铀盐放在用黑纸包严的感光片上,放在阳光下曝晒,底片冲洗后的确发现了底片感光,起初他认为这是阳光照射铀盐后引起铀盐内部辐射 X 射线。在一个阴雨天,因为不能做实验,他把盐包放在封好的感光片上一起装进抽屉,准备天晴后继续工作。然而一个奇特的现象发生了,这个没有经过阳光照射的铀盐包照例使底片感光了,贝克勒尔当即想到,并不是阳光或荧光而是铀盐本身发出了一种神秘光线。在后来的实验中,贝克勒尔还发现这种光线能使气体电离,且只要有铀元素存在就有这种射线。1896 年 5 月 18 日贝克勒尔在法国科学院每周例会上宣布了这一发现,并指出这种放射性是由于原子自身的作用产生的。贝克勒尔的这一观点对以后放射性的研究有着指导意义。由于这一发现,贝克勒尔和居里夫妇一道共享 1903 年诺贝尔物理学奖。

希土战争爆发

希腊(包括克里特岛)中世纪时沦为土耳其的属地,希腊人不断掀起反土战争。1897年 2 月,克里特岛爆发了反对土耳其统治、要求归属希腊的民族解放战争。起义浪潮很快席卷了整个希腊。在反土、独立的舆论压力下,希腊国王派海军陆战队到克里特岛支持起义者。欧洲列强出于各自目的都反对希腊政府这一举动。德皇威廉二世亲自走访列强驻柏林大使馆,建立各国的海军对希腊的舰队采取联合行动,封锁比雷埃夫斯港;英国主张土耳其苏丹应让克里特岛在奥斯曼帝国范围内享受完全的自治;俄国提出一个折衷的方案:土耳其苏丹让克里特岛自治,而列强对希腊提出最后通牒,希腊军队必须撤出该岛。俄国的方案被列强所接受。3 月 2 日,列强对土耳其和希腊政府分别递交了内容相同的照会。土耳其接受了照会的要求,而希腊则拒绝。希腊政府表示,它不能仅仅满足于克里特岛的自治,而要求该岛合并于希腊。列强宣布对克里特岛实行军事封锁。希腊根本不予理睬。1897 年 3 月 13 日,希腊宣布总动员。土耳其也在希腊边界集结军队。4 月 17 日希腊对土耳其开战,希土战争爆发。就双方的军事实力来说,土耳其占较大优势。不久,希腊军败北。列强出面干涉以促使双方停战。其条件是:希腊应事先把全部军队撤出克里特岛,该岛在奥斯曼帝国范围内享受自治。希腊被迫表示同意上述条件。5 月 19 日希、土签订停战协定,9 月 18 日就以维持战前状态为原则实行停战。希腊由于财政拮据被迫接受国际监督。克里特岛获得了自治,1989 年希腊的乔治亲王受英、法、俄、意四国的委托出任克里特岛的专员。

美西战争西班牙放弃古巴

1898 年 4～7 月,美国为了从西班牙手中夺取古巴、波多黎各和菲律宾等殖民地,发动了一场帝国主义再瓜分战争。在美国看来,古巴是加勒比地区的钥匙,不仅是连接南北美洲的桥梁,也是沟通东西两洋航线的必经之地。早在 1805 年,美国第三任总统托马斯·杰斐逊就宣称:占领古巴将成为美国保卫路易斯安那和弗罗里达的战略需要。他认为,如果能做到这一点,美国将成为"破天荒的自由大国"。美国经过90多年的等待与准备,现在伸手去摘已经成熟的果子。1897年12月,麦金莱总统在致国会的咨文中,直截了当地提出:借机介入古巴解放战争,夺取西班牙殖民地。1898年2月,美国派去保护本国侨民利益的缅因号战舰,在哈瓦那港被炸沉没。4月25日,美国对西班牙宣战。尽管美西冲突主要由古巴问题引起,然而战争烽烟却首先在菲律宾的马尼拉湾升起。5月1日,西班牙舰队在马尼拉湾全军覆没。7月3日,美军又在圣地亚哥港全歼驻古巴的西班牙舰队。不久,美军又占领波多黎各及马尼拉市。西班牙自知败局已定,请求法国出面

美国缅因号战舰在哈瓦那港被炸沉

调停。8月12日,美国停战。10月1日召开巴黎和会。在没有古巴和菲律宾代表参加的情况下,12月10日美西签署和约:西班牙放弃对古巴的主权和所有的一切要求,由美国占领该岛;西班牙将波多黎各和关岛让给美国;菲律宾群岛在交付2 000万美元后,也让给美国。

俄国强租旅大

　　1897年11月14日,德国派遣海军陆战队在胶州湾沿岸一带登陆。俄国以此为借口,12月,俄国舰队强行在旅顺口停泊,威逼清政府于1898年3月23日和5月8日分别与其签订了《旅大租地条约》和《续订旅大租地条约》。通过这两个不平等条约,俄国获得了在辽东半岛上的一切权宜。第一、俄国"租借"了旅顺口和大连湾,在"租借"的陆地和水域由俄驻军并治理。第二、在租借地俄方任意盖造营房、建筑炮台,旅顺为其独占的军港,大连为商港;第三、清政府准许俄国从中东铁路的某一大站起修筑至旅大海口的支线,在支线沿线中国不得将铁路利益让给他国。据此,同年7月6日,俄国迫使清政府签

订了《东省铁路公司续订合同》,正式决定修筑中东铁路支线(也称南满铁路)。根据上述合同,俄国还取得了采伐森林、在南满铁路沿线采煤和在辽东半岛租地内自行征税等特权。

菲律宾人民抗美斗争

　　美西战争爆发后,美国亚洲舰队司令乔治·杜威奉命于 1898 年 5 月 1 日驶入菲律宾马尼拉湾,完全摧毁了西班牙老式舰队。7 月底,1 万多美军在梅里达少将指挥下抵达菲律宾。此时,以阿奎那多为首的菲律宾革命军,已几乎完全摧毁西班牙殖民统治。美国为了抢夺胜利果实,于 8 月 13 日经过一场不流血的"战斗",控制了马尼拉市。10 月 1 日美西和会在巴黎召开。10 月 26 日,美国提出占领整个菲律宾群岛的要求。起初,西班牙执意不肯。美国施以小惠,答应付给 2000 万美元,最后成交。菲律宾人民坚决反对美国兼并,1899 年 2 月 4 日夜,反美枪声在马尼拉市郊响起,2 月 5 日,菲律宾共和国正式对美宣战,全国人民同仇敌忾投入抗美卫国战争。4 月 15 日,革命军宣布:只要一息尚存,就要从事战斗。美国政府先后拨款 3 亿美元,派出侵略军 12 万多人,对革命军残酷打击。1899 年底,抗美卫国战士被迫退至北部山区,正规战争至此结束。菲律宾人民分散在各地进行大规模的游击战,杀伤大批美军。史密斯率领的美军进行疯狂报复,到处杀烧淫掠,惨绝人寰。

英埃共管苏丹

　　19 世纪 20 年代埃及开始征服苏丹,50 年代英国力量渗入。1872 年英人先后担任苏丹大总督,英国殖民地和埃及封建主在这里任意强占土地,强征苛捐杂税,引起人民极大不满。1881 年苏丹教士穆罕默德·阿赫迈德举行起义,杀死苏丹总督戈登,建立马赫迪国家。1896 年英国着手重占苏丹,筹划纵贯非洲的开普——开罗计划,此时法国横贯非洲的北部计划正与苏丹南部相交。因此,英国要抢占尼罗河上游就必须占领苏丹。英国在消灭苏丹境内的马赫迪国家以后,1899 年 1 月 19 日驻开罗总领事克罗迈尔爵士和埃及首相布特鲁斯。加里在开罗签订了《英埃共管苏丹协定》。规定,在苏丹境内最高的民事、军事、行政及立法权统归埃及国王,埃及国王根据英政府的建议任命总督(总督一职由英人担任),非经英国同意不得罢免总督,如无总督的同意,埃及政府的任何一项法令在苏丹境内都不发生效力。非经英国同意,任何一国都不得委派本国领事驻苏丹。埃及在境内保有一营本国军队,军费自负。由此可见,形式上的英埃共管苏丹,实际上已变成了英国统治下的殖民地。1947 年,埃及提出了废除英埃共管,将苏丹并入埃及和英军从苏丹撤退问题。

夏威夷被美国吞并

夏威夷在太平洋中部,由 132 个火山岛(其中 8 个大岛、124 个小岛)组成,东西绵延 2400 多公里,形成一个新月形岛链,被称为"太平洋的十字路口"。据记载,约在 4 世纪时,波利尼西亚人乘独木舟来此定居。1795 年,酋长卡米哈米哈一世征服大部分岛屿,建立夏威夷王国。1840 年,卡米哈米哈三世制定宪法,美、英、法三国承认夏威夷独立地位。1875 年与美国签订贸易互惠条约。1897 年,美国总统麦金莱曾向参议院送交兼并该岛的条约草案,请求审议。但因反对兼并势力强大,未获通过。1898 年 3 月,麦金莱再次向参众两院提出兼并该岛议案。美西战争爆发后,美国决心伸张势力于亚洲,夺取菲律宾为侵入亚洲的跳板,因而,迫切需要一个进入亚洲的中转站。美国的亚洲政策,增强了兼并派力量。麦金莱议案 6 月和 7 月分别在参众两院获得通过。7 月 7 日,经麦金莱签署生效。法案规定:把夏威夷群岛并为"美国的领土的一部分",取消关税,禁止中国人由夏威夷移居美国。8 月 12 日该岛被美国占领,正式并入美国版图。

英国工党建立

1900 年 2 月 28 日,英格兰的工人阶级做出决定,要团结一致。他们再一次做出努力,使这个组织能够行使政治权力。在工会委员会的一次会议上,代表们投票选举建立了劳工代表委员会。这个委员会在选举议会候选人方面有很大的希望。拉姆齐·麦克唐纳将出任书记。英国工人已享有选举权 30 年之久,但是他们没有充分利用这种权利。称为宪章运动的重要工人运动,在其内部社会主义分子和共产主义分子之间的你争我夺之中销声匿迹了。地方劳工组织曾选出了一些政治代表进入议会,但是他们大多数被自由党吞并了。这个新的劳工委员会得到了几个英国组织的支持。但是,为了免遭宪章运动的下场,他们必须寻找中间背景。这个委员会的左翼是亨利·海因德曼成立的社会民主党。较之

拉姆齐·麦克唐纳

那些社会主义的改良原则,海因德曼更倾向于卡尔·马克思的思想。费边社可能掌握着这个处于萌芽状态中的工党成功的钥匙。这个费边社是由乔治·萧伯纳和 H·G·威尔

斯等知识分子组成的。直到现在,他们还反对和工会会员们结成联盟。费边派反对马克思的革命思想,他们主张,社会改良和进化会逐渐带来社会主义。

澳大利亚摆脱英国殖民统治

　　1883 年,当新几内亚问题日趋尖锐时,经维多利亚总理詹姆斯·塞维斯提议,殖民区区际会议在悉尼召开。会议拟定了一项组织"澳大拉西亚联邦会议"的议案,设想联邦会议将成为未来联邦的立法机构,拥有处理澳大利亚同太平洋各岛屿的关系和防止罪犯流入澳大利亚等有关澳大利亚和新西兰等殖民地共同事务的权限。在英国政府的赞同下,"澳大拉西亚联邦会议"于 1885 年成立,并于 1886 年 1 月在霍巴特召开首届会议。为了成立真正意义上的联邦,1889 年 10 月帕克斯呼吁组建联邦立法和行政机构来代替"澳大拉西亚联邦会议",提议起草联邦宪法,并提出了"一个民族、一个国家、一种命运"的著名口号,从而成了"联邦的使者"。在帕克斯的积极活动下,"联邦运动"在澳大利亚各地迅速兴起。1890 年 2 月,墨尔本会议一致同意着手筹备成立联邦,并决定翌年在悉尼再次开会,制订联邦宪法草案。1891 年 3 月,悉尼会议如期召开,以昆士兰总理塞缪尔。格里菲斯为主席的宪法起草委员会起草了联邦宪法草案。该草案以加拿大和美国的宪法为蓝本,规定建立一个联邦国家,定名为"澳大利亚联邦";联邦议会由参、众两院组成,它有权设立联邦最高法院,作为各州(各殖民区)的最高上诉法院。草案还对联邦议会、联邦司法和行政机构的权限做了具体规定。该草案成为 1901 年正式宪法的基础。在以后的 3 年中,联邦运动一度陷入低潮。但在经历了 90 年代初期的经济危机和罢工风潮之后,联邦运动又趋于活跃,并跳出议会活动的狭小圈子,直接同社会各界结合起来。1893 年,新南威尔士司法部长埃德蒙·巴顿创立了"澳大利亚联邦同盟",成为推动联邦运动的重要团体。此后,代表们又于 1897 年 9 月在悉尼、1898 年 1 月至 3 月在墨尔本先后召开第二、第三次联邦大会,审议联邦宪法草案。1898 年 6 月,新南威尔士、维多利亚、塔斯马尼亚和南澳大利亚就批准联邦宪法草案事举行公民投票。1899 年 4 月 9 日,南澳大利亚、新南威尔士、维多利亚、塔斯马尼亚和昆士兰 5 个殖民区先后举行第二次公民投票,联邦宪法修正案在各区都获得多数赞同。英国政府对联邦宪法草案作了稍许修改,针对原草案中限制越级向英国枢密院上诉的条款,规定当联邦和各州发生权限纠纷时,如果联邦高等法院认为有必要由英国枢密院裁决,则应允许各州越过高等法院直接上诉英国枢密院。澳方接受了这一修改。1900 年 7 月,英帝国议会在强调建立澳大利亚联邦决不能损害或削弱帝国统一的前提下通过了澳大利亚联邦宪法。同月,英国维多利亚女王正式签署了宪法文本。1901 年 1 月 1 日是澳大利亚联邦宪法正式生效的一天,也是联邦宣布成立之日,成千上万的人聚在悉尼百年纪念公园举行庆祝典礼。澳大利亚终于摆脱了殖民地的地位,从此澳大利亚的历史翻开了新的一页。

加拿大两座城市化为灰烬

1900 年 3 月 26 日一场大火在不到 12 小时内将渥太华和赫尔两座城市化为灰烬。财产损失估计在 1500 万美元以上,1.2 万人无家可归。5 平方英里的地方被夷为平地,作为该地区的生命线的木材工业全部被毁。这场火灾始于渥太华以北几英里的城镇赫尔。大风把火吹过渥太华河,吞没了这座城市的西部地区。从蒙特利尔调来了消防队,但是消防队员的数量微不足道,只是由于风向东转才使渥太华免遭全城毁灭。

俄国迫使土耳其签订协议

俄国军事封建帝国在维护自己的利益方面毕竟取得了部分的成功。俄国外交大臣 1900 年 4 月 5 日在发给各驻外大使的通令中写道:"帝国政府应当关心的是:不容许任何一个外国强国在小亚细亚范围内确立政治优势。"以前,土耳其政府自己不准外国人到那里去,现在情况有了变化,因此,"迫切需要通过与奥斯曼帝国政府订立的特别协定,无论如何也要防止外国侵占同我国高加索边界以及黑海南岸接壤的地区"。俄国外交界经过长期坚决的要求之后,终于在 1900 年 3 月 31 日使土耳其政府正式承担义务。这项义务是采用由外交大臣签署的书面声明的形式发表的。声明说,如果土耳其政府"认为在小亚细亚,在与黑海毗邻的地区修建铁路是切合时宜的,如果它自己不着手修建铁路时,则将这些铁路的租让权给予俄国资本家"。其租让条件将与巴格达铁路租让权"完全相同"。在上述地区修建铁路时,必须注意到两国——即俄国和土耳其——的商业利益。"已经决定修建从阿达帕扎勒到格腊克利艾这条支线,而安卡拉、开塞利、锡瓦斯、哈尔普特、迪亚巴克尔和凡城这条线路的修建工程尚未决定。"以上便是土耳其政府声明的内容。俄国驻土大使季诺维也夫向他的上司解释声明的含义时写道:土耳其政府建议的这条从安卡拉经开塞利、锡瓦斯、哈尔普特和迪亚巴克尔到凡城的铁路,大概永远也不会修建的,它应当算作是我们所取得的……这一地区的南部边界。

孟德尔遗传学重获世人重视

1900 年 4 月奥地利科学家埃里希·塞瑟内克、荷兰科学家雨果·弗里斯、德国科学家卡尔·科林斯在该月分别发表有关特征遗传的论文,不约而同都提到孟德尔被人遗忘的学说,使孟德尔遗传学说重新获得世人的重视。奥地利遗传学家孟德尔(1822~1884)是布伦修道院修士,他在 1859 年开始进行豌豆实验,逐渐发现豌豆有许多特征可以经由

"因子"（即目前习称的"基因"）代代相传。根据实验结果,孟德尔归纳出两条遗传基本定律——分离律和独立律,世称"孟德尔遗传定律"。

夏威夷纳入美国版图

1900 年 4 月 30 日美国国会通过法案使夏威夷成为美国的领土。当英国探险家库克

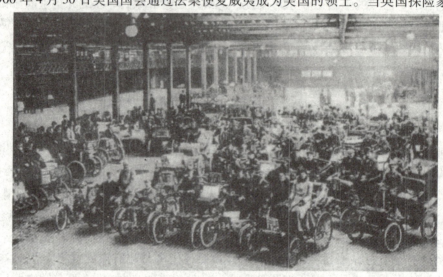

赛车手聚集在爱丁堡,准备参加本年度汽车俱乐部 1000 英里的比赛。

在 1778 年发现夏威夷群岛时,岛上仅有 30 万名玻里尼西亚语系的原住民,实行土地共有的部族社会制度。至 19 世纪初,其战略地位逐渐受到英、法、美、俄各国重视。美国人因地利之便首先登陆此地,并引进议会制及土地私有制度。不久,美国人既已取得夏威夷群岛 2/3 的土地,并独占了当地的砂糖、椰子等生产事业。1894 年,夏威夷共和国在美国人的支持下成立,由山佛·巴勒德·多尔出任总统。1898 年,美国与夏威夷共和国签订条约,将夏威夷群岛并入美国领土,但直至 1900 年 4 月,美国国会才通过法案,批准夏威夷成为美国领土。1959 年夏威夷正式成为美国第五十州。

第二届奥运会在巴黎开幕

1900 年 5 月 20 日至 10 月 28 日,第二届奥运会在法国巴黎举行。第一届奥运会胜利举行后,希腊人想把雅典作为奥运会永久会址,国际奥委会主席顾拜旦坚决反对,大多数国家也反对希腊人的要求,最后奥运会如期在巴黎举行。同一时间,世界博览会也在巴黎召开,法国政府对博览会的兴趣远胜于奥运会,对顾拜旦提出的筹备方案淡然置之,

致使此届比赛项目、日程等均无周密安排,更谈不上花巨资去兴建体育设施。赛事持续 5 个多月。比赛场地也很分散,大会组织者竟别出心裁,将比赛项目按博览会工业类分在 16 个区进行。实际上,赛会成了为博览会招揽观众的体育表演。个别选手在比赛结束甚至不知自己参加的是奥运会。田径比赛是在一个跑马场进行的,土质松软,跑道凸凹不平。场内树木横生,有时链球竟飞到树杈上。跨栏项目个别栏架是用树枝搭起来凑合的。场地没有任何设施,跳远比赛运动员还得自己动手挖"沙坑"。游泳比赛是在塞纳河上顺水进行的,其成绩当然无法记录为凭。此届有 22 个国家的 1330 名运动员参赛,比上届多 1000 人。特别值得一提的是,其中有 11 名女选手,虽然人数少,而且只参加了高尔夫球和网球两项比赛,但为女子走向世界体坛开创了先例。此届比赛项目和上届比较,有很大变化,除保留上届 8 个项目中的 6 项之外(举重、摔跤被取消),增加了高尔夫球、赛艇、帆船、马术、马球、板球、水球、橄榄球、射箭和足球等项目。集体项目被列入此届比赛,是奥运会史上的一个重大突破。虽然只有英、法、比三个国家参加足球赛,但对后来国际足联的成立(1904 年)和世界足球运动发展,都起到一定的推动作用。获奖牌前三名的是:法国金牌 26、银牌 36、铜牌 33;美国金牌 20、银牌 15、铜牌 16;英国金牌 17、银牌 8、铜牌 12。实际上,大会只发给获奖者一枚长方形纪念章,根本没有金、银、铜牌之分。这在奥运史上是唯一的一次。优胜者还得到了奖金,其数额全凭大会组织者的兴趣随意确定。

重量级拳击冠军杰佛瑞斯卫冕成功

1900 年 5 月 11 日纽约的一场拳王之战终于落幕。经过 23 回合激烈的拳击赛,詹姆斯·杰佛瑞斯以一记右拳击倒詹姆斯·考本特,继续保持世界重量级拳击冠军的头衔。

美国小说家斯蒂芬·克兰逝世

1900 年 6 月 5 日斯蒂芬·克兰因患肺结核在德国的巴登魏勒逝世,终年 28 岁。这位出生在新泽西州的孜孜不倦的作家渴望体会人生中的所有情感。他因写《红色英勇勋章:美国内战片段》(1895)而出名。小说描写了一个年轻人在战场上的经历。于是克兰便以自由记者为生。他的第一部小说《街头女郎·玛吉》(1893)说明他对贫民窟的生活非常了解。这部小说以它独具一格的印象派现实主义手法使出版商们大惊失色,以至于作者自己付钱将其印刷出版。1896 年克兰遭船难,在海上漂流 4 天,从此健康受到严重损害。

1900 年的美国总统竞选

　　1900 年的美国总统竞选有点像旧戏重演,威廉·麦金利和威廉·詹宁斯·布赖恩都再次登台。共和党又喊出"丰衣足食"的口号,在布莱恩的推动下,民主党也重新扯起自由铸造银币的大旗。然而 1900 年的大选不再受自由银币问题支配了,而且增添了新的内容:帝国主义。1898 年在古巴独立问题上,美国与西班牙爆发了战争,出现了加勒比海和太平洋地区的领地争夺。布赖恩满怀爱国主义热忱自愿参军参战(他当上了上校,可是没有出海作战)。但是,他像其他许多的老派美国人一样,对帝国的思想表示反感,提出 1900 年要在帝国主义问题上,向麦金利发动攻击。可是,布莱恩再次丧失了机会。1899 年美利坚合众国参议院批准了把菲律宾群岛划归美国的巴黎条约(这得到了布莱恩的支持),面对"既成的事实",这位"伟大的平民"也难以使选民情绪激昂。选举这天,选民们选择了麦金利和罗斯福——却未必就认定了帝国主义和托拉斯问题——而否定了布赖恩和史蒂文森。有些共和党人把他们的这次胜利——1872 年以来所取得的最伟大胜利——看作是选民对麦金利外交政策的认可。不过,更恰当地说,19 世纪和 20 世纪之交,所出现的全国规模的繁荣景象,与这次竞选胜利的关系更为重大。当时,工业生产蒸蒸日上,对外贸易欣欣向荣,又加上工资和农产品价格上涨,对许许多多美国人来说,麦金利似乎真成了"繁荣的高级代理人",为了再获得 4 年的"丰衣足食",找不出什么理由不投他的票。这次选举尤其使汤姆·普拉特感到双倍的高兴。他盼望着 1901 年 3 月 4 日,到那时,麦金利将宣誓就任总统,西奥多·罗斯福就要"带上面纱"当副总统了。罗斯福自己则告诉朋友说:"有人正期待着他做 4 年高尚的、无足轻重的人。"就职典礼 6 个月后,在纽约州的布法罗,麦金利参加泛美博览会时,被一位年轻的无政府主义分子刺杀身亡,西奥多·罗斯福——这位被汉纳称之为"可恶的牛仔"的人——成了美利坚合众国的总统。

意大利国王遇刺身亡其子继承王位

　　1900 年 7 月 29 日意大利国王文伯特一世在蒙扎遇刺身亡,凶嫌是一名叫作伯雷西的无政府主义者。无政府主义分子宣称,这项行动是为了报复 1898 年的"米兰大屠杀",当时文伯特一世借助正规军及炮兵的力量,镇压工人暴动,造成多人伤亡。文伯特一世在位期间,一直致力于巩固君主政体,他的外交政策促成意、德、奥 3 国结盟;他去世后,王位由他 31 岁的儿子维克多·伊曼纽继承。

美国队赢得第一个戴维斯奖杯

1900年8月10日美国队的德怀特·F·戴维斯和霍尔库姆·沃德击败了客队英国的两名选手E·D·布莱克和H·R·巴雷特,捧走了戴维斯捐赠并以他的名字命名的国际草地网球赛的奖杯。两场单打获胜以后,双打的胜利使美国队在这场比赛中以3:0的绝对优势遥遥领先。第四场,也就是最后一场单打比赛是在戴维斯以9:7的比分赢了第三局之后因下雨而暂停的。

著名哲学家尼采逝世

1900年8月25日德国哲学家弗德里希·尼采在魏玛去世,享年55岁。他的学说对20世纪的哲学思维影响至深。尼采极力赞扬古希腊文化,一生极受哲学家阿图尔·叔本华与音乐家理查·瓦格纳的影响。他的思想重心在"超人论",提倡强者的哲学,认为意志不只在求生存,更在追求权力。这种"权力意志"的学说对希特勒的影响极大。其重要著作包括《悲剧的诞生》《查拉图斯特拉如是说》《善恶之外》《道德体系论》等。

帝国主义阶段的第一次经济危机

这次危机是资本主义发展到帝国主义后的第一次经济危机。随着自由竞争向垄断统治的过渡,世界经济中各国的经济状况迅速改变,美国已巩固了从英国手中夺到的工业优势;德国迅速发展成世界第二工业大国;俄国在世界工业中的比重急剧上升;日本的资本主义有了很大发展。这次危机于1849年末首先发端于俄国,当时俄国出现的金融危机很快波及欧洲其他国家,欧洲各国的金融市场都受到了巨大的影响。1903年危机发展到美国,世界范围的经济危机形成。由于这次经济危机的冲击,帝国主义以战争为手段重新瓜分世界的军备竞争逐步升级。

流行感冒侵袭阿拉斯加爱斯基摩人

1900年9月1日据布雷迪州长拍发给华盛顿的电文获悉,阿拉斯加的爱斯基摩人当中流行感冒迅速蔓延。这种流感有的并发麻疹,有的并发肺炎,有的两种并发症兼而有之。在有些地区,本地人有一半病死。布雷迪在报告中说,在格雷林镇,在海边附近几乎每个帐篷里的本地人都患病了,并且"处于十分令人悲叹的状况。一些人躺在地上,不住咳嗽、呻吟。令人痛心的是没有做任何工作来解除他们的痛苦"。州长已经向医疗供应部门发出了呼吁,要求拯救这些地方土著人。他警告说,如果不迅速采取急救措施,这些爱斯基摩人将会昏迷不醒,无药可医,终而卧以待毙。

布赖恩成为美国总统候选人

1900年9月17日威廉·詹宁斯·布赖恩是来自普恩斯的一位口才流利、能言善辩的演说家。今天他接受了民主党的提名成为总统候选人。他保证他仅仅争取担任任期4年的一届总统。在他的正式接受信中,布赖恩对金本位和银本位问题仅仅一提而过,这个问题是他4年前做总统竞选演说的重要主题。在那个时候,他曾以洪亮的声音打动了听众:"你们不应当把人类钉死在金质的十字架上。"这一次,布赖恩集中火力攻击美国在海外的"帝国主义行为和在国内的垄断集团政策"。

丘吉尔首次进入英国政坛

1900年10月11日年仅25岁的英国保守党候选人温斯顿·丘吉尔,当选下议院议员,开始踏上政治家生涯。丘吉尔出身名门,父亲曾任保守党财政部长。早年投身军旅,曾以骑兵士官的身份奉派到古巴及印度镇压反政府军。在1897年的一次远征苏丹战役中,随军担任记者,因报道英军以400骑军对抗数千名敌军的事迹声名大噪。1899年辞去军职,6月即参加欧尔他姆地区(曼彻斯特附近)的补额选举,不幸落败。此后,专心担任战地记者,直到1900年参加议员竞选获胜,进入国会,才开始他的政治生涯。

有声电影产生

1900年10月,巴黎世界博览会上出现一项新成果——人们为电影配上音响。世界博览会场中的三家电影院上演各类喜剧片和文艺片,其中还包括第一次由莎士比亚舞台剧《哈姆雷特》拍成的影片(由莎拉·班荷特主演)。由巴黎电影界人士创新制作的配音办法,是把台词和曲子录制在一张与影片同步的唱片上,然后配合着电影一起播放,于是产生了有声电影。

弗洛伊德采用自由联想法医治精神病患者

1900 年 10 月,奥地利的精神科医生、精神分析创始人弗洛伊德,开始以自由联想法为歇斯底里症的女性患者做治疗。弗洛伊德自 1890 年起致力于精神分析理论,1895 年与布洛伊勒合著《歇斯底里症研究》。后因学术问题与布洛伊勒分手,又遭到父亲死亡的打击,使其本身也面临罹患精神病的威胁。于是他在 1897 年开始透过梦的解析分析自我,发觉了人内心深处的潜意识,并发表了《梦的解析》,对于精神病患的治疗法,进行有关梦境解析及情感移转的研究与分析。

威廉·麦金利竞选获胜

1900 年 11 月 6 日美国总统威廉·麦金利在总统竞选中再次当选。他的副总统竞选伙伴,纽约州长西奥多·罗斯福也同时获胜。罗斯福是美西战争中著名的骑兵领导人。共和党亦赢得多数席位。这次选举结果表明,内布拉斯加州的总统候选人威廉·詹宁斯·布赖恩竞选总统遭到第二次失败,他曾在 4 年前被麦金利击败。他这一年的竞选伙伴是伊利诺斯州的艾德莱·史蒂文森。大约有 10 万张选票支持社会党竞选人尤·德布兹。当总统选举结束时,这位总统的家乡——俄亥俄州的坎顿城充满了欢乐。到了深夜,麦金利的支持者们前往他的住处。与此同时,乐队奏乐,五光十色的花炮射向天空。麦金利出现在住宅门口,向这些欢呼雷动的支持者致意,并说:"同胞们,非常感谢你们在寒冷的深夜来到我家向我致意。"罗斯福是在自己的家乡——纽约州的奥伊斯特湾的萨格莫尔山得到选举结果的消息的。各州选举情况通过距其住宅 3 英里远的当地车站里的电话局的邮递员传递给他。读完早先发回来的消息后,州长评论说:"这不是很好吗,这表明美国人到底是什么样的人,这表明他们希望这种美好时代能够长此以往。"副总统的职位自去年盖洛特·霍巴特去世以来一直无人取代。

美国提出对华"门户开放"政策

这些年代,美帝国主义者已开始把中国看作是将来输出商品和资本的一个最重要的市场。但在中国划分势力范围是同美国的利益相抵触的。美帝国主义不只把自己的贪欲扩展到中国的某一部分,而且扩展到全中国。美国打算在将来把整个中国变成从属于自己的一个巨大的"势力范围"。美国力图防止中国被其他帝国主义者蚕食干净。这正好使它可以在最近期间采取一副"中国保卫者"的姿态——大致就像当年德皇威廉对土耳其所做的那样。特别使美帝国主义者注意的是:胶州湾和旅顺口的被占领,俄国在满洲取得的租让权,关于划分建筑铁路范围的英德协议和英俄协议。1899年9月6日,美国国务卿约翰·海命令美国大使向英、德、法、俄各国政府(11月向日、意政府)提出宣布所谓对中国实行"门户开放"主义的照会。约翰·海请这些国家的政府同意这项原则,并建议每个政府做如下声明:

"1.本政府决不在自己(即该国政府)在中国所有的任何所谓'利益范围'或租借地中侵犯其他大国在条约港口中的任何权利或破坏它们的任何合法利益。

2.在这些港口(自由港除外)卸下或装船的一切货物,不问其所属国籍如何,均适用中国现行条约税率,并由中国政府收取应征税款。

3.本政府对往来于该'范围'内任何港口的别国船舶,不得征收高于对本国船舶所征的停泊税,同样,对于往来于该范围内所建筑、管理或经营的铁路的货物,也不得收取高于本国货物的铁路运费。"

"门户开放"主义是美国以特殊方法制定殖民政策的一个非常重要的阶段。自由主义的假面具掩盖着帝国主义的野心,而这种野心比其他许多更露骨地竞相奴役中国的国家的野心要大得多了。

英国维多利亚女王去世

1901年1月22日维多利亚女王去世。维多利亚女王在位长达半个多世纪。她在位期间,英国的君主立宪制得到充分发展。虽然法律赋予立宪君主很大权力,实际上大权操纵在内阁手里,国王的言行已不起什么作用。但英国国王又是国家机器中不可缺少的一环。长期的历史发展,已使人们习惯于把国王看成是国家政治权力的象征。女王在法律上是英帝国的元首,所以还是帝国统一的象征。因此,尽管维多利亚女王在政权机构中的实际作用已经很小,资产阶级还是要利用一切可能,在名义上、形式上把女王抬得很高,以发挥她的号召力。维多利亚女王本身也是在半个多世纪的政治生涯中,逐步地体会到一个立宪君主应如何行使自己的权力,发挥自己的作用。所以,如果在早期她曾使内阁感到桀骜不驯的话,到后期女王和内阁已经合作得很默契了。女王以自己的行动表明了一个立宪君主在资本主义国家中的作用。

菲律宾人要求独立

1901年1月14日正当菲律宾人反美情绪高涨时,今天有2000名马尼拉市中产阶级人士联名签署一份请愿书,呈送美国参议院,寻求菲律宾的独立自主。另外一方面,菲律宾的激进分子却对外交途径并无耐心,正到处杀害美国侨民及亲美分子。而派驻马尼拉的美军统帅麦克阿瑟将军,则下令对杀人者处以终身监禁或绞刑。但不论立场如何不同,大多数菲律宾人支持共和国总统阿奎纳多。而大多数的美国人赞成合并菲律宾,只有少数人士如马克·吐温、安德鲁·卡耐基和数位参议院的民主党人士宣称美国目前对菲律宾的政策是一大失败。事实上,在最近3年的菲律宾暴动中丧生的美国人数,远远超过美西战争。

英美签订巴拿马运河协议

1901年2月5日英国与美国签订了以双方代表为名的海约翰—庞斯福特条约,协议美国可独自建设及监管巴拿马运河,但须保证维护运河地区的中立性,让任何国家的船只都可以在此通航;并规定美国不可以采取保护运河的措施,亦即不允许美国在巴拿马设置军事要塞。但美国参议院不但否决了约束美国的一些条款,并要求额外的一些权益。

卡丽·内申夫人痛击酗酒恶习

1901年2月15日手执短斧的卡丽·内申夫人,在她继续向酗酒恶习讨伐的运动中,花费一天时间,在堪萨斯州的托皮卡镇痛击了嗜酒恶习。她和她的由500名男女组成的大军对这个镇的各酒馆进行了围攻,所经之处留下的皆是一片酒桶、酒杯的碎片和残骸。他们发誓,不将所有酒馆关闭绝不罢休。墨菲酒馆是第一个被捣毁的。卡丽·内申夫人将斧子破窗掷入,反酗酒的人群冲破大门之后,将愤怒发泄在啤酒桶、酒瓶和镜子上,使这个曾经十分堂皇的酒店顷刻间损失殆尽。在她短暂的出狱那段时间里,内申夫人在一个群众集会上发表了讲话。她恳切地说:"妇女们! 我们一定要完成上帝赋予我们的使命,这里仍然还有一些罪恶场所没有被关闭,尽管他们已经答应要关闭酒店。"

摩根成为唯一的钢铁巨头

1901年2月5日皮尔庞特·摩根买下了约翰·D·洛克菲勒的几家铁矿和安德鲁·卡耐基的全部钢铁生意,成为当今唯一的钢铁巨头。这笔生意在美国企业合并中耗资最多,摩根花费10亿美元买下了位于明尼苏达州梅萨比的铁矿和匹兹堡的钢厂。摩根要求他的美国钢铁有限公司,以采用他发展铁路时所用的办法作为依据来消除竞争。根据他的"利害相通"的原则,大财团的巨头们在公司间的竞争中可进行私下合作。摩根曾说过:"美国对我是再好不过的地方。"威廉·詹宁斯·布赖恩对此回答说:"他什么时候不喜欢美国,他就可以把它退掉。"(这是一句幽默的话,意思是摩根如此有钱差不多占有了整个的美国,所以如果他不喜欢它,他可以把它退掉。)

钢铁大王卡耐基退出商业界

1901 年 3 月 13 日,美国钢铁大王卡耐基宣布自商业界退休,并决定捐赠财产,致力于慈善事业,以度过余生。据估计,卡耐基目前的资产超过 30 亿美元。这位钢铁大亨是在一封给"匹兹堡的善心人士"的信中,做了上述的声明,匹兹堡是其致富之地。卡耐基也宣布捐赠 400 万美元作为一笔卡耐基钢铁公司的老年、伤残员工救济基金,因为过去这家公司是其致富的主要来源。事实上,卡耐基在数年前就开始参与慈善工作,出资捐助全美各大城市的图书馆。今天他延续这项传统,捐助 100 万美元,给宾夕法尼亚州的布雷德克、迪奎森及何梅斯德等城建立图书馆。卡耐基的退休结束了美国工业史上最显赫的一段创业生涯。卡耐基原是一名苏格兰移民,25 岁时开始经营石油业和铁路,以其卓越的领导能力成为百万富翁。30 岁之前转入钢铁业,很快成为该行业的佼佼者。1901年他终于卸下重任,准备搭船前往故乡苏格兰,停留一个夏季。

英美争夺巴拿马运河

1901 年 4 月 5 日国务卿约翰·海同英国驻美大使庞斯福特勋爵签订一项关于这条尚未凿成的运河的规章的新条约。其中规定:可以由美国政府领导开凿运河——或者由美国政府出资,或者由私人和股份公司开凿。英美两国一致确认运河中立化的原则。他们宣布:运河在战时和平时均对各国军舰和商船自由开放,在通过时所征费用和其他条件方面完全平等。禁止封锁运河和"在运河上行使战争权利",也禁止建筑控制运河或毗邻水域的防御工事。邀请其他国家也加入这项条约。根据新的条约规定,这条运河完全转由美国管理。同克莱顿——布尔沃条约比较,英国在这方面做出了让步。但是,仍由美英两国共同承担遵守运河中立化原则的责任。如果其他国家也参加该项条约,他们也将同两个盎格鲁撒克逊大国一起承担这种责任。英国甚至从新条约中捞到了某些好处:虽然克莱顿——布尔沃条约实际上已经失效,但是,现在根据不容争议的国际义务给英国保留了一些重要的特权。英美新条约的名称是海—庞斯福特条约。这项条约使美国成为那条未来的沟通两大洋运河的唯一主人。国务卿曾在参议院宣称:如果美国自己处于战争状态时,它仿佛"有权对其他一切交战国封闭运河,并采取它认为必要的一切手段来保卫运河……"因为其他大国没有参加签订条约,所以条约就具有下列的政治意义:英国同意把运河交给美国支配。作为交换条件,美国保证英国船只同美国船只一样自由通过运河,至少在美国未处于战争状态时是这样。由于英国同南美洲和美国西岸进行大规模的贸易,这项保证对于英国来说,具有相当重要的意义。

英国国王乘坐的赛艇受暴雨袭击

1901 年 5 月 22 日,一场暴风雨摧毁了"三叶草"2 号赛艇。英国挑战者要从美国人手中夺得 1901 年"美洲杯"赛冠军的希望也随之破灭。狂风忽起,卷走了这艘新船的桅杆和船桁,船上的国王爱德华和其他一些高级人士的生命受到了威胁。最后所有的人,包括船主托马斯·利普顿爵士都安然脱险,无一伤亡。托马斯爵士说:"遇此大难而不死,谁也不会比我更感欣慰了。我敢说在那令人难以忍受的艰难时刻,国王陛下非常勇敢。"他说,他将要求举办这次有声誉的比赛的纽约快艇俱乐部给他们额外的时间用来修复这艘快艇。他哀叹道:"除了这个船壳以外,我已经一无所有了。看到我那美丽的小艇变成了一具可怕的残骸时,我十分沮丧。但我想事情现在还有救。"这位挑战者的损失估计为 9000 美元。

毕加索在巴黎举行首次画展

1901 年 6 月 24 日,年轻的西班牙艺术家毕加索在巴黎的沃拉尔流行艺廊举行首次个人画展,一份著名的艺术评论刊物赞扬他:"毕加索无疑的是一位画家,他就是喜爱色彩。"1881 年毕加索出生于西班牙马拉加。1900 年 10 月,只身来到巴黎。他虽然常处于三餐不济的情况,却甘于蒙马特区的街头艺术家生活,并曾深入观察巴黎的穷人。

古巴沦为美国的保护国

1901 年 6 月 12 日古巴宪法会议以 16:11 投票通过无条件接受《普拉特修正案》。这一修正案规定,古巴不得缔结任何妨碍其独立的条约;当古巴的独立受到威胁时,美将派兵干涉。这一修正案还将允许美国在古巴购买或租借地盘建立海军基地或供煤港。麦金利的政府官员们很高兴古巴能接受这一方案,他们相信美国不久就会撤军。无论如何,官员们也注意到了这一现实:古巴这个在 1898 年从西班牙统治下解放出来的岛国,只有建立了稳定的政府并足以维持岛上秩序的时候,美国才能撤军。《普拉特修正案》的强有力的支持者、陆军部长伊莱休·鲁特在谈到这次宪法会议的特点时说:"对古巴来说,这是最明智、最爱国的行动。"

无尾晚礼服的创始人洛里亚尔去世

1901 年 7 月 7 日,第四代皮埃尔·洛里亚尔是靠生产烟草发财的,他用这些钱来享受一种高雅的生活。他在无意之中把一个不平常的词"无尾晚礼服"介绍给了千百万美国人。今天他与世长辞了。1886 年他在纽约附近为他的有钱的朋友们修建了一所四周环墙的豪华花园,名叫塔克西多公园。同年,詹姆士·博特·布朗夫妇应邀与威尔士亲王(即现在的英王爱德华七世)共进晚餐。出人意料的是,亲王那天穿了一件黑色的短外套,而不穿燕尾服。布朗把这种式样带回塔克西多,于是那里的纨绔子弟便纷纷把燕尾服改成了无燕尾的式样,叫作"塔克西多"。洛里亚尔本人是否穿过这种无尾晚礼服却无据可查。

新土耳其运动受到压制

1901 年 7 月 15 日,土耳其政府颁布一项命令,以压制新土耳其运动。土耳其帝国的所有臣民一律禁止说"新土耳其"一词。所有离境与外出的新土耳其分子必须马上返回故里。不遵守这项规定者,将受到法律制裁,并判处死刑。所谓"新土耳其分子"指的是要求改革的土耳其人,他们自 1860 年开始掀起新土耳其运动。最终目的在于寻求政体上实行立宪,宗教上实现回教的统一。

比利时保持开采刚果资源的优先权

1901 年 7 月 17 日,比利时国王利奥波德宣布他不会正式吞并刚果。他也不会放弃给他带来了巨大财富的对刚果的控制权。依照比利时和刚果自由邦的协议,利奥波德国王拥有开采该地区资源的优先权。他很可能会继续利用当地的土著居民。利奥波德已宣布禁止在刚果买卖奴隶,但据当地报道他却将许多土著人变成了自己的奴隶。这些奴隶的劳动果实直接进了利奥波德的腰包。听说刚果河可以通航之后,利奥波德立即对刚果产生了兴趣。探险家亨利·斯坦利帮助他成立了刚果自由邦,他成了那里的国王和主要的股东。该地区蕴藏着巨大的财富。那里有丰富的钻石、黄金、铜和铅。那里的气候适合种植橡胶、咖啡和棉花。

利奥波德二世把刚果自由邦据为他私人所有，引起越来越大的争议。

天主教教会争取梵蒂冈主权独立

1901 年 8 月 26 日在德国举行的第四十八届天主教大会，仍然力排众议，坚持要求天主教教会的领袖（教宗）应享有独立自主的权力。自 1870 年意大利共和国军队进驻罗马以来，产生了所谓的"梵蒂冈问题"——教会的世俗统治权与意大利国土统一之间产生了矛盾冲突，梵蒂冈主权造成了长期的重大争议。

美国当局对白人移民开放大批印第安人土地

1901 年 8 月 9 日俄克拉荷马领土面积骤然增加了 208 万英亩。6500 名有幸得到土地的定居移民立桩标出了他们所得到的土地。联邦代理人花了 200 万美元从科曼切人、基奥瓦人和阿帕切人那里买下锡马隆河以南的大片沃土。大农场主和铁路大王也在极力活动成交，以便获得牧场，扩大铁路营运。矿主们深晓此地煤炭藏量丰富，农场主则相信此地很适合种植玉米、小麦和棉花。前次俄克拉荷马增加领土时一片混乱。1889 年疯狂的抢地热潮至少导致一人死亡。这次当局决定为近 17 万申请者规划出有顺序的彩票，中奖者 5 年内留在分到的土地上 5 年就能获得土地所有权。要是居住在这块领土东半部的印第安人不知道自己的权利而且没有如此有效地行使这些权利，公众买到这块土地的时间会比这更早些。这些印第安部落有他们自己的成文宪法，以及完善的自治制度，他们要求购买土地者付给他们现金，此外，部落每个成员要拥有 160 英亩的土地。

一个城镇诞生的开始,俄克拉荷马州的安娜达尔考镇,镇址土地在大拍卖。

法国画家罗德列克逝世

　　1901 年 9 月 9 日亨利·德·土鲁斯-罗德列克逝世,终年 36 岁。作为艺术的革新者,他以描绘那些抓住并准确表现巴黎蒙马特尔地区豪放不羁的艺术家们的生活特点的表演艺人而著称。扬·阿夫里尔、路易丝·韦伯就是这样的艺人,人们称他们为"贪食者"。土鲁斯-罗德列克 1864 年 11 月 24 日出生于一个富有的贵族家庭,是天才的制图员的后代。他少年时一年内两条大腿骨折,康复后,他更加献身于艺术。然而,他的两腿萎缩,到了成年时,就变成两只矮子的腿支着一个成人的身体。他求教于巴黎各种类型的艺术家,19 世纪 80 年代中期开始得到承认。他于 1891 年发表的第一幅作品《红色的磨坊——贪食者》使他的名声大振。在生命的最后 10 年中,他又着手画版画,表现他的艺术洞察力。大量饮酒及各种小病导致精神疾病和这位艺术家的早亡。

麦金利遭枪杀罗斯福接任美国总统

　　1901 年 9 月 14 日威廉·麦金利以微弱的声音说出他最喜爱的圣歌的歌词:"上帝,我离你越来越近了。"之后便昏迷了过去,于 14 日晨在纽约州的布法罗去世。8 天前他被一个暗杀者的子弹击中。几小时后,副总统西奥多·罗斯福放弃了登山旅行,从遥远的阿迪朗达克先是骑马,然后乘火车匆忙赶回,宣誓就任美国第二十六届总统。已故总统是 14 日拂晓之前在布法罗的一位朋友家去世的。他是美国第三位被暗杀的总统。其他两位分别是 1865 年被暗杀的亚伯拉罕·林肯和 1881 年被暗杀的詹姆斯·A·加菲尔德。麦金利总统是在 9 月 6 日遭到枪击的,当时他正在布法罗的泛美博览会的音乐堂举行招待会。暗杀者利昂·乔尔戈什,28 岁,是一个无政府主义者,他即刻被捕。第二天他便认了罪。罗斯福总统现年 42 岁,曾任纽约州州长,是哈佛大学研究生。他在密友安斯利·威尔科克斯家的图书馆中宣誓就职。威尔科克斯的住地离麦金利十几个小时前去世的房子只有 1 英里远。在举行就职仪式前,罗斯福来到仍然安放已故总统遗体的房间。他注视着这位倒下的领袖,低头默哀了几分钟,然后离开了这间屋子。他的身体颤抖着,泪水夺眶而出。进行总统宣誓时,罗斯福郑重地说:"我要说我的目标是继续不断地、不折不扣地贯彻麦金利总统和平、繁荣和维护祖国尊严的政策。"

方型廉价柯达相机上市

1901 年 10 月 24 日伊斯曼-柯达公司在新泽西的特伦顿联合生产和销售柯达相机及照相器材。在核准的 3500 万美元资本中,有 100 万美元属优先股。新公司的成立是为了统一生产先进的相机,并供应给美国和英国的公司。它标志着乔治·伊斯曼的事业又向前迈出了最新的一步。伊斯曼在纽约曼彻斯特公立学校毕业后,在银行及保险部门工作,后来转向照相业。他早期在一家汽车修理厂工作过很长时间。在完善制作干片工序,发明透明胶片之后,他在 1884 年成立了伊斯曼干片及电影公司。1888 年,他的柯达照相机上市。摄影爱好者们使用上了价值 1 美元的柯达方型廉价照相机。

英国殖民大臣张伯伦为英布战争辩解

1901 年 10 月 25 日英国殖民大臣约瑟夫·张伯伦在爱丁堡的一次演说中表示,英国政府为避免与布尔人作战,已做到仁至义尽的地步。他认为英国对布尔人提出的条件比任何国家对敌方提出的条件都要优惠,但由于布尔人一味坚持作战,迫使英国不得不采取强硬的措施。并声明,凡是认为英国今日之举是野蛮残酷行为的国家,英国政府也可以在其历史中找到同样的例证。

瑞典首次颁发诺贝尔奖

1901 年 12 月 10 日瑞典国王和挪威诺贝尔基金会首次颁发了诺贝尔奖。根据诺贝尔的遗嘱:"诺贝尔奖每年发给那些在过去的一年里,在物理、化学、医学、文学及和平事业方面为人类做出最大贡献者。"1901 年诺贝尔奖的获得者有:德国的伦琴(物理奖),他发现了 X 射线;荷兰的霍夫(化学奖),他发现了化学动力定律和渗透压强;德国的贝林(医学奖),他在血清疗法的研究方面卓有成就;法国的普吕多姆(文学奖),他在诗歌创作方面颇有建树。诺贝尔和平奖的获得者有:瑞士的邓南特,他于 1864 年建立了红十字会;经济学家帕西,他建立了法国国际仲裁协会。从即日起,根据诺贝尔的遗嘱,诺贝尔奖由四个机构(瑞典3个,挪威1个)颁发,从按诺贝尔遗嘱建立的基金中拨款。授奖仪式每年于12月10日诺贝尔逝世周年纪念日在瑞典的斯德哥尔摩和挪威的奥斯陆举行。1867年,瑞典化学家诺贝尔发明了黄色炸药,以后又发明了多种炸药,结果使他获得巨款。1886年诺贝尔逝世时,这笔巨款用来设立了诺贝尔奖奖金。他留下来的资金每年的利息将支付这5种诺贝尔奖奖金。诺贝尔基金会是这种资金的合法拥有者,并起着管理这笔资金的作用,但与诺贝尔奖的评定无关。诺贝尔奖的评议权属于瑞典和挪威的诺贝尔奖评委会。

马可尼成功发出无线电报

1901年12月12日意大利物理学家马可尼,以无线电波将一个类似S字母的摩斯讯号,成功地自英格兰康威尔的彼得胡发往纽芬兰的圣约翰。1896年,年仅24岁的马可尼发明了无线电报。参与这项试验的阿道夫·斯拉比教授,向德皇威廉二世展示了这项成就,赢得嘉许。同一年,马可尼又研制出接地的发射天线。然而,马可尼的成就却得不到祖国意大利的承认,意大利的邮政部长在看过相关的示范之后,表示了不屑的态度。因此,马可尼于1897年将他的重要发明展示给英国的邮政部长威廉·皮斯爵士。这位部长马上认可了这项新技术的价值。1899年3月29日,马可尼已成功地将电报从英格兰的多佛发到英吉利海峡彼岸的波隆。

钢铁巨头卡耐基大量投资公益事业

1902年1月4日,现年66岁的美国钢铁大王卡耐基,为奖励人文与科学研究,提供资金1000万美元在华盛顿设立了卡耐基研究所。一代巨富卡耐基自1889年即不惜投资大量金钱于各种教育及社会服务事业,而1901年将卡耐基钢铁公司售予摩根集团之后,更专心致力于慈善事业,以实践其所谓的"为富者,当以其财富为大众寻求利益"的人生目标。

美国钢铁公司获利一点七四亿美元

1902年1月29日,美国钢铁公司第一次向股东们公布,他们在该托拉斯从1901年2月成立以来短短的11个月里获利润1.74亿美元。在14亿总资金中还未收回的不到100万美元。在原有资金中大约有6.76亿美元是现金,7.26亿美元是名义资金。金融家摩根组建美国钢铁公司和其他大公司,并通过选举将这些托拉斯控制在自己手中。最近,有人听摩根吼叫:"我到华尔街来不是为了养身体的。"

美国宾夕法尼亚煤矿工人罢工

1902 年 5 月 12 日,由于目前宾夕法尼亚有 14.5 万多名煤矿工人在罢工,美国面临着一个寒冷的冬天。资方拒绝这些无烟煤矿工人们提出的增加工资、缩短工时和改善工作条件的要求,因此矿工们举行了这次罢工。这次罢工不仅会造成全国家庭所必需的燃料短缺,而且会使靠煤炭进行生产的主要工业部门陷于瘫痪。矿工联合会的官员们说,无烟煤矿工人会呼吁罗斯福总统为他们的利益出面干预。工会官员谴责中断关于 4 条主要铁路的谈判,因为这 4 条铁路的经营者们在这些煤矿都有大量股份。关于拒绝工会的要求问题,雷丁煤炭钢铁公司和雷丁铁路公司的董事长乔治·F·贝尔解释说:"开采无烟煤是件生意,不是一条宗教的、感情上的或学术上的主张。"他还说矿工们:"没有受苦,他们甚至连英语都不会说。"

爱迪生发明新型蓄电池

1902 年 5 月 28 日,托马斯·爱迪生宣布他发明了一种新的蓄电池。这种蓄电池不仅比铅酸电池轻,而且寿命更长。爱迪生指出这种碱性电池最能保持电力及防止电解质溢出。

西点军校举行百年校庆

1902 年 6 月 9 日,设在纽约西点的军校在学年末举行了 3 天典礼活动,庆祝建校 100 周年。罗斯福总统是庆祝活动中的贵宾,并颁发了毕业证书。自从国会通过有关议案成立了这所学校以来,这所学校的许多传统成了美国生活的组成部分。美国历史最悠久的军乐队美国军乐队于 1812 年就在这里组建。

美总统签署法案帮助西部地区发展农业

为了努力帮助西部地区发展农业,罗斯福总统 1902 年 6 月 18 日签署一项法案。根据《新耕地开垦法》,出卖西部地区国有土地所得资金将用于修建河堤、水库、水渠和其他必要的工程,以便灌溉干旱的西部地区。这项法案的倡议者,内华达州的共和党人弗朗西斯·G·纽兰兹为这项法案的签署拍手叫好。根据这项法案的规定,即便不再进一步拨款,出卖国有土地所得到的1.5亿美元资金也可够今后30年使用。但是并非所有政界领导人都支持这项法案。代表东部和中西部农民讲话的约瑟夫·G·坎农指责说,这项法案将会使已经供过于求的农产品继续增加。但是热心于保护水利的罗斯福驳斥了他的指责。在西部地区两党议员们的支持下,这项法案得以通过。纽兰兹相信,自从内华达州发现白银以来,没有哪一件事能比得上这项法案给这个州所带来的好处。

美国会通过开凿巴拿马运河议案

美国著名的商业及政治界相关人士几年来一直争论着中美洲运河建地的问题。1902年6月28日,美国国会采取一项决定性措施,通过参议员史普纳所提的议案。这项议案声明运河应建于巴拿马地峡,并授权罗斯福总统以4000万美元支付巴拿马租借权利金。开凿巴拿马运河的决定是经由一些高层次的政治交涉所促成的。近100年,美国与英国相争要在尼加拉瓜建筑一条水道。直到1901年,英国在一项条约中放弃开凿权之后,一队美国考察团仍建议将运河建于尼加拉瓜。此时,在巴拿马拥有权势的一家法国公司也努力游说美国在巴拿马建造一条运河。这家公司的代表对白宫施加压力,终于说服罗斯福买下巴拿马运河开凿权。

日本学者伊东太忠考察云冈石窟

1902年6月,日本帝国大学的建筑史学者伊东太忠,在中国山西省大同市的云冈石窟探寻到日本法隆寺的建筑根源。伊东太忠为研究中国建筑,以北京为根据地,在华北一带旅行,足迹遍及山西省大同市境。据伊东的研究,日本法隆寺的建筑与飞鸟时代(公元552年~642年)的佛像均源于云冈的石窟与石雕佛像群。云冈石窟在北魏兴安至太和年间(452年~499年)陆续凿成。东西绵延约1公里,现存较大的洞窟有51个,造像51000多尊,最大的高达17公尺。

雷诺汽车在维也纳汽车大赛中获胜

1902年7月15日对雷诺汽车公司来说是具有伟大意义的一天,7辆雷诺牌小汽车在巴黎到维也纳的汽车大赛中获胜。在这段赛程中有新的困难条件:通过山区路段。但雷诺兄弟俩相信他们生产的轻型小汽车比别的汽车更适应崎岖小路。他们的信念是正确的。比赛的第三天是关键性的一天。奥地利西部 5912 英尺高的阿尔堡峰横阻在 148 名参赛的选手面前。下山时格外危险,汽车的刹车受到了前所未有的考验。路易斯·雷诺的赛车由于出了许多小事故因而没能领先。他的哥哥马塞尔·雷诺获得第一名。在轻型汽车中,获得第二、第三名的也是雷诺牌汽车。马塞尔·雷诺的表演使观众们惊叹不已。人们说:"他开的汽车比阿尔堡特快列车还要快。"的确,他的速度超过了欧洲境内最快的火车。从巴黎到维也纳他用了 26 小时 10 分 47 秒,而火车在这一区间创下的纪录是 33 小时 44 分。马塞尔·雷诺是今天的英雄。

霍姆斯被任命为美国最高法院大法官

1902 年 8 月 3 日,罗斯福总统任命小奥利弗·温德尔·霍姆斯到美国联邦最高法院任职。他的父亲是物理学家、诗人和小品文作家,曾写过题为《早餐桌上》的小品文。霍姆斯任马萨诸塞州最高法院首席法官。他将接替一直患病的霍勒斯·格雷,任美国最高法院大法官职务。

法国作家左拉去世

1902 年 9 月 29 日,法国作家艾米尔·左拉在巴黎去世,享年 62 岁。左拉不仅是法国自然主义文学代表人物,也是有名的艺术评论家。他十分支持印象派,年轻时与塞尚、莫内等画家交往深厚。此外,左拉对当时社会生活的观点亦有重大影响,在自然主义小说与社会改革评论的文章中,表达了遗传与环境对人影响的理论,主要作品是 20 册的长篇小说:《鲁贡玛卡家族——第二帝国时代一个家族的自然史和社会史》。1898 年,由于他在《我控诉》一文中揭露法国总参谋部陷害德雷福斯少尉的阴谋,结果以诽谤罪被判徒刑,只好逃往英国,翌年 6 月才回到法国。左拉其他重要作品有《娜娜》(1880 年)、《萌芽》(1885 年)等。

美国女权运动领袖史坦顿去世

1902 年 10 月 26 日,为美国妇女争取投票权的先锋伊丽莎白·凯蒂·史坦顿在纽约市的寓所中逝世,享年 87 岁。史坦顿是纽约最高法院一位法官的女儿。最初,她从父亲办公室内有关法律的案例,获知美国妇女遭受歧视的情况。几年后,与丈夫亨利参加在伦敦召开的反奴役会议时,遇见了主张妇女有参政权的莫特夫人。此后,她开始参与女权运动。1848 年,这两位女士在纽约塞内加福斯联合发起第一届妇女权利大会,开启了美国妇女争取参政权的先声。在这次大会上,史坦顿夫人提出了一整套要求改善妇女地位的议案,其中包括争取妇女选举权的提案。

美国夺取巴拿马

巴拿马原属哥伦比亚共和国。美国为称霸拉美、争夺海洋和世界霸权,处心积虑地想夺取巴拿马地峡。1901 年,美国迫使英国废除美、英联合控制未来巴拿马运河的协定,取得了单独开凿和管理运河的特权。1903 年美国唆使巴拿马分离主义分子发动叛乱,并派军舰进入巴拿马海域,阻挠哥伦比亚政府军平息叛乱。巴拿马政府成立,美国立即宣布承认其"独立",随即迫使巴拿马政府签订美、巴条约,使美国取得了一条宽 10 英里的横断巴拿马国土的运河区以及在此驻军的特权。1914 年,巴拿马运河开通,成了美国向拉丁美洲和远东扩张最近的要道。

英王就任印度皇帝

1903 年 1 月 31 日,巨大的人群云集在印度德里城外宽阔的平原上,等待聆听宣布国王爱德华七世就任印度皇帝。身穿鲜艳服装的人们大多数是平民百姓,他们来到这个正式接见仪式上,观看印度的王子们向皇帝宣誓。康诺特公爵代表爱德华国王坐在印度总督凯德莱斯顿男爵寇松的左侧,总督坐在一个四周是巨大银制脚蹬的宝座上。寇松男爵作了简短的讲话,然后宣读了国王的信。信上说,国王没能出席这次正式接见仪式,对此表示遗憾;国王祝"我的印度帝国繁荣富强"。在会场上达官贵人们座位的两侧是 600 名参加过 1857 年~1858 年印度兵变的老兵。

罗得斯奖学金首次颁发给美国人

1903 年 2 月 1 日,牛津大学罗得斯奖学金第一次颁给美国人,一位 22 岁的美国留学生尤金·席尔特·莱曼。莱曼是科罗拉多州朴艾布罗一名烟草批发商的儿子。这位信仰犹太复国主义的年轻人,在美国就读耶鲁大学期间,因为曾多次赢得演讲冠军而荣获演说家的封号。其中,最著名的一次是在大学二年级的时候赢得葛里芬演讲赛的冠军。

奥地利作曲家沃尔夫逝世

1903 年 2 月 22 日,奥地利作曲家雨果·沃尔夫在维也纳去世,享年 42 岁。沃尔夫在 1875 年至 1877 年就读于维也纳音乐学院,后因直接批评老师而被开除。1875 年沃尔夫结识德国伟大的音乐家瓦格纳,并受其鼓励开始创作歌曲。他为默里克、艾兴多夫、歌德等人的诗篇谱写了大量歌曲,一生当中约创作了 300 首作品,但大多数的作品都是在其死后才出版。

古巴接受美国提出的普拉特修正案

1903 年 2 月 23 日,古巴立宪会议结束,同意接受美国所提的普拉特修正案,以争取美国对古巴宪法的承认。根据普拉特修正案,古巴允诺美国在其独立受到威胁或政府实施违反人权政策时,可以干涉其内政。并同意提供关塔那摩与荷达两处海军基地给美国使用。此外,古巴也同意不再借取超出自己偿付能力的外债,并继续实施美军管辖时代的卫生政策。其中,以消灭黄热病最为首要。

机关枪发明者加特林去世

理查德·J·加特林 1903 年 2 月 25 日在纽约市去世,终年 84 岁。他发明的机关枪使现代战争发生了巨大变化。在南北战争初期,加特林研制的加特林机枪每分钟可发射 250 次。快速射击时每分钟可发射 3000 次。然而机枪的发明者却是一个和蔼善良的人。他研制这种机枪的目的绝非为了暴力和毁灭。由于这种机枪一个人就能操纵,加特林希望这种武器能避免整队整队的战士死于敌人的火力之下。经过 30 年的不断改进,他将他的发明卖给了科尔特枪械制造公司。他出生在一个农场,曾帮助爸爸设计一种间棉苗机。后来在他经商时,他设计了一种螺旋桨,进而发明了一种播种水稻的机器。从那时起,他开始专门从事发明工作。在他去世之前,他是圣路易斯加特林发动机动力公司的领导人。他计划向市场投放他设计的一种新式机动犁。他的朋友在谈到他时说,他是个研究者,也是个哲学家。他研究过医学,能照料自己和家人的身体。虽然他的发明使他获得相当可观的金钱,但他在为西部地区修建铁路投资时损失了许多钱。他也曾尝过失败的苦果,其中一次是最近的一次枪膛爆炸事故。爆炸的枪是他模仿克鲁伯公司的枪制成的。他认为这次事故的原因是有人破坏。

美国限制外国移民入境

1903 年 3 月 3 日美国国会通过一项法案,以限制某些"不受欢迎的人"移居美国。这一最新措施是为了限制越来越多的人移居过去被称为"向往之乡"的美国。根据这条法律,所有入境的外国人每人必须交纳两美元的人头税。人头税必须在入境港由移民所乘船只的船主交纳。收缴的人头税款将纳入所谓的"移民基金",用来支付执行这条新法律所需的费用。过境或已经交纳过此税的入境外国人不必交纳这项税款。这条新法律还将禁止下列人员进入美国:痴呆人、已定罪的犯人、多配偶的人、无政府主义者、精神病患者、癫痫病人和名声不好的女人。美国设法阻止大量移民流入仅是最近几年的事。在十九世纪的前叶和中叶,美国欢迎所有到美国来的外国人,那时仅爱尔兰就向美国移民100多万人。到1900年,估计有3500万外国人从文明世界的各地(主要从欧洲)来到了美国。诸如爱尔兰的马铃薯短缺以及许多其他国家的就业机会少等原因,刺激了新的移民不断涌进美国。此外,许多大型轮船公司聘用数以千计的代理人,用说服外国人乘统舱移居美国的方法招揽乘客。但是,进入20世纪来,有组织的劳工一直在抗议进口廉价劳工,社会改革者们也开始担心城市过于拥挤的问题。

德国财团进行土耳其铁路建设

1903年3月5日,由德国财团赞助成立的巴格达铁路公司,获得兴建穿越土耳其至巴格达铁路的优先权。该公司享有自由通行权。并有权利开发铁路沿线约20公里的矿产,但须在99年后将铁路营业权无条件归还土耳其。这是德国财团的第二次土耳其铁路建设计划。它曾于1888年获得重建并延长君士坦丁堡至安卡拉的铁路权。上次的计划虽然获得土耳其、苏丹及德国皇帝威廉二世的大力支持,却因俄国从中作梗而无法顺利完成协定。由于俄国的压力,德国财团于是改选一条南方路线,由有铁路联结君士坦丁堡的科尼亚通往巴格达,并以货运支线继续连接巴斯拉与科威特。尽管德国财团向土耳其政府借款,但它仍希望寻求其他国家的经济支援,以顺利完成这条三B铁路(柏林-巴格达-巴斯拉)。法国与英国均对此表示了相当大的兴趣。

保加利亚人屠杀穆斯林教徒

1903年4月14日,巴尔干半岛的局势正在恶化。在最近发生的一次事件中,保加利亚人在马其顿的莫纳斯提尔省毁掉了一个穆斯林小村庄,残酷地杀害了165名男女及儿童。这次屠杀只不过是土耳其、阿尔巴尼亚和保加利亚各方每天在这一地区杀人、抢劫、横行霸道的一个例证。在1903年2月,奥匈帝国和俄国代表曾提出要进行改革。例如,保安部队中基督教徒的人数要根据他们在该地区所占的人口比例来确定。但这种改革遭到了穆斯林教徒们的强烈反对。接着,在3月份,一个阿尔巴尼亚人在密特罗维则刺杀了俄国领事。土耳其政府主张与穆斯林教徒占多数的阿尔巴尼亚人达成一项解决办法。然而,许多人怀疑他们共同的宗教信仰是否能使阿尔巴尼亚人放弃寻求自由、挣脱土耳其统治的愿望。土耳其人还面临着来自保加利亚游击队的大规模的反抗,这些游击队正在试图把马其顿从土耳其的统治下解放出来。

法国开始关闭所有的修道院

　　1903 年 4 月 29 日,在法国,教会和国家的激烈斗争又有了新的转折。骑兵侵入阿尔卑斯山区的沙特勒兹修道院,命令修道院中所有的人都撤出该院。修道士们试图支付200 万法郎,以便使孔珀斯总统的政府不再强迫他们离开,但遭到了拒绝。右派的抗议也同样遭到了拒绝。这一驱逐令是几年前德雷福斯事件以来在法国一直不断高涨的反教权运动的一个组成部分。1902 年,法国政府规定,学校里即使要保留一位宗教教师,也要经政府特别批准。3 月,下院彻底取消了 21 个不同的修道士小组的任教权利。保守政治家们对孔珀斯一直持批评态度,并对他的动机提出疑问,因为他本人在成为政治家之前是一名神学院的学生。

纽约建成新的证券交易所大楼

　　1903 年 4 月 24 日,在新近建成的位于布罗德大街和华尔街交叉处的纽约证券交易所大楼落成典礼仪式上,五颜六色的彩条洒向 2000 名观众。这座大楼,占用地皮价值400 万美元,估价超过 900 万美元。它的正面用佐治亚州的白色大理石建成,科林斯式的圆柱装饰着临华尔街的入口,上面有象征着工业和商业的图案。会议厅的窗子高 50 英尺,长 96 英尺。J·P·摩根在讲话中说:"我们新家的磅礴气势,恰好与我们磅礴的事业相一致。"

莱特兄弟促进欧洲航空业发展

　　1903 年 4 月,莱特兄弟之师、美国航空界元老奥克塔夫·夏尼特,在法国发表莱特兄弟试验滑翔与飞行成功的报告,引起欧洲各国的注目。夏尼特通过精致的手绘图片及摄影照片之辅助,详细解说了莱特兄弟的发明。这次报告引起了欧洲,特别是法国继续试验的浓厚兴趣,欧洲的飞行实验的时代也即将来临。5 年后,法国人亨利·法尔曼以一架双翼飞机成功地完成了欧洲首次载人飞行。

俄国契斯诺夫犹太人遭集体屠杀

1903 年 4 月 16 日,在复活节早晨,俄国契斯诺夫发生犹太人遭集体屠杀的残酷事件。俄国内政部长瓦杰斯拉夫·芳·巴列维视这场大屠杀为忠于沙皇的臣民,对参与反沙皇及反君主制之革命运动中犹太人所采取的自发性反抗行动。事实上,迫害犹太人根本就是沙皇尼古拉二世长期统治下的一个政策。但自 1881 年起从未发生如此大规模的屠杀事件。暴动怒潮起因于 1902 年冬天一名基督教男孩被杀。许多农民认为这是犹太人为逾越节取血。1903 年复活节前夕,另一位基督教女孩遇害,更扩大了这个谣传。复活节早上,契斯诺夫撒满传单,宣称沙皇已经同意地方的基督教人士对犹太人采取"血腥报复"。到了中午,暴动者已摧毁了城市里的犹太住宅区。一般人相信这项行动受到政府官员的支持,因为在暴动现场,俄国官兵并未设法阻止疯狂农民的屠杀行动。犹太人受此迫害,纷纷逃往其他国家。

社会主义运动在美国兴起

1903 年 5 月 1 日,一股社会主义潮流似乎在美国兴起。一些外国移民带来了激进思想。一场由当地人发起的、使改革者们深受鼓舞的运动正在发展。尤金·德布斯在 1900 年的总统竞选中获得近 10 万张选票,并将继续参加竞选。几年前,美国人认为社会主义者是来自欧洲黑社会的令人不可思议的亡命之徒,专门从事违背人类文明的可怕的阴谋活动。

法国汽车赛多人丧生

1903 年巴黎至马德里的汽车大赛的第一阶段比赛创造了新纪录。但不幸的是,在一系列令人震惊的车祸中有 6 人死亡(两名司机、两名士兵、一名妇女和一名儿童)。在汽车比赛这项运动的短暂历史上,这样的事是前所未有的。在 1902 年巴黎-维也纳汽车大赛中夺魁的著名汽车赛手和汽车制造商洛雷因·巴罗斯和马塞尔·雷诺这次也遇到了十分危险的情况。

法国画家高庚去世

1903 年 5 月 8 日,法国后印象派名画家保罗·高庚在法属波利尼西亚的马克萨斯群岛去世,终年55岁。高庚曾是一名证券经纪人,在他结识了卡米尔·毕沙罗和保罗·塞尚以后,决定献身艺术。在巴黎,高庚还与文森特·梵高结下了友谊。但是对他来说具有决定性意义的经历是1887年的马提尼岛之行。这次旅行使他发现了热带风光的绚丽色彩,欣赏了原始社会淳朴的生活。高庚创造了被称之为"景泰蓝主义"的新风格。这种风格的特点是用单纯色彩配之以黑色线条的轮廓。他在1889年的《早上好,高庚先生》这幅作品中运用了这种风格。高庚与他过去的印象主义决裂,他想让他的作品通过色彩和构图既悦人眼目,又表达思想。当高庚于1889~1890年在布列塔尼岛阿望桥村时,一些青年画家聚集在他的门下,其中包括查尔斯·菲利格、莫里斯·德尼。他们把高庚的思想传播给爱德华·维亚尔和皮埃尔·勃纳尔。1891年,高庚离开家人来到了塔希提岛,在那里发展了他的原始主义,并对南海群岛的社会不平表示抗议。

美国福特汽车公司创立

　　1903年6月,汽车设计家福特和11位同业投资人创办了福特汽车公司,生产以其姓命名的福特汽车。亨利·福特1863年7月30日生于密歇根州格林费尔德城。父亲是爱

汽车是由少数富人享用的奢侈工具变为大众的交通工具,越来越受到人们的欢迎。

尔兰移民。在兄弟6人中亨利排行第一。自学成为一名蒸汽机技术师。1887年进底特律爱迪生电灯公司当技术员,后升为总工程师。他潜心设计汽车,1896年试制成一辆二

汽缸气冷式四马力汽车。1898 年辞职成立一家汽车公司,但只生产 25 辆汽车后便于 1900 年破产。1903 年福特成立汽车公司,福特一直担任总经理。1903 年,公司生产出第一辆福特牌汽车。1908 年又制成 T 型福特汽车。这种大众化汽车深受欢迎,畅销欧洲。1911 年在密苏里州堪萨斯城建成第一家汽车装配工厂。1913 年他创设了全世界第一条汽车流水装配线。这种流水作业法后来被称为"福特制",并在全世界广泛推广。这种制度是在实行标准化的基础上组织大批量生产,并使一切作业机械化和自动化,成为劳动强度很高的一种生产组织形式。1919 年亨利买下了公司其他股东的股份,独占了该公司。他还利用花旗银行的资金扩大再生产,使公司成为 20 世纪世界最大的汽车公司。福特本人也被称为"汽车大王",其家族也成为美国几个主要大财阀之一。1927 年公司停止生产 T 型福特车,开始制造新式的 A 型车。1932 年又开始制造 V-8 型车。现在该公司实现多样经营,既制造、装配、销售轿车(福特、水星、林肯、大陆牌)、卡车、拖拉机及有关的零件和附件,还研制、生产消费用(飞哥牌)和航天工业用(包括通讯和气象卫星)的电子产品和器具。1943 年,亨利的独生子爱德塞死后,他把公司许多企业的指挥权交给其孙子亨利·福特第二。1947 年 4 月 3 日,亨利·福特去世。

墨索里尼被视为危险分子受到监视

1903 年 6 月 19 日,瑞士伯恩的一名警察,将居留洛桑的本尼多·墨索里尼,列入左派危险分子的黑名单。墨索里尼因居无定所又无固定职业,白天在洛桑大学攻读马克思与恩格斯的著作,晚上又在革命运动人士出入的场所逗留,被警方视为危险人物,登记备案。

塞尔维亚国王和王后遇刺身亡

1903 年 6 月 11 日,塞尔维亚国王亚历山大和王后马欣于贝尔格莱德的皇宫中被杀死。这起刺杀事件是塞尔维亚军方和政府高级官员组织的革命计划中的一部分。军方宣布彼得·卡拉乔尔杰维奇王子为国王。大多数观察家相信塞尔维亚政府会表示同意。虽然由于刺杀计划严格保密,许多细节无人知晓,但是人们相信,亚历山大国王意欲将军事学院从贝尔格莱德驱逐出去,从而激怒了军人。因此,在他宣布宪法停止生效这一事件后,军方开始密谋这次刺杀行动。这些由马斯沁上校和米斯切斯上校率领的谋杀者于午夜冲进皇宫,向所有企图阻止他们的人开枪射击。冲入国王卧室时,刺杀者连开数枪,王后当场毙命,国王中弹后又活了数小时,终于在早晨 4 点死去。这次军事政变选在 6 月 11 日举行,为的是纪念亚历山大国王外祖父的弟弟迈克尔国王遇刺 34 周年。迈克尔国王是被卡拉乔尔杰维奇家庭派人杀死的。卡拉乔尔杰维奇家族一直不断反对执政的奥布廉诺维奇家族。塞尔维亚人民欢迎奥布廉诺维奇家族统治的结束,期待着光明的未来。

美国画家惠斯勒逝世

詹姆斯·艾博特·麦克尼尔·惠斯勒1903年7月17日死于伦敦,享年69岁。惠斯勒出生于马萨诸塞州的洛维尔,孩童时被带到俄国。他的父亲是一位工程师,曾帮助沙皇修建了大规模的铁路网。年轻的惠斯勒在巴黎学习艺术,受到了库尔贝、委拉斯开兹和日本画家的影响。到伦敦后,他曾在皇家艺术院展出过他的作品。尽管他很有名望,法国沙龙仍拒绝展出他的作品《白衣少女》。这幅画被落选者沙龙所接受,引起了轰动。惠斯勒是位"以温和的艺术树敌"的大师。当英国批评家约翰·罗斯金诋毁他的一幅作品时,他控告罗斯金犯有诽谤罪。打官司的费用使这位艺术家倾家荡产。惠斯勒不仅是位油画家,而且还是位多产而又有天才的石版和铜版画家。他年轻时在美国西点学校学习未获成功。当时他说:"要想使我成为一个军人,除非水杨酸钠变成气体"。

第一届法国自行车巡回赛结束

1903年7月19日,第一届法国自行车巡回赛结束,60名参赛者于7月1日自巴黎出发,仅有21人骑完全程,返抵终点。这项巡回赛的召集人是亨利·戴斯格拉,法国早期自行车运动员之一。他希望借此提高其所创办的报纸——《汽车》的发行量,并提供2万法郎作为比赛奖金,这些资金除了大奖之外,还能提供每天参赛的60人一些小奖。这次赛程全长2428公里,共分为6个阶段:巴黎至里昂467公里;里昂至马赛374公里;马赛至土鲁斯434公里;土鲁斯至波尔多268公里;波尔多至南特425公里;南特至巴黎460公里。比赛结果由法国自行车好手摩里斯·加林以93小时29分的成绩,荣获冠军。加林曾获得1897、1899年巴黎至吕贝赛及1902年波尔多至巴黎赛的冠军。这次巡回赛虽未达到主办者亨利·戴斯格拉所预期的效果,但是,他准备于1904年再举行一次。

罗马教皇利奥十三世去世

1903年7月7日,教皇利奥十三世去世,由庇护十世继任教皇。利奥十三世统治梵蒂冈长达25年之久,是现代经院哲学的新托马斯主义的创始人。他热衷于资本主义的金融活动,企图重新确立罗马教廷在现代世界中的领导地位,开辟了教会史上罗马教廷与资产阶级政权合作的新时期。利奥十三世原名乔阿基诺·佩契,意大利耶稣会教士,贵族家庭出身。自幼聪颖过人,成人后富有学识,具有学者内涵和非凡政治头脑、外交才干。他力求使天主教适应帝国主义阶段资本主义制度的需要,从而被称为第一个"资本主义教皇"。他在教会史上复杂的转折阶段,仍坚持保留了天主教的基本传统,并有所建树,被誉为足智多谋的教皇。继利奥十三世之后的是庇护十世,他完全继承了利奥的路线和衣钵,但两人有许多形成对照的东西。利奥出身贵族,庇护是乡村教士出身;利奥有远见卓识和外交才干,庇护缺乏才能,但却执拗地忠诚于教会活动。他通过一系列斗争,制止了现代主义派活动的泛滥。

新型无产阶级政党在俄国正式建立

在列宁反对经济派取得胜利和《火星报》做了大量工作后,1903 年 7 月 30 日至 8 月 23 日,先在布鲁塞尔、后在伦敦秘密举行了这次代表大会。出席大会的有 26 个地方组织的 43 名代表。大会主要议程是通过党纲、党章和选举中央领导机构。会上经过辩论,通过了肯定无产阶级专政原则的纲领。在讨论党章时,围绕党章的第一条党员条件,发生了激烈争执,最后通过了马尔托夫提出的机会主义条文。列宁提出的条文,到党的"三大"时才正式列入党章,大会选举党中央领导机构时,拥护列宁的人获得多数,马尔托夫处于少数。从此,拥护列宁的人被称为布尔什维克(俄文音译,意为"多数"),反对列宁的人被称为孟什维克(俄文音译,意为"少数")。布尔什维克观点的体系被称为布尔什维克主义;孟什维克观点的体系被称为孟什维克主义。此次大会的重大意义是:布尔什维克主义的出现标志着列宁主义的诞生;新型无产阶级政党在俄国正式建立。

第六届犹太复国主义会议在瑞士召开

1903 年 8 月 23 日,第六届犹太复国主义会议在瑞士巴塞尔举行。犹太复国主义创始人萧道尔·赫茨尔在此会议开始之前曾发表一次演说,宣称巴勒斯坦是建立犹太人国家的最佳地点。赫茨尔自英国殖民部保护局收到的消息显示,英国已批准犹太人复国主义研究委员会的成立,以调查在东非的乌干达这一片土地复国的可能性。英国为犹太人国家在乌干达提供土地一事,在集会中引发激烈争议。赫茨尔并未因其较热爱巴勒斯坦而拒绝这项提议。因为建国于巴勒斯坦的期望,一直未获得土耳其、苏丹的首肯。而东非的乌干达正可作为犹太人的暂时避风港。然而,复国会议中的反对声浪,及幸免于俄国契斯诺夫大屠杀的余生者表示:他们只前往上帝应允给予犹太人之地——巴勒斯坦。犹太人拒绝考虑在乌干达建国显然已成定局。

土耳其军在摩省屠杀保加利亚人

1903 年 9 月 8 日,土耳其军在摩那斯提省实行屠杀政策,约 3 万至 5 万的保加利亚人惨遭杀害,无数的难民也正面临死亡。根据报道,摩那斯提省内没有任何保加利亚村庄幸免于难。马其顿中央革命委员会已呼吁大众在 8 月 31 日群起反抗土耳其政权。然而,土耳其有周全的准备。据估计,土耳其在马其顿已部署 30 万兵力,远超过平定暴动所需。此消息显示土耳其、苏丹正计划攻击保加利亚。土耳其政府却指控欧洲记者报道错误,下令他们全部离开马其顿地区。同时,马其顿地区的反政府军领袖亦发出警告,将对土耳其政府采取报复行动。

英国殖民大臣张伯伦辞职

1903 年 9 月 17 日,英国殖民大臣张伯伦向内阁辞职,离开担任 8 年的职务。张伯伦决定离开政府机构是因为他想促请政府对殖民地产品输入英国设立关税,这项保护性的措施加重了进口粮食的税额而成为一项不受大众欢迎的计划。张伯伦的辞职不仅引起保守党分裂,并导致政府的转变。自由党正期待在即将来临的大选中获胜。

美国电影《基特·卡森》上演

由 11 个场面组成的 21 分钟电影《基特·卡森》1903 年 9 月 21 日开始上演。自从埃德温·S·波特的影片《一个美国消防队员》于 1 月份首次上演之后,公众渴望看到反映真实生活、能使所有美国人激动的影片。而卡森的身世肯定能使之付诸实现。克里斯托夫·基特·卡森 1809 年生于肯塔基州。他的父母是自耕农。当卡森 1 岁时,他的父母搬到了密苏里。卡森 15 岁时,加入了去往圣菲的商队去探险。从那以后的 14 年里,他在落基山脉为商人和设陷阱捕兽者作向导。他与有敌意的印第安人、盗马贼以及同他竞争的设陷阱捕兽者展开斗争。卡森与一个印第安女人结了婚,生了一个女儿。在墨西哥战争期间,卡森在加利福尼亚任军职。在南北战争时期,他在西南部与印第安的阿帕切入作战。1868 年,卡森死于科罗拉多,军衔为准将。

俄奥两国达成巴尔干协议

1903 年 10 月 3 日,俄皇尼古拉二世与奥皇弗兰兹·约瑟夫在奥地利斯台马克的米尔茨特格宫,对巴尔干问题达成协议。两人一致认为应该尽量维持土耳其在巴尔干的占领状态,但必须促使土耳其苏丹阿布都尔·哈米德二世在他们的监护下,在马其顿地区展开改革。奥国内政部长阿格诺尔·格鲁霍夫斯基伯爵的努力以及俄国预期将与日本发生战争,是促成此协议成立的两个因素。

首届世界棒球联赛在波士顿举行

1903 年 10 月 13 日,首届联合会会际争夺世界棒球冠军的系列赛的结果使久负盛名的全国棒球联盟十分难堪。在第八场也就是最后一场比赛中,新近崛起的美国棒球联盟中的波士顿队以 3:0 的比分战胜全国棒球联盟中的匹兹堡队。过去有人嘲笑说,美国棒球联盟是系列赛中落伍队员们的避难所。但这次 5 胜 3 负的成绩,使波士顿队的水平进一步得到了全国人民的承认。赛伊·杨投球得手胜了两局,但有一局失利。胡诺斯·瓦格纳为匹兹堡队 6 次投球得分。在以 3:2 战胜匹兹堡队的那场比赛中,多尔蒂在第二局里的两次本垒打是这场比赛的转折点。

阿拉斯加边界争端得到解决

1903 年 10 月 16 日,关于阿拉斯加东南部的边界争端已经得到解决,裁决委员会的决定对美国有利。根据这一裁决,除了波特兰海峡将归属加拿大之外,其余所有通向阿拉斯加的水路都将归属美国。这一边界问题产生于 1825 年的英-俄条约。当时俄美边界定于距海岸 10 里格(30 海里)。在克朗代克地区发现金矿时,这一边界问题进一步恶化起来。

美国获得巴拿马运河西岸土地主权

美国 1903 年 11 月 18 日与新成立的巴拿马共和国缔结一项条约,为开凿贯通巴拿马地峡的运河铺平了道路。这项条约是在美国最近承认巴拿马新政府之后签订的。巴拿马于 11 月初脱离哥伦比亚。根据这一条约,美国将对巴拿马运河两岸 5 英里以内的土地拥有主权,并有权在这一区域内驻扎军队。来自政府的消息说,巴拿马的新政府无疑有权签署这一条约。新政府对整个巴拿马地峡行使着权力。据报道,哥伦比亚的官员和军事力量全部撤出了巴拿马。11 月 6 日巴拿马脱离哥伦比亚之后,美国将海军的迪克西号军舰派往巴拿马,船上有 400 名海军陆战队士兵,前去维持治安。为了援助迪克西号,另有 3 艘军舰也被派往该地区。官方的声明说,运河凿通后,美国在墨西哥湾和大西洋沿岸的港口与拉丁美洲各港口间的贸易量将会增加。来自海军方面的消息说,运河完工后,海军的机动性会增大,因为到那时大西洋舰队和太平洋舰队能在紧急时刻相互增援。政府中提供消息的人士不想低估动工后的土木工程任务。他们指出,这项工程将需要大批劳动力,还需要一些挖掘机械。热带疾病也被认为是一个非常严重的问题。由于有了在古巴和菲律宾的经验,陆军在没有进一步了解到服役期间如何预防疟疾、黄热病和其他疾病的情况下,担心去巴拿马会冒减员的风险。一些提供消息的人士说,法国人开凿运河的努力之所以没有成功,一方面是由于施工问题,另一方面也是由于疾病的威胁造成的。人们普遍认为,在巴拿马地峡开凿运河,比法国选择的北部地区更为合适。对于美国和巴拿马共和国的新条约,国际上普遍持赞同态度。伦敦的《泰晤士报》发表评论说,这项条约是"美国经济和战略利益的合理扩展,"人们知道罗斯福总统赞成早日开工。1902 年,美国主动提出以 1000 万美元现金、每年 25 万美元租金的代价购买巴拿马地峡的领土。罗斯福称这一提议是"慷慨的开价"。但哥伦比亚却拒绝接受。据说罗斯福当时被激怒了。他在给国务卿海约翰的信中写道:"我们也许不得不教训一下这些长耳大野兔"。

居里夫妇荣获诺贝尔物理学奖

1903 年 12 月 10 日,居里夫妇与亨利·贝克勒尔共同以放射性研究的成就,荣获诺贝尔物理学奖。放射性研究领域始于 1895 年德国物理学家伦琴发现的 X 射线。翌年,贝克勒尔也提出一些矿物样本能放射出同一种射线的报告。此后,玛丽·居里借着她丈夫在技术上的改良,找出贝克勒尔报告中的放射线来自铀、钍两种元素。此后,居里夫妇又发现了钋、镭两种元素。本年度的其他获奖者有:瑞典的阿列纽斯因提出电离理论而获化学奖;丹麦的芬森因成功地治疗了皮肤病而获医学奖;英国的克里默获和平奖;挪威的小说家、诗人、剧作家比昆松荣获文学奖。

莱特兄弟发明的飞行器试飞成功

1903 年 12 月 17 日,俄亥俄州代顿市的自学发明家奥维尔·莱特和威尔伯·莱特宣布,他们成功地驾驶着他们自己设计制造的重于空气的飞行器进行了飞行,对此,人们持怀疑态度。1903 年初颇受敬重的美国科学家西蒙纽康发表看法,证明靠机动力量进行飞行是不可能的。7 年前,德国著名的航空界先驱奥托·利林塔尔驾驶自己制造的飞行器坠毁身亡。然而,莱特兄弟二人说,他们今天在北卡罗来纳州基蒂霍克海滩上空飞行了 4次,最长的一次持续约一分钟,飞行距离 850 英尺。另有 5 人在场目睹了他们的飞行。莱特兄弟说,他们在代顿的自行车修理厂里解决了阻碍重于空气的飞行器进行飞行的难题。他们说,他们的一项重要发明是运用可动的翼梢来控制飞机,这是别人从未解决过的问题。他们还制造出 25 马力轻型引擎,这种引擎比从前任何一种都轻,但提供的动力比以前大。两兄弟接着在风洞里试验了他们自己设计制造的一系列比例模型。他们说,这项工作花费了 7 年多时间,耗资 1000 多美元。他们说,不管怎样,只有获得专利权之后,他们才能发表他们飞行器的详细说明。

日俄战争爆发

1904 年到 1905 年,在东亚爆发了一场激烈的帝国主义战争——日俄战争。日本和俄国都是军事封建帝国主义国家,都具有对外侵略扩张的本性,都想侵占中国东北和朝鲜,并进而称霸亚洲和太平洋地区。日俄战争是日、俄帝国主义侵略扩张政策的必然结果。

日本经过明治维新后,资本主义迅速发展。尤其是甲午战争(1894 年)以后,日本从中国勒索了大量赔款,取得了中国广大市场。资本主义发展的速度更加迅猛,很快就成为帝国主义国家。日本帝国主义的特点是:封建残余浓厚,军国主义倾向显著,国内市场狭窄,原料缺乏。因而日本帝国主义在形成过程中,就已迫不及待地走上对外侵略扩张的道路,参加帝国主义列强重新瓜分世界的斗争。在甲午战争中,日本打败了中国,侵占了我国辽东半岛、台湾和澎湖列岛,并把朝鲜变成了它的半殖民地。后来由于俄国勾结德国和法国,进行干涉,日本被迫归还辽东半岛。日本对此怀恨在心,伺机报复。日本帝国主义进一步制定了所谓"大陆政策",企图吞并朝鲜、灭亡中国和独霸亚洲。

俄国帝国主义的特点是:资本帝国主义比较薄弱,它被浓厚的封建农奴制残余的层层密网缠绕着,同沙皇专制制度融合在一起,因此它特别富于侵略性,力图用军事侵略和对外扩张来弥补先天的不足。

中国成为沙俄对外扩张的重要目标。19 世纪后半期,沙俄先后侵占了我国 150 多万平方公里的领土。沙俄还妄图进一步直接占领我国东北、蒙古、新疆地区,把俄国的疆界推进到长城脚下。1900 年,沙俄乘八国联军镇压义和团运动之机,悍然侵占整个中国东北,并赖着不走。同时,它还提出所谓《黄色俄罗斯计划》,妄图吞并东北,进一步肢解中国。沙俄对朝鲜也觊觎良久,想把它占为己有。

俄国在中国东北的侵略活动,不仅对日本造成威胁,而且触犯了其他帝国主义国家在中国的利益。英国唯恐俄国在远东势力强大起来,因而采取联日抗俄政策。德国为了把俄国牵制在亚洲,以便放手对付法国,鼓动俄国与日本开战。法国支持沙俄,反对日英同盟。美国则怂恿日俄厮杀,使日俄两败俱伤,以便坐收渔人之利。在国际帝国主义勾心斗角、互相角逐的背景下,日俄双方加紧扩军备战。两国矛盾愈演愈烈,终于发展成为火并。

1900 年后,日俄两国都发生严重的经济危机,国内阶级矛盾激化,两国统治阶级都企图用发动战争来转移本国人民的视线。特别是在沙皇专制主义统治下的俄国，阶级矛盾和民族矛盾错综复杂，极其尖锐，革命形势日益成熟。俄国内政大臣普列维叫嚣说："为了避免俄国的革命，我们需要一次小小的、但是胜利的战争"。

日俄战争前夕，两国一方面疯狂备战，剑拔弩张；另一方面，为了争取时间，迷惑对方。双方都放出了"缓和"的烟幕。从 1903 年 6 月起，日俄两国举行"和平"谈判。但随着双方备战工作接近完成，两国的外交谈判越谈越僵。到 1904 年 2 月，谈判终于破裂。

日俄战争的主要战场在我国东北。日本首先必须夺取制海权，然后才有可能把陆军运送到中国东北，同俄军作战。

1904 年 2 月 8 日晚上，停泊在旅顺口的俄国太平洋舰队，舰上灯火通明，挂满了节日的舷灯，军官们都上岸到海军俱乐部参加为庆祝俄国太平洋舰队司令斯达尔克将军夫人的命名日而举行的舞会去了。在充满着节日气氛的夜晚，旅顺口的俄国舰队戒备极为松弛，舰上只有几个值班人员，水兵们都在舱里睡觉。午夜时分，日本驱逐舰悄悄地开到旅顺口，突然偷袭和炸坏在那里停泊的俄国军舰多艘。正在岸上翩翩起舞、狂欢作乐的军官们，听到炮声还以为那是向舰队司令夫人祝贺的礼炮，万万没有想到日本已经向沙俄不宣而战。次日，日舰又来袭击，沙俄舰队不仅没有出击，反而把港外的舰队全部开进了旅顺港内。这样，日本便夺得了制海权。

日军第一军抓紧时机，首先在朝鲜登陆，然后跨过鸭绿江，侵入中国东北，占领了九连城、凤凰城等地，迫使俄军退守辽沈地区。接着，日军第二、三军先后在辽东半岛登陆，切断了旅顺和辽沈之间俄军的陆上联系。从 1904 年 8 月下旬起。日军和俄军在辽阳进行大会战。在这次战役中，日军伤亡 24000 人，约占参战兵力的五分之一；俄军虽然有坚固的防御工事，兵力占优势，而且伤亡不到十分之一，即只损失 16000 人，但由于指挥错误，却吃了败仗。9 月 4 日，日军占领了辽阳。

旅顺要塞争夺战是日俄战争中最激烈的战役，战斗从 1904 年 8 月 19 日一直打到 1905 年 1 月 1 日。在这次争夺战之前，日军从潜伏在旅顺的间谍那里事先得知俄国舰队企图突围的计划，在黄海海战中日本舰队击溃了俄国太平洋舰队，使它失去了战斗能力。指挥进攻旅顺的日军司令是乃木希典。俄军凭借坚固的防御工事，顽强抵抗。乃木用猛烈炮轰、人海战术、挖掘坑道堑壕、组织敢死队等多种战术，付出了重大代价（参战的 13 万官兵中，死伤近二分之一），最后才迫使俄军开城投降。在这次战役中，俄军约死 3 万余人，2.2 万人被俘。

1905 年 3 月，日军占领沈阳和铁岭。两军在昌图和四平之间对峙。在陆上战斗中，日俄双方损失惨重，都打得筋疲力尽。日军占领沈阳后，陆上战斗实际上已近尾声。

但沙俄不甘心失败，它还寄希望于 1904 年 10 月从欧洲起航到远东的第二太平洋舰队会挽回败局。但是，日本舰队以逸待劳，1905 年 5 月在对马海峡消灭了俄国第二太平洋舰队。至此，俄国在军事上的败局已定。

这时，沙俄在军事上惨败，无力继续进行战争，同时战争引起国内革命运动高涨，沙皇想腾出手来对付国内革命运动，因而急切地求和，以免彻底崩溃。日本军事目的已经达到,它虽然取胜,但同样也到了兵竭财枯的地步,因此也极想和谈。而英美等国担心日本过于强大对己不利,更害怕沙皇俄国毁于革命和俄国革命蔓延开来,于是急忙出面调解停战。1905年9月,日俄在美国朴次茅斯签订和约。沙俄承认朝鲜为日本的"保护国"。沙俄无视中国的主权,把从中国攫取的辽东半岛以及它所霸占的南满铁路及附属权益转让给日本。

日俄战争是瓜分掠夺中国东北和朝鲜的帝国主义战争。《朴次茅斯和约》是典型的帝国主义强盗分赃条约。日俄战争是世界帝国主义形成的标志之一。日俄战争揭开了沙俄专制主义的一切痛疤,暴露了它的全部腐败,加速了俄国1905年革命的爆发。日俄战争和俄国1905年革命是促进亚洲各国民族觉醒的外部因素。

日俄辽阳会战

5月下旬,日第二军攻克金州后,留下一个师驻守,其余主力北上,向辽阳方向进军,一路同俄军战斗不断,先后占领了南关岭、得利寺、大石桥、营口、海城等地,直趋辽阳。与此同时,日军独立第十师攻占了岫岩和析木城后,也扑向辽阳。6月初,日第一军、第二军和独立第十师均已到达辽阳,在大山岩元帅主持的满洲军总司令部的统一指挥下,准备同俄陆军在辽阳展开决战。

日陆军主力在积极准备辽阳会战时,第三军正在旅顺向俄军发动强攻。原拟攻陷旅顺后抽调第三军参加辽阳会战,但在旅顺争夺战中,日军伤亡巨大而要塞却久攻不下,被迫改变速战速决计划,而对旅顺实行长围久困,伺机再攻。然而,战场上形势的发展又不允许辽阳战役再继续拖延下去,因为俄国援军正从国内源源不断地向中国东北地区开来。6月下旬,日军独立第十师和第二军的第五师已合并成第四军,日军决定以第一、第二、第四军的13.5万兵力同俄军决战。

俄国陆军的主力驻守在辽阳,计有7个军,13个师,约22.5万人,由库罗帕特金指挥。俄军在这里修筑了坚固的工事,无论在人力上和兵力上都占优势。库罗帕特金曾扬言,"宁死不从辽阳后退"。

俄军在辽阳设有三道自认坚不可摧的防线。第一道防线系前沿阵地,位于辽阳以南和东南方向30公里,全长75公里。第二道防线距辽阳约8公里,全长22公里。第三道防线则紧接辽阳城,全长15公里。但是,俄满洲陆军总司令库罗帕特金在指挥上的失误却使俄军的优势无法发挥。他不仅在战略上对辽阳会战犹豫不决,举棋不定,而且在具体战术上也往往朝令夕改,使属下无所适从,前线指挥官往往是在不了解他的意图的情况下带兵作战:当日军已经完成了对辽阳的合围,战斗即将开始之时,俄军的作战计划仍在变动之中,直至日军发起攻势的前一天,库罗帕特金才做出依托俄军的前沿防线抗击日军。以逸待劳,然后转入反击。然而,这是一个灾难性的计划,俄军虽占有优势,却把主动权拱手让给了日军。而自己消极防御。俄军只有一半左右的兵力投入前线战斗,其余则作为预备队,日军虽在兵力总数上少于俄军,但却全部投入战斗,在前线相对地占有优势。

早在6月底,辽阳会战的外围战斗即已开始。俄军的第一道防线纵深小,且翼侧暴露在外,整个阵地没有按原订计划完成。所以这道防线很容易被日军突破。摩天岭、石门岭一带落入日本第一军手中,辽阳东南的第一道防线被日军突破,无疑加大了对辽阳的威胁。7月17日,库罗帕特金令两个师的俄军对摩天岭一线进行反扑,但未能成功。8月1日,日军经过周密准备,向样子岭发起攻势,俄军奋力阻击,虽付出死伤2000余官兵、第三军军长卡尔莱尔阵亡的沉重代价,但仍没能打退日军的进攻。样子岭失陷使俄第二道防线开始暴露在日军面前,对固守辽阳的俄主力部队又是一个沉重打击。

8月23日,俄军进入阵地准备抵抗日军新的进攻。俄军右翼是3个军组成的南部集团军,左翼为2个军组成的东部集团军。除辽阳以东、辽阳和奉天(今沈阳)都分别驻有俄军外,已经进入阵地的各个军,又分别以50%左右的兵力作为预备队,直接投入第一线的兵力被大大削减了,而日军则集中优势兵力攻打俄军两翼,没有留任何预备队。日军围歼俄军的具体计划是,由第四军从正面发起进攻。吸引俄军主力,然后由第一、第二两军分别从东西两个方向迂回攻击俄军左右两翼,其中以右翼为主。

8月24日,日俄战争中最重要的战役之一——辽阳会战开始了。战斗打响后,日第一军首先对俄军的左翼实施重点进攻,给俄军一种错觉,似乎日军的主攻方向是守卫在左翼的东部集团军,诱使库罗帕特金把预备队调到左翼,从而造成右翼的防卫力量削弱,为日本第二、四军在右翼同俄军展开决战创造有利条件。

俄军左翼的战斗进行得异常激烈。日第一军按着原订计划,对东部集团军实行迂回作战,同时由日第一军的一个近卫师在俄军防线中突入,迅速出现在俄军面前。这时,库罗帕特金命令预备队投入。俄马尔丁诺夫上校奉命率领一个团前去支援。行军途中,他获悉日近卫师的行踪后,决定改变既定的行军路线,在高粱地的隐蔽下秘密接近日近卫师右翼,对日军发起突然袭击,马尔丁诺夫指挥俄军与日军展开白刃战,日军溃败而逃,出现了对俄军有利的形势。但是,东部集团军比尔德林格中将却不敢利用这一形势主动出击,扩大战果,仍是消极防御。俄官兵浴血奋战换来的有利于歼灭日军的大好时机,被上层指挥官轻易地断送了。

8月26日,日第四、第二军向俄军右翼发起进攻,占领了弓长岭。库罗帕特金下令俄军全部撤回第二道防线。俄军在第二道防线仍采取消极防御的战略,继续把一半以上的兵力留作预备队,日军全线突破俄军的第一道防线后,继续采取围歼的战术打击俄军,同时,加强日军务部向俄军发动进攻的统一性,使俄军主力同时挨打,彼此不能支援。

8月30日,日第一军从辽阳的东面,第二军向小高地馒头山,第四军从东南向时官屯方向发起全线进攻。日军派出敢死队轮番向俄阵地发起冲锋,但俄军在构筑坚固的工事中用火炮和机枪有效地顶住了日军的进攻,使日军进展缓慢,人员伤亡惨重。日军见强攻受阻,久战不克,便改变了正面进攻的战术,于30日夜派1.8万日军偷渡太子河,31日拂晓到达右岸,从俄军左翼迂回,同时对俄军右翼继续进行强攻,从而使俄军腹背受敌。

但是,俄军的顽强反击使日军受到巨大伤亡,再次出现了可趁势反击,围歼日军的好机会。但是,库罗帕特金此时想的却是如何保全自己,使俄军不被包围,而不是如何主动打击日军,所以他命令俄军在31日晚,利用夜色掩护,撤退到紧接辽阳的最后一道防线。

俄军在占优势的情况下撤军,使伤亡不断增加、给养和弹药匮乏的日军得到喘息时机。9月1日俄在日第一军左翼集结了3个军,企图将日军逼迫到太子河歼灭。俄军的反击战定于9月2日开始。但在1日夜,日军向俄军左翼的东部集团军发起进攻,占领了时官屯及其北面的馒头山小高地等重要的战略要点,打乱了俄军的计划,库罗帕特金命令俄军夺回馒头山。为此,临时抽出了7个兵步团,154门炮前去作战。但由于临时拼凑而成,各步兵团之间缺乏统一的指挥和配合,所以并不能充分发挥其战斗力。9月2日晚7时,争夺馒头山高地的战斗打响。俄军同日军在黑暗中展开激烈战斗。伊斯托明率领的步兵团作为俄军的主力冲锋在前。俄军曾一度收复馒头山,但很快又在日军的攻击下退出。日军的猛烈炮火,使俄军陷入一片混乱之中,最终没能收复馒头山。

日军仍然固守着馒头山等战略要地,但却付出了极大的代价,日军所投入的兵力已达到最大极限,没有能力不经休整继续进行大规模的作战,特别是日第一军损失严重,处在无论是兵力上还是在火力上都占优势的俄军的威胁之下,拟在9月3日从太子河右岸撤回到左岸。正当日军陷入困境处于危机之时,库罗帕特金却又帮了他们的忙。他在收复馒头山战斗失利之后,放弃了原拟的反击日第一军,将其消灭在太子河的计划,同时过高估计了日军的实力,担心日军会切断他同后方的联系,于是在日军准备撤回太子河右岸前两小时,库罗帕特金下令放弃辽阳退守奉天。日军喜从天降,但因自顾不暇,所以对撤退的俄军也就没有再去追击。9月4日,俄军全部撤出后,日军轻松地进入了辽阳。在辽阳会战中,日军参加战斗总人数的1/5,约2.4万人伤亡,俄军伤亡人数不到参战人数的1/10,约1.7万人。日军投入大炮484门,使用炮弹12.4万余发,枪弹857万发,俄军投入大炮592门。库罗帕特金指挥上的错误,使处处占优势的俄军打了败仗,丢了辽阳城,1.7万俄军白白送了性命。

辽阳会战开始时,日军大肆宣扬他们定将获胜,英国驻日军司令部的代表扬·汉弥尔顿也公开表示,他希望能亲自经历"满洲战争伟大的最后一幕"。日军取胜后,汉弥尔顿问大山岩元帅,"是否满意日军行动的结果"时,大山岩却不以为然说,"不过尔尔,俄军撤退得太熟练了"。俄军从精心筑构的坚固的阵地撤退时,确实是有条不紊,不曾出现大的混乱,但是,辽阳失守对俄国无论在军事上还是在政治上,都是大失败。俄国不仅失去了企图用陆军支援、保卫旅顺的可能,而且辽阳会战的结果对整个战局都产生了深远的影响,当时一些国家的武官都认为,俄军在辽阳的失败已经表明它将在这场战斗中彻底失败。

因此,沙皇政府对辽阳会战的结局极为不满。尼古拉二世对库罗帕特金严加训斥,命令他将失去的阵地重新夺回,希望借此解救被日军重重包围的旅顺,改变俄军面临的彻底失败的命运;平息国内日益增长的不满情绪,提高因俄军屡战屡败而威信扫地的沙皇政府的声誉。然而辽阳一役已使俄陆军大伤元气,想再把辽阳夺回又谈何容易?

日俄沙河会战

日军虽在辽阳战役中取胜,但付出代价极大。兵员严重损耗,使日陆军在力量对比上更加劣于俄军。日在国内进行动员,大力补充兵员,但收效不大。所以日军不忙于展开新的攻势,而是在沙河地区与俄军对峙。日军在此地区约有12万人,488门炮。日军在辽阳战役后进行休整的同时,等待日陆军第三军尽快在旅顺结束战斗,北上辽阳,支援在沙河地区的日军。

俄军虽然放弃了辽阳,却在兵力仍占有优势。在辽阳会战中,俄军预备队大部分始终没有加入战斗,保存完整。但库罗帕特金却不想冒险向日军发起反攻。仍是凭借着坚固的工事等候日军进攻,再做反击。无奈沙皇尼古拉二世再三催促向日军发起进攻。9月27日,沙皇在给库罗帕特金的电报中命令,今后不得再向北退一步,应抓紧时机向日军发起进攻,驱逐日军,以救旅顺之急。库罗帕特金不得不执行命令。

库罗帕特金的反攻计划是在浑河和太子河之间同日军作战,把日军赶过太子河。从而收复辽阳。为此,俄军编制为左右两个集团军。左翼集团军由施塔克尔堡中将指挥,该集团军由3个军组成,主要任务是从本溪湖方向向日军发动主攻。右翼集团军由比尔德林格中将指挥,由2个军组成,主要任务是配合左翼集团军作战,分散主攻方向的日军兵力。此外还有3个军留作预备队,随时支援左右两集团军。但是,这一计划多是纸上谈兵,俄军缺乏周密的布置和准备,甚至连必要的作战地图都没有。左翼集团军主要是在山地作战,却非常缺少山炮。

10月2日,库罗帕特金向俄军官兵发表长篇讲话,进行战前动员,他说:俄军兵力充足,装备精良,足以战胜日军。辽阳失守后,全军上下都渴望向日军主动出击,歼灭敌人,现在同日军会战的时机已经成熟了,使日本人屈从俄国人意志的时机既然已经到来,俄军应该勇猛对敌。他要求俄军官兵不怕流血牺牲,通过这次战斗不仅解救旅顺口之危急,同时恢复俄国在整个东北地区的统治。

日军统帅大山岩事先获悉了俄军的作战意图和具体计划,这要归功于在俄军后方活动频繁的日本间谍。日军于是针对俄军的部署确定了自己的作战计划:即以逸待劳,尽最大可能消耗俄军,通过有效的防御使俄军疲惫不堪,然后再以精锐部队转入反攻,所以对俄军的多次挑战均拒战。

10月5日,俄军开始大规模进攻。俄左翼集团军轻松地进入到本溪湖地区,从此地可以有力地打击日军的侧翼。10月9日,俄军分四路向南推进,日军本溪湖支队一度被围。两军交火后战斗十分激烈,正当俄军进展顺利时,库罗帕特金却命令俄军暂停进攻,准备查明情况后修改作战计划。日军得此喘息机会开始向俄军反攻。10日,日军本溪湖支队在浓雾的掩护下,夺取了本溪湖东部山丘,同日,日军还占领了孤家子、双台子至二台子一线和大东山堡等地。

11 日，俄军炮兵向日军阵地猛轰，陆军多次发起冲锋，都被日军击退。在孤家子一带，战斗十分激烈。俄军精锐部队死守三块石山，战斗直至 11 日夜 12 日晨才被日军攻下。俄军官兵百余人被俘。同日，日军还攻占了杨家湾和板桥堡柳塘沟一带。俄军的处境日趋危急。

日俄两军在本溪湖、十里河、三家子、花岭堡子、沙河堡等地展开激战。战斗不分白天黑夜进行，由于交战双方相距很近，而且又是大部队以密集队形投入，所以炮兵已无用武之地，而多是以白刃战结束战斗。夜间作战时，俄军在胳膊上缠上白布作为标记。14日，日本陆军中将闲院载仁亲自率军在土门子、平台子等地同俄军激战，当天俄军退至沙河以北。15 日，日军向沙河堡及附近的拉木屯发动进攻。俄军投入重兵死守，日军伤亡惨重，日军占领了拉木屯后，调兵遣将急欲攻下沙河堡，但在俄军拼命抵抗下却未能如愿。当天夜里，日军奇袭沙河堡地区的制高点万宝山成功，对俄军构成严重威胁。

库罗帕特金命令俄军不惜一切代价夺回这一战略高地，16 日至 17 日，俄军集中优势兵力连连向日军发起进攻，战斗进行得异常激烈，俄军最后以伤亡 3000 余人的代价夺回高地，日军伤亡 1500 余人，丢失大量包括重炮在内的武器装备。连日战斗使交战双方都损失惨重，疲惫不堪。俄军投入兵力 22.16 万人，死亡 4.14 万人，日军兵力约 13 万人，死亡 2 万多人。自 20 日开始，双方基本停止进攻，加紧修复工事，两军对峙的形势一直持续到 1905 年初。俄军在此期间按兵不动，等候国内大批增兵到来，因为西伯利亚大铁路贝加尔湖支线此时已基本修成，将大大加快向中国东北地区运送兵力和军备的速度。日军则趁机养精蓄锐，等待围攻旅顺口的日军攻占旅顺后，抽出主力支援。日俄两国军队都在积极准备一场新的战役。

库罗帕特金在沙河会战中没有实现收复辽阳，解救旅顺的目的。而日军顶住了俄军的攻势，基本达到了战前的既定目标，因而受到了天皇的嘉奖。天皇在嘉奖令中说：我满洲军。对敌军得新锐增援大举来攻，扼制机先以逆击之，激战数日，使彼损害多大，遂溃走沙河以北，挫折其规图。朕深嘉尔将卒忠勇，克堪连日劳苦，以奏伟大功绩。

旅顺口失陷

沙河会战后，日本陆军面临着两种选择：要么是尽快攻下旅顺，将长期陷在旅顺的日陆军第三军解脱出来，同其他各军汇合后早日同俄军在地面展开决战；要么是拖下去，使日第三军继续陷在旅顺地区，坐等俄援军大批到来，使原本已严重减员的陆军更加捉襟见肘，这当然是俄军所希望见到的。日本满洲军司令部不会让俄军的如意打算得逞，自然选择了前者。

事实上，日陆军自 8 月 19 日第一次强攻旅顺失利后。就一直做新的强攻准备。大山岩等日军统帅很清楚，如果不占领旅顺，彻底摧毁旅顺港内的太平洋舰队，日本就不可能在这场战争中取胜。尽管开战后取得不少战果，但随时都会由于太平洋舰队与远道而来的波罗的海舰队（太平洋第二舰队）汇合后。重新夺取制海权,而使这些战果丧失殆尽。

第一次强攻时,乃木希典标榜"肉弹"战术,从正面攻击。受挫后,日军各师团开始在旅顺外围构建新的炮兵阵地,同时运来 11 英寸大口径攻城炮,自 9 月初开始步步紧逼俄军的防御工事。辽阳会战以日军获胜结束后,围守旅顺的日第三军大受鼓舞。第三军免去了后顾之忧,加快了准备新的强攻的步伐。

9 月 19 日,日军各师团奉第三军司令部的命令,开始了第二次强攻。强攻的主目标仍是位于旅顺城西北的 203 高地。日军采取开凿地道的办法接近俄军阵地,然后实行爆破,最近处只距俄军阵地不过 50 多米。俄军对此早有察觉,或开炮或抛掷炸药包阻挡日军,同时也效法日军,同样用开凿地道的办法接近日军阵地,破坏日军的工事。俄军将太平洋舰队主力舰上大口径火炮拆下安放到陆军阵地上,一些水兵也配合陆军作战,奋力抵抗日军的强攻。日军在向高地推进的同时,还炮轰旅顺港内的俄舰队及市区内的军事和非军事设施。自 9 月 19 日起激战数日,日军只占领了前沿若干无关紧要的地段。但却付出了极大的代价。日军在高地前有 6000 余人毙命,但仍没能把高地夺到手。

9 月下旬,日军大本营送来 28 厘米口径的榴弹炮,装备日第三军炮兵。不久又新派一个师团和三个工兵连,加强第三军的战斗力。但是,自 10 月 10 日开始的沙河会战迫使日第三军发起新的强攻推迟。在此期间小的战斗却从不曾停止。10 月 30 日,日军在重炮的支援之下,向位于旅顺城东南的第二号炮台和城东北的第三号炮台发起进攻。日军猛烈的炮火使俄军阵地多处被摧毁,但第二、三号炮台仍牢牢掌握在俄军手中。

日军炮兵对俄军前沿阵地,港湾内的舰队及市区连续不断的炮轰,使俄军的处境越加困难。不仅一些工事需重新构筑,一些舰船被日炮弹击中或沉入海底或燃起大火完全报废,更严重的是俄军兵员锐减,有战斗力的兵员只有 1.8 万余人。

10 月 15 日,由海军少将罗日捷斯特文斯基率领的波罗的海舰队（太平洋第二舰队）从里巴夫军港(今利耶帕亚港)起航经非洲前往远东,支援太平洋舰队。11 月上旬,俄军陆续向旅顺地区增兵,企图扭转俄军兵力明显弱于日军的局势,在此情况下,日军不能再拖延时间了,11 月 9 日,日军统帅部召开了陆海军参谋部联席会议,做出彻底消灭旅顺港内俄舰队的决定。乃木希典奉日本最高统帅部的命令,决定 11 月 26 日发起第三次强攻,企图一举攻占旅顺,彻底摧毁太平洋舰队,使其在同波罗的海舰队会合之前被消灭,从而完成日本天皇在诏书中提出的任务,通过占领旅顺,给日本海军以行动自由。

乃木希典指挥日军精锐部队第三军两次强攻旅顺失利后,在日本国内引起强烈反响。军界对近 2 万名官兵死于旅顺极其不满,他们将此归咎为乃木希典的无能。不少人要求撤换他,任命新的将领统率第三军,还有人指责他这是在残杀士兵,让他剖腹自杀,向国民谢罪。乃木希典的住宅也不时遭到袭击,玻璃窗和屋顶上的瓦被石块砸碎,约 2400 封信件寄给他,质问他居心何在,要求他尽快辞职或自杀。

由于俄太平洋第二舰队已从波罗的海驶向远东,该舰队同海参崴分舰队会合将明显强于日本联合舰队,很可能将其击溃而重新夺回制海权,从而使日陆军已获取的战果也化成泡影。因此。此时能否攻克旅顺已成为日俄战争中日本能否取胜的关键。东乡平八郎频频向大本营告急,认为到 11 月底旅顺战况仍无明显变化,日海军对海上的封锁将会减弱,他还以个人的名义写信给乃木希典,要求他尽快攻克旅顺,扭转对日军越来越加不妙的形势。

11 月 19 日,日军参谋总长兼兵站总监山县有朋元帅致电给乃木希典说:顷接司令官报告,称你军将近日发起进攻,以图占领望台一带高地。当即进宫,奏明天皇。此战需大胆谨慎,不能使俄军有丝毫反复抵抗的余地。此役若再不成功,以后弹药、兵员及有关补给将再难有机会,也将失去与北满战场之平衡,鉴于波罗的海舰队日趋东进,到 12 月上旬,即我舰队大部分返回检修完毕前,俄军将再次恢复海上交通,运输粮食弹药,并将危及第三军补给基地大连湾的防务。因此,当今攻克旅顺实为只争朝夕之机,成败与否,关系到陆海作战全局和国家的安危,山县有朋最后表示,希望乃木希典能深知他的苦心,打好这一仗。

日俄战争爆发后,日陆军部队陆续开赴前线,唯一留在国内的现役师团是由屯田军改编的第七师。日军统帅部得到波罗的海舰队起航的情报后,决定将第七师立即派往东北,参加攻占旅顺的战斗,这样日本国内只有后备役的老兵了。明治天皇作诗感慨道:"男儿意志刚,纷纷踊跃上战场,国事应共当。留下庭院寂无声,可怜孤老耕作忙。"

11 月 22 日,日本天皇向第三军发布敕命,鼓励日军官兵为其卖命,大山岩元帅也致电勉励第三军,不惜一切代价攻占旅顺,保证战场全局按着有利于日军形势发展。发动第三次总攻前,乃木希典向全军表示,如有必要,他将亲自率领预备队冲锋陷阵。

第三次强攻开始后,日军决定通过逐个夺取俄军的每一个堡垒,最终夺取 203 高地,乃木希典还组织了一支由 3000 余人组成的敢死队,因每人都斜挎有两条白色布带,被称为"白襻队",担负攻坚任务。敢死队上战场前,乃木希典亲自为他们送行,鼓励他们为天皇捐躯。26 日,在松树山、二龙山和东鸡冠山等地展开了殊死战斗。27 日夜,日军集中主力攻打 203 高地。当时战斗进行得异常激烈,腥风血雨,在俄军炮台前日军伏尸累累。在俄军的顽强抵抗下,乃木希典命令日炮兵连续不断地炮击,不惜一切也要攻下 203 高地。

203 高地上筑有一个巨型堡垒和两个核堡,堡垒四周布满带有利刺的铁丝网,该高地与附近山丘的空隙中也精心构筑有几道工事。203 高地附近的山丘上也筑有坚固的堡垒群和防御日军进攻的堑壕线。在 203 高地地区约有俄军 2200 人驻守,由季泰科夫上校指挥,俄军凭借着有利的地形和坚固的工事打退日军一次又一次的进攻,当时亲临了这场恶战的某人曾写道:"这不是人与人之间的战斗,而是人类与钢铁、燃烧着的石油、炸药、和尸臭等的斗争。"

经过九天的殊死战斗,12 月 5 日下午 1 时 30 分左右,日军的一个连登上了 203 高地的俄军堡垒。这时,他们发现只有一个俄国人还是活着的。下午 5 时左右,日军占领了 203 高地。《旅顺》一书的作者 A·巴尔特里特是这样描述此时的 203 高地的:"自从法军攻击波罗底偌大要塞之后,还可能不曾再看见过这样多的死尸,堆在这样一个狭小的空间之内。日本人的死尸十分难看,因为他们的皮肤变成了绿色,显出一种极不自然的样子。没有一具死尸是完整的,在炮弹碎片,破碎枪刀的堆积中,到处夹着零碎的肢体和头髅。"日军以付出1.1万名官兵的代价最终才把203高地夺到手,乃木希典在得意之余也作诗感叹道:"愧我何颜看父老,凯歌今日几人还。"乃木希典的两个儿子在攻打旅顺的战斗中丧生。他将203高地改名为"尔灵山",尔灵与203谐音,借此来祭奠战死在战场上的亡魂。

日军在争夺203高地的战斗中获胜,决定了日军在争夺旅顺的战斗中已稳操胜券。站在203高地的顶端,可将旅顺港一览无余,太平洋舰队的大小舰船完全暴露在日军的炮口下。日军迅速在高地建立观察哨,精确地校正炮兵射击的准确度。自12月6日起,日军用28厘米口径榴弹炮向旅顺市区及港口猛烈轰击。到12月9日,太平洋舰队除1艘战列舰、1艘炮艇和7艘小舰外,其余全部被击毁,战列舰塞瓦斯托波尔号仅仅是暂时逃脱了被日军重炮击毁的厄运,旅顺日后陷落时,该舰奉命自沉。

日军凭借着掌握着制高点的有利地形,改变了派军队正面强攻俄军堡垒的做法,而是用远射程大炮直接轰击俄军阵地,同时加强坑道作业,用连续爆炸的办法步步逼近俄军其他重要阵地。

12月12日,俄军高级将领在旅顺要塞司令斯捷塞尔主持下,召开军事会议,研究203高地失守和俄太平洋舰队被摧毁后的军事形势。会议决定继续同日军作战,重点加强坑道工事的修筑和紧急埋雷工作。12月15日,一发重型炮弹射入要塞,俄军陆上城防司令康德拉琴科少将被击毙。他被俄军称为防御旅顺的"灵魂",俄军士气因他的阵亡大受影响,同时斯捷塞尔此后独揽大权,把主要心思多用在如何向日军投降,而不是如何同日军作战。

12月18日,日军集中优势兵力向俄军凭借旅顺天险修筑的堡垒和炮台发起进攻。18日当天,日军占领了东鸡冠山北堡,这样,俄军耗费巨资和大量人力修筑的53个堡垒,全部被日军摧毁。到12月底,俄军第二、三号炮台也失守。炮台内储存的上千颗手榴弹中弹爆炸,使守卫炮台的俄军全被炸死。七光炮台附近幸存的俄军官兵被迫退到望台附近,但望台附近的高地很快又被日军占领,俄军四处逃窜。

日军攻占望台后,已取得了旅顺攻防战的决定性胜利,这时口口声声表示要抵抗到底的斯捷塞尔擅作主张,在日军即将大举攻入旅顺前,于1905年1月1日下午4时30分左右,派使者马尔申克中尉举着白旗递信给乃木希典,请求投降。斯捷塞尔准备开城投降日军的理由是弹药殆尽,俄军官兵严重减员,在军队中疾病流行,仅存的1万余人也多患病,除了投降之外已无路可走。而事实并非如此,当时俄军官兵仍有3.24万名,除伤病员外,有战斗力的约1.5万人;除一般武器外,还有火炮610门,炮弹20.3万发。此外,还有大批粮食。

乃木希典同意接受俄军投降。约定1905年1月2日中午双方会谈投降事宜。晚9时45分,签订了投降条约。条约规定:旅顺要塞及港内的俄国陆海军官兵及其他一切文职官员,均成为俘虏;旅顺地区的所有堡垒、炮台、舰船炮艇、兵器、弹药、马匹及其他一切军用品,以及营房等均得维持现状,交付日军;俄军将旅顺要塞的配置图,地雷、水雷等危

险物的布设位置图,旅顺口陆海军的配置表,陆海军军官的名单、文职官员的名单,海军舰船炮艇的清单和一般人员的名单等,均需交付日本军。条约还特别强调:如果俄国陆海军破坏上述协定或以种种办法变更现状,"则日本军当停废协议,采取自由行动"。1月4日,仍在俄军手中的堡垒和阵地,全部交与日军。5日到7日,俄军官兵从营地集中在日军指定的地点,向日军投降。据日文文献记载,被俘的俄将校级军官有1456人,士兵40185人,计41641人。俄文及英文文献记载则是被俘军官878名,士兵23481名,共计24359人。

在乃木希典的指挥下,日军以伤亡、失踪近6万人的代价取得了旅顺攻防战的胜利。天皇来电对乃木希典等攻下水陆重镇旅顺进行嘉奖。要求他们在"夺取铁垒,歼灭坚舰,使敌至遂开城乞降"的基础上,担负其夺取日俄战争最后胜利的重任,"奏伟大功绩"。斯捷塞尔在关键时刻苟且偷生,开城投降,使旅顺失陷,在欧洲和俄国都引起强烈反响。斯捷塞尔虽找出许多理由为自己辩护,但仍被沙皇法庭判处死刑(后改为有期徒刑10年)。旅顺口失陷直接导致了俄国国内革命运动的发展。正如列宁所指出的那样,"旅顺口的陷落给沙皇制度的罪行做了一次最伟大的历史总结","专制制度所遭到的军事破产具有更为重大的意义,它是我国整个政治制度崩溃的标志","军事上的破产不可能不成为深刻的政治危机的开端"(《列宁全集》第8卷,第32、34页)。旅顺口陷落后一周,在俄国爆发了第一次资产阶级革命,它被称为"革命的前奏",从根本上动摇了沙皇专制制度。

日俄奉天(沈阳)会战

旅顺口失陷和太平洋舰队覆灭,是日俄战争的转折点。俄军在陆战和海战的惨败已决定了战争的最后结局,俄国已失去了取胜的可能。尽管如此,俄军仍在进行垂死抗争,奉天(沈阳)会战即是在这种形势下进行的最大的一次陆地战斗。

旅顺口失陷后,俄军极力挽回败局。这时,远东总督阿列克赛耶夫在辽阳会战失利后不久奉召回国,实际上已被撤职。根据沙皇尼古拉二世的命令,俄国满洲军总司令库罗帕特金积极准备在奉天同日军展开战略决战。日军占领旅顺后,在军事上处于更加主动的地位,企图利用已掌握有制海权这一优势,集中大军围歼俄军于奉天地区。尽快取得战争的最后胜利。日军统帅部将攻打旅顺口的日军中抽出一部分组成"鸭绿江军",负责辽南的防守任务,日军的主力部队第三军则迅速开往奉天地区。

在沙皇政府的催促下,库罗帕特金在1月19日开始了对日军的新的攻势。当日,他命令俄军驱逐太子河左岸的日军。俄军出动了近10个师的兵力,其中包括1个骑兵师,预定在25日夜进攻在奉天西南方向的战略要地黑沟台。日军在23日提前得到了这个消息,匆忙调集部队准备抵抗俄军突袭。当日,俄军渡过浑河进攻黑沟台时,遭到已有准备的日军的顽强抵抗。黑沟台原有小股日军驻守,在占绝对优势的俄军猛攻下,当天夜里退守古城子。日本满洲军总司令部及时派出一个师和一个旅前去支援。

日俄两国军队在黑沟台一带进行了 3 昼夜的激战,29 日夜战斗尤其激烈。日军向黑沟台发起数次冲锋都被俄军打退。俄军的机关枪在战斗中发挥了重要作用,数以千计的日军横尸遍野,血流成河。日军在凛冽的寒风中,踏着积雪继续冲锋,俄军渐渐抵挡不住,开始撤出阵地。日军冲入黑沟台后继续追击经烟台子、土台子占领黄蜡砣,俄军向西方台、年鱼泡方向撤退后,最终被日军追赶到浑河右岸。在黑沟台战斗中,日军伤亡 7000 余人,俄军伤亡近万人。

2 月 1 日,俄军又派兵进攻柳条口,在日军的反击下,撤向长滩。次日晨,俄军炮兵又炮轰沈旦堡和鸭子泡等地,在长滩东南的王家窝棚同日军激战,后在日军的反击下撤退。俄军在旅顺失守后频繁出击日军,日军打退俄军的进攻后并不主动追击,而是按着自己的既定计划,加紧准备即将开始的最终决定战争胜负的陆地决战。日军总司令部决定这场决战必须在解冻之前进行,所组建的鸭绿江军也将同时参战。

奉天会战开始前,大山岩已在 100 余公里的战线上部署有 5 个军,27 万人,1082 门大炮,200 挺机关枪,此时俄军的总兵力有 33 万人,大炮 1266 门,机关枪 560 挺。无论在兵力上还是在火力上,俄军都占有优势。

日军在战前进行了周密的部署。大山岩元帅决定投入 5 个军的兵力同俄军决战,其中新增援来的第三军和鸭绿江军分别迂回进攻俄军两翼,第一军、第二军、第四军则从正面进攻,在沙河地区牵制俄军,从而保证第三军和鸭绿江军的军事行动顺利进行。大山岩决定由乃木希典任军长的第三军担任主攻,希望他在刚刚结束的旅顺攻防战中获胜后,再立新的战功。

俄军在库罗帕特金的指挥下,也进行了积极的准备,他提出了一个所谓“坚决进攻计划”,命令俄军只许前进,决不许后退。俄军投入战斗的 11 个军组成了 3 个独立的野战兵团。左翼为第一集团军,由李涅维奇指挥;中央为第三集团军,由比尔德林格指挥;右翼为第二集团军,由考尔巴斯指挥,左、中、右翼的正面分别是 45 公里、20 公里、25 公里。暴露的翼侧则由独立部队进行掩护。

库罗帕特金虽然大肆鼓吹他的作战计划是进攻性的,但实际上却没有改变他一贯所主张的消极防御的作战方针,而为了防御,则处处布兵,分散兵力,使原有的优势变成劣势。根据他的命令,由 10 万余人组成的第二集团军(右翼)担任主攻,其任务是在会战开始后,首先突击到奉天西南约 40 公里的沈旦堡,占领日军的关键阵地,而第一、第三集团军则负责佯攻,在负责主攻的第二集团军中,他只派出约 1/4 的兵力首先投入战斗,其余则按兵不动。与此同时,他还留出近 5 万人作为俄军统帅部的预备队,没有直接投入前线,同时还留出 1.5 万人保卫后方。日统帅部在派其精锐部队开赴奉天地区时,故意散布谣言,说日本第三军正向海参崴方向进发,以迷惑俄军,库罗帕特金果然上当,派出一些部队开赴南乌苏里边区。这样,俄军被调动的七零八散,原有的优势丧失殆尽,而日军原有的劣势却变成了局部的优势。日军准备主动向俄军发起进攻,先发制人,企图在会战一开始就掌握战争的主动权。

2 月 20 日,日军先声夺人,首先发起攻击,从东南方向对奉天实行包围迂回,进攻抚顺,当日占领了千合岭及榛子岭、小高力营、蛤蟆岭等地。22日,日俄两军在湾柳河边展开激战,日军攻占金斗峪后,开始调集主力部队准备攻打通向奉天的俄军重要据点清河城。清河城位于抚顺东南。俄军在城围依据天险筑有坚固堡垒。23日,大雪纷飞,天气异常寒冷,日鸭绿江军向清河城发起攻击。午后,雪越下越大,咫尺之间已辨不清人,日军继续猛攻,但直至天黑也未能攻下。24日,日军经过充分准备后,再次向清河城发起进攻,俄军奋力抵抗,由于伤亡惨重,在晚6时左右被迫弃城逃往马群丹。日军打死俄军150余人,获得小炮200余门,机关枪3挺,子弹约10万发,乘胜追击,由于天黑地险,未能再获新的战果。

鸭绿江军攻占清河城后,使俄军的左翼受到严重威胁。这时,库罗帕特金对其制订的作战计划开始发生动摇,做出了错误的战略判断,这为俄军在奉天会战的最后失利和俄国在日俄战争中最后失败埋下致命的祸根。库罗帕特金认为鸭绿江军的行动是日军的主攻方向,错误地认为该军是日军的主力,而把日军真正的主力第三军丢到了一边,同时也不再认为日军的主攻方向是指向俄军右翼。这样,库罗帕特金便下令俄第二集团军停止向奉天西南沈旦堡出击,轻易地改变了原订的计划,同时慌忙地将右翼预备队24个营向东调动,加强左翼,而这恰恰中了日军统帅部的计策。这样,日军便可按原订计划轻松地攻打俄军的右翼。

日军占领清河城后,第一、四、二军配合鸭绿江军或在中央或在左翼继续向俄军发起攻击,重炮轰击俄军阵地,而担任主攻的第三军则在隐蔽中迂回北上,向奉天西北方向进军。2月27日,日军开始以第二、第三两个军的兵力攻击俄军的右翼。而此时的俄军右翼只有第二集团军和一个师的预备队,且分布在绵延约100公里的战线上。俄军右翼在日军的攻击下,很快就陷入被动。27日,在王富岭和小堡等地,日俄两军展开炮战。入夜,俄军从四方台及温盛堡等地集中重炮,轰击日军铁路桥和前沿哨所。一部分俄军在夜色掩护下突入日军散兵壕内同日军展开肉搏。乃木希典从日本间谍的报告中得知,俄军在辽河沿岸防守稀疏,易于突破,于是便率第三军迂回前进,迅速突破辽河,又在辽阳西北渡过浑河,矛头直指奉天。

28日晚10时30分,日本满洲军总司令部向参战全体日军发出对奉天发起总攻击的命令,总攻击的时间为3月1日。日军自2月20日发动进攻起,始终是采取声东击西的战术,进攻俄军左翼的真正意图是掩盖日军主力包抄俄军的右翼,实现中间突破。当俄军遭到一连串挫折,担任主攻的第二集团军被迫在日军的强大攻势下收缩后,库罗帕特金又匆忙命令预备队从左翼再调回右翼,数以万计的俄军疲于奔命,虽不情愿,但也没有办法,只能在无能的库罗帕特金的指挥下跑来跑去。

3月1日,日军发起总攻。日军总攻的具体部署是:第一军继续加强对俄军左翼的攻击,扩大包围圈,支援已攻占了清河城的鸭绿江军,进一步威胁俄军的左翼。第二军攻击二台子、长滩之间的俄军,第四军攻打万宝山的俄军。日军主力第三军则在上述各军直接或间接的支持下,攻打四方台附近的俄军。不难看出,日军明显加强了对俄军右翼的打击。

总攻开始后，日军遭到俄军的顽强抵抗。俄军依托多层坚固的防线与日军苦战。日军在头道沟、东勾山、王家窝棚和李家窝棚等地受阻，但第三军却进展迅速，当日下午占领了俄军重要据点四方台，然后又乘胜北进，占领了大民屯和新民。新民位于辽河以西，奉天西北，是奉天俄军通往辽西的重要交通要冲，俄军在新民和奉天之间擅自筑有军用铁路线，其军需给养均需通过新民，新民失陷，使俄军的一条重要交通要道被扼断，使库罗帕特金十分恐慌。3月3日，俄军组织反击，库罗帕特金为此特意成立了一支特混部队，交由考尔巴斯统一指挥。反击预定在3月4日开始。

3月4日，日军自凌晨开始即对俄军务阵地发起攻击，频频取胜后，很快接近通往奉天的铁路线。特别是一支日军先后占领了苏胡堡、崔家堡、鱼鳞堡后，逼近沙坨子至旧铁路桥的俄军。俄军大股部队被迫从官林堡经边城向奉天附近的苏家屯车站退却，情况十分危急。这时，原准备在3月4日对日军发起反击的考尔巴斯却按兵不动。他以部队没有完成集中为借口，将反击时间推迟到3月5日，丧失了给日军以措手不及的打击的大好时机。3月5日至7日，考尔巴斯指挥俄军反击作战，虽然战斗进行得异常激烈，但始终没有达到预定的目的，被迫停止反击行动。日第三军多次打退俄军的进攻，有力地牵制住俄军的同时，继续北上向奉天逼近，奉天的形势更加危急。就在考尔巴斯停止反击行动的同一天，库罗帕特金命令俄第一、第三集团军放弃沙河阵地，迅速撤到浑河以北，以加强俄军右翼的力量，防止日军占领奉天以北的铁路线，阻止日军迅速逼近奉天市区。

匆忙放弃沙河阵地的俄第一、第三军，还没来得及在浑河岸边构筑新的防御工事。便遭到日军强有力的打击。9日，俄第一集团军的防线便被日军突破，日军开始从左翼迂回奉天；同日，日本第三军也出现在俄第二集团军的后方。深夜，奉天东部最重要的战略要地抚顺被日军占领，奉天危在旦夕。此时，俄军已陷入日军的包围之中。库罗帕特金急忙命令俄军向北部铁岭撤退。俄军纷纷逃命，使俄军阵地一片混乱。没有参战的哥萨克骑兵部队先于炮兵和步兵撤退，笨重的辎重堵塞了道路，进一步加剧了混乱，俄军丢弃的枪炮等武器装备和粮食不计其数。俄军撤退时，日军在后面追击使俄军雪上加霜，不少人陷入日军包围之中。9日的战况使日军统帅部极为兴奋。日军不仅占领了抚顺，而且一些先头部队已开至距奉天西北约2里的小集屯和距奉天以北约4里的三台子。奉天已是伸手即可夺取。

3月10日，俄军在奉天失守前进行最后抵抗。此时因天气渐暖，浑河水开始解冻，没有桥梁，给日军渡河造成不少困难，日军的突击时时受阻。日军集中兵力攻打抚顺北部的俄军阵地，在距抚顺北2里的会元堡处缴获轻便铁路货运车数百辆，并基本扫清了抚顺四周地区的俄军。日军加紧对奉天包围，并在鱼鳞堡东北至二台子一线及距奉天西约10里的马头西塔太平庄后塔一线布置重兵，追击堵截俄军，断其后路，使其不能逃窜。上午10时许，日军主力部队攻入奉天城，奉天会战又以俄军的惨败告终。

奉天失守后，俄军争先恐后逃跑，一时拥挤在距奉天约3里的三洼。数以万计的俄军集中在奉天公路及铁路线上，疲惫不堪，溃不成军。日军乘机集中火炮左右夹击。炮弹在人群中爆炸，血肉横飞，惨不忍睹。俄军官兵四处逃窜，相互践踏，进一步加重了俄军的伤亡。在日军的步步紧逼和围攻下,大部分俄军被俘虏。11日至12日,日军继续追击溃逃的俄军,在距奉天以北10余里处,又歼灭一部分俄军。自高力屯到距奉天约6里的黑沟子存有大批俄军的军火及各类军需品,也都落入日军手中。俄军主力部队虽最后冲出重围,经铁岭、开原等地逃至四平,但却付出了极大的代价。尽管如此,库罗帕特金却仍向沙皇谎报军情,说由于被日军包围,故需从奉天退却,但极为困难。日军向预定阵地进发时,秩序井然。但因沿奉天铁路行进会遭日军炮击,铁岭至奉天间道路险恶,所以后进时不如人意,特别是辎重庞大,需依次行进,更使部队行动缓慢等等。他把奉天失守的责任归结为中国东北地区距日本本土近,日本有海路运输之便,使兵员和武器装备能及时得到补充,同时情报工作出色,而从不提及他在指挥上一次又一次的失误。

奉天会战是日俄战争中陆上最大的一次会战,也是最后一次会战。俄军伤亡约12万人,日军伤亡7万人。沙皇一气之下撤掉了库罗帕特金的职务,将其降为满洲第一集团军司令,由李涅维奇代替他出任满洲陆军总司令。奉天会战结束后,俄军集结在四平等地待命。沙皇不甘心失败,继续加紧向东北地区派兵。沙皇更把希望寄托在正向远东驶来的太平洋第二舰队,希望这支舰队从波罗的海东来能消灭日本联合舰队,扭转日俄战争的形势。奉天会战虽以日军取胜结束,但日军在会战中也损失惨重,没有能力继续北进追击俄军。陆军在养精蓄锐的同时,日本海军在全力准备同远道而来的太平洋第二舰队决战。但是,连续不停地陆海军作战已使日军消耗过大,日军虽在战争中握有主动权,处于优势,但也感到再打下去,对日军不会有什么好处,在占领奉天后,日本满洲军总司令部开始向日军统帅部提出建议,认为在日军已占上风的情况下,军事行动可适可而止,现在应着手考虑如何通过外交途径来最终解决问题,在谈判桌上得到在战场上尚没得到的东西。

走向覆灭的航行

日俄战争爆发后不久,俄国即做出决定:从波罗的海舰队(后来又包括黑海舰队)中抽调舰船,组成太平洋第二舰队开赴远东,支援以旅顺和海参崴为基地的太平洋舰队。1904年6月2日,海军少将罗日捷斯特文斯基奉命开始组建这支舰队。该舰队由苏沃洛夫号旗舰等38艘主力舰和20余艘辅助舰船组成,下编3个大队,预订7月起航。

这支舰队是在极短的时间内匆忙拼凑而成的,各项准备工作十分繁杂,致使起航的时间一拖再拖。进入10月后,远东战场的形势已不允许再拖下去。太平洋第二舰队准备在10月中旬离港,但直至起航前,一些必要的准备工作仍没能完成,某些重要的设备只能在军舰启程后,在航行途中安装,一些官兵军事素质极差,也只能在漫长的航程中加紧培训。

10月15日,太平洋第二舰队在罗日捷斯特文斯基的率领下开始了1.8万余海里的漫长航行,驶向远东。起航前,沙皇尼古拉二世亲自检阅了舰队。他在发表演讲时,号召舰队全体官兵在对日作战中为沙皇政府献出一切,他说:为了保卫我们俄国的和平,为了俄国海军的名誉,一定要夺取胜利,凯旋返回祖国。日军间谍及时掌握了太平洋第二舰队离港的情报,报告了大本营。

舰队司令罗日捷斯特文斯基出生在一个贵族的家庭,1903 年起任海军总部参谋长。在 1877~1878 年的俄土战争中曾荣立战功。在俄国众多的海军高级将领中,他同那些平庸之辈相比,属于有识之士之列,但他生性骄横暴躁,经常辱骂训斥海军官兵,其中包括颇有名望的高级军官和海军舰长,所以罗日捷斯特文斯基并不为大多数海军官兵所喜爱。一些人背地里给他起绰号,认为他是舰队中最讨厌的人。

太平洋第二舰队起航时,俄陆海军在远东前线已接二连三失利,消息不断传来,严重地影响了舰队官兵的士气。不少官兵认为这次出航凶多吉少,不知是否还能回到俄国,极其悲观。既然强大的太平洋舰队已成为日联合舰队的手下败将,那么这支新组建的舰队能否经过长途航行打败日舰队,实在令人怀疑,特别是一些新入伍的年轻水兵对战胜日本海军更无信心,俄军一次次战败的消息使他们患上了恐日症,还没同日舰队交火,就已失去了斗志。太平洋第二舰队中有一些原黑海舰队的水兵,他们曾参加过俄国的革命运动,受到革命思想的影响,积极反对帝国主义的日俄战争,在舰队中秘密宣传布尔什维克的主张,反战思想在舰队广大水兵中迅速蔓延。

太平洋第二舰队的航线预定是从波罗的海经非洲南端好望角,直至海参崴。在全程1.8 万余海里的航行中,没有一个停靠的基地,因为按照国际法的规定,交战国的军舰不得在中立国港口停泊,这给舰队造成了很多困难,首先是加煤问题不好解决。每次加煤都需在公海解决,由于不能保证军舰在需要加煤的时候,加煤船都能及时赶到,所以每次加煤时,各舰都尽可能地多装煤,除了煤仓装满之外,在甲板上、轮机舱里,甚至在浴室和军官舱中,也都是煤袋子,使军舰严重超载。再加上漫长的航程使舰底挂满藻类和海草,致使船速变得越来越加缓慢。

由于受国际法的限制,舰队的后勤供应也受到严重影响,使原来生活条件就差的俄军水兵的生活更加恶化,如冷藏船电力系统出现故障后,不能及时得到修理,致使冷藏的700 吨冻肉腐烂变质,舰船长距离航行不能中途停靠码头修整,使船内老鼠蟑螂大量繁殖,传播疾病,病号不断增加,医疗船空前繁忙,船上的病房人满为患。舰队水兵失望与不满的情绪与日俱增,士气更加低落。

俄海军官兵的恐日症使太平洋第二舰队离港后便风声鹤唳、草木皆兵,仿佛日本舰队像个影子似的跟在俄舰队后面,无论如何也摆脱不掉。过度的恐惧与紧张使俄舰队不仅操作失误,事故百出,而且无论遇到什么船,都误认为是日本舰队到来,闹出了不少世界海军史上罕见的笑话。离开里巴夫港后仅两天,俄舰队驱逐舰奥斯利亚比亚号即与僚舰相撞,舰首的鱼雷发射管被撞坏,战列舰伟大的西索伊号和一艘炮艇的吊杆断裂。不久,因发动出现故障行驶在舰队后面的修理舰勘察加号,突然向舰队发出 SOS 紧急求救信号,并向旗舰苏沃洛夫号报告遭到 8 艘日本鱼雷快艇的袭击,罗日捷斯特文斯基当即命令舰队准备迎击日舰,勘察加号匆忙之中向四面八方发射炮弹近 300 发,事后查明,根本没有什么日本鱼雷快艇,而是因过度紧张而产生的一种幻觉的结果。10月22日夜,当舰队即将航行到多乌海尔班克附近时,俄舰队第一分队突然发现在海面前方燃起浓烟,罗日捷斯特文斯基虽然在浓重的夜幕中无法准确判断前方是什么船,却断然命令重炮猛轰,认为那里至少有20余艘日本驱逐舰。旗舰的探照灯指向那里,俄舰队的主炮、副炮、小口径炮就打向那里,经过一阵猛烈的激战后,才搞清楚前方原来是由海军少将恩克维斯特指挥的巡洋舰分舰队。罗日捷斯特文斯基急忙命令各舰停止炮轰,但处于极度紧张与恐惧之中的水兵仍速射了一阵子之后才停火。阿芙乐尔号巡洋舰多次被击中,船舷和烟囱被炸穿,人员也有伤亡。

太平洋第二舰队在驶往远东的途中,还曾把德国、瑞典、法国、挪威等国的商船误认为是前来截击的日本海军,匆忙开炮,但幸未击中。10月22日夜俄国舰队互相炮击时,曾把英国渔船误认为是日本的鱼雷快艇,顿时数百门大炮齐轰,英国渔船克兰号、莫利米恩号、米纳号和斯奈普号当即被炸沉或重创。尽管英国渔民拼命呼救,一些被击中的渔船燃起熊熊大火正在下沉,但俄舰队却置若罔闻,从其附近迅速驶过而不肯搭救,俄军官担心在燃烧的渔船附近会隐藏着日本军舰,所以尽快脱离现场以保自己安全而不顾英国渔民的死活。

俄太平洋第二舰队炮轰英国渔民并见死不救的消息传到英国国内,使英国政府和各阶层英国人极为愤怒,引发了一场外交纠纷,英国政府甚至以武力相威胁。当俄舰航行至西班牙的大西洋海岸的维戈时,罗日捷斯特文斯基从俄国总领事那里了解到了炮轰英国渔船一事已造成了极为严重的后果,于是派遣克拉多上校等3人回国进行解释。英国由于同日本已结成同盟,所以对此事大张旗鼓地宣传,当时正值英国舰队1805年在特拉发加海战大败拿破仑的法国和西班牙舰队99周年,所以对此事件便进一步渲染,俄国海军将领最终被推上了设在巴黎的国际调查法庭。该法庭由包括3个中立国的5名海军将领组成,俄军杜巴索夫上将等到庭陈述了事件的经过,并对英国进行了赔偿。

然而,太平洋第二舰队并没因此而被英国谅解。英国舆论继续大骂俄舰队是海盗,要求严惩该舰队司令罗日捷斯特文斯基,同时派出自己的舰队监视俄舰队的动向,对其进行武力示威和军事挑衅。20余艘装备精良的英国巡洋舰,有时跟在俄舰队的后面,有时横穿过俄舰队的航线,也有时与其并肩航行,或者对俄舰队形成半圆形的包围圈。俄舰队由于误击英国渔民,已欠下了一笔账,而且重任在身,要尽快赶到远东,所以只得忍下这口气,听任英国海军的挑衅,直至驶近非洲大陆的水域后,英舰队才返回。

俄舰队航行到非洲海岸的丹吉尔港后,停泊补充给养。丹吉尔建于公元前2世纪,因是在非洲西北角由大西洋进入直布罗陀海峡的入口,地势险要,所以近几百年来一直是欧洲大国争夺的地方,当时由法属殖民地摩洛哥管辖,因俄法结盟,所以俄舰队在这里受到了较好的接待。数日后,俄舰队补充好煤炭和食品离港时,舰队一分为二,分两路驶向远东。一路由罗日捷斯特文斯基率领,主要是设备和性能较好的舰船,绕行好望角前进,另一路由海军少将弗尔克萨姆率领,经由地中海和苏伊士运河前进,两路将在马达加斯加附近汇合。此外,单独行驶的几艘驱逐舰和辅助巡洋舰也将在马达加斯加附近汇齐。

俄两支舰队先后在达卡、法属刚果、德属西南非和比塞大、克里特岛的苏达湾、塞得港、吉布提、瓜达富伊角等地加煤,长时间的超体力劳动,加上热带航行气候燥热,使俄军官兵的身体状况进一步恶化,并直接影响士气,斗志低下,纪律涣散。1904年12月28日、29日,两支舰队历尽艰辛,终于到达了马达加斯加水域。

罗日捷斯特文斯基率舰队抵马达加斯加后,原拟停靠两周后,在1905年1月14日起航。在这之前,他已被沙皇政府晋升为海军中将,并授予陛下侍从长的称号。但他很快接到命令,首先他须同仍停泊在马达加斯加努西贝岛的弗尔克萨姆的舰队汇合,然后再等待由涅鲍加托夫海军少将指挥的太平洋第三舰队由波罗的海里巴夫军港赶来,待三方面的力量汇齐后,再向远东行驶。

罗日捷斯特文斯基收到命令后极为不满,这样一拖至少要有8~10周,他的自尊心也受到损害,似乎新组建的太平洋第三舰队不赶来参战,就不能战胜日本海军。罗日捷斯特文斯基大发雷霆之后,精神一蹶不振,甚至要向沙皇政府提出辞职。罗日捷斯特文斯基率舰队经圣诞岛,向努西贝岛驶去,但积愤攻心,他终于病倒了。罗日捷斯特文斯基患病后,俄舰队几乎无人指挥。这时,弗尔克萨姆的健康状况也明显恶化,同样放松了对俄海军官兵的管理。俄官兵可以轻易地离舰上岸,没有任何顾忌地出入酒吧、赌场甚至妓院,一些法国、德国、英国和荷兰的妓女纷纷赶到努西贝岛赚俄国人的钱。俄军官兵酗酒后行凶斗殴的事更是层出不穷,他们通过各种渠道千方百计把烈性的酒弄到舰上。水兵们不知道今后等待着他们的将是什么样的命运,所以大肆挥霍手里的金钱,钱花光了就去偷去抢,激起当地居民的严重不满。

罗日捷斯特文斯基病初愈后,向沙皇政府明确提出辞职,要求解除他的舰队司令职务,但被拒绝,于是他只得拖着病体,继续指挥舰队。他下令禁止官兵随意上岸,当地的商人及其他市民不得登舰,执勤时严禁饮酒,同时强行关闭了岛上主要是为俄海军官兵服务的赌场、酒馆和妓院。

俄太平洋第二舰队停泊在努西贝岛等候涅鲍加托夫率领的太平洋第三舰队到来时,连续传来俄军在远东前线接连失利的消息:203高地被日军攻下,旅顺失陷,太平洋第一舰队覆灭,奉天会战俄军惨败,俄国国内爆发了矛头指向沙皇专制制度的资产阶级民主革命。此时,长期的停泊使俄军的给养发生危机,官兵们缺吃少穿,甚至衣不遮体,食不果腹,纳希莫夫海军上将号等舰船出现了哗变事件。

罗日捷斯特文斯基决定不再等待远道而来的太平洋第三舰队。3月14日,他率舰队离开马达加斯加,而此时,太平洋第三舰队还在克里特岛。当由45艘舰船组成的庞大的舰队驶出时,两艘法国驱逐舰前来送行,桅杆上高悬着"祝一路顺风"的信号旗,罗日捷斯特文斯基则命令军乐队在旗舰苏沃洛夫号的甲板上演奏法国国歌,作为回礼。

太平洋第二舰队离开马达加斯加努西贝岛后,便"失踪"了,日本和不少国家都在猜测它的航线,但都得不到证实,以至有的报纸报道说,该舰队已奉召回国,现正在归国途中。实际上,俄舰队继续按既定目标航行,只不过是在3个多星期的航程中没有遇到过任何船只。4月5日,苏门答腊海岸已出现在远方,4月8日,舰队到达新加坡海域,新加坡市街的行人车马历历在目。

太平洋第二舰队在新加坡得到了俄陆军在奉天最终战败的消息,这样,改变俄国在这场战争中所处劣势的重任,就完全落到了海军身上。这时,罗日捷斯特文斯基从俄国驻新加坡领事处得知,太平洋第三舰队已离开法属索马里的吉布提。领事还向他转交了俄国政府的训令。训令是由海军部签署的,命令他将舰队开往法属印度支那海岸的金兰湾,在那里等待太平洋第三舰队,与其汇合后组成联合舰队,打败日本舰队,并驶向海参崴。到达海参崴后,将舰队的指挥权交给海军上将阿维兰,不得有违。阿维兰已被任命为舰队司令,正由陆路前往远东。

罗日捷斯特文斯基对沙皇政府由失望进而完全绝望了。他被迫将舰队开往距西贡以北约200海里的金兰湾。但他对因长途航行而粘满船底的水草和海藻不去清理,对各舰船也不去检修,而是消极等待。日本政府认为俄舰队停泊在金兰湾港是明目张胆地破坏国际法,开始向法国政府提出抗议。4月22日,海军远东舰队副司令德·琼凯尔少将命令俄舰队离开,罗日捷斯特文斯基则将舰队开往距金兰湾港仅40海里的万丰湾,继续同法国周旋,直至5月9日太平洋第三舰队驶到,两支舰队会师,组成了一支由50艘舰船组成的庞大的舰队,新组建的联合舰队由罗日捷斯特文斯基任司令,弗尔克萨姆任副司令。5月1日,俄舰队起航,罗日捷斯特文斯基要求俄海军官兵用血来洗刷以往的耻辱。

5月25日,俄舰队最后加了一次足以够航行到海参崴的煤,加煤期间,长期患病的海军少将弗尔克萨姆死了。罗日捷斯特文斯基下令此事不得向任何人宣布,其继任者涅鲍加托夫也不例外。弗尔克萨姆的旗号仍像以往一样飘扬在第二战舰支队的旗舰奥斯拉比亚号上。由于煤加得过多,所以各舰的吃水都很深,缓慢地继续向海参崴方向驶去。

俄舰队自波罗的海起航后,日军即密切注视其动向。2月初,日本联合舰队的修整基本结束。2月中旬,海军官兵奉命登舰,结束休假。2月21日,东乡平八郎率第一、第二舰队驶入位于朝鲜南岸的镇海。镇海港是日海军的秘密基地,港口四周有天然屏障,港内水深且平静,极宜停泊大型舰队,且不易被发现。第三舰队则在出羽重远的率领下驶入对马的竹敷港,在通向海参崴的广阔水域上布设水雷,防止日后交战时俄舰队经此逃向海参崴,同时防止仍残存在海参崴的俄舰驶出海参崴助战。

经过检修和重新装备的日舰和充足休息的日海军官兵,做好准备迎战经过1.8万海里长途跋涉的俄舰队。日军抓紧战前的短暂时间进行实战训练。其中包括战略和战术演习,着重提高同俄舰队对抗的能力,提高鱼雷快艇攻击的效率。无论是白天还是夜晚,也无论是晴天还是风雨交加的恶劣天气,训练都不停止。东乡平八郎向部下说:取得海战胜利的秘诀,在于平时要积累和钻研战术,战时则要随机应变,因势利导,而要做到这一点,主要是靠实践,而不是靠书本知识。

日军利用其在距基地较近的海域作战的优势,有更多的时间进行备战。双方一旦交火,浓烟升腾,烈火燃烧,加上水雾弥漫,往往会将舰船隐没其间,在激烈的混战中看不清楚,无法准确分清敌我舰船。于是,日舰军官将俄舰队主力舰的舰形描摹下来,反复让水兵熟悉识别,同时想方设法让他们记住俄舰的船名。

日俄海军决战前,双方都紧张地开始了间谍战,日本尤甚,不惜投入大量人力和巨额资财。日俄战争爆发后,仅仅靠驻外使领馆的外交官搜集情报已不够了,于是派出谍报人员化装成旅行者和一般平民在远东和欧美、东南亚进行间谍活动,所获情报汇集到日军最高统帅部和满洲军总司令部进行分析使用,成为日本政府决策的重要依据之一。日本情报人员还用重金收买俄奸,千方百计刺探俄军舰的动向。日本相继派出香港号、日本号轮船和巡洋舰南下进行谍报活动时,大量派人四处散布谣言迷惑俄军。在一个代号为"水鸟"的行动中,日间谍在新加坡一带大肆散布日本主力舰和潜水艇频繁活动的假情报,俄国人果然上当,俄国驻新加坡领事鲁道诺夫斯基将此作为重要情报报告给罗日捷斯特文斯基率领的舰队,而且说这是确切的准确情报,并煞有介事地说:东乡平八郎指挥的 22 艘日海军主力舰,已在 3 月 5 日来到新加坡,位于婆罗洲的拉布安岛,巡洋舰队和驱逐舰队则隐蔽在纳土纳群岛。这个消息很快传遍俄舰队上下,官兵们人心惶惶,迅速进入临战状态,使原本已十分疲倦的俄军心神不定,草木皆兵,无论在体力上还是在精神上一刻也得不到安宁,尽管在新加坡附近水域,根本就没有一艘日本军舰。

俄舰队为完成既定计划,顺利抵达远东的海军基地海参崴,重新夺取制海权,想方设法躲避日舰队,而且还派出一些无关紧要的舰船离开主舰队,到日本海东岸游弋,转移日舰队的视线。俄舰队开赴海参崴有 3 条路线可走,其一是穿过朝鲜半岛与日本本土之间的对马海峡;其二是穿过日本本州岛和北海道之间的津轻海峡;其三是穿过北海道与库页岛之间的宗谷海峡。究竟走那条航线,罗日捷斯特文斯基长时期举棋不定,因为选择其中的任何一条航线都各有长短,日舰队高级将领在东乡平八郎的主持下,加紧分析来自各方面的情报,力争准确地判断出俄舰队的行踪,集中优势兵力将其在到达海参崴之前消灭,保证日本在这场战争中取得最后胜利。

走对马海峡路程最近,但极易被日舰队发现,风险最大,而走其他两条航线因是从太平洋迂回,所以航程长,但被日舰队发现的可能性小。一向专横跋扈的罗日捷斯特文斯基此时也没了主意,破天荒地召集军事会议,请各舰指挥官充分发表意见,决定驶向海参崴的具体航线。经过综合比较,权衡利弊,俄舰队最后决定走对马海峡,因为走津轻海峡同样要冒一定的风险,该海峡狭窄,也容易被日舰队监视网发现或被两岸炮火击中,同时海峡水流湍急,不适宜大舰队编队航行;而宗谷海峡在当时适逢多雾时期,一个月之中难得有几天能看清楚前方的航线,当浓雾笼罩住海面时,几米之外就什么也看不见。如此庞大的舰队若由此穿过,即使不被日舰击沉,也难免自相碰撞而险象环生,以至葬身于无情的大海之中。

罗日捷斯特文斯基做出通过对马海峡的决定后,开始积极准备,5 月中旬,一艘被日本雇用的挪威商船从俄舰队附近驶过,被俄舰队扣留强行检查。这时,俄军官奉罗日捷斯特文斯基的命令,故意将俄舰队即将通过对马海峡一事透露给商船船长,希望该船长能将此消息报告给日本人,日方则认为这是故意欺骗,而将主力调到北方航线去,而放松在对马海峡水域的防御,从而使俄舰队能顺利地或以较小代价通过,安全抵达海参崴。

挪威商船船长果然将此情况报告了日方，并很快传到了东乡平八郎耳中。他在三笠号旗舰上同联合舰队的高级将领立即就此情报进行了研究。众将领其说不一，但最后，以东乡平八郎为代表的一种意见占了上风，即认为这是俄国人的计谋，他们企图让日舰队加强津轻、宗谷海峡的警戒，而出其不意地走对马海峡。东乡平八郎表示，决不能受俄国人的迷惑，立即加强同俄舰队在对马海峡作战的各项准备。

日舰队参谋部门将对马海峡及附近海域，制成较精密的地图，地图上标有准确的经、纬度，警戒对马海峡的日舰船均发有这种地图，一旦发现俄舰队驶来，监视船则可按着图上标出的准确位置立即报告，迅速做出反应。当时日军虽然已全歼旅顺港内的太平洋舰队，陆军在前线也接连获胜，先后占领辽阳、旅顺和奉天等战略要地，但却也付出了极大的代价，无力再长期坚持下去，希望能尽快以日本获胜结束战争。因此，即将开始的日俄海军大战成为决定日本能否在这场战争中获胜的最后决战。东乡平八郎像赌徒一样，把最大的赌注压在俄舰队一定要通过对马海峡上。东乡平八郎将主力集结在对马海峡，准备同俄舰队在对马决战的同时，在朝鲜镇海湾日本海军秘密基地以北约 300 海里处，又建立了一个海军基地，以防备一旦判断出现错误，俄舰队北上走津轻海峡或宗谷海峡时，能使日本联合舰队在此处集结，同俄舰队作战。

在日本联合舰队四处寻找俄舰队的踪迹时，俄舰队也在千方百计了解日本舰队的准确位置。罗日捷斯特文斯基认为日本在对马海峡只部署了少量舰船，而主力舰均在台湾澎湖列岛水域，凭借其庞大的舰队的实力，从对马海峡通过是不成问题的。5月下旬，俄舰队侦听到日舰的无线电报，说仍没有发现俄舰队，进一步增加了罗口捷斯特文斯基从对马海峡通过的决心。殊不知，日舰队已做好在对马海峡水域同俄舰队展开决战的准备，东乡平八郎将《孙子兵法》视若法宝，即使在激烈的日俄战争中也手不释卷。他大抵深知孙子所说"以近待远，以逸待劳，以饱待饥，此治力者也"这句话的含义，并以此来对付俄国舰队。对马海峡海战，即从拿破仑战争到第一次世界大战期间，世界海战史上规模最大的一次海战即将开始了。

对马海峡海战

5月20日，东乡平八郎命令联合舰队进入战位，准备在对马海峡迎战俄舰队。为此，联合舰队分成 6 个分舰队。5 月 25 日，俄舰队从台湾出发，冒雨向北航行，上午 9 时，罗日捷斯特文斯基向舰队宣布了俄舰队将通过对马海峡的航线。为了减轻负担，他命令 8 艘辅助舰船开往上海，另外 6 艘开往西贡。

日本在远东的间谍立即捕捉到了这一珍贵的情报，并立即报告了联合舰队。东乡平八郎由此推断，既然俄舰队的辅助舰船开入上海，那么整个俄国舰队也一定距此不远。日舰队派出侦察船信浓号加紧搜寻俄舰队的准确位置。5 月 27 日 2 时 28 分，信浓号在对马海峡西南方发现了俄舰队医疗船阿寥尔号的灯光。由于在 4 天前，即 5 月 23 日，佐渡号侦察船曾误将日本联合舰队第三分舰队的数艘军舰当成俄舰,报告发现敌情而虚惊一场,所以信浓号没有立即报告,而是在夜幕掩护下迅速接近闪烁着灯光的舰船,进一步侦察。两舰距离渐渐接近,天色也愈来愈亮了,日水兵突然发现在前方那艘船的右后方有无数道烟雾正在缓缓地升腾,原来是一支庞大的舰队正在列队行进。信浓号立即将发现敌舰的消息向联合舰队报告。随后,和泉号巡洋舰也将有关俄舰队的更详细的情报报告了联合舰队。值得奇怪的是,当和泉号巡洋舰追随在俄舰队进行侦察时,已被俄舰发现,并监听到该舰正用密码不时地发报。在长达1小时的时间内,又在近在5海里的距离,罗口捷斯特文斯基只命令苏沃洛夫号旗舰右舷的主炮和舰尾的炮塔炮瞄准和泉号,却始终不下令开炮,而且不允许俄舰对日舰的无线电通讯进行干扰。

东乡平八郎获悉俄舰队已出现,并正是按照他所估计的将从对马海峡穿过,非常激动。既然俄舰队不会从津轻海峡或宗谷海峡通过,堆在日舰甲板上的煤炭已成多余之物,东乡平八郎命令各舰迅速将煤炭抛向大海,并将所有的易燃品转移到有装甲防护或吃水线以下的地方;甲板经清洗后也均匀地撒上沙子防滑。在东乡平八郎的率领下,日第一、第二、第四分舰队,第一、第二、第五驱逐舰队,第九、第十四、第十九鱼雷快艇队,计40余艘,浩浩荡荡地从镇海海军基地驶向日本海。已在对马海峡的第三舰队则从竹敷港驶出,协同各舰队共同对俄舰作战。

罗日捷斯特文斯基知道同日海军决战已不可避免。当日上午11时30分左右,他命令俄舰队改变队形,准备迎战;第一、第二分队提高速度行驶到另一纵队前面,但却没有命令该纵队同时减速,结果众多的舰船相互拥挤,队形顿时大乱,直至日联合舰队距俄舰只有10海里时,俄舰队仍没有摆脱混乱局面,形成单列纵队的战斗队形。

下午1时40分许,日本舰队发现了俄舰队。此时,东乡平八郎已根据侦察船的电报,较准确地掌握了俄舰队的速度及火力配置,以及行动方向等。为了使日舰队能有更广阔的活动余地,他按照预定计划,决定让俄舰队通过对马海峡再实行攻击。

下午1时55分,东乡平八郎在旗舰三笠号上向舰队发出战斗信号:"帝国兴亡在此一战,全体将士奋发努力!"2时零2分,两支舰队的距离为8500米,已进入12英寸重炮的有效射程,俄舰队开始炮轰,但日舰队仍不还击,东乡平八郎决定要同俄舰队展开近战,充分发挥大口径火炮的威力。2时零5分,东乡平八郎指挥日舰截断了俄舰队的航线,在距其不远的海域向左转弯,即日本史书所称著名的"敌前大回头",准备绕一个"U"字形,抢占有利的攻击位置,使日舰队航行在俄舰队正前方,防止其逃跑。不过,这却要冒极大的风险,因为日舰队向左转航时,它们会被其他日舰挡住视线,俄舰却可集中炮火猛轰暂时处于盲区的日舰。但是,俄舰队当时因急于由行军队形变成作战队形,一时陷于混乱之中,自顾不暇,没有抓住这一可能重创日联合舰队的有利时机。2时11分,日旗舰三笠号率先完成大转向,开始猛轰俄主力舰,两支舰队在相距大约6000米处展开激战。

日舰队利用其速度上的绝对优势,采用"T字横头"的战术,集中火力攻击俄舰队旗舰苏沃洛夫号和奥斯利亚比亚号。所谓"T字横头"战术是20世纪初海战的一种典型战术,日舰队将原来的进攻纵队以约 90 度角从俄舰队队列前穿过,并以舷炮齐射的密集火力攻击俄舰队纵队前进的主力舰,以争取尽快歼灭其主力。此时,日舰与俄舰的距离已不到 1 海里,使日本水兵射击的命中率不断提高,他们所使用的烈性炸药炮弹远远优于俄军,对俄舰产生了极大的破坏力,烟囱、主桅和炮位迅速被摧毁,甲板被炸成碎片,人员伤亡数以百计。俄海军上校符拉季米尔·谢缅诺夫当时说:"一枚日本炮弹充分爆炸时所造成的破坏,相当于我们 12 枚充分爆炸的炮弹,而我们的炮弹却又很少能充分爆炸。"在激烈的对马海战中,俄舰重炮一次又一次发射出哑弹,犹如火上浇油,助长了日舰队的攻势。

俄舰队旗舰苏沃洛夫号和奥斯利亚比亚号成为日舰队的众矢之的。罗日捷斯特文斯基所在的苏沃洛夫号旗舰在交火不久就伤痕累累,下午 2 时 30 分,该舰的船舵中弹,失去控制,被迫离开队列。日舰乘此机会更加狂轰猛打,该舰的主桅、烟囱、位于舰尾的 12 英寸重炮炮塔瞬时都被炸飞,全舰除 1 门重炮外,也都被打哑。罗日捷斯特文斯基被炸成重伤,不省人事,已无法继续指挥,约 3 时许,他离开了正熊熊燃烧着大火的旗舰,转移到另一艘驱逐舰上去,与此同时,挂出了"由涅鲍加托夫海军少将指挥"的信号旗。

奥斯利亚比亚号旗舰的命运并不比苏沃洛夫号好。它的主桅上虽依然挂着弗尔克萨姆海军少将的帅旗,但他已病死,舰上存放着装着其尸体的密封棺材。在日本战列舰富士号、敷岛号和数艘装甲巡洋舰的围攻下,该舰甲板变成了一片火海,不时有几枚炮弹落下,火光闪耀处升起一股股浓烟,俄海军官兵伤亡惨重,很快便无还手之力,各类型舰炮统统都被打哑,任凭日舰将其作为一个不会还击的目标穷追猛打。奥斯利亚比亚号船体头前部分的吃水线处被两枚 12 英寸重炮炮弹击中。舰头的钢甲被打落,露出了一个大洞,汹涌的海水立即灌入,船头迅速下沉,急剧向左侧倾斜,3 时 30 分终于沉没,900 余名官兵同时落水,只有 330 名被匆忙被赶来的 4 艘驱逐舰救起,其余都葬身大海。沉船的碎片随着巨浪起伏,向四处漂去,弗尔克萨姆的密封棺材也在其间随波逐浪,此时已没有任何人能顾得上他了。

俄舰队的两艘旗舰在开战后不久一艘被重创,一艘沉入海底,使俄海军官兵的士气严重受挫。战列舰亚历山大三世号、博罗季诺号和西索伊-维利基号成为日联合舰队新的集中攻击目标,结果这些主力舰很快又多被击中起火,炮塔和舰面等关键部位被击中,不得不退出战斗行列。

俄日两支舰队的巡洋舰,是在稍晚的时候投入战斗的。下午 2 时 45 分,日联合舰队第三、四分舰队与俄舰队的第一巡洋舰分舰队开始交火。日舰参战有 16 艘,而俄舰只有 8 艘,由于海面雾大浪急,主要作战的又都是轻型战舰,所以战斗不如日俄双方主力舰交火时打得那么激烈,但双方互有重创。日舰浪速号和高千穗号被击中要害,不得不退出战斗进行紧急抢修,笠置号在 3 时零 8 分被俄舰重炮击中要害,海水涌入船舱,不得不在千岁号护送下返回基地。俄海军少将恩克维斯特少将指挥的巡洋舰分舰队也有不少舰船被击中起火,失去战斗力。3 时 30 分,属于巡洋舰分舰队的 10 余艘俄国驱逐舰向日联合舰队第四分舰队发起进攻,但很快被击退。

到下午 4 时，对马海峡海战进行两个多小时后，日俄双方进入了混战阶段，但此时种种迹象已表明，俄舰队在这场大海战中败局已定。除两艘旗舰外，俄主力舰也大多受损，俄舰队的首尾在日舰的攻击下，已失去联系，一支庞大的舰队完全被割裂开，战斗力急剧下降，更严重的是，俄舰队准备驶往海参崴的航路，已被日联合舰队有效地封锁，俄舰队若想冲出一条航路逃向海参崴已是难上加难。

　　这时，涅鲍加托夫海军少将率领的第三分舰队同第二巡洋舰分舰队，开始汇合在一起。涅鲍加托夫在旗舰尼古拉一世号指挥俄舰用舷炮攻击日舰，数艘日本巡洋舰中弹。4 时 45 分，日本第五、六分舰队投入战斗，集中火力攻打俄国巡洋舰，第二巡洋舰分舰队的旗舰斯韦特拉娜号被击沉，其余各舰则四处逃命，向海参崴方向突围无望后，转而向南驶去。珍珠号、奥列格号、阿芙乐尔号巡洋舰和另外两艘驱逐舰及 3 艘军需船逃往菲律宾，被解除武装后扣留，直至战争结束。由于失去了有武装攻击能力的巡洋舰的保护，一些辅助舰船的命运就更加悲惨，只得听任日本舰队的宰割，俄罗斯人号、乌拉尔号、勘察加号和伊尔季什号拖船被击沉，两艘医疗船被俘。

　　下午 5 时许，两舰队的主力舰再次相遇，但此时的俄舰已无法同几小时之前相比，一艘艘千疮百孔，危在旦夕，亚历山大三世号的舰首被炸裂，海水不断涌入，最终在 7 时沉没，舰上官兵无一人幸存。10 分钟后，已被重创的博罗季诺号前炮塔被富士号重炮射来的炮弹击中，发生猛烈爆炸，迅即下沉，全舰只有一人生还。7 时 20 分，已经体无完肤的苏沃洛夫号在已完全失去战斗力的情况下，遭到日鱼雷艇毁灭性的攻击，随着一阵阵猛烈的爆炸声，苏沃洛夫号沉入海底，最初幸免一死的俄海军官兵全部落入水中。

　　经过 5 个小时的激战，日本联合舰队以极小的代价取得了决定性的胜利。俄舰队的 12 艘主力舰中仅有 7 艘幸存，但却完全丧失了作战能力。晚 7 时 30 分左右，东乡平八郎命令联合舰队的主力舰撤出战场，向北驶往松岛水域集结，他准备用驱逐舰和鱼雷快艇在夜间向残存的俄舰队发起新的攻击。

　　天黑之后，日联合舰队中的 21 艘驱逐舰和 40 艘鱼雷艇组成的夜袭部队，奉命出动，全力袭击俄舰队。这些舰艇白天大都没有参加作战，在港内养兵蓄锐，此刻正是大显身手之时。当晚日舰队的部署是从四个方向围歼俄舰队，其中第一驱逐舰分队从北面，第二驱逐舰分队和第九鱼雷艇队从东北面，第三驱逐舰分队从东面，第五驱逐舰分队从东南面，此外，第一、十、十五和十七、十八鱼雷艇队则从南面追击。日舰队严格实行灯火管制以利偷袭，在黑暗中，两艘日舰猛烈相撞，被迫退出战斗。

　　俄舰在白天的战斗中已大多受损，行动缓慢，有些重炮也受损坏，无法使用。俄水兵平日缺乏不开探照灯反击鱼雷艇的经验，所以打开探照灯后立即成为日鱼雷艇瞄准的目标，接二连三被射来的鱼雷击中。日舰队由于在白天的战斗中已占绝对优势，现在的对手又多是中弹累累犹如惊弓之鸟的伤舰，所以鱼雷艇多是在距俄舰 400 米时才发射，有助于提高命中率。在夜晚的鱼雷战中，战列舰西索伊-维利基号、装甲巡洋舰纳希莫夫海军上将号、纳瓦林号被击沉。其中纳瓦林号的 622 名船员全部丧生。莫诺马赫号装甲巡洋舰在白天的战斗中基本上没有受损，但在夜间却中鱼雷受重创，因船头被炸毁而失去控制,但其仍将向自己发射鱼雷近在咫尺的日鱼雷艇击沉后,宁将无法继续航行的船自沉,由涅鲍加托夫率领的第三分舰队由于受过夜间反鱼雷快艇进攻的训练,所以在夜战中损失不大。在27日夜的鱼雷战中,日舰队进一步扩大了战果,而自己损失却不大,计有3艘鱼雷快艇被击沉,5艘受损,87人伤亡。

自5月28日凌晨起,对马海战进入了最后阶段。代替罗日捷斯特文斯基行使指挥权的涅鲍加托夫率幸存的俄舰继续向海参崴方向航行,但此时除涅鲍加托夫所在的旗舰尼古拉一世号以外,跟随其后的只有阿普拉克辛海军元帅号、谢尼亚文海军上将号、绿宝石号和鹰号4艘军舰。这一天天气特别好,万里无云,风平浪静,能见度极佳。约9时许,日本联合舰队发现了这5艘俄舰,并立即将其包围。在距俄舰约6500米时开始炮击。

涅鲍加托夫此时已完全丧失斗志,他所在的位置距海崴约有300海里,而且已被50余艘日舰包围,再同日舰对抗下去无异于以卵击石,所以他下令对日舰队的炮轰不再还击。他对其他的海军军官说:唯一能拯救2000余名官兵生命的道路只有一条,那就是投降。大家如能继续活下去,还有机会为国效劳,希望诸位能授权我挂起白旗。见没有人表示异议,一名参谋迅即将一块白台布挂到桅杆上。日舰虽见尼古拉一世号已升起白旗,但恐怕其中有诈,仍继续炮轰不止,直至挂起日本国旗才停止。下午1时左右,涅鲍加托夫在日本联合舰队的旗舰三笠号上签署了投降书。载有罗日捷斯特文斯基的俄舰大胆号在此之前也投降了。该舰升起了白旗,参谋长库伦向日方表示,俄舰队司令因负重伤危在旦夕,为挽救长官的生命,我们停止一切军事行动,希望得到日军的帮助。罗日捷斯特文斯基投降后,被送回佐世保海军基地的日军医院。

日海军官兵以胜利者的身份踏上投降的俄舰,骄横狂妄,不可一世,激起一些俄国水兵的反抗。当一些日军登上鹰号舰时,几名俄国水兵企图将船底阀门打开,使该舰自沉,与日本人同归于尽,结果不慎被日军发现,当场均被枪杀。绿宝石号不肯服从涅鲍加托夫向日舰队投降的命令,加速冲出日舰的包围,向海参崴方向逃去,为躲避日军,该舰被迫绕道,航行中燃料用尽,在距海参崴以北约150海里处触礁搁浅,船员被迫将其炸沉。

俄国海军上将斯克里德洛夫在海参崴焦急地等待着太平洋第二、第三舰队的到来。直至5月29日,金刚石号巡洋舰缓缓驶来,向他报告了俄舰队全军覆没的消息,稍后,一艘驱逐舰和一艘运输舰也赶来。庞大的俄舰队经过1.8万海里的远征后,只有3艘小型舰船按既定计划抵达海参崴,对马海战以俄舰队的彻底失败而结束。在这场举世闻名的大海战中,除突围驶抵海参崴者3艘外,俄舰队被击沉22艘,被俘7艘,逃往中立国港口6艘。人员阵亡近5000人,被俘6142人。此外,逃往中立国被扣留1862人。日联合舰队方面则仅损失了3艘鱼雷艇,阵亡117人,伤587人。

早在日俄战争爆发前,日本便想把库页岛夺到手,但一直未能得逞。对马海峡大海战以日本获得彻底胜利结束后,日统帅部为了在日后媾和中能得到库页岛,并加强日本在谈判中的地位,于1905年6月17日制订了“桦太(库页岛)远征作战计划”,准备派出精锐的独立第3师进军库页岛。6月8日,该师奉命在海军的掩护下,向库页岛进发,并于7月9日和24日,分两批在科尔萨科夫和亚历山大罗夫斯克及雷伊科夫先后登陆,并迫使俄守军在 7 月底投降。日军统帅部下令组建了"桦太守备军"守卫库页岛。对马海峡海战和日军占领库页岛后,日俄战争的军事行动基本结束了。

土耳其凯末尔革命

当土耳其面临空前严重的民族危机时,软弱、怯懦的苏丹政府不仅毫无振作之举,反而甘当傀儡,事事仰英国人鼻息。苏丹瓦希代丁除关心保持其帝位外,对其他国事一概不问,达马德·费里特里内阁则对"只要是能够保全苏丹以及他们个人生命的事"一概准备表示同意。瓦希代丁和费里特甚至加入"英国之友协会"这类卖国组织,准备将奥斯曼土耳其帝国领土寄予英国的保护之下。

土耳其人对于这样一个政府已经不抱任何幻想,他们成立了"色雷斯和土耳其欧洲部分协会""东方各省护权协会""特拉布松和邻省区中心会",以及伊兹密尔的"反对兼并协会"等爱国团体,谋求自救之路。当苏丹政府死心塌地执行英国人的命令,交出要塞和军舰,收缴枪械、遣散军队,要使自己的国家彻底丧失反抗能力的时候,土耳其人民则纷纷拿起武器保卫自己的家乡。1919 年 5 月底,希腊人开始扩展占领区,他们从伊兹密尔出发,分别向马尼萨、艾瓦勒克和艾登、纳济利一带推进。在艾瓦勒克,入侵军受到了以阿里贝为司令的一支约 600 人的土耳其军队的阻击,虽然土耳其人未能阻止希军的前进,但这次交火却揭开了民族解放战争的序幕,此后,希腊人在进军的沿线到处受到民族自卫军的袭击。5 月 28 日,民族自卫军突袭已经进入艾登的希军,并迫使敌人一度撤出该城。不过,这些自发性的武装力量人数不足,缺乏统一指挥,兵器亦极简陋,无法抵挡希腊正规军的进攻。希腊人不久就达到了他们的目的,其占领区北接海峡联军共管地带,南逾大门德雷斯河与意大利的占领区域相连,西临爱琴海,东越艾登与马尼萨一带。达到上述目标后,希腊暂时停止了军事行动,转而谋求实现其政治目标,即企图通过国际公约的形式将其侵占的领土合法化。这样一来,土耳其国民自卫军在占领区周围地带的游击活动,便构成了一条从艾瓦勒克至纳济利、萨赖克伊的防线,双方在一个时期内处于一种军事对峙状态。

另一方面,占领安纳托利亚南部各省的英军,根据协议将乌尔法、安特普、马腊什等地移交给了法军,而法军又进一步占领了梅尔辛和阿达纳,同时纵容军中的亚美尼亚团对土耳其居民大肆屠杀。这一地区的人民忍无可忍,在西线义军的感召下纷纷成立民族自卫军,与占领军进行了顽强的斗争,其中,安特普城的保卫战表现得尤为壮烈。这座城市的军民在极其困难的环境下,与法军展开了殊死搏斗,法国人动用飞机和大炮,仍不能使之屈服。城里的人们坚持了 9 个多月,最后终于在饥饿与疲惫中垮下来,而法军则以阵亡 1200 人的高昂代价方才占领该城。土耳其人的英雄气概震惊了西方世界,也迫使法国不得不考虑停止军事进攻。法国东方军团司令戈普将军叹息道:"为攻下安特普城,法军曾费去 9 个月的时间,然而在安纳托利亚有上千个安特普。"1921 年 2 月,为了表彰和纪念安特普人民的业绩,土耳其大国民议会政府决定授予安特普以"加济安特普",即"英雄的安特普城"的称号。安纳托利亚南方各省的抗法斗争,不仅削弱了法军深入土耳其内地给新生的民族政权带来的威胁,而且直接促成了法国政府与安卡拉政府的谈判,为日后法国退出协约国干涉行动,为土耳其对希腊战争的最后胜利创造了先决条件。

以各种爱国团体和各地武装斗争为主体的土耳其民族解放运动蓬勃兴起,但它现在还处于漫散状态,缺乏统一领导,不能对敌实行强有力的打击,且有被敌各个击破的危险。这时,以凯末尔为首的土耳其商业资产阶级毅然承担了领导这一运动的历史重任,穆斯塔法·凯末尔出生于萨洛尼卡的一个官吏家庭,曾受过从幼年军事学校到高级军事学院的系统教育,在意土战争和巴尔干战争中屡立战功。大战爆发后,他指挥了1915年的达达尼尔海峡战役,成功地保卫了首都。在以后的各次作战中,他又不断地为自己赢得了新的荣誉。摩德洛司协定签订以后,他看到苏丹政府一味遵从占领军的旨意,解散军队、收缴武器,不禁忧心忡忡。为日后光复河山,凯末尔将自己所部的骨干军官悄悄转移到托罗斯山以北各地,将所余武器装备散发给安纳托利亚南部各省群众。1918年底,凯末尔奉调回到伊斯坦布尔,他原想在政府内,联络一些爱国人士,掀起民族救亡运动。但他很快就意识到,在伊斯坦布尔很难有所作为,苏丹及其党羽反对一切民族主义意识形态,对首都所有反侵略活动一律采取镇压手段。于是,他决心回到安纳托利亚去。恰逢此时,瓦希代丁任命他为远驻安纳托利亚东部埃尔祖鲁姆的第三军团检阅使,负责镇压萨姆松一带希腊潘托斯党人的叛乱,并监督执行剩余奥斯曼军队解除武装和复员的工作。于是凯末尔得以摆脱苏丹内阁的控制,在一个自由的环境中,全身心地投入到领导土耳其民族解放的事业中去。

1919年5月19日,即希腊人在伊兹密尔登陆后的第四天,凯末尔在萨姆松踏上了安纳托利亚的土地。之后,他立即通电各省省长及驻军军长,号召他们组织群众集会,抗议希军的占领行动,并提议各省派代表在锡瓦斯召开大会,商讨解决国家危机的方案。通电中关于领土完整、民族独立的救国原则和召开国民议会的提诉,确立了未来《国民公约》的基础,也立即得到了各地驻军军、师长们的热烈拥护。凯末尔的活动引起了苏丹政府的恐慌,他们开始用各种各样公开的或秘密的手段向其施加压力。但凯末尔并未屈服,为了避免发生公开背叛奥斯曼政府的行为,他干脆辞去军职。1919年7月23日,他以一个在野政治家的身份,在埃尔祖鲁姆主持召开了"东部各省保卫主权大会"。会议选出以凯末尔为主席的代表委员会,通过了会议章程及《告全国人民书》。这两个文件的主要内容是,要求实现土耳其国家的统一和领土完整;要求民族自决及武装独立;反对外国的占领与干涉,不承认委任统治等等。并指出如果奥斯曼政府不能保持国家的独立,则应另外建立一个由全国代表大会推选出来的新政府。9月4日,来自全国各地的代表又在锡瓦斯举行大会,凯末尔再度当选为代表委员会主席。委员会将"东安纳托利亚主权保卫会"扩大为"安纳托利亚和罗姆里主权保卫会",使之具有全国保权总会的性质。大会否定了某些代表关于接受美国委托统治的提议,重申了埃尔祖鲁姆大会的各项原则。

苏丹发现自己已经失去了民众信任,便主动派其新任首相与已经迁往安卡拉的代表委员会建立联系,并提议在伊斯坦布尔召集国会,企图利用国会来巩固自己的地位,并削弱凯末尔党人的影响。然而,苏丹的计划还是失算了,来自安卡拉的一部分国会议员,将安纳托利亚的民众呼声带到了伊斯坦布尔,而奥斯曼帝国的国会议员则受到感染,反而于1920年1月28日通过了《国民公约》,它以土耳其独立宣言的形式,确认了埃尔祖鲁姆和锡瓦斯大会所宣布的各项原则。公约明确指出,由大多数土耳其人所居住的土耳其领土是一个不可分割的整体,而西色雷斯、安纳托利亚东部3省以及阿拉伯人所居住的地区,应由当地人民投票决定其命运;要保障伊斯坦布尔和马尔拉海的安全;邻国间民族权力平等;公约还进一步提出了取消治外法权,以保障土耳其拥有完全独立和自由的原则,《国民公约》是对战后帝国主义国家瓜分政策的公开挑战,引起了苏丹及英国人的不安,1920年3月16日,英国陆战队登陆,占领了伊斯坦布尔及各政府机关,逮捕并流放了几十个倾向凯末尔的议员,国会被解散,费里特帕沙重新上台,凯末尔及其他民族派领导人经伊斯坦布尔军事法庭的缺席审判,被判为死刑。4月18日,一支由苏丹政府军官指挥的"哈里发军",由伊兹米特开往安纳托利亚内地"剿匪"。同时,苏丹政府还采取各种手段在安纳托利亚制造叛乱。伊斯坦布尔向安卡拉开战了。

当奥斯曼帝国国会被占领军强迫解散的消息传到安卡拉的时候,凯末尔立即召集了"大国民议会"。经过激烈辩论,大会通过了凯末尔提出的建立大国民议会政府的建议。政府由委员会和议会两部分组成,议会负责制定法律和选举政府委员,委员会则是政府执行机关。1920年5月4日,由11位部长组成的委员会正式成立,凯末尔兼任议会议长及委员会主席。然而,民族政府成立之初,整个安纳托利亚仍处于动荡之中:东北部各省面临着亚美尼亚人的威胁;东南部地区有库尔德人声势浩大的武装叛乱;南方诸省正与法国军队苦战;伊兹密尔地区的希腊人则在集结军队,准备新的进攻;而各地的叛匪活动更是猖獗一时。在巴勒克西尔、博卢、杜齐克、约兹加特、阿菲永和科尼亚等地,都发生了规模不同的武装反叛活动,它们大多受到苏丹政府和占领军的支持与资助,与哈里发军联合起来向安卡拉进攻。面对敌人的进攻,安卡拉政府毫不犹豫地予以反击。4月29日,大国民议会通过了《背叛祖国法》,并成立独立法庭,以审理叛乱案件。各地的民族自卫军及少数驻防部队与叛军进行了激烈的战斗,至6月间,安卡拉以西的各支叛匪均被击溃,哈里发军逃回伊斯坦布尔,中南部约兹加特、科尼亚一带的叛匪不久也被消灭,东南部地区的局势至8月也基本被平定。

当土耳其人正为保卫他们的民族政权与反叛分子激战时,协约国集团却在圣雷莫会议上着手确定瓜分土耳其的条约。条约内容极其苛刻,但苏丹政府不顾人民的强烈反对,于8月10日在法国的色佛尔城签了字。按照条约的规定,土耳其将失去以前在非洲和近东的所有阿拉伯属地,而且还要把基里基亚和叙利亚边境一带的大片土耳其本土割让给法国;摩苏尔要割让给英国,伊兹密尔及其邻近地区将被希腊吞并;海峡地区将归国际共管,而且无论平时或战时,对协约国军舰、商船都一律开放;土耳其欧洲部分的领土也缩小到只有伊斯坦布尔及其邻近不大的一块地区,而协约国将来仍有权从土耳其手中夺取伊斯坦布尔。条约还拟定,将在小亚细亚东部建立一个独立的库尔德斯坦,而埃尔祖鲁姆、特拉布松、凡湖、比特利斯等省则将并入亚美尼亚。条约还规定安纳托利亚西南部为意大利的势力范围,东南部为法国的势力范围。条约还在其他一些政治条款中对土耳其军队的数量及武器装备作了严格的限制;治外法权被完全确认下来,而且行使范围有所扩大;协约国还将对土耳其实行财政监督。《色佛尔条约》是战后凡尔赛体系中最带奴役性的一个条约,它将使土耳其的领土面积丧失五分之四,国家主权被剥夺殆尽,因此,土耳其人民视《色佛尔条约》为死亡判决书,掀起了全国规模的抗议浪潮。而大国民议会政府早在条约签订之前,就郑重宣布了《国民公约》的各项原则,拒绝承认奥斯曼政府与协约国之间签订的任何条约。

美西战争

1898 年 2 月 15 日,停泊在古巴哈瓦那海面的美国军舰"缅因号"突然爆炸沉没。死伤 300 余人,酿成震惊世界的惨案。由此引发了一场美国与西班牙争夺殖民地的战争,史称"美西战争"。战争本身仅只三个多月。然而,它作为世界上第一次帝国主义性质的战争,被列宁称之为"世界历史新时代的主要历史标志"之一,意义非同寻常。

美国以武力与西班牙争夺古巴和菲律宾的行为,是其对外经济侵略的扩张主义理论发展的结果。

美国在内战之后,经济迅速发展,到 19 世纪 80、90 年代已进入垄断阶段。1899 年,占美国制造品总值 2/3 的产品是由托拉斯企业制造的。此时,国内市场已不能满足资本的膨胀和生产力的高速发展,垄断资本家开始向海外寻找投资场所和掠夺对象。

古巴首当其冲成为美国侵略的目标。它是西班牙的殖民地,但地理上与美国近在咫尺,其丰富资源和优良港湾,对美国颇具诱惑力。1896 年,美国在古巴制糖业的投资为 3000 万美元,使其产品全部供应美国。古巴烟草出口的 60% 也被美国控制。此外,采矿业、畜牧业和果品业同样是美国渗透的领域。美国在古巴的投资额相当于它在中南美洲各国(墨西哥除外)投资的总和。早在 80 年代,两国已有 6 条固定贸易路线,美国对古巴贸易额已占美国对外贸易吨位的 1/4。此后与日俱增。1896 年,美国从古巴进口货物的价值为 1 亿美元,向古巴的出口贸易为 2600 万美元。美国国务卿谢尔曼曾在 1897 年直率地说,美国对古巴的兴趣,大大超过对整个南美洲的兴趣。

随着垄断资本的形成,帝国主义的扩张理论应运而生,成为美国发动美西战争的依据。

扩张主义最有代表性的口号是:"美元到哪里,美国国旗就跟到哪里。"积极鼓吹者有费斯克、伯吉斯、洛奇、马汉等人。他们根据反动的种族优越论,宣扬美国人的祖先盎格鲁撒克逊种族是"被上帝挑选来开化世界,创造文明的发达民族","优等民族"有责任强制"落后民族"服从他们,有义务在别国建立"秩序",只有它才有能力,也才应该统治世界。他们宣称,美国国富民强,应该把它的联邦制度从地球的一极传播到另一极。其他国家则必须向这个年轻的帝国献祭,如同它们在耶稣诞辰去朝圣一样。为达此目的,他们力主建立强大的海军,取得制海权。这种理论集中体现在美国海战学院首任院长艾尔弗雷德·马汉(1840~1914年)的3部著作中。他提出,"谁控制了海洋,谁就控制了世界贸易,而谁控制了世界贸易,谁就控制了地球的财富和地球本身。"他特别强调加勒比海的重要地位,说它是美国的"主要海疆大西洋和太平洋两大洋的战略枢纽"。

根据这些理论,美国扩张主义者设计出一套侵略计划。首先,将加勒比海变为"美国海",接着在中美洲开凿一条沟通两大洋的运河,第三步,把势力扩大到太平洋地区,特别是菲律宾。第四步,以菲律宾为"踏板",进入中国。

古巴是整套计划的第一步。美国统治者历来认为,这块地方必须属于美国,否则后患无穷。早在19世纪20年代,美国宣布"门罗宣言"之时,已经抛出了关于古巴的"熟果政策"。它提出,西班牙早晚走向衰落,一旦它无力控制西半球时,古巴这块弹丸之地定会因失去宗主国而无法生存,只有投入美国怀抱,这种结果就如树上的果子成熟后自然落地一样,无可怀疑。门罗总统时期的国务卿约翰·昆西·亚当斯在1823年直言不讳地说,"当人们展望未来50年内事态可能发展的进程时,……为确保联邦之完整,将古巴并入我联邦共和国势在必行"。这种反动理论也被叫作"政治上的万有引力定律"。不难看出美国对古巴的野心由来已久。

美国等待已久的"熟果"时机终于到来了。1895年2月,古巴岛上发生了反对西班牙统治的武装起义,起义军声势浩大,仅半年多就宣布成立古巴共和国,通过了宪法。西班牙殖民军队比起义军人数多近5倍,但失道寡助,节节败退。到1896年,其统治已摇摇欲坠。

被西班牙统治了300年的亚洲殖民地菲律宾,经过4年多准备,也于1896年8月掀起了武装斗争。在1年多时间里,起义军采用游击战术,使西班牙军队闻风丧胆。

美国始终密切关注西班牙大帝国的瓦解。1896年正值美国总统大选年,为争取选民,执政的民主党宣布对古巴局势保持中立。参加竞选总统的共和党也佯称希望古巴获得独立。可是,扩张主义分子跃跃欲试,敦促政府切莫坐失良机,不能让古巴从西班牙手中转到其他欧洲列强手中。参议员亨利·洛奇说,干涉古巴是美国"无法逃避的责任"。

1896年,执政的民主党政府开始采取强硬措施。4月初,美国国务卿理查德·奥尔尼照会西班牙驻美公使德洛梅,称美国在古巴目前局势中的利益仅次于西班牙,因此"进行干涉以终止这场斗争乃是美国政府刻不容缓的和绝对必要的任务"。提出,为了让古巴获得"地方自治"权,美国愿意进行"斡旋",同时,说美国对古巴并无任何图谋。两个月后,西班牙政府复照拒绝了美国进行斡旋的建议,并毫不示弱地宣称,"古巴岛自它被发现之日起,一直为西班牙所专有",该岛资源作为一个整体,"都应属于母国"。

总统大选结果,共和党候选人威廉·麦金莱获胜。1897年3月初,他入主白宫,成为美国第25任总统。麦金莱在就职演说中继续要弄"和平外交"的缓兵之计,称"不介入外国纠纷","不想进行征服他国的战争"。同时,含沙射影地说,美国"永远坚持在任何地方都能行使美国公民的合法权利",为今后干涉古巴制造舆论。

垄断资本家积极配合政府，也呼吁对古巴进行干涉。1897年5月，各大城市的300个大银行家、大商人、大工业家、大船主和商业代理人联名上书国务卿，要求政府毫不迟疑地对古巴进行干涉，拯救他们在那里面临毁灭的经济。

9月，麦金莱政府通过新任驻西班牙公使进一步对西班牙施加压力，要求它在10月份必须做到：要么接受美国提出的进行斡旋的建议；要么在古巴实现和平。照会威胁西班牙说，美国在"提出它所拥有的权利并对这种权利采取行动前，只需要等待'适当的时间'了"。

西班牙殖民统治面对古巴人民强大的反抗斗争，已山穷水尽。1897年10月，原政府倒台。新政府采取措施以求缓和局势，撤回了驻古巴总督魏勒将军，改派布兰科将军；复照美国，答应建立一个新的执行机构，和岛上权力机构共同进行管理，于11月1日前让古巴实行自治。与此同时，这个老牌帝国主义国家，对于乳臭未干的美国并不甘示弱。复照称，在古巴的"军事行动一天也不间断"，而且以攻为守地说，"自从古巴叛乱开始以来就一直利用美国作为一个取之不竭的军火库"，要求美国政府必须"采取多种办法制止联邦领土成为策划支持古巴叛乱阴谋的中心"。不仅如此，西班牙政府还口气强硬地反击说，美国没有说明在古巴问题上将要采取什么手段，而只有"首先确切地说明所提供的援助的性质和将要采取行动的领域"，西美"双方才可能达成完满的协议"。

美国政府在玩弄"和平外交"的同时，早就开始进行军事准备。还在民主党掌权的1896年夏，国会已通过决议，批准建造3艘战列舰。1897年共和党执政后，主战派重要人物西奥多·罗斯福被任命为海军部副部长，备战工作更加紧锣密鼓。他呼吁国会增加海军拨款，立即着手建造6艘大型巡洋舰和6艘战列舰。1897年9月，罗斯福还当面向麦金莱总统提出了对西班牙作战必须"先发制人"的建议，并陈述了他设计的具体行动方案，主要内容包括：主力放在古巴；战前把全部舰队集中在基韦斯特港；宣战后48小时内主力舰队到达古巴海岸；派出一支远征军插入古巴；派4艘配备重型武器的巨型快速巡洋舰骚扰西班牙海岸；亚洲舰队则封锁乃至夺取菲律宾的马尼拉。他认为如果主动权落入西班牙手中，他们势必派出舰只到美国领海活动，在古巴水域布雷，而且会得到德国和英国的支持，使美国陷入被动局面。罗斯福的见解颇得麦金莱赏识。

西班牙迫于压力，于1897年11月25日宣布允许古巴自治。可是，起义者不接受在西班牙控制下的自治。此时，麦金莱政府认为，"果子成熟"的时机已经来临。12月，麦金莱在国情咨文中指出，由于西班牙已无力控制古巴，"可能导致古巴岛转归某一大陆强国"，所以有必要重申美国在1823~1860年间多次宣布的政策，"不许其他国家干涉古巴和西班牙的关系，除非为了使它独立，或由我们通过购买获得它"。最后，强词夺理地宣布，美国政府"将继续警惕地维护美国公民的权利和财产"，"今后，如果武力干涉"，"将不是出于我方的过失"，而是"我们对自己、对文明和对人类的义务加之于我们的一种任务"。他要求拨发专款，为太平洋沿岸建造一艘战列舰；建造几艘鱼雷艇；在大西洋沿岸提供3~4个能够停泊最大舰只的船坞，在太平洋沿岸则至少提供一个这样的船坞，在墨西哥湾则设立一个浮动船坞应充分供应弹药和其他军需品；增加官兵数量。这篇咨文不仅是一份干涉古巴的宣言书,而且是向全国发布的动员令。美国已经正式进入了战备状态。

美西战争的进程可以分为序幕和开战两个阶段。第一阶段从 1898 年 1 月至 4 月 25 日美国正式宣战。第二阶段从宣战到 8 月份战争结束。

序幕

麦金莱发表国情咨文后,一场要求向西班牙开战的运动愈演愈烈。1898 年新年伊始,纽约的商人联名上书麦金莱,称古巴战争 3 年来,美国进出口贸易已损失 3 亿美元,强烈要求美国政府以商业蒙受的损失为"正当理由",迅速采取有效措施,对古巴进行干涉。

1898 年 2 月份,发生了两件诱发战争的事件。第一件,是西驻美公使攻击麦金莱的信件被公开。第二件,美国 1 艘军舰在哈瓦那爆炸。

《纽约日报》2 月 9 日刊登了一份西驻美公使德洛梅去年 12 月写给马德里《先驱报》一位编辑的私人信件。信中谈及麦金莱的国情咨文时,说麦金莱是一个哗众取宠的人,一个自命不凡的政客。信中还有说他两面三刀的意思,一面与党内好战分子搞好关系,一面试图留一个后门。信件公布后,美国舆论哗然,纷纷谴责这是西班牙官员对美国国家元首的侮辱。在压力下,德洛梅宣布辞职,西政府正式向美赔礼道歉。但是,美国仍不罢休,继续对西班牙进行攻击。

一波未平,一波又起。在古巴起义军日益壮大的形势下,1897 年底,美国驻哈瓦那总领事菲茨休·李要求政府派军舰到古巴"保护"美国侨民。12 月 15 日,战列舰"缅因号"奉命开到美国最南端的基韦斯特港。1898 年 1 月 25 日,美国以"友好访问"为名,将"缅因号"驶入哈瓦那港。2 月 15 日晚 9 时 40 分左右,一声巨响划破夜空,"缅因号"突然发生爆炸,火光冲天,照亮了整个港湾。美国官兵死亡 266 人,受伤 100 余人。配有 24 门大炮的这艘乙级战列舰被炸得面目全非,下沉海底。

《纽约太阳报》在第二天发表的报道说,爆炸发生时,人们看见一大团东西直上云霄。但是,在那突然发生的令人目眩的闪光中,似乎无人能够辨认出这团东西是什么或它到底是从船外还是船内升起来的。报社记者采访了幸免于难的舰长萨格斯比。他说,当时他正在舰长室,头部被碰伤,只穿了一件衬衣便奔上甲板,命令首先抢救战舰,向船上的大量火棉灌水。但当他了解到破坏的程度和已造成的伤亡时,下令竭尽全力确保人员安全。然而大部分水兵因正在宿舍里无法逃出,而随船丧生海底。5 名水兵为抢救弹药跑进储藏室,无一生还。

2 月 16 日,美国笼罩在一片痛苦与惊恐之中,华盛顿停止了公务,全国举行了空前规模的哀悼活动。人们议论最多的是爆炸原因。尽管报纸提到,许多士兵是被西班牙军舰派出的小艇救起来的。人们还是怀疑此事为西班牙蓄谋制造。

3 月份又发生两件激发战争的事件:美方公布"缅因号"调查结果;一位从古巴回来

的参议员发表了煽动性演说。

爆炸发生后,西班牙建议与美国联合调查事故原因,遭美拒绝,2月20日,西班牙海军的调查结果排除了爆炸的外部原因。美国自然不能接受。美国在组织单方调查的同时,放出空气说,如果证明爆炸是外因所致,不管能否确认是不是西班牙所为,也要西赔偿1000万至2000万美元,一旦它敢于拒付,美国立即出兵哈瓦那。西班牙已在劫难逃。

3月28日,麦金莱向国会递交关于调查结果的报告,认定舰上"任何部分都不存在引起任何内部爆炸的迹象","该舰系由一枚水雷爆炸而被毁,水雷引起该舰前部两处或多处弹药库的局部爆炸",而且排除了个人作案的可能性。言外之意,肇事者只能是西班牙政府。

调查结果对于已经群情激愤的国内气氛犹如火上浇油。"让西班牙见鬼去吧""记住缅因号""讨还血债"的复仇怒吼在美国各地此起彼伏。

还在调查结果公布之前,已有人开始煽风点火。佛蒙特州参议员普洛克特在参议院发表演说,以自己访问古巴的所见所闻,揭露西班牙在岛上实行集中营的罪行。据当时的《华尔街日报》说,这次演说使"华尔街许多人转变了思想",倒向主战派。

西班牙为避免与美交战,做出和谈姿态。3月底,西按美要求在古巴废止了集中营制度,正式建议将爆炸案提交国际仲裁。麦金莱置之不理。他授意国会通过法案,拨款5000万美元作为紧急国防费用,又拒绝了4月初欧洲6国的联合调停。4月19日,美国参、众两院分别通过授权总统对古巴进行武装干涉的决议。22日,麦金莱发出命令:封锁古巴港口;招募12.5万志愿兵入伍。同日,他还向各县县长下达布雷命令,在美国的大西洋和太平洋沿海共布放1535枚水雷。通讯兵在10大兵营间架设了300英里电线,开通了野战电报、海底电缆,还设立了一座海底电报站。这些现代化的通讯设备,在美国都是首次在战争中使用。

面对美国的挑战,西班牙使用的各种外交手段已无济于事,只得背水一战。4月24日,西班牙对美国宣战。麦金莱旋即于25日向西班牙宣战。

两个战场——菲律宾和古巴

战争首先在菲律宾打响第一场重大战役是马尼拉湾海战。早在1898年2月25日,罗斯福以代理海军部长身份,向亚洲舰队司令乔治·杜威下达将舰队开往香港的命令,要求他一旦西班牙宣战,立即将西舰队牵制在亚洲,"然后对菲律宾发动进攻"。

美国正式宣战后,4月27日,杜威舰队离开香港附近的大鹏湾,于4月30日下午驶抵马尼拉湾入口处。在确认附近的苏比克港尚未设防后,美舰队于5月1日拂晓5时许进入海湾,开至马尼拉港外。马尼拉市的3个炮台、甲米地的两个炮台和西舰队同时向美舰队开炮。美舰随即还击。杜威指挥的旗舰奥林匹亚号率5艘军舰排成与西舰队平行的队列,与其逆向行进。西炮火猛烈,但命中率很低。他们的鱼雷小艇没有奏效就被击毁。美国舰队的炮火集中猛攻西旗舰雷娜·克里斯蒂娜号。7时许,它终于带着熊熊火焰下沉海底。时至中午,西班牙的所有舰只都被浓焰烈火所吞没,已无抵抗能力。海战过程中,马尼拉的 3 个炮台射击不止。杜威起初不予理睬,直到大局已定,他才威胁西班牙总督说,将炮轰马尼拉市。炮台被迫停止了炮击。

近 7 个小时的战斗,美军大获全胜,舰队无损,仅伤 7 人。西班牙全军覆没,损失 10 艘战舰和 1 艘运输舰,死伤 300 人左右,由此,西班牙丧失了在太平洋地区的海军力量。

5 月 3 日,美军占领了甲米地兵工厂,并接受科雷吉多岛炮台投降,拆毁大炮。为进一步占领马尼拉城,美国派出 1.56 万人的陆军远征军,6 月 30 日抵达马尼拉城外。

在古巴的战斗主要集中于圣地亚哥港,分为陆战和海战两部分,陆战以埃尔卡纳和圣胡安山两场战役最为重要。

西班牙向美宣战后,派塞维拉将军统率舰队,于 4 月 29 日离开西非佛得角群岛,横穿大西洋,5 月 19 日悄悄驶入古巴东南部的圣地亚哥港。美国误以为西舰队在加勒比海的马提尼克岛一带,派海军中将桑普森率领舰队搜索未果,直到 5 月 29 日才发现西舰队的确切位置。

圣地亚哥港呈瓶状,出入口狭窄。西班牙用 5 艘军舰和两艘鱼雷艇在港内构筑了严密的防线。美国的 13 艘舰艇和鱼雷艇开到港外,将出口团团围住,由桑普森任舰队总司令。阵势对西军有利,因为布满水雷的入口处使美国人寸步难行,周围山上的炮台居高临下,而美国舰只的大炮由于射程太近失去作用。如果对峙下去,西军有广大陆地作后方,美军却在海上难于坚持。

美军决定先登陆,再进行海战。6 月 10 日,海军陆战队 600 余人在亨廷顿中校指挥下,冒着枪林弹雨经一天一夜战斗,付出重大伤亡,终于在圣地亚哥港以东不远的关塔那摩湾强行登陆。接着,由 35 艘运输舰运载的 1.6 万名官兵,在谢夫特少将指挥下,由美国南部佛罗里达州的坦帕专程赶来增援。6 月 22 日,他们在圣地亚哥湾和关塔那摩之间的代基里登陆。美国舰只排成绵延几英里的长队同时鸣笛,庆祝初战告捷。

美军登陆后,开始从东北部和东部向圣地亚哥进发,在其东北部的埃尔卡纳和圣胡安发生两场激战。进发中,最使美国人生畏的还不是西班牙军队的炮火,而是水土不服。山路崎岖,行走艰难,热带雨林气候闷热、潮湿、蚊蝇猖獗,加之士兵穿的还是冬季的厚呢军服,军中疾病流行,不少人不战而亡。西班牙军队长期驻守古巴,不但已适应气候,而且熟悉环境,把火力点安置得十分隐蔽。谢夫特决定速战速决。他派劳顿将军率师攻打埃尔卡纳,7 月 1 日晨对其形成半圆形包围圈。西班牙火力很强。战斗进行了 1 天,双方均有伤亡。下午 3 时许,美军发出全线总攻令,士兵们吼叫着跃出战壕,向山上冲去,其中最为突出的是第 24 黑人团。美军占领制高点后,西军败下阵来。接着,埃尔卡纳城内没有发生激战,就被美军占领了。

美军乘胜前进,由肯特将军和惠勒将军率领直插圣胡安。西班牙军队在周围山上密布了防御工事。美军首先展开炮击,但使用的老式火药每发射一次要间隔 1 分钟,而且炮弹发射时引起的浓烟反而暴露了目标,使美军伤亡惨重。后来,美军改用大兵团包抄,向圣胡安山发起进攻。士兵们冒着西班牙碉堡发出的火舌,边攀登边射击。由西奥多·

罗斯福指挥的"义勇骑兵团"勇敢善战,表现突出。他是辞去海军部副部长职位,专程参战的。1901 年他成为美国第 26 任总统后,这段故事广为流传。战斗打到 7 月 1 日夜里,西班牙司令利纳雷斯负伤,70%的士兵战死。美国取得了胜利。这两场战役中,美军死亡230 余人,1280 余人负伤,许多人下落不明。

美军在两场陆战取胜后,形成了对圣地亚哥的包围。7 月 3 日,开始了决定性的海战。上午 9 时许,被围困在圣地亚哥港内的西舰队试图逃走。旗舰玛丽亚·特雷莎号首先冲出港口,3 艘巡洋舰和两艘鱼雷驱逐舰尾随其后,边行驶边向集中在该港入口以东的美舰开炮,港口两岸的西军炮台也同时开火。桑普森和施莱将军指挥的美国舰队立即以大炮还击,展开一场追击战。美国的大军舰配有口径 13 英寸、射程 5 英里的大炮,每发炮弹 0.5 吨重。发射一次要用 500 多磅火药。富有戏剧性的事件是,海军少校温赖特指挥的小战船格洛斯特号,把上级发给他的旗语命令"脱离危险区"误认为"接近敌舰",迎着敌舰而上,在最近距离猛烈开炮。此举不只使西班牙人为之一惊。连大舰上的美国人也吓呆了。后来,这位少校因"违反军令"而荣立战功。不到 3 小时的战斗,西舰队全军覆没,死亡 600 余人,被俘官兵 1300 余名。美舰未受重创,只有个别人员伤亡。

捷报传到美国国内,7 月 4 日独立日那天出现了建国以来前所未有的欢腾景象。

经过半个月谈判,圣地亚哥城的西班牙守军 2.2 万人投降。7 月 17 日,谢夫特军队占领了该城。

7 月 21 日,迈尔斯将军率领美军 3400 余人,分乘 9 只运输船在军舰护航下离开关塔那摩,于 7 月 25 日在波多黎各登陆。后又有增援部队到达,共计 1.69 万美军。27 日进攻该岛最大港口蓬塞成功。以后又在 4 处与敌人交锋,至 8 月 12 日,美军已基本占领该岛。

美西战争的最后战役在马尼拉结束 5 月初美军在马尼拉海战取胜后,杜威打着把菲律宾"从西班牙枷锁下解放出来"的旗号,以提供军火为诱饵,以菲律宾起义军频繁来往,鼓动他们与西开战。5 月 31 日,起义军在各地发起总攻,占领了大片地区,并为最后夺取马尼拉市做了大量准备工作。6 月 12 日,他们宣布菲律宾独立。美军在古巴站住脚后,即向亚洲调兵遣将。8 月 13 日,由安德逊将军指挥的舰队和陆军向马尼拉市发动总攻。美军按照麦金莱总统的独占菲律宾的旨意,要求起义军不得进入马尼拉。不堪一击的西军很快投降,马尼拉市被攻陷。

全部战事到此结束。西班牙在菲律宾和古巴的军事力量全部被歼。据美国官方统计,美军阵亡 297 人,负伤 1644 人,军舰无损,大获全胜。

还在马尼拉战火未熄时,美国已起草了媾和议定书,强迫西班牙接受。8 月 12 日,两国代表签字。10 月 1 日至 12 日,美西两国在巴黎举行缔结和约谈判。美方在议定书基础上得寸进尺,坚持要全部占领菲律宾。12 月 10 日,巴黎和约签订。它规定:西班牙放弃古巴,由美国占领;西班牙将菲律宾群岛、波多黎各、关岛让与美国;美国将付给西班牙2000 万美元,作为割让菲律宾的代价。

美西战争期间,马尼拉海战告捷后,美国国会两院于 7 月 7 日通过了关于归并夏威夷群岛的联合决议,称美国接受夏威夷共和国关于其群岛和主权的"转让"。8 月 12 日,美国正式占领该岛,从此将其划为美国领土。

美国人撤离古巴

1904 年 2 月 15 日下午,随着古巴军营内美国国旗的降落,美国结束了从 1899 年 1 月 1 日开始的对古巴的占领。古巴国旗随即升起,取代了美国国旗;鸣礼炮 21 响向国旗致敬。随后,最后一营美国军人登上了萨姆纳号运输船。新成立的古巴共和国第一届总统托马斯·帕尔马表示感谢美国对古巴的友好情谊。

日本成立满洲军总司令部

1904 年 6 月 20 日,日本天皇直辖的战时最高指挥机关——大本营,成立满洲军总司令部,并调任原参谋总长大山严元帅为总司令,参谋次长儿玉源太郎将军为总参谋长。日本满洲总司令部在 7 月人驻中国东北,开始指挥、管辖东三省所有日军。

犹太复国主义创始人赫茨尔逝世

1904 年 7 月 3 日,萧道尔·赫茨尔在奥地利埃德拉西逝世,享年 44 岁。赫茨尔的早逝对犹太复国主义运动是一个巨大的损失。1894 年法国发生德雷福斯事件。当时任职维也纳《新自由报》派驻巴黎记者的赫茨尔,对整个事件中的排犹主义感到愤怒不已。此后,以文章《犹太人国家》(1896 年发表)、演讲及集会方式,主张建立犹太国家。由于赫茨尔的努力,1897 年 8 月 29 日犹太代表在瑞士巴塞尔召开了 2000 年以来的第一次集会,并产生了犹太复国主义,致力为犹太人在巴勒斯坦建立一个公正与法律的家园。经由赫茨尔不断的努力,犹太复国主义已发展成群众运动。

俄国大文豪契诃夫病逝

安东·契诃夫 1904 年 7 月 15 日在德国的温泉疗养地黑森林的巴登韦勒死于肺炎,享年 44 岁。契诃夫的祖父是农奴,而他自己则成为俄国最著名的戏剧家和短篇小说作家。契诃夫是在他学医期间开始他的写作生涯的。到他获得学位时,他发现自己已经有了一定的名气。于是他决定将全部身心投入文学事业。他创作的数以百计的短篇小说和剧本都以对人性深刻的洞察为特点。他最著名的剧本有《万尼亚舅舅》《三姐妹》《樱桃园》。

第三届奥运会改在美圣路易举行

1904 年 8 月 31 日,原定在美国芝加哥举行的第三届奥林匹克运动会,为了配合世界博览会临时改在圣路易举行,有 12 国、617 名选手参加,其中美国选手就占了 525 名,会期从 7 月 1 日至 11 月 23 日。圣路易奥运马拉松赛,至今仍是奥运史上最热的马拉松赛,当天气温高达摄氏 32.2 度,里程 26 英里(约 42 公里)。冠军汤姆斯·海克斯的成绩为 3 小时 28 分 35 秒,也是奥运史上最慢的。其中值得一提的是,来自古巴哈瓦那的一名邮差费力克·卡瓦哈。当时,他穿着长袖而宽大的衬衫、长裤和鞋跟很重的便鞋,戴着一顶很滑稽的便帽,抵达场地,一名美国选手赶紧替他借来 1 双跑鞋,用剪刀修整他的长袖和长裤。在比赛过程中,全无比赛经验的卡瓦哈沿途还和观众闲聊,后来看到一处果园,竟爬到苹果树上摘青苹果吃。没想到他居然得了第四名。这次奥运田径赛有好几人是 3 枚金牌得主,例如,60 米、200 米金牌得主阿金·汉恩;400 米、100 米高栏、400 米中栏得主哈文利·希尔曼。

纽约市地铁正式通车

纽约市地铁 1904 年 10 月 17 日下午在一片汽笛和礼炮声中通车。麦克莱伦市长手握银白色的操纵器,以驾驶员的身份,驾驶了第一列火车。列车从百老汇到第 145 号大街准时走完全程。市长邀请了 1500 名客人参加首次运行,其中包括负责修建地铁的承包商约翰·B·麦克唐纳。普通群众到下午 7 时才被允许来到地下。但他们抓紧机会乘车,直到后半夜。乘客们对漂亮的白色车站以及茶青色列车简直是毫无声响地运行惊叹不已。即使是地面上的市民也有使他们惊奇的东西。他们停留在小站附近观看着从地道走上来的人群。

自由女神的雕塑者巴托尔迪逝世

照亮了纽约港的法国雕刻家 1904 年 10 月 4 日在巴黎逝世。弗雷德里克·奥古斯塔·巴托尔迪把他创作的宏伟的自由象征称作"自由照耀世界之神"。美国人把她简称为"自由小姐"。自从 1886 年以来,巴托尔迪创作的这尊雕像就一直屹立在自由神像岛上,高擎明亮的火炬迎接着进入美国的移民。在居斯塔夫·埃弗尔的帮助下,巴托尔迪在巴黎建成了这座钢和铜制成的塑像。后来这座重 225 吨、高 150 英尺的塑像用船海运到纽约,将它耸立在一座巨大的花岗岩底座上。自由女神是世界上最著名的塑像之一,她右手向前高高举起火炬,左手擎着美国《独立宣言》。

罗斯福再度当选美国总统

罗斯福总统 1904 年 11 月 8 日赢得大多数北部和西部各州的支持,获得在白宫 4 年整的居住权。选举结果表明共和党取得绝对优势的胜利。民主党候选人奥尔顿·B·帕克给总统发了电报,祝贺他以压倒的多数当选。在一项由白宫发表的声明中,罗斯福总统感谢选民们,并向全国人民保证"我决不当另一次提名的候选人,也决不接受另一次提名。"当然,他有资格在 1908 年再争取执政 4 年。罗斯福是在 1901 年他的共和党伙伴威廉·麦金莱被暗杀后接任总统的。

美国购买法国在巴拿马的特许权

穿越巴拿马地峡开凿一条运河的最后一道难题,1904 年 11 月 16 日已被解决。美国从一家由菲利浦·比诺瓦里亚领导的法国公司购买了修筑这条水路的特许权。这位实业家帮助说服了西奥多·罗斯福总统在巴拿马而不在尼加拉瓜开凿运河,美国已经买下对运河区域的管辖权。

俄国地方自治会重开大会

曾被内政部长普勒夫查禁而解散的俄国地方自治会,1904 年 11 月 19 日在圣彼得堡重开大会。会中通过人民保有自由、人身不可侵犯的公民权,以及地方自治会中的国民代表可参与立法院机关的工作等事项。大会至 21 日结束。地方自治会是俄国欧洲部分与乌克兰的地方自治机构,1864 年建立,分郡、县两级,县级会议代表由地主、城市居民和村社选出;郡级代表由县级会议选出。地方自治会通常由贵族及地主操纵。1870 年因自由主义政治色彩渐浓,遭到内政部长普勒夫禁止。但继任部长米尔斯基为了减轻国内的政治压力,改采怀柔政策,恢复地方自治会。

伊万·巴甫洛夫获得诺贝尔奖

1904 年 12 月 10 日,俄国著名的生理学家伊万·巴甫洛夫获得诺贝尔生理学奖,以表彰他对消化过程的研究所取得的成绩。巴甫洛夫证明，当狗的食管被切断，吞进的食物不能进入胃部时，消化液仍然能够分泌出来。这一研究说明当狗被喂食时，口腔中被刺激的神经就会向大脑发出信息，从而使消化液分泌。巴甫洛夫接着又证明切断其他神经以后，即使食物进入胃部，也不会有胃液分泌。在以后的一系列实验中，巴甫洛夫发现，进食时听到铃响的狗，以后再听到铃响时，口腔里会自然分泌出唾液，即使它们得不到任何食物。巴甫洛夫认为，这种"条件反射"对于人的认识具有重大意义。获得诺贝尔奖的还有：物理奖获得者瑞利勋爵；化学奖获得者威廉·拉姆西。巴甫洛夫在研究消化过程中，似乎偶然发现了对心理学研究具有重要意义的现象。为了取得供实验用的唾液，他用肉松喂食用来试验的狗。不久这些狗只要看见试验者，就分泌出唾液来。巴甫洛夫在进一步的研究中发现，如果狗在进食时同时听到铃声，它们会对铃声产生生理反应。如果一条狗的行为能被一个铃所制约，那么人类的行为将会怎样？

俄国一九○五年革命

1904 年 12 月底，彼得堡普梯洛夫厂 4 名参加加邦组织的工人被工头捷里亚弗金开除。"彼得堡工厂工人大会"召开了秘密会议，推举了 3 名代表，分别向厂长、工厂监察员、市长申诉，要求让被开除的 4 名工人回来，并解雇工头捷里亚弗金，结果都遭到拒绝。1905 年 1 月 15 日，纳瓦尔区加邦组织开会，决定举行罢工。1 月 16 日傍晚，普梯洛夫厂开始罢工。1 月 18 日，布尔什维克彼得堡委员会号召首都的工人起来支援普梯洛夫厂的罢工。罢工迅速扩大到整个彼得堡。1 月 20 日，参加罢工的工人达到 15 万人。加邦开始组织工人去冬宫向沙皇呈递请愿书。事实上，正当工人们准备去冬宫广场请愿时，沙皇政府已在策划一场大屠杀。加邦的活动当时已引起布尔什维克的注意，他被怀疑是"被反动集团利用的天真的理想家"。布尔什维克警告工人不要上当，指出：自由只能去夺取，不能期待沙皇的恩赐。1 月 20 日，布尔什维克彼得堡委员会散发了传单，提出了"打倒专制制度"的口号。虽然布尔什维克尽了极大的努力，来劝阻工人去向沙皇请愿，但是由于大多数工人都还对沙皇存在着幻想，都还不能摆脱加邦的影响，请愿还是照样举行。布尔什维克坚持在危险的时刻不脱离群众，并为了争取教育群众，决定在 1 月 22 日参加游行。1905 年 1 月 22 日，还在雾茫茫的早晨，彼得堡街头就聚集着熙熙攘攘的人群。他们身着节日盛装，精神焕发。工人和他们家属的队伍，大约 20 万人，按照加邦的计划在 9 个点列队站立，然后跟着三色旗、圣像、沙皇肖像的后面，唱着祷歌，向冬宫行进。加邦领着队伍最大的纳尔瓦工人，手里捧着成千上万人签字的、向沙皇呈递的请愿书。请愿书陈述了人民的经济、政治要求，包括实行八小时工作制、将土地转交人民、实行大赦、各种政治自由和召开根据普遍的、平等的、秘密投票选举产生的立宪会议。请愿书反映了俄国社会民主工党最低纲领的基本要求，但总的来说，仍带有天真的模糊的色彩，以为用和平请愿的方式就可以唤起沙皇实行民主改革。当队伍行进的时候，在所有哨所、桥梁、广场、街道都已布下戒备森严的军队。工人们还以为是在"维持秩序",继续游行。可是,队伍到了冬宫入口处就被封锁住了。军警突然向手无寸铁的工人开枪射击,鲜血染红了积雪的广场,死伤达 4600 多人。这就是有名的"流血星期日"。1 月 9 日事件使广大人民群众认识到沙皇并不是他们的保护者,而是最凶恶的敌人。当时列宁正在日内瓦。在获悉 1 月 9 日事件后,列宁就给以充分的估计,并敏锐地指出整个革命发展的趋势和远景。他在为布尔什维克的《前进报》写的《俄国革命的开始》一文中说:"工人阶级从国内战争中得到了巨大教训;无产阶级在一天中所受到的革命教育,是他们在暗淡的、平常的、受压制的生活中几月几年都不能受到的","我国工人阶级已英勇的开始推翻俄国沙皇制度的事业,将是世界各国历史上的一个转折点。""流血星期日"极大地促进了俄国革命运动的高涨。消息传出后,全国规模的罢工迅速扩大。1 月份罢工人数达 40 万,超过 1905 年以前 10 年罢工人数的总和。1 月 23 日,布尔什维克莫斯科委员会向工人发出了抗议专制制度的新罪行、支援彼得堡同志的号召,在短期内有 140 个工厂、52000 左右工人罢工。运动从莫斯科很快扩展到整个中央工业区。群众性的罢工运动进一步波及乌拉尔、伏尔加河流域和西伯利亚一带。在波罗的海沿岸、波兰、乌克兰和白俄罗斯,由于阶级矛盾和民族矛盾特别尖锐,罢工运动猛烈发展,且常常发生工人和警察的流血冲突。在工人罢工斗争的影响下,广大农民也展开了轰轰烈烈的革命运动。这样,以"流血星期日"为标志的俄国革命开始了。

沙皇与工人代表会谈

1905 年 2 月 1 日,沙皇尼古拉二世在他的皇家别墅里接见 34 名挑选出来的工人,就"流血星期日"事件进行讨论。"我相信我的劳动人民和他们对我的不可动摇的忠诚,"沙皇说道,"因此我原谅他们。"沙皇愿意接见工人本来为时已晚,而他仍不愿倾听和理解工人的呼声,这只能更激起人民的愤怒。他们向他请愿是希望他能进行改革。加邦神甫是导致"流血星期天"游行的组织者,他大声疾呼:"沙皇何在?"

革命党人杀死俄国大公亚历山大维奇

沙皇尼古拉二世的叔父、一位最具影响力的权臣亚历山大维奇大公,1905 年 2 月 17 日乘坐马车经过克里姆林宫大门时,遇刺身亡。刺客将一枚炸弹丢至其座车之下。这项暗杀行动对俄国民众并非特别意外,因为在社会革命党黑名单中,亚历山大维奇早已名列第一。1904 年 7 月,社会党就暗杀了内政部长普勒夫。由于亚历山大维奇属极端的保守派,在莫斯科任市长期间,又以残酷和无能著称,所以当天他遇刺身亡,无人一掬同情之泪。

《本·赫尔》的作者华莱士逝世

1905 年 2 月 15 日,《本·赫尔》的作者刘易斯·华莱士在印第安纳州的克劳福兹维尔逝世,享年 71 岁。《本·赫尔》一书全名为《本·赫尔:一个耶稣的故事》。全书叙述了罗马帝国时期基督教兴起的过程。该书写于 1880 年,成了当代流行最为广泛的历史小说之一。华莱士还曾当过律师、士兵和外交官。内战期间他在联邦军队中服役,获得少将军衔。1878 年~1881 年,他任新墨西哥准州州长,1881 年~1885 年,他任驻土耳其公使。华莱士还写过其他 3 部小说:《公平的上帝》(1873)、《基督的童年》(1888)和《印度王子》(1893)。但没有任何一部超过《本·赫尔》。

罗斯福总统就职

欢乐的人群向 1905 年 3 月 4 日就职担当下届完整任期的罗斯福总统致意。在一大批保安人员的陪同下,总统威严地骑马从白宫来到国会大厦宣誓就职。接着,总统在白宫前的一个观礼台前检阅了在华盛顿举行的有史以来规模最大的庆祝游行。晚上,他和家人一起参加了在装潢富丽的福利基金大厦为他就职而举行的舞会。"太棒了",总统说,"它打动了我的心。"

法国文学家凡尔纳逝世

1905 年 3 月 24 日,现代科幻小说先驱人物儒勒·凡尔纳存法国亚眠去世,享年 77 岁。1829 年,凡尔纳出生于法国南特,在大学时专攻法律,后转而从事文学创作。1863 年,其第一本小说《气球上的五星期》出版之后,大为畅销而成为专业作家,此后的 40 年间连续创作了《在已知和未知世界中奇妙的漫游》等一系列作品,其中,最有名的一部是《环游世界 80 天》。

法国加紧对摩洛哥的控制

1904 年末,法国金融资本家依靠一系列有影响的政治家的支持,开始迫使摩洛哥苏丹接受一笔巨额的贷款。提供贷款的条件是:由法国控制最重要港口的关税和警察,军队聘用法国教官。实现这些要求就直接导致了摩洛哥独立的消灭。德帝国主义者对摩洛哥有自己的野心，决定出头干涉，不让自己的法国竞争者实现他们的计划。德帝国主义者的另一个目的是：试验一下英法协定的效力，向法国指明在紧急关头，英国不会支持法国。1905年3月31日，威廉二世到达摩洛哥的港口丹吉尔以后，公开声明说：德国不能容许任何一个强国统治摩洛哥，它将对这件事进行一切的抵抗。随后，德国政府宣布说，它拒绝同法国外交部长德卡塞进行谈判，认为他的政策对德国含有敌意。但是，德国的花招立即遇到了英国的反应。英国政府忠告法国总理卢维埃在摩洛哥不要对德国让步，并留任德卡塞为外交部长。英国军界对法国保证说：一旦德国发动进攻，英国将派遣100000～115000名军队在大陆登陆。德卡塞依靠英国政府的这些虽然不是完全正式的保证，在法国政府的紧张会议中，主张拒绝德国的建议。但是，鉴于法国的军事同盟国——沙俄的削弱，法国政府决定让步。1905年6月，德卡塞被迫辞职，法国同意在国际会议上审查摩洛哥问题。1906年初，讨论摩洛哥问题的会议在阿耳黑西拉斯（西班牙南部）开幕了。在会议上，确定了国际舞台上形成的新的力量对比关系。法国得到英国的最坚决的支持。甚至意大利在会议上都不支持自己的盟国——德国，而支持法国。这是因为意大利虽然参加了"三国同盟"，但是早在1900年，就同法国缔结了一项关于在北非划分势力范围的秘密协定——它承认法国在摩洛哥的利益，而法国保证不妨碍它占领属于奥斯曼帝国版图的黎波里。结果，法国在阿耳黑西拉斯会议上取得了外交上的胜利。会议正式承认了所有"大国"在摩洛哥的经济利益平等，但是由法国维持国家的"内部秩序"和控制摩洛哥的警察。这是法帝国主义的巨大成功，使它易于进一步侵占摩洛哥。

美国国务卿海约翰逝世

对中国实行门户开放政策的倡导者国务卿海约翰，1905年7月1日晨突然在新罕布什尔州萨纳皮逝世。海约翰于1838年10月8日出生在印第安纳的塞勒姆。他担任过林肯总统私人秘书，并把这段经历写成回忆录。麦金利总统任命他为驻英大使，1898年又被任命为国务卿。在罗斯福总统执政期间，继续担任这个职务。1898年战争之后，海约翰和西班牙和谈。1899年他力主对中国实行门户开放政策，请求各国尊重中国主权和领土的完整。在猛烈的义和团运动期间，他的主张十分孤立。

工人代表苏维埃在俄国成立

工人代表苏维埃1905年10月26日晚在俄国圣彼得堡举行第一次大会。出席会议的代表虽然仅有尼瓦河地区的30至40人，但仍决定响应首都的工人发动政治性总罢工，并选出各地代表。领导孟什维克派的托洛斯基也出席会议，发表演说。事实上，俄国首都圣彼得堡的印刷工人在月初已发动总罢工。不久，铁路工人亦响应。目前，俄国工人的罢工风潮已扩及莫斯科等6大城市。

俄国实施君主立宪

欧洲最后的君主专制政体1905年10月30日在俄国沙皇尼古拉二世同意实行君主立宪制之后，正式结束。俄国沙皇在《十月宣言》中宣布人民拥有公民权，包括：言论自由、集会结社自由、给予广泛的选举权等。其中，最重要的一项规定是："除非经过国会的同意，任何法律均不具实际效力"。促使沙皇宣布改革的主要原因是，近几年来俄国各地经常发生要求政治改革的罢工事件，罢工者切断铁路运输与邮件传递，迫使工业活动陷于停顿。

爱因斯坦发表相对论

1905年，德国科学家阿·爱因斯坦发表《论运动物体的电动力学》，其中包括所谓"特殊相对论"的基本原理。1916年，他首先表述了普遍相对论的原理。1881年~1887年阿·迈克尔逊和爱·莫雷在美国所做的实验，给相对论的研究奠定了基础。阿·爱因斯坦在他所创立的特殊相对论中，对迈克尔逊和莫雷的实验结果做出另外的解释。他认为不论光线是沿着地球运动的方向还是与它垂直的方向传播，光速永远是相同的。产生一切运动的、万能的、静止的"宇宙媒质"——机械的以太，根本就不存在。不论光线的运动属于任何正在惯性直线和等速运动中的物体，而它的速度总是不变的。根据爱因斯坦的理论，不但物体在运动时，它的大小发生变化，而且时间过程本身也发生变化，在一些运动条件下等时的现象，在另一些条件下，用另一参考系比照，便不等时。现象的等时并不是绝对性质，而是依物质运动条件为转移的相对性质。因此，必须放弃空间是一种"空洞容器"，是一种与物质运动无关的绝对不变的存在的旧概念。同时，也必须放弃时间是空洞的、与物质和物质过程完全无关的"绝对长度"的旧概念。空间和时间的性质依物质运动为转移，两者具有密切的关系。人们对于空间和时间有了新概念，力学定律的表述也必然发生重大的变化。在新的"相对性力学"中，与牛顿的古典力学定律不同，相对运动的速度是由另外一种更加复杂的方式来形成的。在牛顿力学中，运动速度可以有从零到无限大的任何值，而在"相对力学"中，它不能超过真空光速值——约30万公里/秒。物体质量也不能认为固定不变，它依运动速度为转移。质量和能量之间具有更深刻的内在联系。普遍相对论(也是阿·爱因斯坦制定的)向前进了一大步。特殊相对论只应用于直线等速的运动。普遍相对论涉及加速运动和万有引力(重力)。它得出空间和时间的性质与物质有更密切的联系的结论。在两个世纪的交合点，德国物理学家麦克斯·普朗克做出另一个重要发现，打破了过去的所谓连续性是一切自然过程的基本性质的概念。他在 1900 年 12 月 14 日发表《论标准光谱中的能量分布》,这便是量子物理学的开端。普朗克企图解释实验数据和 1896 年威·维恩所提出的、只适用于短波的光谱热辐射中的分布公式之间的差异,他得出这样的结论:辐射并不是连续不断的能量,而是由与振动数成正比的能量的一部分——"量子"形成的。5 年以后,阿·爱因斯坦表述了似光的量子的概念,定名为"光子"。

朝鲜成为日本保护国

日本与朝鲜 1905 年 11 月 17 日深夜在京城(汉城)宫中签订第二次日韩协约,朝鲜正式成为日本的保护国。11 月 9 日,日本以伊藤博文为特派大使前往朝鲜。15 日谒见朝鲜皇帝高宗,要求缔结日韩保护协约,强迫韩皇承诺。17 日,日本驻韩公使林权助邀请朝鲜的大臣协议,至 15 时尚未获得一致意见。于是,朝鲜各大臣集会宫中,召开内阁会议,结果决定拒绝日方所提之协约案。消息传出,伊藤博文立即率同日本军队前往内阁会议,亲自向朝鲜阁僚询问赞否之意见。除朝鲜首相等少数大臣之外,以学部大臣李完用为首的其他人均迫于日韩两国之实力悬殊,表示赞成。深夜,伊藤强迫朝鲜外部大臣签字订约,此即《乙巳保护条约》。

俄国犹太人遭屠杀

1905 年 11 月 8 日,在俄国沙皇尼古拉二世宣布《十月宣言》,同意授予人民公民权后不久,敖得萨又发生农民暴动。这次暴动的最大受害者是居住在当地的犹太人。一些不满政府的俄国军官与官员们,一直认为犹太人是近年来引发各地抗议风潮的主谋。因此挑拨农民群起暴动,杀害了 1000 多名犹太人。而美国犹太领袖已公开呼吁援助俄国的犹太人,目前筹募的救助基金已达 7 万美元。

挪威立查理斯亲王为新国王

1905 年 11 月 18 日,挪威克里斯蒂娜要塞礼炮齐鸣,庆祝挪威国会推举丹麦的查理斯亲王为挪威下届国王。这位亲王的祖父是丹麦国王克里斯蒂九世。在国会决定中止与瑞典的联盟这一问题上,前国王奥斯卡二世与国会有分歧,因而于 10 月份让位。通知选举结果的电报是在哥本哈根王储腓特列和他的妃子举行的一次宴会上宣读的。王储立即向当时在场的新国王祝酒。查理斯亲王在给议会回电中宣布他将沿用自第十世纪开始的挪威国王和统治者的称号,称自己为哈康七世。

列宁的早期革命活动

列宁原名弗拉基米尔·伊里奇·乌里扬诺夫。1870 年 4 月 22 日,生于俄国伏尔加河畔的辛比尔斯克(现改名为乌里扬诺夫斯克)。他生长在一个知识分子家庭里。父亲长期教中学的数学和物理,后来担任了辛比尔斯克省的国民教育总监。家中充满民主主义气氛。可是,当时的俄国到处都是赤裸裸的暴力统治,人民享受不到任何民主自由。沙皇的反动统治使列宁和他的兄弟姐妹都走上反抗的道路。

列宁的哥哥亚历山大是个民意党人,因谋刺沙皇被捕牺牲,哥哥的悲惨遭遇使列宁受到很大的震动。列宁的妹妹玛利娅回忆这段经历时说:"1887 年春天,我们接到了大哥被处死刑的消息。这一刹那弗拉基米尔·伊里奇的表情我记得特别清楚。他说:'不,我们不走这样的道路。应当走的不是这种道路'。"(伊万斯基编:《列宁的青年时代》,中国青年出版社,第 167 页)1887 年秋,列宁进入喀山大学法律系学习,发奋研究各种社会学说。列宁参加了青年学生小组和学生的反抗斗争,被政府逮捕。在解往监狱的途中,警官用教训的口吻对列宁说:"小伙子,你为什么造反? 要知道你的面前是一堵墙"。年轻的列宁勇敢地回答说:"但这不过是一堵朽墙,只要一推就会塌的"。在监狱里,被捕的同学相互交谈,问到列宁出狱后想做什么时,列宁说:在他面前只有一条道路——进行革命斗争。

1887 年 12 月 19 日,列宁被放逐到离喀山四十多公里的柯库什基诺村(现改名为列宁沃村),并受警察的暗中监视。在村中,列宁按周密考虑过的方案,博览群书,潜心自修,表现了他善于有计划有系统地进行工作的能力。一年后,列宁回到喀山,但是没能回喀山大学继续学习。这时,喀山已有马克思主义小组,列宁成为小组的一名积极分子。1889 年,列宁搬到萨马拉(现改名为古比雪夫)住。1891 年春天和秋天,列宁以校外生资格两次参加了彼得堡大学法律系的国家考试。在参加考试的人中间,只有他一个人每门功课都得了最高分数,被授予最优等毕业生文凭。通过考试后,列宁注册为律师助手。

然而,列宁感兴趣的不是律师的职业,他把主要精力用在研究马克思、恩格斯著作上。当时马克思、恩格斯的著作大部分没有翻译成俄文,列宁就刻苦学习德文、法文和英文,认真钻研经典作家的原著,从而最终形成了他的马克思主义信念。与此同时,他组织了萨马拉的第一个马克思主义小组,宣传科学社会主义思想。

远离无产阶级运动中心的萨马拉,对革命家列宁来说已经显得狭窄了。他渴望到无产阶级聚集的地区去。1893 年 8 月底,23 岁的列宁到了俄国的政治中心彼得堡。一到首都,列宁就同秘密的马克思主义小组取得联系。参加几次活动后,就给人们留下深刻的印象。对无产阶级胜利的坚定信心,对马克思主义的深刻理解和运用它解决实际问题的本领,以及卓越的组织才能,使列宁博得了彼得堡马克思主义者的由衷敬佩,使列宁成为他们公认的领导者。

列宁同各种反马克思主义思潮展开了激烈的斗争。当时民粹派思潮非常流行，他们自称是"人民之友"，认为俄国没有资本主义，诬蔑马克思主义者希望"用人工的办法培植资本主义"，"把每个农民都拿到工厂锅炉里去受熬煎"。列宁在1894年写了《什么是"人民之友"以及他们如何攻击社会民主主义者?》，全面批判了民粹派的错误观点，指出问题不在于人们的"希望"，客观事实是资本主义已在俄国产生。真正的人民之友应该依靠无产阶级推翻资本主义制度，而不是否定现实斗争。

列宁不仅在理论上做出了巨大贡献，而且努力把理论和实践密切结合起来。在此以前，马克思主义理论只在少数先进分子中研究讨论，而列宁开始把这个伟大学说带到工人群众中去。他同彼得堡各大工厂建立了联系，经常参加工人的会议，给工人讲课。巴布什金回忆列宁讲授政治经济学时说："讲课人不用任何讲稿给我们口述这门课程，他常常设法引起我们的反驳，或是使我们展开争论。那时候，他就激发一方向另一方证明自己对那个问题的观点的正确性。这样，我们的课程就十分活跃、有趣……我们大家对这些课都很满意，经常叹服我们讲师的智慧。"（巴布什金：《忆列宁》，1956年俄文版第1卷，第113~114页）列宁的榜样给

这幅宣传画表现了列宁在船上掌舵，引领人民向一个坚定不移的方向前进。

彼得堡的马克思主义者极大教育。他们陆续走出狭小的圈子，进入群众斗争的广阔天地。1895年秋，列宁把彼得堡的二十多个马克思主义工人小组联合成一个统一的政治组织。这个组织被命名为"工人阶级解放斗争协会"。斗争协会是按民主集中制原则建立起来的。领导机构是一个核心组，下面分成几个区的小组，它的基层是工厂的工人小组。各个小组除了宣传马克思主义理论外，还讨论政治生活中的各种问题。领导工人进行罢工斗争。11月，斗争协会组织托伦顿工厂的五百名纺织工人进行罢工，接着又召开彼得堡先进工人代表大会，讨论行动纲领。列宁出席了大会，认真听取了工人的发言，细心搜集了工人困苦生活的实例，并亲自起草"告托伦顿工厂男女工人"的传单。在斗争协会领导下，这次罢工取得了胜利。

工人运动的开展吓坏了沙皇政府，它决定拿斗争协会开刀。1895年12月20日晚上，列宁和斗争协会的大部分同志都被捕。但是，监狱并不能阻止列宁进行革命活动：他秘密同其他被捕同志通信，鼓舞他们的斗志；他同狱外的同志联系，指导他们的工作；他还起草了党的纲领草案，筹备建党。列宁采用巧妙办法把各种指示、信件传出狱外。他用牛奶把字写在书籍的行文中间。同志们收到后，用火一烤，五色的牛奶字就变黑，显露出来。为了避免被发现，列宁把牛奶放在用面包做成的小"墨水瓶"里。当看守一开门，列宁就把面包连同牛奶一起吃下去。列宁曾在一封信里诙谐地写道："我今天吃了六个

'墨水瓶'。"

彼得堡时期是列宁生平事业中的一个重要阶段。他首先把马克思主义同工人运动结合一起,创建了斗争协会。同时,这阶段的斗争也把列宁锻炼成工人阶级的伟大领袖。

1897年初,列宁被判决流放西伯利亚三年。5月,被放逐到米努辛斯克县的舒申斯村。这是一个非常偏僻、闭塞的地方,它距离铁路有六百多公里,村里没有一个人订报纸。尽管条件艰苦,但是列宁仍以乐观的精神、充沛的精力继续他的研究工作和革命工作。他以严谨的科学态度,仔细研究了几百种有关俄国经济状况的文献,搜集了大量统计材料,最后于1899年6月写成了《俄国资本主义的发展》。这部书以无可辩驳的事实和准确的统计数字说明资本主义已经渗入俄国的工农业,并从经济上论证了无产阶级的领导作用和农民的同盟军地位。此外,列宁在流放期间还写了三十多篇文章,翻译了两本书。

恩格斯逝世后,国际共产主义运动中出现了一股修正主义思潮。在俄国以经济派为代表公然提出无产阶级不要参加政治斗争,不要建立政党,只要进行经济斗争,争取提高工资。列宁于1899年夏天,在流放地曾以庆祝一同志的女儿的生日为名,把住在附近的社会民主党人召集在一起,讨论通过了列宁起草的对经济派的抗议书。

在流放期的最后几个月,列宁把全部心思都集中在建党问题上。在此以前不久,俄国社会民主党人曾召开第一次代表大会,宣告党的成立。但是,经济派思想仍在泛滥,地方小组还是各自分散活动,统一集中的党实际上没有建立起来。列宁总结这段经验,认为简单地再召集一次会议是不行的,必须首先创办一份全国性政治报纸,来克服革命阶级内部的思想混乱和组织涣散。

1900年1月,列宁离开舒申斯克村,回到俄国内地。一路上,列宁同各地的革命者商讨了出版报纸的事情,规定了通讯密码,挑选了报纸的通讯员。7月,列宁到了德国。12月,就正式出版了《火星报》。报头的题词是"星星之火可以燃成熊熊之焰"。列宁用这句题词表达自己的坚定信念:《火星报》的星星之火必将促成党的建立,进而燃起革命运动的熊熊烈火,把整个旧制度烧毁。

列宁是《火星报》的领导者和组织者。凡是有关报纸内容和出版的一切问题,他都亲自处理。他确定每期的内容,拟定论文题目后或是亲自起草或是物色作者;他同各地的通讯员和社会民主工党小组联系;他筹集经费,组织秘密运送报纸的俄国。通过《火星报》,列宁帮助大家对党的纲领、策略取得一致看法,同时也培养了党的骨干,促进了各地方小组之间的联系。

1902年,列宁发表了《怎么办?》一书,彻底批判了经济派的思想,并从理论上论证了建党的必要性,为在俄国建立新型政党奠定了思想基础。

在列宁的教导下,几乎所有的地方委员会都摆脱了经济派的控制,团结在《火星报》的周围。建党的条件成熟了。1903年,列宁亲自领导建立了布尔什维克党——一个既不同于70年代革命民粹派的组织,也不同于西欧社会民主党的新型的无产阶级政党。列宁的早期革命活动结出了硕果。

犹太人庆祝来美定居 250 周年

1905 年 11 月 26 日,犹太人举行专门的礼拜和感恩祈祷以纪念他们在美定居 250 周年以及他们的前辈在发现新大陆方面所起的作用。发言人说当年哥伦布的远征曾得到两位犹太商人的资助,因为伊莎贝拉女王为了支付西班牙战争的军费那时已经把她的珠宝都典卖一空,再也没有余力帮助哥伦布了。1492 年第一位登上美洲大陆的白人路易斯·迪·托雷斯就是由一位犹太人做翻译。在纽约的希伯来人青年协会举行的一次祈祷会上,费城的牧师约瑟夫·克劳斯柯夫博士发表了题为《犹太人的先驱》的讲演。他说:"我们越是研究,就越有一种强烈的信念,即上帝亲手给哥伦布和伴随他的犹太人打开了新世界之门。"

伊朗爆发资产阶级革命

20 世纪初,伊朗已沦为英、俄等帝国主义的半殖民地;国内处于卡扎尔封建王朝的统治之下,社会各种矛盾非常尖锐。在俄国 1905 年革命的影响下,爆发了资产阶级革命。这年 12 月,德黑兰和大不里士等城市爆发大规模的罢工、罢市和游行示威的人民革命运动;农民运动席卷伊朗南北各省。革命群众要求国王罢免首相,召开议会,实行内政改革。1906 年 1 月,国王被迫宣布召开立宪会议,实行改革。同年 10 月,召开第一届国民会议,制订了宪法,实行君主立宪制,确定议会为国家最高权力机关,并规定人民享有人身、财产、出版、集会等权利。但国王并不想实行宪法。因此,人民群众继续进行斗争,并成立了革命民主组织"恩楚明"(意即委员会)和革命武装"费达伊"(意即敢死队)。伊朗人民的革命也吓坏了英、俄帝国主义。1907 年,英、俄两国签订《英俄协定》,调整了两国在侵略伊朗中的矛盾,积极支持伊朗国王镇压革命,并准备直接进行武装干涉。1907 年 12 月和 1908 年 6 月,伊朗国王在俄帝国主义支持下,先后进行了两次反革命政变,英、俄军队也开进了伊朗。伊朗人民继续进行斗争。1909 年 7 月,"费达伊"革命军与南部部落军队联合起来,攻占了德黑兰,推翻了穆罕默德·阿里的反动统治,革命取得胜利。但资产阶级害怕人民群众,同帝国主义、封建主义妥协。1911 年底,英、俄军队从南北两方面侵入伊朗;同时,在沙俄策动下,反革命集团在德黑兰发动反革命政变,反动的封建贵族重新掌握了政权。历时 6 年的伊朗资产阶级革命归于失败。

科赫赢得诺贝尔奖

德国罗伯特·科赫博士 1905 年 12 月 10 日因发现了引起肺结核的杆菌而被授予医

学和生理学诺贝尔奖。科赫是运用他早先研究出的一套技术在 1882 年发现肺结核杆菌的。他的试验的一个重要进展是使用染色法，使结核杆菌容易被发现。第二个进展是使用固体明胶作为在体外生长细菌的媒介物。科赫开始用一种液体做媒介，但发现固体物质可以更容易将不同类的细菌分离。后来，他运用他的技术，发现了霍乱杆菌。诺贝尔的物理奖授予了研究阳极射线的德国物理学家菲利普·勒纳。化学奖授予了德国科学家阿道夫·拜耶，以表彰他对酞染料的发现和碳氢化合物的研究所做出的贡献。